2024년도 민사법 사례형 기출을 위한

# THE FINAL
for 2025년 변시

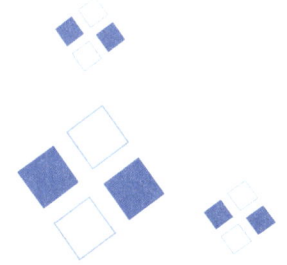

# PREFACE

　본 교재는 지난해 필자의 메가로이어스 Intensive Training Course인 민사법 사례형 쟁점 집중훈련반에 민법+민소법 사례형 기출 교재를 기본으로 기출된 내용 외에 '추가'로 보아야 하는 내용을 정리한 교재입니다.

　사례형 기출 교재만으로도 많은 쟁점을 포섭하고 있고, 이를 정리하는 것 자체에도 시간이 들기에 '민사핵정'이라는 차선의 교재도 있지만, 이 또한 기출을 기반으로 하였으므로, 최신 내용에 보완을 해야 한다는 당위가 있을 수밖에 없었기 때문에 생각해 낸 교재입니다.

　그래서 4월이지만, 사례 / 기록의 측면에서 끝까지 보완해 달라는 의미에서 'The Final(더 파이널)'이라는 이름을 사용하였고, 지난 해 '기록형 쟁점정리'와 필자의 신작 문제를 포함한 2024 제13회 변시 대비 '중요한 사례문제'를 정리하여 '사례형 중요문제'를 출간하였습니다.

　이번 4판에서는 판례는 2024. 2. 2. 선고분까지 반영이 되었습니다. 시험의 반영 범위는 2024년도 제13회 변시까지 반영되었습니다.

　올해에도 "사례형 중요문제"는 The Final 추록에서 보충하여 선 보이도록 하겠습니다.

　민사법 사례 / 기록에 있어서는, 출제패턴의 파악이 중요합니다. 그렇다면, 사례 / 기록 기출된 내용을 정리해야 할 것인데, 그 자체 또한 분량상 문제로 만만치 않습니다. 기출된 내용을 줄이는 것이 가장 선결과제이며, 이것을 정리하는 것이 우선인 상황에서 최소한으로 보완할 수 있도록 함이 본 교재의 목표입니다. 지금부터 줄이는 방법만이 최종정리에서 살아남을 수 있다는 점을 명심하시고, 내년을 걱정하는 분들이 적었으면 하는 바람입니다.

　강의를 통하여 뵙겠습니다.

2024. 4. 20.<br>
편저자 드림

# CONTENTS

- 제1절 최신판례정리 ······ 04
- 제2절 사례형, 기록형 기출판례정리 ······ 92
- 제3절 민재실 중요판례정리 ······ 136
- 제4절 중요쟁점 정리 ······ 146
- 제5절 선택형 판례정리 ······ 224
- 제6절 기록형 쟁점정리 ······ 289

## 제1절 최신판례정리

# 민 법

## I 민법총칙

 CHAPTER 1 권리

국가의 공무원에 대한 구상의 신의칙 위반 / 대법원 2016. 6. 10. 선고 2015다217843 판결

공무원의 불법행위로 손해를 입은 피해자의 국가배상청구권의 소멸시효 기간이 지났으나 국가가 소멸시효 완성을 주장하는 것이 신의성실의 원칙에 반하는 권리남용으로 허용될 수 없어 배상책임을 이행한 경우에는, 소멸시효 완성 주장이 권리남용에 해당하게 된 원인행위와 관련하여 공무원이 원인이 되는 행위를 적극적으로 주도하였다는 등의 특별한 사정이 없는 한, 국가가 공무원에게 구상권을 행사하는 것은 신의칙상 허용되지 않는다.

주총결의 무효의 주장과 신의칙 / 대법원 2018. 4. 26. 선고 2017다288757 판결

상법 제374조 제1항 제1호는 주식회사가 영업의 전부 또는 중요한 일부의 양도행위를 할 때에는 제434조에 따라 출석한 주주의 의결권의 3분의 2 이상의 수와 발행주식총수의 3분의 1 이상의 수로써 결의가 있어야 한다고 규정하고 있는데 이는 주식회사가 주주의 이익에 중대한 영향을 미치는 계약을 체결할 때에는 주주총회의 특별결의를 얻도록 하여 그 결정에 주주의 의사를 반영하도록 함으로써 주주의 이익을 보호하려는 강행법규이므로, 주식회사가 영업의 전부 또는 중요한 일부를 양도한 후 주주총회의 특별결의가 없었다는 이유를 들어 스스로 그 약정의 무효를 주장하더라도 주주 전원이 그와 같은 약정에 동의한 것으로 볼 수 있는 등 특별한 사정이 인정되지 않는다면 위와 같은 무효 주장이 신의성실 원칙에 반한다고 할 수는 없다.

사정변경에 기한 계약의 해제 / 대법원 2020. 12. 10. 선고 2020다254846 판결

계약 성립의 기초가 된 사정이 현저히 변경되고, 당사자가 계약의 성립 당시 이를 예견할 수 없었으며, 그로 인하여 계약을 그대로 유지하는 것이 당사자의 이해에 중대한 불균형을 초래하거나 계약을 체결한 목적을 달성할 수 없는 경우에는 계약준수 원칙의 예외로서 사정변경을 이유로 계약을 해제하거나 해지할 수 있다.

상계권의 남용 / 대법원 2022. 7. 14. 선고 2020다212958 판결

송금의뢰인이 착오송금임을 이유로 거래은행을 통하여 혹은 수취은행에 직접 송금액의 반환을 요청하고, 수취인도 송금의뢰인의 착오송금에 의하여 수취인의 계좌에 금원이 입금된 사실을 인정하여 수취은행에 그 반환을 승낙하고 있는 경우, 수취은행이 수취인에 대한 대출채권 등을 자동채권으로 하여 수취인의 계좌에 착오로 입금된 금원 상당의 예금채권과 상계하는 것은 수취은행이 선의인 상태에서 수취인의 예금채권을 담보로 대출을 하여 그 자동채권을 취득한 것이라거나 그 예금채권이 이미 제3자에 의하여 압류되었다는 등의 특별한 사정이 없는 한, 공공성을 지닌 자금이체시스템의 운영자가 그 이용자인 송금의뢰인의 실수를 기화로 그의 희생하에 당초 기대하지 않았던 채권회수의 이익을 취하는 행위로서 상계제도의 목적이나 기능을 일탈하고 법적으로 보호받을 만한 가치가 없으므로, 송금의뢰인에 대한 관계에서 신의칙에 반하거나 상계에 관한 권리를 남용하는 것이다. 수취인의 계좌에 착오로 입금된 금원 상당의 예금채권이 이미 제3자에 의하여 압류되었다는 특별한 사정이 있어 수취은행이 수취인에 대한 대출채권 등을 자동채권으로 하여 수취인의 그 예금채권과 상계하는 것이 허용되더라도 이는 피압류채권액의 범위 내에서만 가능하고, 그 범위를 벗어나는 상계는 신의칙에 반하거나 권리를 남용하는 것으로서 허용되지 않는다.

의사능력 / 대법원 2022. 5. 26. 선고 2019다213344 판결

의사능력이란 자기 행위의 의미나 결과를 정상적인 인식력과 예기력을 바탕으로 합리적으로 판단할 수 있는 정신적 능력이나 지능을 말한다. 의사능력 유무는 구체적인 법률행위와 관련하여 개별적으로 판단해야 하고, 특히 어떤 법률행위가 일상적인 의미만을 이해해서는 알기 어려운 특별한 법률적 의미나 효과가 부여되어 있는 경우 의사능력이 인정되기 위해서는 그 행위의 일상적인 의미뿐만 아니라 법률적인 의미나 효과에 대해서도 이해할 수 있어야 한다.

 CHAPTER 2 권리의 주체

• 법인

기본재산에 대한 저당권설정 / 대법원 2018. 7. 20.자 2017마1565 결정

민법상 재단법인의 기본재산에 관한 저당권 설정행위는 특별한 사정이 없는 한 정관의 기재사항을 변경하여야 하는 경우에 해당하지 않으므로, 그에 관하여는 주무관청의 허가를 얻을 필요가 없다.

기본재산에 대한 저당권실행 / 대법원 2019. 2. 28.자 2018마800 결정

민법상 재단법인의 정관에 기본재산은 담보설정 등을 할 수 없으나 주무관청의 허가승인을 받은 경우에는 이를 할 수 있다는 취지로 정해져 있고, 정관 규정에 따라 주무관청의 허가승인을 받아 민법상 재단법인의 기본재산에 관하여 근저당권을 설정한 경우, 그와 같이 설정된 근저당권을 실행하여 기본재산을 매각할 때에는 주무관청의 허가를 다시 받을 필요는 없다.

주무관청의 허가없는 의무부담행위의 효력 / 대법원 2021. 2. 4. 선고 2017다207932 판결

학교법인의 재산의 취득처분과 관리에 관한 사항은 이사회의 심의·의결사항이고(사립학교법 제16조 제1항), 학교법인이 의무의 부담을 하고자 할 때에는 관할청의 허가를 받아야 한다(사립학교법 제28조 제1항 본문). 학교법인이 사립학교법 제16조 제1항에 의한 이사회의 심의·의결 없이 학교법인 재산의 취득처분행위를 하거나 사립학교법 제28조 제1항의 규정에 의하여 관할청의 허가 없이 의무부담행위를 한 경우에 그 행위는 효력이 없다(대법원 2016. 6. 9. 선고 2014다64752 판결 참조).

법인 대표권자의 불법행위의 성립요건 / 대법원 2019. 5. 30. 선고 2017다53265 판결

민법 제391조는 법정대리인 또는 이행보조자의 고의·과실을 채무자 자신의 고의·과실로 간주함으로써 채무불이행책임을 채무자 본인에게 귀속시키고 있는데, 법인의 경우도 법률행위에 관하여 대표기관의 고의·과실에 따른 채무불이행책임의 주체는 법인으로 한정된다. 따라서 법인의 적법한 대표권을 가진 자가 하는 법률행위는 성립상 효과뿐만 아니라 위반의 효과인 채무불이행책임까지 법인에 귀속될 뿐이고, 다른 법령에서 정하는 등의 특별한 사정이 없는 한 법인이 당사자인 법률행위에 관하여 대표기관 개인이 손해배상책임을 지려면 민법 제750조에 따른 불법행위책임 등이 별도로 성립하여야 한다.

### 종중유사단체의 요건 / 대법원 2019. 2. 14. 선고 2018다264628 판결

[1] 고유 의미의 종중이란 공동선조의 분묘 수호와 제사, 종원 상호 간 친목 등을 목적으로 하는 자연발생적인 관습상 종족집단체로서 특별한 조직행위를 필요로 하는 것이 아니고, 공동선조의 후손은 그 의사와 관계없이 성년이 되면 당연히 그 구성원(종원)이 되는 것이며 그중 일부 종원을 임의로 그 종원에서 배제할 수 없다. 따라서 공동선조의 후손 중 특정 범위 내의 자들만으로 구성된 종중이란 있을 수 없으므로, 만일 공동선조의 후손 중 특정 범위 내의 종원만으로 조직체를 구성하여 활동하고 있다면 이는 본래의 의미의 종중으로는 볼 수 없고, 종중 유사의 권리능력 없는 사단이 될 수 있을 뿐이다.

[2] 종중 유사의 권리능력 없는 사단은 반드시 총회를 열어 성문화된 규약을 만들고 정식의 조직체계를 갖추어야만 비로소 단체로서 성립하는 것이 아니라, 실질적으로 공동의 목적을 달성하기 위하여 공동의 재산을 형성하고 일을 주도하는 사람을 중심으로 계속적으로 사회적인 활동을 하여 온 경우에는 이미 그 무렵부터 단체로서의 실체가 존재한다고 하여야 한다. 계속적으로 공동의 일을 수행하여 오던 일단의 사람들이 어느 시점에 이르러 비로소 창립총회를 열어 조직체로서의 실체를 갖추었다면, 그 실체로서의 조직을 갖추기 이전부터 행한 행위나 또는 그때까지 형성한 재산은, 다른 특별한 사정이 없는 한, 모두 이 사회적 실체의 조직에게 귀속되는 것으로 봄이 타당하다.

### 모의 성을 따른 경우 소속 종중 / 대법원 2022. 5. 26. 선고 2017다260940 판결

민법 제781조 제6항에 따라 자녀의 복리를 위하여 자녀의 성과 본을 변경할 필요가 있어 자녀의 성과 본이 모의 성과 본으로 변경되었을 경우 성년인 그 자녀는 모가 속한 종중의 공동선조와 성과 본을 같이 하는 후손으로서 당연히 종중의 구성원이 된다.

### 비법인사단의 성립요건 / 대법원 2020. 10. 15. 선고 2020다232846 판결

당사자능력은 소송요건에 관한 것으로서 그 청구의 당부와는 별개의 문제인 것이며, 소송요건은 사실심의 변론종결 시에 갖추어져 있으면 되는 것이므로, 고유 의미의 종중 또는 종중 유사의 권리능력 없는 단체(이하 '종중 유사단체'라고 한다)가 비법인사단으로서의 실체를 갖추고 당사자로서의 능력이 있는지 여부는 사실심인 원심의 변론종결 시를 기준으로 하여 그 존부를 판단하여야 한다. 그런데 종중 유사단체는 반드시 총회를 열어 성문화된 규약을 만들고 정식의 조직체계를 갖추어야만 비로소 단체로 성립하는 것이 아니라, 실질적으로 공동의 목적을 달성하기 위하여 공동의 재산을 형성하고 일을 주도하는 사람을 중심으로 계속적으로 사회적인 활동을 하여 온 경우에는 이미 그 무렵부터 단체로서의 실체가 존재하는 것이다.

### 사찰의 법적 성격 / 대법원 2020. 12. 24. 선고 2015다222920 판결

법인격 없는 사단이나 재단으로서 권리의무의 주체가 되는 독립한 사찰은 독자적으로 존속할 수도 있지만 종교적 이념이나 교리 또는 종교적 이해관계를 같이하는 사람과 단체로 구성된 상위 종단에 소속되어 존속하기도 하는데, 사찰의 종단소속관계는 사법상 계약의 영역으로서 사찰이 특정 종단에 소속하려면 이에 관한 사찰과 특정 종단 사이의 합의가 전제되어야 한다. 또한 사찰이 특정 종단과 종단소속에 관한 합의를 하게 되면 그때부터는 그 종단의 소속 사찰이 되어 종단의 종헌이나 종법을 사찰의 자치법규로 삼아 따라야 하고 사찰의 주지임면권도 종단에 귀속되는 등 사찰 자체의 지위나 권한에 중대한 변화를 가져오게 되므로 어느 사찰이 특정 종단에 가입하거나 소속 종단을 변경하기 위해서는 사찰 자체의 자율적인 의사결정이 기본적인 전제가 되어야 한다.

**CHAPTER 3 권리의 변동**

## ● 법률행위의 해석

### 오표시무해의 원칙 / 대법원 2018. 7. 26. 선고 2016다242334 판결

계약당사자 쌍방이 모두 동일한 물건을 계약 목적물로 삼았으나 계약서에는 착오로 다른 물건을 목적물로 기재한 경우 계약서에 기재된 물건이 아니라 쌍방 당사자의 의사합치가 있는 물건에 관하여 계약이 성립한 것으로 보아야 한다. 이러한 법리는 계약서를 작성하면서 계약상 지위에 관하여 당사자들의 합치된 의사와 달리 착오로 잘못 기재하였는데 계약 당사자들이 오류를 인지하지 못한 채 계약상 지위가 잘못 기재된 계약서에 그대로 기명날인이나 서명을 한 경우에도 동일하게 적용될 수 있다.

### 매매계약의 성립의 요건 / 대법원 2021. 1. 14. 선고 2018다223054 판결

당사자가 의사의 합치가 이루어져야 한다고 표시한 사항에 대하여 합의가 이루어지지 않은 경우에는 특별한 사정이 없는 한 계약은 성립하지 않는다. 매매계약은 매도인이 재산권을 이전하는 것과 매수인이 대금을 지급하는 것에 관하여 쌍방 당사자가 합의함으로써 성립하므로 매매계약 체결 당시에 반드시 매매목적물과 대금을 구체적으로 특정할 필요는 없지만, 적어도 매매계약의 당사자인 매도인과 매수인이 누구인지는 구체적으로 특정되어 있어야만 매매계약이 성립할 수 있다.

### 계약 당사자의 확정 / 대법원 2022. 12. 16. 선고 2022다245129 판결

계약의 당사자가 누구인지는 계약에 관여한 당사자의 의사해석 문제이다. 당사자들의 의사가 일치하는 경우에는 그 의사에 따라 계약의 당사자를 확정해야 한다. 그러나 당사자들의 의사가 합치되지 않는 경우에는 의사표시 상대방의 관점에서 합리적인 사람이라면 누구를 계약의 당사자로 이해하였을 것인지를 기준으로 판단해야 한다. 일방 당사자가 대리인을 통하여 계약을 체결하는 경우에 있어서 계약의 상대방이 대리인을 통하여 본인과 사이에 계약을 체결하려는 데 의사가 일치하였다면 대리인의 대리권 존부 문제와는 무관하게 상대방과 본인이 그 계약의 당사자라고 할 것이다.

## ● 법률행위의 목적

### 지입계약의 효력 / 대법원 2018. 7. 11. 선고 2017다274758 판결

명의이용 금지규정을 위반하여, 자동차 소유자와 전세버스 운송사업자 사이에, 대외적으로는 자동차 소유자가 그 소유의 차량 명의를 전세버스 운송사업자(이하 '지입회사'라 한다)에게 신탁하여 소유권과 운행관리권을 지입회사에 귀속시키되, 대내적으로는 위 지입차량의 운행관리권을 위탁받아 자신의 독자적인 계산 아래 운행하면서 지입회사에 일정액의 관리비를 지급하기로 하는 내용의 이른바 '지입계약'이 체결된 경우, 그 지입계약 자체가 사법상의 효력이 부인되어야 할 정도로 현저히 반사회성, 반도덕성을 지닌 것이라고 볼 수는 없다.

변호사법 및 법무사법을 위반한 사법행위의 효력 / 대법원 2018. 8. 1. 선고 2016다242716 판결
변호사법 제3조는 '일반 법률사무'를 변호사의 직무 중의 하나로 규정하고 있고, 제109조 제1호는 변호사가 아닌 자가 대리나 법률상담 등의 방법으로 법률사무를 취급하는 경우 이를 처벌하도록 규정하고 있다. 법무사법 제2조 제1항 제5호 및 제7호는 '민사집행법에 따른 경매사건에서의 재산취득에 관한 상담, 매수신청의 대리' 및 이를 위해 필요한 상담·자문 등의 부수되는 사무를 법무사의 업무 중 하나로 규정하고 있고, 제3조 제1항은 법무사가 아닌 자가 제2조에 따른 사무를 업으로 하지 못한다고 규정하고 있으며, 제74조 제1항 제1호는 제3조를 위반한 경우 이를 처벌하도록 규정하고 있다. <u>변호사법 제109조 제1호와 법무사법 제3조 제1항 및 제74조 제1항 제1호는 모두 강행법규이고, 이를 위반하는 내용을 목적으로 하는 계약은 그 자체가 반사회적 성질을 띠게 되어 사법적 효력도 부정된다.</u>

자본시장과 금융투자업에 관한 법률 제17조의 법적 성질 / 대법원 2019. 6. 13. 선고 2018다258562 판결
구 자본시장과 금융투자업에 관한 법률(2013. 5. 28. 법률 제11828호로 개정되기 전의 것) 제17조가 금융투자업등록을 하지 않은 투자일임업을 금지하는 취지는 고객인 투자자를 보호하고 금융투자업을 건전하게 육성하고자 함에 있는바, 위 규정을 위반하여 체결한 투자일임계약 자체가 사법상의 효력까지도 부인하지 않으면 안 될 정도로 현저히 반사회성, 반도덕성을 지닌 것이라고 할 수 없을 뿐만 아니라 그 행위의 사법상의 효력을 부인하여야만 비로소 입법 목적을 달성할 수 있다고 볼 수 없고, 오히려 위 규정을 효력규정으로 보아 이를 위반한 행위를 일률적으로 무효라고 할 경우 거래 상대방과 사이에 법적 안정성을 심히 해하게 되는 부당한 결과가 초래되므로, 위 규정은 강행규정이 아니라 단속규정이라고 보아야 한다.

● 의사표시

대리권남용의 제3자의 보호 / 대법원 2018. 4. 26. 선고 2016다3201 판결
법정대리인인 친권자의 대리행위가 객관적으로 볼 때 미성년자 본인에게는 경제적인 손실만을 초래하는 반면, 친권자나 제3자에게는 경제적인 이익을 가져오는 행위이고 행위의 상대방이 이러한 사실을 알았거나 알 수 있었을 때에는 민법 제107조 제1항 단서의 규정을 유추적용하여 행위의 효과가 자에게는 미치지 않는다고 해석함이 타당하나, 그에 따라 외형상 형성된 법률관계를 기초로 하여 새로운 법률상 이해관계를 맺은 <u>선의의 제3자에 대하여는 같은 조 제2항의 규정을 유추적용하여 누구도 그와 같은 사정을 들어 대항할 수 없으며, 제3자가 악의라는 사실에 관한 주장·증명책임은 무효를 주장하는 자에게 있다.</u>

착오취소와 하자담보책임의 관계 / 대법원 2018. 9. 13. 선고 2015다78703 판결
민법 제109조 제1항에 의하면 법률행위 내용의 중요 부분에 착오가 있는 경우 착오에 중대한 과실이 없는 표의자는 법률행위를 취소할 수 있고, 민법 제580조 제1항, 제575조 제1항에 의하면 매매의 목적물에 하자가 있는 경우 하자가 있는 사실을 과실 없이 알지 못한 매수인은 매도인에 대하여 하자담보책임을 물어 계약을 해제하거나 손해배상을 청구할 수 있다. 착오로 인한 취소 제도와 매도인의 하자담보책임 제도는 취지가 서로 다르고, 요건과 효과도 구별된다. 따라서 <u>매매계약 내용의 중요 부분에 착오가 있는 경우 매수인은 매도인의 하자담보책임이 성립하는지와 상관없이 착오를 이유로 매매계약을 취소할 수 있다.</u>

### 철회권 행사의 효력 / 대법원 2017. 6. 29. 선고 2017다213838 판결

민법 제134조는 "대리권 없는 자가 한 계약은 본인의 추인이 있을 때까지 상대방은 본인이나 그 대리인에 대하여 이를 철회할 수 있다. 그러나 계약 당시에 상대방이 대리권 없음을 안 때에는 그러하지 아니하다."고 규정하고 있다. 민법 제134조에서 정한 상대방의 철회권은, 무권대리행위가 본인의 추인에 따라 효력이 좌우되어 상대방이 불안정한 지위에 놓이게 됨을 고려하여 대리권이 없었음을 알지 못한 상대방을 보호하기 위하여 상대방에게 부여된 권리로서, 상대방이 유효한 철회를 하면 무권대리행위는 확정적으로 무효가 되어 그 후에는 본인이 무권대리행위를 추인할 수 없다. 한편 상대방이 대리인에게 대리권이 없음을 알았다는 점에 대한 주장·입증책임은 철회의 효과를 다투는 본인에게 있다.

### 무권리자의 처분행위의 추인 / 대법원 2017. 6. 8. 선고 2017다3499 판결

[1] 법률행위에 따라 권리가 이전되려면 권리자 또는 처분권한이 있는 자의 처분행위가 있어야 한다. 무권리자가 타인의 권리를 처분한 경우에는 특별한 사정이 없는 한 권리가 이전되지 않는다. 그러나 이러한 경우에 권리자가 무권리자의 처분을 추인하는 것도 자신의 법률관계를 스스로의 의사에 따라 형성할 수 있다는 사적 자치의 원칙에 따라 허용된다. 이러한 추인은 무권리자의 처분이 있음을 알고 해야 하고, 명시적으로 또는 묵시적으로 할 수 있으며, 그 의사표시는 무권리자나 그 상대방 어느 쪽에 해도 무방하다.

[2] 권리자가 무권리자의 처분을 추인하면 무권대리에 대해 본인이 추인을 한 경우와 당사자들 사이의 이익상황이 유사하므로, 무권대리의 추인에 관한 민법 제130조, 제133조 등을 무권리자의 추인에 유추 적용할 수 있다. 따라서 무권리자의 처분이 계약으로 이루어진 경우에 권리자가 이를 추인하면 원칙적으로 계약의 효과가 계약을 체결했을 때에 소급하여 권리자에게 귀속된다고 보아야 한다.

## • 무효와 취소

### 무효행위 추인의 요건 / 대법원 2014. 3. 27. 선고 2012다106607 판결

당사자가 이전의 법률행위가 존재함을 알고 그 유효함을 전제로 하여 이에 터 잡은 후속행위를 하였다고 해서 그것만으로 이전의 법률행위를 묵시적으로 추인하였다고 단정할 수는 없고, 묵시적 추인을 인정하기 위해서는 이전의 법률행위가 무효임을 알거나 적어도 무효임을 의심하면서도 그 행위의 효과를 자기에게 귀속시키도록 하는 의사로 후속행위를 하였음이 인정되어야 할 것이다.

## • 조건과 기한

### 불확정기한 / 대법원 2018. 4. 24. 선고 2017다205127 판결

채무의 변제에 관하여 일정한 사실이 부관으로 붙여진 경우에는 특별한 사정이 없는 한 사실이 발생한 때뿐만 아니라 사실의 발생이 불가능하게 된 때에도 이행기한은 도래한 것으로 보아야 한다. 나아가 부관으로 정한 사실의 실현이 주로 채무를 변제하는 사람의 성의나 노력에 따라 좌우되고, 채권자가 사실의 실현에 영향을 줄 수 없는 경우에는 사실이 발생하는 때는 물론이고 사실의 발생이 불가능한 것으로 확정되지는 않았더라도 합리적인 기간 내에 사실이 발생하지 않는 때에도 채무의 이행기한은 도래한다고 보아야 한다.

도급에 따른 보수지급의무와 불확정기한 / 대법원 2019. 9. 10. 선고 2017다272486 판결
민법 제665조 제1항은 도급계약에서 보수는 완성된 목적물의 인도와 동시에 지급해야 한다고 정하고 있다. 이때 목적물의 인도는 단순한 점유의 이전만을 의미하는 것이 아니라 도급인이 목적물을 검사한 후 목적물이 계약 내용대로 완성되었음을 명시적 또는 묵시적으로 시인하는 것까지 포함하는 의미이다. 도급계약의 당사자들이 '수급인이 공급한 목적물을 도급인이 검사하여 합격하면, 도급인은 수급인에게 보수를 지급한다.'고 정한 경우 도급인의 수급인에 대한 보수지급의무와 동시이행관계에 있는 수급인의 목적물 인도의무를 확인한 것에 불과하고 '검사 합격'은 법률행위의 효력 발생을 좌우하는 조건이 아니라 보수지급시기에 관한 불확정기한이다. 따라서 수급인이 도급계약에서 정한 일을 완성한 다음 검사에 합격한 때 또는 검사 합격이 불가능한 것으로 확정된 때 보수지급청구권의 기한이 도래한다.

조건의 성취 / 대법원 2021. 3. 11. 선고 2020다253430 판결
민법 제150조 제2항은 "조건의 성취로 인하여 이익을 받을 당사자가 신의성실에 반하여 조건을 성취시킨 때에는 상대방은 그 조건이 성취하지 아니한 것으로 주장할 수 있다."라고 정한다. 이 조항은 권리의 행사와 의무의 이행은 신의에 좇아 성실히 하여야 한다는 법질서의 기본원리가 발현된 것으로서, 누구도 신의성실에 반하는 행태를 통해 이익을 얻어서는 안 된다는 사상을 포함하고 있다. 당사자들이 조건을 약정할 당시에 미처 예견하지 못했던 우발적인 상황에서 상대방의 이익에 대해 적절히 배려하지 않거나 상대방이 합리적으로 신뢰한 선행 행위와 모순된 태도를 취함으로써 형평에 어긋나거나 정의관념에 비추어 용인될 수 없는 결과를 초래하는 경우 신의성실에 반한다고 볼 수 있다.

 CHAPTER 4 소멸시효

시효의 완성과 부당이득의 성립여부 / 대법원 2018. 2. 28. 선고 2016다45779 판결
민법 제163조 제1호는 이자, 부양료, 급료, 사용료 기타 1년 이내의 기간으로 정한 금전 또는 물건의 지급을 목적으로 한 채권은 3년간 행사하지 아니하면 소멸시효가 완성한다고 규정하고 있다. 이는 기본 권리인 정기금채권에 기하여 발생하는 지분적 채권의 소멸시효를 정한 것으로서, 여기서 '1년 이내의 기간으로 정한 채권'이란 1년 이내의 정기로 지급되는 채권을 말한다. 그리고 채무불이행으로 인한 손해배상채권은 본래의 채권이 확장된 것이거나 본래의 채권의 내용이 변경된 것이므로 본래의 채권과 동일성을 가진다. 따라서 본래의 채권이 시효로 소멸한 때에는 손해배상채권도 함께 소멸한다. 한편 어떠한 계약상의 채무를 채무자가 이행하지 않았다고 하더라도 채권자는 여전히 해당 계약에서 정한 채권을 보유하고 있으므로, 특별한 사정이 없는 한 채무자가 채무를 이행하지 않고 있다고 하여 채무자가 법률상 원인 없이 이득을 얻었다고 할 수는 없고, 설령 채권이 시효로 소멸하게 되었다 하더라도 달리 볼 수 없다.

임치물반환청구의 소멸시효의 기산점 / 대법원 2022. 8. 19. 선고 2020다220140 판결
임치계약 해지에 따른 임치물 반환청구는 임치계약 성립 시부터 당연히 예정된 것이고, 임치계약에서 임치인은 언제든지 계약을 해지하고 임치물의 반환을 구할 수 있는 것이므로, 특별한 사정이 없는 한 임치물 반환청구권의 소멸시효는 임치계약이 성립하여 임치물이 수치인에게 인도된 때부터 진행하는 것이지, 임치인이 임치계약을 해지한 때부터 진행한다고 볼 수 없다.

보증금반환채권의 소멸시효 / 대법원 2020. 7. 9. 선고 2016다244224(본소), 2016다244231(반소) 판결
소멸시효 제도의 존재이유와 취지, 임대차기간이 끝난 후 보증금반환채권에 관계되는 당사자 사이의 이익형량, 주택임대차보호법 제4조 제2항의 입법취지 등을 종합하면, 주택임대차보호법에 따른 임대차에서 그 기간이 끝난 후 임차인이 보증금을 반환받기 위해 목적물을 점유하고 있는 경우 보증금반환채권에 대한 소멸시효는 진행하지 않는다고 보아야 한다.

채무불이행에 기한 손해배상채권의 소멸시효 기산점 / 대법원 2020. 6. 11. 선고 2020다201156 판결
소멸시효는 권리를 행사할 수 있는 때부터 진행한다(민법 제166조 제1항). 채무불이행으로 인한 손해배상청구권은 현실적으로 손해가 발생한 때에 성립하고, 현실적으로 손해가 발생하였는지 여부는 사회통념에 비추어 객관적이고 합리적으로 판단하여야 한다.

상행위로 인한 채무의 소멸시효 기간 / 대법원 2022. 4. 28. 선고 2019다272053 판결
당사자 쌍방에 대하여 모두 상행위가 되는 행위로 인한 채권뿐만 아니라 당사자 일방에 대하여만 상행위에 해당하는 행위로 인한 채권도 상법 제64조에 정해진 5년의 소멸시효기간이 적용되는 상사채권에 해당한다. 이 경우 상행위에는 상법 제46조 각호에 해당하는 기본적 상행위뿐만 아니라 상인이 영업을 위하여 하는 보조적 상행위(상법 제47조)도 포함되고, 상인이 영업을 위하여 하는 행위는 상행위로 보되 상인의 행위는 영업을 위하여 하는 것으로 추정된다.
따라서 기부자가 상인인 경우 지방자치단체와 그 기부자 사이에 체결된 기부채납 약정은 다른 사정이 없는 한 상인이 영업을 위하여 한 보조적 상행위에 해당하므로, 그러한 기부채납 약정에 근거한 채권에는 5년의 상사 소멸시효기간이 적용된다.

일부청구와 시효중단의 범위 / 대법원 2020. 2. 6. 선고 2019다223723 판결
소장에서 청구의 대상으로 삼은 채권 중 일부만을 청구하면서 소송의 진행경과에 따라 장차 청구금액을 확장할 뜻을 표시하였으나 당해 소송이 종료될 때까지 실제로 청구금액을 확장하지 않은 경우에는 소송의 경과에 비추어 볼 때 채권 전부에 관하여 판결을 구한 것으로 볼 수 없으므로, 나머지 부분에 대하여는 재판상 청구로 인한 시효중단의 효력이 발생하지 아니한다. 그러나 이와 같은 경우에도 소를 제기하면서 장차 청구금액을 확장할 뜻을 표시한 채권자로서는 장래에 나머지 부분을 청구할 의사를 가지고 있는 것이 일반적이라고 할 것이므로, 다른 특별한 사정이 없는 한 당해 소송이 계속 중인 동안에는 나머지 부분에 대하여 권리를 행사하겠다는 의사가 표명되어 최고에 의해 권리를 행사하고 있는 상태가 지속되고 있는 것으로 보아야 하고, 채권자는 당해 소송이 종료된 때부터 6월 내에 민법 제174조에서 정한 조치를 취함으로써 나머지 부분에 대한 소멸시효를 중단시킬 수 있다.

시효중단사유인 압류의 실효 / 대법원 2017. 4. 28. 선고 2016다239840 판결
체납처분에 의한 채권압류로 인하여 채권자의 채무자에 대한 채권의 시효가 중단된 경우에 압류에 의한 체납처분 절차가 채권추심 등으로 종료된 때뿐만 아니라, 피압류채권이 기본계약관계의 해지·실효 또는 소멸시효 완성 등으로 인하여 소멸함으로써 압류의 대상이 존재하지 않게 되어 압류 자체가 실효된 경우에도 체납처분 절차는 더 이상 진행될 수 없으므로 시효중단사유가 종료한 것으로 보아야 하고, 그때부터 시효가 새로이 진행한다.

### 채무자 소제기의 효력이 추심채권자에게 승계되는지 여부 / 대법원 2019. 7. 25. 선고 2019다212945 판결

재판상의 청구는 소송의 각하, 기각 또는 취하의 경우에는 시효중단의 효력이 없지만, 그 경우 6개월 내에 재판상의 청구, 파산절차참가, 압류 또는 가압류, 가처분을 한 때에는 시효는 최초의 재판상 청구로 인하여 중단된 것으로 본다(민법 제170조). 그러므로 채무자가 제3채무자를 상대로 제기한 금전채권의 이행소송이 압류 및 추심명령으로 인한 당사자적격의 상실로 각하되더라도, 위 이행소송의 계속 중에 피압류채권에 대하여 채무자에 갈음하여 당사자적격을 취득한 추심채권자가 위 각하판결이 확정된 날로부터 6개월 내에 제3채무자를 상대로 추심의 소를 제기하였다면, 채무자가 제기한 재판상 청구로 인하여 발생한 시효중단의 효력은 추심채권자의 추심소송에서도 그대로 유지된다고 보는 것이 타당하다.

### 시효중단사유로서의 채무승인 / 대법원 2014. 1. 23. 선고 2013다64793 판결

동일 당사자 간에 계속적인 거래로 같은 종류를 목적으로 하는 수개의 채권관계가 성립되어 있는 경우에 채무자가 특정채무를 지정하지 아니하고 그 일부의 변제를 한 때에도 다른 특별한 사정이 없다면 잔존 채무에 대하여도 승인을 한 것으로 보아 시효중단이나 포기의 효력을 인정할 수 있을 것이나, 그 채무가 별개로 성립되어 독립성을 갖고 있는 경우에는 일률적으로 그렇게만 해석할 수는 없을 것이고, 특히 채무자가 근저당권설정등기를 말소하기 위하여 피담보채무를 변제하는 경우에는 특별한 사정이 없는 한 피담보채무가 아닌 별개의 채무에 대하여서까지 채무를 승인하거나 소멸시효의 이익을 포기한 것이라고 볼 수는 없다.

### 일부변제와 채무승인 / 대법원 2021. 9. 30. 선고 2021다239745 판결

동일한 채권자와 채무자 사이에 다수의 채권이 존재하는 경우 채무자가 변제를 충당하여야 할 채무를 지정하지 않고 모든 채무를 변제하기에 부족한 금액을 변제한 때에는 특별한 사정이 없는 한 그 변제는 모든 채무에 대한 승인으로서 소멸시효를 중단하는 효력을 가진다. 채무자는 자신이 계약당사자로 있는 다수의 계약에 기초를 둔 채무들이 존재한다는 사실을 인식하고 있는 것이 통상적이므로, 변제 시에 충당할 채무를 지정하지 않고 변제를 하였으면 특별한 사정이 없는 한 다수의 채무 전부에 대하여 그 존재를 알고 있다는 것을 표시했다고 볼 수 있기 때문이다.

### 새로운 방식의 확인청구를 통한 시효의 중단 / 대법원 2018. 10. 18. 선고 2015다232316 전원합의체 판결

종래 실무의 문제점을 해결하기 위해서, 시효중단을 위한 후소로서 이행소송 외에 전소 판결로 확정된 채권의 시효를 중단시키기 위한 조치, 즉 '재판상의 청구'가 있다는 점에 대하여만 확인을 구하는 형태의 '새로운 방식의 확인소송'이 허용되고, 채권자는 두 가지 형태의 소송 중 자신의 상황과 필요에 보다 적합한 것을 선택하여 제기할 수 있다고 보아야 한다.

### 시효중단을 위한 후소 법원의 심판범위 / 대법원 2018. 7. 19. 선고 2018다22008 전원합의체 판결

확정된 승소판결에는 기판력이 있으므로, 승소 확정판결을 받은 당사자가 그 상대방을 상대로 다시 승소 확정판결의 전소와 동일한 청구의 소를 제기하는 경우 그 후소는 권리보호의 이익이 없어 부적법하다. 하지만 예외적으로 확정판결에 의한 채권의 소멸시효기간인 10년의 경과가 임박한 경우에는 그 시효중단을 위한 소는 소의 이익이 있다. 나아가 이러한 경우에 후소의 판결이 전소의 승소 확정판결의 내용에 저촉되어서는 아니 되므로, 후소 법원으로서는 그 확정된 권리를 주장할 수 있는 모든 요건이 구비되어 있는지 여부에 관하여 다시 심리할 수 없다.

### 인수참가인의 소송참가의 효력과 시효중단 / 대법원 2017. 7. 18. 선고 2016다35789 판결

소송목적인 권리를 양도한 원고는 법원이 소송인수 결정을 한 후 피고의 승낙을 받아 소송에서 탈퇴할 수 있는데(민사소송법 제82조 제3항, 제80조), 그 후 법원이 인수참가인의 청구의 당부에 관하여 심리한 결과 인수참가인의 청구를 기각하거나 소를 각하하는 판결을 선고하여 판결이 확정된 경우에는 원고가 제기한 최초의 재판상 청구로 인한 시효중단의 효력은 소멸한다. 다만 소송탈퇴는 소취하와는 성질이 다르며, 탈퇴 후 잔존하는 소송에서 내린 판결은 탈퇴자에 대하여도 효력이 미친다(민사소송법 제82조 제3항, 제80조 단서). 이에 비추어 보면 인수참가인의 소송목적 양수 효력이 부정되어 인수참가인에 대한 청구기각 또는 소각하 판결이 확정된 날부터 6개월 내에 탈퇴한 원고가 다시 탈퇴 전과 같은 재판상의 청구 등을 한 때에는, 탈퇴 전에 원고가 제기한 재판상의 청구로 인하여 발생한 시효중단의 효력은 그대로 유지된다.

### 이행인수와 시효중단 / 대법원 2016. 10. 27. 선고 2015다239744 판결

이행인수는 채무자와 인수인 사이의 계약에 따라 인수인이 채권자에 대한 채무를 변제하기로 약정하는 것을 말한다. 이 경우 인수인은 채무자의 채무를 변제하는 등으로 면책시킬 의무를 부담하지만 채권자에 대한 관계에서 직접 이행의무를 부담하게 되는 것은 아니다. 한편 소멸시효 중단사유인 채무의 승인은 시효이익을 받을 당사자나 대리인만 할 수 있으므로 이행인수인이 채권자에 대하여 채무자의 채무를 승인하더라도 다른 특별한 사정이 없는 한 시효중단 사유가 되는 채무승인의 효력은 발생하지 않는다.

### 최고로서의 소송고지 / 대법원 2015. 5. 14. 선고 2014다16494 판결

소송고지의 요건이 갖추어진 경우에 소송고지서에 고지자가 피고지자에 대하여 채무의 이행을 청구하는 의사가 표명되어 있으면 민법 제174조에 정한 시효중단사유로서의 최고의 효력이 인정된다. 나아가 시효중단제도는 제도의 취지에 비추어 볼 때 기산점이나 만료점을 원권리자를 위하여 너그럽게 해석하는 것이 바람직하고, 소송고지에 의한 최고는 보통의 최고와는 달리 법원의 행위를 통하여 이루어지는 것이므로 만일 법원이 소송고지서의 송달사무를 우연한 사정으로 지체하는 바람에 소송고지서의 송달 전에 시효가 완성된다면 고지자가 예상치 못한 불이익을 입게 된다는 점 등을 고려하면, 소송고지에 의한 최고의 경우에는 민사소송법 제265조를 유추 적용하여 당사자가 소송고지서를 법원에 제출한 때에 시효중단의 효력이 발생한다.

### 시효이익 포기의 상대효 / 대법원 2015. 6. 11. 선고 2015다200227 판결

소멸시효 이익의 포기는 상대적 효과가 있을 뿐이어서 다른 사람에게는 영향을 미치지 아니함이 원칙이나, 소멸시효 이익의 포기 당시에는 권리의 소멸에 의하여 직접 이익을 받을 수 있는 이해관계를 맺은 적이 없다가 나중에 시효이익을 이미 포기한 자와의 법률관계를 통하여 비로소 시효이익을 원용할 이해관계를 형성한 자는 이미 이루어진 시효이익 포기의 효력을 부정할 수 없다. 왜냐하면, 시효이익의 포기에 대하여 상대적인 효과만을 부여하는 이유는 포기 당시에 시효이익을 원용할 다수의 이해관계인이 존재하는 경우 그들의 의사와는 무관하게 채무자 등 어느 일방의 포기 의사만으로 시효이익을 원용할 권리를 박탈당하게 되는 부당한 결과의 발생을 막으려는 데 있는 것이지, 시효이익을 이미 포기한 자와의 법률관계를 통하여 비로소 시효이익을 원용할 이해관계를 형성한 자에게 이미 이루어진 시효이익 포기의 효력을 부정할 수 있게 하여 시효완성을 둘러싼 법률관계를 사후에 불안정하게 만들자는 데 있는 것은 아니기 때문이다.

### 임차권등기명령이 시효중단사유가 될 수 있는지 여부 / 대법원 2019. 5. 16. 선고 2017다226629 판결

주택임대차보호법이 임차권등기명령의 신청에 대한 재판절차와 임차권등기명령의 집행 등에 관하여 민사집행법상 가압류에 관한 절차규정을 일부 준용하고 있지만, 이는 일방 당사자의 신청에 따라 법원이 심리·결정한 다음 등기를 촉탁하는 일련의 절차가 서로 비슷한 데서 비롯된 것일 뿐 이를 이유로 임차권등기명령에 따른 임차권등기가 본래의 담보적 기능을 넘어서 채무자의 일반재산에 대한 강제집행을 보전하기 위한 처분의 성질을 가진다고 볼 수는 없다. 그렇다면 임차권등기명령에 따른 임차권등기에는 민법 제168조 제2호에서 정하는 소멸시효 중단사유인 압류 또는 가압류, 가처분에 준하는 효력이 있다고 볼 수 없다.

### 시효완성과 해제 / 대법원 2022. 9. 29. 선고 2019다204593 판결

채무불이행에 따른 해제의 의사표시 당시에 이미 채무불이행의 대상이 되는 본래 채권이 시효가 완성되어 소멸하였다면, 채무자가 소멸시효의 완성을 주장하는 것이 신의성실의 원칙에 반하여 허용될 수 없다는 등의 특별한 사정이 없는 한, 채권자는 채무불이행 시점이 본래 채권의 시효 완성 전인지 후인지를 불문하고 그 채무불이행을 이유로 한 해제권 및 이에 기한 원상회복청구권을 행사할 수 없다.

### 최고 후 채무의 승인 / 대법원 2022. 7. 28.자 2020다46663

가 민법 제174조는 "최고는 6월 내에 재판상의 청구, 파산절차참가, 화해를 위한 소환, 임의출석, 압류 또는 가압류, 가처분을 하지 아니하면 시효중단의 효력이 없다."라고 정한다. 위 규정은 채권자가 최고 후 6개월 내에 확정적으로 시효를 중단시키기 위해 취할 보완조치에 채무의 승인을 포함하고 있지는 않지만, 최고 후 6개월 내에 채무자의 승인이 있는 경우에도 위 규정을 유추적용하여 시효중단의 효력이 발생한다고 해석하는 것이 타당하다.

채권자가 주채무자에 대하여 이행을 최고한 후 주채무자가 6개월 내에 채무를 승인한 경우 최고가 주채무자에게 도달한 때 시효중단의 효력이 발생한다고 보는 이상, 그 중단의 효력은 민법 제440조에 따라 보증인에게도 미친다. 민법 제433조 제2항에 따라 주채무자가 시효완성 후 시효이익을 포기한 경우 보증인에게는 효력이 없다고 보는 것은 이 부분 해석에 영향을 미치지 않는다.

## II 채권총론

 CHAPTER 1 채권의 목적

### • 금전채권

#### 법정이율에 따른 지연손해금 / 대법원 2017. 9. 26. 선고 2017다22407 판결

당사자 일방이 금전소비대차가 있음을 주장하면서 약정이율에 따른 이자의 지급을 구하는 경우, 특별한 사정이 없는 한 대여금채권의 변제기 이후의 기간에 대해서는 약정이율에 따른 지연손해금을 구하는 것으로 보아야 하고, 여기에는 약정이율이 인정되지 않는다고 하더라도 법정이율에 의한 지연손해금을 구하는 취지가 포함되어 있다고 볼 수 있다. 이는 채무자가 금전소비대차계약 공정증서의 집행력을 배제하기 위하여 제기한 청구이의의 소에서 채권자가 금전대여와 함께 약정이율에 따른 지연손해금을 주장한 경우에도 마찬가지이다.

이자제한법 위반의 효과 / 대법원 2021. 2. 25. 선고 2020다230239 판결

금전을 대여한 채권자가 고의 또는 과실로 이자제한법을 위반하여 최고이자율을 초과하는 이자를 받아 채무자에게 손해를 입힌 경우에는 특별한 사정이 없는 한 민법 제750조에 따라 불법행위가 성립한다고 보아야 한다. 최고이자율을 초과하여 지급된 이자는 이자제한법 제2조 제4항에 따라 원본에 충당되므로, 이와 같이 충당하여 원본이 소멸하고도 남아 있는 초과 지급액은 이자제한법 위반 행위로 인한 손해라고 볼 수 있다. 부당이득반환청구권과 불법행위로 인한 손해배상청구권은 서로 별개의 청구권으로서, 제한 초과이자에 대하여 부당이득반환청구권이 있다고 해서 그것만으로 불법행위의 성립이 방해되지 않는다.

 CHAPTER 2 채권의 효력

## 채무불이행과 그 구제

상행위의 채무불이행책임의 법적 성질 / 대법원 2022. 7. 14. 선고 2017다242232 판결

매매계약이 상행위에 해당하는 경우 매매계약에 의해 직접 생긴 채권뿐만 아니라 매도인의 채무불이행책임이나 하자담보책임에 기한 매수인의 손해배상채권에 대해서도 상사소멸시효가 적용된다. 한편 공익사업을 위한 토지 등의 취득 및 보상에 관한 법률(이하 '토지보상법'이라 한다)에 의한 협의취득은 사법상의 매매계약에 해당한다. 당사자 일방이 상인인 경우에는 토지보상법에 의한 협의취득으로 체결된 부동산 매매계약이라고 하더라도 다른 사정이 없는 한 보조적 상행위에 해당하므로, 매도인의 채무불이행책임이나 하자담보책임에 기한 매수인의 손해배상채권에 대해서는 상사소멸시효가 적용된다.

기한없는 채무의 지체책임 / 대법원 2014. 4. 10. 선고 2012다29557 판결

채무에 이행기의 정함이 없는 경우에는 채무자가 이행의 청구를 받은 다음 날부터 이행지체의 책임을 지는 것이나, 한편 지명채권이 양도된 경우 채무자에 대한 대항요건이 갖추어질 때까지 채권양수인은 채무자에게 대항할 수 없으므로, 이행기의 정함이 없는 채권을 양수한 채권양수인이 채무자를 상대로 그 이행을 구하는 소를 제기하고 소송 계속 중 채무자에 대한 채권양도통지가 이루어진 경우에는 특별한 사정이 없는 한 채무자는 채권양도통지가 도달된 다음 날부터 이행지체의 책임을 진다.

등기의무지체로 인한 손해배상의 범위 / 대법원 2021. 5. 27. 선고 2017다230963 판결

분양받은 아파트에 관하여 소유권이전등기절차의 이행이 장기간 지연되었다면 수분양자에게는 재산권을 완전히 행사하지 못하는 손해가 발생하였다고 볼 수 있다. 주위 부동산들의 거래상황 등에 비추어 볼 때 등기절차가 이행되지 않아 수분양자 등이 활용기회의 상실 등의 손해를 입었을 개연성이 인정된다면, 등기절차 지연으로 인한 통상손해가 발생하였다고 할 것이고, 이 손해가 특별한 사정으로 인한 손해라고 하더라도 예견가능성이 있다고 보아야 한다. 이러한 법리는 분양된 아파트에 관하여 전유부분에 대한 소유권이전등기절차만을 이행하고 그에 관한 대지권이전등기의 이행을 장기간 지연한 경우에도 마찬가지로 적용될 수 있다.

귀책사유없는 이행불능의 효과 / 대법원 2021. 5. 27. 선고 2017다254228 판결

쌍무계약에서 당사자 일방이 부담하는 채무가 채무자의 귀책사유로 이행할 수 없는 경우에는 채무불이행책임을 지지만, 당사자 쌍방의 귀책사유 없이 이행할 수 없는 경우에는 위험부담에 관한 민법 제537조가 적용되고 채권자의 귀책사유로 이행할 수 없는 경우 등에는 민법 제538조가 적용된다. 따라서 쌍무계약에서 당사자

쌍방의 귀책사유 없이 채무를 이행할 수 없게 된 경우 채무자는 민법 제537조에 따라 자신의 채무를 이행할 의무를 면함과 더불어 상대방의 이행도 청구하지 못한다. 쌍방 채무의 이행이 없었던 경우에는 계약상 의무의 이행을 청구하지 못하고 이미 이행한 급부는 법률상 원인 없는 급부가 되어 부당이득 법리에 따라 반환을 청구할 수 있다.

안전배려의무의 내용 / 대법원 2018. 12. 28. 선고 2016다33196 판결
학교법인이 안전배려의무를 위반하여 학생의 생명, 신체, 건강 등을 침해하여 손해를 입힌 때에는 불완전이행으로서 채무불이행으로 인한 손해배상책임을 부담한다. 구체적으로 손해배상책임을 인정하기 위해서는, 문제가 된 사고와 재학계약에 따른 교육활동 사이에 직접 또는 간접적으로 관련성이 인정되어야 하고, 학교법인이 설립한 학교의 학교장이나 교사가 사고를 교육활동에서 통상 발생할 수 있다고 예견하였거나 예견할 수 있었음에도 사고 위험을 미리 제거하기 위하여 필요한 조치를 다하지 못하였다고 평가할 수 있어야 한다. 이러한 예견가능성은 교육활동의 때와 장소, 교육활동의 종류와 성질, 당해 사고와 관련된 교육활동 참여자들의 분별능력과 성행, 피해 학생과의 관계 기타 여러 사정을 고려하여 판단하여야 한다.

위약벌에 대한 민법 제398조 제2항의 준용여부 / 대법원 2016. 1. 28. 선고 2015다239324 판결
위약벌의 약정은 채무의 이행을 확보하기 위하여 정하는 것으로서 손해배상의 예정과 다르므로 손해배상의 예정에 관한 민법 제398조 제2항을 유추 적용하여 그 액을 감액할 수 없고, 다만 의무의 강제로 얻는 채권자의 이익에 비하여 약정된 벌이 과도하게 무거울 때에는 일부 또는 전부가 공서양속에 반하여 무효로 된다.

위약금과 위약벌의 감액 / 대법원 2020. 11. 12. 선고 2017다275270 판결
위약금 약정이 손해배상액의 예정과 위약벌의 성격을 함께 가지는 경우 특별한 사정이 없는 한 법원은 당사자의 주장이 없더라도 직권으로 민법 제398조 제2항에 따라 위약금 전체 금액을 기준으로 감액할 수 있다.

계약이행보증금이 위약금에 해당하는지 여부 / 대법원 2018. 12. 27. 선고 2016다274270 판결
계약 당시 일방의 책임으로 계약이 해지되면 계약이행보증금이 상대방에게 귀속된다고 정한 경우 계약이행보증금은 위약금으로서 민법 제398조 제4항에 따라 손해배상액의 예정으로 추정된다. 손해배상액을 예정한 경우 다른 특약이 없는 한 채무불이행으로 발생할 수 있는 모든 손해가 예정액에 포함된다. 그 계약과 관련하여 손해배상액을 예정한 채무불이행과 별도의 행위를 원인으로 손해가 발생하여 불법행위 또는 부당이득이 성립한 경우 그 손해는 예정액에서 제외되지만, 계약 당시 채무불이행으로 인한 손해로 예정한 것이라면 특별한 사정이 없는 한 손해를 발생시킨 원인행위의 법적 성격과 상관없이 그 손해는 예정액에 포함되므로 예정액과 별도로 배상 또는 반환을 청구할 수 없다.

고의의 불법행위의 과실상계의 인정여부 / 대법원 2016. 4. 12. 선고 2013다31137 판결
피해자의 부주의를 이용하여 고의로 불법행위를 저지른 자가 바로 그 피해자의 부주의를 이유로 자신의 책임을 감하여 달라고 주장하는 것은 허용될 수 없으나, 이는 그러한 사유가 있는 자에게 과실상계의 주장을 허용하는 것이 신의칙에 반하기 때문이므로, 불법행위자 중 일부에게 그러한 사유가 있다고 하여 그러한 사유가 없는 다른 불법행위자까지도 과실상계의 주장을 할 수 없다고 해석할 것은 아니다.

제3자에 의한 채권침해와 손해배상 / 대법원 2019. 5. 10. 선고 2017다239311 판결

채무자의 재산을 은닉하는 방법으로 제3자에 의한 채권침해가 이루어질 당시 채무자가 가지고 있던 다액의 채무로 인하여 제3자의 채권침해가 없었더라도 채권자가 채무자로부터 일정액 이상으로 채권을 회수할 가능성이 없었다고 인정될 경우에는 위 일정액을 초과하는 손해와 제3자의 채권침해로 인한 불법행위 사이에는 상당인과관계를 인정할 수 없다.

제3자에 의한 채권침해와 불법행위 / 대법원 2021. 6. 30. 선고 2016다10827 판결

일반적으로 채권에 대해서는 배타적 효력이 부인되고 채권자 상호 간 및 채권자와 제3자 사이에 자유경쟁이 허용되므로 제3자에 의하여 채권이 침해되었다는 사실만으로 바로 불법행위가 성립하지는 않는다. 그러나 거래에서 자유경쟁 원칙은 법질서가 허용하는 범위에서 공정하고 건전한 경쟁을 전제로 하므로, 제3자가 채권자를 해친다는 사정을 알면서도 법규를 위반하거나 선량한 풍속 그 밖의 사회질서를 위반하는 등 위법한 행위를 하여 채권의 실현을 방해하는 등으로 채권자의 이익을 침해하였다면 불법행위가 성립한다.

채권자지체의 효력 / 대법원 2021. 10. 28. 선고 2019다293036 판결

채권자지체가 성립하는 경우 그 효과로서 원칙적으로 채권자에게 민법 규정에 따른 일정한 책임이 인정되는 것 외에, 채무자가 채권자에 대하여 일반적인 채무불이행책임과 마찬가지로 손해배상이나 계약 해제를 주장할 수는 없다. 그러나 계약 당사자가 명시적·묵시적으로 채권자에게 급부를 수령할 의무 또는 채무자의 급부 이행에 협력할 의무가 있다고 약정한 경우, 또는 구체적 사안에서 신의칙상 채권자에게 위와 같은 수령의무나 협력의무가 있다고 볼 특별한 사정이 있다고 인정되는 경우에는 그러한 의무 위반에 대한 책임이 발생할 수 있다.

• **책임재산의 보전**

피보전채권의 무효, 소멸에 대한 주장의 가능성 / 대법원 2015. 9. 10. 선고 2013다55300 판결

채권자가 채권자대위소송을 제기한 경우, 제3채무자는 채무자가 채권자에 대하여 가지는 항변권이나 형성권 등과 같이 권리자에 의한 행사를 필요로 하는 사유를 들어 채권자의 채무자에 대한 권리가 인정되는지 여부를 다툴 수 없지만, 채권자의 채무자에 대한 권리의 발생원인이 된 법률행위가 무효라거나 위 권리가 변제 등으로 소멸하였다는 등의 사실을 주장하여 채권자의 채무자에 대한 권리가 인정되는지 여부를 다투는 것은 가능하고, 이 경우 법원은 제3채무자의 주장을 고려하여 채권자의 채무자에 대한 권리가 인정되는지 여부에 관하여 직권으로 심리·판단하여야 한다.

채무자가 허무인 또는 사망한 경우의 효력 / 대법원 2021. 7. 21. 선고 2020다300893 판결

채권자대위소송에서 대위에 의하여 보전될 채권자의 채무자에 대한 권리가 인정되지 아니할 경우에는 채권자가 스스로 원고가 되어 채무자의 제3채무자에 대한 권리를 행사할 당사자적격이 없게 되므로 그 대위소송은 부적법하여 각하할 것인바, 피대위자인 채무자가 실존인물이 아니거나 사망한 사람인 경우 역시 피보전채권인 채권자의 채무자에 대한 권리를 인정할 수 없는 경우에 해당하므로 그러한 채권자대위소송은 당사자적격이 없어 부적법하다.

### 제3채무자의 주장의 범위 / 대법원 2020. 7. 9. 선고 2020다223781 판결

채권자대위권은 채무자의 제3채무자에 대한 권리를 행사하는 것이므로, 제3채무자는 채무자에 대하여 가지는 모든 항변사유로써 채권자에게 대항할 수 있으나, 채권자는 채무자 자신이 주장할 수 있는 사유의 범위 내에서 주장할 수 있을 뿐, 자기와 제3채무자 사이의 독자적인 사정에 기한 사유를 주장할 수는 없다.

### 공유물분할청구권의 대위 가능성 / 대법원 2020. 5. 21. 선고 2018다879 전원합의체 판결

[1] 채권자는 자기의 채권을 보전하기 위하여, 일신에 전속한 권리가 아닌 한 채무자의 권리를 행사할 수 있다(민법 제404조 제1항). 공유물분할청구권은 공유관계에서 수반되는 형성권으로서 공유자의 일반재산을 구성하는 재산권의 일종이다. 공유물분할청구권의 행사가 오로지 공유자의 자유로운 의사에 맡겨져 있어 공유자 본인만 행사할 수 있는 권리라고 볼 수는 없다. 따라서 공유물분할청구권도 채권자대위권의 목적이 될 수 있다.

[2] [다수의견] 채권자가 자신의 금전채권을 보전하기 위하여 채무자를 대위하여 부동산에 관한 공유물분할청구권을 행사하는 것은, 책임재산의 보전과 직접적인 관련이 없어 채권의 현실적 이행을 유효·적절하게 확보하기 위하여 필요하다고 보기 어렵고 채무자의 자유로운 재산관리행위에 대한 부당한 간섭이 되므로 보전의 필요성을 인정할 수 없다.

### 대위채권자의 직접청구와 이에 대한 채권자의 압류의 효력 / 대법원 2016. 8. 29. 선고 2015다236547 판결

[1] 채권자대위소송에서 제3채무자로 하여금 직접 대위채권자에게 금전의 지급을 명하는 판결이 확정되더라도, 대위의 목적인 권리, 즉 채무자의 제3채무자에 대한 피대위채권이 판결의 집행채권으로서 존재하고 대위채권자는 채무자를 대위하여 피대위채권에 대한 변제를 수령하게 될 뿐 자신의 채권에 대한 변제로서 수령하게 되는 것이 아니므로, 피대위채권이 변제 등으로 소멸하기 전이라면 채무자의 다른 채권자는 이를 압류·가압류할 수 있다.

[2] 채권자대위소송이 제기되고 대위채권자가 채무자에게 대위권 행사사실을 통지하거나 채무자가 이를 알게 되면 민법 제405조 제2항에 따라 채무자는 피대위채권을 양도하거나 포기하는 등 채권자의 대위권 행사를 방해하는 처분행위를 할 수 없게 되고 이러한 효력은 제3채무자에게도 그대로 미치는데, 그럼에도 그 이후 대위채권자와 평등한 지위를 가지는 채무자의 다른 채권자가 피대위채권에 대하여 전부명령을 받는 것도 가능하다고 하면, 채권자대위소송의 제기가 채권자의 적법한 권리행사방법 중 하나이고 채무자에게 속한 채권을 추심한다는 점에서 추심소송과 공통점도 있음에도 그것이 무익한 절차에 불과하게 될 뿐만 아니라, 대위채권자가 압류·가압류나 배당요구의 방법을 통하여 채권배당절차에 참여할 기회조차 가지지 못하게 한 채 전부명령을 받은 채권자가 대위채권자를 배제하고 전속적인 만족을 얻는 결과가 되어, 채권자대위권의 실질적 효과를 확보하고자 하는 민법 제405조 제2항의 취지에 반하게 된다. 따라서 채권자대위소송이 제기되고 대위채권자가 채무자에게 대위권 행사사실을 통지하거나 채무자가 이를 알게 된 이후에는 민사집행법 제229조 제5항이 유추적용되어 피대위채권에 대한 전부명령은, 우선권 있는 채권에 기초한 것이라는 등의 특별한 사정이 없는 한, 무효이다.

[3] 자기의 금전채권을 보전하기 위하여 채무자의 금전채권을 대위행사하는 대위채권자는 제3채무자로 하여금 직접 대위채권자 자신에게 지급의무를 이행하도록 청구할 수 있고 제3채무자로부터 변제를 수령할 수도 있으나, 이로 인하여 채무자의 제3채무자에 대한 피대위채권이 대위채권자에게 이전되거나 귀속되는 것이 아니므로, 대위채권자의 제3채무자에 대한 추심권능 내지 변제수령권능은 자체로서 독립적으로 처분하여 환가할 수 있는 것이 아니어서 압류할 수 없는 성질의 것이고, 따라서 추심권능 내지 변제수령권능에 대한 압류명령 등은 무효이다. 그리고 채권자대위소송에서 제3채무자로 하여금 직접 대위채권자에게 금전의 지급을 명하는 판결이 확정되더라도 판결에 기초하여 금전을 지급받는 것 역시 대위채권자의 제3채무자에 대한 추심권능 내지 변제수령권능에 속하므로, 채권자대위소송에서 확정된 판결에 따라 대위채권자가 제3채무자로부터 지급받을 채권에 대한 압류명령 등도 무효이다.

대위소송에서의 소 각하 판결의 기판력 / 대법원 2014. 1. 23. 선고 2011다108095 판결

민사소송법 제218조 제3항은 '다른 사람을 위하여 원고나 피고가 된 사람에 대한 확정판결은 그 다른 사람에 대하여도 효력이 미친다.'고 규정하고 있으므로, 채권자가 채권자대위권을 행사하는 방법으로 제3채무자를 상대로 소송을 제기하고 판결을 받은 경우 채권자가 채무자에 대하여 민법 제405조 제1항에 의한 보존행위 이외의 권리행사의 통지, 또는 민사소송법 제84조에 의한 소송고지 혹은 비송사건절차법 제49조 제1항에 의한 법원에 의한 재판상 대위의 허가를 고지하는 방법 등 어떠한 사유로 인하였든 적어도 채권자대위권에 의한 소송이 제기된 사실을 채무자가 알았을 때에는 그 판결의 효력이 채무자에게 미친다고 보아야 한다. 이때 채무자에게도 기판력이 미친다는 의미는 채권자대위소송의 소송물인 피대위채권의 존부에 관하여 채무자에게도 기판력이 인정된다는 것이고, 채권자대위소송의 소송요건인 피보전채권의 존부에 관하여 당해 소송의 당사자가 아닌 채무자에게 기판력이 인정된다는 것은 아니다. 따라서 채권자가 채권자대위권을 행사하는 방법으로 제3채무자를 상대로 소송을 제기하였다가 채무자를 대위할 피보전채권이 인정되지 않는다는 이유로 소각하 판결을 받아 확정된 경우 그 판결의 기판력이 채권자가 채무자를 상대로 피보전채권의 이행을 구하는 소송에 미치는 것은 아니다.

대위소송의 요건으로서 채무자의 권리미행사 / 대법원 2018. 10. 25. 선고 2018다210539 판결

채권자대위권은 채무자가 스스로 제3채무자에 대한 권리를 행사하지 아니하는 경우에 한하여 채권자가 자기의 채권을 보전하기 위하여 행사할 수 있는 것이어서, 채권자가 대위권을 행사할 당시에 이미 채무자가 그 권리를 재판상 행사하였을 때에는 채권자는 채무자를 대위하여 채무자의 권리를 행사할 수 없다. 그런데 비법인사단이 사원총회의 결의 없이 제기한 소는 소제기에 관한 특별수권을 결하여 부적법하고, 그 경우 소제기에 관한 비법인사단의 의사결정이 있었다고 할 수 없다. 따라서 비법인사단인 채무자 명의로 제3채무자를 상대로 한 소가 제기되었으나 사원총회의 결의 없이 총유재산에 관한 소가 제기되었다는 이유로 각하판결을 받고 그 판결이 확정된 경우에는 채무자가 스스로 제3채무자에 대한 권리를 행사한 것으로 볼 수 없다.

채권자대위권의 요건 / 대법원 2022. 8. 25. 선고 2019다229202 전원합의체 판결

피보험자가 임의 비급여 진료행위에 따라 요양기관에 진료비를 지급한 다음 실손의료보험계약상의 보험자에게 청구하여 진료비와 관련한 보험금을 지급받았는데, 진료행위가 위법한 임의 비급여 진료행위로서 무효인 동시에 보험자와 피보험자가 체결한 실손의료보험계약상 진료행위가 보험금 지급사유에 해당하지 아니하여 보험자가 피보험자에 대하여 보험금 상당의 부당이득반환채권을 갖게 된 경우, 채권자인 보험자가 금전채권인 부당이득반환채권을 보전하기 위하여 채무자인 피보험자를 대위하여 제3채무자인 요양기관을 상대로 진료비 상당의 부당이득반환채권을 행사하는 형태의 채권자대위소송에서 채무자가 자력이 있는 때에는 보전의 필요성이 인정된다고 볼 수 없다.

유증의 포기와 사해행위 / 대법원 2019. 1. 17. 선고 2018다260855 판결

유증을 받을 자는 유언자의 사망 후에 언제든지 유증을 승인 또는 포기할 수 있고, 그 효력은 유언자가 사망한 때에 소급하여 발생하므로(민법 제1074조), 채무초과 상태에 있는 채무자라도 자유롭게 유증을 받을 것을 포기할 수 있다. 또한 채무자의 유증 포기가 직접적으로 채무자의 일반재산을 감소시켜 채무자의 재산을 유증 이전의 상태보다 악화시킨다고 볼 수도 없다. 따라서 유증을 받을 자가 이를 포기하는 것은 사해행위 취소의 대상이 되지 않는다고 보는 것이 옳다.

### 매매계약과 사해행위 / 대법원 2021. 9. 30. 선고 2019다266409 판결

채무자가 유일한 재산인 부동산에 관하여 가등기의 효력이 소멸한 상태에서 새로 매매계약을 체결하고 말소되어야 할 가등기를 기초로 하여 본등기를 한 행위는 가등기의 원인인 법률행위와 별개로 일반채권자의 공동담보를 감소시키는 것으로 특별한 사정이 없는 한 채권자취소권의 대상인 사해행위이고, 이때 <u>본등기의 원인인 새로운 매매계약을 기준으로 사해행위 여부나 제척기간의 준수 여부를 판단해야 한다.</u>

### 담보제공행위와 사해행위의 예외 / 대법원 2017. 9. 21. 선고 2017다237186 판결

<u>채무자가 제3자로부터 자금을 차용하여 부동산을 매수하고 해당 부동산을 차용금채무에 대한 담보로 제공하거나, 채무자가 제3자로부터 부동산을 매수하여 매매대금을 지급하기 전에 소유권이전등기를 마치고 해당 부동산을 매매대금채무에 대한 담보로 제공한 경우와 같이 기존 채권자들의 공동담보가 감소되었다고 볼 수 없는 경우에는 담보제공행위를 사해행위라고 할 수 없다.</u> 나아가 위와 같은 부동산매수행위와 담보제공행위가 한꺼번에 이루어지지 않고 단기간 내에 순차로 이루어졌다고 하더라도 다른 특별한 사정이 없는 한 일련의 행위 전후를 통하여 기존 채권자들의 공동담보에 증감이 있었다고 평가할 것도 아니므로, 담보제공행위만을 분리하여 사해행위에 해당한다고 하여서도 아니 된다.

### 재판상 자백의 방법으로 이루어진 사해행위의 효력 / 대법원 2017. 4. 7. 선고 2016다204783 판결

[1] 무자력상태의 채무자가 소송절차를 통해 수익자에게 자신의 책임재산을 이전하기로 하여, 수익자가 제기한 소송에서 자백하는 등의 방법으로 패소판결 또는 그와 같은 취지의 화해권고결정 등을 받아 확정시키고, 이에 따라 수익자 앞으로 책임재산에 대한 소유권이전등기 등이 마쳐졌다면, <u>이러한 일련의 행위의 실질적인 원인이 되는 채무자와 수익자 사이의 이전합의는 다른 일반채권자의 이익을 해하는 사해행위가 될 수 있다.</u>
[2] 채권자가 사해행위의 취소와 함께 수익자 또는 전득자로부터 책임재산의 회복을 명하는 사해행위취소의 판결을 받은 경우 수익자 또는 전득자가 채권자에 대하여 사해행위의 취소로 인한 원상회복 의무를 부담하게 될 뿐, 채권자와 채무자 사이에서 취소로 인한 법률관계가 형성되는 것은 아니다. 따라서 <u>위와 같이 채무자와 수익자 사이의 소송절차에서 확정판결 등을 통해 마쳐진 소유권이전등기가 사해행위취소로 인한 원상회복으로써 말소된다고 하더라도, 그것이 확정판결 등의 효력에 반하거나 모순되는 것이라고는 할 수 없다.</u>

### 적극재산의 산정기준 및 증명책임 / 대법원 2023. 10. 18. 선고 2023다237804 판결

채무자가 재산처분행위를 할 당시 적극재산을 산정함에 있어서 실질적으로 재산적 가치가 없어 채권의 공동담보로서의 역할을 할 수 없는 재산은 제외하여야 하는지 여부(원칙적 적극) 및 재산이 채권인 경우, 적극재산에 포함시키기 위한 요건 / 어떠한 채권의 존부 및 범위에 관한 증명이 있는 경우, 채권이 용이하게 변제를 받을 수 있는 확실성이 없는 등 실질적으로 재산적 가치가 없어 채권의 공동담보로서의 역할을 할 수 없는 재산에 해당한다는 점에 대한 주장·증명책임의 소재(=취소채권자)

### 사해행위취소판결의 효력 / 대법원 2021. 2. 4. 선고 2018다271909 판결

채권자가 수익자와 전득자를 공동피고로 삼아 채권자취소의 소를 제기하면서 청구취지로 '채무자와 수익자 사이의 사해행위 취소 청구'를 구하는 취지임을 명시한 경우 전득자에 대한 관계에서 채무자와 수익자 사이의 사해행위를 취소하면서 채권자취소권을 행사한 것으로 보아야 한다. 사해행위 취소를 구하는 취지를 수익자에 대한 청구취지와 전득자에 대한 청구취지로 분리하여 각각 기재하지 않았다고 하더라도 취소를 구하는 취지가 수익자에 대한 청구에 한정된 것이라고 볼 수는 없다.

사해행위취소에 있어서 보전의 필요성 / 대법원 2017. 10. 26. 선고 2015다224469 판결

채권자취소권은 채무자의 사해행위를 채권자와 수익자 또는 전득자 사이에서 상대적으로 취소하고 채무자의 책임재산에서 일탈한 재산을 회복하여 채권자의 강제집행이 가능하도록 하는 것을 본질로 하는 권리이므로, 채권자취소권에 의하여 책임재산을 보전할 필요성이 없어지면 채권자취소권은 소멸한다. 따라서 채권자취소소송에서 피보전채권의 존재가 인정되어 사해행위 취소 및 원상회복을 명하는 판결이 확정되었다고 하더라도, 그에 기하여 재산이나 가액의 회복을 마치기 전에 피보전채권이 소멸하여 채권자가 더 이상 채무자의 책임재산에 대하여 강제집행을 할 수 없게 되었다면, 이는 위 판결의 집행력을 배제하는 적법한 청구이의 이유가 된다.

사해행위인 채권양도의 취소 및 원상회복 / 대법원 2015. 11. 17. 선고 2012다2743 판결

채무자의 수익자에 대한 채권양도가 사해행위로 취소되는 경우, 수익자가 제3채무자에게서 아직 채권을 추심하지 아니한 때에는, 채권자는 사해행위취소에 따른 원상회복으로서 수익자가 제3채무자에게 채권양도가 취소되었다는 취지의 통지를 하도록 청구할 수 있다. 그런데 사해행위의 취소는 채권자와 수익자의 관계에서 상대적으로 채무자와 수익자 사이의 법률행위를 무효로 하는 데에 그치고, 채무자와 수익자 사이의 법률관계에는 영향을 미치지 아니한다. 따라서 채무자의 수익자에 대한 채권양도가 사해행위로 취소되고, 그에 따른 원상회복으로서 제3채무자에게 채권양도가 취소되었다는 취지의 통지가 이루어지더라도, 채권자와 수익자의 관계에서 채권이 채무자의 책임재산으로 취급될 뿐, 채무자가 직접 채권을 취득하여 권리자로 되는 것은 아니므로, 채권자는 채무자를 대위하여 제3채무자에게 채권에 관한 지급을 청구할 수 없다.

수익자의 채권자에 대한 압류 및 전부명령의 가능성 / 대법원 2017. 8. 21.자 2017마499 결정

사해행위취소의 소에서 수익자가 원상회복으로서 채권자취소권을 행사하는 채권자에게 가액배상을 할 경우, 수익자 자신이 사해행위취소소송의 채무자에 대한 채권자라는 이유로 채무자에 대하여 가지는 자기의 채권과 상계하거나 채무자에게 가액배상금 명목의 돈을 지급하였다는 점을 들어 채권자취소권을 행사하는 채권자에 대해 이를 가액배상에서 공제할 것을 주장할 수 없다. 그러나 수익자가 채권자취소권을 행사하는 채권자에 대해 가지는 별개의 다른 채권을 집행하기 위하여 그에 대한 집행권원을 가지고 채권자의 수익자에 대한 가액배상채권을 압류하고 전부명령을 받는 것은 허용된다. 이는 수익자의 채무자에 대한 채권을 기초로 한 상계나 임의적인 공제와는 내용과 성질이 다르다. 또한 채권자가 채무자의 제3채무자에 대한 채권을 압류하는 경우 제3채무자가 채권자 자신인 경우에도 이를 압류하는 것이 금지되지 않으므로 단지 채권자와 제3채무자가 같다고 하여 채권압류 및 전부명령이 위법하다고 볼 수 없다.

가액배상시 우선변제권있는 임차권의 보증금의 공제여부 / 대법원 2018. 9. 13. 선고 2018다215756 판결

저당권이 설정되어 있는 부동산에 관하여 사해행위 후 변제 등으로 저당권설정등기가 말소되어 사해행위 취소와 함께 가액반환을 명하는 경우, 부동산 가액에서 저당권의 피담보채권액을 공제한 한도에서 가액반환을 하여야 한다. 그런데 그 부동산에 위와 같은 저당권 이외에 우선변제권 있는 임차인이 있는 경우에는 임대차계약의 체결시기 등에 따라 임차보증금 공제 여부가 달라질 수 있다. 가령 사해행위 이전에 임대차계약이 체결되었고 임차인에게 임차보증금에 대해 우선변제권이 있다면, 부동산 가액 중 임차보증금에 해당하는 부분이 일반 채권자의 공동담보에 제공되었다고 볼 수 없으므로 수익자가 반환할 부동산 가액에서 우선변제권 있는 임차보증금 반환채권액을 공제하여야 한다. 그러나 부동산에 관한 사해행위 이후에 비로소 채무자가 부동산을 임대한 경우에는 그 임차보증금을 가액반환의 범위에서 공제할 이유가 없다. 이러한 경우에는 부동산 가액 중 임차보증금에 해당하는 부분도 일반 채권자의 공동담보에 제공되어 있음이 분명하기 때문이다.

### 가등기에 기한 본등기를 마친 경우의 원상회복방법 / 대법원 2015. 5. 21. 선고 2012다952 전원합의체 판결

[1] 사해행위인 매매예약에 기하여 수익자 앞으로 가등기를 마친 후 전득자 앞으로 가등기 이전의 부기등기를 마치고 나아가 가등기에 기한 본등기까지 마쳤다 하더라도, 위 부기등기는 사해행위인 매매예약에 기초한 수익자의 권리의 이전을 나타내는 것으로서 부기등기에 의하여 수익자로서의 지위가 소멸하지는 아니하며, 채권자는 수익자를 상대로 사해행위인 매매예약의 취소를 청구할 수 있다. 그리고 설령 부기등기의 결과 가등기 및 본등기에 대한 말소청구소송에서 수익자의 피고적격이 부정되는 등의 사유로 인하여 수익자의 원물반환의무인 가등기말소의무의 이행이 불가능하게 된다 하더라도 달리 볼 수 없으며, 특별한 사정이 없는 한 수익자는 가등기 및 본등기에 의하여 발생된 채권자들의 공동담보 부족에 관하여 원상회복의무로서 가액을 배상할 의무를 진다.

[2] 채권자가 채무자의 부동산에 관한 사해행위를 이유로 수익자를 상대로 사해행위의 취소 및 원상회복을 구하는 소송을 제기한 후 소송계속 중에 사해행위가 해제 또는 해지되고 채권자가 사해행위의 취소에 의해 복귀를 구하는 재산이 벌써 채무자에게 복귀한 경우에는, 특별한 사정이 없는 한 사해행위취소소송의 목적은 이미 실현되어 더 이상 소에 의해 확보할 권리보호의 이익이 없어진다. 그리고 이러한 법리는 사해행위취소소송이 제기되기 전에 사해행위의 취소에 의해 복귀를 구하는 재산이 채무자에게 복귀한 경우에도 마찬가지로 타당하다.

### 근저당권설정계약이 사해행위인 경우 원상회복의 방법 / 대법원 2018. 4. 10. 선고 2016다272311 판결

근저당권설정계약을 사해행위로 취소하는 경우 경매절차가 진행되어 타인이 소유권을 취득하고 근저당권설정등기가 말소되었다면 원물반환이 불가능하므로 가액배상의 방법으로 원상회복을 명한다. 이때 이미 배당이 종료되어 수익자가 배당금을 수령한 경우에는 수익자로 하여금 배당금을 반환하도록 명하고, 배당표가 확정되었으나 채권자의 배당금지급금지가처분으로 인하여 수익자가 배당금을 현실적으로 지급받지 못한 경우에는 배당금지급채권의 양도와 그 채권양도의 통지를 명한다. 만약 채권자가 배당기일에 출석하여 수익자의 배당 부분에 대하여 이의를 하였다면 그 채권자는 사해행위취소의 소를 제기함과 아울러 원상회복의 방법으로 배당이의의 소를 제기할 수 있다.

### 소유권이전등기청구권이 책임재산을 구성하는지 여부 / 대법원 2016. 7. 29. 선고 2015다56086 판결

신탁자가 유효한 명의신탁약정을 해지함을 전제로 신탁된 부동산을 제3자에게 직접 처분하면서 수탁자 및 제3자와의 합의 아래 중간등기를 생략하고 수탁자에게서 곧바로 제3자 앞으로 소유권이전등기를 마쳐 준 경우 이로 인하여 신탁자의 책임재산인 수탁자에 대한 소유권이전등기청구권이 소멸하게 되므로, 이로써 신탁자의 소극재산이 적극재산을 초과하게 되거나 채무초과상태가 더 나빠지게 되고 신탁자도 그러한 사실을 인식하고 있었다면 이러한 신탁자의 법률행위는 신탁자의 일반채권자들을 해하는 행위로서 사해행위에 해당한다.

### 공동저당의 목적물의 적극재산 평가방법 / 대법원 2013. 7. 18. 선고 2012다5643 전원합의체 판결

사해행위취소의 소에서 채무자가 수익자에게 양도한 목적물에 저당권이 설정되어 있는 경우라면 그 목적물 중에서 일반채권자들의 공동담보에 제공되는 책임재산은 피담보채권액을 공제한 나머지 부분만이라고 할 것이고 그 피담보채권액이 목적물의 가액을 초과할 때는 당해 목적물의 양도는 사해행위에 해당한다고 할 수 없다. 그런데 수 개의 부동산에 공동저당권이 설정되어 있는 경우 책임재산을 산정함에 있어 각 부동산이 부담하는 피담보채권액은 특별한 사정이 없는 한 민법 제368조의 규정 취지에 비추어 공동저당권의 목적으로 된 각 부동산의 가액에 비례하여 공동저당권의 피담보채권액을 안분한 금액이라고 보아야 한다. 그러나 그 수개의 부동산 중 일부는 채무자의 소유이고 다른 일부는 물상보증인의 소유인 경우에는, 물상보증인이 민법 제

481조, 제482조의 규정에 따른 변제자대위에 의하여 채무자 소유의 부동산에 대하여 저당권을 행사할 수 있는 지위에 있는 점 등을 고려할 때, 그 물상보증인이 채무자에 대하여 구상권을 행사할 수 없는 특별한 사정이 없는 한 채무자 소유의 부동산에 관한 피담보채권액은 공동저당권의 피담보채권액 전액으로 봄이 상당하다. 이러한 법리는 하나의 공유부동산 중 일부 지분이 채무자의 소유이고, 다른 일부 지분이 물상보증인의 소유인 경우에도 마찬가지로 적용된다.

### 사해행위취소의 상대효 / 대법원 2017. 3. 9. 선고 2015다217980 판결

채무자가 사해행위 취소로 등기명의를 회복한 부동산을 제3자에게 처분하더라도 이는 무권리자의 처분에 불과하여 효력이 없으므로, 채무자로부터 제3자에게 마쳐진 소유권이전등기나 이에 기초하여 순차로 마쳐진 소유권이전등기 등은 모두 원인무효의 등기로서 말소되어야 한다. 이 경우 취소채권자나 민법 제407조에 따라 사해행위 취소와 원상회복의 효력을 받는 채권자는 채무자의 책임재산으로 취급되는 부동산에 대한 강제집행을 위하여 원인무효 등기의 명의인을 상대로 등기의 말소를 청구할 수 있다.

### 사해행위취소 원상회복청구의 집행불능 / 대법원 2018. 12. 28. 선고 2017다265815 판결

해행위로 부동산 소유권이 이전된 후 그 부동산에 관하여 제3자가 저당권이나 지상권 등의 권리를 취득한 경우에는 수익자가 부동산을 저당권 등의 제한이 없는 상태로 회복하여 채무자에게 이전하여 줄 수 있다는 등의 특별한 사정이 없는 한 채권자는 수익자를 상대로 원물반환 대신 가액 상당의 배상을 구할 수 있지만, 그렇다고 하여 채권자가 스스로 위험이나 불이익을 감수하면서 원물반환을 구하는 것까지 허용되지 않는 것은 아니다. 채권자는 원상회복 방법으로 가액배상 대신 수익자 명의 등기의 말소를 구하거나 수익자를 상대로 채무자 앞으로 직접 소유권이전등기절차를 이행할 것을 구할 수도 있다. 이 경우 원상회복청구권은 사실심 변론종결 당시 채권자의 선택에 따라 원물반환과 가액배상 중 어느 하나로 확정된다. 채권자가 일단 사해행위취소 및 원상회복으로서 수익자 명의 등기의 말소를 청구하여 승소판결이 확정되었다면, 어떠한 사유로 수익자 명의 등기를 말소하는 것이 불가능하게 되었다고 하더라도 다시 수익자를 상대로 원상회복청구권을 행사하여 가액배상을 청구하거나 원물반환으로서 채무자 앞으로 직접 소유권이전등기절차를 이행할 것을 청구할 수는 없으므로, 그러한 청구는 권리보호의 이익이 없어 허용되지 않는다.

### 수채권의 채권자의 가액배상청구와 원상회복의 범위 / 대법원 2022. 8. 11. 선고 2018다202774 판결

여러 채권자가 사해행위취소 및 원상회복청구의 소를 제기하여 여러 개의 소송이 계속 중인 경우에는 각 소송에서 채권자의 청구에 따라 사해행위의 취소 및 원상회복을 명하는 판결을 선고하여야 하고, 수익자가 가액배상을 하여야 할 경우에도 수익자가 반환하여야 할 가액 범위 내에서 각 채권자의 피보전채권액 전액의 반환을 명하여야 한다. 수익자가 어느 채권자에게 자신이 배상할 가액의 일부 또는 전부를 반환한 때에는 다른 채권자에 대하여 각 사해행위취소 판결에서 가장 다액으로 산정된 공동담보가액에서 자신이 반환한 가액을 공제한 금액을 초과하는 범위에서 청구이의의 방법으로 집행권원의 집행력의 배제를 구할 수 있을 뿐이다.

# CHAPTER 3 채권양도와 채무인수

### 채권양도의 효력발생시기 / 대법원 2022. 1. 13. 선고 2019다272855 판결

채권양도는 양도인과 양수인 사이에 채권을 동일성을 유지하면서 전자로부터 후자에게로 이전시킬 것을 목적으로 하는 계약을 말한다. 채권양도에 의하여 채권은 동일성을 잃지 않고 양도인으로부터 양수인에게 이전되는데, 이는 채권양도의 대항요건을 갖추지 못하였다고 하더라도 마찬가지이다. 이와 같은 채권의 귀속주체 변경의 효과는 원칙적으로 채권양도에 따른 처분행위 시 발생하는바, 지명채권 양수인이 '양도되는 채권의 채무자'인 경우에는 채권양도에 따른 처분행위 시 채권과 채무가 동일한 주체에 귀속한 때에 해당하므로 민법 제507조 본문에 따라 채권이 혼동에 의하여 소멸한다. 지명채권 양수인이 '양도되는 채권의 채무자'여서 양도된 채권이 민법 제507조 본문에 따라 혼동에 의하여 소멸한 경우에는 후에 채권에 관한 압류 또는 가압류결정이 제3채무자에게 송달되더라도 채권압류 또는 가압류결정은 존재하지 아니하는 채권에 대한 것으로서 무효이고, 압류 또는 가압류채권자는 민법 제450조 제2항에서 정한 제3자에 해당하지 아니한다.

### 채권양도 금지특약으로 대항할 수 있는 제3자의 범위 / 대법원 2015. 4. 9. 선고 2012다118020 판결

당사자의 의사표시에 의한 채권양도금지 특약은 제3자가 악의인 경우는 물론 제3자가 채권양도금지 특약을 알지 못한 데에 중대한 과실이 있는 경우에도 채권양도금지 특약으로써 대항할 수 있고, 제3자의 악의 내지 중과실은 채권양도금지 특약으로 양수인에게 대항하려는 자가 이를 주장·증명하여야 한다. 그리고 민법 제449조 제2항 단서는 채권양도금지 특약으로써 대항할 수 없는 자를 '선의의 제3자'라고만 규정하고 있어 채권자로부터 직접 양수한 자만을 가리키는 것으로 해석할 이유는 없으므로, 악의의 양수인으로부터 다시 선의로 양수한 전득자도 위 조항에서의 선의의 제3자에 해당한다. 또한 선의의 양수인을 보호하고자 하는 위 조항의 입법 취지에 비추어 볼 때, 이러한 선의의 양수인으로부터 다시 채권을 양수한 전득자는 선의·악의를 불문하고 채권을 유효하게 취득한다.

### 채권양도금지특약의 효력 / 대법원 2019. 12. 19. 선고 2016다24284 전원합의체 판결

당사자가 양도를 반대하는 의사를 표시(이하 '양도금지특약'이라고 한다)한 경우 채권은 양도성을 상실한다. 양도금지특약을 위반하여 채권을 제3자에게 양도한 경우에 채권양수인이 양도금지특약이 있음을 알았거나 중대한 과실로 알지 못하였다면 채권 이전의 효과가 생기지 아니한다. 반대로 양수인이 중대한 과실 없이 양도금지특약의 존재를 알지 못하였다면 채권양도는 유효하게 되어 채무자는 양수인에게 양도금지특약을 가지고 채무 이행을 거절할 수 없다. 채권양수인의 악의 내지 중과실은 양도금지특약으로 양수인에게 대항하려는 자가 주장·증명하여야 한다. 양도금지특약을 위반하여 이루어진 채권양도는 원칙적으로 효력이 없다는 것이 통설이고, 이와 견해를 같이하는 상당수의 대법원판결이 선고되어 재판실무가 안정적으로 운영되고 있다. 이러한 판례의 법리는 다음과 같은 이유에서 그대로 유지되어야 한다.

### 동시이행관계에 있는 채권의 상계 / 대법원 2015. 4. 9. 선고 2014다80945 판결

채권양도에 의하여 채권은 그 동일성을 유지하면서 양수인에게 이전되고, 채무자는 양도통지를 받은 때까지 양도인에 대하여 생긴 사유로써 양수인에게 대항할 수 있다(민법 제451조 제2항). 따라서 채무자의 채권양도인에 대한 자동채권이 발생하는 기초가 되는 원인이 양도 전에 이미 성립하여 존재하고 자동채권이 수동채권인 양도채권과 동시이행의 관계에 있는 경우에는, 양도통지가 채무자에게 도달하여 채권양도의 대항요건이 갖추어진 후에 자동채권이 발생하였다고 하더라도 채무자는 동시이행의 항변권을 주장할 수 있고, 따라서 그 채권에 의한 상계로 양수인에게 대항할 수 있다.

### 1차 채권양도 통지이후 이루어진 2차 채권양도의 효력 / 대법원 2016. 7. 14. 선고 2015다46119 판결

양도인이 지명채권을 제1양수인에게 1차로 양도한 다음 제1양수인이 그에 따라 확정일자 있는 증서에 의한 대항요건을 적법하게 갖추었다면 이로써 채권이 제1양수인에게 이전하고 양도인은 채권에 대한 처분권한을 상실하므로, 그 후 양도인이 동일한 채권을 제2양수인에게 양도하였더라도 제2양수인은 채권을 취득할 수 없다. 이 경우 양도인이 다른 채무를 담보하기 위하여 제1차 양도계약을 하였더라도 대외적으로 채권이 제1양수인에게 이전되어 제1양수인이 채권을 취득하게 되므로 그 후에 이루어진 제2차 양도계약에 따라 제2양수인이 채권을 취득하지 못하게 됨은 마찬가지이다. 또한 제2차 양도계약 후 양도인과 제1양수인이 제1차 양도계약을 합의해지한 다음 제1양수인이 그 사실을 채무자에게 통지함으로써 채권이 다시 양도인에게 귀속하게 되었더라도 특별한 사정이 없는 한 양도인이 처분권한 없이 한 제2차 양도계약이 채권양도로서 유효하게 될 수는 없으므로, 그로 인하여 제2양수인이 당연히 채권을 취득하게 된다고 볼 수는 없다.

### 이행인수 채무불이행으로 인한 손해배상의 범위 / 대법원 2021. 11. 25. 선고 2020다294516 판결

부동산의 매수인이 매매목적물에 관한 근저당권의 피담보채무를 인수하고 그 채무액을 매매대금에서 공제하기로 약정한 경우, 특별한 사정이 없는 한 매도인을 면책시키는 채무인수가 아니라 이행인수로 보아야 한다. 이행인수계약의 불이행으로 인한 손해배상의 범위는 원칙적으로 채무자가 채무의 내용에 따른 이행을 하지 않음으로써 생긴 통상의 손해를 한도로 한다. 매수인이 인수하기로 한 근저당권의 피담보채무를 변제하지 않아 원리금이 늘어났다면 그 원리금이 매수인의 이행인수계약 불이행으로 인한 통상의 손해액이 된다.

### 채권양도와 가압류의 경합 / 대법원 2022. 12. 1. 선고 2022다247521 판결

채무자가 압류 또는 가압류의 대상인 채권을 양도하고 확정일자 있는 통지 등에 의한 채권양도의 대항요건을 갖추었다면, 그 후 채무자의 다른 채권자가 그 양도된 채권에 대하여 압류 또는 가압류를 하더라도 그 압류 또는 가압류 당시에 피압류채권은 이미 존재하지 않는 것과 같아 압류 또는 가압류로서의 효력이 없고, 그에 기한 추심명령 또한 무효이므로, 그 다른 채권자는 압류 등에 따른 집행절차에 참여할 수 없다. 또한 압류된 금전채권에 대한 전부명령이 절차상 적법하게 발부되어 확정되었다고 하더라도 전부명령이 제3채무자에게 송달될 때에 피압류채권이 존재하지 않으면 전부명령도 무효이므로, 피압류채권이 전부채권자에게 이전되거나 집행채권이 변제되어 소멸하는 효과는 발생할 수 없다.

채권압류명령 등 당시 피압류채권이 이미 제3자에 대한 대항요건을 갖추어 양도되어 그 명령이 효력이 없는 것이 되었다면, 그 후의 사해행위취소소송에서 위 채권양도계약이 취소되어 채권이 원채권자에게 복귀하였다고 하더라도 이미 무효로 된 채권압류명령 등이 다시 유효로 되는 것은 아니다.

### 채권양도와 상계 / 대법원 2022. 6. 30. 선고 2022다200089 판결

채권양수인이 양수채권을 자동채권으로 하여 그 채무자가 채권양수인에 대해 가지고 있던 기존 채권과 상계한 경우, 채권양수인은 채권양도의 대항요건이 갖추어진 때 비로소 자동채권을 행사할 수 있으므로 채권양도 전에 이미 양 채권의 변제기가 도래하였다고 하더라도 상계의 효력은 변제기로 소급하는 것이 아니라 채권양도의 대항요건이 갖추어진 시점으로 소급한다(즉, 대항요건 구비된 날이 상계적상일).

**CHAPTER 4 채권의 소멸**

### 지정충당의 효력 / 대법원 2021. 1. 14. 선고 2020다261776 판결

동일 당사자 사이에 수 개의 채권관계가 성립되어 있는 경우 채무자가 특정채무를 지정하여 변제를 한 때에는 그 특정채무에 대한 변제의 효과가 인정된다. 이때 그 변제액수가 지정한 특정채무의 액수를 초과하더라도, 초과액수 상당의 채권이 부당이득관계에 따라 다른 채권에 대한 상계의 자동채권이 될 수 있음은 별론으로 하고, 당사자 사이에 다른 채권의 변제에 충당하거나 공제의 대상으로 삼기로 하는 합의가 있는 등 특별한 사정이 없는 한 초과액수가 다른 채권의 변제에 당연 충당된다거나 공제의 대상이 된다고 볼 수는 없다.

### 변제이익 / 대법원 2014. 4. 30. 선고 2013다8250 판결

변제자가 주채무자인 경우 보증인이 있는 채무와 보증인이 없는 채무 사이에 전자가 후자에 비하여 변제이익이 더 많다고 볼 근거는 전혀 없으므로 양자는 변제이익의 점에서 차이가 없다고 보아야 한다. 마찬가지로 변제자가 채무자인 경우 물상보증인이 제공한 물적 담보가 있는 채무와 그러한 담보가 없는 채무 사이에도 변제이익의 점에서 차이가 없다.

### 연체차임에 관한 변제충당약정의 효력 / 대법원 2023. 4. 13. 선고 2022다309337 판결

변제충당에 관한 민법 제476조 내지 제479조는 임의규정이지만, 상가임대차법의 규정에 위반된 약정으로서 임차인에게 불리한 것은 효력이 없으므로(상가임대차법 제15조), 임대인과 임차인이 연체 차임과 관련하여 민법상 변제충당과 다른 약정을 체결하였더라도 그것이 임차인에게 불리한 경우에는 효력을 인정할 수 없고, 이 경우에는 상가임대차법 제10조의9의 규정에 반하지 않는 범위 내에서만 민법상 변제충당 규정이 적용된다. 따라서 임차인의 변제제공이 연체 차임액 전부에 미치지 못할 경우에는 임차인이 지정변제충당(민법 제476조 제1항)을 할 수 있으나, 임대인의 지정변제충당(민법 제476조 제2항)이 상가임대차법 제10조의9에 반하는 경우에는 이를 적용할 수 없고, 임차인의 변제제공 당시를 기준으로 민법 제477조의 법정변제충당의 순서에 따라 변제충당의 효력이 발생할 뿐이다.

### 제3취득자와 물상보증인 사이의 변제자 대위 / 대법원 2014. 12. 18. 선고 2011다50233 전원합의체 판결

물상보증인이 채무를 변제하거나 담보권의 실행으로 소유권을 잃은 때에는 보증채무를 이행한 보증인과 마찬가지로 채무자로부터 담보부동산을 취득한 제3자에 대하여 구상권의 범위 내에서 출재한 전액에 관하여 채권자를 대위할 수 있는 반면, 채무자로부터 담보부동산을 취득한 제3자는 채무를 변제하거나 담보권의 실행으로 소유권을 잃더라도 물상보증인에 대하여 채권자를 대위할 수 없다고 보아야 한다. 만일 물상보증인의 지위를 보증인과 다르게 보아서 물상보증인과 채무자로부터 담보부동산을 취득한 제3자 상호 간에는 각 부동산의 가액에 비례하여 채권자를 대위할 수 있다고 한다면, 본래 채무자에 대하여 출재한 전액에 관하여 대위할 수 있었던 물상보증인은 채무자가 담보부동산의 소유권을 제3자에게 이전하였다는 우연한 사정으로 이제는 각 부동산의 가액에 비례하여서만 대위하게 되는 반면, 당초 채무 전액에 대한 담보권의 부담을 각오하고 채무자로부터 담보부동산을 취득한 제3자는 그 범위에서 뜻하지 않은 이득을 얻게 되어 부당하다.

### 물상보증인의 변제자대위의 제한 / 대법원 2014. 4. 30. 선고 2013다80429, 80436 판결

타인의 채무를 담보하기 위하여 근저당권을 설정한 물상보증인이 채무를 변제한 때에는 채무자에 대한 구상권이 있고, 물상보증인은 변제할 정당한 이익이 있으므로 변제로 당연히 채권자를 대위하여 채권자의 채권 및 그 담보에 관한 권리를 행사할 수 있다. 다만 물상보증인은 자기의 권리에 의하여 구상할 수 있는 범위에서 그와 같은 권리를 행사할 수 있으므로, 물상보증인이 채무를 변제한 때에도 다른 사정에 의하여 채무자에 대하여 구상권이 없는 경우에는 채권자를 대위하여 채권자의 채권 및 담보에 관한 권리를 행사할 수 없다고 해석하여야 한다.

### 대위변제자의 구상권 / 대법원 2021. 2. 25. 선고 2016다232597 판결

[1] 채무자를 위하여 변제한 자는 변제와 동시에 채권자의 승낙을 얻어 채권자를 대위할 수 있다(민법 제480조 제1항). 제3자가 채무자를 위하여 채무를 변제함으로써 채무자에 대하여 구상권을 취득하는 경우, 그 구상권의 범위 내에서 종래 채권자가 가지고 있던 채권과 그 담보에 관한 권리는 동일성을 유지한 채 법률상 당연히 변제자에게 이전한다. 이때 대위할 범위에 관하여 종래 채권자가 배당요구 없이도 당연히 배당받을 수 있었던 경우에는 대위변제자는 따로 배당요구를 하지 않아도 배당을 받을 수 있다.

[2] 후순위 담보권자는 선순위 담보권의 피담보채권 소멸로 직접 이익을 받는 자에 해당하지 않아 선순위 담보권의 피담보채권에 관한 소멸시효가 완성되었다고 주장할 수 없다고 보아야 한다.

### 제3취득자와 보증인 사이의 변제자 대위 / 대법원 2020. 10. 15. 선고 2019다222041 판결

민법 제480조, 제481조에 따라 채권자를 대위한 자는 자기의 권리에 의하여 구상할 수 있는 범위에서 채권과 그 담보에 관한 권리를 행사할 수 있다(민법 제482조 제1항). 보증인과 제3취득자 사이의 변제자대위에 관하여 민법 제482조 제2항 제1호는 "보증인은 미리 전세권이나 저당권의 등기에 그 대위를 부기하지 아니하면 전세물이나 저당물에 권리를 취득한 제3자에 대하여 채권자를 대위하지 못한다."라고 정하고 있다. 이 규정은 보증인의 변제로 저당권 등이 소멸한 것으로 믿고 목적부동산에 대하여 권리를 취득한 제3취득자를 예측하지 못한 손해로부터 보호하기 위한 것이다. 따라서 보증인이 채무를 변제한 후 저당권 등의 등기에 관하여 대위의 부기등기를 하지 않고 있는 동안 제3취득자가 목적부동산에 대하여 권리를 취득한 경우 보증인은 제3취득자에 대하여 채권자를 대위할 수 없다.

### 물상보증인의 담보물 상실 또는 감소의 효력 / 대법원 2017. 10. 31. 선고 2015다65042 판결

민법 제481조의 규정에 의하여 대위할 자가 있는 경우에 채권자의 고의나 과실로 담보가 상실되거나 감소된 때에는 대위할 자는 그 상실 또는 감소로 인하여 상환을 받을 수 없는 한도에서 그 책임을 면한다(민법 제485조). 이는 보증인 등 법정대위를 할 자가 있는 경우에 채권자에게 담보보존의무를 부담시킴으로써 대위할 자의 구상권과 대위에 대한 기대권을 보호하려는 것이다. 물상보증인은 근저당권의 피담보채무를 변제할 정당한 이익이 있는 자로서 변제로 채권자를 대위할 법정대위권이 있다. 채권자가 고의나 과실로 담보를 상실하게 하거나 감소하게 한 때에는 특별한 사정이 없는 한 물상보증인의 대위권을 침해하는 것이므로 물상보증인은 민법 제485조에 따라 상실 또는 감소로 인하여 상환을 받을 수 없는 한도에서 면책 주장을 할 수 있다. 여기서 물상보증인이 면책 주장을 할 수 있다는 것은 채무자가 부담하는 근저당권의 피담보채무 자체가 소멸한다는 뜻은 아니고 피담보채무에 관한 물상보증인의 책임이 소멸한다는 의미이다.

### 물상보증인의 구상금 액수의 산정기준 / 대법원 2018. 4. 10. 선고 2017다283028 판결

물상보증인이 담보권의 실행으로 타인의 채무를 담보하기 위하여 제공한 부동산의 소유권을 잃은 경우 물상보증인이 채무자에게 구상할 수 있는 범위는 특별한 사정이 없는 한 담보권의 실행으로 부동산의 소유권을 잃게 된 때, 즉 매수인이 매각대금을 다 낸 때의 부동산 시가를 기준으로 하여야 하고, 매각대금을 기준으로 할 것이 아니다. 경매절차에서 유찰 등의 사유로 소유권 상실 당시의 시가에 비하여 낮은 가격으로 매각되는 경우가 있는데, 이 경우 소유권 상실로 인한 부동산 시가와 매각대금의 차액에 해당하는 손해는 채무자가 채무를 변제하지 못한 데 따른 담보권의 실행으로 물상보증인에게 발생한 손해이므로, 이를 채무자에게 구상할 수 있어야 하기 때문이다.

상계적상의 의미 / 대법원 2021. 5. 7. 선고 2018다25946 판결
쌍방이 서로 같은 종류를 목적으로 한 채무를 부담한 경우 쌍방 채무의 이행기가 도래한 때에는 각 채무자는 대등액에 관하여 상계할 수 있다(민법 제492조 제1항). 민법 제492조 제1항에서 정한 '채무의 이행기가 도래한 때'는 채권자가 채무자에게 이행의 청구를 할 수 있는 시기가 도래하였음을 의미하고 채무자가 이행지체에 빠지는 시기를 말하는 것이 아니다(불확정기한의 경우 기한도래시에 이행기 도래, 채무자가 기한도래를 안 때부터 지체책임).

제척기간이 도과된 자동채권의 상계 / 대법원 2019. 3. 14. 선고 2018다255648 판결
손해배상채권의 제척기간이 지난 경우에도 그 기간이 지나기 전에 상대방에 대한 채권·채무관계의 정산 소멸에 대한 신뢰를 보호할 필요성이 있다는 점은 소멸시효가 완성된 채권의 경우와 아무런 차이가 없다. 따라서 매도인이나 수급인의 담보책임을 기초로 한 손해배상채권의 제척기간이 지난 경우에도 제척기간이 지나기 전 상대방의 채권과 상계할 수 있었던 경우에는 매수인이나 도급인은 민법 제495조를 유추적용해서 위 손해배상채권을 자동채권으로 해서 상대방의 채권과 상계할 수 있다고 봄이 타당하다.

유익비채권을 자동채권으로 한 상계 / 대법원 2021. 2. 10. 선고 2017다258787 판결
민법 제626조 제2항은 임차인이 유익비를 지출한 경우에는 임대인은 임대차종료시에 그 가액의 증가가 현존한 때에 한하여 임차인의 지출한 금액이나 그 증가액을 상환하여야 한다고 규정하고 있으므로, 임차인의 유익비상환채권은 임대차계약이 종료한 때에 비로소 발생한다고 보아야 한다. 따라서 임대차 존속 중 임대인의 구상금채권의 소멸시효가 완성된 경우에는 위 구상금채권과 임차인의 유익비상환채권이 상계할 수 있는 상태에 있었다고 할 수 없으므로, 그 이후에 임대인이 이미 소멸시효가 완성된 구상금채권을 자동채권으로 삼아 임차인의 유익비상환채권과 상계하는 것은 민법 제495조에 의하더라도 인정될 수 없다.

고의의 채무불이행에 대한 민법 제496조의 유추적용 / 대법원 2017. 2. 15. 선고 2014다19776 판결
고의에 의한 행위가 불법행위를 구성함과 동시에 채무불이행을 구성하여 불법행위로 인한 손해배상채권과 채무불이행으로 인한 손해배상채권이 경합하는 경우에는 민법 제496조의 규정을 유추적용할 필요가 있다. 이러한 경우에 고의의 채무불이행으로 인한 손해배상채권을 수동채권으로 한 상계를 허용하면 이로써 고의의 불법행위로 인한 손해배상채권까지 소멸하게 되어 고의의 불법행위에 의한 손해배상채권은 현실적으로 만족을 받아야 한다는 이 규정의 입법 취지가 몰각될 우려가 있기 때문이다. 따라서 이러한 예외적인 경우에는 민법 제496조를 유추적용하여 고의의 채무불이행으로 인한 손해배상채권을 수동채권으로 하는 상계를 한 경우에도 채무자가 상계로 채권자에게 대항할 수 없다고 보아야 한다.

보증인의 항변권의 범위 / 대법원 2018. 9. 13. 선고 2015다209347 판결
상계는 단독행위로서 상계를 할지는 채권자의 의사에 따른 것이고 상계적상에 있는 자동채권이 있다고 하여 반드시 상계를 해야 할 것은 아니다. 채권자가 주채무자에 대하여 상계적상에 있는 자동채권을 상계하지 않았다고 하여 이를 이유로 보증채무자가 보증한 채무의 이행을 거부할 수 없으며 나아가 보증채무자의 책임이 면책되는 것도 아니다.

**CHAPTER 5 수인의 채권자와 채무자**

연대채무자 중 1인에 대한 일부면제의 효력 / 대법원 2019. 8. 14. 선고 2019다216435 판결

민법 제419조는 "어느 연대채무자에 대한 채무면제는 그 채무자의 부담부분에 한하여 다른 연대채무자의 이익을 위하여 효력이 있다."라고 정하여 면제의 절대적 효력을 인정한다. 이는 당사자들 사이에 구상의 순환을 피하여 구상에 관한 법률관계를 간략히 하려는 데 취지가 있는바, 채권자가 연대채무자 중 1인에 대하여 채무를 일부 면제하는 경우에도 그와 같은 취지는 존중되어야 한다. 따라서 연대채무자 중 1인에 대한 채무의 일부 면제에 상대적 효력만 있다고 볼 특별한 사정이 없는 한 일부 면제의 경우에도 면제된 부담부분에 한하여 면제의 절대적 효력이 인정된다고 보아야 한다. 구체적으로 연대채무자 중 1인이 채무 일부를 면제받는 경우에 그 연대채무자가 지급해야 할 잔존 채무액이 부담부분을 초과하는 경우에는 그 연대채무자의 부담부분이 감소한 것은 아니므로 다른 연대채무자의 채무에도 영향을 주지 않아 다른 연대채무자는 채무 전액을 부담하여야 한다. 반대로 일부 면제에 의한 피면제자의 잔존 채무액이 부담부분보다 적은 경우에는 차액(부담부분 - 잔존 채무액)만큼 피면제자의 부담부분이 감소하였으므로, 차액의 범위에서 면제의 절대적 효력이 발생하여 다른 연대채무자의 채무도 차액만큼 감소한다.

불가분채권에 대한 압류의 효력 / 대법원 2023. 3. 30. 선고 2021다264253 판결

수인의 채권자에게 금전채권이 불가분적으로 귀속되는 경우에, 불가분채권자들 중 1인을 집행채무자로 한 압류 및 전부명령이 이루어지면 그 불가분채권자의 채권은 전부채권자에게 이전되지만, 그 압류 및 전부명령은 집행채무자가 아닌 다른 불가분채권자에게 효력이 없으므로, 다른 불가분채권자의 채권의 귀속에 변경이 생기는 것은 아니다. 따라서 다른 불가분채권자는 모든 채권자를 위하여 채무자에게 불가분채권 전부의 이행을 청구할 수 있고, 채무자는 모든 채권자를 위하여 다른 불가분채권자에게 전부를 이행할 수 있다. 이러한 법리는 불가분채권의 목적이 금전채권인 경우 그 일부에 대하여만 압류 및 전부명령이 이루어진 경우에도 마찬가지이다.

불가분채무의 구상 / 대법원 2020. 7. 9. 선고 2020다208195 판결

민법 제411조에 따라 연대채무자의 부담부분과 구상권에 관한 규정이 준용되는 불가분채무자가 변제 기타 자기의 출재로 공동면책을 얻은 때 다른 불가분채무자를 상대로 구상권을 행사하는 경우에도 마찬가지로 적용된다. 불가분채무자 사이에 부담부분에 관한 특약이 있거나 특약이 없더라도 채무자의 수익비율이 다르다면 그 특약 또는 비율에 따라 부담부분이 결정된다. 따라서 불가분채무자가 변제 등으로 공동면책을 얻은 때에는 다른 채무자의 부담부분에 대하여 구상할 수 있다.

보증인의 보증기간의 범위 / 대법원 2021. 1. 28. 선고 2019다207141 판결

[1] 계속적 채권관계에서 발생하는 주계약상의 불확정 채무에 대하여 보증한 경우 그 보증채무는 통상적으로 주계약상의 채무가 확정된 때에 이와 함께 확정된다. 그러나 채권자와 주채무자 사이에서 주계약상의 거래기간이 연장되었으나 보증인과 사이에서 보증기간이 연장되지 아니하는 등의 사정으로 보증계약 관계가 먼저 종료된 때에는 그 종료로 보증채무가 확정되므로, 보증인은 그 당시의 주계약상의 채무에 대하여 보증책임을 지고, 그 후의 채무에 대하여는 보증책임을 지지 아니한다.

[2] 변제자가 주채무자인 경우, 보증인이 있는 채무와 보증인이 없는 채무 사이에는 변제이익의 점에서 차이가 없다고 보아야 하므로, 보증기간 중의 채무와 보증기간 종료 후의 채무 사이에서도 변제이익의 점에서 차이가 없다. 따라서 주채무자가 변제한 금원은 이행기가 먼저 도래한 채무부터 법이 정하는 바에 따라 변제충당을 하여야 한다.

### 계약인수의 요건 / 대법원 2020. 12. 10. 선고 2020다245958 판결

계약당사자로서 지위 승계를 목적으로 하는 계약인수는 계약으로부터 발생하는 채권·채무의 이전 외에 계약관계로부터 생기는 해제권 등 포괄적 권리의무의 양도를 포함하는 것으로서, 계약인수가 적법하게 이루어지면 양도인은 계약관계에서 탈퇴하게 되고, 계약인수 후에는 양도인의 면책을 유보하였다는 등 특별한 사정이 없는 한 잔류당사자와 양도인 사이에는 계약관계가 존재하지 않게 되며 그에 따른 채권채무관계도 소멸하지만, 이러한 계약인수는 양도인과 양수인 및 잔류당사자의 합의에 의한 삼면계약으로 이루어지는 것이 통상적이며 관계당사자 3인 중 2인의 합의가 선행된 경우에는 나머지 당사자가 이를 동의 내지 승낙하여야 그 효력이 생긴다. 이러한 계약인수가 이루어지면 계약관계에서 이미 발생한 채권·채무도 이를 인수 대상에서 배제하기로 하는 특약이 있는 등 특별한 사정이 없는 한 인수인에게 이전된다.

### 부진정연대채무자 중 다액채무자의 일부변제의 효과 / 대법원 2018. 3. 22. 선고 2012다74236 전원합의체 판결

금액이 다른 채무가 서로 부진정연대 관계에 있을 때 다액채무자가 일부 변제를 하는 경우 변제로 인하여 먼저 소멸하는 부분은 당사자의 의사와 채무 전액의 지급을 확실히 확보하려는 부진정연대채무 제도의 취지에 비추어 볼 때 다액채무자가 단독으로 채무를 부담하는 부분으로 보아야 한다. 이러한 법리는 사용자의 손해배상액이 피해자의 과실을 참작하여 과실상계를 한 결과 타인에게 직접 손해를 가한 피용자 자신의 손해배상액과 달라졌는데 다액채무자인 피용자가 손해배상액의 일부를 변제한 경우에 적용되고, 공동불법행위자들의 피해자에 대한 과실비율이 달라 손해배상액이 달라졌는데 다액채무자인 공동불법행위자가 손해배상액의 일부를 변제한 경우에도 적용된다. 또한 중개보조원을 고용한 개업공인중개사의 공인중개사법 제30조 제1항에 따른 손해배상액이 과실상계를 한 결과 거래당사자에게 직접 손해를 가한 중개보조원 자신의 손해배상액과 달라졌는데 다액채무자인 중개보조원이 손해배상액의 일부를 변제한 경우에도 마찬가지이다.

### 주채무자에 대한 기판력이 보증인에게 미치는지 여부 / 대법원 2015. 7. 23. 선고 2014다228099 판결

채권자와 주채무자 사이의 소송에서 주채무의 존부나 범위에 관하여 주채무자가 전부 또는 일부 승소하는 판결이 확정된 경우에도 그 판결의 기판력이 보증인에게는 미치지 아니하므로, 보증채무의 부종성 원칙에도 불구하고 보증인이 주채무자 승소판결을 원용하여 자신의 보증채무의 이행을 거절할 수는 없다.

### 주채무자의 일부 변제와 연대보증인의 책임 / 대법원 2016. 8. 25. 선고 2016다2840 판결

연대보증인이 주채무자의 채무 중 일정 범위에 대하여 보증을 한 경우에 주채무자가 일부변제를 하면, 특별한 사정이 없는 한 일부변제금은 주채무자의 채무 전부를 대상으로 변제충당의 일반원칙에 따라 충당되고, 연대보증인은 변제충당 후 남은 주채무자의 채무 중 보증한 범위 내의 것에 대하여 보증책임을 부담한다.

### 수탁보증인인지 여부의 판단기준 / 대법원 2017. 7. 18. 선고 2017다206922 판결

민법은 주채무자의 부탁으로 보증인이 된 자, 즉 수탁보증인과 부탁 없이 보증인이 된 자의 구상권의 범위에 관하여 달리 정하고 있다(제441조 제2항, 제425조 제2항, 제444조 제1항). 그런데 보증인이 주채무자의 부탁을 받아 보증인이 된 경우 양자는 위임관계에 있고, 이러한 보증의 위임에는 일정한 방식이 요구되지 아니하므로 그 의사표시는 명시적인 경우는 물론 묵시적으로도 이루어질 수 있다. 나아가 묵시적으로 보증을 위임받은 수탁보증인인지는 주채무의 발생원인과 내용, 보증인의 보증계약 체결의 동기 내지 경위, 보증계약의 내용, 주채무자의 보증인이나 보증계약의 존재에 대한 인식 여부, 그 밖의 거래관행 등 주채무의 발생 및 보증계약 체결 당시에 나타난 제반 사정에 비추어 합리적으로 판단하여야 한다.

사전구상권에 대한 항변 / 대법원 2023. 2. 2. 선고 2020다283578 판결

수탁보증인이 주채무자의 담보제공청구에 응하여 구상금액에 상당한 담보를 특정하여 제공할 의사를 표시한다면 법원은 주채무자가 수탁보증인으로부터 그 특정한 담보를 제공받음과 동시에 사전구상의무를 이행하여야 한다고 판결하여야 하지만, 수탁보증인이 주채무자의 담보제공청구를 거절하거나 구상금액에 상당한 담보를 제공하려는 의사를 표시하지 않는다면 법원은 수탁보증인의 사전구상금 청구를 기각하는 판결을 하여야 한다.

#  채권각론

## CHAPTER 1 계약총칙

계약체결상의 과실의 유추적용 / 대법원 2017. 11. 14. 선고 2015다10929 판결

계약이 의사의 불합치로 성립하지 아니한 경우 그로 인하여 손해를 입은 당사자가 상대방에게 부당이득반환청구 또는 불법행위로 인한 손해배상청구를 할 수 있는지는 별론으로 하고, 상대방이 계약이 성립되지 아니할 수 있다는 것을 알았거나 알 수 있었음을 이유로 민법 제535조를 유추적용하여 계약체결상의 과실로 인한 손해배상청구를 할 수는 없다.

민법 제536조 제2항의 적용요건 / 대법원 2023. 12. 7. 선고 2023다269139 판결

민법 제536조 제2항에서 정한 '선이행의무를 지고 있는 당사자가 상대방의 이행이 곤란할 현저한 사유가 있는 때에 자기의 채무이행을 거절할 수 있는 경우'의 의미 및 상대방의 채무가 아직 이행기에 이르지 않았지만 이행기에 이행될 것인지 여부가 현저히 불확실하게 된 경우도 이에 해당하는지 여부(적극)

원시적 불능과 이행불능의 효과 / 대법원 2017. 10. 12. 선고 2016다9643 판결

쌍무계약에서 계약 체결 후에 당사자 쌍방의 귀책사유 없이 채무의 이행이 불가능하게 된 경우 채무자는 급부의무를 면함과 더불어 반대급부도 청구하지 못하므로, 쌍방 급부가 없었던 경우에는 계약관계는 소멸하고, 이미 이행한 급부는 법률상 원인 없는 급부가 되어 부당이득의 법리에 따라 반환청구할 수 있다. 한편 계약 당시에 이미 채무의 이행이 불가능했다면 특별한 사정이 없는 한 채권자가 이행을 구하는 것은 허용되지 않고, 이미 이행한 급부는 법률상 원인 없는 급부가 되어 부당이득의 법리에 따라 반환청구할 수 있으며, 나아가 민법 제535조에서 정한 계약체결상의 과실책임을 추궁하는 등으로 권리를 구제받을 수 있다.

변제의무와 담보반환의무의 동시이행관계 여부 / 대법원 2019. 10. 31. 선고 2019다247651 판결

당사자 쌍방의 채무가 동시이행관계에 있는 경우 일방 채무의 이행기가 도래하더라도 상대방 채무의 이행제공이 있을 때까지는 채무를 이행하지 않아도 이행지체의 책임을 지지 않는다. 금전채권의 채무자가 채권자에게 담보를 제공한 경우 특별한 사정이 없는 한 채권자는 채무자로부터 채무를 모두 변제받은 다음 담보를 반환하면 될 뿐 채무자의 변제의무와 채권자의 담보 반환의무가 동시이행관계에 있다고 볼 수 없다. 따라서 채권자가 채무자로부터 제공받은 담보를 반환하기 전에도 특별한 사정이 없는 한 채무자는 이행지체 책임을 진다.

### 합의해제와 손해배상 / 대법원 2021. 3. 25. 선고 2020다285048 판결

계약이 합의에 따라 해제되거나 해지된 경우에는 특별한 사정이 없는 한 채무불이행으로 인한 손해배상을 청구할 수 없으나, 상대방에게 손해배상을 하기로 특약하거나 손해배상 청구를 유보하는 의사표시가 있으면 그러한 특약이나 의사에 따라 손해배상을 하여야 한다. 그와 같은 손해배상의 특약이 있었다거나 손해배상 청구를 유보하였다는 점은 이를 주장하는 당사자가 증명할 책임이 있다.

### 사정변경에 기한 해지 / 대법원 2021. 6. 30. 선고 2019다276338 판

판례는 계약을 체결할 때 예견할 수 없었던 사정이 발생함으로써 야기된 불균형을 해소하고자 신의성실 원칙의 파생원칙으로서 사정변경의 원칙을 인정하고 있다. 즉, 계약 성립의 기초가 된 사정이 현저히 변경되고 당사자가 계약의 성립 당시 이를 예견할 수 없었으며, 그로 인하여 계약을 그대로 유지하는 것이 당사자의 이해에 중대한 불균형을 초래하거나 계약을 체결한 목적을 달성할 수 없는 경우에는 계약준수 원칙의 예외로서 사정변경을 이유로 계약을 해제하거나 해지할 수 있다(당해사안 해지 인정).

### 이행지체에 기한 해제의 요건 / 대법원 2021. 7. 8. 선고 2020다290804 판결

계약해제권의 발생사유인 이행지체라 함은 채무의 이행이 가능한데도 채무자가 그 이행기를 도과한 것을 말하는 것이어서 그 이행기가 도래하기 전에는 이행지체란 있을 수 없고, 조합채권의 추심은 원칙적으로 조합원 전원이 공동으로 행하여야 한다.

### 해제의 요건 / 대법원 2022. 10. 27. 선고 2022다238053 판결

당사자 일방이 그 채무를 이행하지 아니하는 때에는 상대방은 상당한 기간을 정하여 그 이행을 최고하고 그 기간 내에 이행하지 아니한 때에는 계약을 해제할 수 있다(민법 제544조 본문). 채무자는 변제의 제공으로 채무불이행의 책임을 면하고 변제의 제공은 채무내용에 좇은 현실제공으로 하여야 하는데(민법 제460조, 제461조), 금전채무의 현실제공은 특별한 사정이 없는 한 채권자가 급부를 즉시 수령할 수 있는 상태에 있어야만 인정될 수 있다. 채권자가 채무자의 급부불이행 사정을 들어 계약을 해제하겠다는 통지를 한 때에는 특별히 그 급부의 수령을 거부하는 취지가 포함되어 있지 아니하는 한 그로써 이행의 최고를 하였다고 볼 수 있으며, 그로부터 상당한 기간이 경과하도록 이행되지 아니하였다면 채권자는 계약을 해제할 수 있다. 다만 동시이행관계에 있는 반대급부의무를 지고 있는 채권자는 채무자의 변제의 제공이 없음을 이유로 계약해제를 하기 위하여는 스스로의 채무의 변제제공을 하여야 한다.

### 민법 제548조 제1항 단서의 제3자의 범위 / 대법원 2021. 8. 19. 선고 2018다244976 판결

제3자를 위한 계약에서도 낙약자와 요약자 사이의 법률관계(기본관계)에 기초하여 수익자가 요약자와 원인관계(대가관계)를 맺음으로써 해제 전에 새로운 이해관계를 갖고 그에 따라 등기, 인도 등을 마쳐 권리를 취득하였다면, 수익자는 민법 제548조 제1항 단서에서 말하는 계약해제의 소급효가 제한되는 제3자에 해당한다고 봄이 타당하다.

### 해제에 따른 원상회복의 효력 / 대법원 2014. 3. 13. 선고 2013다34143 판결

[1] 계약 해제의 효과로서 원상회복의무를 규정하는 민법 제548조 제1항 본문은 부당이득에 관한 특별규정의 성격을 가지는 것으로서, 그 이익 반환의 범위는 이익의 현존 여부나 청구인의 선의·악의를 불문하고 특단의 사유가 없는 한 받은 이익의 전부이다.

[2] 과실상계는 본래 채무불이행 또는 불법행위로 인한 손해배상책임에 대하여 인정되는 것이고, 매매계약이 해제되어 소급적으로 효력을 잃은 결과 매매당사자에게 당해 계약에 기한 급부가 없었던 것과 동일한 재산상태를 회복시키기 위한 원상회복의무의 이행으로서 이미 지급한 매매대금 기타의 급부의 반환을 구하는 경우에는 적용되지 아니한다.

해지의 불가분성 / 대법원 2015. 10. 29. 선고 2012다5537 판결

민법 제547조 제1항은 "당사자의 일방 또는 쌍방이 수인인 경우에는 계약의 해지나 해제는 그 전원으로부터 또는 전원에 대하여 하여야 한다."라고 규정하고 있으므로, 여러 사람이 공동임대인으로서 임차인과 하나의 임대차계약을 체결한 경우에는 민법 제547조 제1항의 적용을 배제하는 특약이 있다는 등의 특별한 사정이 없는 한 공동임대인 전원의 해지의 의사표시에 따라 임대차계약 전부를 해지하여야 한다. 이러한 법리는 임대차계약의 체결 당시부터 공동임대인이었던 경우뿐만 아니라 임대차목적물 중 일부가 양도되어 그에 관한 임대인의 지위가 승계됨으로써 공동임대인으로 되는 경우에도 마찬가지로 적용된다.

 CHAPTER 2 계약각칙

증여의 해제 / 대법원 2022. 9. 29. 선고 2021다299976, 299983 판결

민법 제555조는 "증여의 의사가 서면으로 표시되지 아니한 경우에는 각 당사자는 이를 해제할 수 있다."라고 정하고, 민법 제561조는 "상대부담있는 증여에 대하여는 본절의 규정 외에 쌍무계약에 관한 규정을 적용한다."라고 정한다. 이처럼 부담부증여에도 민법 제3편 제2장 제2절(제554조부터 제562조까지)의 증여에 관한 일반 조항들이 그대로 적용되므로, 증여의 의사가 서면으로 표시되지 않은 경우 각 당사자는 원칙적으로 민법 제555조에 따라 부담부증여계약을 해제할 수 있다. 그러나 부담부증여계약에서 증여자의 증여 이행이 완료되지 않았더라도 수증자가 부담의 이행을 완료한 경우에는, 그러한 부담이 의례적·명목적인 것에 그치거나 그 이행에 특별한 노력과 비용이 필요하지 않는 등 실질적으로는 부담 없는 증여가 이루어지는 것과 마찬가지라고 볼 만한 특별한 사정이 없는 한, 각 당사자가 서면에 의하지 않은 증여임을 이유로 증여계약의 전부 또는 일부를 해제할 수는 없다고 봄이 타당하다.

타인권리의 매매 / 대법원 2021. 6. 24. 선고 2021다220666 판결

매매의 목적이 된 권리가 매도인이 아닌 타인에게 속한 경우에도 매도인은 매매계약을 체결할 수 있고, 이때 매도인은 그 권리를 취득하여 매수인에게 이전하여야 할 의무를 부담한다(민법 제569조). 이와 같은 법리는 매매의 목적이 된 권리가 매도인과 타인의 공유라고 해도 마찬가지이다.

민법 제587조의 이자의 발생요건 / 대법원 2018. 9. 28. 선고 2016다246800 판결

민법 제587조는 "매매계약이 있은 후에도 인도하지 아니한 목적물로부터 생긴 과실은 매도인에게 속한다. 매수인은 목적물의 인도를 받은 날로부터 대금의 이자를 지급하여야 한다."라고 규정하고 있다. 그러나 매수인의 대금 지급의무와 매도인의 근저당권설정등기 내지 가압류등기 말소의무가 동시이행관계에 있는 등으로 매수인이 대금 지급을 거절할 정당한 사유가 있는 경우에는 매매목적물을 미리 인도받았다 하더라도 위 민법 규정에 의한 이자를 지급할 의무는 없다고 보아야 한다(소유권이전등기의무가 동시이행관계에 있는 경우에도 동일함. 대법원 2013. 6. 27. 선고 2011다98129 판결).

계약금의 일부만 지급된 경우의 해제권의 행사 / 대법원 2015. 4. 23. 선고 2014다231378 판결

매도인이 '계약금 일부만 지급된 경우 지급받은 금원의 배액을 상환하고 매매계약을 해제할 수 있다'고 주장한 사안에서, '실제 교부받은 계약금'의 배액만을 상환하여 매매계약을 해제할 수 있다면 이는 당사자가 일정한 금액을 계약금으로 정한 의사에 반하게 될 뿐 아니라, 교부받은 금원이 소액일 경우에는 사실상 계약을 자유로이 해제할 수 있어 계약의 구속력이 약화되는 결과가 되어 부당하기 때문에, 계약금 일부만 지급된 경우

수령자가 매매계약을 해제할 수 있다고 하더라도 해약금의 기준이 되는 금원은 '실제 교부받은 계약금'이 아니라 '약정 계약금'이라고 봄이 타당하므로, 매도인이 계약금의 일부로서 지급받은 금원의 배액을 상환하는 것으로는 매매계약을 해제할 수 없다.

### 민법 제748조 제2항의 법정이자의 법적 성질 / 대법원 2017. 3. 9. 선고 2016다47478 판결

계약무효의 경우 각 당사자가 상대방에 대하여 부담하는 반환의무는 성질상 부당이득반환의무로서 악의의 수익자는 그 받은 이익에 법정이자를 붙여 반환하여야 하므로(민법 제748조 제2항), 매매계약이 무효로 되는 때에는 매도인이 악의의 수익자인 경우 특별한 사정이 없는 한 매도인은 반환할 매매대금에 대하여 민법이 정한 연 5%의 법정이율에 의한 이자를 붙여 반환하여야 한다. 그리고 위와 같은 법정이자의 지급은 부당이득반환의 성질을 가지는 것이지 반환의무의 이행지체로 인한 손해배상이 아니므로, 매도인의 매매대금 반환의무와 매수인의 소유권이전등기 말소등기절차 이행의무가 동시이행의 관계에 있는지 여부와는 관계가 없다.

### 민법 제580조의 경매의 범위 / 대법원 2016. 8. 24. 선고 2014다80839 판결

민법 제578조와 민법 제580조 제2항이 말하는 '경매'는 민사집행법상의 강제집행이나 담보권 실행을 위한 경매 또는 국세징수법상의 공매 등과 같이 국가나 그를 대행하는 기관 등이 법률에 기하여 목적물 권리자의 의사와 무관하게 행하는 매도행위만을 의미하는 것으로 해석하여야 한다.

### 하자담보책임의 요건 / 대법원 2021. 4. 8. 선고 2017다202050 판결

매매의 목적물에 하자가 있는 경우 매도인의 하자담보책임과 채무불이행책임은 별개의 권원에 의하여 경합적으로 인정된다. 이 경우 특별한 사정이 없는 한 하자를 보수하기 위한 비용은 매도인의 하자담보책임과 채무불이행책임에서 말하는 손해에 해당한다. 따라서 매매 목적물인 토지에 폐기물이 매립되어 있고 매수인이 폐기물을 처리하기 위해 비용이 발생한다면 매수인은 그 비용을 민법 제390조에 따라 채무불이행으로 인한 손해배상으로 청구할 수도 있고, 민법 제580조 제1항에 따라 하자담보책임으로 인한 손해배상으로 청구할 수도 있다.

### 임대기간 영구의 임대차의 인정여부 / 대법원 2023. 6. 1.자 2023다209045

임대차기간을 영구로 정한 임대차계약이 허용되는지 여부(원칙적 적극) / 임차인은 언제라도 영구 임대차기간에 관한 권리를 포기할 수 있는지 여부(적극) 및 이때 임대차계약은 임차인에게 기간의 정함이 없는 임대차가 되는지 여부(적극)

### 지상물매수청구의 상대방 / 대법원 2017. 4. 26. 선고 2014다72449 판결

임대인이 제3자에게 토지를 양도하는 등으로 토지 소유권이 이전된 경우에는 임대인의 지위가 승계되거나 임차인이 토지 소유자에게 임차권을 대항할 수 있다면 새로운 토지 소유자를 상대로 지상물매수청구권을 행사할 수 있다. 한편 토지 소유자가 아닌 제3자가 토지 임대행위를 한 경우에는 제3자가 토지 소유자를 적법하게 대리하거나 토지 소유자가 제3자의 무권대리행위를 추인하는 등으로 임대차계약의 효과가 토지 소유자에게 귀속되었다면 토지 소유자가 임대인으로서 지상물매수청구권의 상대방이 된다. 그러나 제3자가 임대차계약의 당사자로서 토지를 임대하였다면, 토지 소유자가 임대인의 지위를 승계하였다는 등의 특별한 사정이 없는 한 임대인이 아닌 토지 소유자가 직접 지상물매수청구권의 상대방이 될 수는 없다.

### 양도된 차임채권의 보증금에서의 공제 여부 / 대법원 2015. 3. 26. 선고 2013다77225 판결

부동산 임대차에서 수수된 보증금은 차임채무, 목적물의 멸실·훼손 등으로 인한 손해배상채무 등 임대차에 따른 임차인의 모든 채무를 담보하는 것으로서 피담보채무 상당액은 임대차관계의 종료 후 목적물이 반환될 때에 특별한 사정이 없는 한 별도의 의사표시 없이 보증금에서 당연히 공제되므로, 보증금이 수수된 임대차계약에서 차임채권이 양도되었다고 하더라도, 임차인은 임대차계약이 종료되어 목적물을 반환할 때까지 연체한 차임 상당액을 보증금에서 공제할 것을 주장할 수 있다.

### 임대목적물의 점유와 불법행위 / 대법원 2020. 5. 14. 선고 2019다252042 판결

임차인이 동시이행항변권을 상실하였는데도 목적물의 반환을 계속 거부하면서 점유하고 있다면, 달리 점유에 관한 적법한 권원이 인정될 수 있는 특별한 사정이 없는 한 이러한 점유는 적어도 과실에 의한 점유로서 불법행위를 구성한다.

### 대항력 있는 임차인의 임대차관계의 종료 / 대법원 2018. 12. 27. 선고 2016다265689 판결

구 주택임대차보호법(2013. 8. 13. 법률 제12043호로 개정되기 전의 것, 이하 같다) 제3조 제1항에 따라 대항력을 갖춘 임차인이 있는 경우 같은 조 제3항에 따라 임차주택의 양수인은 임대인의 지위를 승계한 것으로 본다. 그 결과 임차주택의 양수인은 임대차보증금반환채무를 면책적으로 인수하고, 양도인은 임대차관계에서 탈퇴하여 임차인에 대한 임대차보증금반환채무를 면하게 된다. 그러나 임차주택의 양수인에게 대항할 수 있는 임차권자라도 스스로 임대차관계의 승계를 원하지 아니할 때에는 승계되는 임대차관계의 구속을 면할 수 있다고 보아야 하므로, 임대차기간의 만료 전에 임대인과 합의에 의하여 임대차계약을 해지하고 임대인으로부터 임대차보증금을 반환받을 수 있으며, 이러한 경우 임차주택의 양수인은 임대인의 지위를 승계하지 아니한다.

### 임대인의 목적물을 사용·수익하게 할 의무의 범위 / 대법원 2021. 4. 29. 선고 2021다202309 판결

임대인은 임차인이 목적물을 사용·수익할 수 있도록 목적물을 임차인에게 인도하여야 한다(민법 제623조 전단). 임차인이 계약에 의하여 정하여진 목적에 따라 사용·수익하는 데 하자가 있는 목적물인 경우 임대인은 하자를 제거한 다음 임차인에게 하자 없는 목적물을 인도할 의무가 있다. 임대인이 임차인에게 그와 같은 하자를 제거하지 아니하고 목적물을 인도하였다면 사후에라도 위 하자를 제거하여 임차인이 목적물을 사용·수익하는 데 아무런 장해가 없도록 해야만 한다. 임대인의 임차목적물의 사용·수익상태 유지의무는 임대인 자신에게 귀책사유가 있어 하자가 발생한 경우는 물론, 자신에게 귀책사유가 없이 하자가 발생한 경우에도 면해지지 아니한다. 또한 임대인이 그와 같은 하자 발생 사실을 몰랐다거나 반대로 임차인이 이를 알거나 알 수 있었다고 하더라도 마찬가지이다.

### 임차인의 원상회복의무의 범위 / 대법원 2019. 8. 30. 선고 2017다268142 판결

임차인이 임대인에게 임차목적물을 반환하는 때에는 원상회복의무가 있다(민법 제654조, 제615조). 임차인이 임차목적물을 수리하거나 변경한 때에는 원칙적으로 수리·변경 부분을 철거하여 임대 당시의 상태로 사용할 수 있도록 해야 한다. 다만 원상회복의무의 내용과 범위는 임대차계약의 체결 경위와 내용, 임대 당시 목적물의 상태, 임차인이 수리하거나 변경한 내용 등을 고려하여 구체적·개별적으로 정해야 한다(프랜차이즈 커피점 운영을 위한 인테리어시설의 원상회복의무를 인정한 사안).

**무단전대의 효력 / 대법원 2023. 3. 30. 선고 2022다296165 판결**

임차인이 임대인의 동의를 받지 않고 제3자에게 임차권을 양도하거나 전대하는 등의 방법으로 임차물을 사용·수익하게 한 경우, 임대인은 임대차계약이 존속하는 한도 내에서 제3자에게 불법점유를 이유로 한 차임 상당 손해배상청구나 부당이득반환청구를 할 수 있는지 여부(소극) / 임대차계약이 종료된 이후 임차물을 소유하고 있는 임대인이 제3자를 상대로 위와 같은 손해배상청구나 부당이득반환청구를 할 수 있는지 여부(적극)

**소멸된 임대차보증금 반환채권에 대한 압류 등의 효력 / 대법원 2017. 1. 25. 선고 2014다52933 판결**

민법 제450조 제2항이 정하는 지명채권 양도의 제3자에 대한 대항요건은 양도된 채권이 존속하는 동안에 채권에 관하여 양수인의 지위와 양립할 수 없는 법률상의 지위를 취득한 제3자가 있는 경우에 적용되므로, 임대차보증금 반환채권이 양도되거나 임대차보증금 반환채권에 대하여 채권가압류명령, 채권압류 및 추심명령 등(이하 '채권가압류명령 등'이라 한다)이 이루어지기에 앞서 임대차계약의 종료 등을 원인으로 한 변제, 상계, 정산합의 등에 의하여 임대차보증금 반환채권이 이미 소멸하였다면, 채권 양도나 채권가압류명령 등은 모두 존재하지 아니하는 채권에 대한 것으로서 효력이 없고, 대항요건의 문제는 발생할 여지가 없다.

**전차인의 차임지급과 대항요건 / 대법원 2018. 7. 11. 선고 2018다200518 판결**

전차인은 전대차계약상의 차임지급시기 전에 전대인에게 차임을 지급한 사정을 들어 임대인에게 대항하지 못하지만, 차임지급시기 이후에 지급한 차임으로는 임대인에게 대항할 수 있고, 전대차계약상의 차임지급시기 전에 전대인에게 지급한 차임이라도, 임대인의 차임청구 전에 차임지급시기가 도래한 경우에는 그 지급으로 임대인에게 대항할 수 있다.

**소멸시효가 완성된 차임채권의 보증금에서의 공제 / 대법원 2016. 11. 25. 선고 2016다211309 판결**

민법 제495조는 "소멸시효가 완성된 채권이 그 완성 전에 상계할 수 있었던 것이면 그 채권자는 상계할 수 있다."라고 규정하고 있다. 이는 당사자 쌍방의 채권이 상계적상에 있었던 경우에 당사자들은 채권·채무관계가 이미 정산되어 소멸하였다고 생각하는 것이 일반적이라는 점을 고려하여 당사자들의 신뢰를 보호하기 위한 것이다. 다만 이는 '자동채권의 소멸시효 완성 전에 양 채권이 상계적상에 이르렀을 것'을 요건으로 하는데, 임대인의 임대차보증금 반환채무는 임대차계약이 종료된 때에 비로소 이행기에 도달하므로, 임대차 존속 중 차임채권의 소멸시효가 완성된 경우에는 소멸시효 완성 전에 임대인이 임대차보증금 반환채무에 관한 기한의 이익을 실제로 포기하였다는 등의 특별한 사정이 없는 한 양 채권이 상계할 수 있는 상태에 있었다고 할 수 없다. 그러므로 그 이후에 임대인이 이미 소멸시효가 완성된 차임채권을 자동채권으로 삼아 임대차보증금 반환채무와 상계하는 것은 민법 제495조에 의하더라도 인정될 수 없지만, 임대차 존속 중 차임이 연체되고 있음에도 임대차보증금에서 연체차임을 충당하지 않고 있었던 임대인의 신뢰와 차임연체 상태에서 임대차관계를 지속해 온 임차인의 묵시적 의사를 감안하면 연체차임은 민법 제495조의 유추적용에 의하여 임대차보증금에서 공제할 수는 있다.

**임대목적물의 화재로 인한 임차인의 배상책임의 범위와 증명책임 / 대법원 2017. 5. 18. 선고 2012다86895 전원합의체 판결**

[1] 임대차 목적물이 화재 등으로 인하여 소멸됨으로써 임차인의 목적물 반환의무가 이행불능이 된 경우에, 임차인은 이행불능이 자기가 책임질 수 없는 사유로 인한 것이라는 증명을 다하지 못하면 목적물 반환의무의 이행불능으로 인한 손해를 배상할 책임을 지며, 화재 등의 구체적인 발생 원인이 밝혀지지 아니한 때에도 마찬가지이다. 또한 이러한 법리는 임대차 종료 당시 임대차 목적물 반환의무가 이행불능 상태는 아니지만 반환된 임차 건물이 화재로 인하여 훼손되었음을 이유로 손해배상을 구하는 경우에도 동일하게 적용된다.

[2] 임차 외 건물 부분이 구조상 불가분의 일체를 이루는 관계에 있는 부분이라 하더라도, 그 부분에 발생한 손해에 대하여 임대인이 임차인을 상대로 채무불이행을 원인으로 하는 배상을 구하려면, 임차인이 보존·관리 의무를 위반하여 화재가 발생한 원인을 제공하는 등 화재 발생과 관련된 임차인의 계약상 의무 위반이 있었고, 그러한 의무 위반과 임차 외 건물 부분의 손해 사이에 상당인과관계가 있으며, 임차 외 건물 부분의 손해가 의무 위반에 따라 민법 제393조에 의하여 배상하여야 할 손해의 범위 내에 있다는 점에 대하여 임대인이 주장·증명하여야 한다.

필요비의 차임에서의 공제 / 대법원 2019. 11. 14. 선고 2016다227694 판결

임차인이 임차물의 보존에 관한 필요비를 지출한 때에는 임대인에게 상환을 청구할 수 있다(민법 제626조 제1항). 여기에서 '필요비'란 임차인이 임차물의 보존을 위하여 지출한 비용을 말한다. 임대차계약에서 임대인은 목적물을 계약존속 중 사용·수익에 필요한 상태를 유지하게 할 의무를 부담하고, 이러한 의무와 관련한 임차물의 보존을 위한 비용도 임대인이 부담해야 하므로, 임차인이 필요비를 지출하면, 임대인은 이를 상환할 의무가 있다. 임대인의 필요비상환의무는 특별한 사정이 없는 한 임차인의 차임지급의무와 서로 대응하는 관계에 있으므로, 임차인은 지출한 필요비 금액의 한도에서 차임의 지급을 거절할 수 있다.

임대차목적물의 양도와 임대인의 의무의 소멸 / 대법원 2018. 6. 19. 선고 2018다201610 판결

구 주택임대차보호법 제3조 제3항은 같은 조 제1항이 정한 대항요건을 갖춘 임대차의 목적이 된 임대주택의 양수인은 임대인의 지위를 승계한 것으로 본다고 규정하고 있다. 이는 법률상의 당연승계 규정으로 보아야 하므로, 임대주택이 양도된 경우에 양수인은 주택의 소유권과 결합하여 임대인의 임대차계약상 권리·의무 일체를 그대로 승계한다. 그 결과 양수인이 임대차보증금반환채무를 면책적으로 인수하고, 양도인은 임대차관계에서 탈퇴하여 임차인에 대한 임대차보증금반환채무를 면하게 된다. 이는 임차인이 임대차보증금반환채권에 질권을 설정하고 임대인이 그 질권 설정을 승낙한 후에 임대주택이 양도된 경우에도 마찬가지라고 보아야 한다. 따라서 이 경우에도 임대인은 구 주택임대차법 제3조 제3항에 의해 임대차관계에서 탈퇴하고 임차인에 대한 임대차보증금반환채무를 면하게 된다.

임대목적물의 양도와 연체차임채권의 공제 가능성 / 대법원 2017. 3. 22. 선고 2016다218874 판결

임차건물의 양수인이 임대인의 지위를 승계하면, 양수인은 임차인에게 임대보증금반환의무를 부담하고 임차인은 양수인에게 차임지급의무를 부담한다. 그러나 임차건물의 소유권이 이전되기 전에 이미 발생한 연체차임이나 관리비 등은 별도의 채권양도절차가 없는 한 원칙적으로 양수인에게 이전되지 않고 임대인만이 임차인에게 청구할 수 있다. 차임이나 관리비 등은 임차건물을 사용한 대가로서 임차인에게 임차건물을 사용하도록 할 당시의 소유자 등 처분권한 있는 자에게 귀속된다고 볼 수 있기 때문이다.

임대차계약에서 임대차보증금은 임대차계약 종료 후 목적물을 임대인에게 명도할 때까지 발생하는, 임대차에 따른 임차인의 모든 채무를 담보한다. 따라서 이러한 채무는 임대차관계 종료 후 목적물이 반환될 때에 특별한 사정이 없는 한 별도의 의사표시 없이 보증금에서 당연히 공제된다. 임차건물의 양수인이 건물 소유권을 취득한 후 임대차관계가 종료되어 임차인에게 임대차보증금을 반환해야 하는 경우에 임대인의 지위를 승계하기 전까지 발생한 연체차임이나 관리비 등이 있으면 이는 특별한 사정이 없는 한 임대차보증금에서 당연히 공제된다. 일반적으로 임차건물의 양도 시에 연체차임이나 관리비 등이 남아있더라도 나중에 임대차관계가 종료되는 경우 임대차보증금에서 이를 공제하겠다는 것이 당사자들의 의사나 거래관념에 부합하기 때문이다.

### 임차건물의 양수인의 범위 / 대법원 2021. 1. 28. 선고 2015다59801 판결

「상가건물 임대차보호법」 제3조는 '대항력 등'이라는 표제로 제1항에서 대항력의 요건을 정하고, 제2항에서 "임차건물의 양수인(그 밖에 임대할 권리를 승계한 자를 포함한다)은 임대인의 지위를 승계한 것으로 본다."라고 정하고 있다. 이 조항은 임차인이 취득하는 대항력의 내용을 정한 것으로, 상가건물의 임차인이 제3자에 대한 대항력을 취득한 다음 임차건물의 양도 등으로 소유자가 변동된 경우에는 양수인 등 새로운 소유자(이하 '양수인'이라 한다)가 임대인의 지위를 당연히 승계한다는 의미이다. 소유권 변동의 원인이 매매 등 법률행위든 상속경매 등 법률의 규정이든 상관없이 이 규정이 적용되므로, 상속에 따라 임차건물의 소유권을 취득한 자도 위 조항에서 말하는 임차건물의 양수인에 해당한다. 임대인 지위를 공동으로 승계한 공동임대인들의 임차보증금 반환채무는 성질상 불가분채무에 해당한다.

### 주택임대차보호법 제6조의 3의 적용요건 / 대법원 2023. 12. 7. 선고 2022다279795 판결

주택임대차보호법 제6조의3 제1항은 "제6조에도 불구하고 임대인은 임차인이 제6조 제1항 전단의 기간 이내에 계약갱신을 요구할 경우 정당한 사유 없이 거절하지 못한다. 다만 다음 각호의 어느 하나에 해당하는 경우에는 그러하지 아니하다."라고 규정하면서 제8호에서 "임대인(임대인의 직계존속·직계비속을 포함한다)이 목적 주택에 실제 거주하려는 경우"를 임차인의 계약갱신 요구를 거절할 수 있는 사유 중 하나로 들고 있다. 임대인(임대인의 직계존속·직계비속을 포함한다. 이하 같다)이 목적 주택에 실제 거주하려는 경우에 해당한다는 점에 대한 증명책임은 임대인에게 있다. '실제 거주하려는 의사'의 존재는 임대인이 단순히 그러한 의사를 표명하였다는 사정이 있다고 하여 곧바로 인정될 수는 없지만, 임대인의 내심에 있는 장래에 대한 계획이라는 위 거절사유의 특성을 고려할 때 임대인의 의사가 가공된 것이 아니라 진정하다는 것을 통상적으로 수긍할 수 있을 정도의 사정이 인정된다면 그러한 의사의 존재를 추인할 수 있을 것이다.

### 권리금 회수 방해로 인한 손해배상청구의 요건 / 대법원 2019. 7. 4. 선고 2018다284226 판결

구 상가건물 임대차보호법 제10조의3 내지 제10조의7의 내용과 입법 취지에 비추어 보면, 임차인이 임대인에게 권리금 회수 방해로 인한 손해배상을 구하기 위해서는 원칙적으로 임차인이 신규임차인이 되려는 자를 주선하였어야 한다. 그러나 임대인이 정당한 사유 없이 임차인이 신규임차인이 되려는 자를 주선하더라도 그와 임대차계약을 체결하지 않겠다는 의사를 확정적으로 표시하였다면 이러한 경우에까지 임차인에게 신규임차인을 주선하도록 요구하는 것은 불필요한 행위를 강요하는 결과가 되어 부당하다. 이와 같은 특별한 사정이 있다면 임차인이 실제로 신규임차인을 주선하지 않았더라도 임대인의 위와 같은 거절행위는 상가임대차법 제10조의4 제1항 제4호에서 정한 거절행위에 해당한다고 보아야 한다. 따라서 임차인은 같은 조 제3항에 따라 임대인에게 권리금 회수 방해로 인한 손해배상을 청구할 수 있다.

### 권리금 회수 방해로 인한 손해배상청구의 법적 성질 / 대법원 2023. 2. 2. 선고 2022다260586 판결

상가건물 임대차보호법(이하 '상가임대차법'이라고 한다)이 보호하고자 하는 권리금의 회수기회란 임대차 종료 당시를 기준으로 하여 임차인이 임대차 목적물인 상가건물에서 영업을 통해 창출한 유무형의 재산적 가치를 신규임차인으로부터 회수할 수 있는 기회를 의미한다. 이러한 권리금 회수기회를 방해한 임대인이 부담하게 되는 손해배상액은 임대차 종료 당시의 권리금을 넘지 않도록 규정되어 있는 점, 임대인에게 손해배상을 청구할 권리의 소멸시효 기산일 또한 임대차가 종료한 날인 점 등 상가임대차법 규정의 입법 취지, 보호법익, 내용이나 체계를 종합하면, 임대인의 권리금 회수기회 방해로 인한 손해배상책임은 상가임대차법이 그 요건, 배상범위 및 소멸시효를 특별히 규정한 법정책임이고, 그 손해배상채무는 임대차가 종료한 날에 이행기가 도래하여 그다음 날부터 지체책임이 발생하는 것으로 보아야 한다.

### 상가건물임대차보호법의 적용범위 / 대법원 2021. 12. 30. 선고 2021다233730 판결

상가건물 임대차보호법(이하 '상가임대차법'이라고 한다)에서 기간을 정하지 않은 임대차는 그 기간을 1년으로 간주하지만(제9조 제1항), 대통령령으로 정한 보증금액을 초과하는 임대차는 위 규정이 적용되지 않으므로(제2조 제1항 단서), 원래의 상태 그대로 기간을 정하지 않은 것이 되어 민법의 적용을 받는다. 민법 제635조 제1항, 제2항 제1호에 따라 이러한 임대차는 임대인이 언제든지 해지를 통고할 수 있고 임차인이 통고를 받은 날로부터 6개월이 지남으로써 효력이 생기므로, 임대차기간이 정해져 있음을 전제로 기간 만료 6개월 전부터 1개월 전까지 사이에 행사하도록 규정된 임차인의 계약갱신요구권(상가임대차법 제10조 제1항)은 발생할 여지가 없다.

### 도급에 있어서 선급금의 법적 성질 / 대법원 2017. 1. 12. 선고 2014다11574 판결

[1] 건축공사도급계약이 수급인의 채무불이행을 이유로 해제된 경우에 해제될 당시 공사가 상당한 정도로 진척되어 이를 원상회복하는 것이 중대한 사회적·경제적 손실을 초래하고 완성된 부분이 도급인에게 이익이 되는 경우에 도급계약은 미완성부분에 대하여만 실효되고 수급인은 해제한 상태 그대로 건물을 도급인에게 인도하며, 도급인은 특별한 사정이 없는 한 인도받은 미완성 건물에 대한 보수를 지급하여야 하는 권리의무관계가 성립한다. 건축공사도급계약이 중도해제된 경우 도급인이 지급하여야 할 보수는 특별한 사정이 없는 한 당사자 사이에 약정한 총 공사비에 기성고 비율을 적용한 금액이지 수급인이 실제로 지출한 비용을 기준으로 할 것은 아니다.

[2] 당사자들이 공동이행방식의 공동수급체를 구성하여 도급인으로부터 공사를 수급받는 경우 공동수급체는 원칙적으로 민법상 조합에 해당한다. 조합계약에도 계약자유의 원칙이 적용되므로, 구성원들은 자유로운 의사에 따라 조합계약의 내용을 정할 수 있다. 조합의 구성원들 사이에 내부적인 법률관계를 규율하기 위한 약정이 있는 경우에, 그들 사이의 권리와 의무는 원칙적으로 약정에 따라 정해진다.

[3] 공사도급계약에 따라 주고받는 선급금은 일반적으로 구체적인 기성고와 관련하여 지급되는 것이 아니라 전체 공사와 관련하여 지급되는 공사대금의 일부이다. 도급인이 선급금을 지급한 후 도급계약이 해제되거나 해지된 경우에는 특별한 사정이 없는 한 별도의 상계 의사표시 없이 그때까지의 기성고에 해당하는 공사대금 중 미지급액은 당연히 선급금으로 충당되고 공사대금이 남아 있으면 도급인은 그 금액에 한하여 지급의무가 있다. 거꾸로 선급금이 미지급 공사대금에 충당되고 남는다면 수급인이 남은 선급금을 반환할 의무가 있다.

### 도급계약의 해제 및 보수청구권 / 대법원 2023. 3. 30. 선고 2022다289174 판결

도급계약에서 수급인의 보수는 완성된 목적물의 인도와 동시에 지급하여야 하고, 인도를 요하지 않는 경우 일을 완성한 후 지체 없이 지급하여야 하며, 도급인은 완성된 목적물의 인도의 제공이나 일의 완성이 있을 때까지 보수 지급을 거절할 수 있으므로, 도급계약에서 정한 일의 완성 이전에 계약이 해제된 경우 수급인으로서는 도급인에게 보수를 청구할 수 없음이 원칙이다. 다만 당해 도급계약에 따라 수급인이 일부 미완성한 부분이 있더라도 계약해제를 이유로 이를 전부 원상회복하는 것이 신의성실의 원칙 등에 비추어 공평·타당하지 않다고 평가되는 특별한 경우라면 예외적으로 이미 완성된 부분에 대한 수급인의 보수청구권이 인정될 수 있다.

### 완성된 목적물의 하자와 손해배상의 범위 / 대법원 2016. 8. 18. 선고 2014다31691, 31707 판결

[1] 도급인의 지시에 따라 건축공사를 하는 수급인이 지시가 부적당함을 알면서도 이를 도급인에게 고지하지 아니한 경우에는, 완성된 건물의 하자가 도급인의 지시에 기인한 것이더라도 하자담보책임을 면할 수 없다.

[2] 도급계약에서 완성된 목적물에 하자가 있는 경우에 도급인은 수급인에게 하자의 보수나 하자의 보수에 갈음한 손해배상을 청구할 수 있다. 이때 하자가 중요한 경우에는 비록 보수에 과다한 비용이 필요하더라도 보수에 갈음하는 비용, 즉 실제로 보수에 필요한 비용이 모두 손해배상에 포함된다. 나아가 완성된 건물 기타 토지의 공작물(이하 '건물 등'이라 한다)에 중대한 하자가 있고 이로 인하여 건물 등이 무너질 위험성이 있어서 보수가 불가능하고 다시 건축할 수밖에 없는 경우에는, 특별한 사정이 없는 한 건물 등을 철거하고 다시 건축하는 데 드는 비용 상당액을 하자로 인한 손해배상으로 청구할 수 있다.

### 예금계약의 법적 성질 및 지체책임 / 대법원 2023. 6. 29. 선고 2023다218353 판결

예금계약은 은행 등 법률이 정하는 금융기관을 수치인으로 하는 금전의 소비임치 계약으로서 수치인은 임치물인 금전 등을 보관하고 그 기간 중 이를 소비할 수 있고 임치인의 청구에 따라 동종 동액의 금전을 반환할 것을 약정함으로써 성립하는 것이므로 소비대차에 관한 민법의 규정이 준용되나 사실상 그 계약의 내용은 약관에 따라 정해진다고 보아야 한다. 또한 만기가 정해진 예금계약에 따른 금융기관의 예금 반환채무는 만기가 도래하더라도 임치인이 미리 만기 후 예금 수령방법을 지정한 경우와 같은 특별한 사정이 없는 한 임치인의 적법한 지급 청구가 있어야 비로소 이행할 수 있으므로, 예금계약의 만기가 도래한 것만으로 금융기관인 수치인이 임치인에 대하여 예금 반환 지연으로 인한 지체책임을 부담한다고 볼 수는 없고, 정당한 권한이 있는 임치인의 지급 청구에도 불구하고 수치인이 예금 반환을 지체한 경우에 지체책임을 물을 수 있다고 보아야 한다.

### 조합지분의 양도의 요건 / 대법원 2016. 8. 30. 선고 2014다19790 판결

2인 이상이 상호 출자하여 공동사업을 경영할 것을 약정함에 따라 성립한 민법상 조합에서 조합원 지분의 양도는 원칙적으로 다른 조합원 전원의 동의가 있어야 하지만, 다른 조합원의 동의 없이 각자 지분을 자유로이 양도할 수 있도록 조합원 상호 간에 약정하거나 사후적으로 지분 양도를 인정하는 합의를 하는 것은 유효하다.

### 조합원의 하자보수의무의 연대채무 / 대법원 2015. 3. 26. 선고 2012다25432 판결

공동이행방식의 공동수급체는 민법상 조합의 성질을 가지는데, 조합의 채무는 조합원의 채무로서 특별한 사정이 없는 한 조합채권자는 각 조합원에 대하여 지분의 비율에 따라 또는 균일적으로 권리를 행사할 수 있지만, 조합채무가 조합원 전원을 위하여 상행위가 되는 행위로 인하여 부담하게 된 것이라면 상법 제57조 제1항을 적용하여 조합원들의 연대책임을 인정함이 상당하므로, 공동수급체의 구성원들이 상인인 경우 공사도급계약에 따라 도급인에게 하자보수를 이행할 의무는 구성원 전원의 상행위에 의하여 부담한 채무로서 공동수급체의 구성원들은 연대하여 도급인에게 하자보수를 이행할 의무가 있다.

### 조합재산에 대한 보전처분의 방법 / 대법원 2015. 10. 29. 선고 2012다21560 판결

민법상 조합에서 조합의 채권자가 조합재산에 대하여 강제집행을 하려면 조합원 전원에 대한 집행권원을 필요로 하고, 조합재산에 대한 강제집행의 보전을 위한 가압류의 경우에도 마찬가지로 조합원 전원에 대한 가압류명령이 있어야 하므로, 조합원 중 1인만을 가압류채무자로 한 가압류명령으로써 조합재산에 가압류집행을 할 수는 없다.

### 청산에 의하지 않은 조합재산의 분배 / 대법원 2019. 7. 25. 선고 2019다205206 판결

조합채무의 변제 사무가 완료되지 아니한 사정이 있더라도 채권자가 조합원인 경우에는 동업체 자산을 보유하는 자가 동업체 자산에서 채권자 조합원에 대한 조합채무를 공제하여 분배대상 잔여재산액을 산출한 다음, 다른 조합원들에게 잔여재산 중 각 조합원의 출자가액에 비례한 몫을 반환함과 아울러 채권자 조합원에게 조합채무를 이행함으로써 별도의 청산절차를 거침이 없이 간이한 방법으로 공평한 잔여재산의 분배가 가능하다.

# CHAPTER 3 법정채권

### 배당권없는 자에 대한 부당이득반환청구 / 대법원 2019. 7. 18. 선고 2014다206983 전원합의체 판결

대법원은 배당받을 권리 있는 채권자가 자신이 배당받을 몫을 받지 못하고 그로 인해 권리 없는 다른 채권자가 그 몫을 배당받은 경우에는 배당이의 여부 또는 배당표의 확정 여부와 관계없이 배당받을 수 있었던 채권자가 배당금을 수령한 다른 채권자를 상대로 부당이득반환 청구를 할 수 있다는 입장을 취해 왔다. 이러한 법리의 주된 근거는 배당절차에 참가한 채권자가 배당이의 등을 하지 않아 배당절차가 종료되었더라도 그의 몫을 배당받은 다른 채권자에게 그 이득을 보유할 정당한 권원이 없는 이상 잘못된 배당의 결과를 바로잡을 수 있도록 하는 것이 실체법 질서에 부합한다는 데에 있다. 나아가 위와 같은 부당이득반환 청구를 허용해야 할 현실적 필요성(배당이의의 소의 한계나 채권자취소소송의 가액반환에 따른 문제점 보완), 현행 민사집행법에 따른 배당절차의 제도상 또는 실무상 한계로 인한 문제, 민사집행법 제155조의 내용과 취지, 입법 연혁 등에 비추어 보더라도, 종래 대법원 판례는 법리적으로나 실무적으로 타당하므로 유지되어야 한다.

### 악의수익자의 악의의 인정요건 / 대법원 2018. 4. 12. 선고 2017다229536 판결

부당이득의 경우에 악의의 수익자는 그 받은 이익에 이자를 붙여 반환하고 손해가 있으면 이를 배상하여야 하는데(민법 제748조 제2항), 부당이득의 수익자가 악의라는 점에 대하여는 이를 주장하는 측에서 증명책임을 진다. 여기서 '악의'는, 민법 제749조 제2항에서 악의로 의제하는 경우 등은 별론으로 하고, 자신의 이익 보유가 법률상 원인 없는 것임을 인식하는 것을 말하고, 그 이익의 보유를 법률상 원인이 없는 것이 되도록 하는 사정, 즉 부당이득반환의무의 발생요건에 해당하는 사실이 있음을 인식하는 것만으로는 부족하다.

### 악의수익자의 증명책임 / 대법원 2022. 10. 14. 선고 2018다244488 판결

법률상 원인 없이 타인의 재산 또는 노무로 인하여 이익을 얻고 이로 인하여 타인에게 손해를 가한 경우 선의의 수익자는 받은 이익이 현존하는 한도에서 반환책임이 있고(민법 제748조 제1항), 부당이득 반환의무자가 악의의 수익자라는 점에 대하여는 이를 주장하는 측에서 증명책임을 진다. 수익자가 취득한 것이 금전상의 이득인 때에는 그 금전은 이를 취득한 자가 소비하였는지 여부를 불문하고 현존하는 것으로 추정되나, 수익자가 급부자의 지시나 급부자와의 합의에 따라 그 금전을 사용하거나 지출하는 등의 사정이 있다면 위 추정은 번복될 수 있다.

### 손실을 면하는 것이 부당이득의 이익에 해당하는지 여부 / 대법원 2017. 12. 5. 선고 2017다225978 판결

법률상 원인 없이 타인의 재산 또는 노무로 인하여 이익을 얻고 이로 인하여 타인에게 손해를 입힌 자는 그 이익을 반환하여야 한다(민법 제741조). 이러한 부당이득이 성립하기 위한 요건인 '이익'을 얻은 방법에는 제한이 없다. 가령 채무를 면하는 경우와 같이 어떠한 사실의 발생으로 당연히 발생하였을 손실을 보지 않는 것도 이익에 해당한다.

### 민법 제197조 제2항의 소가 제기된 때의 의미 / 대법원 2016. 7. 29. 선고 2016다220044 판결

선의의 점유자는 점유물의 과실을 취득하고(민법 제201조 제1항), 점유자는 선의로 점유한 것으로 추정되지만(민법 제197조 제1항), 선의의 점유자라도 본권에 관한 소에서 패소한 때에는 그 소가 제기된 때부터 악의의 점유자로 본다(민법 제197조 제2항). 같은 취지에서 선의의 수익자가 패소한 때에는 그 소를 제기한 때부터 악의의 수익자로 간주되고(민법 제749조 제2항), 악의의 수익자는 그 받은 이익에 이자를 붙여 반환하고 손해가 있으면 이를 배상하여야 한다(민법 제748조 제2항). 여기에서 '패소한 때'란 점유자 또는 수익자가 종국판결에 의하여 패소 확정되는 것을 뜻하지만, 이는 악의의 점유자 또는 수익자로 보는 효과가 그때 발생한다는 것뿐이고 점유자 등의 패소판결이 확정되기 전에는 이를 전제로 하는 청구를 하지 못한다는 의미가 아니다. 그러므로 소유자가 점유자 등을 상대로 물건의 반환과 아울러 권원 없는 사용으로 얻은 이익의 반환을 청구하면서 물건의 반환 청구가 인용될 것을 전제로 하여 그에 관한 소송이 계속된 때 이후의 기간에 대한 사용이익의 반환을 청구하는 것은 허용된다.

### 점유를 취득한 토지매수인의 부당이득반환의무 / 대법원 2016. 7. 7. 선고 2014다2662 판결

토지의 매수인이 아직 소유권이전등기를 마치지 않았더라도 매매계약의 이행으로 토지를 인도받은 때에는 매매계약의 효력으로서 이를 점유·사용할 권리가 있으므로, 매도인이 매수인에 대하여 그 점유·사용을 법률상 원인이 없는 이익이라고 하여 부당이득반환청구를 할 수는 없다. 이러한 법리는 대물변제 약정 등에 의하여 매매와 같이 부동산의 소유권을 이전받게 되는 사람이 이미 부동산을 점유·사용하고 있는 경우에도 마찬가지로 적용된다.

### 임대인 영역에서 발생한 사유로 인한 원상회복의무의 불능 / 대법원 2019. 4. 11. 선고 2018다291347 판결

임대차계약 존속 중에 발생한 훼손이 임대인이 지배·관리하는 영역에 존재하는 하자로 발생한 것으로 추단된다면, 하자를 보수·제거하는 것은 임대차 목적물을 사용·수익하기에 필요한 상태로 유지하여야 하는 임대인의 의무에 속하고, 임차인이 하자를 미리 알았거나 알 수 있었다는 등의 특별한 사정이 없는 한, 임대인은 훼손으로 인한 목적물 반환의무의 불이행에 따른 손해배상책임을 임차인에게 물을 수 없다. 이러한 법리는 임대인이 훼손된 임대차 목적물에 관하여 수선의무를 부담하더라도 동일하게 적용된다.

### 편취한 금전으로 채무를 변제한 경우 부당이득의 성립여부 / 대법원 2016. 6. 28. 선고 2012다44358 판결

채무자가 피해자로부터 편취한 금전을 자신의 채권자에 대한 채무변제에 사용하는 경우, 채권자가 변제를 수령할 때 금전이 편취된 것이라는 사실에 대하여 악의 또는 중대한 과실이 없는 한 채권자의 금전 취득은 피해자에 대한 관계에서 법률상 원인이 있으며, 이와 같은 법리는 채무자가 편취한 금전을 자신의 채권자에 대한 채무변제에 직접 사용하지 아니하고 자신의 채권자의 다른 채권자에 대한 채무를 대신 변제하는 데 사용한 경우에도 마찬가지이다.

### 강제집행과 비채변제 / 대법원 2018. 11. 29. 선고 2017다286577 판결

강제집행에 의한 채권의 만족은 변제자의 의사에 기하지 아니하고 행하여지는 것으로서 비채변제가 성립되지 아니한다.

### 토지오염과 불법행위 / 대법원 2016. 5. 19. 선고 2009다66549 전원합의체 판결

헌법 제35조 제1항, 구 환경정책기본법, 구 토양환경보전법 및 구 폐기물관리법의 취지와 아울러 토양오염원인자의 피해배상의무 및 오염토양 정화의무, 폐기물 처리의무 등에 관한 관련 규정들과 법리에 비추어 보면, 토지의 소유자라 하더라도 토양오염물질을 토양에 누출·유출하거나 투기·방치함으로써 토양오염을 유발하였음에도 오염토양을 정화하지 않은 상태에서 오염토양이 포함된 토지를 거래에 제공함으로써 유통되게 하거나, 토지에 폐기물을 불법으로 매립하였음에도 처리하지 않은 상태에서 토지를 거래에 제공하는 등으로 유통되게 하였다면, 다른 특별한 사정이 없는 한 이는 거래의 상대방 및 토지를 전전 취득한 현재의 토지 소유자에 대한 위법행위로서 불법행위가 성립할 수 있다.

불법행위로 인한 손해배상책임의 발생시기 / 대법원 2018. 6. 15. 선고 2016다212272 판결

불법행위로 인한 손해배상책임은 원칙적으로 위법행위 시에 성립하지만 위법행위 시점과 손해발생 시점 사이에 시간적 간격이 있는 경우에는 손해가 발생한 때에 성립한다. 손해란 위법한 가해행위로 인하여 발생한 재산상의 불이익, 즉 그 위법행위가 없었더라면 존재하였을 재산상태와 그 위법행위가 있은 후의 재산상태의 차이를 말한다. 또한 손해의 발생 시점이란 이러한 손해가 현실적으로 발생한 시점을 의미하는데, 현실적으로 손해가 발생하였는지 여부는 사회통념에 비추어 객관적이고 합리적으로 판단하여야 한다.

영업중단으로 인한 손해배상의 범위 / 대법원 2018. 9. 13. 선고 2016다35802 판결

불법행위로 영업을 중단한 자가 영업 중단에 따른 손해배상을 구하는 경우 영업을 중단하지 않았으면 얻었을 순이익과 이와 별도로 영업 중단과 상관없이 불가피하게 지출해야 하는 비용도 특별한 사정이 없는 한 손해배상의 범위에 포함될 수 있다. 위와 같은 순이익과 비용의 배상을 인정하는 것은 이중배상에 해당하지 않는다. 이러한 법리는 환경정책기본법 제44조 제1항에 따라 그 피해의 배상을 인정하는 경우에도 적용된다.

포털운영자의 불법행위책임의 인정여부 / 대법원 2019. 2. 28. 선고 2016다271608 판결

인터넷 포털사이트를 운영하는 온라인서비스제공자가 제공한 인터넷 게시공간에 타인의 저작권을 침해하는 게시물이 게시되었고 그 검색 기능을 통하여 인터넷 이용자들이 위 게시물을 쉽게 찾을 수 있더라도, 그러한 사정만으로 곧바로 온라인서비스제공자에게 저작권 침해 게시물에 대한 불법행위책임을 지울 수는 없다.

공작물책임과 채무불이행책임의 경합 / 대법원 2017. 8. 29. 선고 2017다227103 판결

건물을 타인에게 임대한 소유자가 건물을 적합하게 유지·관리할 의무를 위반하여 임대목적물에 필요한 안전성을 갖추지 못한 설치·보존상의 하자가 생기고 그 하자로 인하여 임차인에게 손해를 입힌 경우, 건물의 소유자 겸 임대인은 임차인에게 공작물책임과 수선의무 위반에 따른 채무불이행 책임을 진다.

공동불법행위의 성립요건 / 대법원 2016. 4. 12. 선고 2013다31137 판결

민법상 공동불법행위는 객관적으로 관련공동성이 있는 수인의 행위로 타인에게 손해를 가하면 성립하고, 행위자 상호 간에 공모는 물론 의사의 공통이나 공동의 인식을 필요로 하는 것이 아니다. 또한 공동의 행위는 불법행위 자체를 공동으로 하거나 교사·방조하는 경우는 물론 횡령행위로 인한 장물을 취득하는 등 피해의 발생에 공동으로 관련되어 있어도 인정될 수 있다. 그리고 이러한 법리는 범죄수익은닉의 규제 및 처벌 등에 관한 법률에서 정하는 특정범죄로 취득한 재산인 것을 인식하면서 은닉·보존 등에 협력하는 등으로 특정범죄로 인한 피해회복을 곤란 또는 불가능하게 함으로써 손해가 지속되도록 한 경우에도 마찬가지로 적용된다.

불법행위에 기한 손해배상청구권의 기산점 / 대법원 2019. 8. 29. 선고 2017다276679 판결

불법행위에 기한 손해배상채권에서 민법 제766조 제2항의 소멸시효의 기산점이 되는 '불법행위를 한 날'이란 가해행위가 있었던 날이 아니라 현실적으로 손해의 결과가 발생한 날을 의미하나, 그 손해의 결과발생이 현실적인 것으로 되었다면 그 소멸시효는 피해자가 손해의 결과발생을 알았거나 예상할 수 있는지 여부에 관계없이 가해행위로 인한 손해가 현실적인 것으로 되었다고 볼 수 있는 때부터 진행한다.

불법행위의 요건으로서의 손해 / 대법원 2020. 10. 15. 선고 2017다278446 판결

불법행위를 이유로 배상하여야 할 손해는 현실로 입은 확실한 손해에 한하므로, 가해자가 행한 불법행위로 인하여 피해자가 채무를 부담하게 된 경우 피해자가 가해자에게 그 채무액 상당의 손해배상을 구하기 위해서는

채무의 부담이 현실적·확정적이어서 실제로 변제하여야 할 성질의 것이어야 하고, 현실적으로 손해가 발생하였는지 여부는 사회통념에 비추어 객관적이고 합리적으로 판단하여야 한다.

### 명의수탁자의 처분행위 / 대법원 2022. 6. 9. 선고 2020다208997 판결

명의수탁자가 3자간 등기명의신탁에 따라 매도인으로부터 소유권이전등기를 넘겨받은 부동산을 자기 마음대로 처분한 행위가 형사상 횡령죄로 처벌되지 않더라도, 이는 명의신탁자의 채권인 소유권이전등기청구권을 침해하는 행위로써 민법 제750조에 따라 불법행위에 해당하여 명의수탁자는 명의신탁자에게 손해배상책임을 질 수 있다.

### 사용자책임에 기한 구상의 범위 / 대법원 2022. 12. 29. 선고 2019다210697 판결

일반적으로 사용자가 피용자의 업무수행과 관련하여 행하여진 불법행위로 인하여 직접 손해를 입었거나 그 피해자인 제3자에게 사용자로서의 손해배상책임을 부담한 결과로 손해를 입게 된 경우에 사용자는 그 사업의 성격과 규모, 시설의 현황, 피용자의 업무내용과 근로조건 및 근무태도, 가해행위의 발생원인과 성격, 가해행위의 예방이나 손실의 분산에 관한 사용자의 배려의 정도, 기타 제반 사정에 비추어 손해의 공평한 분담이라는 견지에서 신의칙상 상당하다고 인정되는 한도 내에서만 피용자에 대하여 손해배상을 청구하거나 구상권을 행사할 수 있고, 책임제한 사유에 관한 사실인정이나 그 비율을 정하는 것은 형평의 원칙에 비추어 현저히 불합리하지 않는 한 사실심의 전권사항이다.

### 공동불법행위와 과실상계 / 대법원 2022. 7. 28. 선고 2017다16747, 16754 판결

공동불법행위책임은 가해자 각 개인의 행위에 대하여 개별적으로 그로 인한 손해를 구하는 것이 아니라 그 가해자들이 공동으로 가한 불법행위에 대하여 그 책임을 추궁하는 것으로, 법원이 피해자의 과실을 들어 과실상계를 함에 있어서는 피해자의 공동불법행위자 각인에 대한 과실비율이 서로 다르더라도 피해자의 과실을 공동불법행위자 각인에 대한 과실로 개별적으로 평가하지 않고 그들 전원에 대한 과실로 전체적으로 평가하는 것이 원칙이다. 그런데 공동불법행위자의 관계는 아니지만 서로 별개의 원인으로 발생한 독립된 채무가 동일한 경제적 목적을 가지고 있고 서로 중첩되는 부분에 관하여 한쪽의 채무가 변제 등으로 소멸하면 다른 쪽의 채무도 소멸하는 관계에 있기 때문에 부진정연대채무 관계가 인정되는 경우가 있다. 이러한 경우까지 과실상계를 할 때 반드시 채권자의 과실을 채무자 전원에 대하여 전체적으로 평가하여야 하는 것은 아니다.

### 진료계약위반으로 인한 위자료의 인정여부 / 대법원 2018. 11. 15. 선고 2016다244491 판결

진료계약상 주의의무 위반으로 환자의 생명이나 신체에 불이익한 결과를 초래한 경우 일반적으로 채무불이행책임과 불법행위책임이 성립할 수 있다. 이와 같이 생명·신체가 침해된 경우 환자가 정신적 고통을 입는다고 볼 수 있으므로, <u>진료계약의 당사자인 병원 등은 환자가 입은 정신적 고통에 대해서도 민법 제393조, 제763조, 제751조 제1항에 따라 손해를 배상해야 한다.</u>

### 위자료의 지연손해금의 발생시기 / 대법원 2021. 4. 29. 선고 2020다206564 판결

<u>불법행위 시와 변론종결 시 사이에 장기간의 세월이 지나 위자료를 산정할 때 반드시 참작해야 할 변론종결 시의 통화가치 등에 불법행위 시와 비교하여 상당한 변동이 생긴 때에는 예외적으로 불법행위로 인한 위자료 배상채무의 지연손해금은 그 위자료 산정의 기준시인 사실심 변론종결일로부터 발생한다고 보아야 하고,</u> 이처럼 불법행위로 인한 위자료 배상채무의 지연손해금이 사실심 변론종결일부터 발생한다고 보아야 하는 예외적인 경우에는 불법행위 시부터 지연손해금이 가산되는 원칙적인 경우보다 배상이 지연된 사정을 적절히 참작하여 사실심 변론종결 시의 위자료 원금을 산정할 필요가 있다.

후유증으로 인한 손해배상청구권의 발생시기 / 대법원 2022. 6. 16. 선고 2017다289538 판결

불법행위로 상해를 입었지만 후유증 등으로 인하여 불법행위 당시에는 전혀 예상할 수 없었던 후발손해가 새로이 발생한 경우와 같이, 사회통념상 후발손해가 판명된 때에 현실적으로 손해가 발생한 것으로 볼 수 있는 경우에는 후발손해 판명 시점에 불법행위로 인한 손해배상채권이 성립하고, 지연손해금 역시 그때부터 발생한다고 봄이 상당하다. 이 경우 후발손해가 판명된 때가 불법행위 시이자 그로부터 장래의 구체적인 소극적·적극적 손해에 대한 중간이자를 공제하는 현가산정의 원칙적인 기준시기가 된다고 보아야 하고, 그보다 앞선 시점이 현가산정의 기준시기나 지연손해금의 기산일이 될 수는 없다.

제조물책임법과 민법의 법조경합 / 대법원 2023. 5. 18.자 2022다230677

제조물 책임법은 불법행위에 관한 민법의 특별법이라 할 것이므로, 제조물의 결함으로 손해를 입은 자가 제조물 책임법에 의하여 손해배상을 주장하지 않고 민법상 불법행위책임을 주장하였더라도 법원은 민법에 우선하여 제조물 책임법을 적용하여야 하고, 제조물 책임법의 요건이 갖추어지지 않았지만 민법상 불법행위책임 요건을 갖추었다면 민법상 불법행위책임을 인정할 수도 있다.

#  Ⅲ 물권법

## CHAPTER 1 물권법 총칙

취득시효완성으로 인한 소유권이전등기청구권의 양도 / 대법원 2018. 7. 12. 선고 2015다36167 판결

매매로 인한 소유권이전등기청구권의 양도는 특별한 사정이 없는 이상 양도가 제한되고 양도에 채무자의 승낙이나 동의를 요한다고 할 것이므로 통상의 채권양도와 달리 양도인의 채무자에 대한 통지만으로는 채무자에 대한 대항력이 생기지 않으며 반드시 채무자의 동의나 승낙을 받아야 대항력이 생긴다. 그러나 취득시효완성으로 인한 소유권이전등기청구권은 채권자와 채무자 사이에 아무런 계약관계나 신뢰관계가 없고, 그에 따라 채권자가 채무자에게 반대급부로 부담하여야 하는 의무도 없다. 따라서 취득시효완성으로 인한 소유권이전등기청구권의 양도의 경우에는 매매로 인한 소유권이전등기청구권에 관한 양도제한의 법리가 적용되지 않는다.

공유지분 포기의 법적 성질 / 대법원 2016. 10. 27. 선고 2015다52978 판결

민법 제267조는 "공유자가 그 지분을 포기하거나 상속인 없이 사망한 때에는 그 지분은 다른 공유자에게 각 지분의 비율로 귀속한다."라고 규정하고 있다. 여기서 공유지분의 포기는 법률행위로서 상대방 있는 단독행위에 해당하므로, 부동산 공유자의 공유지분 포기의 의사표시가 다른 공유자에게 도달하더라도 이로써 곧바로 공유지분 포기에 따른 물권변동의 효력이 발생하는 것은 아니고, 다른 공유자는 자신에게 귀속될 공유지분에 관하여 소유권이전등기청구권을 취득하며, 이후 민법 제186조에 의하여 등기를 하여야 공유지분 포기에 따른 물권변동의 효력이 발생한다. 그리고 부동산 공유자의 공유지분 포기에 따른 등기는 해당 지분에 관하여 다른 공유자 앞으로 소유권이전등기를 하는 형태가 되어야 한다.

### 원인무효의 등기 이후에 마쳐진 특조법등기의 추정력 / 대법원 2018. 1. 25. 선고 2017다260117 판결

부동산소유권 이전등기 등에 관한 특별조치법(이하 '특별조치법'이라고 한다)에 의한 소유권이전등기는 실체적 권리관계에 부합하는 등기로 추정되지만 그 소유권이전등기도 전 등기명의인으로부터 소유권을 승계취득하였음을 원인으로 하는 것이고 보증서 및 확인서 역시 그 승계취득사실을 보증 내지 확인하는 것이므로 그 전 등기명의인이 무권리자이기 때문에 그로부터의 소유권이전등기가 원인무효로서 말소되어야 할 경우라면, 등기의 추정력은 번복된다. 같은 취지에서 소유권보존등기의 추정력은 그 등기가 특별조치법에 의하여 마쳐진 것이 아닌 한 등기명의인 이외의 자가 해당 토지를 사정받은 것으로 밝혀지면 깨어지는 것이어서, 등기명의인이 구체적으로 실체관계에 부합한다거나 승계취득사실을 주장·증명하지 못하는 한 등기는 원인무효이므로, 이와 같이 원인무효인 소유권보존등기를 기초로 마친 소유권이전등기는 그것이 특별조치법에 의하여 이루어진 등기라고 하더라도 원인무효이다.

### 말소된 강제경매개시결정 기입등기의 회복방법 / 대법원 2019. 5. 16. 선고 2015다253573 판결

부동산 강제경매개시결정 기입등기는 채권자나 채무자가 직접 등기공무원에게 이를 신청하여 행할 수는 없고 반드시 법원의 촉탁에 의하여 행하여지는데, 이와 같이 당사자가 신청할 수 없는 강제경매개시결정 기입등기가 법원의 촉탁에 의하여 말소된 경우에는 그 회복등기도 법원의 촉탁에 의하여 행하여져야 하므로, 이 경우 강제경매 신청채권자가 말소된 강제경매개시결정 기입등기의 회복등기절차의 이행을 소구할 이익은 없고, 다만 강제경매개시결정 기입등기가 말소될 당시 그 부동산에 관하여 소유권이전등기를 경료하고 있는 사람은 법원이 강제경매개시결정 기입등기의 회복을 촉탁함에 있어서 등기상 이해관계가 있는 제3자에 해당하므로, 강제경매 신청채권자로서는 그 사람을 상대로 하여 법원의 촉탁에 의한 강제경매개시결정 기입등기의 회복절차에 대한 승낙청구의 소를 제기할 수는 있다.

### 무권리자의 처분행위의 효력 / 대법원 2022. 12. 29. 선고 2019다272275 판결

적법한 원인 없이 타인 소유 부동산에 관하여 소유권보존등기를 마친 무권리자가 그 부동산을 제3자에게 매도하고 소유권이전등기를 마쳐주었다고 하더라도, 그러한 소유권보존등기와 소유권이전등기는 실체관계에 부합한다는 등의 특별한 사정이 없는 한 모두 무효이다. 따라서 이 경우 원소유자가 소유권을 상실하지 아니하고, 또 무권리자가 제3자와 체결한 매매계약의 효력이 원소유자에게 미치는 것도 아니므로, 무권리자가 받은 매매대금이 부당이득에 해당하여 이를 원소유자에게 반환하여야 한다고 볼 수는 없다.
무권리자로부터 부동산을 매수한 제3자나 그 후행 등기 명의인이 과실 없이 점유를 개시한 후 소유권이전등기가 말소되지 않은 상태에서 소유의 의사로 평온, 공연하게 선의로 점유를 계속하여 10년이 경과한 때에는 민법 제245조 제2항에 따라 바로 그 부동산에 대한 소유권을 취득하고, 이때 원소유자는 소급하여 소유권을 상실함으로써 손해를 입게 된다. 그러나 이는 민법 제245조 제2항에 따른 물권변동의 효과일 뿐 무권리자와 제3자가 체결한 매매계약의 효력과는 직접 관계가 없으므로, 무권리자가 제3자와의 매매계약에 따라 대금을 받음으로써 이익을 얻었다고 하더라도 이로 인하여 원소유자에게 손해를 가한 것이라고 볼 수도 없다(무권리자에 대하여 매매대금 상당액의 부당이득을 청구할 수 없고, 사안에 따라 불법행위에 기한 손해배상청구권은 행사할 수 있음).

### 등기의 우열관계 / 대법원 2022. 5. 12. 선고 2019다265376 판결

소유권이전등기청구권 보전의 가등기보다 후순위로 마쳐진 근저당권의 실행을 위한 경매절차에서 매각허가결정에 따라 매각대금이 완납된 경우에도, 선순위인 가등기는 소멸하지 않고 존속하는 것이 원칙이다. 다만 그 가등기보다 선순위로 기입된 가압류등기는 근저당권의 실행을 위한 경매절차에서 매각으로 인하여 소멸하고, 이러한 경우에는 가압류등기보다 후순위인 가등기 역시 민사집행법 제144조 제1항 제2호에 따라 매수인이 인수하지 아니한 부동산의 부담에 관한 기입에 해당하여 말소촉탁의 대상이 된다.

**CHAPTER 2 점유권 및 소유권**

점유권에 기한 소와 본권에 기한 소의 관계 / 대법원 2021. 3. 25. 선고 2019다208441 판결
점유권을 기초로 한 본소에 대하여 본권자가 본소청구의 인용에 대비하여 본권에 기초한 장래이행의 소로서 예비적 반소를 제기하고 양 청구가 모두 이유 있는 경우, 법원은 점유권에 기초한 본소와 본권에 기초한 예비적 반소를 모두 인용해야 하고 점유권에 기초한 본소를 본권에 관한 이유로 배척할 수 없다. 이러한 법리는 점유를 침탈당한 자가 점유권에 기한 점유회수의 소를 제기하고, 본권자가 그 점유회수의 소가 인용될 것에 대비하여 본권에 기초한 장래이행의 소로서 별소를 제기한 경우에도 마찬가지로 적용된다.

점유자의 점유회수 / 대법원 2023. 8. 18. 선고 2022다269675 판결
상대방으로부터 점유를 위법하게 침탈당한 점유자가 상대방으로부터 자력구제에 해당하지 않는 방법으로 점유를 탈환한 경우, 상대방이 점유자를 상대로 민법 제204조 제1항에 따른 점유의 회수를 청구할 수 있는지 여부(원칙적 소극)

민법 제203조의 적용범위 / 대법원 2021. 4. 29. 선고 2018다261889 판결
민법 제203조 제1항은 "점유자가 점유물을 반환할 때에는 회복자에 대하여 점유물을 보존하기 위하여 지출한 금액 기타 필요비의 상환을 청구할 수 있다. 그러나 점유자가 과실을 취득한 경우에는 통상의 필요비는 청구하지 못한다."라고 정하고 있다. 위 규정을 체계적으로 해석하면 민법 제203조 제1항 단서에서 말하는 '점유자가 과실을 취득한 경우'란 점유자가 선의의 점유자로서 민법 제201조 제1항에 따라 과실수취권을 보유하고 있는 경우를 뜻한다고 보아야 한다. 선의의 점유자는 과실을 수취하므로 물건의 용익과 밀접한 관련을 가지는 비용인 통상의 필요비를 스스로 부담하는 것이 타당하기 때문이다. 따라서 과실수취권이 없는 악의의 점유자에 대해서는 위 단서 규정이 적용되지 않는다.

점유자의 비용상환청구권 / 대법원 2022. 6. 30. 선고 2020다209815 판결
물건의 소유자는 적법한 점유 권한 없는 점유자를 상대로 물권적 청구권을 행사하여 반환을 청구할 수 있고(민법 제213조), 점유자는 점유물을 반환하거나 그 반환을 청구받은 때에 회복자에 대하여 자기가 거기에 지출한 필요비나 유익비의 상환을 청구할 수 있다(민법 제203조). 그러나 점유자가 점유물 반환 이외의 원인으로 물건의 점유자 지위를 잃어 소유자가 그를 상대로 물권적 청구권을 행사할 수 없게 되었다면, 그들은 더 이상 민법 제203조가 규율하는 점유자와 회복자의 관계에 있지 않으므로, 점유자는 위 조항을 근거로 비용상환청구권을 행사할 수 없고, 다만 비용 지출이 사무관리에 해당할 경우 그 상환을 청구하거나(민법 제739조), 자기가 지출한 비용으로 물건 소유자가 얻은 이득의 존재와 범위를 증명하여 반환청구권(민법 제741조)을 행사할 수 있을 뿐이다.

점유부당이득의 법률관계 / 대법원 2022. 9. 29. 선고 2018다243133, 243140 판결
타인 소유의 토지 위에 권원 없이 건물을 소유하는 자는 그 자체로써 건물 부지가 된 토지를 점유하고 있는 것이므로 특별한 사정이 없는 한 법률상 원인 없이 타인의 재산으로 인하여 토지의 차임에 상당하는 이익을 얻고 이로 인하여 타인에게 동액 상당의 손해를 주고 있다고 할 것이고, 이는 건물 소유자가 미등기건물의 원시취득자이고 그 건물에 관하여 사실상의 처분권을 보유하게 된 양수인이 따로 존재하는 경우에도 다르지 아니하므로, 미등기건물의 원시취득자는 토지 소유자에 대하여 부당이득반환의무를 진다.
한편 미등기건물을 양수하여 건물에 관한 사실상의 처분권을 보유하게 됨으로써 그 양수인이 건물 부지 역시

아울러 점유하고 있다고 볼 수 있는 경우에는 미등기건물에 관한 사실상의 처분권자도 건물 부지의 점유사용에 따른 부당이득반환의무를 부담한다. 이러한 경우 미등기건물의 원시취득자와 사실상의 처분권자가 토지소유자에 대하여 부담하는 부당이득반환의무는 동일한 경제적 목적을 가진 채무로서 부진정연대채무 관계에 있다고 볼 것이다.

### 민법 제204조의 요건 / 대법원 2021. 8. 19. 선고 2021다213866 판결

민법 제204조에 따르면, 점유자가 점유의 침탈을 당한 때에는 그 물건의 반환 및 손해의 배상을 청구할 수 있고(제1항), 위 청구권은 점유를 침탈당한 날부터 1년 내에 행사하여야 하며(제3항), 여기서 말하는 1년의 행사기간은 제척기간으로서 소를 제기하여야 하는 기간을 말한다. 그런데 민법 제204조 제3항은 본권 침해로 발생한 손해배상청구권의 행사에는 적용되지 않으므로 점유를 침탈당한 자가 본권인 유치권 소멸에 따른 손해배상청구권을 행사하는 때에는 민법 제204조 제3항이 적용되지 아니하고, 점유를 침탈당한 날부터 1년 내에 행사할 것을 요하지 않는다.

### 토지소유자의 토지소유권 / 대법원 2019. 1. 24. 선고 2016다264556 전원합의체 판결

토지 소유자의 독점적·배타적인 사용·수익권 행사의 제한은 해당 토지가 일반 공중의 이용에 제공됨으로 인한 공공의 이익을 전제로 하는 것이므로, 토지 소유자가 공공의 목적을 위해 그 토지를 제공할 당시의 객관적인 토지이용현황이 유지되는 한도 내에서만 존속한다고 보아야 한다. 따라서 토지 소유자가 그 소유 토지를 일반 공중의 이용에 제공함으로써 자신의 의사에 부합하는 토지이용상태가 형성되어 그에 대한 독점적·배타적인 사용·수익권의 행사가 제한된다고 하더라도, 그 후 토지이용상태에 중대한 변화가 생기는 등으로 독점적·배타적인 사용·수익권의 행사를 제한하는 기초가 된 객관적인 사정이 현저히 변경되고, 소유자가 일반 공중의 사용을 위하여 그 토지를 제공할 당시 이러한 변화를 예견할 수 없었으며, 사용·수익권 행사가 계속하여 제한된다고 보는 것이 당사자의 이해에 중대한 불균형을 초래하는 경우에는, 토지 소유자는 그와 같은 사정변경이 있은 때부터는 다시 사용·수익 권능을 포함한 완전한 소유권에 기한 권리를 주장할 수 있다고 보아야 한다.

토지소유권에 기한 물권적 청구권의 요건 / 대법원 2019. 7. 10. 선고 2015다249352 판결

피고로부터 매매 등의 방법으로 부동산에 대한 권리가 순차적으로 이전되어 최종적으로 소유권이전등기를 마친 제3자가 시효취득을 원인으로 부동산에 대한 소유권을 취득함에 따라 당초 부동산의 소유자인 원고가 소유권을 상실하게 되면, 비록 피고 명의의 소유권이전등기가 원인무효라고 하더라도 원고에게 피고 명의의 소유권이전등기의 말소를 청구할 수 있는 권원이 없으므로, 원고는 피고에 대하여 소유권에 기한 등기말소청구를 할 수 없다.

물권적 청구권의 내용 / 대법원 2022. 6. 30. 선고 2021다276256 판결

건물 소유자가 건물의 소유를 통하여 타인 소유의 토지를 점유하고 있다고 하더라도 토지 소유자로서는 건물의 철거와 대지 부분의 인도를 청구할 수 있을 뿐, 자기 소유의 건물을 점유하고 있는 사람에 대하여 건물에서 퇴거할 것을 청구할 수 없다. 이러한 법리는 건물이 공유관계에 있는 경우에 건물의 공유자에 대해서도 마찬가지로 적용된다.

부기등기의 말소청구 / 대법원 2021. 5. 7. 선고 2020다299214 판결

등기명의인의 표시변경 또는 경정의 부기등기가 등기명의인의 동일성을 해치는 방법으로 행하여져서 부동산등기사항증명서상의 표시가 실지 소유관계를 표상하고 있는 것이 아니라면 진실한 소유자는 그 소유권의 내용인 침해배제청구권의 정당한 행사로써 그 표시상의 소유명의자를 상대로 그 소유권에 장애가 되는 부기등기인 표시변경 또는 경정등기의 말소등기절차의 이행을 청구할 수 있으므로, 이와 같이 부동산의 등기명의인의 표시변경 또는 경정등기의 말소등기절차의 이행을 청구하려는 자는 자신이 부동산의 원래의 등기명의인에 해당하는 자로서 진실한 소유자라는 사실을 증명하여야 한다.

허무인 명의의 무효등기의 말소청구 / 대법원 2019. 5. 30. 선고 2015다47105 판결

등기부상 진실한 소유자의 소유권에 방해가 되는 불실등기가 존재하는 경우에 그 등기명의인이 허무인 또는 실체가 없는 단체인 때에는 소유자는 그와 같은 허무인 또는 실체가 없는 단체 명의로 실제 등기행위를 한 자에 대하여 소유권에 기한 방해배제로서 등기행위자를 표상하는 허무인 또는 실체가 없는 단체 명의 등기의 말소를 구할 수 있다.

공유물의 보존행위와 관리행위의 구분 / 대법원 2019. 9. 26. 선고 2015다208252 판결

민법 제265조 단서의 취지, 집합건물법의 입법 취지와 관련 규정을 종합하여 보면, 구분소유자가 공용부분과 대지에 대해 그 지분권에 기하여 권리를 행사할 때 이것이 다른 구분소유자들의 이익에 어긋날 수 있다면 이는 각 구분소유자가 집합건물법 제16조 제1항 단서에 의하여 개별적으로 할 수 있는 보존행위라고 볼 수 없고 집합건물법 제16조 제1항 본문에 따라 관리단집회의 결의를 거쳐야 하는 관리행위라고 보아야 한다.

공유물의 관리행위 / 대법원 2022. 11. 17. 선고 2022다253243 판결

공유자 사이에 공유물을 사용·수익할 구체적인 방법을 정하는 것은 공유물의 관리에 관한 사항으로서 공유자의 지분의 과반수로써 결정하여야 할 것이고, 과반수 지분의 공유자는 다른 공유자와 사이에 미리 공유물의 관리방법에 관한 협의가 없었다 하더라도 공유물의 관리에 관한 사항을 단독으로 결정할 수 있으므로, 과반수 지분의 공유자가 그 공유물의 특정 부분을 배타적으로 사용·수익하기로 정하는 것은 공유물의 관리방법으로서 적법하다. 또한 공유 지분 과반수 소유자의 공유물인도청구는 민법 제265조의 규정에 따라 공유물의 관리를 위하여 구하는 것으로서 그 상대방인 타 공유자는 민법 제263조의 공유물의 사용수익권으로 이를 거부할 수 없다.

공유물분할의 방법 / 대법원 2022. 9. 7. 선고 2022다244805 판결

공유물분할의 소는 형성의 소로서 공유자 상호 간의 지분의 교환 또는 매매를 통하여 공유의 객체를 단독 소유권의 대상으로 하여 그 객체에 대한 공유관계를 해소하는 것을 말하므로, 법원은 공유물분할을 청구하는 자가 구하는 방법에 구애받지 아니하고 자유로운 재량에 따라 공유관계나 그 객체인 물건의 제반 상황에 따라 공유자의 지분비율에 따른 합리적인 분할을 하면 된다. 따라서 여러 사람이 공유하는 물건을 분할하는 경우 원칙적으로는 각 공유자가 취득하는 토지의 면적이 그 공유지분의 비율과 같도록 하여야 할 것이나, 반드시 그런 방법으로만 분할하여야 하는 것은 아니고, 분할 대상이 된 공유물의 형상이나 위치, 그 이용 상황이나 경제적 가치가 균등하지 아니할 때에는 이와 같은 여러 사정을 고려하여 경제적 가치가 지분비율에 상응되도록 분할하는 것도 허용되며, 일정한 요건이 갖추어진 경우에는 공유자 상호 간에 금전으로 경제적 가치의 과부족을 조정하여 분할을 하는 것도 현물분할의 한 방법으로 허용된다. 나아가 공유관계의 발생원인과 공유지분의 비율 및 분할된 경우의 경제적 가치, 분할 방법에 관한 공유자의 희망 등의 여러 사정을 종합적으로 고려하여 당해 공유물을 특정한 자에게 취득시키는 것이 상당하다고 인정되고, 다른 공유자에게는 그 지분의 가격을 취득시키는 것이 공유자 간의 실질적인 공평을 해치지 않는다고 인정되는 특별한 사정이 있는 때에는 공유물을 공유자 중의 1인의 단독소유 또는 수인의 공유로 하되 현물을 소유하게 되는 공유자로 하여금 다른 공유자에 대하여 그 지분의 적정하고도 합리적인 가격을 배상시키는 방법에 의한 분할도 현물분할의 하나로 허용된다. 이때 그 가격배상의 기준이 되는 '지분가격'이란 공유물분할 시점의 객관적인 교환가치에 해당하는 시장가격 또는 매수가격을 의미하는 것으로, 그 적정한 산정을 위해서는 분할 시점에 가까운 사실심 변론종결일을 기준으로 변론과정에 나타난 관련 자료를 토대로 최대한 객관적·합리적으로 평가하여야 하므로, 객관적 시장가격 또는 매수가격에 해당하는 시가의 변동이라는 사정을 일절 고려하지 않은 채 그러한 사정이 제대로 반영되지 아니한 감정평가액에만 의존하여서는 아니 된다.

건물의 구분소유권의 성립요건 / 대법원 2018. 6. 28. 선고 2016다21941 판결

1동의 건물에 대하여 구분소유가 성립하기 위해서는 객관적·물리적인 측면에서 1동의 건물이 존재하고 구분된 건물부분이 구조상·이용상 독립성을 갖추어야 할 뿐 아니라 1동의 건물 중 물리적으로 구획된 건물부분을 각각 구분소유권의 객체로 하려는 구분행위가 있어야 한다. 여기서 구분행위는 건물의 물리적 형질을 변경하지 않고 건물의 특정 부분을 구분하여 별개의 소유권의 객체로 하려는 법률행위로서, 시기나 방식에 특별한 제한이 있는 것은 아니고 처분권자의 구분의사가 객관적으로 외부에 표시되면 충분하다. 구분건물이 물리적으로 완성되기 전에도 건축허가신청이나 분양계약 등을 통하여 장래 신축되는 건물을 구분건물로 하겠다는 구분의사가 객관적으로 표시되면 구분행위의 존재를 인정할 수 있다. 그러나 구조와 형태 등이 1동의 건물로서 완성되고 구분행위에 상응하는 구분건물이 객관적·물리적으로 완성되어야 그 시점에 구분소유가 성립한다.

주위토지통행권의 소멸 / 대법원 2014. 12. 24. 선고 2013다11669 판결

[1] 주위토지통행권은 법정의 요건을 충족하면 당연히 성립하고 요건이 없어지게 되면 당연히 소멸한다. 따라서 포위된 토지가 사정변경에 의하여 공로에 접하게 되거나 포위된 토지의 소유자가 주위의 토지를 취득함으로써 주위토지통행권을 인정할 필요성이 없어지게 된 경우에는 통행권은 소멸한다.

[2] 주위토지통행권자가 통행지 소유자에게 보상해야 할 손해액은 단지 주위토지통행권이 인정되어 통행하고 있다는 사정만으로 통행지를 '도로'로 평가하여 산정한 임료 상당액이 통행지 소유자의 손해액이 된다고 볼 수 없다.

구분소유권의 성립시기 / 대법원 2016. 1. 28. 선고 2013다59876 판결

신축건물의 보존등기를 건물 완성 전에 하였더라도 그 후 건물이 완성된 이상 등기를 무효라고 볼 수 없다. 이러한 법리는 1동 건물의 일부분이 구분소유권의 객체로서 적합한 구조상 독립성을 갖추지 못한 상태에서 구분소유권의 목적으로 등기되고 이에 기초하여 근저당권설정등기나 소유권이전등기 등이 순차로 마쳐진 다음 집합건물의 소유 및 관리에 관한 법률 제1조의2, '집합건물의 소유 및 관리에 관한 법률 제1조의2 제1항의 경계표지 및 건물번호표지에 관한 규정'에 따라 경계를 명확하게 식별할 수 있는 표지가 바닥에 견고하게 설치되고 구분점포별로 부여된 건물번호표지도 견고하게 부착되는 등으로 구분소유권의 객체가 된 경우에도 마찬가지이다.

본인 소유 물건의 시효취득 / 대법원 2022. 7. 28. 선고 2017다204629 판결

부동산에 관하여 적법·유효한 등기를 하고 소유권을 취득한 사람이 자기 소유의 부동산을 점유하는 경우 특별한 사정이 없는 한 그러한 점유는 취득시효의 기초가 되는 점유라고 할 수 없다. 이러한 경우에는 사실 상태를 권리관계로 높여 보호할 필요가 없고, 부동산의 소유명의자는 부동산에 대한 소유권을 적법하게 보유하는 것으로 추정되어 소유권에 대한 증명의 곤란을 구제할 필요도 없기 때문이다. 그러나 소유권에 기초하여 부동산을 점유하는 사람이더라도 그 등기를 하고 있지 않아 자신의 소유권을 증명하기 어렵거나 소유권을 제3자에게 대항할 수 없는 등으로 점유의 사실 상태를 권리관계로 높여 보호하고 증명곤란을 구제할 필요가 있는 예외적인 경우에는, 자기 소유 부동산에 대한 점유도 취득시효를 인정하기 위해 기초가 되는 점유로 볼 수 있다.

부동산에 대한 압류와 취득시효의 중단사유 / 대법원 2019. 4. 3. 선고 2018다296878 판결

민법 제247조 제2항은 '소멸시효의 중단에 관한 규정은 점유로 인한 부동산소유권의 시효취득기간에 준용한다.'고 규정하고, 민법 제168조 제2호는 소멸시효 중단사유로 '압류 또는 가압류, 가처분'을 규정하고 있다. 점유로 인한 부동산소유권의 시효취득에 있어 취득시효의 중단사유는 종래의 점유상태의 계속을 파괴하는 것으로 인정될 수 있는 사유이어야 하는데, 민법 제168조 제2호에서 정하는 '압류 또는 가압류'는 금전채권의 강제집행을 위한 수단이거나 그 보전수단에 불과하여 취득시효기간의 완성 전에 부동산에 압류 또는 가압류 조치가 이루어졌다고 하더라도 이로써 종래의 점유상태의 계속이 파괴되었다고는 할 수 없으므로 이는 취득시효의 중단사유가 될 수 없다.

채무자가 저당권설정 후 시효취득을 한 경우의 효력 / 대법원 2015. 2. 26. 선고 2014다21649 판결

부동산점유취득시효는 원시취득에 해당하므로 특별한 사정이 없는 한 원소유자의 소유권에 가하여진 각종 제한에 의하여 영향을 받지 아니하는 완전한 내용의 소유권을 취득하는 것이지만, 진정한 권리자가 아니었던 채무자 또는 물상보증인이 채권담보의 목적으로 채권자에게 부동산에 관하여 저당권설정등기를 경료해 준 후 그 부동산을 시효취득하는 경우에는, 채무자 또는 물상보증인은 피담보채권의 변제의무 내지 책임이 있는 사람으로서 이미 저당권의 존재를 용인하고 점유하여 온 것이므로, 저당목적물의 시효취득으로 저당권자의 권리는 소멸하지 않는다.

### 사해행위취소의 수익자의 시효취득 / 대법원 2016. 11. 25. 선고 2013다206313 판결

부동산에 관한 소유권이전의 원인행위가 사해행위로 인정되어 취소되더라도, 사해행위취소의 효과는 채권자와 수익자 사이에서 상대적으로 생길 뿐이다. 따라서 사해행위가 취소되더라도 부동산은 여전히 수익자의 소유이고, 다만 채권자에 대한 관계에서 채무자의 책임재산으로 환원되어 강제집행을 당할 수 있는 부담을 지고 있는 데 지나지 않는다. 수익자의 등기부취득시효가 인정되려면, 자기 소유 부동산에 대한 취득시효가 인정될 수 있다는 것이 전제되어야 한다. 그러나 부동산에 관하여 적법·유효한 등기를 하여 소유권을 취득한 사람이 당해 부동산을 점유하는 경우에는 특별한 사정이 없는 한 사실상태를 권리관계로 높여 보호할 필요가 없고, 부동산의 소유명의자는 부동산에 대한 소유권을 적법하게 보유하는 것으로 추정되어 소유권에 대한 증명의 곤란을 구제할 필요 역시 없으므로, 그러한 점유는 취득시효의 기초가 되는 점유라고 할 수 없다.

### 가처분채권자의 청구이의의 소의 제기의 가능성 / 대법원 2017. 12. 5. 선고 2017다237339 판결

취득시효 완성 후 제3자 앞으로 경료된 소유권이전등기가 원인무효인 경우 취득시효 완성을 원인으로 한 소유권이전등기청구권을 가진 자는 취득시효 완성 당시의 소유자를 대위하여 제3자 명의 등기의 말소를 구할 수 있다. 한편 취득시효 완성을 원인으로 하는 소유권이전등기청구권을 피보전권리로 하는 부동산처분금지가처분 등기가 마쳐진 후에 가처분채권자가 가처분채무자를 상대로 가처분의 피보전권리에 기한 소유권이전등기를 청구함과 아울러 가처분 등기 후 가처분채무자로부터 소유권이전등기를 넘겨받은 제3자를 상대로 가처분채무자와 제3자 사이의 법률행위가 원인무효라는 사유를 들어 가처분채무자를 대위하여 제3자 명의 소유권이전등기의 말소를 청구하는 경우, 가처분채권자가 채무자를 상대로 본안의 승소판결을 받아 확정되면 가처분에 저촉되는 처분행위의 효력을 부정할 수 있다고 하여, 그러한 사정만으로 위와 같은 제3자에 대한 청구가 소의 이익이 없어 부적법하다고 볼 수는 없다.

### 민법 제261조에 따른 보상청구의 요건 / 대법원 2018. 3. 15. 선고 2017다282391 판결

민법 제261조에서 첨부로 법률규정에 의한 소유권 취득(민법 제256조 내지 제260조)이 인정된 경우에 "손해를 받은 자는 부당이득에 관한 규정에 의하여 보상을 청구할 수 있다."라고 규정하고 있는바, 이러한 보상청구가 인정되기 위해서는 민법 제261조 자체의 요건뿐만 아니라, 부당이득 법리에 따른 판단에 의하여 부당이득의 요건이 모두 충족되었다고 인정되어야 한다. 매도인에게 소유권이 유보된 자재가 제3자와 매수인 사이에 이루어진 도급계약의 이행으로 제3자 소유 건물의 건축에 사용되어 부합된 경우 보상청구를 거부할 법률상 원인이 있다고 할 수 없지만, 제3자가 도급계약에 의하여 제공된 자재의 소유권이 유보된 사실에 관하여 과실 없이 알지 못한 경우라면 선의취득의 경우와 마찬가지로 제3자가 그 자재의 귀속으로 인한 이익을 보유할 수 있는 법률상 원인이 있다고 봄이 상당하므로, 매도인으로서는 그에 관한 보상청구를 할 수 없다.

### 민법 제256조 단서에 따른 '권원'의 의미 / 대법원 2018. 3. 15. 선고 2015다69907 판결

금융기관이 대출금 채권의 담보를 위하여 토지에 저당권과 함께 지료 없는 지상권을 설정하면서 채무자 등의 사용·수익권을 배제하지 않은 경우, 지상권은 저당권이 실행될 때까지 제3자가 용익권을 취득하거나 목적 토지의 담보가치를 하락시키는 침해행위를 하는 것을 배제함으로써 저당 부동산의 담보가치를 확보하는 데에 목적이 있으므로, 토지소유자는 저당 부동산의 담보가치를 하락시킬 우려가 있는 등의 특별한 사정이 없는 한 토지를 사용·수익할 수 있다고 보아야 한다. 따라서 그러한 토지소유자로부터 토지를 사용·수익할 수 있는 권리를 취득하였다면 이러한 권리는 민법 제256조 단서가 정한 '권원'에 해당한다고 볼 수 있다.

건물의 구분소유적 공유의 성립요건 / 대법원 2014. 2. 27. 선고 2011다42430 판결

1동의 건물 중 위치 및 면적이 특정되고 구조상·이용상 독립성이 있는 일부분씩을 2인 이상이 구분소유하기로 하는 약정을 하고 등기만은 편의상 각 구분소유의 면적에 해당하는 비율로 공유지분등기를 하여 놓은 경우, 구분소유자들 사이에 공유지분등기의 상호명의신탁관계 내지 건물에 대한 구분소유적 공유관계가 성립하지만, 1동 건물 중 각 일부분의 위치 및 면적이 특정되지 않거나 구조상·이용상 독립성이 인정되지 아니한 경우에는 공유자들 사이에 이를 구분소유하기로 하는 취지의 약정이 있다 하더라도 일반적인 공유관계가 성립할 뿐, 공유지분등기의 상호명의신탁관계 내지 건물에 대한 구분소유적 공유관계가 성립한다고 할 수 없다.

구분소유적 공유의 해소와 근저당권의 효력 / 대법원 2014. 6. 26. 선고 2012다25944 판결

1필지의 토지의 위치와 면적을 특정하여 2인 이상이 구분소유하기로 하는 약정을 하고 구분소유자의 공유로 등기하는 이른바 구분소유적 공유관계에 있어서, 1필지의 토지 중 특정 부분에 대한 구분소유적 공유관계를 표상하는 공유지분을 목적으로 하는 근저당권이 설정된 후 구분소유하고 있는 특정 부분별로 독립한 필지로 분할되고 나아가 구분소유자 상호 간에 지분이전등기를 하는 등으로 구분소유적 공유관계가 해소되더라도 그 근저당권은 종전의 구분소유적 공유지분의 비율대로 분할된 토지들 전부의 위에 그대로 존속하는 것이고, 근저당권설정자의 단독소유로 분할된 토지에 당연히 집중되는 것은 아니다.

계약당사자의 확정 및 명의신탁의 유형 / 대법원 2016. 7. 22. 선고 2016다207928 판결

어떤 사람이 타인을 통하여 부동산을 매수하면서 매수인 명의 및 소유권이전등기 명의를 타인 명의로 하기로 한 경우에, 매수인 및 등기 명의의 신탁관계는 그들 사이의 내부적인 관계에 불과하므로, 상대방이 명의신탁자를 매매당사자로 이해하였다는 등의 특별한 사정이 없는 한 대외적으로는 계약명의자인 타인을 매매당사자로 보아야 하며, 설령 상대방이 명의신탁관계를 알고 있었더라도 상대방이 계약명의자인 타인이 아니라 명의신탁자에게 계약에 따른 법률효과를 직접 귀속시킬 의도로 계약을 체결하였다는 등의 특별한 사정이 인정되지 아니하는 한 마찬가지이다(특별한 사정이 없는 한 계약명의신탁에 해당).

명의수탁자의 처분행위와 불법행위 / 대법원 2021. 6. 3. 선고 2016다34007 판결

명의수탁자가 양자간 명의신탁에 따라 명의신탁자로부터 소유권이전등기를 넘겨받은 부동산을 임의로 처분한 행위가 형사상 횡령죄로 처벌되지 않더라도, 위 행위는 명의신탁자의 소유권을 침해하는 행위로서 형사상 횡령죄의 성립 여부와 관계없이 민법상 불법행위에 해당하여 명의수탁자는 명의신탁자에게 손해배상책임을 부담한다.

유효한 명의신탁의 해지와 소유권이전등기청구권의 양도 / 대법원 2021. 6. 3. 선고 2018다280316 판결

부동산 명의신탁자가 (유효한) 명의신탁약정을 해지한 다음 제3자에게 '명의신탁 해지를 원인으로 한 소유권이전등기청구권'을 양도하였다고 하더라도 명의수탁자가 양도에 대하여 동의하거나 승낙하지 않고 있다면 양수인은 위와 같은 소유권이전등기청구권을 양수하였다는 이유로 명의수탁자에 대하여 직접 소유권이전등기청구를 할 수 없다.

무효인 명의신탁약정에 부대한 가등기의 효력 / 대법원 2015. 2. 26. 선고 2014다63315 판결

[1] 명의신탁자와 명의수탁자가 위와 같이 무효인 명의신탁약정을 함과 아울러 그 약정을 전제로 하여 이에 기한 명의신탁자의 명의수탁자에 대한 소유권이전등기청구권을 확보하기 위하여 명의신탁 부동산에 명의신탁자 명의의 가등기를 마치고 향후 명의신탁자가 요구하는 경우 본등기를 마쳐 주기로 약정하였더라도, 이러한 약정 또한 부동산실명법에 의하여 무효인 명의신탁약정을 전제로 한 것이어서 무효이고, 위 약정에 의하여 마쳐진 가등기는 원인무효이다.

[2] 명의신탁자가 명의신탁약정과는 별개의 적법한 원인에 기하여 명의수탁자에 대하여 소유권이전등기청구권을 가지게 되었다 하더라도, 이를 보전하기 위하여 자신의 명의가 아닌 제3자 명의로 가등기를 마친 경우 위 가등기는 명의신탁자와 제3자 사이의 명의신탁약정에 기하여 마쳐진 것으로서 약정의 무효로 말미암아 효력이 없다.

### 명의신탁약정에 부대한 약정의 효력 / 대법원 2021. 7. 21. 선고 2019다266751 판결
부동산 실권리자명의 등기에 관한 법률(이하 '부동산실명법'이라 한다)이 시행되기 전에 명의신탁자와 명의수탁자가 명의신탁 약정을 맺고 이에 따라 명의수탁자가 당사자가 되어 명의신탁 약정이 있다는 사실을 알지 못하는 소유자와 부동산에 관한 매매계약을 체결한 후 그 매매계약에 기하여 당해 부동산의 소유권이전등기를 자신의 명의로 마치는 한편, 장차 위 부동산의 처분대가를 명의신탁자에게 지급하기로 하는 정산약정을 한 경우, 그러한 약정 이후에 부동산실명법이 시행되었다거나 그 부동산의 처분이 부동산실명법 시행 이후에 이루어졌다고 하더라도 그러한 사정만으로 위 정산약정까지 당연히 무효로 된다고 볼 수 없다(명의신탁자의 명의수탁자에 대한 부당이득반환청구권이 인정될 수 있으므로).

### 명의신탁에 따른 이전등기와 불법원인급여 / 대법원 2019. 6. 20. 선고 2013다218156 전원합의체 판결
부동산 실권리자명의 등기에 관한 법률(이하 '부동산실명법'이라 한다) 규정의 문언, 내용, 체계와 입법 목적 등을 종합하면, 부동산실명법을 위반하여 무효인 명의신탁약정에 따라 명의수탁자 명의로 등기를 하였다는 이유만으로 그것이 당연히 불법원인급여에 해당한다고 단정할 수는 없다. 이는 농지법에 따른 제한을 회피하고자 명의신탁을 한 경우에도 마찬가지이다.

### 조합재산의 명의신탁의 효력 / 대법원 2019. 6. 13. 선고 2017다246180 판결
조합원들이 공동사업을 위하여 매수한 부동산에 관하여 합유등기를 하지 않고 조합원 중 1인 명의로 소유권이전등기를 한 경우 조합체가 조합원에게 명의신탁한 것으로 보아야 한다. 조합체가 조합원에게 명의신탁한 부동산의 소유권은 물권변동이 무효인 경우 매도인에게, 유효인 경우 명의수탁자에게 귀속된다. 이 경우 조합재산은 소유권이전등기청구권 또는 부당이득반환채권이고, 신탁부동산 자체는 조합재산이 될 수 없다.

### 3자간 명의신탁에서 명의수탁자의 처분행위의 효력 / 대법원 2021. 9. 9. 선고 2018다284233 전원합의체 판결
3자간 등기명의신탁에서 명의수탁자가 부동산에 관하여 제3자에게 근저당권을 설정한 경우 명의수탁자는 근저당권의 피담보채무액 상당의 이익을 얻었고 그로 인하여 명의신탁자에게 그에 상응하는 손해를 입혔으므로, 명의수탁자는 명의신탁자에게 이를 부당이득으로 반환할 의무를 부담한다.

### 부동산실명법 제4조 제3항의 제3자의 범위 / 대법원 2021. 11. 11. 선고 2019다272725 판결
부동산 실권리자명의 등기에 관한 법률 제4조 제3항에 의하면 명의신탁약정 및 이에 따른 등기로 이루어진 부동산에 관한 물권변동의 무효는 제3자에게 대항하지 못한다. 여기서 '제3자'는 명의신탁약정의 당사자 및 포괄승계인 이외의 자로서 명의수탁자가 물권자임을 기초로 그와 사이에 직접 새로운 이해관계를 맺은 사람으로서 소유권이나 저당권 등 물권을 취득한 자뿐만 아니라 압류 또는 가압류채권자도 포함하고 그의 선의·악의를 묻지 않는다. 이러한 법리는 특별한 사정이 없는 한 명의신탁약정에 따라 형성된 외관을 토대로 다시 명의신탁이 이루어지는 등 연속된 명의신탁관계에서 최후의 명의수탁자가 물권자임을 기초로 그와 사이에 직접 새로운 이해관계를 맺은 사람에게도 적용된다.

부동산실명법 제4조 제3항의 제3자의 범위 / 대법원 2022. 9. 29. 선고 2022다228933 판결

부동산 실권리자명의 등기에 관한 법률 제4조 제3항에 정한 '제3자'는 명의수탁자가 물권자임을 기초로 그와 새로운 이해관계를 맺은 사람을 말하고, 이와 달리 오로지 명의신탁자와 부동산에 관한 물권을 취득하기 위한 계약을 맺고 단지 등기명의만을 명의수탁자로부터 경료받은 것 같은 외관을 갖춘 자는 위 조항의 제3자에 해당하지 아니하므로, 위 조항에 근거하여 무효인 명의신탁등기에 터 잡아 경료된 자신의 등기의 유효를 주장할 수는 없다. 그러나 이러한 자도 자신의 등기가 실체관계에 부합하는 등기로서 유효하다는 주장은 할 수 있다.

부동산실명법 제4조 제3항의 제3자의 범위 / 대법원 2022. 3. 17. 선고 2021다210720 판결

매도인이 악의인 계약명의신탁에서 명의수탁자로부터 명의신탁의 목적물인 주택을 임차하여 주택 인도와 주민등록을 마침으로써 주택임대차보호법 제3조 제1항에 의한 대항요건을 갖춘 임차인은 '부동산 실권리자명의 등기에 관한 법률' 제4조 제3항의 규정에 따라 명의신탁약정 및 그에 따른 물권변동의 무효를 대항할 수 없는 제3자에 해당하므로 명의수탁자의 소유권이전등기가 말소됨으로써 등기명의를 회복하게 된 매도인 및 매도인으로부터 다시 소유권이전등기를 마친 명의신탁자에 대해 자신의 임차권을 대항할 수 있고, 이 경우 임차인 보호를 위한 주택임대차보호법의 입법 목적 및 임차인이 보증금반환청구권을 행사하는 때의 임차주택 소유자로 하여금 임차보증금반환채무를 부담하게 함으로써 임차인을 두텁게 보호하고자 하는 주택임대차보호법 제3조 제4항의 개정 취지 등을 종합하면 위의 방법으로 소유권이전등기를 마친 명의신탁자는 주택임대차보호법 제3조 제4항에 따라 임대인의 지위를 승계한다.

 CHAPTER 3 **용익물권**

연체지료의 변제와 지상권소멸청구권 / 대법원 2014. 8. 28. 선고 2012다102384 판결

지상권자가 2년 이상의 지료를 지급하지 아니한 때에는 지상권설정자는 지상권의 소멸을 청구할 수 있으나(민법 제287조), 지상권설정자가 지상권의 소멸을 청구하지 않고 있는 동안 지상권자로부터 연체된 지료의 일부를 지급받고 이를 이의 없이 수령하여 연체된 지료가 2년 미만으로 된 경우에는 지상권설정자는 종전에 지상권자가 2년분의 지료를 연체하였다는 사유를 들어 지상권자에게 지상권의 소멸을 청구할 수 없으며, 이러한 법리는 토지소유자와 법정지상권자 사이에서도 마찬가지이다.

법정지상권의 인정여부 / 대법원 2022. 7. 21. 선고 2017다236749 전원합의체 판결

동일인 소유이던 토지와 그 지상 건물이 매매 등으로 인하여 각각 소유자를 달리하게 되었을 때 그 건물 철거 특약이 없는 한 건물 소유자가 법정지상권을 취득한다는 관습법은 현재에도 그 법적 규범으로서의 효력을 여전히 유지하고 있다고 보아야 한다.

가설건축물과 법정지상권 / 대법원 2021. 10. 28. 선고 2020다224821 판결

민법 제366조의 법정지상권은 저당권 설정 당시 동일인의 소유에 속하던 토지와 건물이 경매로 인하여 양자의 소유자가 다르게 된 때에 건물의 소유자를 위하여 발생하는 것으로서, 법정지상권이 성립하려면 경매절차에서 매수인이 매각대금을 다 낸 때까지 해당 건물이 독립된 부동산으로서 건물의 요건을 갖추고 있어야 한다. 독립된 부동산으로서 건물은 토지에 정착되어 있어야 하는데(민법 제99조 제1항), 가설건축물은 일시 사용을 위해 건축되는 구조물로서 설치 당시부터 일정한 존치기간이 지난 후 철거가 예정되어 있어 일반적으로 토지에 정착되어 있다고 볼 수 없다. 따라서 가설건축물은 특별한 사정이 없는 한 독립된 부동산으로서 건물의 요건을 갖추지 못하여 법정지상권이 성립하지 않는다.

분묘기지권에 기한 지료청구권 / 대법원 2021. 4. 29. 선고 2017다228007 전원합의체 판결
2000. 1. 12. 법률 제6158호로 전부 개정된 구 장사 등에 관한 법률(이하 '장사법'이라 한다)의 시행일인 2001. 1. 13. 이전에 타인의 토지에 분묘를 설치한 다음 20년간 평온공연하게 분묘의 기지(기지)를 점유함으로써 분묘기지권을 시효로 취득하였더라도, 분묘기지권자는 토지소유자가 분묘기지에 관한 지료를 청구하면 그 청구한 날부터의 지료를 지급할 의무가 있다고 보아야 한다.

공유토지의 처분과 법정지상권 / 대법원 2022. 8. 31. 선고 2018다218601 판결
토지 및 그 지상 건물 모두 각 공유에 속한 상태에서 토지 및 건물공유자 중 1인이 그중 건물 지분만을 다른 사람에게 증여하여 토지와 건물의 소유자가 달라진 경우, 토지 전부에 관하여 건물의 소유를 위한 관습법상 법정지상권이 성립하는지 여부(소극)

사해행위취소에 따른 원상회복과 법정지상권 / 대법원 2014. 12. 24. 선고 2012다73158 판결
[1] 지상 건물이 함께 양도되었다가 채권자취소권의 행사에 따라 그중 건물에 관하여만 양도가 취소되고 수익자와 전득자 명의의 소유권이전등기가 말소되었다고 하더라도, 이는 관습상 법정지상권의 성립요건인 '동일인의 소유에 속하고 있던 토지와 지상 건물이 매매 등으로 인하여 소유자가 다르게 된 경우'에 해당한다고 할 수 없다.
[2] 저당권설정 당시 동일인의 소유에 속하고 있던 토지와 지상 건물이 경매로 인하여 소유자가 다르게 된 경우에 건물소유자는 건물의 소유를 위한 민법 제366조의 법정지상권을 취득한다. 그리고 건물 소유를 위하여 법정지상권을 취득한 사람으로부터 경매에 의하여 건물의 소유권을 이전받은 매수인은 매수 후 건물을 철거한다는 등의 매각조건하에서 경매되는 경우 등 특별한 사정이 없는 한 건물의 매수취득과 함께 위 지상권도 당연히 취득하는데, 이러한 법리는 사해행위의 수익자 또는 전득자가 건물의 소유자로서 법정지상권을 취득한 후 채무자와 수익자 사이에 행하여진 건물의 양도에 대한 채권자취소권의 행사에 따라 수익자와 전득자 명의의 소유권이전등기가 말소된 다음 경매절차에서 건물이 매각되는 경우에도 마찬가지로 적용된다.

전세권설정자의 전세권저당권자에 대한 상계의 요건 / 대법원 2014. 10. 27. 선고 2013다91672 판결
전세권저당권자가 위와 같은 방법으로 전세금반환채권에 대하여 물상대위권을 행사한 경우, 종전 저당권의 효력은 물상대위의 목적이 된 전세금반환채권에 존속하여 저당권자가 전세금반환채권으로부터 다른 일반채권자보다 우선변제를 받을 권리가 있으므로, 설령 전세금반환채권이 압류된 때에 전세권설정자가 전세권자에 대하여 반대채권을 가지고 있고 반대채권과 전세금반환채권이 상계적상에 있다고 하더라도 그러한 사정만으로 전세권설정자가 전세권저당권자에게 상계로써 대항할 수는 없다.
그러나 전세금반환채권은 전세권이 성립하였을 때부터 이미 발생이 예정되어 있다고 볼 수 있으므로, 전세권저당권이 설정된 때에 이미 전세권설정자가 전세권자에 대하여 반대채권을 가지고 있고 반대채권의 변제기가 장래 발생할 전세금반환채권의 변제기와 동시에 또는 그보다 먼저 도래하는 경우와 같이 전세권설정자에게 합리적 기대 이익을 인정할 수 있는 경우에는 특별한 사정이 없는 한 전세권설정자는 반대채권을 자동채권으로 하여 전세금반환채권과 상계함으로써 전세권저당권자에게 대항할 수 있다.

채권담보만을 위한 전세권의 효력 / 대법 2021. 12. 30. 선고 2018다40235 판결

전세권 설정의 동기와 경위, 전세권 설정으로 달성하려는 목적, 채권의 발생 원인과 목적물의 관계, 전세권자의 사용·수익 여부와 그 가능성, 당사자의 진정한 의사 등에 비추어 전세권설정계약의 당사자가 전세권의 핵심인 사용·수익 권능을 배제하고 채권담보만을 위해 전세권을 설정하였다면, 법률이 정하지 않은 새로운 내용의 전세권을 창설하는 것으로서 물권법정주의에 반하여 허용되지 않고 이러한 전세권설정등기는 무효라고 보아야 한다.

## CHAPTER 4 담보물권

물상대위의 요건 / 대법원 2022. 8. 11. 선고 2017다256668 판결

민법 제370조, 제342조에 따라 저당권자가 물상대위권을 행사하기 위해서는 민사집행법 제273조에 의하여 담보권의 존재를 증명하는 서류를 집행법원에 제출하여 채권압류 및 추심명령 또는 전부명령을 신청하거나, 민사집행법 제247조에 의하여 배당요구를 하는 방법으로 하여야 하고, 이는 늦어도 민사집행법 제247조 제1항 각호 소정의 배당요구의 종기까지 하여야 한다. 이와 같이 물상대위권자의 권리행사 방법과 시한을 제한하는 취지는 물상대위의 목적인 채권의 특정성을 유지하여 그 효력을 보전함과 동시에 제3자에게 불측의 손해를 입히지 않으려는 것이다.

유치권의 소멸청구 / 대법원 2021. 7. 29. 선고 2019다216077 판결

채무자는 상당한 담보를 제공하고 유치권의 소멸을 청구할 수 있다(민법 제327조). 유치권 소멸청구는 민법 제327조에 규정된 채무자뿐만 아니라 유치물의 소유자도 할 수 있다.

유치권의 점유에 간접점유가 포함되는지 여부 / 대법원 2019. 8. 14. 선고 2019다205329 판결

유치권의 성립요건인 유치권자의 점유는 직접점유이든 간접점유이든 관계없다. 간접점유를 인정하기 위해서는 간접점유자와 직접점유를 하는 자 사이에 일정한 법률관계, 즉 점유매개관계가 필요한데, 간접점유에서 점유매개관계를 이루는 임대차계약 등이 해지 등의 사유로 종료되더라도 직접점유자가 목적물을 반환하기 전까지는 간접점유자의 직접점유자에 대한 반환청구권이 소멸하지 않는다. 따라서 점유매개관계를 이루는 임대차계약 등이 종료된 이후에도 직접점유자가 목적물을 점유한 채 이를 반환하지 않고 있는 경우에는, 간접점유자의 반환청구권이 소멸한 것이 아니므로 간접점유의 점유매개관계가 단절된다고 할 수 없다.

체납처분압류와 유치권 / 대법원 2014. 3. 20. 선고 2009다60336 전원합의체 판결

부동산에 관한 민사집행절차에서는 경매개시결정과 함께 압류를 명하므로 압류가 행하여짐과 동시에 매각절차인 경매절차가 개시되는 반면, 국세징수법에 의한 체납처분절차에서는 그와 달리 체납처분에 의한 압류(이하 '체납처분압류'라고 한다)와 동시에 매각절차인 공매절차가 개시되는 것이 아닐 뿐만 아니라, 체납처분압류가 반드시 공매절차로 이어지는 것도 아니다. 또한 체납처분절차와 민사집행절차는 서로 별개의 절차로서 공매절차와 경매절차가 별도로 진행되는 것이므로, 부동산에 관하여 체납처분압류가 되어 있다고 하여 경매절차에서 이를 그 부동산에 관하여 경매개시결정에 따른 압류가 행하여진 경우와 마찬가지로 볼 수는 없다. 따라서 체납처분압류가 되어 있는 부동산이라고 하더라도 그러한 사정만으로 경매절차가 개시되어 경매개시결정등기가 되기 전에 부동산에 관하여 민사유치권을 취득한 유치권자가 경매절차의 매수인에게 유치권을 행사할 수 없다고 볼 것은 아니다.

### 유치권의 소멸청구 / 대법원 2023. 8. 31. 선고 2019다295278 판결

유치권자가 민법 제324조 제2항을 위반하여 유치물 소유자의 승낙 없이 유치물을 임대한 경우, 유치물의 소유자는 유치권의 소멸을 청구할 수 있는지 여부(적극) / 유치권자의 민법 제324조 제2항을 위반한 임대행위가 있은 뒤에 유치물의 소유권을 취득한 제3자가 유치권소멸청구를 할 수 있는지 여부(원칙적 적극)

### 저당부동산의 제3취득자의 유치권 / 대법원 2023. 7. 13. 선고 2022다265093 판결

민법 제367조는 저당물의 제3취득자가 그 부동산의 보존, 개량을 위하여 필요비 또는 유익비를 지출한 때에는 제203조 제1항, 제2항의 규정에 의하여 저당물의 경매대가에서 우선상환을 받을 수 있다고 규정하고 있다. 위와 같이 민법 제367조에 의한 우선상환은 제3취득자가 경매절차에서 배당받는 방법으로 민법 제203조 제1항, 제2항에서 규정한 비용에 관하여 경매절차의 매각대금에서 우선변제받을 수 있다는 것이지 이를 근거로 제3취득자가 직접 저당권설정자, 저당권자 또는 경매절차 매수인 등에 대하여 비용상환을 청구할 수 있는 권리가 인정될 수 없다. 따라서 제3취득자는 민법 제367조에 의한 비용상환청구권을 피담보채권으로 주장하면서 유치권을 행사할 수 없다.

### 저당권설정등기 또는 가압류와 유치권 / 대법원 2014. 4. 10. 선고 2010다84932 판결

어느 부동산에 관하여 경매개시결정등기가 된 뒤에 비로소 민사유치권을 취득한 사람은 경매절차의 매수인에 대하여 그의 유치권을 주장할 수 없다. 이러한 법리는 어디까지나 경매절차의 법적 안정성을 보장하기 위한 것이므로, 경매개시결정등기가 되기 전에 이미 그 부동산에 관하여 민사유치권을 취득한 사람은 그 취득에 앞서 저당권설정등기나 가압류등기 또는 체납처분압류등기가 먼저 되어 있다 하더라도 경매절차의 매수인에게 자기의 유치권으로 대항할 수 있다.

### 유치권부존재확인청구에 있어서 확인의 이익 / 대법원 2020. 1. 16. 선고 2019다247385 판결

[1] 경매절차에서 유치권이 주장되었으나 소유부동산 또는 담보목적물이 매각되어 그 소유권이 이전되어 소유권을 상실하거나 근저당권이 소멸하였다면, 소유자와 근저당권자는 유치권의 부존재 확인을 구할 법률상 이익이 없다.

[2] 경매절차에서 유치권이 주장되지 아니한 경우에는, 담보목적물이 매각되어 그 소유권이 이전됨으로써 근저당권이 소멸하였더라도 채권자는 유치권의 존재를 알지 못한 매수인으로부터 민법 제575조, 제578조 제1항, 제2항에 의한 담보책임을 추급당할 우려가 있고, 위와 같은 위험은 채권자의 법률상 지위를 불안정하게 하는 것이므로, 채권자인 근저당권자로서는 위 불안을 제거하기 위하여 유치권 부존재 확인을 구할 법률상 이익이 있다. 반면 채무자가 아닌 소유자는 위 각 규정에 의한 담보책임을 부담하지 아니하므로, 유치권의 부존재 확인을 구할 법률상 이익이 없다.

### 유치권의 소멸청구 / 대법원 2022. 6. 16. 선고 2018다301350 판결

[1] 민법 제321조는 "유치권자는 채권 전부의 변제를 받을 때까지 유치물 전부에 대하여 그 권리를 행사할 수 있다."라고 정하므로, 유치물은 그 각 부분으로써 피담보채권의 전부를 담보하고, 이와 같은 유치권의 불가분성은 그 목적물이 분할 가능하거나 수 개의 물건인 경우에도 적용되며, 상법 제58조의 상사유치권에도 적용된다.

[2] 민법 제324조는 '유치권자에게 유치물에 대한 선량한 관리자의 주의의무를 부여하고, 유치권자가 이를 위반하여 채무자의 승낙 없이 유치물을 사용, 대여, 담보 제공한 경우에 채무자는 유치권의 소멸을 청구할 수 있다.'고 정한다. 하나의 채권을 피담보채권으로 하여 여러 필지의 토지에 대하여 유치권을 취득한 유치권자가 그중 일부 필지의 토지에 대하여 선량한 관리자의 주의의무를 위반하였다면 특별한 사정이 없는 한 위반행위가 있었던 필지의 토지에 대하여만 유치권 소멸청구가 가능하다고 해석하는 것이 타당하다.

### 질권의 효력 / 대법원 2022. 3. 31. 선고 2018다21326 판결

질권설정자가 민법 제349조 제1항에 따라 제3채무자에게 질권이 설정된 사실을 통지하거나 제3채무자가 이를 승낙한 때에는 제3채무자가 질권자의 동의 없이 질권의 목적인 채무를 변제하더라도 질권자에게 대항할 수 없고, 질권자는 여전히 제3채무자에게 직접 채무의 변제를 청구할 수 있다. 질권의 목적인 채권에 대하여 질권설정자의 일반채권자의 신청으로 압류·전부명령이 내려진 경우에도 그 명령이 송달된 날보다 먼저 질권자가 확정일자 있는 문서에 의해 민법 제349조 제1항에서 정한 대항요건을 갖추었다면, 전부채권자는 질권이 설정된 채권을 이전받을 뿐이고 제3채무자는 전부채권자에게 변제했음을 들어 질권자에게 대항할 수 없다.

### 입질채권 부존재로 인한 부당이득반환청구의 상대방 / 대법원 2015. 5. 29. 선고 2012다92258 판결

제3채무자의 질권자에 대한 금전지급으로써 제3채무자의 질권설정자에 대한 급부가 이루어질 뿐만 아니라 질권설정자의 질권자에 대한 급부도 이루어진다. 이러한 경우 입질채권의 발생원인인 계약관계에 무효 등의 흠이 있어 입질채권이 부존재한다고 하더라도 제3채무자는 특별한 사정이 없는 한 상대방 계약당사자인 질권설정자에 대하여 부당이득반환을 구할 수 있을 뿐이고 질권자를 상대로 직접 부당이득반환을 구할 수 없다. 이와 달리 제3채무자가 질권자를 상대로 직접 부당이득반환청구를 할 수 있다고 보면 자기 책임하에 체결된 계약에 따른 위험을 제3자인 질권자에게 전가하는 것이 되어 계약법의 원리에 반하는 결과를 초래할 뿐만 아니라 질권자가 질권설정자에 대하여 가지는 항변권 등을 침해하게 되어 부당하기 때문이다.

### 임의경매의 공신력 / 대법원 2022. 8. 25. 선고 2018다205209 전원합의체 판결

임의경매의 정당성은 실체적으로 유효한 담보권의 존재에 근거하므로, 담보권에 실체적 하자가 있다면 그에 기초한 경매는 원칙적으로 무효이다. 특히 채권자가 경매를 신청할 당시 실행하고자 하는 담보권이 이미 소멸하였다면, 그 경매개시결정은 아무런 처분권한이 없는 자가 국가에 처분권을 부여한 데에 따라 이루어진 것으로서 위법하다. 반면 일단 유효한 담보권에 기하여 경매개시결정이 개시되었다면, 이는 담보권에 내재하는 실체적 환가권능에 기초하여 그 처분권이 적법하게 국가에 주어진 것이다. 이러한 점에서 담보권의 소멸은 그 소멸 시기가 경매개시결정 전인지 또는 후인지에 따라 그 법률적 의미가 본질적으로 다르다고 할 수 있다. 민사집행법 제267조가 담보권의 소멸 시기를 언급하지 않고 있더라도 그것이 경매개시결정 전에 담보권이 소멸한 경우까지도 포함하여 경매의 공신력을 인정하려는 취지인지는 그 문언만으로는 분명하지 않고, 여전히 법률해석의 여지가 남아 있게 되었다.

원칙적으로는 경매가 무효라 하더라도 상대적으로 진정한 권리자에 대한 보호가치가 줄어든 경우에 한하여 실권효(실권효)에 기초하여 예외적으로 경매의 공신력을 부여할지를 논할 수 있는 것이고, 이러한 논의에 애초부터 담보권이 소멸하여 위법하게 경매절차가 개시된 경우를 포함하는 것은 타당하다고 할 수 없다.

경매개시결정이 있기 전에 담보권이 소멸한 경우에도 그 담보권에 기한 경매의 공신력을 인정한다면, 이는 소멸한 담보권 등기에 공신력을 인정하는 것과 같은 결과를 가져오므로 현재의 등기제도와도 조화된다고 볼 수 없다.

결국 대법원이 현재에 이르기까지 민사집행법 제267조가 경매개시결정이 있은 뒤에 담보권이 소멸한 경우에만 적용되는 것으로 해석해 온 것은 민사집행법 제267조의 입법 경위, 임의경매의 본질과 성격 및 부동산등기제도 등 법체계 전체와의 조화를 고려하여 다양한 해석이 가능한 법문언의 의미를 분명히 밝힌 것으로 보아야 한다.

제267조(대금완납에 따른 부동산취득의 효과) : 매수인의 부동산 취득은 담보권 소멸로 영향을 받지 아니한다.

### 근저당권의 피담보채무의 변제 / 대법원 2020. 7. 9. 선고 2019다212594 판결
근저당권설정등기상 근저당권자가 다른 사람과 함께 채무자로부터 유효하게 채권을 변제받을 수 있고 채무자도 그들 중 누구에게든 채무를 유효하게 변제할 수 있는 관계, 가령 채권자와 근저당권자가 불가분적 채권자의 관계에 있다고 볼 수 있는 경우에는 그러한 근저당권설정등기도 유효하다고 볼 것이다.

### 근저당권자와 채권자가 다른 경우의 효력 / 대법원 2021. 4. 29. 선고 2017다294585 판결
근저당권은 채권담보를 위한 것이므로 원칙적으로 채권자와 근저당권자는 동일인이 되어야 한다. 다만 근저당권설정등기상 근저당권자가 다른 사람과 함께 채무자로부터 유효하게 채권을 변제받을 수 있고 채무자도 그들 중 누구에게든 채무를 유효하게 변제할 수 있는 관계, 가령 채권자와 근저당권자가 불가분적 채권자의 관계에 있다고 볼 수 있는 경우에는 그러한 근저당권설정등기도 유효하다(당해 사안은 무효로 판단하였고, 근저당권자의 불가분채권 또는 부당이득반환채권을 인정하지 않은 사안).

### 근저당권의 피담보채무의 변경 / 대법원 2021. 12. 16. 선고 2021다255648 판결
근저당권은 피담보채무의 최고액만을 정하고 채무의 확정을 장래에 보류하여 설정하는 저당권이다(민법 제357조 제1항 본문 참조). 근저당권을 설정한 후에 근저당설정자와 근저당권자의 합의로 채무의 범위 또는 채무자를 추가하거나 교체하는 등으로 피담보채무를 변경할 수 있다. 이러한 경우 위와 같이 변경된 채무가 근저당권에 의하여 담보된다. 후순위저당권자 등 이해관계인은 근저당권의 채권최고액에 해당하는 담보가치가 근저당권에 의하여 이미 파악되어 있는 것을 알고 이해관계를 맺었기 때문에 이러한 변경으로 예측하지 못한 손해를 입었다고 볼 수 없으므로, 피담보채무의 범위 또는 채무자를 변경할 때 이해관계인의 승낙을 받을 필요가 없다. 또한 등기사항의 변경이 있다면 변경등기를 해야 하지만, 등기사항에 속하지 않는 사항은 당사자의 합의만으로 변경의 효력이 발생한다.

### 저당권부 채권에 대한 질권설정 / 대법원 2020. 4. 29. 선고 2016다235411 판결
담보가 없는 채권에 질권을 설정한 다음 그 채권을 담보하기 위해 저당권이 설정되었더라도, 민법 제348조가 유추적용되어 저당권설정등기에 질권의 부기등기를 하지 않으면 질권의 효력이 저당권에 미친다고 볼 수 없다.

### 민법 제368조의 적용범위 / 대법원 2016. 3. 10. 선고 2014다231965 판결
공동저당권이 설정되어 있는 수개의 부동산 중 일부는 채무자 소유이고 일부는 물상보증인 소유인 경우 각 부동산의 경매대가를 동시에 배당하는 때에는 민법 제368조 제1항은 적용되지 아니하고, 채무자 소유 부동산의 경매대가에서 공동저당권자에게 우선적으로 배당을 하고, 부족분이 있는 경우에 한하여 물상보증인 소유 부동산의 경매대가에서 추가로 배당을 하여야 한다. 그리고 이러한 이치는 물상보증인이 채무자를 위한 연대보증인의 지위를 겸하고 있는 경우에도 마찬가지이다.

### 민법 제368조 제2항의 대위의 요건 / 대법원 2015. 3. 20. 선고 2012다99341 판결
먼저 경매된 부동산의 후순위저당권자가 다른 부동산에 공동저당의 대위등기를 하지 아니하고 있는 사이에 선순위저당권자 등에 의해 그 부동산에 관한 저당권등기가 말소되고, 그와 같이 저당권등기가 말소되어 등기부상 저당권의 존재를 확인할 수 없는 상태에서 그 부동산에 관하여 소유권이나 저당권 등 새로 이해관계를 취득한 사람에 대해서는, 후순위저당권자가 민법 제368조 제2항에 의한 대위를 주장할 수 없다.

채무자의 물상보증인 소유 부동산의 후순위 저당권자에 대한 상계 / 대법원 2017. 4. 26. 선고 2014다221777 판결

공동저당에 제공된 채무자 소유의 부동산과 물상보증인 소유의 부동산 가운데 물상보증인 소유의 부동산이 먼저 경매되어 매각대금에서 선순위공동저당권자가 변제를 받은 때에는 물상보증인은 채무자에 대하여 구상권을 취득함과 동시에 변제자대위에 의하여 채무자 소유의 부동산에 대한 선순위공동저당권을 대위취득한다. 물상보증인 소유의 부동산에 대한 후순위저당권자는 물상보증인이 대위취득한 채무자 소유의 부동산에 대한 선순위공동저당권에 대하여 물상대위를 할 수 있다. 이 경우에 채무자는 물상보증인에 대한 반대채권이 있더라도 특별한 사정이 없는 한 물상보증인의 구상금 채권과 상계함으로써 물상보증인 소유의 부동산에 대한 후순위저당권자에게 대항할 수 없다. 채무자는 선순위공동저당권자가 물상보증인 소유의 부동산에 대해 먼저 경매를 신청한 경우에 비로소 상계할 것을 기대할 수 있는데, 이처럼 우연한 사정에 의하여 좌우되는 상계에 대한 기대가 물상보증인 소유의 부동산에 대한 후순위저당권자가 가지는 법적 지위에 우선할 수 없다.

공동근저당권의 피담보채권의 확정 / 대법원 2017. 9. 21. 선고 2015다50637 판결

공동근저당권자가 목적 부동산 중 일부 부동산에 대하여 제3자가 신청한 경매절차에 소극적으로 참가하여 우선배당을 받은 경우, 해당 부동산에 관한 근저당권의 피담보채권은 그 근저당권이 소멸하는 시기, 즉 매수인이 매각대금을 지급한 때에 확정되지만, 나머지 목적 부동산에 관한 근저당권의 피담보채권은 기본거래가 종료하거나 채무자나 물상보증인에 대하여 파산이 선고되는 등의 다른 확정사유가 발생하지 아니하는 한 확정되지 아니한다.

공동근저당권자가 제3자가 신청한 경매절차에 소극적으로 참가하여 우선배당을 받았다는 사정만으로는 당연히 채권자와 채무자 사이의 기본거래가 종료된다고 볼 수 없고, 기본거래가 계속되는 동안에는 공동근저당권자가 나머지 목적 부동산에 관한 근저당권의 담보가치를 최대한 활용할 수 있도록 피담보채권의 증감교체를 허용할 필요가 있으며, 위와 같이 우선배당을 받은 금액은 나머지 목적 부동산에 대한 경매절차에서 다시 공동근저당권자로서 우선변제권을 행사할 수 없어 이후에 피담보채권액이 증가하더라도 나머지 목적 부동산에 관한 공동근저당권자의 우선변제권 범위는 우선배당액을 공제한 채권최고액으로 제한되므로 후순위 근저당권자나 기타 채권자들이 예측하지 못한 손해를 입게 된다고 볼 수 없기 때문이다.

공동근저당권의 채권최고액의 감축 / 대법원 2017. 12. 21. 선고 2013다16992 전원합의체 판결

공동근저당권자가 스스로 근저당권을 실행하거나 타인에 의하여 개시된 경매 등의 환가절차를 통하여 공동담보의 목적 부동산 중 일부에 대한 환가대금 등으로부터 다른 권리자에 우선하여 피담보채권의 일부에 대하여 배당받은 경우에, 그와 같이 우선변제받은 금액에 관하여는 공동담보의 나머지 목적 부동산에 대한 경매 등의 환가절차에서 다시 공동근저당권자로서 우선변제권을 행사할 수 없다고 보아야 하며, 공동담보의 나머지 목적 부동산에 대하여 공동근저당권자로서 행사할 수 있는 우선변제권의 범위는 피담보채권의 확정 여부와 상관없이 최초의 채권최고액에서 위와 같이 우선변제받은 금액을 공제한 나머지 채권최고액으로 제한된다고 해석함이 타당하다. 그리고 이러한 법리는 채권최고액을 넘는 피담보채권이 원금이 아니라 이자지연손해금인 경우에도 마찬가지로 적용된다.

공동저당과 변제자대위 / 대법원 2021. 12. 16. 선고 2021다247258 판결

[1] 공동저당이 설정된 복수의 부동산이 같은 물상보증인의 소유에 속하고 그중 하나의 부동산에 후순위저당권이 설정되어 있는 경우에, 그 부동산의 대가만이 배당되는 때에는 후순위저당권자는 민법 제368조 제2항에 따라 선순위 공동저당권자가 같은 조 제1항에 따라 공동저당이 설정된 다른 부동산으로부터 변제를 받을 수 있었던 금액에 이르기까지 선순위 공동저당권자를 대위하여 그 부동산에 대한 저당권을 행사할 수 있다. 이

경우 공동저당이 설정된 부동산이 제3자에게 양도되어 그 소유자가 다르게 되더라도 민법 제482조 제2항 제3호, 제4호에 따라 각 부동산의 소유자는 그 부동산의 가액에 비례해서만 변제자대위를 할 수 있으므로 후순위저당권자의 지위는 영향을 받지 않는다.

[3] 같은 물상보증인이 소유하는 복수의 부동산에 공동저당이 설정되고 그중 한 부동산에 후순위저당권이 설정된 다음에 그 부동산이 채무자에게 양도됨으로써 채무자 소유의 부동산과 물상보증인 소유의 부동산에 대해 공동저당이 설정된 상태에 있게 된 경우에는 물상보증인의 변제자대위는 후순위저당권자의 지위에 영향을 주지 않는 범위에서 성립한다고 보아야 하고, 이는 물상보증인으로부터 부동산을 양수한 제3취득자가 변제자대위를 하는 경우에도 마찬가지이다. 이 경우 물상보증인이 자신이 변제한 채권 전부에 대해 변제자대위를 할 수 있다고 본다면, 후순위저당권자는 저당부동산이 채무자에게 이전되었다는 우연한 사정으로 대위를 할 수 있는 지위를 박탈당하는 반면, 물상보증인 또는 그로부터 부동산을 양수한 제3취득자는 뜻하지 않은 이득을 얻게 되어 부당하다. 같은 물상보증인이 소유하는 복수의 부동산에 공동저당이 설정된 경우 그 부동산 중 일부에 대한 후순위저당권자는 선순위 공동저당권자가 공동저당이 설정된 부동산의 가액에 비례하여 배당받는 것을 전제로 부동산의 담보가치가 남아있다고 기대하여 저당권을 설정받는 것이 일반적이고, 이러한 기대를 보호하는 것이 민법 제368조의 취지에 부합한다.

**누적적 근저당권의 성격 / 대법원 2020. 4. 9. 선고 2014다51756, 2014다51763(병합) 판결**

당사자 사이에 하나의 기본계약에서 발생하는 동일한 채권을 담보하기 위하여 여러 개의 부동산에 근저당권을 설정하면서 각각의 근저당권 채권최고액을 합한 금액을 우선변제받기 위하여 공동근저당권의 형식이 아닌 개별 근저당권의 형식을 취한 경우, 이러한 근저당권은 민법 제368조가 적용되는 공동근저당권이 아니라 피담보채권을 누적적으로 담보하는 근저당권에 해당한다. 이와 같은 누적적 근저당권은 공동근저당권과 달리 담보의 범위가 중첩되지 않으므로, 누적적 근저당권을 설정받은 채권자는 여러 개의 근저당권을 동시에 실행할 수도 있고, 여러 개의 근저당권 중 어느 것이라도 먼저 실행하여 그 채권최고액의 범위에서 피담보채권의 전부나 일부를 우선변제받은 다음 피담보채권이 소멸할 때까지 나머지 근저당권을 실행하여 그 근저당권의 채권최고액 범위에서 반복하여 우선변제를 받을 수 있다.

채권자가 하나의 기본계약에서 발생하는 동일한 채권을 담보하기 위하여 채무자 소유의 부동산과 물상보증인 소유의 부동산에 누적적 근저당권을 설정받았는데 물상보증인 소유의 부동산이 먼저 경매되어 매각대금에서 채권자가 변제를 받은 경우, 물상보증인은 채무자에 대하여 구상권을 취득함과 동시에 민법 제481조, 제482조에 따라 종래 채권자가 가지고 있던 채권 및 담보에 관한 권리를 행사할 수 있다. 이때 물상보증인은 변제자대위에 의하여 종래 채권자가 보유하던 채무자 소유 부동산에 관한 근저당권을 대위취득하여 행사할 수 있다고 보아야 한다. 누적적 근저당권은 공동근저당권이 아니라 개별 근저당권의 형식으로 등기되므로 채무자 소유 부동산의 후순위저당권자는 해당 부동산의 교환가치에서 선순위근저당권의 채권최고액을 뺀 나머지 부분을 담보가치로 파악하고 저당권을 취득한다. 따라서 선순위근저당권의 채권최고액 범위에서 물상보증인에게 변제자대위를 허용하더라도 후순위저당권자의 보호가치 있는 신뢰를 침해한다고 볼 수 없다.

**담보의 훼손 / 대법원 2022. 12. 29. 선고 2017다261882 판결**

갑과 을이 각 1/2 지분을 소유하고 있는 토지에 관하여 을이 병으로부터 대출받으면서 병을 근저당권자로, 채무자를 을로 하는 근저당권을 설정하였는데, 위 토지 중 갑 지분에만 경매절차가 개시되어 제3자가 매각대금을 완납하자, 병은 을 지분에 관한 근저당권설정등기를 말소해주었고, 이후 개시된 배당절차에서 병이 채권액 전부를 배당받은 사안에서, 채권자인 병이 갑에 대하여 자신의 담보권을 성실하게 보존·행사하여야 할 의무를 부담함에도 곧 변제자대위의 대상이 될 채무자에 대한 근저당권설정등기를 말소하여 줌으로써 저당권을 포기한 행위는 민법 제750조에 정한 불법행위에 해당한다.

채무자의 담보목적 이전등기의 말소청구 요건 / 대법원 2018. 6. 15. 선고 2018다215947 판결

채무자 등이 가등기담보법 제11조 본문에 따라 채권담보의 목적으로 마친 소유권이전등기의 말소를 구하기 위해서는 그때까지의 이자와 손해금을 포함한 피담보채무액을 전부 지급함으로써 그 요건을 갖추어야 한다. 그리고 가등기담보법 제11조 단서에 정한 10년의 기간은 제척기간이고, 제척기간은 그 기간의 경과 자체만으로 권리 소멸의 효과가 발생하므로, 가등기담보법 제11조 본문에 정한 채무자 등의 말소청구권은 위 제척기간의 경과로 확정적으로 소멸한다. 가등기담보법의 입법 취지 및 가등기담보법 제3조, 제4조의 각 규정 내용에 비추어 볼 때, 가등기담보법 제11조 단서에 정한 제척기간이 경과함으로써 채무자 등의 말소청구권이 소멸하고 이로써 채권자가 담보목적부동산의 소유권을 확정적으로 취득한 때에는 채권자는 가등기담보법 제4조에 따라 산정한 청산금을 채무자 등에게 지급할 의무가 있고, 채무자 등은 채권자에게 그 지급을 청구할 수 있다.

가등기담보의 피담보채권의 확정시기 / 대법원 2016. 6. 23. 선고 2015다13171 판결

가등기담보 등에 관한 법률 제3조, 제4조에 의하면 가등기담보권자가 담보계약에 따른 담보권을 실행하여 담보목적부동산의 소유권을 취득하기 위해서는 채권의 변제기 후에 청산금의 평가액을 채무자 등에게 통지하여야 한다. 여기서 말하는 청산금의 평가액은 통지 당시의 담보목적부동산의 가액에서 그 당시의 피담보채권액(원본, 이자, 위약금, 지연배상금, 실행비용)을 뺀 금액을 의미하므로, 가등기담보권자가 담보권 실행을 통하여 우선변제받게 되는 이자나 지연배상금 등 피담보채권의 범위는 통지 당시를 기준으로 확정된다. 채권자는 주관적으로 평가한 청산금의 평가액을 통지하면 족하고, 채권자가 주관적으로 평가한 청산금의 액수가 정당하게 평가된 청산금의 액수에 미치지 못하더라도 담보권 실행의 통지로서의 효력에는 아무런 영향이 없다.

가등기담보권의 실행방법 / 대법원 2022. 11. 30. 선고 2017다232167, 232174 판결

담보가등기권리자가 담보목적부동산의 경매를 청구하는 방법을 선택하여 그 경매절차가 진행 중인 때에는 특별한 사정이 없는 한 가등기담보법 제3조에 따른 담보권을 실행할 수 없으므로 그 가등기에 따른 본등기를 청구할 수 없다고 봄이 타당하다.

가등기담보권의 실행 / 대법원 2022. 4. 14. 선고 2021다263519 판결

[1] 가등기담보 등에 관한 법률이 경우에는 채권자가 담보목적 부동산에 관하여 소유자로 등기되어 있다고 하더라도 청산절차 등 법에 정한 요건을 충족해야만 비로소 담보목적 부동산의 소유권을 취득할 수 있다.
[2] 채무를 담보하기 위하여 채무자가 자기의 비용과 노력으로 신축하는 건물의 신축허가 명의를 채권자 명의로 한 경우 이는 완성될 건물을 양도담보로 제공하기로 하는 담보권 설정의 합의가 있다고 볼 수 있다. 이때 완성된 건물의 소유권은 이를 건축한 채무자가 원시적으로 취득하고, 채권자가 그 명의로 소유권보존등기를 함으로써 건물에 대한 양도담보가 설정된 것으로 보아야 한다. 이러한 양도담보가 가등기담보 등에 관한 법률의 적용 대상이 되는 경우에는 양도담보권자가 청산절차 등을 거쳐 담보목적 부동산의 소유권을 취득하기 전까지 특별한 사정이 없는 한 양도담보 설정자가 건물의 소유자로서 이를 현실적으로 점유하면서 사용·수익하고 있다고 볼 수 있으므로 채권자가 건물에 대한 양도담보권을 취득했다고 해서 그 대지 소유자에게 부당이득반환의무를 부담하는 것은 아니다.

가등기담보법 제11조의 효력 / 대법원 2021. 10. 28. 선고 2016다248325 판결

가등기담보 등에 관한 법률(이하 '가등기담보법'이라고 한다) 제3조, 제4조의 청산절차를 위반하여 이루어진 담보가등기에 기한 본등기가 무효라고 하더라도 선의의 제3자가 그 본등기에 터 잡아 소유권이전등기를 마치는 등으로 담보목적부동산의 소유권을 취득하면, 가등기담보법 제2조 제2호에서 정한 채무자 등(이하 '채무자

등'이라고 한다)은 더 이상 가등기담보법 제11조 본문에 따라 채권자를 상대로 그 본등기의 말소를 청구할 수 없게 된다. 이 경우 그 반사적 효과로서 무효인 채권자 명의의 본등기는 그 등기를 마친 시점으로 소급하여 확정적으로 유효하게 되고, 이에 따라 담보목적부동산에 관한 채권자의 가등기담보권은 소멸하며, 청산절차를 거치지 않아 무효였던 채권자의 위 본등기에 터 잡아 이루어진 등기 역시 소급하여 유효하게 된다고 보아야 한다. 다만 이 경우에도 채무자 등과 채권자 사이의 청산금 지급을 둘러싼 채권·채무 관계까지 모두 소멸하는 것은 아니고, 채무자 등은 채권자에게 청산금의 지급을 청구할 수 있다. 이러한 법리는 경매의 법적 성질이 사법상 매매인 점에 비추어 보면 무효인 본등기가 마쳐진 담보목적부동산에 관하여 진행된 경매절차에서 경락인이 본등기가 무효인 사실을 알지 못한 채 담보목적부동산을 매수한 경우에도 마찬가지로 적용된다.

### 가등기담보 목적 부동산의 사용수익권 / 대법원 2019. 6. 13. 선고 2018다300661 판결

담보가등기에 기하여 마쳐진 본등기가 무효인 경우, 담보목적 부동산에 대한 소유권은 담보가등기 설정자인 채무자 등에게 있고 소유권의 권능 중 하나인 사용수익권도 당연히 담보가등기 설정자가 보유한다. 따라서 채무자가 자신이 소유하는 담보목적 부동산에 관하여 채권자와 임대차계약을 체결하고 채권자에게 차임을 지급하거나 채무자가 자신과 임대차계약을 체결하고 있는 임차인으로 하여금 채권자에게 차임을 지급하도록 하여 채권자가 차임을 수령하였다면, 채권자와 채무자 사이에 위 차임을 피담보채무의 변제와는 무관한 별개의 것으로 취급하기로 약정하였거나 달리 차임이 피담보채무의 변제에 충당되었다고 보기 어려운 특별한 사정이 없는 한 위 차임은 피담보채무의 변제에 충당된 것으로 보아야 한다.

### 유동집합물 양도담보의 효력의 범위 / 대법원 2016. 4. 28. 선고 2012다19659 판결

[1] 집합물에 대한 양도담보권설정계약에서는 양도담보권자가 점유개정의 방법으로 양도담보권설정계약 당시 존재하는 집합물의 점유를 취득하면 그 후 양도담보권설정자가 집합물을 이루는 개개의 물건을 반입하였더라도 별도의 양도담보권설정계약을 맺거나 점유개정의 표시를 하지 않더라도 양도담보권의 효력이 나중에 반입된 물건에도 미친다. 다만 양도담보권설정자가 양도담보권설정계약에서 정한 종류·수량에 포함되는 물건을 계약에서 정한 장소에 반입하였더라도 그 물건이 제3자의 소유라면 담보목적인 집합물의 구성부분이 될 수 없고 따라서 그 물건에는 양도담보권의 효력이 미치지 않는다.

[2] 양도담보권의 목적인 주된 동산에 다른 동산이 부합되어 부합된 동산에 관한 권리자가 권리를 상실하는 손해를 입은 경우 주된 동산이 담보물로서 가치가 증가된 데 따른 실질적 이익은 주된 동산에 관한 양도담보권설정자에게 귀속되는 것이므로, 이 경우 부합으로 인하여 권리를 상실하는 자는 양도담보권설정자를 상대로 민법 제261조에 따라 보상을 청구할 수 있을 뿐 양도담보권자를 상대로 보상을 청구할 수는 없다.

#  친족상속법

## CHAPTER 1 친족법

**재판상 이혼사유 / 대법원 2021. 3. 25. 선고 2020므14763 판결**

베트남 국민 갑과 대한민국 국민 을은 혼인신고를 마친 법률상 부부인데, 갑이 을을 상대로 을의 계속된 폭행 등으로 혼인이 파탄되었다고 주장하며 이혼 등을 구한 사안에서, 제반 사정에 비추어 을의 행위는 갑에 대한 부당한 대우에 해당할 뿐만 아니라, 갑과 을의 혼인관계는 을의 폭력 행사 이래 그 바탕이 되어야 할 애정과 신뢰가 상실되어 회복할 수 없을 정도로 파탄되었으므로 민법 제840조 제3호 또는 제6호의 재판상 이혼사유에 해당하는데도, 갑에게 을의 폭력 행사를 유발한 책임이 있다는 등의 이유로 갑의 이혼 청구를 배척한 원심판결에 법리오해 등의 잘못이 있다.

**재판상 이혼시 친권자와 양육자의 지정의무 / 대법원 2015. 6. 23. 선고 2013므2397 판결**

이혼 과정에서 친권자 및 자녀의 양육책임에 관한 사항을 의무적으로 정하도록 한 민법 제837조 제1항, 제2항, 제4항 전문, 제843조, 제909조 제5항의 문언 내용 및 이혼 과정에서 자녀의 복리를 보장하기 위한 위 규정들의 취지와 아울러, 이혼 시 친권자 지정 및 양육에 관한 사항의 결정에 관한 민법 규정의 개정 경위와 변천 과정, 친권과 양육권의 관계 등을 종합하면, 재판상 이혼의 경우에 당사자의 청구가 없다 하더라도 법원은 직권으로 미성년자인 자녀에 대한 친권자 및 양육자를 정하여야 하며, 따라서 법원이 이혼 판결을 선고하면서 미성년자인 자녀에 대한 친권자 및 양육자를 정하지 아니하였다면 재판의 누락이 있다.

**재산분할판결시 소촉법의 적용 여부 / 대법원 2014. 9. 4. 선고 2012므1656 판결**

이혼으로 인한 재산분할청구권은 이혼이 성립한 때에 법적 효과로서 발생하는 것이지만 협의 또는 심판에 의하여 구체적 내용이 형성되기까지는 범위 및 내용이 불명확하기 때문에 구체적으로 권리가 발생하였다고 할 수 없다. 따라서 당사자가 이혼 성립 후에 재산분할 등을 청구하고 법원이 재산분할로서 금전의 지급을 명하는 판결이나 심판을 하는 경우에도, 이는 장래의 이행을 청구하는 것으로서 분할의무자는 금전지급의무에 관하여 판결이나 심판이 확정된 다음 날부터 이행지체책임을 지고, 그 지연손해금의 이율에 관하여는 소송촉진 등에 관한 특례법 제3조 제1항 본문이 정한 이율도 적용되지 아니한다.

**사실혼해소와 재산분할 / 대법원 2023. 7. 13. 선고 2017므11856, 2017므11863 판결**

사실혼 해소를 원인으로 한 재산분할에서 분할의 대상이 되는 재산과 액수는 사실혼이 해소된 날을 기준으로 하여 정하여야 한다.(협의이혼이후에도 사실혼관계가 유지된 경우)

**재산분할청구권의 사전포기 / 대법원 2016. 1. 25.자 2015스451 결정**

협의 또는 심판에 따라 구체화되지 않은 재산분할청구권을 혼인이 해소되기 전에 미리 포기하는 것은 성질상 허용되지 아니한다. 아직 이혼하지 않은 당사자가 장차 협의상 이혼할 것을 합의하는 과정에서 이를 전제로 재산분할청구권을 포기하는 서면을 작성한 경우, 부부 쌍방의 협력으로 형성된 공동재산 전부를 청산·분배 하려는 의도로 재산분할의 대상이 되는 재산액, 이에 대한 쌍방의 기여도와 재산분할 방법 등에 관하여 협의한 결과 부부 일방이 재산분할청구권을 포기하기에 이르렀다는 등의 사정이 없는 한 성질상 허용되지 아니하는 '재산분할청구권의 사전포기'에 불과할 뿐이므로 섣불리 '재산분할에 관한 협의'로서의 '포기약정'이라고 보아서는 아니 된다.

### 재산분할대상과 기발생 퇴직연금수급권 / 대법원 2014. 7. 16. 선고 2012므2888 전원합의체 판결

[1] 재산분할제도의 취지에 비추어 허용될 수 없는 경우가 아니라면, 이미 발생한 공무원 퇴직연금수급권도 부동산 등과 마찬가지로 재산분할의 대상에 포함될 수 있다고 봄이 상당하다. 그리고 구체적으로는 연금수급권자인 배우자가 매월 수령할 퇴직연금액 중 일정 비율에 해당하는 금액을 상대방 배우자에게 정기적으로 지급하는 방식의 재산분할도 가능하다.

[2] 재산분할에서 고려되는 제반 사정에 비추어 공무원 퇴직연금수급권에 대한 기여도와 다른 일반재산에 대한 기여도를 종합적으로 고려하여 전체 재산에 대한 하나의 분할비율을 정하는 것이 형평에 부합하지 아니하는 경우도 있을 수 있다. 그러한 경우에는 공무원 퇴직연금수급권과 다른 일반재산을 구분하여 개별적으로 분할비율을 정하는 것이 타당하고, 그 결과 실제로 분할비율이 달리 정하여지더라도 이는 분할비율을 달리 정할 수 있는 합리적 근거가 있는 경우에 해당한다.

### 재산분할대상과 미발생 퇴직연금수급권 / 대법원 2014. 7. 16. 선고 2013므2250 전원합의체 판결

퇴직급여를 수령하기 위하여는 일정기간 근무할 것이 요구되는바, 그와 같이 근무함에 있어 상대방 배우자의 협력이 기여한 것으로 인정된다면 그 퇴직급여 역시 부부 쌍방의 협력으로 이룩한 재산으로서 재산분할의 대상이 될 수 있다. 비록 이혼 당시 부부 일방이 아직 재직 중이어서 실제 퇴직급여를 수령하지 않았더라도 이혼소송의 사실심 변론종결 시에 이미 잠재적으로 존재하여 경제적 가치의 현실적 평가가 가능한 재산인 퇴직급여채권은 재산분할의 대상에 포함시킬 수 있으며, 구체적으로는 이혼소송의 사실심 변론종결 시를 기준으로 그 시점에서 퇴직할 경우 수령할 수 있을 것으로 예상되는 퇴직급여 상당액의 채권이 그 대상이 된다.

### 재산분할청구권의 제척기간 / 대법원 2022. 11. 10. 자 2021스766 결정

민법 제843조, 제839조의2 제3항은 협의상 또는 재판상 이혼 시의 재산분할청구권에 관하여 '이혼한 날부터 2년을 경과한 때에는 소멸한다.'고 정하고 있는데, 위 기간은 제척기간이고, 나아가 재판 외에서 권리를 행사하는 것으로 족한 기간이 아니라 그 기간 내에 재산분할심판 청구를 하여야 하는 출소기간이다. 재산분할청구 후 제척기간이 지나면 그때까지 청구 목적물로 하지 않은 재산에 대해서는 특별한 사정이 없는 한 제척기간을 준수한 것으로 볼 수 없다. 그러나 청구인 지위에서 대상 재산에 대해 적극적으로 재산분할을 청구하는 것이 아니라, 이미 제기된 재산분할청구 사건의 상대방 지위에서 분할대상 재산을 주장하는 경우에는 제척기간이 적용되지 않는다.

### 재산분할청구의 대위 / 대법원 2022. 7. 28. 자 2022스613 결정

이혼으로 인한 재산분할청구권은 그 행사 여부가 청구인의 인격적 이익을 위하여 그의 자유로운 의사결정에 전적으로 맡겨진 권리로서 행사상의 일신전속성을 가지므로, 채권자대위권의 목적이 될 수 없고 파산재단에도 속하지 않는다고 보아야 한다.

### 혈연관계가 없다는 점이 밝혀진 경우 친생추정 / 대법원 2019. 10. 23. 선고 2016므2510 전원합의체 판결

친생자와 관련된 민법 규정, 특히 민법 제844조 제1항(이하 '친생추정 규정'이라 한다)의 문언과 체계, 민법이 혼인 중 출생한 자녀의 법적 지위에 관하여 친생추정 규정을 두고 있는 기본적인 입법 취지와 연혁, 헌법이 보장하고 있는 혼인과 가족제도 등에 비추어 보면, 아내가 혼인 중 남편이 아닌 제3자의 정자를 제공받아 인공수정으로 자녀를 출산한 경우에도 친생추정 규정을 적용하여 인공수정으로 출생한 자녀가 남편의 자녀로 추정된다고 보는 것이 타당하다(친생추정 규정은 혼인 중 출생한 자녀에 대해서 적용되는데, 친생추정 규정의 문언과 입법 취지, 혼인과 가족생활에 대한 헌법적 보장 등에 비추어 혼인 중 출생한 인공수정 자녀도 혼인 중 출생한 자녀에 포함된다고 보아야 한다).

**무효의 신분행위의 전환 / 대법원 2020. 5. 14. 선고 2017므12484 판결**

구 민법(1990. 1. 13. 법률 제4199호로 개정되기 전의 것) 제869조 소정의 입양승낙 없이 친생자로서의 출생신고 방법으로 입양된 15세 미만의 자가 입양의 승낙능력이 생긴 15세 이후에도 계속하여 자신을 입양한 상대방을 부모로 여기고 생활하는 등 입양의 실질적인 요건을 갖춘 경우에는 친생자로 신고된 자가 15세가 된 이후에 상대방이 한 입양에 갈음하는 출생신고를 묵시적으로 추인하였다고 보아 무효인 친생자 출생신고가 소급적으로 입양신고로서의 효력을 갖게 되는 것으로 볼 수 있지만, 이와 달리 감호·양육 등 양친자로서의 신분적 생활사실이 계속되지 아니하여 입양의 실질적인 요건을 갖추지 못한 경우에는 친생자로 신고된 자가 15세가 된 이후에 상대방이 한 입양에 갈음하는 출생신고를 묵시적으로 추인한 것으로 보기도 힘들 뿐만 아니라 설령 묵시적으로 추인한 것으로 볼 수 있는 경우라고 하더라도 무효인 친생자 출생신고가 소급적으로 입양신고로서의 효력을 갖게 될 수 없는 것이다.

**제소기간의 기산점으로서의 '사망을 안 날'의 의미 / 대법원 2015. 2. 12. 선고 2014므4871 판결**

오랜 시간이 지난 후에 인지청구 등의 소를 허용하게 되면 상속에 따라 형성된 법률관계를 불안정하게 할 우려가 있는 점, 친생자관계의 존부에 관하여 알게 된 때를 제소기간의 시점으로 삼을 경우에는 사실상 이해관계인이 주장하는 시기가 제소기간의 기산점이 되어 제소기간을 두는 취지를 살리기 어렵게 되는 점 등을 고려할 때, 인지청구 등의 소에서 제소기간의 기산점이 되는 '사망을 안 날'은 사망이라는 객관적 사실을 아는 것을 의미하고, 사망자와 친생자관계에 있다는 사실까지 알아야 하는 것은 아니라고 해석함이 타당하다.

**인지청구의 소의 기판력 / 대법원 2015. 6. 11. 선고 2014므8217 판결**

인지청구의 소의 목적, 심리절차와 증명방법 및 법률적 효과 등을 고려할 때, 인지의 소의 확정판결에 의하여 일단 부와 자 사이에 친자관계가 창설된 이상, 재심의 소로 다투는 것은 별론으로 하고, 확정판결에 반하여 친생자관계부존재확인의 소로써 당사자 사이에 친자관계가 존재하지 않는다고 다툴 수는 없다.

**친생자관계부존재확인청구의 피고적격 / 대법원 2018. 5. 15. 선고 2014므4963 판결**

민법 제865조의 규정에 의하여 이해관계 있는 제3자가 친생자관계 부존재확인을 청구하는 경우 친자 쌍방이 다 생존하고 있는 경우는 친자 쌍방을 피고로 삼아야 하고, 친자 중 어느 한편이 사망하였을 때에는 생존자만을 피고로 삼아야 하며, 친자가 모두 사망하였을 경우에는 검사를 상대로 소를 제기할 수 있다. 친생자관계존부 확인소송은 소송물이 일신전속적인 것이므로, 제3자가 친자 쌍방을 상대로 제기한 친생자관계 부존재확인 소송이 계속되던 중 친자 중 어느 한편이 사망하였을 때에는 생존한 사람만 피고가 되고, 사망한 사람의 상속인이나 검사가 절차를 수계할 수 없다. 이 경우 사망한 사람에 대한 소송은 종료된다.

**친권상실청구에 대한 친권의 일부제한 판결 / 대법원 2018. 5. 25.자 2018스520 결정**

민법 제924조 제1항에 따른 친권 상실 청구가 있으면 가정법원은 민법 제925조의2의 판단 기준을 참작하여 친권 상실사유에는 해당하지 않지만 자녀의 복리를 위하여 친권의 일부 제한이 필요하다고 볼 경우 청구취지에 구속되지 않고 친권의 일부 제한을 선고할 수 있다.

**성년자녀의 부모에 대한 부양료 청구의 요건 / 대법원 2017. 8. 25.자 2017스5 결정**

민법 제826조 제1항에서 규정하는 미성년 자녀의 양육·교육 등을 포함한 부부간 상호부양의무는 혼인관계의 본질적 의무로서 부양을 받을 자의 생활을 부양의무자의 생활과 같은 정도로 보장하여 부부공동생활의 유지를 가능하게 하는 것을 내용으로 하는 제1차 부양의무이고, 반면 부모가 성년의 자녀에 대하여 직계혈족으로서 민법 제974조 제1호, 제975조에 따라 부담하는 부양의무는 부양의무자가 자기의 사회적 지위에 상응하는 생활을 하면서 생활에 여유가 있음을 전제로 하여 부양을 받을 자가 자력 또는 근로에 의하여 생활을 유지할 수 없는 경우에 한하여 그의 생활을 지원하는 것을 내용으로 하는 제2차 부양의무이다. 따라서 성년의 자녀는 요부양상태, 즉 객관적으로 보아 생활비 수요가 자기의 자력 또는 근로에 의하여 충당할 수 없는 곤궁한 상태인 경우에 한하여, 부모를 상대로 그 부모가 부양할 수 있을 한도 내에서 생활부조로서 생활필요비에 해당하는 부양료를 청구할 수 있을 뿐이다.

#  CHAPTER 2 상속법

### 상속의 포기로 인한 상속인의 확정 / 대법원 2023. 3. 23.자 2020그42 전원합의체 결정

피상속인의 배우자와 자녀 중 자녀 전부가 상속을 포기한 경우에는 배우자가 단독상속인이 된다고 봄이 타당하다. 이와 달리 피상속인의 배우자와 자녀 중 자녀 전부가 상속을 포기한 경우 배우자와 피상속인의 손자녀 또는 직계존속이 공동상속인이 된다는 취지의 종래 판례는 이 판결의 견해에 배치되는 범위 내에서 변경하기로 한다.

### 상속결격사유 / 대법원 2023. 12. 21. 선고 2023다265731 판결

상속결격은 법정사유가 인정되면 상속권 박탈이라는 중대한 효과가 법률상 당연히 발생하므로 그 사유를 엄격하게 해석하여야 하고, 유추에 의하여 상속결격사유를 확장하는 것은 허용되지 않는다. 상속인 결격사유의 하나로 규정하고 있는 민법 제1004조 제5호 소정의 '상속에 관한 유언서를 은닉한 자'라 함은 유언서의 소재를 불명하게 하여 그 발견을 방해하는 행위를 한 자를 의미하는 것으로, 공동상속인들 사이에 그 내용이 널리 알려진 유언서에 관하여 피상속인의 사망 후 일정한 기간이 경과한 시점에서 비로소 그 존재를 주장하는 등의 사정만으로 이를 두고 유언서의 은닉에 해당한다고 단정할 수 없다.

### 대습상속의 사유 / 민법 제1001조

전조 제1항 제1호와 제3호의 규정에 의하여 상속인이 될 직계비속 또는 형제자매가 상속개시전에 사망하거나 결격자가 된 경우에 그 직계비속이 있는 때에는 그 직계비속이 사망하거나 결격된 자의 순위에 갈음하여 상속인이 된다.

### 상속포기의 효력발생요건 / 대법원 2016. 12. 29. 선고 2013다73520 판결

민법 제1026조 제1호는 상속인이 상속재산에 대한 처분행위를 한 때에는 단순승인을 한 것으로 본다고 규정하고 있다. 그런데 상속의 한정승인이나 포기의 효력이 생긴 이후에는 더 이상 단순승인으로 간주할 여지가 없으므로, 이 규정은 한정승인이나 포기의 효력이 생기기 전에 상속재산을 처분한 경우에만 적용된다. 한편 상속의 한정승인이나 포기는 상속인의 의사표시만으로 효력이 발생하는 것이 아니라 가정법원에 신고를 하여 가정법원의 심판을 받아야 하며, 심판은 당사자가 이를 고지받음으로써 효력이 발생한다. 이는 한정승인이나 포기의 의사표시의 존재를 명확히 하여 상속으로 인한 법률관계가 획일적으로 처리되도록 함으로써, 상속재산에 이해관계를 가지는 공동상속인이나 차순위 상속인, 상속채권자, 상속재산의 처분 상대방 등 제3자의 신뢰를 보호하고 법적 안정성을 도모하고자 하는 것이다. 따라서 상속인이 가정법원에 상속포기의 신고를 하였더라도 이를 수리하는 가정법원의 심판이 고지되기 이전에 상속재산을 처분하였다면, 이는 상속포기의 효력 발생 전에 처분행위를 한 것이므로 민법 제1026조 제1호에 따라 상속의 단순승인을 한 것으로 보아야 한다.

상속채권자와 상속인의 채권자의 우열관계 / 대법원 2016. 5. 24. 선고 2015다250574 판결

상속채권자가 아닌 한정승인자의 고유채권자가 상속재산에 관하여 저당권 등의 담보권을 취득한 경우, 담보권을 취득한 채권자와 상속채권자 사이의 우열관계는 민법상 일반원칙에 따라야 하고 상속채권자가 우선적 지위를 주장할 수 없다. 그러나 상속재산에 관하여 담보권을 취득하였다는 등 사정이 없는 이상, 한정승인자의 고유채권자는 상속채권자가 상속재산으로부터 채권의 만족을 받지 못한 상태에서 상속재산을 고유채권에 대한 책임재산으로 삼아 이에 대하여 강제집행을 할 수 없다고 보는 것이 형평의 원칙이나 한정승인제도의 취지에 부합하며, 이는 한정승인자의 고유채무가 조세채무인 경우에도 그것이 상속재산 자체에 대하여 부과된 조세나 가산금, 즉 당해세에 관한 것이 아니라면 마찬가지이다.

가분채권의 상속재산분할의 가능성 / 대법원 2016. 5. 4.자 2014스122 결정 대법원 2023. 12. 21 선고 2023다221144 판결

금전채권과 같이 급부의 내용이 가분인 채권은 공동상속되는 경우 상속개시와 동시에 당연히 법정상속분에 따라 공동상속인들에게 분할되어 귀속되므로 상속재산분할의 대상이 될 수 없는 것이 원칙이다. 그러나 가분채권을 일률적으로 상속재산분할의 대상에서 제외하면 부당한 결과가 발생할 수 있다. 예를 들어 공동상속인들 중에 초과특별수익자가 있는 경우 초과특별수익자는 초과분을 반환하지 아니하면서도 가분채권은 법정상속분대로 상속받게 되는 부당한 결과가 나타난다. 그 외에도 특별수익이 존재하거나 기여분이 인정되어 구체적인 상속분이 법정상속분과 달라질 수 있는 상황에서 상속재산으로 가분채권만이 있는 경우에는 모든 상속재산이 법정상속분에 따라 승계되므로 수증재산과 기여분을 참작한 구체적 상속분에 따라 상속을 받도록 함으로써 공동상속인들 사이의 공평을 도모하려는 민법 제1008조, 제1008조의2의 취지에 어긋나게 된다.
따라서 이와 같은 특별한 사정이 있는 때는 상속재산분할을 통하여 공동상속인들 사이에 형평을 기할 필요가 있으므로 가분채권도 예외적으로 상속재산분할의 대상이 될 수 있다.
주식은 주식회사의 주주 지위를 표창하는 것으로서 금전채권과 같은 가분채권이 아니므로 공동상속하는 경우 법정상속분에 따라 당연히 분할하여 귀속하는 것이 아니라 공동상속인들이 이를 준공유하는 법률관계를 형성하고, 주택공급을 신청할 권리와 분리될 수 없는 청약저축의 가입자가 사망하여 공동상속이 이루어진 경우 공동상속인이 청약저축 예금계약을 해지하려면 금융기관과 사이에 다른 내용의 특약이 있다는 등의 특별한 사정이 없는 한 전원이 해지의 의사표시를 하여야 한다.

제사주재자의 결정 방법 / 대법원 2023. 5. 11. 선고 2018다248626 전원합의체 판결

공동상속인들 사이에 협의가 이루어지지 않는 경우에는 제사주재자의 지위를 인정할 수 없는 특별한 사정이 있지 않는 한 피상속인의 직계비속 중 남녀, 적서를 불문하고 최근친의 연장자가 제사주재자로 우선한다고 보는 것이 가장 조리에 부합한다.

한정승인의 청산종료 전 상속재산분할의 가능성 / 대법원 2014. 7. 25.자 2011스226 결정

우리 민법이 한정승인 절차가 상속재산분할 절차보다 선행하여야 한다는 명문의 규정을 두고 있지 않고, 공동상속인들 중 일부가 한정승인을 하였다고 하여 상속재산분할이 불가능하다거나 분할로 인하여 공동상속인들 사이에 불공평이 발생한다고 보기 어려우며, 상속재산분할의 대상이 되는 상속재산의 범위에 관하여 공동상속인들 사이에 분쟁이 있을 경우에는 한정승인에 따른 청산절차가 제대로 이루어지지 못할 우려가 있는데 그럴 때에는 상속재산분할청구 절차를 통하여 분할의 대상이 되는 상속재산의 범위를 한꺼번에 확정하는 것이 상속채권자의 보호나 청산절차의 신속한 진행을 위하여 필요하다는 점 등을 고려하면, 한정승인에 따른 청산절차가 종료되지 않은 경우에도 상속재산분할청구가 가능하다.

### 한정승인과 상계 / 대법원 2022. 10. 27. 선고 2022다254154, 254161 판결

상속채권자가 피상속인에 대하여는 채권을 보유하면서 상속인에 대하여는 채무를 부담하는 경우, 상속이 개시되면 위 채권 및 채무가 모두 상속인에게 귀속되어 상계적상이 생기지만, 상속인이 한정승인을 하면 상속이 개시된 때부터 민법 제1031조에 따라 피상속인의 상속재산과 상속인의 고유재산이 분리되는 결과가 발생하므로, 상속채권자의 피상속인에 대한 채권과 상속인에 대한 채무 사이의 상계는 제3자의 상계에 해당하여 허용될 수 없다. 즉, 상속채권자가 상속이 개시된 후 한정승인 이전에 피상속인에 대한 채권을 자동채권으로 하여 상속인에 대한 채무에 대하여 상계하였더라도, 그 이후 상속인이 한정승인을 하는 경우에는 민법 제1031조의 취지에 따라 상계가 소급하여 효력을 상실하고, 상계의 자동채권인 상속채권자의 피상속인에 대한 채권과 수동채권인 상속인에 대한 채무는 모두 부활한다.

### 대습상속인의 단순승인 간주 / 대법원 2017. 1. 12. 선고 2014다39824 판결

피상속인의 사망으로 상속이 개시된 후 상속인이 상속을 포기하면 상속이 개시된 때에 소급하여 그 효력이 생긴다(민법 제1042조). 따라서 제1순위 상속권자인 배우자와 자녀들이 상속을 포기하면 제2순위에 있는 사람이 상속인이 된다. 상속포기의 효력은 피상속인의 사망으로 개시된 상속에만 미치고, 그 후 피상속인을 피대습자로 하여 개시된 대습상속에까지 미치지는 않는다. 따라서 피상속인의 사망 후 상속채무가 상속재산을 초과하여 상속인인 배우자와 자녀들이 상속포기를 하였는데, 그 후 피상속인의 직계존속이 사망하여 민법 제1001조, 제1003조 제2항에 따라 대습상속이 개시된 경우에 대습상속인이 민법이 정한 절차와 방식에 따라 한정승인이나 상속포기를 하지 않으면 단순승인을 한 것으로 간주된다.

### 특별한정승인 / 대법원 2021. 2. 25. 선고 2017다289651 판결

민법 제1019조 제3항이 적용되는 사건에서 상속인이 단순승인을 하거나 민법 제1026조 제1호, 제2호에 따라 단순승인한 것으로 간주된 다음 한정승인신고를 하여 이를 수리하는 심판을 받았다면, 상속채권에 관한 청구를 심리하는 법원은 위 한정승인이 민법 제1019조 제3항에서 정한 요건을 갖춘 특별한정승인으로서 유효한지 여부를 심리·판단하여야 한다.

### 법정단순승인 / 대법원 2022. 7. 28. 선고 2019다29853 판결

"상속인이 한정승인이나 포기를 한 후에 상속재산을 은닉하거나 부정소비하거나 고의로 재산목록에 기입하지 아니한 때"(민법 제1026조 제3호)에서 '고의로 재산목록에 기입하지 아니한 때'라 함은 한정승인을 함에 있어 상속재산을 은닉하여 상속채권자를 사해할 의사로써 상속재산을 재산목록에 기입하지 않는 것을 뜻하므로, 위 규정에 해당하기 위해서는 상속인이 어떠한 상속재산이 있음을 알면서 이를 재산목록에 기입하지 아니하였다는 사정만으로는 부족하고, 상속재산을 은닉하여 상속채권자를 사해할 의사, 즉 그 재산의 존재를 쉽게 알 수 없게 만들려는 의사가 있을 것을 필요로 한다. 위 사정은 이를 주장하는 측에서 증명하여야 한다.

### 특별수익의 인정요건 / 대법원 2022. 3. 17. 선고 2021다230083, 230090 판결

피상속인으로부터 생전 증여를 받은 상속인이 피상속인을 특별히 부양하였거나 피상속인의 재산의 유지 또는 증가에 특별히 기여하였고, 피상속인의 생전 증여에 상속인의 위와 같은 특별한 부양 내지 기여에 대한 대가의 의미가 포함되어 있는 경우와 같이 상속인이 증여받은 재산을 상속분의 선급으로 취급한다면 오히려 공동상속인들 사이의 실질적인 형평을 해치는 결과가 초래되는 경우에는 그러한 한도 내에서 생전 증여를 특별수익에서 제외할 수 있다.

상속재산에 대한 공유물분할청구의 가능성 / 대법원 2015. 8. 13. 선고 2015다18367 판결

공동상속인은 상속재산의 분할에 관하여 공동상속인 사이에 협의가 성립되지 아니하거나 협의할 수 없는 경우에 가사소송법이 정하는 바에 따라 가정법원에 상속재산분할심판을 청구할 수 있을 뿐이고, 상속재산에 속하는 개별 재산에 관하여 민법 제268조의 규정에 따라 공유물분할청구의 소를 제기하는 것은 허용되지 않는다.

구체적 상속분 / 대법원 2022. 6. 30. 자 2017스98, 99, 100, 101 결정

상속재산분할은 법정상속분이 아니라 특별수익(피상속인의 공동상속인에 대한 유증이나 생전 증여 등)이나 기여분에 따라 수정된 구체적 상속분을 기준으로 이루어진다.

구체적 상속분을 산정함에 있어서는, 상속개시 당시를 기준으로 상속재산과 특별수익재산을 평가하여 이를 기초로 하여야 하고, 공동상속인 중 특별수익자가 있는 경우 구체적 상속분 가액의 산정을 위해서는, 피상속인이 상속개시 당시 가지고 있던 재산 가액에 생전 증여의 가액을 가산한 후, 이 가액에 각 공동상속인별로 법정상속분율을 곱하여 산출된 상속분의 가액으로부터 특별수익자의 수증재산인 증여 또는 유증의 가액을 공제하는 계산방법에 의한다. 이렇게 계산한 상속인별 구체적 상속분 가액을 전체 공동상속인들 구체적 상속분 가액 합계액으로 나누면 상속인별 구체적 상속분 비율, 즉 상속재산분할의 기준이 되는 구체적 상속분을 얻을 수 있다.

한편 위와 같이 구체적 상속분 가액을 계산한 결과 공동상속인 중 특별수익이 법정상속분 가액을 초과하는 초과특별수익자가 있는 경우, 그러한 초과특별수익자는 특별수익을 제외하고는 더 이상 상속받지 못하는 것으로 처리하되(구체적 상속분 가액 0원), 초과특별수익은 다른 공동상속인들이 그 법정상속분율에 따라 안분하여 자신들의 구체적 상속분 가액에서 공제하는 방법으로 구체적 상속분 가액을 조정하여 위 구체적 상속분 비율을 산출함이 바람직하다. 결국 초과특별수익자가 있는 경우 그 초과된 부분은 나머지 상속인들의 부담으로 돌아가게 된다.

피상속인에 대한 간호로 인한 기여분의 인정 / 대법원 2019. 11. 21.자 2014스44, 45 전원합의체 결정

배우자가 장기간 피상속인과 동거하면서 피상속인을 간호한 경우, 민법 제1008조의2의 해석상 가정법원은 배우자의 동거·간호가 부부 사이의 제1차 부양의무 이행을 넘어서 '특별한 부양'에 이르는지 여부와 더불어 동거·간호의 시기와 방법 및 정도뿐 아니라 동거·간호에 따른 부양비용의 부담 주체, 상속재산의 규모와 배우자에 대한 특별수익액, 다른 공동상속인의 숫자와 배우자의 법정상속분 등 일체의 사정을 종합적으로 고려하여 공동상속인들 사이의 실질적 공평을 도모하기 위하여 배우자의 상속분을 조정할 필요성이 인정되는지 여부를 가려서 기여분 인정 여부와 그 정도를 판단하여야 한다. 배우자의 장기간 동거·간호에 따른 무형의 기여행위를 기여분을 인정하는 요소 중 하나로 적극적으로 고려할 수 있다(당해 사안은 기여분 부인함).

사인증여 / 대법원 2022. 7. 28. 선고 2017다245330 판결

특별한 사정이 없는 한 유증의 철회에 관한 민법 제1108조 제1항은 사인증여에 준용된다고 해석함이 타당하다.

유증과 사인증여 / 대법원 2023. 9. 27. 선고 2022다302237 판결

망인이 단독행위로서 유증을 하였으나 유언의 요건을 갖추지 못하여 효력이 없는 경우 이를 '사인증여'로서 효력을 인정하려면 증여자와 수증자 사이에 청약과 승낙에 의한 의사합치가 이루어져야 하는데, 유언자인 망인이 자신의 상속인인 여러 명의 자녀들에게 재산을 분배하는 내용의 유언을 하였으나 민법상 요건을 갖추지 못하여 유언의 효력이 부정되는 경우 유언을 하는 자리에 동석하였던 일부 자녀와 사이에서만 '청약과 '승낙'

이 있다고 보아 사인증여로서의 효력을 인정한다면, 자신의 재산을 배우자와 자녀들에게 모두 배분하고자 하는 망인의 의사에 부합하지 않고 그 자리에 참석하지 않았던 나머지 상속인들과의 형평에도 맞지 않는 결과가 초래된다. 따라서 이러한 경우 유언자인 망인과 일부 상속인 사이에서만 사인증여로서의 효력을 인정하여야 할 특별한 사정이 없는 이상 그와 같은 효력을 인정하는 판단에는 신중을 기해야 한다.(망인이 사망 전 유언하는 모습을 촬영한 망인의 차남인 원고가 사인증여를 원인으로 다른 상속인들 상대로 소유권이전등기를 청구하는 사건)

### 기여분과 유류분의 관계 / 대법원 2015. 10. 29. 선고 2013다60753 판결

민법 제1008조의2, 제1112조, 제1113조 제1항, 제1118조에 비추어 보면, 기여분은 상속재산분할의 전제 문제로서의 성격을 가지는 것으로서, 상속인들의 상속분을 일정부분 보장하기 위하여 피상속인의 재산처분의 자유를 제한하는 유류분과는 서로 관계가 없다. 따라서 공동상속인 중에 상당한 기간 동거·간호 그 밖의 방법으로 피상속인을 특별히 부양하거나 피상속인의 재산의 유지 또는 증가에 특별히 기여한 사람이 있을지라도 공동상속인의 협의 또는 가정법원의 심판으로 기여분이 결정되지 않은 이상 유류분반환청구소송에서 기여분을 주장할 수 없음은 물론이거니와, 설령 공동상속인의협의 또는 가정법원의 심판으로 기여분이 결정되었다고 하더라도 유류분을 산정함에 있어 기여분을 공제할 수 없고, 기여분으로 유류분에 부족이 생겼다고 하여 기여분에 대하여 반환을 청구할 수도 없다.

### 유류분반환 범위 산정시 재산의 시가 산정 기준시기 / 대법원 2015. 11. 12. 선고 2010다104768 판결

유류분반환의 범위는 상속개시 당시 피상속인의 순재산과 문제 된 증여재산을 합한 재산을 평가하여 그 재산액에 유류분청구권자의 유류분비율을 곱하여 얻은 유류분액을 기준으로 산정하는데, 증여받은 재산의 시가는 상속개시 당시를 기준으로 하여 산정하여야 한다. 다만 증여 이후 수증자나 수증자에게서 증여재산을 양수한 사람이 자기 비용으로 증여재산의 성상(性狀)등을 변경하여 상속개시 당시 가액이 증가되어 있는 경우, 변경된 성상 등을 기준으로 상속개시 당시의 가액을 산정하면 유류분권리자에게 부당한 이익을 주게 되므로, 이러한 경우에는 그와 같은 변경을 고려하지 않고 증여 당시의 성상 등을 기준으로 상속개시 당시의 가액을 산정하여야 한다.

### 유류분 산정기초 / 대법원 2021. 7. 15. 선고 2016다210498 판결

유류분에 관한 민법 제1118조에 따라 준용되는 민법 제1008조는 '특별수익자의 상속분'에 관하여 "공동상속인 중에 피상속인으로부터 재산의 증여 또는 유증을 받은 자가 있는 경우에 그 수증재산이 자기의 상속분에 달하지 못한 때에는 그 부족한 부분의 한도에서 상속분이 있다."라고 정하고 있다. 공동상속인 중에 피상속인으로부터 재산의 생전 증여로 민법 제1008조의 특별수익을 받은 사람이 있으면 민법 제1114조가 적용되지 않으므로, 그 증여가 상속개시 1년 이전의 것인지 여부 또는 당사자 쌍방이 유류분권리자에 손해를 가할 것을 알고서 하였는지 여부와 관계없이 증여를 받은 재산이 유류분 산정을 위한 기초재산에 산입된다.

# 민사집행법

채권압류의 효력 / 대법원 2021. 3. 11. 선고 2017다278729 판결

압류명령이 제3채무자에게 송달되면 압류의 효력이 생기는데, 제3채무자는 압류에 의하여 채무자에 대한 지급이 금지된다(민사집행법 제227조). 이는 채권압류의 본질적 효력으로서 제3채무자는 채무자에게 피압류채권에 따른 급부를 제공하더라도 이로써 압류채권자에게 대항할 수 없고, 압류채권자가 추심권을 취득하면 그에게 다시 지급해야 하는 이중변제의 위험을 부담한다.

부작위채무의 이행 및 간접강제 / 대법원 2021. 7. 22. 선고 2020다248124 전원합의체 판결

부작위채무에 관하여 판결절차의 변론종결 당시에 보아 부작위채무를 명하는 집행권원이 성립하더라도 채무자가 이를 단기간 내에 위반할 개연성이 있고, 또한 판결절차에서 민사집행법 제261조에 의하여 명할 적정한 배상액을 산정할 수 있는 경우에는 판결절차에서도 채무불이행에 대한 간접강제를 할 수 있다.

가압류의 처분금지적 효력 / 대법원 2021. 11. 11. 선고 2020다278170 판결

가압류집행 후 가압류목적물의 소유권이 제3자에게 이전된 경우 가압류채권자는 집행권원을 얻어 제3취득자가 아닌 가압류채무자를 집행채무자로 하여 그 가압류를 본압류로 이전하는 강제집행을 실행할 수 있다. 이 경우 그 강제집행은 가압류의 처분금지적 효력이 미치는 객관적 범위인 가압류결정 당시의 청구금액 한도 안에서만 집행채무자인 가압류채무자의 책임재산에 대한 집행절차이고, 나머지 부분은 제3취득자의 재산에 대한 매각절차이다.

상속재산에 대한 가압류의 효력 / 대법원 2021. 9. 15. 선고 2021다224446 판결

상속인은 아직 상속 승인, 포기 등으로 상속관계가 확정되지 않은 동안에도 잠정적으로나마 피상속인의 재산을 당연 취득하고 상속재산을 관리할 의무가 있으므로, 상속채권자는 그 기간 동안 상속인을 상대로 상속재산에 관한 가압류결정을 받아 이를 집행할 수 있다. 그 후 상속인이 상속포기로 인하여 상속인의 지위를 소급하여 상실한다고 하더라도 이미 발생한 가압류의 효력에 영향을 미치지 않는다. 따라서 위 상속채권자는 종국적으로 상속인이 된 사람 또는 민법 제1053조에 따라 선임된 상속재산관리인을 채무자로 한 상속재산에 대한 경매절차에서 가압류채권자로서 적법하게 배당을 받을 수 있다(상속인의 고유재산이 아닌 상속재산에 대하여 가압류가 집행된 경우).

전부명령에 따른 채무변제의 순서 / 대법원 2021. 11. 11. 선고 2018다250087 판결

압류명령신청에 기재된 집행채권이 수 개인 경우에 전부명령에 의한 채무변제의 효과가 어느 채무에 대하여 생기는지는 법정변제충당의 법리가 적용되기에 앞서 집행채권의 확정에 의하여 결정되고, 구체적으로는 집행권원과 청구금원 등 채권자가 압류명령신청서에 기재한 내용에 의하여 정하여진다. 이는 채권자의 의사에 기하여 전부명령에 의해 소멸할 집행채권의 종류와 범위를 확정하는 문제이지 민법 제476조에서 정한 지정변제충당의 문제가 아니다.

### 집행채권에 대한 압류의 효력 / 대법원 2022. 9. 29. 선고 2019다278785 판결

집행채권의 채권자가 집행권원에 표시된 집행채권을 압류 또는 가압류한 경우 그 효력으로 집행채무자의 변제가 금지되고 이에 위반되는 행위는 집행채권자의 채권자에게 대항할 수 없게 되므로, 집행기관은 압류 또는 가압류가 해제되지 않는 한 집행할 수 없다. 따라서 집행채권이 압류 또는 가압류되었다는 사정은 집행장애사유에 해당한다. 다만 이러한 경우에도 집행채권을 압류 또는 가압류한 채권자를 해하는 것이 아닌 집행절차는 집행채권에 대한 압류 또는 가압류의 효력에 반하는 것이 아니므로 허용된다.

### 본안판결 선고 이후의 가압류의 효력 / 대법원 2023. 10. 20. 자 2020마7039 결정

가압류채권자가 가압류 집행 전에 이미 본안의 소에 관한 확정판결을 받았으나 가압류가 집행된 뒤에 3년간 다시 본안의 소를 제기하지 않은 경우, 민사집행법 제288조 제1항 제3호에서 정한 가압류취소 사유에 해당하는지 여부(원칙적 소극)

### 배당이의의 소의 원고의 증명내용 / 대법원 2023. 11. 9. 선고 2023다256577 판결

배당이의의 소는 배당표에 배당받는 것으로 기재된 자의 배당액을 줄여 자신에게 배당되도록 하기 위하여 배당표의 변경 또는 새로운 배당표의 작성을 구하는 것이므로, 원고가 배당이의의 소에서 승소하기 위해서는 피고의 채권이 존재하지 아니함을 주장·증명하는 것만으로 충분하지 않고 자신이 피고에게 배당된 금원을 배당받을 권리가 있다는 점까지 주장·증명하여야 하며, 피고는 배당기일에서 원고에 대하여 이의를 하지 아니하였다 하더라도 원고의 청구를 배척할 수 있는 사유로서 원고의 채권 자체의 존재를 부인할 수 있다.

### 채권가압류의 효력 / 대법원 2023. 12. 14 선고 2022다210093 판결

[1] 가압류명령의 송달 이후에 채무자의 계좌에 입금될 예금채권도 그 발생의 기초가 되는 법률관계가 존재하여 현재 그 권리의 특정이 가능하고 가까운 장래에 예금채권이 발생할 것이 상당한 정도로 기대된다고 볼 만한 예금계좌가 개설되어 있는 경우 등에는 가압류의 대상이 될 수 있다. 그러나 장래의 예금채권에 대한 가압류결정 정본이 제3채무자에게 송달되었을 때에 채무자의 제3채무자에 대한 예금계좌가 개설되어 있지 않는 등 피압류채권 발생의 기초가 되는 법률관계가 없는 경우에는, 그러한 채권가압류는 피압류채권이 존재하지 않으므로 가압류로서 집행보전의 효력이 없다.

[2] 채권자가 채무자의 제3채무자에 대한 채권을 가압류할 당시 그 피압류채권이 부존재하는 경우에도 집행채권에 대한 권리 행사로 볼 수 있어 특별한 사정이 없는 한 가압류집행으로써 그 집행채권의 소멸시효는 중단된다. 다만 가압류결정 정본이 제3채무자에게 송달될 당시 피압류채권 발생의 기초가 되는 법률관계가 없어 가압류의 대상이 되는 피압류채권이 존재하지 않는 경우에는 가압류의 집행보전 효력이 없으므로, 특별한 사정이 없는 한 가압류결정의 송달로써 개시된 집행절차는 곧바로 종료되고, 이로써 시효중단사유도 종료되어 집행채권의 소멸시효는 그때부터 새로이 진행한다고 보아야 한다.

# 민사소송법

## I 소송의 주체

### CHAPTER 1 법원

**채권자취소권의 준거법 / 대법원 2016. 12. 29. 선고 2013므4133 판결**

법률관계와 가장 밀접한 관련이 있는 국가의 법이 준거법이 되어야 하는데, 채권자취소권의 행사에서 피보전 권리는 단지 권리행사의 근거가 될 뿐이고 취소 및 원상회복의 대상이 되는 것은 사해행위이며, 사해행위 취소가 인정되면 채무자와 법률행위를 한 수익자 및 이를 기초로 다시 법률관계를 맺은 전득자 등이 가장 직접적으로 이해관계를 가지게 되므로 거래의 안전과 제3자의 신뢰를 보호할 필요도 있다. 이러한 요소 등을 감안하면, 외국적 요소가 있는 채권자취소권의 행사에서 가장 밀접한 관련이 있는 국가의 법은 취소대상인 사해행위에 적용되는 국가의 법이다.

### CHAPTER 2 당사자

**무권대리인의 소송행위의 효력 / 대법원 2016. 12. 29. 선고 2016다22837 판결**

공정증서가 집행권원으로서 집행력을 가질 수 있도록 하는 집행인낙의 표시는 공증인에 대한 소송행위이므로, 무권대리인의 촉탁에 의하여 공정증서가 작성된 때에는 집행권원으로서의 효력이 없고, 이러한 공정증서에 기초하여 채권압류 및 전부명령이 발령되어 확정되었더라도 채권압류 및 전부명령은 무효인 집행권원에 기초한 것으로서 강제집행의 요건을 갖추지 못하여 실체법상 효력이 없다. 따라서 제3채무자는 채권자의 전부금 지급청구에 대하여 그러한 실체법상의 무효를 들어 항변할 수 있다.

**당사자능력의 판단 시점 / 대법원 2021. 6. 24. 선고 2019다278433 판결**

민사소송법 제52조가 비법인사단의 당사자능력을 인정하는 것은 법인이 아니라도 사단으로서의 실체를 갖추고 그 대표자 또는 관리인을 통하여 사회적 활동이나 거래를 하는 경우에는, 그로 인하여 발생하는 분쟁은 그 단체가 자기 이름으로 당사자가 되어 소송을 통하여 해결하도록 하기 위한 것이다. 그러므로 여기서 말하는 사단이라 함은 일정한 목적을 위하여 조직된 다수인의 결합체로서 대외적으로 사단을 대표할 기관에 관한 정함이 있는 단체를 말하고, 어떤 단체가 비법인사단으로서 당사자능력을 가지는가 하는 것은 소송요건에 관한 것으로서 사실심의 변론종결일을 기준으로 판단하여야 한다.

**아파트위탁관리회사에 대한 임의적 소송신탁 / 대법원 2016. 12. 15. 선고 2014다87885 판결**

집합건물의 관리단이 관리비의 부과징수를 포함한 관리업무를 위탁관리회사에 포괄적으로 위임한 경우에는, 통상적으로 관리비에 관한 재판상 청구를 할 수 있는 권한도 함께 수여한 것으로 볼 수 있다. 이 경우 위탁관리회사가 관리업무를 수행하는 과정에서 체납관리비를 추심하기 위하여 직접 자기 이름으로 관리비에 관한 재판상 청구를 하는 것은 임의적 소송신탁에 해당한다. 관리단으로부터 집합건물의 관리업무를 위임받은 위탁관리회사는 특별한 사정이 없는 한 구분소유자 등을 상대로 자기 이름으로 소를 제기하여 관리비를 청구할 당사자적격이 있다.

소송당사자의 동일성 / 대법원 2016. 7. 7. 선고 2013다76871 판결

[1] 소송당사자인 종중의 법적 성격에 관한 당사자의 법적 주장이 무엇이든 실체에 관하여 당사자가 주장하는 사실관계의 기본적 동일성이 유지되고 있다면 법적 주장의 추이를 가지고 당사자변경에 해당한다고 할 것은 아니다.

[2] 적법한 대표자 자격이 없는 비법인 사단의 대표자가 한 소송행위는 후에 대표자 자격을 적법하게 취득한 대표자가 소송행위를 추인하면 행위 시에 소급하여 효력을 가지게 되고, 이러한 추인은 상고심에서도 할 수 있다.

추심권의 포기의 효력 / 대법원 2020. 10. 29. 선고 2016다35390 판결

추심금소송에서 추심채권자가 제3채무자와 '피압류채권 중 일부 금액을 지급하고 나머지 청구를 포기한다.'는 내용의 재판상 화해를 한 경우 '나머지 청구 포기 부분'은 추심채권자가 적법하게 포기할 수 있는 자신의 '추심권'에 관한 것으로서 제3채무자에게 더 이상 추심권을 행사하지 않고 소송을 종료하겠다는 의미로 보아야 한다. 이와 달리 추심채권자가 나머지 청구를 포기한다는 표현을 사용하였다고 하더라도 이를 애초에 자신에게 처분 권한이 없는 '피압류채권' 자체를 포기한 것으로 볼 수는 없다. 따라서 위와 같은 재판상 화해의 효력은 별도의 추심명령을 기초로 추심권을 행사하는 다른 채권자에게 미치지 않는다.

무권대리행위의 추인 / 대법원 2023. 7. 13. 선고 2023다225146 판결

민사소송법 제97조에 의하여 소송대리인에게 준용되는 같은 법 제60조에 의하면 소송대리권의 흠결이 있는 자의 소송행위는 후에 당사자 본인이나 보정된 소송대리인이 그 소송행위를 추인하면 행위 시에 소급하여 효력을 갖게 되고, 이는 대리권의 흠결이 있는 자가 조정을 갈음하는 결정에 관한 이의신청을 한 후 당사자 본인이나 보정된 대리인이 이의신청 행위를 추인한 경우에도 마찬가지이다.

 제1심의 소송절차

### CHAPTER 1 소송의 개시

이송결정의 구속력 / 대법원 2023. 8. 31. 선고 2021다243355 판결

이송결정에 대한 불복방법으로 즉시항고가 마련되어 있고 이송의 반복에 의한 소송지연을 피하여야 할 공익적 요청은 전속관할을 위배하여 이송한 경우라고 하여도 예외일 수 없으므로, 당사자가 이송결정에 대하여 즉시항고를 하지 않았거나 즉시항고가 기각되어 확정된 이상 이송결정의 기속력은 원칙적으로 전속관할의 규정을 위배하여 이송한 경우에도 미친다.

부당이득반환판결의 종기의 기재방법 / 대법원 2019. 2. 14. 선고 2015다244432 판결

사실심의 재판 실무에서 장래의 부당이득금의 계속적·반복적 지급을 명하는 판결의 주문에 '원고의 소유권 상실일까지'라는 표시가 광범위하게 사용되고 있다. 그러나 '원고의 소유권 상실일까지'라는 기재는 이행판결의 주문 표시로서 바람직하지 않다.

### 시효중단을 위한 후소 법원의 심판의 범위 / 대법원 2019. 1. 17. 선고 2018다24349 판결

시효중단을 위한 후소의 판결은 전소의 승소 확정판결의 내용에 저촉되어서는 아니 되므로, 후소 법원으로서는 그 확정된 권리를 주장할 수 있는 모든 요건이 구비되어 있는지에 관하여 다시 심리할 수 없으나, 위 후소 판결의 기판력은 후소의 변론종결시로 기준으로 발생하므로, 전소의 변론종결 후에 발생한 변제, 상계, 면제 등과 같은 채권소멸사유는 후소의 심리대상이 된다. 따라서 채무자인 피고는 후소 절차에서 위와 같은 사유를 들어 항변할 수 있고 심리 결과 그 주장이 인정되면 법원은 원고의 청구를 기각하여야 한다. 이는 채권의 소멸사유 중 하나인 소멸시효 완성의 경우에도 마찬가지이다.

### 중복제소의 판단시점 / 대법원 2021. 5. 7. 선고 2018다259213 판결

민사소송법 제259조는 "법원에 계속되어 있는 사건에 대하여 당사자는 다시 소를 제기하지 못한다."라고 정하고 있다. 민사소송에서 중복제소금지는 소송요건에 관한 것으로서 사실심의 변론종결 시를 기준으로 판단하여야 하므로, 전소가 후소의 변론종결 시까지 취하각하 등에 의하여 소송계속이 소멸되면 후소는 중복제소금지에 위반되지 않는다.

### 등기말소청구소송의 유형 및 소의 이익 / 대법원 2017. 9. 12. 선고 2015다242849 판결

순차로 마쳐진 소유권이전등기에 관하여 각 말소등기절차의 이행을 청구하는 소송은 보통공동소송이므로 그 중 어느 한 등기명의자만을 상대로 말소를 구할 수 있고, 최종 등기명의자에게 등기말소를 구할 수 있는지와 관계없이 중간의 등기명의자에게 등기말소를 구할 소의 이익이 있다.

### 부존재확인 청구의 확인의 이익 / 대법원 2016. 5. 24. 선고 2012다87898 판결

토지의 일부에 대한 소유권의 귀속에 관하여 다툼이 있는 경우에 적극적으로 그 부분에 대한 자기의 소유권 확인을 구하지 아니하고 소극적으로 상대방 소유권의 부존재 확인을 구하는 것은, 원고에게 내세울 소유권이 없더라도 피고의 소유권이 부인되면 그로써 원고의 법적 지위의 불안이 제거되어 분쟁이 해결될 수 있는 경우가 아닌 한 소유권의 귀속에 관한 분쟁을 근본적으로 해결하는 즉시확정의 방법이 되지 못하며, 또한 그러한 판결만으로는 토지의 일부에 대한 자기의 소유권이 확인되지 아니하여 소유권자로서 지적도의 경계에 대한 정정을 신청할 수도 없으므로, 확인의 이익이 없다.

### 과거의 법률관계에 대한 확인의 이익 / 대법원 2022. 6. 16. 선고 2022다207967 판결

당사자가 현재의 권리나 법률관계에 존재하는 불안·위험이 있어 확인을 구하는 소를 제기하였으나 법원의 심리 도중 시간적 경과로 인해 확인을 구하는 대상이 과거의 법률관계가 되어 버린 경우, 법원으로서는 확인의 대상이 과거의 법률관계라는 이유로 확인의 이익이 없다고 보아 곧바로 소를 각하할 것이 아니라, 당사자에게 현재의 권리 또는 법률상 지위에 대한 위험이나 불안을 제거하기 위해 과거의 법률관계에 대한 확인을 구할 이익이나 필요성이 있는지 여부를 석명하여 이에 관한 의견을 진술하게 하거나 당사자로 하여금 청구취지를 변경할 수 있는 기회를 주어야 한다.

### 단체 내부 개인의 지위의 확인 / 대법원 2023. 6. 1.자 2020다211238

법인 아닌 사단의 대표자 또는 구성원의 지위에 관한 확인소송에서 대표자 또는 구성원 개인을 상대로 제소하는 경우에는 청구를 인용하는 판결이 내려진다 하더라도 그 판결의 효력이 해당 단체에 미친다고 할 수 없기 때문에 대표자 또는 구성원의 지위를 둘러싼 당사자들 사이의 분쟁을 근본적으로 해결하는 유효적절한 방법이 될 수 없으므로, 그 단체를 상대로 하지 않고 대표자 또는 구성원 개인을 상대로 한 청구는 확인의 이익이 없어 부적법하다.

### 제3자 상호간의 법률관계에 대한 확인의 소 / 대법원 2016. 5. 12. 선고 2013다1570 판결
확인의 소는 반드시 원피고 간의 법률관계에 한하지 아니하고 원·피고의 일방과 제3자 또는 제3자 상호 간의 법률관계도 대상이 될 수 있으나, 그러한 법률관계의 확인은 법률관계에 따라 원고의 권리 또는 법적 지위에 현존하는 위험, 불안이 야기되어 이를 제거하기 위하여 법률관계를 확인의 대상으로 삼아 원·피고 간의 확인판결에 의하여 즉시 확정할 필요가 있고, 또한 그것이 가장 유효·적절한 수단이 되어야 확인의 이익이 있다.

### 담보지상권의 피담보채권의 확인 청구 / 대법원 2017. 10. 31. 선고 2015다65042 판결
지상권은 용익물권으로서 담보물권이 아니므로 피담보채무라는 것이 존재할 수 없다. 근저당권 등 담보권 설정의 당사자들이 담보로 제공된 토지에 추후 용익권이 설정되거나 건물 또는 공작물이 축조·설치되는 등으로 토지의 담보가치가 줄어드는 것을 막기 위하여 담보권과 아울러 설정하는 지상권을 이른바 담보지상권이라고 하는데, 이는 당사자의 약정에 따라 담보권의 존속과 지상권의 존속이 서로 연계되어 있을 뿐이고, 이러한 경우에도 지상권의 피담보채무가 존재하는 것은 아니다. 따라서 지상권설정등기에 관한 피담보채무의 범위 확인을 구하는 청구는 원고의 권리 또는 법률상의 지위에 관한 청구라고 보기 어려우므로, 확인의 이익이 없어 부적법하다. 예비적 청구는 주위적 청구와 서로 양립할 수 없는 관계에 있어야 하므로, 주위적 청구와 동일한 목적물에 관하여 동일한 청구원인을 내용으로 하면서 주위적 청구를 양적·질적으로 일부 감축하여 하는 청구는 주위적 청구에 흡수되는 것일 뿐 소송상 예비적 청구라고 할 수 없다.

### 정기금판결에 대한 변경의 소의 사유 / 대법원 2016. 6. 28. 선고 2014다31721 판결
토지의 소유자가 소유권에 기하여 토지의 무단 점유자를 상대로 차임 상당의 부당이득반환을 구하는 소송을 제기하여 무단 점유자가 점유 토지의 인도 시까지 매월 일정 금액의 차임 상당 부당이득을 반환하라는 판결이 확정된 경우, 이러한 소송의 소송물은 채권적 청구권인 부당이득반환청구권이므로, 소송의 변론종결 후에 토지의 소유권을 취득한 사람은 민사소송법 제218조 제1항에 의하여 확정판결의 기판력이 미치는 변론을 종결한 뒤의 승계인에 해당한다고 볼 수 없다. 따라서 토지의 전 소유자가 제기한 부당이득반환청구소송의 변론종결 후에 토지의 소유권을 취득한 사람에 대해서는 소송에서 내려진 정기금 지급을 명하는 확정판결의 기판력이 미치지 아니하므로, 토지의 새로운 소유자가 토지의 무단 점유자를 상대로 다시 부당이득반환청구의 소를 제기하지 아니하고, 토지의 전 소유자가 앞서 제기한 부당이득반환청구소송에서 내려진 정기금판결에 대하여 변경의 소를 제기하는 것은 부적법하다.

### 정기금판결에 대한 변경의 소의 사유 / 대법원 2016. 3. 10. 선고 2015다243996 판결
민사소송법 제252조 제1항은 "정기금의 지급을 명한 판결이 확정된 뒤에 그 액수산정의 기초가 된 사정이 현저하게 바뀜으로써 당사자 사이의 형평을 크게 침해할 특별한 사정이 생긴 때에는 그 판결의 당사자는 장차 지급할 정기금 액수를 바꾸어 달라는 소를 제기할 수 있다."라고 규정하고 있다. 이러한 정기금판결에 대한 변경의 소는 판결 확정 뒤에 발생한 사정변경을 요건으로 하므로, 단순히 종전 확정판결의 결론이 위법·부당하다는 등의 사정을 이유로 본조에 따라 정기금의 액수를 바꾸어 달라고 하는 것은 허용될 수 없다.

**CHAPTER 2 변론**

**대표권의 소멸과 소송절차의 중단 / 대법원 2016. 9. 8. 선고 2015다39357 판결**

소송계속 중 법인 아닌 사단 대표자의 대표권이 소멸한 경우 이는 소송절차 중단사유에 해당하지만(민사소송법 제64조, 제235조) 소송대리인이 선임되어 있으면 소송절차가 곧바로 중단되지 아니하고(민사소송법 제238조), 심급대리의 원칙상 그 심급의 판결정본이 소송대리인에게 송달됨으로써 소송절차가 중단된다. 이 경우 상소는 소송수계절차를 밟은 다음에 제기하는 것이 원칙이나, 소송대리인이 상소제기에 관한 특별수권이 있어 상소를 제기하였다면 상소제기 시부터 소송절차가 중단되므로 이때는 상소심에서 적법한 소송수계절차를 거쳐야 소송중단이 해소된다.

**청구취지의 특정 / 대법원 2017. 11. 23. 선고 2017다251694 판결**

채권자가 동일한 채무자에 대하여 수 개의 손해배상채권을 가지고 있다고 하더라도 그 손해배상채권들이 발생시기와 발생원인 등을 달리하는 별개 채권인 이상 이는 별개 소송물에 해당하고, 그 손해배상채권들은 각각 소멸시효 기산일이나 채무자가 주장할 수 있는 항변이 다를 수도 있으므로, 이를 소송으로 청구하는 채권자로서는 손해배상채권별로 청구금액을 특정하여야 하고, 법원도 이에 따라 손해배상채권별로 인용금액을 특정하여야 하며, 이러한 법리는 채권자가 수 개의 손해배상채권들 중 일부만을 청구하고 있는 경우에도 마찬가지이다. 또한 민사소송에서 청구취지는 그 내용 및 범위가 명확히 알아볼 수 있도록 구체적으로 특정되어야 하고, 이의 특정 여부는 직권조사사항이므로 청구취지가 특정되지 않은 경우에는 법원은 피고의 이의 여부와 관계없이 직권으로 보정을 명하고, 이에 응하지 않을 때에는 소를 각하하여야 한다.

**소송 위임 후 소제기 전 원고의 사망 / 대법원 2016. 4. 29. 선고 2014다210449 판결**

당사자가 사망하더라도 소송대리인의 소송대리권은 소멸하지 아니하므로(민사소송법 제95조 제1호), 당사자가 소송대리인에게 소송위임을 한 다음 소 제기 전에 사망하였는데 소송대리인이 당사자가 사망한 것을 모르고 당사자를 원고로 표시하여 소를 제기하였다면 소의 제기는 적법하고, 시효중단 등 소 제기의 효력은 상속인들에게 귀속된다. 이 경우 민사소송법 제233조 제1항이 유추적용되어 사망한 사람의 상속인들은 소송절차를 수계하여야 한다.

**소송계속 전 피고의 사망 / 대법원 2015. 1. 29. 선고 2014다34041 판결**

사망자를 피고로 하는 소제기는 원고와 피고의 대립당사자 구조를 요구하는 민사소송법상의 기본원칙이 무시된 부적법한 것으로서 실질적 소송관계가 이루어질 수 없으므로, 그와 같은 상태에서 제1심판결이 선고되었다 할지라도 판결은 당연무효이며, 판결에 대한 사망자인 피고의 상속인들에 의한 항소나 소송수계신청은 부적법하다. 이러한 법리는 소제기 후 소장부본이 송달되기 전에 피고가 사망한 경우에도 마찬가지로 적용된다

**쌍방불출석의 요건 및 효력 / 대법원 2022. 3. 17. 선고 2020다216462 판결**

민사소송법 제268조에 의하면, 양쪽 당사자가 변론기일에 출석하지 아니하거나 출석하였다 하더라도 변론하지 아니한 때에는 재판장은 다시 변론기일을 정하여 양쪽 당사자에게 통지하여야 하고(제1항), 새 변론기일 또는 그 뒤에 열린 변론기일에 양쪽 당사자가 출석하지 아니하거나 출석하였다 하더라도 변론하지 아니한 때에는 1월 이내에 기일지정신청을 하지 아니하면 소를 취하한 것으로 보며(제2항), 위 조항은 상소심의 소송절차에도 준용되어 그 요건이 갖추어지면 상소를 취하한 것으로 본다(제4항). 위 제2항에서 정한 1월의 기일지정신청기간은 불변기간이 아니어서 추후보완이 허용되지 않는 점을 고려하면, 위 제1항, 제2항에서 규정하는 '변론기일에 양쪽 당사자가 출석하지 아니한 때'란 양쪽 당사자가 적법한 절차에 의한 송달을 받고도 변론

기일에 출석하지 않는 것을 가리키므로, 변론기일의 송달절차가 적법하지 아니한 이상 비록 그 변론기일에 양쪽 당사자가 출석하지 아니하였다고 하더라도, 위 제2항 및 제4항에 따라 소 또는 상소를 취하한 것으로 보는 효과는 발생하지 않는다.

### 이해관계의 대립이 있는 수령대행인에 대한 보충송달 / 대법원 2016. 11. 10. 선고 2014다54366 판결

본인과 수령대행인 사이에 당해 소송에 관하여 이해의 대립 내지 상반된 이해관계가 있는 때에는 수령대행인이 소송서류를 본인에게 전달할 것이라고 합리적으로 기대하기 어렵고, 이해가 대립하는 수령대행인이 본인을 대신하여 소송서류를 송달받는 것은 쌍방대리금지의 원칙에도 반하므로, 본인과 당해 소송에 관하여 이해의 대립 내지 상반된 이해관계가 있는 수령대행인에 대하여는 보충송달을 할 수 없다.

### 보충송달의 효력 / 대법원 2021. 3. 11. 선고 2020므11658 판결

소송당사자의 허락이 있다는 등의 특별한 사정이 없는 한, 동일한 수령대행인(이혼소송 당사자의 성년자녀)이 소송당사자 쌍방의 소송서류를 동시에 송달받을 수 없고, 그러한 보충송달은 무효라고 봄이 타당하다.

### 공시송달과 추완항소 / 대법원 2021. 3. 25. 선고 2020다46601 판결

소장부본과 판결정본 등이 공시송달의 방법에 의하여 송달되었다면 특별한 사정이 없는 한 피고는 과실 없이 판결의 송달을 알지 못한 것이고, 이러한 경우 피고는 책임을 질 수 없는 사유로 인하여 불변기간을 준수할 수 없었던 때에 해당하여 그 사유가 없어진 후 2주일 내에 추완항소를 할 수 있다. 여기에서 '사유가 없어진 후'라고 함은 당사자나 소송대리인이 단순히 판결이 있었던 사실을 안 때가 아니고 나아가 판결이 공시송달의 방법으로 송달된 사실을 안 때를 가리키는 것이다. 그리고 다른 특별한 사정이 없는 한 통상의 경우에는 당사자나 소송대리인이 사건 기록을 열람하거나 또는 새로이 판결정본을 영수한 때에 비로소 판결이 공시송달의 방법으로 송달된 사실을 알게 되었다고 보아야 한다.

### 추완항소와 반소 / 대법원 2023. 4. 27. 선고 2021다276225, 2021다276232 판결

소송서류 등이 공시송달의 방법으로 송달되어 확정된 제1심판결문을 기초로 등기권리자가 소유권이전등기를 마쳤으나 이후 제기된 추후보완항소에서 제1심판결이 취소되고 등기권리자의 청구가 기각된 경우, 등기의무자는 등기권리자를 상대로 위 추후보완항소 절차에서 반소를 제기하거나 별도로 소를 제기하여 소유권이전등기의 말소등기절차를 구할 수 있는지 여부(적극)

 CHAPTER 3 증거

### 확정판결의 판결이유가 법원에 현저한 사실인지 여부 / 대법원 2019. 8. 9. 선고 2019다222140 판결

피고와 제3자 사이에 있었던 민사소송의 확정판결의 존재를 넘어서 그 판결의 이유를 구성하는 사실관계들까지 법원에 현저한 사실로 볼 수는 없다. 민사재판에 있어서 이미 확정된 관련 민사사건의 판결에서 인정된 사실은 특별한 사정이 없는 한 유력한 증거가 되지만, 당해 민사재판에서 제출된 다른 증거 내용에 비추어 확정된 관련 민사사건 판결의 사실인정을 그대로 채용하기 어려운 경우에는 합리적인 이유를 설시하여 이를 배척할 수 있다는 법리도 그와 같이 확정된 민사판결 이유 중의 사실관계가 현저한 사실에 해당하지 않음을 전제로 한 것이다.

형사확정판결과 증명력 / 대법원 2021. 10. 14. 선고 2021다243430 판결

원래 민사재판에 있어서는 형사재판의 사실인정에 구속을 받는 것이 아니라고 하더라도 동일한 사실관계에 관하여 이미 확정된 형사판결이 유죄로 인정한 사실은 유력한 증거자료가 된다고 할 것이므로 민사재판에서 제출된 다른 증거들에 비추어 형사재판의 사실판단을 채용하기 어렵다고 인정되는 특별한 사정이 없는 한 이와 반대되는 사실을 인정할 수 없다.

선행자백의 요건 / 대법원 2016. 6. 9. 선고 2014다64752 판결

재판상 자백의 일종인 이른바 선행자백은 당사자 일방이 자진하여 자기에게 불리한 사실상의 진술을 한 후 상대방이 이를 원용함으로써 사실에 관하여 당사자 쌍방의 주장이 일치함을 요하므로 일치가 있기 전에는 전자의 진술을 선행자백이라 할 수 없고, 따라서 일단 자기에게 불리한 사실을 진술한 당사자도 그 후 상대방의 원용이 있기 전에는 자인한 진술을 철회하고 이와 모순되는 진술을 자유로이 할 수 있으며 이 경우 앞의 자인 사실은 소송자료에서 제거된다.

경매개시결정에 대한 이의 절차에서의 자백간주의 적용여부 / 대법원 2015. 9. 14.자 2015마813 결정

직권주의가 강화되어 있는 민사집행법하에서 민사집행법 제16조의 집행에 관한 이의의 성질을 가지는 강제 경매 개시결정에 대한 이의의 재판절차에 있어서는 민사소송법상 재판상 자백이나 의제자백에 관한 규정은 준용되지 아니한다고 할 것이고, 이는 민사집행법 제268조에 의하여 담보권실행을 위한 경매절차에도 준용되므로 경매개시결정에 대한 형식적인 절차상의 하자를 이유로 한 임의경매 개시결정에 대한 이의의 재판절차에서도 민사소송법상 재판상 자백이나 의제자백에 관한 규정은 준용되지 아니한다고 할 것이다.

등기의 추정력의 복멸 / 대법원 2023. 7. 13. 선고 2023다223591, 2023다223607 판결

토지에 관하여 점유취득시효 완성에 따라 소유권이전등기가 마쳐진 경우, 제3자가 등기명의자의 취득시효 기간 중 일부 기간 동안 해당 토지 일부에 관하여 직접적·현실적인 점유를 한 사실이 있다는 사정만으로 등기의 추정력이 깨어진다거나 소유권이전등기가 원인무효의 등기가 되는지 여부(소극)

문서제출명령의 대상 / 대법원 2016. 7. 1.자 2014마2239 결정

[1] 문서를 가진 사람에게 그것을 제출하도록 명할 것을 신청하는 것은 서증을 신청하는 방식 중의 하나이므로, 법원은 제출명령신청의 대상이 된 문서가 서증으로서 필요하지 아니하다고 인정할 때에는 제출명령신청을 받아들이지 아니할 수 있다. 또한 문서제출명령의 대상이 된 문서에 의하여 증명하고자 하는 사항이 청구와 직접 관련이 없는 것이라면 받아들이지 아니할 수 있다.
[2] 임직원의 급여 및 상여금 내역 등이 개인정보 보호법상 개인정보에 해당하더라도 이를 이유로 문서소지인이 문서의 제출을 거부할 수 있는 것은 아니다.

항소심에서의 의제자백 / 대법원 2018. 7. 12. 선고 2015다36167 판결

제1심에서 피고에 대하여 공시송달로 재판이 진행되어 피고에 대한 청구가 기각되었다고 하여도 피고가 원고 청구원인을 다툰 것으로 볼 수 없으므로, 원고가 항소한 항소심에서 피고가 공시송달이 아닌 방법으로 송달받고도 다투지 아니한 경우에는 민사소송법 제150조의 자백간주가 성립된다.

유치권부존재확인청구에서의 증명책임 / 대법원 2016. 3. 10. 선고 2013다99409 판결

소극적 확인소송에서는 원고가 먼저 청구를 특정하여 채무발생원인 사실을 부정하는 주장을 하면 채권자인 피고는 권리관계의 요건사실에 관하여 주장·증명책임을 부담하므로, 유치권 부존재 확인소송에서 유치권의 요건사실인 유치권의 목적물과 견련관계 있는 채권의 존재에 대해서는 피고가 주장·증명하여야 한다.

유치권부존재확인청구의 확인의 이익 / 대법원 2020. 1. 16. 선고 2019다247385 판결

경매절차에서 유치권이 주장되지 아니한 경우에는, 담보목적물이 매각되어 그 소유권이 이전됨으로써 근저당권이 소멸하였더라도 채권자는 유치권의 존재를 알지 못한 매수인으로부터 민법 제575조, 제578조 제1항, 제2항에 의한 담보책임을 추급당할 우려가 있고, 위와 같은 위험은 채권자의 법률상 지위를 불안정하게 하는 것이므로, 채권자인 근저당권자로서는 위 불안을 제거하기 위하여 유치권 부존재 확인을 구할 법률상 이익이 있다. 반면 채무자가 아닌 소유자는 위 각 규정에 의한 담보책임을 부담하지 아니하므로, 유치권의 부존재 확인을 구할 법률상 이익이 없다.

#  소송의 종료

## CHAPTER 1 당사자의 행위에 의한 종료

청구의 인낙의 효력 / 대법원 2022. 3. 31. 선고 2020다271919 판결

청구의 인낙은 피고가 원고의 주장을 승인하는 소위 관념의 표시에 불과한 소송상 행위로서 이를 조서에 기재한 때에는 확정판결과 동일한 효력이 발생되어 그로써 소송을 종료시키는 효력이 있을 뿐이고, 실체법상 채권·채무의 발생 또는 소멸의 원인이 되는 법률행위라 볼 수 없다.

형성소송에 대한 재판상 화해의 효력 / 대법원 2022. 6. 7.자 2022그534

법률관계의 변경·형성을 목적으로 하는 형성의 소는 법률에 명문의 규정이 있어야 제기할 수 있고 그 판결이 확정됨에 따라 효력이 생긴다. 이러한 형성판결의 효력을 개인 사이의 합의로 창설할 수는 없으므로, 형성소송의 판결과 같은 내용으로 재판상 화해를 하더라도 판결을 받은 것과 같은 효력은 생기지 않는다.

재판상 화해의 기판력 / 대법원 2019. 4. 25. 선고 2017다21176 판결

재판상의 화해는 확정판결과 같은 효력이 있고(민사소송법 제220조), 사법상의 화해계약은 창설적 효력을 가져(민법 제732조) 화해가 이루어지면 종전의 법률관계를 바탕으로 한 권리의무관계는 소멸한다. 그렇지만 화해의 창설적 효력이 미치는 범위는 당사자가 서로 양보를 하여 확정하기로 합의한 사항에 한하며, 당사자가 다툰 사실이 없거나 화해의 전제로서 서로 양해하고 있는 데 지나지 아니한 사항에 관하여는 그러한 효력이 생기지 아니한다. 그리고 이러한 법률관계는 민사조정법 제29조에 의하여 재판상의 화해와 동일한 효력이 인정되는 민사조정법상의 조정의 경우에도 마찬가지로 적용된다.

소취하를 내용으로 한 화해권고결정의 효력 / 대법원 2021. 7. 29. 선고 2018다230229 판결

화해권고결정에 '원고는 소를 취하하고, 피고는 이에 동의한다.'는 화해조항이 있고, 이러한 화해권고결정에 대하여 양 당사자가 이의하지 않아 확정되었다면, 화해권고결정의 확정으로 당사자 사이에 소를 취하한다는

내용의 소송상 합의를 하였다고 볼 수 있다. 따라서 본안에 대한 종국판결이 있은 뒤에 이러한 화해권고결정이 확정되어 소송이 종결된 경우에는 소취하한 경우와 마찬가지로 민사소송법 제267조 제2항의 규정에 따라 같은 소를 제기하지 못한다.

소취하합의의 취소 / 대법원 2020. 10. 15. 선고 2020다227523 판결 (소취하의 철회가 아님)

소취하합의의 의사표시 역시 민법 제109조에 따라 법률행위의 내용의 중요 부분에 착오가 있는 때에는 취소할 수 있을 것이다. 의사표시의 동기에 착오가 있는 경우에는 당사자 사이에 그 동기를 의사표시의 내용으로 삼았을 때에 한하여 의사표시의 내용의 착오가 되어 취소할 수 있는 것이며, 법률행위의 중요 부분의 착오라 함은 표의자가 그러한 착오가 없었더라면 그 의사표시를 하지 않으리라고 생각될 정도로 중요한 것이어야 하고 보통 일반인도 표의자의 처지에 섰더라면 그러한 의사표시를 하지 않았으리라고 생각될 정도로 중요한 것이어야 한다. 이때 착오를 이유로 의사표시를 취소하는 자는 법률행위의 내용에 착오가 있었다는 사실과 함께 착오가 의사표시에 결정적인 영향을 미쳤다는 점, 즉 만일 착오가 없었더라면 의사표시를 하지 않았을 것이라는 점을 증명하여야 한다.

## CHAPTER 2 종국판결에 의한 종료

물건인도판결의 기판력의 범위 / 대법원 2019. 10. 17. 선고 2014다46778 판결

물건 점유자를 상대로 한 물건의 인도판결이 확정되면 점유자는 인도판결 상대방에 대하여 소송에서 더 이상 물건에 대한 인도청구권의 존부를 다툴 수 없고 인도소송의 사실심 변론종결 시까지 주장할 수 있었던 정당한 점유권원을 내세워 물건의 인도를 거절할 수 없다. 그러나 의무 이행을 명하는 판결의 효력이 실체적 법률관계에 영향을 미치는 것은 아니므로, 점유자가 그 인도판결의 효력으로 판결 상대방에게 물건을 인도해야 할 실체적 의무가 생긴다거나 정당한 점유권원이 소멸하여 그때부터 그 물건에 대한 점유가 위법하게 되는 것은 아니다. 나아가 물건을 점유하는 자를 상대로 하여 물건의 인도를 명하는 판결이 확정되더라도 그 판결의 효력은 이들 물건에 대한 인도청구권의 존부에만 미치고, 인도판결의 기판력이 이들 물건에 대한 불법점유를 원인으로 한 손해배상청구 소송에 미치지 않는다.

소송판결의 기판력 / 대법원 2023. 2. 2. 선고 2020다270633 판결

소송판결의 기판력은 그 판결에서 확정한 소송요건의 흠결에 관하여 미치는 것이지만, 당사자가 그러한 소송요건의 흠결이 보완된 상태에서 다시 소를 제기한 경우에는 그 기판력의 제한을 받지 않는다.

기판력의 객관적 범위 / 대법원 2019. 8. 29. 선고 2019다215272 판결

[1] 확정판결은 주문에 포함한 것에 대하여 기판력이 있고, 변론종결 시를 기준으로 이행기가 장래에 도래하는 청구권이더라도 미리 청구할 필요가 있는 경우에는 장래이행의 소를 제기할 수 있다. 따라서 이행판결의 주문에서 변론종결 이후 기간까지의 급부의무의 이행을 명한 이상 그 확정판결의 기판력은 주문에 포함된 기간까지의 청구권의 존부에 대하여 미친다.

[2] 승소판결이 확정된 후 소송촉진 등에 관한 특례법(이하 '소송촉진법'이라고 한다)의 변경으로 소송촉진법에서 정한 지연손해금 이율이 달라졌다고 하더라도 그로 인하여 선행 승소확정판결의 효력이 달라지는 것은 아니고, 확정된 선행판결과 달리 변경된 소송촉진법상의 이율을 적용하여 선행판결과 다른 금액을 원고의 채권액으로 인정할 수 있는 것도 아니다.

### 공유물분할판결과 변론종결 후 승계인 / 대법원 2021. 3. 11. 선고 2020다253836 판결
대금분할을 명한 공유물분할판결의 변론이 종결된 뒤(변론 없이 한 판결의 경우에는 판결을 선고한 뒤) 해당 공유자의 공유지분에 관하여 소유권이전청구권의 순위보전을 위한 가등기가 마쳐진 경우, 대금분할을 명한 공유물분할 확정판결의 효력은 민사소송법 제218조 제1항이 정한 변론종결 후의 승계인에 해당하는 가등기권자에게 미치므로, 특별한 사정이 없는 한 위 가등기상의 권리는 매수인이 매각대금을 완납함으로써 소멸한다.

### 채권양도와 변론종결 후 승계인의 판단시점 / 대법원 2020. 9. 3. 선고 2020다210747 판결
채권양수인이 소송계속 중의 승계인이라고 주장하며 참가신청을 한 경우에, 채권자로서의 지위의 승계가 소송계속 중에 이루어진 것인지 여부는 채권양도의 합의가 이루어진 때가 아니라 대항요건이 갖추어진 때를 기준으로 판단하는 것과 마찬가지로, 채권양수인이 민사소송법 제218조 제1항에 따라 확정판결의 효력이 미치는 변론종결 후의 승계인에 해당하는지 여부 역시 채권양도의 합의가 이루어진 때가 아니라 대항요건이 갖추어진 때를 기준으로 판단하여야 한다.

### 변론종결 후 승계의 범위 / 대법원 2020. 5. 14. 선고 2019다261381 판결
토지 소유권에 기한 물권적 청구권을 원인으로 하는 가등기말소청구소송의 소송물은 가등기말소청구권이므로 그 소송에서 청구기각된 확정판결의 기판력은 가등기말소청구권의 부존재 그 자체에만 미치고, 소송물이 되지 않은 토지 소유권의 존부에 관하여는 미치지 않는다. 나아가 위 청구기각된 확정판결로 인하여 토지 소유자가 갖는 토지 소유권의 내용이나 토지 소유권에 기초한 물권적 청구권의 실체적인 내용이 변경, 소멸되는 것은 아니다. 위 가등기말소청구소송의 사실심 변론종결 후에 토지 소유자로부터 근저당권을 취득한 제3자는 적법하게 취득한 근저당권의 일반적 효력으로서 물권적 청구권을 갖게 되고, 위 가등기말소청구소송의 소송물인 패소자의 가등기말소청구권을 승계하여 갖는 것이 아니며, 자신이 적법하게 취득한 근저당권에 기한 물권적 청구권을 원인으로 소송상 청구를 하는 것이므로, 위 제3자는 민사소송법 제218조 제1항에서 정한 확정판결의 기판력이 미치는 '변론을 종결한 뒤의 승계인'에 해당하지 않는다.

### 상계항변의 기판력과 상소의 이익 / 대법원 2018. 8. 30. 선고 2016다46338, 46345 판결
소송상 방어방법으로서의 상계항변은 통상 수동채권의 존재가 확정되는 것을 전제로 하여 행하여지는 일종의 예비적 항변으로서, 소송상 상계의 의사표시에 의해 확정적으로 그 효과가 발생하는 것이 아니라 당해 소송에서 수동채권의 존재 등 상계에 관한 법원의 실질적 판단이 이루어지는 경우에 비로소 실체법상 상계의 효과가 발생한다. 따라서 원고의 소구채권 자체가 인정되지 않는 경우 더 나아가 피고의 상계항변의 당부를 따져 볼 필요도 없이 원고 청구가 배척될 것이므로, '원고의 소구채권 그 자체를 부정하여 원고의 청구를 기각한 판결'과 '소구채권의 존재를 인정하면서도 상계항변을 받아들인 결과 원고의 청구를 기각한 판결'은 민사소송법 제216조에 따라 기판력의 범위를 서로 달리하고, 후자의 판결에 대하여 피고는 상소의 이익이 있다.

### 기판력의 인정요건 / 대법원 2014. 10. 30. 선고 2013다53939 판결
[1] 소송물이 동일하거나 선결문제 또는 모순관계에 의하여 기판력이 미치는 객관적 범위에 해당하지 아니하는 경우에는 전소 판결의 변론종결 후에 당사자로부터 계쟁물 등을 승계한 자가 후소를 제기하더라도 후소에 전소 판결의 기판력이 미치지 아니한다.
[2] 甲 등이 乙을 상대로 건물 등에 관한 소유권이전등기의 말소등기절차 이행을 구하는 소를 제기하여 승소 확정판결을 받았는데, 위 판결의 변론종결 후에 乙로부터 건물 등의 소유권을 이전받은 丙이 甲 등을 상대로 위 건물의 인도 및 차임 상당 부당이득의 반환을 구하는 소를 제기한 사안.

변론종결후의 사정변경 / 대법원 2016. 8. 30. 선고 2016다222149 판결

확정판결의 기판력은 전소의 변론종결 전에 당사자가 주장하였거나 주장할 수 있었던 모든 공격방어방법에 미치고, 다만 변론종결 후에 새로 발생한 사유가 있어 전소 판결과 모순되는 사정 변경이 있는 경우에는 기판력의 효력이 차단된다. 그리고 여기에서 변론종결 후에 발생한 새로운 사유란 새로운 사실관계를 말하는 것일 뿐 기존의 사실관계에 대한 새로운 증거자료가 있다거나 새로운 법적 평가 또는 그와 같은 법적 평가가 담긴 다른 판결이 존재한다는 등의 사정은 포함되지 아니한다.

묵시적 일부청구의 효력 / 대법원 2016. 7. 27. 선고 2013다96165 판결

가분채권의 일부에 대한 이행청구의 소를 제기하면서 나머지를 유보하고 일부만을 청구한다는 취지를 명시하지 아니한 이상 확정판결의 기판력은 청구하고 남은 잔부청구에까지 미치는 것이므로, 나머지 부분을 별도로 다시 청구할 수는 없다. 그러나 일부청구임을 명시한 경우에는 일부청구에 대한 확정판결의 기판력은 잔부청구에 미치지 아니하고, 이 경우 일부청구임을 명시하는 방법으로는 반드시 전체 채권액을 특정하여 그중 일부만을 청구하고 나머지에 대한 청구를 유보하는 취지임을 밝혀야 할 필요는 없으며, 일부청구하는 채권의 범위를 잔부청구와 구별하여 심리의 범위를 특정할 수 있는 정도의 표시를 하여 전체 채권의 일부로서 우선 청구하고 있는 것임을 밝히는 것으로 충분하다. 그리고 일부청구임을 명시하였는지 판단할 때에는 소장, 준비서면 등의 기재뿐만 아니라 소송의 경과 등도 함께 살펴보아야 한다.

중첩적 채무인수인이 변론종결후 승계인인지 여부 / 대법원 2016. 5. 27. 선고 2015다21967 판결

민사집행법 제31조 제1항에서 "집행문은 판결에 표시된 채권자의 승계인을 위하여 내어 주거나 판결에 표시된 채무자의 승계인에 대한 집행을 위하여 내어 줄 수 있다."라고 규정하고 있는데, 중첩적 채무인수는 당사자의 채무는 그대로 존속하며 이와 별개의 채무를 부담하는 것에 불과하므로 새로 채무의 이행을 소구하는 것은 별론으로 하고 판결에 표시된 채무자에 대한 판결의 기판력 및 집행력의 범위를 채무자 이외의 자에게 확장하여 승계집행문을 부여할 수는 없으나, 채무자의 채무를 소멸시켜 당사자인 채무자의 지위를 승계하는 이른바 면책적 채무인수는 위 조항에서 말하는 승계인에 해당한다.

#  병합소송

## CHAPTER 1 병합청구소송

항소심에서의 예비적 병합으로의 청구변경 / 대법원 2020. 10. 15. 선고 2018다229625 판결

원고가 제1심에서 선택적으로 구한 두 개의 청구 중 1개의 청구가 인용되고 피고가 항소한 후, 원고가 항소심에서 병합의 형태를 변경하여 제1심에서 심판되지 않은 청구 부분을 주위적 청구로, 제1심에서 인용된 위 청구 부분을 예비적 청구로 구함에 따라 항소심이 주위적 청구 부분을 먼저 심리하여 그 청구가 이유 있다고 인정하는 경우에는, 비록 결론이 제1심판결의 주문과 동일하더라도 피고의 항소를 기각하여서는 아니 되고 새로이 청구를 인용하는 주문을 선고하여야 한다.

선택적 병합의 심판방법 / 대법원 2018. 6. 15. 선고 2016다229478 판결

[1] 청구의 선택적 병합은, 양립할 수 있는 여러 개의 청구권에 기초해서 같은 내용의 이행을 구하거나 양립할 수 있는 여러 개의 형성권에 기하여 같은 형성적 효과를 구하는 경우에, 어느 한 청구가 인용될 것을 해제조건으로 여러 개의 청구에 관한 심판을 구하는 병합 형태이다. 이와 같은 선택적 병합의 경우에는 여러 개의 청구가 하나의 소송절차에서 불가분적으로 결합되어 있기 때문에, 선택적 청구 중 하나만을 기각하고 다른 선택적 청구에 대하여 아무런 판단을 하지 않는 것은 위법하다.

[2] 선택적으로 병합된 수개의 청구를 모두 기각한 항소심판결에 대하여 원고가 상고한 경우에 상고심법원이 선택적 청구 중 어느 하나의 청구에 관한 상고가 이유 있다고 인정할 때에는 원심판결을 전부 파기하여야 한다.

부진정예비적 병합의 심판방법 / 대법원 2021. 5. 7. 선고 2020다292411 판결

예비적 병합의 경우에는 수 개의 청구가 하나의 소송절차에 불가분적으로 결합되어 있기 때문에 주위적 청구를 먼저 판단하지 않고 예비적 청구만을 인용하거나 주위적 청구만을 배척하고 예비적 청구에 대하여 판단하지 않는 등의 일부판결은 예비적 병합의 성질에 반하는 것으로서 법률상 허용되지 않는다. 그런데도 주위적 청구를 배척하면서 예비적 청구에 대하여 판단하지 않은 판결을 한 경우에는 그 판결에 대한 상소가 제기되면 판단이 누락된 예비적 청구 부분도 상소심으로 이심이 되고 그 부분이 재판의 누락에 해당하여 원심에 계속 중이라고 볼 것은 아니다. 이러한 법리는 부진정 예비적 병합의 경우에도 달리 볼 이유가 없다.

항소심에서의 교환적 변경의 효력 / 대법원 2018. 5. 30. 선고 2017다21411 판결

청구의 교환적 변경은 기존 청구의 소송계속을 소멸시키고 새로운 청구에 대하여 법원의 판단을 받고자 하는 소송법상 행위이다. 항소심의 소송절차에는 특별한 규정이 없으면 제1심의 소송절차에 관한 규정이 준용되므로(민사소송법 제408조), 항소심에서도 청구의 교환적 변경을 할 수 있다. 청구의 변경 신청이나 항소취하는 법원에 대한 소송행위로서, 청구취지의 변경은 서면으로 신청하여야 하고(민사소송법 제262조 제2항), 항소취하는 서면으로 하는 것이 원칙이나 변론 또는 변론준비기일에서 말로 할 수도 있다(민사소송법 제393조 제2항, 제266조 제3항). 항소심에서 청구의 교환적 변경이 적법하게 이루어지면, 청구의 교환적 변경에 따라 항소심의 심판대상이었던 제1심판결이 실효되고 항소심의 심판대상은 새로운 청구로 바뀐다. 이러한 경우 항소심은 제1심판결이 있음을 전제로 한 항소각하 판결을 할 수 없고, 사실상 제1심으로서 새로운 청구의 당부를 판단하여야 한다.

 CHAPTER 2 다수당사자소송

반소로서 사해행위취소소송이 제기된 경우 본소의 판결 / 대법원 2019. 3. 14. 선고 2018다277785, 277792 판결

원고의 본소 청구에 대하여 피고가 본소 청구를 다투면서 사해행위의 취소 및 원상회복을 구하는 반소를 적법하게 제기한 경우, 사해행위의 취소 여부는 반소의 청구원인임과 동시에 본소 청구에 대한 방어방법이자, 본소 청구 인용 여부의 선결문제가 될 수 있다. 그 경우 법원이 반소 청구가 이유 있다고 판단하여, 사해행위의 취소 및 원상회복을 명하는 판결을 선고하는 경우, 비록 반소 청구에 대한 판결이 확정되지 않았다고 하더라도, 원고의 소유권 취득의 원인이 된 법률행위가 취소되었음을 전제로 원고의 본소 청구를 심리하여 판단할 수 있다고 봄이 타당하다. 그때에는 반소 사해행위취소 판결의 확정을 기다리지 않고, 반소 사해행위취소 판결을 이유로 원고의 본소 청구를 기각할 수 있다.

### 공유물분할청구소송의 법적 성질 / 대법원 2022. 6. 30. 선고 2020다210686, 210693 판결

[1] 공유물분할청구소송은 분할을 청구하는 공유자가 원고가 되어 다른 공유자 전부를 공동피고로 삼아야 하는 고유필수적 공동소송이다. 따라서 소송계속 중 변론종결일 전에 공유자의 지분이 이전된 경우에는 변론종결 시까지 민사소송법 제81조에서 정한 승계참가나 민사소송법 제82조에서 정한 소송인수 등의 방식으로 일부 지분권을 이전받은 자가 소송당사자가 되어야 한다. 그렇지 못할 경우에는 소송 전부가 부적법하게 된다.

[2] 무권리자에 의한 처분행위를 권리자가 추인한 경우에 권리자는 무권리자에 대하여 무권리자가 처분행위로 인하여 얻은 이득의 반환을 청구할 수 있다.

### 다수당사자의 주총결의부존재 또는 무효확인청구 / 대법원 2021. 7. 22. 선고 2020다284977 전원합의체 판결

주주총회결의의 부존재 또는 무효 확인을 구하는 소의 경우, 상법 제380조에 의해 준용되는 상법 제190조 본문에 따라 청구를 인용하는 판결은 제3자에 대하여도 효력이 있다. 이러한 소를 여러 사람이 공동으로 제기한 경우 당사자 1인이 받은 승소판결의 효력이 다른 공동소송인에게 미치므로 공동소송인 사이에 소송법상 합일확정의 필요성이 인정되고, 상법상 회사관계소송에 관한 전속관할이나 병합심리 규정(상법 제186조, 제188조)도 당사자 간 합일확정을 전제로 하는 점 및 당사자의 의사와 소송경제 등을 함께 고려하면, 이는 민사소송법 제67조가 적용되는 필수적 공동소송에 해당한다.

### 소송탈퇴에 대한 부동의 이후 심판의 절차 / 대법원 2019. 10. 23. 선고 2012다46170 전원합의체 판결

승계참가에 관한 민사소송법 규정과 2002년 민사소송법 개정에 따른 다른 다수 당사자 소송제도와의 정합성, 원고 승계참가인(이하 '승계참가인'이라 한다)과 피참가인인 원고의 중첩된 청구를 모순 없이 합일적으로 확정할 필요성 등을 종합적으로 고려하면, 소송이 법원에 계속되어 있는 동안에 제3자가 소송목적인 권리의 전부나 일부를 승계하였다고 주장하며 민사소송법 제81조에 따라 소송에 참가한 경우, 원고가 승계참가인의 승계 여부에 대해 다투지 않으면서도 소송탈퇴, 소 취하 등을 하지 않거나 이에 대하여 피고가 부동의하여 원고가 소송에 남아 있다면 승계로 인해 중첩된 원고와 승계참가인의 청구 사이에는 필수적 공동소송에 관한 민사소송법 제67조가 적용된다.

### 주관적 예비적 공동소송의 이심 및 심판의 범위 / 대법원 2014. 3. 27. 선고 2009다104960 판결

주관적·예비적 공동소송은 동일한 법률관계에 관하여 모든 공동소송인이 서로간의 다툼을 하나의 소송절차로 한꺼번에 모순 없이 해결하는 소송형태로서 모든 공동소송인에 대한 청구에 관하여 판결을 하여야 하고(민사소송법 제70조 제2항), 그중 일부 공동소송인에 대하여만 판결을 하거나 남겨진 자를 위하여 추가판결을 하는 것은 허용되지 아니한다. 그리고 주관적·예비적 공동소송에서 주위적 공동소송인과 예비적 공동소송인 중 어느 한 사람이 상소를 제기하면 다른 공동소송인에 관한 청구 부분도 확정이 차단되고 상소심에 이심되어 심판대상이 된다.

### 예비적 공동소송에서의 화해 / 대법원 2022. 4. 14. 선고 2020다224975 판결

민사소송법 제70조에서 정한 주관적·예비적 공동소송에서 화해권고결정에 대하여 일부 공동소송인이 이의하지 않았다면, 원칙적으로 그 공동소송인에 대한 관계에서는 위 결정이 확정될 수 있다. 다만 화해권고결정에서 분리 확정을 불허하고 있거나, 그렇지 않더라도 그 결정에서 정한 사항이 공동소송인들에게 공통되는 법률관계를 형성함을 전제로 하여 이해관계를 조절하는 경우 등과 같이 결정 사항의 취지에 비추어 볼 때 분리

확정을 허용할 경우 형평에 반하고 또한 이해관계가 상반된 공동소송인들 사이에서의 소송 진행 통일을 목적으로 하는 민사소송법 제70조 제1항 본문의 입법 취지에 반하는 결과가 초래되는 경우에는 분리 확정이 허용되지 않는다. 이는 주관적·예비적 공동소송에서 화해권고결정에 대하여 일부 공동소송인만이 이의신청을 한 후 그 공동소송인 전원이 분리 확정에 대하여는 이의가 없다는 취지로 진술하였더라도 마찬가지이다.

화해권고결정에 의하여 확정된 경우 참가적 효력 / 대법원 2015. 5. 28. 선고 2012다78184 판결
보조참가인이 피참가인을 보조하여 공동으로 소송을 수행하였으나 피참가인이 소송에서 패소한 경우에는 형평의 원칙상 보조참가인이 피참가인에게 패소판결이 부당하다고 주장할 수 없도록 구속력을 미치게 하는 이른바 참가적 효력이 인정되지만, 전소 확정판결의 참가적 효력은 전소 확정판결의 결론의 기초가 된 사실상 및 법률상의 판단으로서 보조참가인이 피참가인과 공동이익으로 주장하거나 다툴 수 있었던 사항에 한하여 미친다. 이러한 법리에 비추어 보면 전소가 확정판결이 아닌 화해권고결정에 의하여 종료된 경우에는 확정판결에서와 같은 법원의 사실상 및 법률상의 판단이 이루어졌다고 할 수 없으므로 참가적 효력이 인정되지 아니한다.

독립당사자참가의 요건 / 대법원 2022. 10. 14. 선고 2022다241608, 241615 판결
독립당사자참가인이 수 개의 청구를 병합하여 독립당사자참가를 하는 경우에는 각 청구별로 독립당사자참가의 요건을 갖추어야 하고, 편면적 독립당사자참가가 허용된다고 하여, 참가인이 독립당사자참가의 요건을 갖추지 못한 청구를 추가하는 것을 허용하는 것은 아니다.

독립당사자참가의 기판력 / 대법원 2022. 7. 28. 선고 2020다231928 판결
[1] 민사소송법 제79조에 따른 독립당사자참가소송은 동일한 권리관계에 관하여 원고, 피고와 독립당사자참가인이 서로 간의 다툼을 하나의 소송절차로 한꺼번에 모순 없이 해결하는 소송형태이다. 독립당사자참가가 적법하다고 인정되어 원고, 피고와 독립당사자참가인 간의 소송에 대하여 본안판결을 할 때에는 세 당사자를 판결의 명의인으로 하는 하나의 종국판결을 선고함으로써 세 당사자들 사이에서 합일확정적인 결론을 내려야 한다. 이러한 본안판결에 대하여 일방이 항소한 경우에는 제1심판결 전체의 확정이 차단되고 사건 전부에 관하여 이심의 효력이 생긴다. 그리고 이러한 경우 항소심의 심판대상은 실제 항소를 제기한 자의 항소 취지에 나타난 불복범위에 한정하되 세 당사자 사이의 결론의 합일확정 필요성을 고려하여 그 심판 범위를 판단해야 한다. 이에 따라 항소심에서 심리·판단을 거쳐 결론을 내릴 때 세 당사자 사이의 결론의 합일확정을 위하여 필요한 경우에는 그 한도에서 항소 또는 부대항소를 제기하지 않은 당사자에게 결과적으로 제1심판결보다 유리한 내용으로 판결이 변경되는 것도 배제할 수는 없다.
그러나 판결 결론의 합일확정을 위하여 항소 또는 부대항소를 제기한 적이 없는 당사자의 청구에 대한 제1심판결을 취소하거나 변경할 필요가 없다면, 항소 또는 부대항소를 제기한 적이 없는 당사자의 청구가 항소심의 심판대상이 되어 항소심이 그 청구에 관하여 심리·판단해야 하더라도 그 청구에 대한 당부를 반드시 판결 주문에서 선고할 필요가 있는 것은 아니다. 그리고 이와 같이 항소 또는 부대항소를 제기하지 않은 당사자의 청구에 관하여 항소심에서 판결 주문이 선고되지 않고 독립당사자참가소송이 그대로 확정된다면, 취소되거나 변경되지 않은 제1심판결의 주문에 대하여 기판력이 발생한다.
[2] 부당이득반환청구에서 법률상의 원인 없는 사유를 계약의 불성립, 취소, 무효, 해제 등으로 주장하는 것은 공격방법에 지나지 않으므로, 그중 어느 사유를 주장하여 패소한 경우에 다른 사유를 주장하여 청구하는 것은 기판력에 저촉되어 허용할 수 없다. 또한 판결의 기판력은 그 소송의 변론종결 전에 주장할 수 있었던 모든 공격방어방법에 미치는 것이므로, 그 당시 당사자가 알 수 있었거나 또는 알고서 이를 주장하지 않았던 사항에 한해서만 기판력이 미친다고 볼 수 없다.

사해행위취소와 독립당사자참가의 적법여부 / 대법원 2014. 6. 12. 선고 2012다47548 판결

사해행위취소의 상대적 효력에 의하면, 원고의 피고에 대한 청구의 원인행위가 사해행위라는 이유로 원고에 대하여 사해행위취소를 청구하면서 독립당사자참가신청을 하는 경우, 독립당사자참가인의 청구가 그대로 받아들여진다 하더라도 원고와 피고 사이의 법률관계에는 아무런 영향이 없고, 따라서 그러한 참가신청은 사해방지참가의 목적을 달성할 수 없으므로 부적법하다.

대위채권자의 공동소송참가 / 대법원 2015. 7. 23. 선고 2013다30301 판결

채권자대위소송이 계속 중인 상황에서 다른 채권자가 동일한 채무자를 대위하여 채권자대위권을 행사하면서 공동소송참가신청을 할 경우, 양 청구의 소송물이 동일하다면 민사소송법 제83조 제1항이 요구하는 '소송목적이 한쪽 당사자와 제3자에게 합일적으로 확정되어야 할 경우'에 해당하므로 참가신청은 적법하다. 이때 양 청구의 소송물이 동일한지는 채권자들이 각기 대위행사하는 피대위채권이 동일한지에 따라 결정되고, 채권자들이 각기 자신을 이행 상대방으로 하여 금전의 지급을 청구하였더라도 채권자들이 채무자를 대위하여 변제를 수령하게 될 뿐 자신의 채권에 대한 변제로서 수령하게 되는 것이 아니므로 이러한 채권자들의 청구가 서로 소송물이 다르다고 할 수 없다. 여기서 원고가 일부 청구임을 명시하여 피대위채권의 일부만을 청구한 것으로 볼 수 있는 경우에는 참가인의 청구금액이 원고의 청구금액을 초과하지 아니하는 한 참가인의 청구가 원고의 청구와 소송물이 동일하여 중복된다고 할 수 있으므로 소송목적이 원고와 참가인에게 합일적으로 확정되어야 할 필요성을 인정할 수 있어 참가인의 공동소송참가신청을 적법한 것으로 보아야 한다.

공동소송적 보조참가의 효력 / 대법원 2015. 10. 29. 선고 2014다13044 판결

재심의 소를 취하하는 것은 통상의 소를 취하하는 것과는 달리 확정된 종국판결에 대한 불복의 기회를 상실하게 하여 더 이상 확정판결의 효력을 배제할 수 없게 하는 행위이므로, 이는 재판의 효력과 직접적인 관련이 있는 소송행위로서 확정판결의 효력이 미치는 공동소송적 보조참가인에 대하여는 불리한 행위이다. 따라서 재심의 소에 공동소송적 보조참가인이 참가한 후에는 피참가인이 재심의 소를 취하하더라도 공동소송적 보조참가인의 동의가 없는 한 효력이 없다.

# Ⅴ 상소 및 재심절차

## CHAPTER 1 상소

상소의 보정 / 대법원 2024. 1. 11. 자 2023마7122 결정

소송대리권의 범위는 원칙적으로 당해 심급에 한정되지만, 소송대리인이 상소 제기에 관한 특별한 권한을 따로 받았다면 특별한 사정이 없는 한 상소장을 제출할 권한과 의무가 있으므로, 상소장에 인지를 붙이지 아니한 흠이 있다면 소송대리인은 이를 보정할 수 있고 원심재판장도 소송대리인에게 인지의 보정을 명할 수 있다. 그러나 소송대리인이 상소 제기에 관하여 특별한 권한을 따로 받았다고 하더라도, 실제로 소송대리인이 아닌 당사자 본인이 상고장을 작성하여 제출한 경우에는 소송대리인에게 상소장과 관련한 보정명령을 수령할 권능이 없으므로, 원심재판장이 소송대리인에게 보정명령을 송달한 것은 부적법한 송달이어서 그 송달의 효력이 발생하지 아니한다.

### 선택적 병합의 항소와 심판의 범위 / 대법원 2014. 5. 29. 선고 2013다96868 판결

병합의 형태가 선택적 병합인지 예비적 병합인지는 당사자의 의사가 아닌 병합청구의 성질을 기준으로 판단하여야 하고, 항소심에서의 심판 범위도 그러한 병합청구의 성질을 기준으로 결정하여야 한다. 따라서 실질적으로 선택적 병합 관계에 있는 두 청구에 관하여 당사자가 주위적·예비적으로 순위를 붙여 청구하였고, 그에 대하여 제1심법원이 주위적 청구를 기각하고 예비적 청구만을 인용하는 판결을 선고하여 피고만이 항소를 제기한 경우에도, 항소심으로서는 두 청구 모두를 심판의 대상으로 삼아 판단하여야 한다.

### 항소심의 판결의 형식 / 대법원 2020. 12. 10. 선고 2020다255085 판결

항소법원은 제1심판결의 절차가 법률에 어긋날 때에 제1심판결을 취소하여야 한다(민사소송법 제417조). 따라서 제1심법원이 피고의 답변서 제출을 간과한 채 민사소송법 제257조 제1항에 따라 무변론판결을 선고함으로써 제1심판결 절차가 법률에 어긋난 경우 항소법원은 민사소송법 제417조에 의하여 제1심판결을 취소하여야 한다. 다만 항소법원이 제1심판결을 취소하는 경우 반드시 사건을 제1심법원에 환송하여야 하는 것은 아니므로, 사건을 환송하지 않고 직접 다시 판결할 수 있다.

### 항소기간 경과 후 항소취하 / 대법원 2017. 9. 21. 선고 2017다233931 판결

항소취하가 있으면 소송은 처음부터 항소심에 계속되지 아니한 것으로 보게 되나(민사소송법 제393조 제2항, 제267조 제1항), 항소취하는 소의 취하나 항소권 포기와 달리 제1심 종국판결이 유효하게 존재하므로, 항소기간 경과 후에 항소취하가 있는 경우에는 항소기간 만료 시로 소급하여 제1심판결이 확정된다.

### 항소취하간주에 대한 불복방법 / 대법원 2019. 8. 30. 선고 2018다259541 판결

민사소송법 제268조 제4항에서 정한 항소취하 간주는 그 규정상 요건의 성취로 법률에 의하여 당연히 발생하는 효과이고 법원의 재판이 아니므로 상고의 대상이 되는 종국판결에 해당하지 아니한다. 항소취하 간주의 효력을 다투려면 민사소송규칙 제67조, 제68조에서 정한 절차에 따라 항소심 법원에 기일지정신청을 할 수는 있으나 상고를 제기할 수는 없다.

### '대법원의 판례에 상반되는 판단을 한 때'의 의미 / 대법원 2019. 12. 27. 선고 2018다37857 판결

소액사건에서 구체적 사건에 적용할 법령의 해석에 관한 대법원 판례가 아직 없는 상황에서 같은 법령의 해석이 쟁점으로 되어 있는 다수의 소액사건들이 하급심에 계속되어 있을 뿐 아니라 재판부에 따라 엇갈리는 판단을 하는 사례가 나타나고 있는 경우, 소액사건이라는 이유로 대법원이 법령의 해석에 관하여 판단을 하지 아니한 채 사건을 종결한다면 국민생활의 법적 안전성을 해칠 것이 우려된다. 이와 같은 특별한 사정이 있는 경우에는 소액사건에 관하여 상고이유로 할 수 있는 '대법원의 판례에 상반되는 판단을 한 때'의 요건을 갖추지 아니하였다고 하더라도 법령해석의 통일이라는 대법원의 본질적 기능을 수행하는 차원에서 실체법 해석·적용의 잘못에 관하여 판단할 수 있다고 보아야 한다.

### 소액사건의 상고이유 / 대법원 2021. 1. 14. 선고 2020다207444 판결

소액사건에서 구체적 사건에 적용할 법령의 해석에 관한 대법원 판례가 아직 없는 상황에서 같은 법령의 해석이 쟁점으로 되어 있는 다수의 소액사건들이 하급심에 계속되어 있을 뿐 아니라 재판부에 따라 엇갈리는 판단을 하는 사례가 나타나고 있는 경우, 소액사건이라는 이유로 대법원이 법령의 해석에 관하여 판단을 하지 않은 채 사건을 종결하고 만다면 국민생활의 법적 안정성을 해칠 우려가 있다. 이와 같은 특별한 사정이 있는 경우에는 소액사건에 관하여 상고이유로 할 수 있는 '대법원의 판례에 상반되는 판단을 한 때'의 요건을 갖추지 않았다고 하더라도 법령해석의 통일이라는 대법원의 본질적 기능을 수행하는 차원에서 실체법 해석·적용의 잘못에 관하여 판단할 수 있다.

파기환송판결의 기속력의 예외 / 대법원 2020. 11. 26. 선고 2019다2049 판결
상고심법원이 환송 전 원심판결을 파기하는 이유로 삼은 사실상 및 법률상의 판단은 사건의 환송을 받은 원심은 물론 상고심법원도 기속한다. 그러나 환송판결 선고 이후 헌법재판소가 환송판결의 기속적 판단의 기초가 된 법률 조항을 위헌으로 선언하여 그 법률 조항의 효력이 상실된 때에는 그 범위에서 환송판결의 기속력은 미치지 않고, 환송 후 원심이나 그에 대한 상고심에서 위헌결정으로 효력이 상실된 법률 조항을 적용할 수 없어 환송판결과 다른 결론에 이른다고 하더라도 환송판결의 기속력에 관한 법원조직법 제8조에 저촉되지 않는다.

환송심의 심판대상 / 대법원 2020. 3. 26. 선고 2018다221867 판결
원고의 청구가 일부 인용된 환송 전 원심판결에 대하여 피고만이 상고하고 상고심이 상고를 받아들여 원심판결 중 피고 패소 부분을 파기·환송하였다면 피고 패소 부분만이 상고되었으므로 위의 상고심에서의 심리대상은 이 부분에 국한되었으며, 환송되는 사건의 범위, 다시 말하자면 환송 후 원심의 심판범위도 환송 전 원심에서 피고가 패소한 부분에 한정되는 것이 원칙이고, 환송 전 원심판결 중 원고 패소 부분은 확정되었다 할 것이므로 환송 후 원심으로서는 이에 대하여 심리할 수 없다.

 CHAPTER 2 재심

재심사유로서의 판결의 기초가 된 형사판결의 변경 / 대법원 2019. 10. 17. 선고 2018다300470 판결
재심사유는 그 하나하나의 사유가 별개의 청구원인을 이루는 것이므로, 여러 개의 유죄판결이 재심대상판결의 기초가 되었는데 이후 각 유죄판결이 재심을 통하여 효력을 잃고 무죄판결이 확정된 경우, 어느 한 유죄판결이 효력을 잃고 무죄판결이 확정되었다는 사정은 특별한 사정이 없는 한 별개의 독립된 재심사유라고 보아야 한다. 재심대상판결의 기초가 된 각 유죄판결에 대하여 형사재심에서 인정된 재심사유가 공통된다거나 무죄판결의 이유가 동일하다고 하더라도 달리 볼 수 없다.

재심의 소의 제기기간 / 대법원 2016. 12. 27. 선고 2016다35123 판결
재심은 확정된 종국판결에 대하여 제기할 수 있는 것이므로, 확정되지 아니한 판결에 대한 재심의 소는 부적법하고, 판결 확정 전에 제기한 재심의 소가 부적법하다는 이유로 각하되지 아니하고 있는 동안에 판결이 확정되었더라도, 재심의 소는 적법한 것으로 되는 것이 아니다.

재심판결에 대한 재심의 소의 제기 / 대법원 2015. 12. 23. 선고 2013다17124 판결
민사소송법 제451조 제1항은 '확정된 종국판결'에 대하여 재심의 소를 제기할 수 있다고 규정하고 있는데, 재심의 소에서 확정된 종국판결도 위 조항에서 말하는 '확정된 종국판결'에 해당하므로 확정된 재심판결에 위 조항에서 정한 재심사유가 있을 때에는 확정된 재심판결에 대하여 재심의 소를 제기할 수 있다.

**사례형, 기록형 기출판례정리**

## 2024년 제13회 변호사시험

**대법원 2016. 4. 29. 선고 2014다210449 판결**
당사자가 소송대리인에게 소송위임을 한 다음 소 제기 전 사망하였는데 소송대리인이 이를 모르고 사망한 당사자를 원고로 표시하여 소를 제기한 경우, 소 제기가 적법한지 여부(적극) 및 이때 상속인들이 소송절차를 수계하여야 하는지 여부(적극)

**대법원 2021. 7. 29. 선고 2018다276027 판결**
법원에 제출되어 상대방에게 송달된 준비서면 등에 자백에 해당하는 내용이 기재된 경우, 그것이 변론기일이나 변론준비기일에서 진술 또는 진술간주가 되면 재판상 자백이 성립하는지 여부(적극) / 법원이 재판상 자백과 다른 판단을 할 수 있는지 여부(소극)

**대법원 2020. 1. 30. 선고 2019다268252 판결**
도급계약에 따라 완성된 목적물에 하자가 있는 경우, 수급인의 하자담보책임과 채무불이행책임은 별개의 권원에 의하여 경합적으로 인정된다. 민법 제669조 본문은 완성된 목적물의 하자가 도급인이 제공한 재료의 성질 또는 도급인의 지시에 기인한 때에는 수급인의 하자담보책임에 관한 규정이 적용되지 않는다고 정하고 있다. 그러나 이 규정은 수급인의 하자담보책임이 아니라 민법 제390조에 따른 채무불이행책임에는 적용되지 않는다.

**대법원 1992. 9. 14. 선고 92다7023 판결**
수개의 청구가 제1심에서 처음부터 선택적으로 병합되고 그중 어느 한 개의 청구에 대한 인용판결이 선고되어 피고가 항소를 제기한 경우는 물론, 원고의 청구를 인용한 판결에 대하여 피고가 항소를 제기하여 항소심에 이심된 후 청구가 선택적으로 병합된 경우에 있어서도 항소심은 제1심에서 인용된 청구를 먼저 심리하여 판단할 필요는 없고, 선택적으로 병합된 수개의 청구 중 제1심에서 심판되지 아니한 청구를 임의로 선택하여 심판할 수 있다고 할 것이나, 심리한 결과 그 청구가 이유 있다고 인정되고 그 결론이 제1심판결의 주문과 동일한 경우에도 피고의 항소를 기각하여서는 안되며 제1심판결을 취소한 다음 새로이 청구를 인용하는 주문을 선고하여야 할 것이다.

**대법원 2015. 5. 28. 선고 2012다78184 판결**
전소가 확정판결이 아닌 화해권고결정에 의하여 종료된 경우에는 확정판결에서와 같은 법원의 사실상 및 법률상의 판단이 이루어졌다고 할 수 없으므로 참가적 효력이 인정되지 아니한다.

**대법원 2021. 2. 4. 선고 2019다202795, 2019다202801 판결**
점유회수의 본소에 대하여 본권자가 소유권에 기한 인도를 구하는 반소를 제기하여 본소청구와 예비적 반소청구가 모두 인용되어 확정된 경우, 점유자는 본소 확정판결에 의하여 집행문을 부여받아 강제집행으로 물건의 점유를 회복할 수 있는지 여부(적극) / 이때 본권자는 위 본소 집행 후 집행문을 부여받아 비로소 반소 확정판결에 따른 강제집행으로 물건의 점유를 회복할 수 있는지 여부(적극)

**대법원 2022. 7. 28. 선고 2017다245330 판결**
특별한 사정이 없는 한 유증의 철회에 관한 민법 제1108조 제1항은 사인증여에 준용된다고 해석함이 타당하다.

**대법원 2011. 7. 28. 선고 2010다70018 판결**
한편 상계의 의사표시가 있는 경우 각 채무가 상계할 수 있는 때에 소급하여 대등액에 관하여 소멸한 것으로 보게 되고(민법 제493조), 여기서 각 채무가 상계할 수 있는 때라 함은 양 채권이 모두 그 변제기가 도래한 경우와 그 수동채권의 변제기가 도래하지 아니하였다고 하더라도 그 기한의 이익을 포기할 수 있는 경우를 포함한다 ( 대법원 1980. 9. 9. 선고 80다939 판결 참조).

**대법원 2011. 10. 13. 선고 2011다10266 판결**
매도인에 대한 하자담보에 기한 손해배상청구권에 대하여는 민법 제582조의 제척기간이 적용되고, 이는 법률관계의 조속한 안정을 도모하고자 하는 데에 취지가 있다. 그런데 하자담보에 기한 매수인의 손해배상청구권은 권리의 내용·성질 및 취지에 비추어 민법 제162조 제1항의 채권 소멸시효의 규정이 적용되고, 민법 제582조의 제척기간 규정으로 인하여 소멸시효 규정의 적용이 배제된다고 볼 수 없으며, 이때 다른 특별한 사정이 없는 한 무엇보다도 매수인이 매매 목적물을 인도받은 때부터 소멸시효가 진행한다고 해석함이 타당하다.

**대법원 2023. 8. 18. 선고 20212다249810 판결**
타인 소유의 토지 위에 권원 없이 건물을 소유하는 자는 그 자체로써 건물 부지가 된 토지를 점유하고 있는 것이므로 특별한 사정이 없는 한 법률상 원인 없이 타인의 재산으로 인하여 토지의 차임에 상당하는 이익을 얻고 이로 인하여 타인에게 동액 상당의 손해를 주고 있다고 할 것이다.

**대법원 2020. 5. 21. 선고 2018다287522 전원합의체 판결**
공유물의 소수지분권자가 다른 공유자와 협의 없이 공유물의 전부 또는 일부를 독점적으로 점유·사용하고 있는 경우, 다른 소수지분권자가 공유물의 보존행위로서 공유물의 인도를 청구할 수 있는지 여부(소극) 및 자신의 지분권에 기초하여 공유물에 대한 방해 상태를 제거하거나 공동 점유를 방해하는 행위의 금지 등을 청구할 수 있는지 여부(적극)

**대법원 2022. 3. 17. 선고 2021다276539 판결**
[1] 채무의 변제는 제3자도 할 수 있다. 그러나 채무의 성질 또는 당사자의 의사표시로 제3자의 변제를 허용하지 아니하는 때에는 그러하지 아니하다(민법 제469조 제1항). 이해관계 없는 제3자는 채무자의 의사에 반하여 변제하지 못한다(같은 조 제2항). 제3자가 유효하게 채무자가 부담하는 채무를 변제한 경우에 채무자와 계약관계가 있으면 그에 따라 구상권을 취득하고, 그러한 계약관계가 없으면 특별한 사정이 없는 한 민법 제734조 제1항에서 정한 사무관리가 성립하여 민법 제739조에 정한 사무관리비용의 상환청구권에 따라 구상권을 취득한다.
[2] 갑의 전처인 을이 갑 사망 후 그 상속인인 병 등을 상대로 자신이 갑의 채무를 대위변제하였다며 상속분에 따른 구상금을 구한 사안에서, 위 대위변제에 관하여 사무관리가 성립하고, 을이 갑에게 그에 따른 구상금을 취득하였다고 볼 여지가 있다.

**대법원 2007. 7. 26. 선고 2007다29119 판결**
어느 부동산에 관한 법률행위가 사해행위에 해당하는 경우에는 원칙적으로 그 사해행위를 취소하고 소유권이전등기의 말소 등 부동산 자체의 회복을 명하여야 하는 것이나, 다만 원물반환이 불가능하거나 현저히 곤란한 경우에는 원상회복의무의 이행으로서 사해행위 목적물 가액 상당의 배상을 명하여야 하는 것이고, 이러한 가액배상에 있어서는 일반 채권자들의 공동담보로 되어 있어 사해행위가 성립하는 범위 내의 가액배상을 명하여야 하는 것이므로, 그 부동산에 관하여 주택임대차보호법 제3조 제1항이 정한 대항력을 갖추고 임대차계약서에 확정일자를 받아 임대차보증금 우선변제권을 가진 임차인 또는 같은 법 제8조에 의하여 임대차보증금 중 일정액을 우선하여 변제받을 수 있는 소액임차인이 있는 때에는 수익자가 배상하여야 할 부동산의 가액에서 그 우선변제권 있는 임차보증금 반환채권 금액을 공제하여야 한다. 그리고 이러한 법리는, 주택 소유자의 사망으로 인하여 그 주택에 관한 포괄적 권리의무를 승계한 공동상속인들 사이에 이루어진 상속재산 분할협의가 일부 상속인의 채권자에 대한 사해행위에 해당하는 경우 그 상속인의 상속지분을 취득한 수익자로 하여금 원상회복 의무의 이행으로서 지분 가액 상당의 배상을 명하는 경우에도 그대로 적용된다.

**대법원 2010. 10. 28. 선고 2010다57213, 2010다57220 판결**
채무자가 압류 또는 가압류의 대상인 채권을 양도하고 확정일자 있는 통지 등에 의한 채권양도의 대항요건을 갖춘 경우, 채무자의 채권자가 그 양도된 채권에 대하여 한 압류 또는 가압류명령의 효력(=무효)

**대법원 2014. 12. 24. 선고 2012다73158 판결**
[1] 토지와 지상 건물이 함께 양도되었다가 채권자취소권의 행사에 따라 그중 건물에 관하여만 양도가 취소되고 수익자와 전득자 명의의 소유권이전등기가 말소된 경우, 관습상 법정지상권의 성립요건인 '동일인의 소유에 속하고 있던 토지와 지상 건물이 매매 등으로 인하여 소유자가 다르게 된 경우'에 해당하는지 여부(소극)
[2] 법정지상권을 취득한 사람으로부터 경매에 의하여 건물 소유권을 이전받은 매수인은 그 지상권을 당연취득하는지 여부(원칙적 적극) 및 이는 사해행위의 수익자 또는 전득자가 건물의 소유자로서 법정지상권을 취득한 후 채권자취소권 행사에 따라 수익자와 전득자 명의의 소유권이전등기가 말소된 다음 경매절차에서 건물이 매각되는 경우에도 마찬가지로 적용되는지 여부(적극)

# 2023년 10월 모의고사

**대법원 1996. 9. 20. 선고 93다20177, 93다20184 판결**
채권자대위권에 의한 소송이 제기된 사실을 피대위자가 알게 된 이상, 그 대위소송에 관한 종국판결이 있은 후 그 소가 취하된 때에는 피대위자도 민사소송법 제240조 제2항 소정의 재소금지규정의 적용을 받아 그 대위소송과 동일한 소를 제기하지 못한다.

**대법원 2002. 12. 6. 선고 2002다44014 판결**
제소전 화해조서는 확정판결과 같은 효력이 있어 당사자 사이에 기판력이 생기는 것이므로, 원고가 피고에게 토지에 관하여 신탁해지를 원인으로 한 소유권이전등기절차를 이행하기로 한 제소전 화해가 준재심에 의하여 취소되지 않은 이상, 그 제소전 화해에 기하여 마쳐진 소유권이전등기가 원인무효라고 주장하며 말소등기절차의 이행을 청구하는 것은 제소전 화해에 의하여 확정된 소유권이전등기청구권을 부인하는 것이어서 그 기판력에 저촉된다.

**대법원 2008. 12. 11. 선고 2005다51495 판결**
논리적으로 전혀 관계가 없어 순수하게 단순병합으로 구하여야 할 수개의 청구를 선택적 또는 예비적 청구로 병합하여 청구하는 것은 부적법하여 허용되지 않는다. 따라서 원고가 그와 같은 형태로 소를 제기한 경우 제1심법원이 본안에 관하여 심리·판단하기 위해서는 소송지휘권을 적절히 행사하여 이를 단순병합 청구로 보정하게 하는 등의 조치를 취하여야 하는바, 법원이 이러한 조치를 취함이 없이 본안판결을 하면서 그 중 하나의 청구에 대하여만 심리·판단하여 이를 인용하고 나머지 청구에 대한 심리·판단을 모두 생략하는 내용의 판결을 하였다 하더라도 그로 인하여 청구의 병합 형태가 선택적 또는 예비적 병합 관계로 바뀔 수는 없으므로, 이러한 판결에 대하여 피고만이 항소한 경우 제1심법원이 심리·판단하여 인용한 청구만이 항소심으로 이심될 뿐, 나머지 심리·판단하지 않은 청구는 여전히 제1심에 남아 있게 된다.

**대법원 2022. 7. 28. 선고 2020다231928 판결**
민사소송법 제79조에 따른 독립당사자참가소송의 본안판결에 대하여 일방이 항소한 경우, 세 당사자 사이의 결론의 합일확정을 위하여 필요한 한도에서 항소 또는 부대항소를 제기하지 않은 당사자에게 제1심판결보다 유리한 내용으로 판결이 변경될 수 있는지 여부(적극) / 항소 또는 부대항소를 제기하지 않은 당사자의 청구에 관하여 항소심에서 판결 주문이 선고되지 않고 독립당사자참가소송이 그대로 확정된 경우, 취소되거나 변경되지 않은 제1심판결의 주문에 대하여 기판력이 발생하는지 여부(적극)

**대법원 2022. 8. 25. 선고 2022다211928 판결**
불이익하게 변경된 것인지는 기판력의 범위를 기준으로 하나, 일방 당사자의 금전채권에 기한 동시이행 주장을 받아들인 판결의 경우 반대 당사자는 그 금전채권에 관한 이행을 제공하지 아니하고는 자신의 채권을 집행할 수 없으므로, 동시이행 주장을 한 당사자만 항소하였음에도 항소심이 제1심판결에서 인정된 금전채권에 기한 동시이행 주장을 공제 또는 상계 주장으로 바꾸어 인정하면서 그 금전채권의 내용을 항소인에게 불리하게 변경하는 것은 특별한 사정이 없는 한 불이익변경금지 원칙에 반한다.

**대법원 1992. 2. 14. 선고 91다24564 판결**
법인의 정관에 법인 대표권의 제한에 관한 규정이 있으나 그와 같은 취지가 등기되어 있지 않다면 법인은 그와 같은 정관의 규정에 대하여 선의냐 악의냐에 관계없이 제3자에 대하여 대항할 수 없다.

**대법원 2022. 3. 17. 선고 2021다210720 판결**
매도인이 악의인 계약명의신탁에서 명의수탁자로부터 명의신탁의 목적물인 주택을 임차하여 주택 인도와 주민등록을 마침으로써 주택임대차보호법 제3조 제1항에 의한 대항요건을 갖춘 임차인은 '부동산 실권리자명의 등기에 관한 법률' 제4조 제3항의 규정에 따라 명의신탁약정 및 그에 따른 물권변동의 무효를 대항할 수 없는 제3자에 해당하므로 명의수탁자의 소유권이전등기가 말소됨으로써 등기명의를 회복하게 된 매도인 및 매도인으로부터 다시 소유권이전등기를 마친 명의신탁자에 대해 자신의 임차권을 대항할 수 있고, 이 경우 임차인 보호를 위한 주택임대차보호법의 입법 목적 및 임차인이 보증금반환청구권을 행사하는 때의 임차주택 소유자로 하여금 임차보증금반환채무를 부담하게 함으로써 임차인을 두텁게 보호하고자 하는 주택임대차보호법 제3조 제4항의 개정 취지 등을 종합하면 위의 방법으로 소유권이전등기를 마친 명의신탁자는 주택임대차보호법 제3조 제4항에 따라 임대인의 지위를 승계한다.

### 대법원 2017. 9. 21. 선고 2015다50637 판결
공동근저당권자가 목적 부동산 중 일부 부동산에 대하여 제3자가 신청한 경매절차에 소극적으로 참가하여 우선배당을 받은 경우, 해당 부동산에 관한 근저당권의 피담보채권은 그 근저당권이 소멸하는 시기, 즉 매수인이 매각대금을 지급한 때에 확정되지만, 나머지 목적 부동산에 관한 근저당권의 피담보채권은 기본거래가 종료되거나 채무자나 물상보증인에 대하여 파산이 선고되는 등의 다른 확정사유가 발생하지 아니하는 한 확정되지 아니한다.

### 대법원 2008. 5. 8. 선고 2007다36933, 2007다36940 판결
[2] 종물은 물건의 소유자가 그 물건의 상용에 공하기 위하여 자기 소유인 다른 물건을 이에 부속하게 한 것을 말하므로( 민법 제100조 제1항) 주물과 다른 사람의 소유에 속하는 물건은 종물이 될 수 없다.
[3] 저당권의 실행으로 부동산이 경매된 경우에 그 부동산에 부합된 물건은 그것이 부합될 당시에 누구의 소유이었는지를 가릴 것 없이 그 부동산을 낙찰받은 사람이 소유권을 취득하지만, 그 부동산의 상용에 공하여진 물건일지라도 그 물건이 부동산의 소유자가 아닌 다른 사람의 소유인 때에는 이를 종물이라고 할 수 없으므로 부동산에 대한 저당권의 효력에 미칠 수 없어 부동산의 낙찰자가 당연히 그 소유권을 취득하는 것은 아니며, 나아가 부동산의 낙찰자가 그 물건을 선의취득하였다고 할 수 있으려면 그 물건이 경매의 목적물로 되었고 낙찰자가 선의이며 과실 없이 그 물건을 점유하는 등으로 선의취득의 요건을 구비하여야 한다.

### 대법원 2006. 9. 22. 선고 2006다24049 판결
근저당권 실행을 위한 경매가 무효로 되어 채권자(=근저당권자)가 채무자를 대위하여 낙찰자에 대한 소유권이전등기 말소청구권을 행사하는 경우, 낙찰자가 부담하는 소유권이전등기 말소의무는 채무자에 대한 것인 반면, 낙찰자의 배당금 반환청구권은 실제 배당금을 수령한 채권자(=근저당권자)에 대한 채권인바, 채권자(=근저당권자)가 낙찰자에 대하여 부담하는 배당금 반환채무와 낙찰자가 채무자에 대하여 부담하는 소유권이전등기 말소의무는 서로 이행의 상대방을 달리하는 것으로서, 채권자(=근저당권자)의 배당금 반환채무가 동시이행의 항변권이 부착된 채 채무자로부터 승계된 채무도 아니므로, 위 두 채무는 동시에 이행되어야 할 관계에 있지 아니하다.

### 대법원 2023. 3. 23.자 2020그42 전원합의체 결정
피상속인의 배우자와 자녀 중 자녀 전부가 상속을 포기한 경우에는 배우자가 단독상속인이 된다고 봄이 타당하다.

### 대법원 2019. 8. 14. 선고 2019다205329 판결
유치권의 성립요건인 유치권자의 점유는 직접점유이든 간접점유이든 관계없다. 간접점유를 인정하기 위해서는 간접점유자와 직접점유를 하는 자 사이에 일정한 법률관계, 즉 점유매개관계가 필요한데, 간접점유에서 점유매개관계를 이루는 임대차계약 등이 해지 등의 사유로 종료되더라도 직접점유자가 목적물을 반환하기 전까지는 간접점유자의 직접점유자에 대한 반환청구권이 소멸하지 않는다. 따라서 점유매개관계를 이루는 임대차계약 등이 종료된 이후에도 직접점유자가 목적물을 점유한 채 이를 반환하지 않고 있는 경우에는, 간접점유자의 반환청구권이 소멸한 것이 아니므로 간접점유의 점유매개관계가 단절된다고 할 수 없다.

### 대법원 2010. 2. 11. 선고 2008다16899 판결
피상속인 사망 후 공동상속인 중 1인이 다른 공동상속인에게 자신의 상속지분을 중간생략등기 방식으로 명의신탁하였다가 그 명의신탁이 '부동산 실권리자명의 등기에 관한 법률'이 정한 유예기간의 도과로 무효가 되었음을 이유로 명의수탁자를 상대로 상속지분의 반환을 구하는 경우, 상속회복청구에 해당하는지 여부(소극)

### 대법원 2020. 3. 12. 선고 2019다283794 판결
1. 영업을 준비하는 행위가 보조적 상행위로서 상법의 적용을 받기 위해서는 행위를 하는 자 스스로 상인자격을 취득하는 것을 당연한 전제로 하므로, 어떠한 자가 자기 명의로 상행위를 함으로써 상인자격을 취득하고자 준비행위를 하는 것이 아니라 다른 상인의 영업을 위한 준비행위를 하는 것에 불과하다면, 그 행위는 행위를 한 자의 보조적 상행위가 될 수 없다(대법원 2012. 3. 29. 선고 2011다83226 판결 참조). 회사가 상법에 의해 상인으로 의제된다 하더라도 회사의 기관인 대표이사 개인이 상인이 되는 것은 아니다. 따라서 대표이사 개인의 행위가 상행위로서 상법의 적용을 받기 위해서는 그 행위가 영업으로 상행위를 하는 경우에 해당되어 상인자격을 취득할 것을 전제로 한다. 여기서 '영업으로 한다'고 함은 영리를 목적으로 동종의 행위를 계속 반복적으로 하는 것을 의미한다(대법원 2012. 7. 26. 선고 2011다43594 판결 등 참조).

**대법원 2018. 4. 24. 선고 2017다205127 판결**
채무의 변제에 관하여 일정한 사실이 부관으로 붙여진 경우에는 특별한 사정이 없는 한 사실이 발생한 때뿐만 아니라 사실의 발생이 불가능하게 된 때에도 이행기한은 도래한 것으로 보아야 한다. 나아가 부관으로 정한 사실의 실현이 주로 채무를 변제하는 사람의 성의나 노력에 따라 좌우되고, 채권자가 사실의 실현에 영향을 줄 수 없는 경우에는 사실이 발생하는 때는 물론이고 사실의 발생이 불가능한 것으로 확정되지는 않았더라도 합리적인 기간 내에 사실이 발생하지 않는 때에도 채무의 이행기한은 도래한다고 보아야 한다.

**대법원 2022. 7. 14. 선고 2017다242232 판결**
당사자 일방이 상인인 경우에는 토지보상법에 의한 협의취득으로 체결된 부동산 매매계약이라고 하더라도 다른 사정이 없는 한 보조적 상행위에 해당하므로, 매도인의 채무불이행책임이나 하자담보책임에 기한 매수인의 손해배상채권에 대해서는 상사소멸시효가 적용된다.

**대법원 2008. 1. 17. 선고 2007다73826 판결**
압류경합상태에서 발령되어 무효인 전부명령이 그 후 선행 채권가압류의 집행해제로 경합상태를 벗어나면 되살아나는지 여부(소극)


# 2023년 8월 모의고사

**대법원 1981. 7. 14. 선고 81다64, 81다65 판결**
민사소송법 제240조 제2항 소정의 "소를 취하한 자"에는 변론종결 후의 특정승계인을 포함하나 "동일한 소"라 함은 권리보호의 이익도 같아야 하므로 이 건 토지의 전소유자가 피고를 상대로 한 전소와 본건 소는 소송물인 권리관계는 동일하다 할지라도 위 전소의 취하 후에 이 건 토지를 양수한 원고는 그 소유권을 침해하고 있는 피고에 대하여 그 배제를 구할 새로운 권리보호의 이익이 있다고 할 것이니 위 전소와 본건 소는 동일한 소라고 할 수 없다.

**대법원 1994. 5. 10. 선고 93다47196 판결**
민사소송법 제62조의 명문의 규정과 우리 민사소송법이 취하고 있는 변론주의 소송구조 등에 비추어 볼 때, 통상의 공동소송에 있어서 이른바 주장공통의 원칙은 적용되지 아니한다.

**대법원 1993. 2. 12. 선고 92다29801 판결**
가. 소송계속중 당사자인 피상속인이 사망한 경우 공동상속재산은 상속인들의 공유이므로 소송의 목적이 공동상속인들 전원에게 합일확정되어야 할 필요적공동소송관계라고 인정되지 아니하는 이상 반드시 공동상속인 전원이 공동으로 수계하여야 하는 것은 아니며, 수계되지 아니한 상속인들에 대한 소송은 중단된 상태로 그대로 피상속인이 사망한 당시의 심급법원에 계속되어 있다.

**대법원 1980. 8. 26. 선고 80다76 판결**
적법한 항소취하서가 제출되면 그때에 취하의 효력이 발생하는 것이고, 민사소송법 제363조 제2항에서 같은법 제239조 제4항을 준용하여 항소취하서를 상대방에게 송달하도록 한 취지는 항소취하를 알려주라는 뜻이지 그 통지를 항소취하의 요건 내지 효력으로 한다는 취지는 아니다.

**대법원 2014. 5. 29. 선고 2013다96868 판결**
병합의 형태가 선택적 병합인지 예비적 병합인지는 당사자의 의사가 아닌 병합청구의 성질을 기준으로 판단하여야 하고, 항소심에서의 심판 범위도 그러한 병합청구의 성질을 기준으로 결정하여야 한다. 따라서 실질적으로 선택적 병합 관계에 있는 두 청구에 관하여 당사자가 주위적·예비적으로 순위를 붙여 청구하였고, 그에 대하여 제1심법원이 주위적 청구를 기각하고 예비적 청구만을 인용하는 판결을 선고하여 피고만이 항소를 제기한 경우에도, 항소심으로서는 두 청구 모두를 심판의 대상으로 삼아 판단하여야 한다.

**대법원 2017. 5. 30. 선고 2017다205073 판결**
건물의 공유자가 공동으로 건물을 임대하고 임차보증금을 수령한 경우 특별한 사정이 없는 한 그 임대는 각자 공유지분을 임대한 것이 아니라 임대목적물을 다수의 당사자로서 공동으로 임대한 것이고 임차보증금 반환채무는 성질상 불가분채무에 해당한다. 임차인이 공유자 전원으로부터 상가건물을 임차하고 상가건물 임대차보호법 제3조 제1항에서 정한 대항요건을 갖추어 임차보증금에 관하여 우선변제를 받을 수 있는 권리를 가진 경우에, 상가건물의 공유자 중 1인인 채무자가 처분한 지분 중에 일반채권자들의 공동담보에 제공되는 책임재산은 우선변제권이 있는 임차보증금 반환채권 전액을 공제한 나머지 부분이다.

**대법원 2022. 3. 31. 선고 2018다21326 판결**
질권설정자가 민법 제349조 제1항에 따라 제3채무자에게 질권이 설정된 사실을 통지하거나 제3채무자가 이를 승낙한 때에는 제3채무자가 질권자의 동의 없이 질권의 목적인 채무를 변제하더라도 질권자에게 대항할 수 없고, 질권자는 여전히 제3채무자에게 직접 채무의 변제를 청구할 수 있다. 질권의 목적인 채권에 대하여 질권설정자의 일반채권자의 신청으로 압류·전부명령이 내려진 경우에도 그 명령이 송달된 날보다 먼저 질권자가 확정일자 있는 문서에 의해 민법 제349조 제1항에서 정한 대항요건을 갖추었다면, 전부채권자는 질권이 설정된 채권을 이전받을 뿐이고 제3채무자는 전부채권자에게 변제했음을 들어 질권자에게 대항할 수 없다.

**대법원 2017. 3. 22. 선고 2016다218874 판결**
상가건물 임대차보호법 제3조는 '대항력 등'이라는 표제로 제1항에서 대항력의 요건을 정하고, 제2항에서 "임차건물의 양수인(그 밖에 임대할 권리를 승계한 자를 포함한다)은 임대인의 지위를 승계한 것으로 본다."라고 정하고 있다. 이 조항은 임차인이 취득하는 대항력의 내용을 정한 것으로, 상가건물의 임차인이 제3자에 대한 대항력을 취득한 다음 임차건물의 양도 등으로 소유자가 변동된 경우에는 양수인 등 새로운 소유자(이하 '양수인'이라 한다)가 임대인의 지위를 당연히 승계한다는 의미이다. 소유권 변동의 원인이 매매 등 법률행위든 상속·경매 등 법률의 규정이든 상관없이 이 규정이 적용된다. 따라서 임대를 한 상가건물을 여러 사람이 공유하고 있다가 이를 분할하기 위한 경매절차에서 건물의 소유자가 바뀐 경우에도 양수인이 임대인의 지위를 승계한다.

**대법원 1997. 6. 24. 선고 97다8809 판결**
상속재산 분할의 대상이 될 수 없는 상속채무에 관하여 공동상속인들 사이에 분할의 협의가 있는 경우라면 이러한 협의는 민법 제1013조에서 말하는 상속재산의 협의분할에 해당하는 것은 아니지만, 위 분할의 협의에 따라 공동상속인 중의 1인이 법정상속분을 초과하여 채무를 부담하기로 하는 약정은 면책적 채무인수의 실질을 가진다고 할 것이어서, 채권자에 대한 관계에서 위 약정에 의하여 다른 공동상속인이 법정상속분에 따른 채무의 일부 또는 전부를 면하기 위하여는 민법 제454조의 규정에 따른 채권자의 승낙을 필요로 하고, 여기에 상속재산 분할의 소급효를 규정하고 있는 민법 제1015조가 적용될 여지는 전혀 없다.

**대법원 2013. 11. 14. 선고 2013다46023 판결**
연대채무자 사이의 구상권행사에 있어서 '부담부분'이란 연대채무자가 그 내부관계에서 출재를 분담하기로 한 비율을 말한다고 봄이 타당하다. 그 결과 변제 기타 자기의 출재로 일부 공동면책되게 한 연대채무자는 역시 변제 기타 자기의 출재로 일부 공동면책되게 한 다른 연대채무자를 상대로 하여서도 자신의 공동면책 중 다른 연대채무자의 분담비율에 해당하는 금액이 다른 연대채무자의 공동면책액 중 자신의 부담비율에 해당하는 금액을 초과한다면 그 범위에서 여전히 구상권을 행사할 수 있다고 보아야 한다.

**대법원 1998. 10. 2. 선고 98다27197 판결**
근저당권설정등기가 위법하게 말소되어 아직 회복등기를 경료하지 못한 연유로 그 부동산에 대한 경매절차에서 피담보채권액에 해당하는 금액을 전혀 배당받지 못한 근저당권자로서는 위 경매절차에서 실제로 배당받은 자에 대하여 부당이득반환 청구로서 그 배당금의 한도 내에서 그 근저당권설정등기가 말소되지 아니하였더라면 배당받았을 금액의 지급을 구할 수 있을 뿐이고, 이미 소멸한 근저당권에 관한 말소등기의 회복등기를 위하여 현소유자를 상대로 그 승낙의 의사표시를 구할 수는 없다.

**대법원 2021. 12. 30. 선고 2018다268538 판결**
임대차계약에 따른 임대차보증금반환채권을 담보할 목적으로 임대인과 임차인 사이의 합의에 따라 임차인 명의로 전세권설정등기를 마친 경우, 그 전세금의 지급은 이미 지급한 임대차보증금으로 대신한 것이고, 장차 전세권자가 목적물을 사용·수익하는 것을 완전히 배제하는 것도 아니므로, 그 전세권설정등기는 유효하다.
이때 임대인과 임차인이 그와 같은 전세권설정등기를 마치기 위하여 전세권설정계약을 체결하여도, 임대차보증금은 임대차계약이 종료된 후 임차인이 목적물을 인도할 때까지 발생하는 차임 및 기타 임차인의 채무를 담보하는 것이므로, 임대인과 임차인이 위와 같이 임대차보증금반환채권을 담보할 목적으로 전세권을 설정하기 위하여 전세권설정계약을 체결하였다면, 임대차보증금에서 연체차임 등을 공제하고 남은 돈을 전세금으로 하는 것이 임대인과 임차인의 합치된 의사라고 볼 수 있다. 그러나 그 전세권설정계약은 외관상으로는 그 내용에 차임지급 약정이 존재하지 않고 이에 따라 전세금이 연체차임으로 공제되지 않는 등 임대인과 임차인의 진의와 일치하지 않는 부분이 존재한다. 따라서 그러한 전세권설정계약은 위와 같이 임대차계약과 양립할 수 없는 범위에서 통정허위표시에 해당하여 무효라고 봄이 타당하다. 다만 그러한 전세권설정계약에 의하여 형성된 법률관계에 기초하여 새로이 법률상 이해관계를 가지게 된 제3자에 대하여는 그 제3자가 그와 같은 사정을 알고 있었던 경우에만 그 무효를 주장할 수 있다.

**대법원 2009. 1. 15. 선고 2008다70763 판결**
근저당권설정 후 경매로 인한 압류의 효력 발생 전에 취득한 유치권으로 경매절차의 매수인에게 대항할 수 있는지 여부(적극)

**대법원 2011. 1. 13. 선고 2010다88019 판결**
[1] 법률의 규정에 따른 적법한 가압류가 있었으나 제소기간의 도과로 인하여 가압류가 취소된 경우, 민법 제175조에 정한 소멸시효 중단의 효력이 없는 경우에 해당하는지 여부(소극)
[3] 가압류결정 후 제소기간 도과를 이유로 가압류가 취소된 사안에서, 채권의 소멸시효가 가압류로 인하여 중단되었다가 제소기간의 도과로 가압류가 취소된 때로부터 다시 진행된다고 한 원심의 판단을 수긍한 사례

**대법원 2022. 6. 30. 선고 2022다200089 판결**
채권양수인이 양수채권을 자동채권으로 하여 그 채무자가 채권양수인에 대해 가지고 있던 기존 채권과 상계한 경우, 채권양수인은 채권양도의 대항요건이 갖추어진 때 비로소 자동채권을 행사할 수 있으므로 채권양도 전에 이미 양 채권의 변제기가 도래하였다고 하더라도 상계의 효력은 변제기로 소급하는 것이 아니라 채권양도의 대항요건이 갖추어진 시점으로 소급한다.

**대법원 2022. 9. 29. 선고 2018다243133, 2018다243140 판결**
미등기건물을 양수하여 건물에 관한 사실상의 처분권을 보유하게 됨으로써 그 양수인이 건물 부지 역시 아울러 점유하고 있다고 볼 수 있는 경우에는 미등기건물에 관한 사실상의 처분권자도 건물 부지의 점유·사용에 따른 부당이득반환의무를 부담한다. 이러한 경우 미등기건물의 원시취득자와 사실상의 처분권자가 토지 소유자에 대하여 부담하는 부당이득반환의무는 동일한 경제적 목적을 가진 채무로서 부진정연대채무 관계에 있다고 볼 것이다.

## 2023년 6월 모의고사

**대법원 2011. 7. 28. 선고 2010다97044 판결**
비법인사단이 총유재산에 관한 소송을 제기할 때에는 정관에 다른 정함이 있다는 등의 특별한 사정이 없는 한 사원총회 결의를 거쳐야 하는 것이므로, 비법인사단이 이러한 사원총회 결의 없이 그 명의로 제기한 소송은 소송요건이 흠결된 것으로서 부적법하다.

**대법원 2000. 4. 11. 선고 2000다5640 판결**
근저당권설정자가 근저당권설정계약에 기한 피담보채무가 존재하지 아니함의 확인을 구함과 함께 그 근저당권설정등기의 말소를 구하는 경우에 근저당권설정자로서는 피담보채무가 존재하지 않음을 이유로 근저당권설정등기의 말소를 구하는 것이 분쟁을 유효·적절하게 해결하는 직접적인 수단이 될 것이므로 별도로 근저당권설정계약에 기한 피담보채무가 존재하지 아니함의 확인을 구하는 것은 확인의 이익이 있다고 할 수 없다.

**대법원 2014. 1. 29. 선고 2013다78556 판결**
공유물분할에 관한 소송계속 중 변론종결일 전에 공유자 중 1인인 갑의 공유지분의 일부가 을 및 병 주식회사 등에게 이전된 사안에서, 변론종결 시까지 민사소송법 제81조에서 정한 승계참가나 민사소송법 제82조에서 정한 소송인수 등의 방식으로 일부 지분권을 이전받은 자가 소송의 당사자가 되었어야 함에도 그렇지 못하였으므로 위 소송 전부가 부적법하게 되었다.

**대법원 2007. 7. 12. 선고 2005다10470 판결**
[1] 공동의 이해관계가 있는 다수자는 선정당사자를 선정할 수 있는바, 이 경우 공동의 이해관계란 다수자 상호 간에 공동소송인이 될 관계에 있고 또 주요한 공격방어방법을 공통으로 하는 것을 의미하므로, 다수자의 권리·의무가 동종이며 그 발생원인이 동종인 관계에 있는 것만으로는 공동의 이해관계가 있다고 할 수 없어 선정당사자의 선정을 허용할 것이 아니다.

**대법원 2003. 5. 13. 선고 2003다16238 판결**
채권자가 확정판결에 기한 채권의 실현을 위하여 채무자의 제3채무자에 대한 채권에 관하여 압류 및 추심명령을 받아 그 결정이 제3채무자에게 송달이 되었다면 거기에 소멸시효 중단사유인 최고로서의 효력을 인정하여야 한다.

**대법원 2013. 2. 28. 선고 2011다21556 판결**
계항변이 먼저 이루어지고 그 후 대여금채권의 소멸을 주장하는 소멸시효항변이 있었던 경우에, 상계항변 당시 채무자인 피고에게 수동채권인 대여금채권의 시효이익을 포기하려는 효과의사가 있었다고 단정할 수 없다. 그리고 항소심 재판이 속심적 구조인 점을 고려하면 제1심에서 공격방어방법으로 상계항변이 먼저 이루어지고 그 후 항소심에서 소멸시효항변이 이루어진 경우를 달리 볼 것은 아니다.

**대법원 2021. 3. 11. 선고 2020다229239 판결**
불특정 다수인인 일반 공중의 통행에 공용된 도로, 즉 공로(공로)를 통행하고자 하는 자는 그 도로에 관하여 다른 사람이 가지는 권리 등을 침해한다는 등의 특별한 사정이 없는 한, 일상생활상 필요한 범위 내에서 다른 사람들과 같은 방법으로 그 도로를 통행할 자유가 있고, 제3자가 특정인에 대하여만 그 도로의 통행을 방해함으로써 일상생활에 지장을 받게 하는 등의 방법으로 특정인의 통행의 자유를 침해하였다면 민법상 불법행위에 해당하며, 침해를 받은 자로서는 방해의 배제나 장래에 생길 방해를 예방하기 위하여 통행방해 행위의 금지를 소구할 수 있다.

**대법원 2022. 7. 28. 선고 2017다204629 판결**
부동산에 관하여 적법·유효한 등기를 하고 소유권을 취득한 사람이 자기 소유의 부동산을 점유하는 경우 특별한 사정이 없는 한 그러한 점유는 취득시효의 기초가 되는 점유라고 할 수 없다. 이러한 경우에는 사실 상태를 권리관계로 높여 보호할 필요가 없고, 부동산의 소유명의자는 부동산에 대한 소유권을 적법하게 보유하는 것으로 추정되어 소유권에 대한 증명의 곤란을 구제할 필요도 없기 때문이다. 그러나 소유권에 기초하여 부동산을 점유하는 사람이더라도 그 등기를 하고 있지 않아 자신의 소유권을 증명하기 어렵거나 소유권을 제3자에게 대항할 수 없는 등으로 점유의 사실 상태를 권리관계로 높여 보호하고 증명곤란을 구제할 필요가 있는 예외적인 경우에는, 자기 소유 부동산에 대한 점유도 취득시효를 인정하기 위해 기초가 되는 점유로 볼 수 있다.

**대법원 2020. 8. 13. 선고 2019다249312 판결**
민법 제1015조 단서에서 말하는 제3자는 일반적으로 상속재산분할의 대상이 된 상속재산에 관하여 상속재산분할 전에 새로운 이해관계를 가졌을 뿐만 아니라 등기, 인도 등으로 권리를 취득한 사람을 말한다.

민법 제1015조 단서의 내용과 입법 취지 등을 고려하면, 상속재산분할심판에 따른 등기가 이루어지기 전에 상속재산분할의 효력과 양립하지 않는 법률상 이해관계를 갖고 등기를 마쳤으나 상속재산분할심판이 있었음을 알지 못한 제3자에 대하여는 상속재산분할의 효력을 주장할 수 없다고 보아야 한다. 이 경우 제3자가 상속재산분할심판이 있었음을 알았다는 점에 관한 주장·증명책임은 상속재산분할심판의 효력을 주장하는 자에게 있다고 할 것이다.

**대법원 2001. 6. 1. 선고 99다63183 판결**
채권자취소권은 채권의 공동담보인 채무자의 책임재산을 보전하기 위하여 채무자의 일반재산으로부터 일탈된 재산을 모든 채권자를 위하여 수익자 또는 전득자로부터 환원시키는 제도로서, 그 행사의 효력은 채권자와 수익자 또는 전득자와의 상대적인 관계에서만 미치는 것이므로 채권자취소권의 행사로 인하여 채무자가 수익자나 전득자에 대하여 어떠한 권리를 취득하는 것은 아니라고 할 것이고, 따라서 수익자가 채무자에게 가액배상금 명목으로 금원을 지급하였다는 점을 들어 채권자취소권을 행사하는 채권자에 대하여 가액배상에서의 공제를 주장할 수는 없다.

**대법원 1998. 5. 12. 선고 97다8496, 97다8502 판결**
취득시효기간 중 계속해서 등기명의자가 동일한 경우에는 그 기산점을 어디에 두든지 간에 취득시효의 완성을 주장할 수 있는 시점에서 보아 그 기간이 경과한 사실만 확정되면 충분하므로, 전 점유자의 점유를 승계하여 자신의 점유기간을 통산하여 20년이 경과한 경우에 있어서도 전 점유자가 점유를 개시한 이후의 임의의 시점을 그 기산점으로 삼을 수 있다.

**대법원 2002. 6. 28. 선고 2001다49814 판결**
[1] 민법 제126조의 표현대리는 대리인이 본인을 위한다는 의사를 명시 혹은 묵시적으로 표시하거나 대리의사를 가지고 권한 외의 행위를 하는 경우에 성립하고, 사술을 써서 위와 같은 대리행위의 표시를 하지 아니하고 단지 본인의 성명을 모용하여 자기가 마치 본인인 것처럼 기망하여 본인 명의로 직접 법률행위를 한 경우에는 특별한 사정이 없는 한 위 법조 소정의 표현대리는 성립될 수 없다.

# Ⅰ 2023년 제12회 변호사시험

### 대법원 1991. 12. 27. 선고 91다23486 판결

채무자가 채권자대위권에 의한 소송이 제기된 것을 알았을 경우에는 그 확정판결의 효력은 채무자에게도 미친다. 이 경우 각 채권자대위권에 기하여 공동하여 채무자의 권리를 행사하는 다수의 채권자들은 유사필요적 공동소송관계에 있다 할 것이다.

제1심에서 유사필요적 공동소송관계에 있는 다수의 채권자들의 청구가 모두 기각되고, 그 중 1인만이 항소한 경우 민사소송법 제63조 제1항은 필요적 공동소송에 있어서 공동소송인 중 1인의 소송행위는 공동소송인 전원의 이익을 위하여서만 효력이 있다고 규정하고 있으므로 공동소송인 중 일부의 상소제기는 전원의 이익에 해당된다고 할 것이어서 다른 공동소송인에 대하여도 그 효력이 미칠 것이며, 사건은 필요적 공동소송인 전원에 대하여 확정이 차단되고 상소심에 이심된다고 할 것이다.

### 대법원 2013. 3. 28.자 2012아43 결정

공동소송적 보조참가는 그 성질상 필수적 공동소송 중에서는 이른바 유사필수적 공동소송에 준한다 할 것인데 유사필수적 공동소송의 경우에는 원고들 중 일부가 소를 취하하는 데 다른 공동소송인의 동의를 받을 필요가 없다. 또한 소취하는 판결이 확정될 때까지 할 수 있고 취하된 부분에 대해서는 소가 처음부터 계속되지 아니한 것으로 간주되며(민사소송법 제267조) 본안에 관한 종국판결이 선고된 경우에도 그 판결 역시 처음부터 존재하지 아니한 것으로 간주되므로, 이는 재판의 효력과는 직접적인 관련이 없는 소송행위로서 공동소송적 보조참가인에게 불이익이 된다고 할 것도 아니다. 따라서 피참가인이 공동소송적 보조참가인의 동의 없이 소를 취하하였다 하더라도 이는 유효하다.

### 대법원 2022. 2. 17. 선고 2021다275741 판결

민사소송법 제267조 제2항은 "본안에 대한 종국판결이 있은 뒤에 소를 취하한 사람은 같은 소를 제기하지 못한다."라고 정하고 있다. 이는 소취하로 그동안 판결에 들인 법원의 노력이 무용해지고 다시 동일한 분쟁을 문제 삼아 소송제도를 남용하는 부당한 사태를 방지할 목적에서 나온 제재적 취지의 규정이다. 그런데 상대방이 본안에 관하여 준비서면을 제출하거나 변론준비기일에서 진술 또는 변론을 한 뒤에는 상대방의 동의를 받아야 효력을 가지는 소의 취하와 달리 소송상 방어방법으로서의 상계 항변은 그 수동채권의 존재가 확정되는 것을 전제로 하여 행하여지는 일종의 예비적 항변으로서 상대방의 동의 없이 이를 철회할 수 있고, 그 경우 법원은 처분권주의의 원칙상 이에 대하여 심판할 수 없다. 따라서 먼저 제기된 소송의 제1심에서 상계 항변을 제출하여 제1심판결로 본안에 관한 판단을 받았다가 항소심에서 상계 항변을 철회하였더라도 이는 소송상 방어방법의 철회에 불과하여 민사소송법 제267조 제2항의 재소금지 원칙이 적용되지 않으므로, 그 자동채권과 동일한 채권에 기한 소송을 별도로 제기할 수 있다.

원심판결 이유와 기록에 따르면, 원고는 선행소송의 제1심에서 이 사건 공사에 관한 하자보수청구권 내지 하자보수에 갈음한 손해배상청구권에 기한 동시이행의 항변과 위 손해배상채권을 자동채권으로 하는 상계 항변을 하였다가 그 항소심에서 위 상계 항변을 철회한 사실, 선행소송의 항소심은 피고의 공사대금 청구를 일부 인용하는 판결을 선고하였는데, 그 판결이유에서 원고의 위 동시이행의 항변을 배척하였을 뿐 철회된 상계 항변에 관해서는 판단하지 않은 사실, 선행소송의 항소심판결은 그대로 확정된 사실을 알 수 있다. 사정이 이러하다면 선행소송의 항소심판결은 원고의 상계 항변에 관하여 기판력을 가지지 않으므로, 원고의 하자보수에 갈음한 손해배상청구를 일부 인용한 원심의 판단에 상고이유 주장과 같이 상계의 기판력 등에 관한 법리를 오해한 잘못이 없다.

대법원 2021. 3. 11. 선고 2020므11658 판결
동일한 수령대행인이 이해가 대립하는 소송당사자 쌍방을 대신하여 소송서류를 동시에 수령하는 경우가 있을 수 있다. 이런 경우 수령대행인이 원고나 피고 중 한 명과도 이해관계의 상충 없이 중립적인 지위에 있기는 쉽지 않으므로 소송당사자 쌍방 모두에게 소송서류가 제대로 전달될 것이라고 합리적으로 기대하기 어렵다. 또한 이익충돌의 위험을 회피하여 본인의 이익을 보호하려는 데 취지가 있는 민법 제124조 본문에서의 쌍방대리금지 원칙에도 반한다. 따라서 소송당사자의 허락이 있다는 등의 특별한 사정이 없는 한, 동일한 수령대행인이 소송당사자 쌍방의 소송서류를 동시에 송달받을 수 없고, 그러한 보충송달은 무효라고 봄이 타당하다.

대법원 2001. 8. 31.자 2001마3790 결정
송달은 원칙적으로 민사소송법 제170조 제1항에서 정하는 송달을 받을 자의 주소, 거소, 영업소 또는 사무실 등의 '송달장소'에서 하여야 하는바, 송달장소에서 송달받을 자를 만나지 못할 때에는 그 사무원, 고용인 또는 동거자로서 사리를 변식할 지능이 있는 자에게 서류를 교부하는 보충송달의 방법에 의하여 송달할 수는 있지만, 이러하나 보충송달은 위 법 조항에서 정하는 '송달장소'에서 하는 경우에만 허용되고 송달장소가 아닌 곳에서 사무원, 고용인 또는 동거자를 만난 경우에는 그 사무원 등이 송달받기를 거부하지 아니한다 하더라도 그 곳에서 그 사무원 등에게 서류를 교부하는 것은 보충송달의 방법으로서 부적법하다.

대법원 2020. 10. 29. 선고 2016다35390 판결
추심금소송에서 추심채권자가 제3채무자와 '피압류채권 중 일부 금액을 지급하고 나머지 청구를 포기한다.'는 내용의 재판상 화해를 한 경우 '나머지 청구 포기 부분'은 추심채권자가 적법하게 포기할 수 있는 자신의 '추심권'에 관한 것으로서 제3채무자에게 더 이상 추심권을 행사하지 않고 소송을 종료하겠다는 의미로 보아야 한다. 이와 달리 추심채권자가 나머지 청구를 포기한다는 표현을 사용하였다고 하더라도 이를 애초에 자신에게 처분 권한이 없는 '피압류채권' 자체를 포기한 것으로 볼 수는 없다. 따라서 위와 같은 재판상 화해의 효력은 별도의 추심명령을 기초로 추심권을 행사하는 다른 채권자에게 미치지 않는다. 동일한 채권에 대해 복수의 채권자들이 압류추심명령을 받은 경우 어느 한 채권자가 제기한 추심금소송에서 확정된 판결의 기판력은 그 소송의 변론종결일 이전에 압류추심명령을 받았던 다른 추심채권자에게 미치지 않는다.

대법원 2022. 3. 31. 선고 2018다21326 판결
질권설정자가 민법 제349조 제1항에 따라 제3채무자에게 질권이 설정된 사실을 통지하거나 제3채무자가 이를 승낙한 때에는 제3채무자가 질권자의 동의 없이 질권의 목적인 채무를 변제하더라도 질권자에게 대항할 수 없고, 질권자는 여전히 제3채무자에게 직접 채무의 변제를 청구할 수 있다. 질권의 목적인 채권에 대하여 질권설정자의 일반채권자의 신청으로 압류·전부명령이 내려진 경우에도 그 명령이 송달된 날보다 먼저 질권자가 확정일자 있는 문서에 의해 민법 제349조 제1항에서 정한 대항요건을 갖추었다면, 전부채권자는 질권이 설정된 채권을 이전받을 뿐이고 제3채무자는 전부채권자에게 변제했음을 들어 질권자에게 대항할 수 없다.

대법원 1969. 3. 18. 선고 68다1617 판결
불법하게 말소된 것을 이유로 한 근저당권설정등기 회복등기청구는 그 등기말소 당시의 소유자를 상대로 하여야 한다.

대법원 2020. 4. 29. 선고 2016다235411 판결

담보가 없는 채권에 질권을 설정한 다음 그 채권을 담보하기 위하여 저당권이 설정된 경우 원칙적으로는 저당권도 질권의 목적이 되지만, 질권자와 질권설정자가 피담보채권만을 질권의 목적으로 하였고 그 후 질권설정자가 질권자에게 제공하려는 의사 없이 저당권을 설정받는 등 특별한 사정이 있는 경우에는 저당권은 질권의 목적이 되지 않는다. 이때 저당권은 저당권자인 질권설정자를 위해 존재하며, 질권자의 채권이 변제되거나 질권설정계약이 해지되는 등의 사유로 질권이 소멸한 경우 저당권자는 자신의 채권을 변제받기 위해서 저당권을 실행할 수 있다.

대법원 2022. 9. 29. 선고 2022다228933 판결

부동산실명법은 매도인과 명의신탁자 사이의 매매계약의 효력을 부정하는 규정을 두고 있지 아니하므로 매도인과 명의신탁자 사이의 매매계약은 여전히 유효하고, 명의신탁자는 매도인에 대하여 매매계약에 기한 소유권이전등기를 청구하거나 그 소유권이전등기청구권을 보전하기 위하여 매도인을 대위하여 명의수탁자에게 무효인 그 명의 등기의 말소를 구할 수 있다. 그러므로 이러한 지위에 있는 명의신탁자가 제3자와 사이에 부동산 처분에 관한 약정을 맺고 그 약정에 기하여 명의수탁자에서 제3자 앞으로 마쳐준 소유권이전등기는 다른 특별한 사정이 없는 한 실체관계에 부합하는 등기로서 유효하다고 보아야 한다.

대법원 2019. 2. 14. 선고 2017다274703 판결

항변권이 붙어 있는 채권을 자동채권으로 하여 다른 채무(수동채권)와의 상계를 허용한다면 상계자 일방의 의사표시에 의하여 상대방의 항변권 행사의 기회를 상실시키는 결과가 되므로 그러한 상계는 허용될 수 없고, 특히 수탁보증인이 주채무자에 대하여 가지는 민법 제442조의 사전구상권에는 민법 제443조의 담보제공청구권이 항변권으로 부착되어 있는 만큼 이를 자동채권으로 하는 상계는 원칙적으로 허용될 수 없다. 결국 제3채무자가 압류채무자에 대한 사전구상권을 가지고 있는 경우에 상계로써 압류채권자에게 대항하기 위해서는, 압류의 효력 발생 당시 사전구상권에 부착된 담보제공청구의 항변권이 소멸하여 사전구상권과 피압류채권이 상계적상에 있거나, 압류 당시 여전히 사전구상권에 담보제공청구의 항변권이 부착되어 있는 경우에는 제3채무자의 면책행위 등으로 인해 위 항변권을 소멸시켜 사전구상권을 통한 상계가 가능하게 된 때가 피압류채권의 변제기보다 먼저 도래하여야 한다.

대법원 2005. 4. 29. 선고 2003다66431 판결

최초 매도인과 중간 매수인, 중간 매수인과 최종 매수인 사이에 순차로 매매계약이 체결되고 이들 간에 중간생략등기의 합의가 있은 후에 최초 매도인과 중간 매수인 간에 매매대금을 인상하는 약정이 체결된 경우, 최초 매도인은 인상된 매매대금이 지급되지 않았음을 이유로 최종 매수인 명의로의 소유권이전등기의무의 이행을 거절할 수 있다.

대법원 2000. 6. 9. 선고 98다18155 판결

채권자대위권을 재판상 행사하는 경우에 있어서도 채권자인 원고는 그 채권의 존재사실 및 보전의 필요성, 기한의 도래 등을 입증하면 족한 것이지, 채권의 발생원인사실 또는 그 채권이 제3채무자인 피고에게 대항할 수 있는 채권이라는 사실까지 입증할 필요는 없으며, 따라서 채권자가 채무자를 상대로 하여 그 보전되는 청구권에 기한 이행청구의 소를 제기하여 승소판결이 확정되면 제3채무자는 그 청구권의 존재를 다툴 수 없다.

대법원 1997. 12. 12. 선고 97다30288 판결

점유자가 소유자를 상대로 소유권이전등기 청구소송을 제기하면서 그 청구원인으로 '취득시효 완성'이 아닌 '매매'를 주장함에 대하여, 소유자가 이에 응소하여 원고 청구기각의 판결을 구하면서 원고의 주장 사실을 부인하는 경우에는, 이는 원고 주장의 매매 사실을 부인하여 원고에게 그 매매로 인한 소유권이전등기청구권이 없음을 주장함에 불과한 것이고 소유자가 자신의 소유권을 적극적으로 주장한 것이라 볼 수 없으므로 시효중단사유의 하나인 재판상의 청구에 해당한다고 할 수 없다.

대법원 2015. 4. 9. 선고 2012다118020 판결

당사자의 의사표시에 의한 채권양도금지 특약은 제3자가 악의인 경우는 물론 제3자가 채권양도금지 특약을 알지 못한 데에 중대한 과실이 있는 경우에도 채권양도금지 특약으로써 대항할 수 있고, 제3자의 악의 내지 중과실은 채권양도금지 특약으로 양수인에게 대항하려는 자가 이를 주장·증명하여야 한다. 그리고 민법 제449조 제2항 단서는 채권양도금지 특약으로써 대항할 수 없는 자를 '선의의 제3자'라고만 규정하고 있어 채권자로부터 직접 양수한 자만을 가리키는 것으로 해석할 이유는 없으므로, 악의의 양수인으로부터 다시 선의로 양수한 전득자도 위 조항에서의 선의의 제3자에 해당한다. 또한 선의의 양수인을 보호하고자 하는 위 조항의 입법 취지에 비추어 볼 때, 이러한 선의의 양수인으로부터 다시 채권을 양수한 전득자는 선의·악의를 불문하고 채권을 유효하게 취득한다.

대법원 2010. 9. 9. 선고 2010다28031 판결

금전채무에 대한 변제기 이후의 지연손해금은 금전채무의 이행을 지체함으로 인한 손해의 배상으로 지급되는 것이므로, 그 소멸시효기간은 원본채권의 그것과 같다. 한편, 상법 제487조 제1항은 "사채의 상환청구권은 10년간 행사하지 아니하면 소멸시효가 완성한다.", 같은 조 제3항은 "사채의 이자와 전조 제2항의 청구권은 5년간 행사하지 아니하면 소멸시효가 완성한다."고 규정하고 있고, 이미 발생한 이자에 관하여 채무자가 이행을 지체한 경우에는 그 이자에 대한 지연손해금을 청구할 수 있으므로, 사채의 상환청구권에 대한 지연손해금은 사채의 상환청구권과 마찬가지로 10년 행사하지 아니하면 소멸시효가 완성하고, 사채의 이자에 대한 지연손해금은 사채의 이자와 마찬가지로 5년간 행사하지 아니하면 소멸시효가 완성한다.

대법원 2008. 4. 10. 선고 2007다78234 판결

공동저당권이 설정되어 있는 수개의 부동산 중 일부가 처분된 경우에 있어서의 그 피담보채권액은 원칙적으로 민법 제368조의 규정 취지에 비추어 공동저당권의 목적으로 된 각 부동산의 가액에 비례하여 공동저당권의 피담보채권액을 안분한 금액으로 보아야 할 것이나( 대법원 2003. 11. 13. 선고 2003다39989 판결 참조), 수개의 부동산 중 일부는 채무자의 소유이고 일부는 물상보증인의 소유인 경우에는, 물상보증인이 민법 제481조, 제482조의 규정에 의한 변제자대위에 의하여 채무자 소유의 부동산에 대하여 담보권을 행사할 수 있는 지위에 있는 점 등을 고려할 때, 채무자 소유의 부동산에 관한 피담보채권액은 공동저당권의 피담보채권액 전액으로 봄이 상당하다.

대법원 2016. 11. 25. 선고 2016다211309 판결

임대인이 이미 소멸시효가 완성된 차임채권을 자동채권으로 삼아 임대차보증금 반환채무와 상계하는 것은 민법 제495조에 의하더라도 인정될 수 없지만, 임대차 존속 중 차임이 연체되고 있음에도 임대차보증금에서 연체차임을 충당하지 않고 있었던 임대인의 신뢰와 차임연체 상태에서 임대차관계를 지속해 온 임차인의 묵시적 의사를 감안하면 연체차임은 민법 제495조의 유추적용에 의하여 임대차보증금에서 공제할 수는 있다.

대법원 2004. 12. 23. 2004다56554 판결

부동산 임대차에 있어서 수수된 보증금은 차임채무, 목적물의 멸실·훼손 등으로 인한 손해배상채무 등 임대차에 따른 임차인의 모든 채무를 담보하는 것으로서 그 피담보채무 상당액은 임대차관계의 종료 후 목적물이 반환될 때에 특별한 사정이 없는 한 별도의 의사표시 없이 보증금에서 당연히 공제되는 것이므로, 임대보증금이 수수된 임대차계약에서 차임채권에 관하여 압류 및 추심명령이 있었다 하더라도, 당해 임대차계약이 종료되어 목적물이 반환될 때에는 그 때까지 추심되지 아니한 채 잔존하는 차임채권 상당액도 임대보증금에서 당연히 공제된다.

대법원 2008. 4. 10. 선고 2007다76986, 76993 판결

임차인이 임대차계약 종료 이후에도 동시이행의 항변권을 행사하는 방법으로 목적물의 반환을 거부하기 위하여 임대차건물 부분을 계속 점유하기는 하였으나 이를 본래의 임대차계약상의 목적에 따라 사용·수익하지 아니하여 실질적인 이득을 얻은 바 없는 경우에는 그로 인하여 임대인에게 손해가 발생하였다고 하더라도 임차인의 부당이득반환의무는 성립되지 아니한다.

## Ⅱ 2022년 10월 모의고사

대법원 2016. 4. 29. 선고 2014다210449 판결

당사자가 사망하더라도 소송대리인의 소송대리권은 소멸하지 아니하므로(민사소송법 제95조 제1호), 당사자가 소송대리인에게 소송위임을 한 다음 소 제기 전에 사망하였는데 소송대리인이 당사자가 사망한 것을 모르고 당사자를 원고로 표시하여 소를 제기하였다면 소의 제기는 적법하고, 시효중단 등 소 제기의 효력은 상속인들에게 귀속된다. 이 경우 민사소송법 제233조 제1항이 유추적용되어 사망한 사람의 상속인들은 소송절차를 수계하여야 한다.
이 경우 심급대리의 원칙상 판결정본이 소송대리인에게 송달되면 소송절차가 중단되므로 항소는 소송수계절차를 밟은 다음에 제기하는 것이 원칙이다. 다만 제1심 소송대리인이 상소제기에 관한 특별수권이 있어 상소를 제기하였다면 상소제기시부터 소송절차가 중단되므로 항소심에서 소송수계절차를 거치면 된다.

대법원 1987. 12. 22. 선고 87다카707 판결

문서에 찍혀진 작성명의인의 인영이 그 인장에 의하여 현출된 인영임이인정되는 경우에는 특단의 사정이 없는 한 그 인영의 성립 즉 그 작성명의인에 의하여 날인된 것으로 추정되고 일단 그것이 추정되면 민사소송법 제329조에 의하여 그 문서 전체의 진정성립이 추정되는 것이므로 그 문서가 작성명의인의 자격을 모용하여 작성한 것이라는 것은 그것을 주장하는 자가 적극적으로 입증하여야 하고 이 항변사실을 입증하는 증거의 증명력은 개연성만으로는 부족하다.

대법원 2001. 4. 24. 선고 2001다5654 판결

문서의 성립에 관한 자백은 보조사실에 관한 자백이기는 하나 그 취소에 관하여는 다른 간접사실에 관한 자백취소와는 달리 주요사실의 자백취소와 동일하게 처리하여야 할 것이므로 문서의 진정성립을 인정한 당사자는 자유롭게 이를 철회할 수 없다고 할 것이고, 이는 문서에 찍힌 인영의 진정함을 인정하였다가 나중에 이를 철회하는 경우에도 마찬가지이다.

대법원 2000. 1. 21. 선고 97다1013 판결

처분문서의 진정성립이 인정되면 반증에 의하여 그 기재 내용과 다른 특별한 명시적 또는 묵시적 약정이 있었다는 사실이 인정되지 아니하는 한 법원은 그 문서의 기재 내용에 따른 의사표시의 존재와 내용을 인정하여야 하고, 합리적인 이유 설시도 없이 이를 배척하여서는 아니 된다.

대법원 2018. 2. 28. 선고 2013다26425 판결

원고는 원심에서 손해배상에 관한 청구를 교환적으로 변경하면서 채무불이행을 원인으로 한 청구를 주위적으로, 불법행위를 원인으로 한 청구를 예비적으로 각각 구하였고, 원심도 원고가 붙인 심판의 순위에 따라 판단하였다. 그러나 위 두 청구는 그 청구 모두가 동일한 목적을 달성하기 위한 것으로서 어느 하나의 채권이 변제로 소멸한다면 나머지 채권도 그 목적 달성을 이유로 동시에 소멸하는 관계에 있으므로 선택적 병합 관계에 있음을 지적하여 둔다.

대법원 2014. 5. 29. 선고 2013다96868 판결

원고의 이 사건 청구는 기본적으로 피고에 대하여 1억 원 및 이에 대한 지연손해금의 지급을 청구하는 것인바, 원고는 피고에 대하여 이 사건 청구원인으로 대여를 주장하며 그 지급을 청구하였다가 제1심 변론 과정에서 이를 주위적 청구로 변경하고, 예비적으로 불법행위(사기)를 원인으로 한 손해배상 청구를 추가하였는데, 이는 그 명칭에도 불구하고 실질적으로는 선택적 병합 관계에 있다. 병합의 형태가 선택적 병합인지 예비적 병합인지는 당사자의 의사가 아닌 병합청구의 성질을 기준으로 판단하여야 하고, 항소심에서의 심판 범위도 그러한 병합청구의 성질을 기준으로 결정하여야 한다.

대법원 1986. 9. 23. 선고 85다353 판결

원고가 제1심에서 사기에 의한 의사표시취소를 원인으로 한 근저당권설정등기의 말소청구와 함께 피담보채무의 부존재를 원인으로 한 근저당권설정등기의 말소청구를 하였다가 청구기각의 본안판결을 받은 후 항소심에서 위 기망을 원인으로 한 말소청구 부분만을 유지하고 피담보채무의 부존재를 원인으로 한 말소청구는 철회하여 적법히 취하한 후 다시 같은 청구를 추가한 경우, 위 청구들은 각 그 청구원인을 달리하는 별개의 독립된 소송물로서 선택적 병합관계에 있다고 볼 것이고 동일한 소송물로서 그 공격방법만을 달리하는 것은 아니므로 위 피담보채무의 부존재를 원인으로 한 말소청구는 종국판결인 제1심 판결의 선고후 취하되었다가 다시 제기된 것이어서 재소금지의 원칙에 어긋나는 부적법한 소라 할 것이므로 주문에서 이 부분 소를 각하하는 판결을 하여야 한다.

대법원 2014. 10. 27. 선고 2014다41575 판결

채무자가 채무초과 상태에서 자신의 재산을 타인에게 증여하였다면 특별한 사정이 없는 한 이러한 행위는 사해행위가 된다고 할 것이나, 채무자가 채무초과의 상태에서 특정 채권자에게 채무의 본지에 따른 변제를 함으로써 다른 채권자의 공동담보가 감소하는 결과가 되는 경우, 그 변제는 채무자가 특히 일부의 채권자와 통모하여 다른 채권자를 해할 의사를 가지고 변제를 한 경우가 아닌 한 원칙적으로 사해행위가 되는 것이 아니다.

대법원 2014. 10. 27. 선고 2014다41575 판결

채권자가 여러 수익자들을 상대로 사해행위취소 및 원상회복청구의 소를 제기하여 여러 개의 소송이 계속 중인 경우에는 각 소송에서 채권자의 청구에 따라 사해행위의 취소 및 원상회복을 명하는 판결을 선고하여야 하며, 수익자가 가액배상을 하여야 할 경우에도 다른 소송의 결과를 참작할 필요 없이 수익자가 반환하여야

할 가액 범위 내에서 채권자의 피보전채권 전액의 반환을 명하여야 한다. 그리고 이러한 법리는 이 사건에서와 같이 채무자가 동시에 수인의 수익자들에게 각기 금원을 증여한 결과 채무초과상태가 되거나 그러한 상태가 악화됨으로써 그와 같은 각각의 증여행위가 모두 사해행위로 되고, 채권자가 그 수익자들을 공동피고로 하여 사해행위취소 및 원상회복을 구하여 각 수익자들이 부담하는 원상회복금액을 합산한 금액이 채권자의 피보전채권액을 초과하는 경우에도 마찬가지라고 할 것이다.

대법원 2002. 3. 29. 선고 2000다13887 판결
채권의 양도나 질권의 설정에 대하여 이의를 보류하지 아니하고 승낙을 하였더라도 양수인 또는 질권자가 악의 또는 중과실의 경우에 해당하는 한 채무자의 승낙 당시까지 양도인 또는 질권설정자에 대하여 생긴 사유로써도 양수인 또는 질권자에게 대항할 수 있다.

대법원 1993. 4. 13. 선고 92다24950 판결
위의 경우에도 민법 제629조가 적용되기 때문에 토지의 임대인에 대한 관계에서는 그의 동의가 없는 한 경락인은 그 임차권의 취득을 대항할 수 없다고 할 것인바, 민법 제622조 제1항은 건물의 소유를 목적으로 한 토지임대차는 이를 등기하지 아니한 경우에도 임차인이 그 지상건물을 등기한 때에는 토지에 관하여 권리를 취득한 제3자에 대하여 임대차의 효력을 주장할 수 있음을 규정한 취지임에 불과할 뿐, 건물의 소유권과 함께 건물의 소유를 목적으로 한 토지의 임차권을 취득한 사람이 토지의 임대인에 대한 관계에서 그의 동의가 없이도 임차권의 취득을 대항할 수 있는 것까지 규정한 것이라고는 볼 수 없다. 임차인의 변경이 당사자의 개인적인 신뢰를 기초로 하는 계속적 법률관계인 임대차를 더 이상 지속시키기 어려울 정도로 당사자간의 신뢰관계를 파괴하는 임대인에 대한 배신행위가 아니라고 인정되는 특별한 사정이 있는 때에는 임대인은 자신의 동의 없이 임차권이 이전되었다는 것만을 이유로 민법 제629조 제2항에 따라서 임대차계약을 해지할 수 없고, 그와 같은 특별한 사정이 있는 때에 한하여 경락인은 임대인의 동의가 없더라도 임차권의 이전을 임대인에게 대항할 수 있다고 봄이 상당한바, 위와 같은 특별한 사정이 있는 점은 경락인이 주장·입증하여야 한다.

대법원 2008. 5. 8. 선고 2007다36933, 36940 판결
저당권의 실행으로 부동산이 경매된 경우에 그 부동산에 부합된 물건은 그것이 부합될 당시에 누구의 소유이었는지를 가릴 것 없이 그 부동산을 낙찰받은 사람이 소유권을 취득하지만, 그 부동산의 상용에 공하여진 물건일지라도 그 물건이 부동산의 소유자가 아닌 다른 사람의 소유인 때에는 이를 종물이라고 할 수 없으므로 부동산에 대한 저당권의 효력에 미칠 수 없어 부동산의 낙찰자가 당연히 그 소유권을 취득하는 것은 아니며, 나아가 부동산의 낙찰자가 그 물건을 선의취득하였다고 할 수 있으려면 그 물건이 경매의 목적물로 되었고 낙찰자가 선의이며 과실 없이 그 물건을 점유하는 등으로 선의취득의 요건을 구비하여야 한다.

대법원 2007. 11. 29. 선고 2005다64255 판결
주택임차인이 임차주택을 직접 점유하여 거주하지 않고 그곳에 주민등록을 하지 아니한 경우라 하더라도, 임대인의 승낙을 받아 적법하게 임차주택을 전대하고 그 전차인이 주택을 인도받아 자신의 주민등록을 마친 때에는, 이로써 당해 주택이 임대차의 목적이 되어 있다는 사실이 충분히 공시될 수 있으므로, 임차인은 주택임대차보호법에 정한 대항요건을 적법하게 갖추었다고 볼 것이다. 임차인이 비록 임대인으로부터 별도의 승낙을 얻지 아니하고 제3자에게 임차물을 사용·수익하도록 한 경우에 있어서도, 임차인의 당해 행위가 임대인에 대한 배신적 행위라고 할 수 없는 특별한 사정이 인정되는 경우에는, 임대인은 자신의 동의 없이 전대차가 이루어졌다는 것만을 이유로 임대차계약을 해지할 수 없으며, 전차인은 그 전대차나 그에 따른 사용·수익을 임대인에게 주장할 수 있다 할 것이다. 주택의 전대차가 그 당사자 사이뿐 아니라 임대인에 대하여도 주장할 수

있는 적법, 유효한 것이라고 평가되는 경우에는, 전차인이 임차인으로부터 주택을 인도받아 자신의 주민등록을 마치고 있다면 이로써 주택이 임대차의 목적이 되어 있다는 사실은 충분히 공시될 수 있고 또 이러한 경우 다른 공시방법도 있을 수 없으므로, 결국 임차인의 대항요건은 전차인의 직접 점유 및 주민등록으로써 적법, 유효하게 유지, 존속한다고 보아야 한다.

### 대법원 2014. 2. 13. 선고 2013다65963 판결

우리 민법은 유류분제도를 인정하여 제1112조부터 제1118조까지 이에 관하여 규정하면서도 유류분의 반환방법에 관하여 별도의 규정을 두고 있지 않으나, 증여 또는 유증대상 재산 그 자체를 반환하는 것이 통상적인 반환방법이라고 할 것이므로, 유류분 권리자가 원물반환의 방법에 의하여 유류분반환을 청구하고 그와 같은 원물반환이 가능하다면 달리 특별한 사정이 없는 이상 법원은 유류분권리자가 청구하는 방법에 따라 원물반환을 명하여야 한다.

### 대법원 2014. 8. 26. 선고 2012다77594 판결

증여 또는 유증을 받은 재산 등의 가액이 자기 고유의 유류분액을 초과하는 수인의 공동상속인이 유류분권리자에게 반환하여야 할 재산과 그 범위를 정함에 있어서, 수인의 공동상속인이 유증받은 재산의 총 가액이 유류분권리자의 유류분 부족액을 초과하는 경우에는 그 유류분 부족액의 범위 내에서 각자의 수유재산을 반환하면 되는 것이지 이를 놓아두고 수증재산을 반환할 것은 아니다. 이 경우 수인의 공동상속인이 유류분권리자의 유류분 부족액을 각자의 수유재산으로 반환함에 있어서 분담하여야 할 액은 각자 증여 또는 유증을 받은 재산 등의 가액이 자기 고유의 유류분액을 초과하는 가액의 비율에 따라 안분하여 정한다.

### 대법원 2021. 4. 29. 선고 2017다228007 전원합의체 판결

2000. 1. 12. 법률 제6158호로 전부 개정된 구 장사 등에 관한 법률(이하 '장사법'이라 한다)의 시행일인 2001. 1. 13. 이전에 타인의 토지에 분묘를 설치한 다음 20년간 평온·공연하게 분묘의 기지(基地)를 점유함으로써 분묘기지권을 시효로 취득하였더라도, 분묘기지권자는 토지소유자가 분묘기지에 관한 지료를 청구하면 그 청구한 날부터의 지료를 지급할 의무가 있다고 보아야 한다.

### 대법원 1998. 3. 27. 선고 97다34709 판결

상법 제395조가 회사를 대표할 권한이 있는 것으로 인정될 만한 명칭을 사용한 이사의 행위에 대한 회사의 책임을 규정한 것이어서, 표현대표이사가 이사의 자격을 갖출 것을 요건으로 하고 있으나, 이 규정은 표시에 의한 금반언의 법리나 외관이론에 따라 대표이사로서의 외관을 신뢰한 제3자를 보호하기 위하여 그와 같은 외관의 존재에 대하여 귀책사유가 있는 회사로 하여금 선의의 제3자에 대하여 그들의 행위에 관한 책임을 지도록 하려는 것이므로, 회사가 이사의 자격이 없는 자에게 표현대표이사의 명칭을 사용하게 허용한 경우는 물론, 이사의 자격이 없는 사람이 임의로 표현대표이사의 명칭을 사용하고 있는 것을 회사가 알면서도 아무런 조치를 취하지 아니한 채 그대로 방치하여 소극적으로 묵인한 경우에도 위 규정이 유추적용되는 것으로 해석함이 상당하다. 상법 제395조 소정의 '선의'란 표현대표이사가 대표권이 없음을 알지 못한 것을 말하는 것이지 반드시 형식상 대표이사가 아니라는 것을 알지 못한 것에 한정할 필요는 없다.

대법원 2012. 7. 12. 선고 2012다20475 판결

법인 대표자가 법인에 대하여 불법행위를 한 경우에는, 법인과 대표자의 이익은 상반되므로 법인 대표자가 그로 인한 손해배상청구권을 행사하리라고 기대하기 어려울 뿐만 아니라 일반적으로 대표권도 부인된다고 할 것이어서, 법인 대표자가 손해 및 가해자를 아는 것만으로는 부족하다. 따라서 위 경우에는 적어도 법인의 이익을 정당하게 보전할 권한을 가진 다른 대표자, 임원 또는 사원이나 직원 등이 손해배상청구권을 행사할 수 있을 정도로 이를 안 때에 비로소 단기소멸시효가 진행하고, 만약 임원 등이 법인 대표자와 공동불법행위를 한 경우에는 그 임원 등을 배제하고 단기소멸시효 기산점을 판단하여야 한다.

대법원 2001. 3. 27. 선고 2000다43819 판결

같은 채권에 관하여 추심명령이 여러 번 발부되더라도 그 사이에는 순위의 우열이 없고, 추심명령을 받아 채권을 추심하는 채권자는 자기채권의 만족을 위하여서 뿐만 아니라 압류가 경합되거나 배당요구가 있는 경우에는 집행법원의 수권에 따라 일종의 추심기관으로서 압류나 배당에 참가한 모든 채권자를 위하여 제3채무자로부터 추심을 하는 것이므로 그 추심권능은 압류된 채권 전액에 미치며, 제3채무자로서도 정당한 추심권자에게 변제하면 그 효력은 위 모든 채권자에게 미치므로 압류된 채권을 경합된 압류채권자 및 또 다른 추심권자의 집행채권액에 안분하여 변제하여야 하는 것도 아니다.

## Ⅲ 2022년 8월 모의고사

대법원 2013. 11. 28. 선고 2011다80449 판결

합유재산의 보존행위는 합유재산의 멸실·훼손을 방지하고 그 현상을 유지하기 위하여 하는 사실적·법률적 행위로서 이러한 합유재산의 보존행위를 각 합유자 단독으로 할 수 있도록 한 취지는 그 보존행위가 긴급을 요하는 경우가 많고 다른 합유자에게도 이익이 되는 것이 보통이기 때문이다. 민법상 조합인 공동수급체가 경쟁입찰에 참가하였다가 다른 경쟁업체가 낙찰자로 선정된 경우, 그 공동수급체의 구성원 중 1인이 그 낙찰자 선정이 무효임을 주장하며 무효확인의 소를 제기하는 것은 그 공동수급체가 경쟁입찰과 관련하여 갖는 법적 지위 내지 법률상 보호받는 이익이 침해될 우려가 있어 그 현상을 유지하기 위하여 하는 소송행위이므로 이는 합유재산의 보존행위에 해당한다.

특정한 권리나 법률관계에 관하여 분쟁이 있어도 제소하지 아니하기로 합의(이하 '부제소 합의'라고 한다)한 경우 이에 위배되어 제기된 소는 권리보호의 이익이 없고, 또한 당사자와 소송관계인은 신의에 따라 성실하게 소송을 수행하여야 한다는 신의성실의 원칙(민사소송법 제1조 제2항)에도 어긋나는 것이므로, 소가 부제소 합의에 위배되어 제기된 경우 법원은 직권으로 소의 적법 여부를 판단할 수 있다.

대법원 2019. 3. 14. 선고 2018다277785, 277792 판결

원고의 본소 청구에 대하여 피고가 본소 청구를 다투면서 사해행위의 취소 및 원상회복을 구하는 반소를 적법하게 제기한 경우, 사해행위의 취소 여부는 반소의 청구원인임과 동시에 본소 청구에 대한 방어방법이자, 본소 청구 인용 여부의 선결문제가 될 수 있다. 그 경우 법원이 반소 청구가 이유 있다고 판단하여, 사해행위의 취소 및 원상회복을 명하는 판결을 선고하는 경우, 비록 반소 청구에 대한 판결이 확정되지 않았다고 하더라도, 원고의 소유권 취득의 원인이 된 법률행위가 취소되었음을 전제로 원고의 본소 청구를 심리하여 판단할

수 있다고 봄이 타당하다. 그때에는 반소 사해행위취소 판결의 확정을 기다리지 않고, 반소 사해행위취소 판결을 이유로 원고의 본소 청구를 기각할 수 있다. 본소와 반소가 같은 소송절차 내에서 함께 심리, 판단되는 이상, 반소 사해행위취소 판결의 확정 여부가 본소 청구 판단 시 불확실한 상황이라고 보기 어렵고, 그로 인해 원고에게 소송상 지나친 부담을 지운다거나, 원고의 소송상 지위가 불안정해진다고 볼 수도 없다. 오히려 이로써 반소 사해행위취소소송의 심리를 무위로 만들지 않고, 소송경제를 도모하며, 본소 청구에 대한 판결과 반소 청구에 대한 판결의 모순 저촉을 피할 수 있다.

### 대법원 2012. 3. 29. 선고 2011다106136 판결
민사소송법 제436조 제2항에 의하여 환송받은 법원이 기속되는 '상고법원이 파기이유로 한 법률상 판단'에는 상고법원이 명시적으로 설시한 법률상 판단뿐 아니라 명시적으로 설시하지 아니하였더라도 파기이유로 한 부분과 논리적·필연적 관계가 있어서 상고법원이 파기이유의 전제로서 당연히 판단하였다고 볼 수 있는 법률상 판단도 포함되는 것으로 보아야 한다.

### 대법원 1993. 2. 12. 선고 92다23193 판결
부동산의 매수인이 매매목적물에 관한 근저당권의 피담보채무, 가압류채무, 임대차보증금반환채무를 인수하는 한편 그 채무액을 매매대금에서 공제하기로 약정한 경우, 다른 특별한 약정이 없는 이상 이는 매도인을 면책시키는 채무인수가 아니라 이행인수로 보아야 하고, 매수인이 위 채무를 현실적으로 변제할 의무를 부담한다고도 해석할 수 없으며 특별한 사정이 없는 한 매수인이 매매대금에서 그 채무액을 공제한 나머지를 지급함으로써 잔금지급의무를 다하였다 할 것이고, 또한 위 약정의 내용은 매도인과 매수인의 계약으로 매수인이 매도인의 채무를 변제하기로 하는 것으로서 매수인은 제3자의 지위에서 매도인에 대하여만 그의 채무를 변제할 의무를 부담함에 그치므로 채권자의 승낙이 없으면 그에게 대항하지 못할 뿐 당사자 사이에서는 유효하게 성립한다.

### 대법원 2008. 3. 13. 선고 2006다68209 판결
당사자들이 법정 관할법원에 속하는 여러 관할법원 중 어느 하나를 관할법원으로 하기로 약정한 경우, 그와 같은 약정은 그 약정이 이루어진 국가 내에서 재판이 이루어질 경우를 예상하여 그 국가 내에서의 전속적 관할법원을 정하는 취지의 합의라고 해석될 수 있지만, 특별한 사정이 없는 한 다른 국가의 재판관할권을 완전히 배제하거나 다른 국가에서의 전속적인 관할법원까지 정하는 합의를 한 것으로 볼 수는 없다. 따라서 채권양도 등의 사유로 외국적 요소가 있는 법률관계에 해당하게 된 때에는 다른 국가의 재판관할권이 성립할 수 있고, 이 경우에는 위 약정의 효력이 미치지 아니하므로 관할법원은 그 국가의 소송법에 따라 정하여진다고 봄이 상당하다.

### 대법원 1994. 5. 26.자 94마536 결정
관할의 합의의 효력은 부동산에 관한 물권의 특정승계인에게는 미치지 않는다고 새겨야 할 것인바, 부동산 양수인이 근저당권 부담부의 소유권을 취득한 특정승계인에 불과하다면(근저당권 부담부의 부동산의 취득자가 그 근저당권의 채무자 또는 근저당권설정자의 지위를 당연히 승계한다고 볼 수는 없다), 근저당권설정자와 근저당권자 사이에 이루어진 관할합의의 효력은 부동산 양수인에게 미치지 않는다.

### 대법원 2014. 8. 20. 선고 2012다97420,97437 판결
중첩적 채무인수에서 인수인이 채무자의 부탁 없이 채권자와의 계약으로 채무를 인수하는 것은 매우 드문 일이므로 채무자와 인수인은 원칙적으로 주관적 공동관계가 있는 연대채무관계에 있고, 인수인이 채무자의 부탁을 받지 아니하여 주관적 공동관계가 없는 경우에는 부진정연대관계에 있는 것으로 보아야 한다.

대법원 1994. 5. 27. 선고 93다21521 판결

부진정연대채무에 있어서 부진정연대채무자 1인이 한 상계가 다른 부진정연대채무자에 대한 관계에 있어서도 공동면책의 효력 내지 절대적 효력이 있는 것인지는 별론으로 하더라도, 부진정연대채무자 사이에는 고유의 의미에 있어서의 부담부분이 존재하지 아니하므로 위와 같은 고유의 의미의 부담부분의 존재를 전제로 하는 민법 제418조 제2항은 부진정연대채무에는 적용되지 아니하는 것으로 봄이 상당하고, 따라서 부진정연대채무에 있어서는 한 부진정연대채무자가 채권자에 대하여 상계할 채권을 가지고 있음에도 상계를 하지 않고 있다 하더라도 다른 부진정연대채무자가 그 채권을 가지고 상계를 할 수는 없는 것으로 보아야 한다.

대법원 2021. 6. 3. 선고 2018다280316 판결

비록 부동산 명의신탁자가 명의신탁약정을 해지한 다음 제3자에게 '명의신탁 해지를 원인으로 한 소유권이전등기청구권'을 양도하였다고 하더라도 명의수탁자가 양도에 대하여 동의하거나 승낙하지 않고 있다면 양수인은 위와 같은 소유권이전등기청구권을 양수하였다는 이유로 명의수탁자에 대하여 직접 소유권이전등기청구를 할 수 없다.

대법원 2021. 9. 9. 선고 2018다284233 전원합의체 판결

3자간 등기명의신탁에서 명의수탁자의 임의처분 또는 강제수용이나 공공용지 협의취득 등(이러한 소유명의 이전의 원인관계를 통틀어 이하에서는 '명의수탁자의 처분행위 등'이라 한다)을 원인으로 제3자 명의로 소유권이전등기가 마쳐진 경우, 특별한 사정이 없는 한 제3자는 유효하게 소유권을 취득한다[부동산 실권리자명의 등기에 관한 법률(이하 '부동산실명법'이라 한다) 제4조 제3항]. 그 결과 매도인의 명의신탁자에 대한 소유권이전등기의무는 이행불능이 되어 명의신탁자로서는 부동산의 소유권을 이전받을 수 없게 되는 한편, 명의수탁자는 부동산의 처분대금이나 보상금 등을 취득하게 된다. 판례는, 명의수탁자가 그러한 처분대금이나 보상금 등의 이익을 명의신탁자에게 부당이득으로 반환할 의무를 부담한다고 보고 있다. 이러한 판례는 타당하므로 그대로 유지되어야 한다.

명의수탁자가 부동산에 관하여 제3자에게 근저당권을 설정하여 준 경우에도 부동산의 소유권이 제3자에게 이전된 경우와 마찬가지로 보아야 한다. 명의수탁자가 제3자에게 부동산에 관하여 근저당권을 설정하여 준 경우에 제3자는 부동산실명법 제4조 제3항에 따라 유효하게 근저당권을 취득한다. 이 경우 매도인의 부동산에 관한 소유권이전등기의무가 이행불능된 것은 아니므로, 명의신탁자는 여전히 매도인을 대위하여 명의수탁자의 부동산에 관한 진정명의회복을 원인으로 한 소유권이전등기 등을 통하여 매도인으로부터 소유권을 이전받을 수 있지만, 그 소유권은 명의수탁자가 설정한 근저당권이 유효하게 남아 있는 상태의 것이다. 명의수탁자는 제3자에게 근저당권을 설정하여 줌으로써 피담보채무액 상당의 이익을 얻었고, 명의신탁자는 매도인을 매개로 하더라도 피담보채무액만큼의 교환가치가 제한된 소유권만을 취득할 수밖에 없는 손해를 입은 한편, 매도인은 명의신탁자로부터 매매대금을 수령하여 매매계약의 목적을 달성하였으면서도 근저당권이 설정된 상태의 소유권을 이전하는 것에 대하여 손해배상책임을 부담하지 않으므로 실질적인 손실을 입지 않는다. 따라서 3자간 등기명의신탁에서 명의수탁자가 부동산에 관하여 제3자에게 근저당권을 설정한 경우 명의수탁자는 근저당권의 피담보채무액 상당의 이익을 얻었고 그로 인하여 명의신탁자에게 그에 상응하는 손해를 입혔으므로, 명의수탁자는 명의신탁자에게 이를 부당이득으로 반환할 의무를 부담한다.

대법원 2021. 2. 10. 선고 2017다258787 판결

민법 제495조는 "소멸시효가 완성된 채권이 그 완성 전에 상계할 수 있었던 것이면 그 채권자는 상계할 수 있다."라고 규정하고 있다. 이는 당사자 쌍방의 채권이 상계적상에 있었던 경우에 당사자들은 그 채권·채무관계가 이미 정산되어 소멸하였다고 생각하는 것이 일반적이라는 점을 고려하여 당사자들의 신뢰를 보호하기 위한 것

이다. 다만 이는 '자동채권의 소멸시효 완성 전에 양 채권이 상계적상에 이르렀을 것'을 요건으로 한다.

민법 제626조 제2항은 임차인이 유익비를 지출한 경우에는 임대인은 임대차 종료 시에 그 가액의 증가가 현존한 때에 한하여 임차인의 지출한 금액이나 그 증가액을 상환하여야 한다고 규정하고 있으므로, 임차인의 유익비상환채권은 임대차계약이 종료한 때에 비로소 발생한다고 보아야 한다. 따라서 임대차 존속 중 임대인의 구상금채권의 소멸시효가 완성된 경우에는 위 구상금채권과 임차인의 유익비상환채권이 상계할 수 있는 상태에 있었다고 할 수 없으므로, 그 이후에 임대인이 이미 소멸시효가 완성된 구상금채권을 자동채권으로 삼아 임차인의 유익비상환채권과 상계하는 것은 민법 제495조에 의하더라도 인정될 수 없다.

### 대법원 2020. 10. 15. 선고 2019다245822 판결

공유물의 소수지분권자가 다른 공유자와 협의 없이 공유물의 전부 또는 일부를 독점적으로 점유·사용하고 있는 경우 다른 소수지분권자는 공유물의 보존행위로서 그 인도를 청구할 수는 없고, 다만 자신의 지분권에 기초하여 공유물에 대한 방해 상태를 제거하거나 공동 점유를 방해하는 행위의 금지 등을 청구할 수 있다.

### 대법원 2020. 10. 29. 선고 2016다35390 판결

금전채권에 대해 압류·추심명령이 이루어지면 채권자는 민사집행법 제229조 제2항에 따라 대위절차 없이 압류채권을 직접 추심할 수 있는 권능을 취득한다. 추심채권자는 추심권을 포기할 수 있으나(민사집행법 제240조 제1항), 그 경우 집행채권이나 피압류채권에는 아무런 영향이 없다. 한편 추심채권자는 추심 목적을 넘는 행위, 예를 들어 피압류채권의 면제, 포기, 기한 유예, 채권양도 등의 행위는 할 수 없다.

추심금소송에서 추심채권자가 제3채무자와 '피압류채권 중 일부 금액을 지급하고 나머지 청구를 포기한다.'는 내용의 재판상 화해를 한 경우 '나머지 청구 포기 부분'은 추심채권자가 적법하게 포기할 수 있는 자신의 '추심권'에 관한 것으로서 제3채무자에게 더 이상 추심권을 행사하지 않고 소송을 종료하겠다는 의미로 보아야 한다. 이와 달리 추심채권자가 나머지 청구를 포기한다는 표현을 사용하였다고 하더라도 이를 애초에 자신에게 처분 권한이 없는 '피압류채권' 자체를 포기한 것으로 볼 수는 없다. 따라서 위와 같은 재판상 화해의 효력은 별도의 추심명령을 기초로 추심권을 행사하는 다른 채권자에게 미치지 않는다.

### 대법원 2021. 9. 9. 선고 2020다299122 판결

당사자 쌍방에 대하여 모두 상행위가 되는 행위로 인한 채권뿐만 아니라 당사자 일방에 대하여만 상행위에 해당하는 행위로 인한 채권도 상법 제64조 소정의 5년의 소멸시효기간이 적용되는 상사채권에 해당하는 것이고, 그 상행위에는 상법 제46조 각 호에 해당하는 기본적 상행위뿐만 아니라 상인이 영업을 위하여 하는 보조적 상행위도 포함되며, 상인이 영업을 위하여 하는 행위는 상행위로 보되 상인의 행위는 영업을 위하여 하는 것으로 추정되고, 상행위인 계약의 해제로 인한 원상회복청구권 또한 상법 제64조의 상사시효의 대상이 된다.

### 대법원 2020. 7. 9. 선고 2016다244224(본소), 2016다244231(반소) 판결

소멸시효 제도의 존재 이유와 취지, 임대차기간이 끝난 후 보증금반환채권에 관계되는 당사자 사이의 이익형량, 주택임대차보호법 제4조 제2항의 입법 취지 등을 종합하면, 주택임대차보호법에 따른 임대차에서 임차인이 임대차 종료 후 보증금을 반환받기 위해 동시이행항변권을 근거로 임차목적물을 계속 점유하고 있는 경우, 보증금반환채권에 대한 소멸시효는 진행하지 않는다고 보아야 한다.

대법원 2021. 2. 25. 선고 2020다230239 판결

금전을 대여한 채권자가 고의 또는 과실로 이자제한법을 위반하여 최고이자율을 초과하는 이자를 받아 채무자에게 손해를 입힌 경우에는 특별한 사정이 없는 한 민법 제750조에 따라 불법행위가 성립한다고 보아야 한다. 최고이자율을 초과하여 지급된 이자는 이자제한법 제2조 제4항에 따라 원본에 충당되므로, 이와 같이 충당하여 원본이 소멸하고도 남아 있는 초과 지급액은 이자제한법 위반 행위로 인한 손해라고 볼 수 있다. 부당이득반환청구권과 불법행위로 인한 손해배상청구권은 서로 별개의 청구권으로서, 제한 초과이자에 대하여 부당이득반환청구권이 있다고 해서 그것만으로 불법행위의 성립이 방해되지 않는다. 나아가 채권자와 공동으로 위와 같은 이자제한법 위반 행위를 하였거나 이에 가담한 사람도 민법 제760조에 따라 연대하여 손해를 배상할 책임이 있다.

대법원 2020. 11. 19. 선고 2019다232918 전원합의체 판결

[1] 민법 제1019조 제3항은 민법 부칙(2002. 1. 14. 개정 법률 부칙 중 2005. 12. 29. 법률 제7765호로 개정된 것, 이하 같다) 제3항, 제4항에 따라 ① 1998. 5. 27.부터 위 개정 민법 시행 전까지 상속개시 있음을 안 상속인과 ② 1998. 5. 27. 전에 상속개시 있음을 알았지만 그로부터 3월 내에 상속채무 초과사실을 중대한 과실 없이 알지 못하다가 1998. 5. 27. 이후 상속채무 초과사실을 알게 된 상속인에게도 적용되므로, 이러한 상속인들도 위 부칙 규정에서 정한 기간 내에 특별한정승인을 하는 것이 가능하였다. 그러나 위 부칙 규정상 1998. 5. 27. 전에 이미 상속개시 있음과 상속채무 초과사실을 모두 알았던 상속인에게는 민법 제1019조 제3항이 적용되지 않으므로, 이러한 상속인은 특별한정승인을 할 수 없는 것으로 귀결된다.

[2] 민법 제1019조 제1항, 제3항의 각 기간은 상속에 관한 법률관계를 조기에 안정시켜 법적 불안 상태를 막기 위한 제척기간인 점, 미성년자를 보호하기 위해 마련된 법정대리인 제도와 민법 제1020조의 내용 및 취지 등을 종합하면, 상속인이 미성년인 경우 민법 제1019조 제3항이나 그 소급 적용에 관한 민법 부칙(2002. 1. 14. 개정 법률 부칙 중 2005. 12. 29. 법률 제7765호로 개정된 것, 이하 같다) 제3항, 제4항에서 정한 '상속채무 초과사실을 중대한 과실 없이 제1019조 제1항의 기간 내에 알지 못하였는지'와 '상속채무 초과사실을 안 날이 언제인지'를 판단할 때에는 법정대리인의 인식을 기준으로 삼아야 한다.

대법원 2021. 8. 19. 선고 2018다258074 판결

상행위인 계약의 무효로 인한 부당이득반환청구권은 민법 제741조의 부당이득 규정에 따라 발생한 것으로서 특별한 사정이 없는 한 민법 제162조 제1항이 정하는 10년의 민사 소멸시효기간이 적용되나, 부당이득반환청구권이 상행위인 계약에 기초하여 이루어진 급부 자체의 반환을 구하는 것으로서 채권의 발생 경위나 원인, 당사자의 지위와 관계 등에 비추어 법률관계를 상거래 관계와 같은 정도로 신속하게 해결할 필요성이 있는 경우 등에는 상법 제64조가 유추적용되어 같은 조항이 정한 5년의 상사 소멸시효기간에 걸린다. 이러한 법리는 실제로 발생하지 않은 보험사고의 발생을 가장하여 청구·수령된 보험금 상당 부당이득반환청구권의 경우에도 마찬가지로 적용할 수 있다.

## Ⅳ 2022년 6월 모의고사

**대법원 2009. 11. 13.자 2009마1482 결정**

주택분양보증약관에서 '대한주택보증 주식회사의 관할 영업점 소재지 법원'을 전속적 합의관할 법원으로 정한 사안에서, 위 회사의 내부적인 업무조정에 따라 위 약관조항에 의한 전속적 합의관할이 변경된다고 볼 경우에는 당사자 중 일방이 지정하는 법원에 관할권을 인정한다는 관할합의조항과 다를 바 없고, 사업자가 그 거래상의 지위를 남용하여 사업자의 영업소를 관할하는 지방법원을 전속적 관할로 하는 약관조항을 작성하여 고객과 계약을 체결함으로써 건전한 거래질서를 훼손하는 등 고객에게 부당하게 불이익을 주는 것으로서 무효인 약관조항이라고 볼 수밖에 없으므로, 위 약관조항에서 말하는 '위 회사의 관할 영업점 소재지 법원'은 주택분양보증계약이 체결될 당시 이를 관할하던 위 회사의 영업점 소재지 법원을 의미한다.

**대법원 1993. 12. 6.자 93마524 전원합의체 결정**

당사자가 관할위반을 이유로 한 이송신청을 한 경우에도 이는 단지 법원의 직권발동을 촉구하는 의미밖에 없는 것이고, 따라서 법원은 이 이송신청에 대하여는 재판을 할 필요가 없고, 설사 법원이 이 이송신청을 거부하는 재판을 하였다고 하여도 항고가 허용될 수 없으므로 항고심에서는 이를 각하하여야 한다.

**대법원 1995. 7. 11. 선고 94다34265 전원합의체 판결**

다. 토지임대차 종료시 임대인의 건물철거와 그 부지인도 청구에는 건물매수대금 지급과 동시에 건물명도를 구하는 청구가 포함되어 있다고 볼 수 없다.

라. '다'항의 경우에 법원으로서는 임대인이 종전의 청구를 계속 유지할 것인지, 아니면 대금지급과 상환으로 지상물의 명도를 청구할 의사가 있는 것인지(예비적으로라도)를 석명하고 임대인이 그 석명에 응하여 소를 변경한 때에는 지상물 명도의 판결을 함으로써 분쟁의 1회적 해결을 꾀하여야 한다. 그러므로 이와는 달리 이러한 경우에도 법원에게 위와 같은 점을 석명하여 심리하지 아니한 것이 위법이 아니라는 취지의 당원 1972.5.23. 선고 72다341 판결은 이로써 이를 변경한다.

**대법원 1995. 5. 23. 선고 94다28444 전원합의체 판결**

가. 소송계속 중 어느 일방 당사자의 사망에 의한 소송절차 중단을 간과하고 변론이 종결되어 판결이 선고된 경우에는 그 판결은 소송에 관여할 수 있는 적법한 수계인의 권한을 배제한 결과가 되는 절차상 위법은 있지만 그 판결이 당연무효라 할 수는 없고, 다만 그 판결은 대리인에 의하여 적법하게 대리되지 않았던 경우와 마찬가지로 보아 대리권흠결을 이유로 상소 또는 재심에 의하여 그 취소를 구할 수 있을 뿐이므로, 판결이 선고된 후 적법한 상속인들이 수계신청을 하여 판결을 송달받아 상고하거나 또는 사실상 송달을 받아 상고장을 제출하고 상고심에서 수계절차를 밟은 경우에도 그 수계와 상고는 적법한 것이라고 보아야 하고, 그 상고를 판결이 없는 상태에서 이루어진 상고로 보아 부적법한 것이라고 각하해야 할 것은 아니다.

**대법원 1981. 7. 14. 선고 81다64,65 판결**

민사소송법 제240조 제2항 소정의 "소를 취하한 자"에는 변론종결 후의 특정승계인을 포함하나 "동일한 소"라 함은 권리보호의 이익도 같아야 하므로 이 건 토지의 전소유자가 피고를 상대로 한 전소와 본건 소는 소송물인 권리관계는 동일하다 할지라도 위 전소의 취하 후에 이 건 토지를 양수한 원고는 그 소유권을 침해하고 있는 피고에 대하여 그 배제를 구할 새로운 권리보호의 이익이 있다고 할 것이니 위 전소와 본건 소는 동일한 소라고 할 수 없다.

대법원 1984. 9. 25. 선고 84다카148 판결

토지소유권에 기한 물권적 청구권을 원인으로 하는 토지인도소송의 소송물은 토지소유권이 아니라 그 물권적 청구권인 토지인도청구권이므로 그 소송에서 청구기각된 확정판결의 기판력은 토지인도청구권의 존부 그 자체에만 미치는 것이고 소송물이 되지 아니한 토지소유권의 존부에 관하여는 미치지 아니한다 할 것이므로 그 토지인도소송의 사실심변론종결후에 그 패소자인 토지소유자로부터 토지를 매수하고 소유권이전등기를 마침으로써 그 소유권을 승계한 제3자의 토지소유권의 존부에 관하여는 위 확정판결의 기판력이 미치지 않는다 할 것이고 또 이 경우, 위 제3자가 가지게 되는 물권적 청구권인 토지인도청구권은 적법하게 승계한 토지소유권의 일반적 효력으로서 발생된 것이고 위 토지인도소송의 소송물인 패소자의 토지인도청구권을 승계함으로써 가지게 된 것이라고는 할 수 없으므로 위 제3자는 위 확정판결의 변론종결후의 승계인에 해당한다고 할 수도 없다.

대법원 1997. 10. 17.자 97마1632 결정

민사소송법 제234조의2 제1항 소정의 '피고를 잘못 지정한 것이 명백한 때'라고 함은 청구취지나 청구원인의 기재 내용 자체로 보아 원고가 법률적 평가를 그르치는 등의 이유로 피고의 지정이 잘못된 것이 명백하거나 법인격의 유무에 관하여 착오를 일으킨 것이 명백한 경우 등을 말하고, 피고로 되어야 할 자가 누구인지를 증거조사를 거쳐 사실을 인정하고 그 인정 사실에 터잡아 법률 판단을 해야 인정할 수 있는 경우는 이에 해당하지 않는다.

대법원 2020. 2. 6. 선고 2019다223723 판결

하나의 채권 중 일부에 관하여만 판결을 구한다는 취지를 명백히 하여 소송을 제기한 경우에는 소제기에 의한 소멸시효중단의 효력이 그 일부에 관하여만 발생하고, 나머지 부분에는 발생하지 아니하나, 소장에서 청구의 대상으로 삼은 채권 중 일부만을 청구하면서 소송의 진행경과에 따라 장차 청구금액을 확장할 뜻을 표시하고 당해 소송이 종료될 때까지 실제로 청구금액을 확장한 경우에는 소제기 당시부터 채권 전부에 관하여 판결을 구한 것으로 해석되므로, 이러한 경우에는 소제기 당시부터 채권 전부에 관하여 재판상 청구로 인한 시효중단의 효력이 발생한다.

대법원 1993. 10. 26. 선고 93다14936 판결

동일당사자간에 계속적인 거래로 인하여 같은 종류를 목적으로 하는 수개의 채권관계가 성립되어 있는 경우에 채무자가 특정채무를 지정하지 아니하고 그 일부의 변제를 한 때에도 다른 특별한 사정이 없다면 잔존채무에 대하여도 승인을 한 것으로 보아 시효중단이나 포기의 효력을 인정할 수 있을 것이나, 그 채무가 별개로 성립되어 독립성을 갖고 있는 경우에는 일률적으로 그렇게만 해석할 수는 없을 것이고, 특히 채무자가 가압류 목적물에 대한 가압류를 해제받을 목적으로 피보전채권을 변제하는 경우에는 특별한 사정이 없는 한 피보전채권으로 적시되지 아니한 별개의 채무에 대하여서까지 소멸시효의 이익을 포기한 것이라고 볼 수는 없을 것이다.

대법원 2019. 3. 14. 선고 2018두56435 판결

민법 제174조가 시효중단 사유로 규정하고 있는 최고를 여러 번 거듭하다가 재판상 청구 등을 한 경우에 시효중단의 효력은 항상 최초의 최고 시에 발생하는 것이 아니라 재판상 청구 등을 한 시점을 기준으로 하여 이로부터 소급하여 6월 이내에 한 최고 시에 발생하고, 민법 제170조의 해석상 재판상의 청구는 그 소송이 취하된 경우에는 그로부터 6월 내에 다시 재판상의 청구를 하지 않는 한 시효중단의 효력이 없고 다만 재판외의 최고의 효력만을 갖게 된다. 이러한 법리는 그 소가 각하된 경우에도 마찬가지로 적용된다.

**대법원 2020. 1. 30. 선고 2018다204787 판결**

비용, 이자, 원본에 대한 변제충당에 관해서는 민법 제479조에 충당 순서가 법정되어 있고 지정변제충당에 관한 민법 제476조는 준용되지 않으므로 당사자가 법정 순서와 다르게 일방적으로 충당 순서를 지정할 수 없다. 민법 제479조에 따라 변제충당을 할 때 지연손해금은 이자와 같이 보아 원본보다 먼저 충당된다. 당사자 사이에 명시적·묵시적 합의가 있다면 법정변제충당의 순서와 달리 인정할 수 있지만 이러한 합의가 있는지는 이를 주장하는 자가 증명할 책임이 있다.

**대법원 2003. 6. 13. 선고 2003다8862 판결**

부당이득제도는 이득자의 재산상 이득이 법률상 원인을 결여하는 경우에 공평·정의의 이념에 근거하여 이득자에게 그 반환의무를 부담시키는 것인바, 채무자가 피해자로부터 횡령한 금전을 그대로 채권자에 대한 채무변제에 사용하는 경우 피해자의 손실과 채권자의 이득 사이에 인과관계가 있음이 명백하고, 한편 채무자가 횡령한 금전으로 자신의 채권자에 대한 채무를 변제하는 경우 채권자가 그 변제를 수령함에 있어 악의 또는 중대한 과실이 있는 경우에는 채권자의 금전 취득은 피해자에 대한 관계에 있어서 법률상 원인을 결여한 것으로 봄이 상당하나, 채권자가 그 변제를 수령함에 있어 단순히 과실이 있는 경우에는 그 변제는 유효하고 채권자의 금전 취득이 피해자에 대한 관계에 있어서 법률상 원인을 결여한 것이라고 할 수 없다.

**대법원 1995. 2. 10. 선고 94다45869,45876 판결**

동일인 소유 토지의 일부가 양도되어 공로에 통하지 못하는 토지가 생긴 경우에 포위된 토지를 위한 주위토지통행권은 일부 양도 전의 양도인 소유의 종전 토지에 대하여만 생기고 다른 사람 소유의 토지에 대하여는 인정되지 아니하며, 또 무상의 주위토지통행권이 발생하는 토지의 일부 양도라 함은 1필의 토지의 일부가 양도된 경우뿐만 아니라 일단으로 되어 있던 동일인 소유의 수필지의 토지 중의 일부가 양도된 경우도 포함된다. 양도인이 포위된 토지의 소유자에 대하여 '가항과 같은 무상의 주위토지통행을 허용하지 아니함으로써 포위된 토지의 소유자가 할 수 없이 주위의 다른 토지의 소유자와 일정 기간 동안 사용료를 지급하기로 하고 그 다른 토지의 일부를 공로로 통하는 통로로 사용하였다고 하더라도 포위된 토지의 소유자가 민법 제220조 소정의 무상의 주위토지통행권을 취득할 수 없게 된다고 할 수 없다.

**대법원 1993. 8. 24. 선고 93다25479 판결**

다른 사람의 토지에 대하여 상린관계로 인한 통행권을 가지는 사람은 그 통행권의 범위 내에서(가장 손해가 적은 장소와 방법을 가려) 그 토지를 사용할 수 있고, 토지소유자는 이를 수인할 의무가 있으나, 이 경우 통행지에 대한 소유자의 점유까지 배제되는 것은 아니므로, 통행권자가 통행지를 통행함에 그치지 아니하고 이를 배타적으로 점유하고 있다면, 통행지 소유자는 통행권자에 대하여 그 인도를 청구할 수 있다.

**대법원 1998. 3. 10. 선고 97다47118 판결**

주위토지통행권은 어느 토지와 공로 사이에 그 토지의 용도에 필요한 통로가 없어서 주위의 토지를 통행하거나 통로를 개설하지 않고서는 공로에 출입할 수 없는 경우 또는 통로가 있더라도 당해 토지의 이용에 부적합하여 실제로 통로로서의 충분한 기능을 하지 못하는 경우에 인정되는 것이므로, 일단 주위토지통행권이 발생하였다고 하더라도 나중에 그 토지에 접하는 공로가 개설됨으로써 주위토지통행권을 인정할 필요성이 없어진 때에는 그 통행권은 소멸한다.

토지의 원소유자가 토지를 분할·매각함에 있어서 토지의 일부를 분할된 다른 토지의 통행로로 제공하여 독점적·배타적인 사용수익권을 포기하고 그에 따라 다른 분할토지의 소유자들이 그 토지를 무상으로 통행하게 된 후에 그 통행로 부분에 사용수익의 제한이라는 부담이 있다는 사정을 알면서 그 토지의 소유권을 승계취득한 자는, 다른 특별한 사정이 없는 한 원칙적으로 그 토지에 대한 독점적·배타적 사용수익을 주장할 만한 정당한 이익을 갖지 않는다 할 것이어서 원소유자와 마찬가지로 분할토지의 소유자들의 무상통행을 수인하여야 할 의무를 진다.

### 대법원 1993. 8. 24. 선고 93다12 판결
가. 민법 제1014조에 의하여, 상속개시 후의 인지 또는 재판의 확정에 의하여 공동상속인이 된 자가 분할을 청구할 경우에 다른 공동상속인이 이미 분할 기타 처분을 한 때에는 그 상속분에 상당한 가액의 지급을 청구할 권리가 있는바, 이 가액청구권은 상속회복청구권의 일종이다.
나. 민법 제1014조의 가액은 다른 공동상속인들이 상속재산을 실제처분한 가액 또는 처분한 때의 시가가 아니라 사실심 변론종결시의 시가를 의미한다.

### 대법원 2007. 7. 26. 선고 2006므2757,2764 판결
민법 제1014조에 의한 피인지자 등의 상속분상당가액지급청구권은 그 성질상 상속회복청구권의 일종이므로 같은 법 제999조 제2항에 정한 제척기간이 적용되고, 같은 항에서 3년의 제척기간의 기산일로 규정한 '그 침해를 안 날'이라 함은 피인지자가 자신이 진정상속인인 사실과 자신이 상속에서 제외된 사실을 안 때를 가리키는 것으로 혼인외의 자가 법원의 인지판결 확정으로 공동상속인이 된 때에는 그 인지판결이 확정된 날에 상속권이 침해되었음을 알았다고 할 것이다.

### 대법원 2003. 7. 11. 선고 2003다19435 판결
소유권이전등기청구권보전을 위한 가등기가 사해행위로서 이루어진 경우 그 매매예약을 취소하고 원상회복으로서 가등기를 말소하면 족한 것이고, 가등기 후에 저당권이 말소되었다거나 그 피담보채무가 일부 변제된 점 또는 그 가등기가 사실상 담보가등기라는 점 등은 그와 같은 원상회복의 방법에 아무런 영향을 주지 않는다.

### 대법원 2012. 2. 9. 선고 2011다77146 판결
사해행위라고 볼 수 있는 행위가 행하여지기 전에 발생한 채권은 원칙적으로 채권자취소권에 의하여 보호될 수 있는 채권이 될 수 있고, 채권자의 채권이 사해행위 이전에 성립한 이상 사해행위 이후에 양도되었다고 하더라도 양수인은 채권자취소권을 행사할 수 있으며, 채권 양수일에 채권자취소권의 피보전채권이 새로이 발생되었다고 할 수 없다.

### 대법원 1975. 5. 27. 선고 74다1872 판결
부동산매매에 있어서 매도인이 그 목적물을 2중으로 제3자에게 양도하여 소유권이전등기를 경유하여 주고 매수인에 대한 소유권이전등기 의무가 이행불능의 상태에 있는 경우에 매수인의 이행불능으로 인하여 통상 발생하는 손해를 청구할 수 있고 그 배상액은 특별한 사정에 인한 손해배상을 청구할 수 있는 경우를 제외하고는 제3자에게 소유권이전등기를 경유하여 준 날 현재의 부동산 가격에 의하여 정하여 지며 배상액의 지급을 지연하는 경우에는 그 이행불능케 된 당시부터 배상을 받을 때까지의 법정이자를 청구할 수 있는 것이다.

### 대법원 2021. 2. 18. 선고 2015다45451 전원합의체 판결

대표권이 제한된 경우에 대표이사는 그 범위에서만 대표권을 갖는다. 그러나 그러한 제한을 위반한 행위라고 하더라도 그것이 회사의 권리능력을 벗어난 것이 아니라면 대표권의 제한을 알지 못하는 제3자는 그 행위를 회사의 대표행위라고 믿는 것이 당연하고 이러한 신뢰는 보호되어야 한다. 일정한 대외적 거래행위에 관하여 이사회 결의를 거치도록 대표이사의 권한을 제한한 경우에도 이사회 결의는 회사의 내부적 의사결정절차에 불과하고, 특별한 사정이 없는 한 거래 상대방으로서는 회사의 대표자가 거래에 필요한 회사의 내부절차를 마쳤을 것으로 신뢰하였다고 보는 것이 경험칙에 부합한다. 따라서 회사 정관이나 이사회 규정 등에서 이사회 결의를 거치도록 대표이사의 대표권을 제한한 경우(이하 '내부적 제한'이라 한다)에도 선의의 제3자는 상법 제209조 제2항에 따라 보호된다. 거래행위의 상대방인 제3자가 상법 제209조 제2항에 따라 보호받기 위하여 선의 이외에 무과실까지 필요하지는 않지만, 중대한 과실이 있는 경우에는 제3자의 신뢰를 보호할 만한 가치가 없다고 보아 거래행위가 무효라고 해석함이 타당하다. 그러나 제3자가 회사 대표이사와 거래행위를 하면서 회사의 이사회 결의가 없었다고 의심할 만한 특별한 사정이 없다면, 일반적으로 이사회 결의가 있었는지를 확인하는 등의 조치를 취할 의무까지 있다고 볼 수는 없다.

## V 2022년 제11회 변호사시험

### 대법원 2015. 6. 11. 선고 2014다232913 판결

민사소송법 제70조 제1항 본문이 규정하는 '공동소송인 가운데 일부에 대한 청구'를 반드시 '공동소송인 가운데 일부에 대한 모든 청구'라고 해석할 근거는 없으므로, 주위적 피고에 대한 주위적·예비적 청구 중 주위적 청구 부분이 받아들여지지 아니할 경우 그와 법률상 양립할 수 없는 관계에 있는 예비적 피고에 대한 청구를 받아들여 달라는 취지로 주위적 피고에 대한 주위적·예비적 청구와 예비적 피고에 대한 청구를 결합하여 소를 제기하는 것도 가능하고, 처음에는 주위적 피고에 대한 주위적·예비적 청구만을 하였다가 청구 중 주위적 청구 부분이 받아들여지지 아니할 경우 그와 법률상 양립할 수 없는 관계에 있는 예비적 피고에 대한 청구를 받아들여 달라는 취지로 예비적 피고에 대한 청구를 결합하기 위하여 예비적 피고를 추가하는 것도 민사소송법 제70조 제1항 본문에 의하여 준용되는 민사소송법 제68조 제1항에 의하여 가능하다. 주위적 피고에 대한 예비적 청구와 예비적 피고에 대한 청구가 서로 법률상 양립할 수 있는 관계에 있으면 양 청구를 병합하여 통상의 공동소송으로 보아 심리·판단할 수 있다. 그리고 이러한 법리는 원고가 주위적 피고에 대하여 실질적으로 선택적 병합 관계에 있는 두 청구를 주위적·예비적으로 순위를 붙여 청구한 경우에도 그대로 적용된다.

### 대법원 1997. 4. 11. 선고 96다50520 판결

매매 또는 취득시효 완성을 원인으로 하는 소유권이전등기청구소송에서 그 대상을 1필지 토지의 일부에서 전부로 확장하는 것은 청구의 양적 확장으로서 소의 추가적 변경에 해당하고, 동일 부동산에 대하여 이전등기를 구하면서 그 등기청구권의 발생원인을 처음에는 매매로 하였다가 후에 취득시효의 완성을 선택적으로 추가하는 것도 단순한 공격방법의 차이가 아니라 별개의 청구를 추가시킨 것이므로 역시 소의 추가적 변경에 해당한다.

대법원 2014. 5. 29. 선고 2013다96868 판결

병합의 형태가 선택적 병합인지 예비적 병합인지는 당사자의 의사가 아닌 병합청구의 성질을 기준으로 판단하여야 하고, 항소심에서의 심판 범위도 그러한 병합청구의 성질을 기준으로 결정하여야 한다. 따라서 실질적으로 선택적 병합 관계에 있는 두 청구에 관하여 당사자가 주위적·예비적으로 순위를 붙여 청구하였고, 그에 대하여 제1심법원이 주위적 청구를 기각하고 예비적 청구만을 인용하는 판결을 선고하여 피고만이 항소를 제기한 경우에도, 항소심으로서는 두 청구 모두를 심판의 대상으로 삼아 판단하여야 한다.

대법원 2009. 12. 24. 선고 2008다71858 판결

점유취득시효가 완성된 경우에 그 효력으로 시효완성점유자는 다른 특별한 사정이 없는 한 당해 부동산의 시효완성 당시의 소유자에 대하여 소유권이전등기청구권을 취득하는 것이고, 비록 등기부상 소유자 또는 공유자로 등기되어 있는 사람이라고 하더라도 그가 진정한 소유자가 아닌 이상 그를 상대로 취득시효의 완성을 원인으로 소유권이전등기를 청구할 수 없다.

대법원 1995. 9. 29. 선고 94다18911 판결

피고의 상계항변을 인용한 제1심 판결에 대하여 피고만이 항소하고 원고는 항소를 제기하지 아니하였는데, 항소심이 피고의 상계항변을 판단함에 있어 제1심이 자동채권으로 인정하였던 부분을 인정하지 아니하고 그 부분에 관하여 피고의 상계항변을 배척하였다면, 그와 같이 항소심이 제1심과는 다르게 그 자동채권에 관하여 피고의 상계항변을 배척한 것은 항소인인 피고에게 불이익하게 제1심 판결을 변경한 것에 해당한다.

대법원 1974. 10. 8. 선고 74다834 판결

1심에서 사망자를 상대로 한 제소라 하여 각하한 판결에 대하여 항소심이 당사자표시 정정을 한 경우에는 1심판결을 취소하고 환송을 해야 한다.

대법원 2000. 10. 27. 선고 2000다33775 판결

당사자가 소제기 이전에 이미 사망하여 주민등록이 말소된 사실을 간과한 채 본안 판단에 나아간 원심판결은 당연무효라 할 것이나, 민사소송이 당사자의 대립을 그 본질적 형태로 하는 것임에 비추어 사망한 자를 상대로 한 상고는 허용될 수 없다 할 것이므로, 이미 사망한 자를 상대방으로 하여 제기한 상고는 부적법하다.

대법원 2005. 6. 9. 선고 2004다17535 판결

채권자가 전득자를 상대로 민법 제406조 제1항에 의한 채권자취소권을 행사하기 위해서는, 같은 조 제2항에서 정한 기간 안에 채무자와 수익자 사이의 사해행위의 취소를 소송상 공격방법의 주장이 아닌 법원에 소를 제기하는 방법으로 청구하여야 하는 것이고, 비록 채권자가 수익자를 상대로 사해행위의 취소를 구하는 소를 이미 제기하여 채무자와 수익자 사이의 법률행위를 취소하는 내용의 판결을 선고받아 확정되었더라도 그 판결의 효력은 그 소송의 피고가 아닌 전득자에게는 미칠 수 없는 것이므로, 채권자가 그 소송과는 별도로 전득자에 대하여 채권자취소권을 행사하여 원상회복을 구하기 위해서는 위에서 본 법리에 따라 민법 제406조 제2항에서 정한 기간 안에 전득자에 대한 관계에 있어서 채무자와 수익자 사이의 사해행위를 취소하는 청구를 하지 않으면 아니 된다. 민법 제406조 제2항의 제척기간의 기산점인 채권자가 '취소원인을 안 날'이라 함은 채권자가 채권자취소권의 요건을 안 날, 즉 채무자가 채권자를 해함을 알면서 사해행위를 하였다는 사실을 알게 된 날을 의미한다.

대법원 2003. 2. 11. 선고 2002다37474 판결
사해행위 당시 어느 부동산이 가압류되어 있다는 사정은 채권자 평등의 원칙상 채권자의 공동담보로서 그 부동산의 가치에 아무런 영향을 미치지 아니하므로, 가압류가 된 여부나 그 청구채권액의 다과에 관계없이 그 부동산 전부에 대하여 사해행위가 성립하고, 따라서 사해행위 후 수익자 또는 전득자가 그 가압류 청구채권을 변제하거나 채권액 상당을 해방공탁하여 가압류를 해제시키거나 또는 그 집행을 취소시켰다 하더라도, 법원이 사해행위를 취소하면서 원상회복으로 원물반환 대신 가액배상을 명하여야 하거나, 다른 사정으로 가액배상을 명하는 경우에도 그 변제액을 공제할 것은 아니다.

대법원 2003. 7. 22. 선고 2002다64780 판결
총유물의 관리 및 처분행위라 함은 총유물 그 자체에 관한 법률적·사실적 처분행위와 이용, 개량행위를 말하는 것으로서 재건축조합이 재건축사업의 시행을 위하여 설계용역계약을 체결하는 것은 단순한 채무부담행위에 불과하여 총유물 그 자체에 대한 관리 및 처분행위라고 볼 수 없다. 비법인사단의 경우에는 대표자의 대표권 제한에 관하여 등기할 방법이 없어 민법 제60조의 규정을 준용할 수 없고, 비법인사단의 대표자가 정관에서 사원총회의 결의를 거쳐야 하도록 규정한 대외적 거래행위에 관하여 이를 거치지 아니한 경우라도, 이와 같은 사원총회 결의사항은 비법인사단의 내부적 의사결정에 불과하다 할 것이므로, 그 거래상대방이 그와 같은 대표권 제한 사실을 알았거나 알 수 있었을 경우가 아니라면 그 거래행위는 유효하다고 봄이 상당하고, 이 경우 거래의 상대방이 대표권 제한 사실을 알았거나 알 수 있었음은 이를 주장하는 비법인사단측이 주장·입증하여야 한다.

대법원 2003. 12. 26. 선고 2001다46730 판결
계약의 일방 당사자가 계약 상대방의 지시 등으로 급부과정을 단축하여 계약 상대방과 또 다른 계약관계를 맺고 있는 제3자에게 직접 급부한 경우, 그 급부로써 급부를 한 계약 당사자의 상대방에 대한 급부가 이루어질 뿐 아니라 그 상대방의 제3자에 대한 급부로도 이루어지는 것이므로 계약의 일방 당사자는 제3자를 상대로 법률상 원인 없이 급부를 수령하였다는 이유로 부당이득반환청구를 할 수 없다.

대법원 2015. 1. 15. 선고 2013다50435 판결
피해자가 법인이라도 가해자가 대표자인 경우, 법인과 대표자의 이익은 상반되므로 법인의 대표자가 그로 인한 손해배상청구권을 행사하리라고 기대하기 어려울 뿐만 아니라, 일반적으로 대표권도 부인된다고 할 것이어서 법인의 대표자가 손해 및 가해자를 아는 것만으로는 부족하다. 따라서 이러한 경우에는 적어도 법인의 이익을 정당하게 보전할 권한을 가진 다른 대표자, 임원 또는 사원이나 직원 등이 손해배상청구권을 행사할 수 있을 정도로 이를 안 때에 비로소 단기소멸시효가 진행하고, 만약 다른 대표자나 임원 등이 법인의 대표자와 공동불법행위를 한 경우에는 그 다른 대표자나 임원 등을 배제하고 단기소멸시효 기산점을 판단하여야 한다.

대법원 2021. 2. 10. 선고 2017다258787 판결
민법 제495조는 "소멸시효가 완성된 채권이 그 완성 전에 상계할 수 있었던 것이면 그 채권자는 상계할 수 있다."라고 규정하고 있다. 이는 당사자 쌍방의 채권이 상계적상에 있었던 경우에 당사자들은 그 채권·채무관계가 이미 정산되어 소멸하였다고 생각하는 것이 일반적이라는 점을 고려하여 당사자들의 신뢰를 보호하기 위한 것이다. 다만 이는 '자동채권의 소멸시효 완성 전에 양 채권이 상계적상에 이르렀을 것'을 요건으로 한다. 민법 제626조 제2항은 임차인이 유익비를 지출한 경우에는 임대인은 임대차 종료 시에 그 가액의 증가가 현존한 때에 한하여 임차인의 지출한 금액이나 그 증가액을 상환하여야 한다고 규정하고 있으므로, 임차인의 유익비상환채권은 임대차계약이 종료한 때에 비로소 발생한다고 보아야 한다. 따라서 임대차 존속 중 임대인

의 구상금채권의 소멸시효가 완성된 경우에는 위 구상금채권과 임차인의 유익비상환채권이 상계할 수 있는 상태에 있었다고 할 수 없으므로, 그 이후에 임대인이 이미 소멸시효가 완성된 구상금채권을 자동채권으로 삼아 임차인의 유익비상환채권과 상계하는 것은 민법 제495조에 의하더라도 인정될 수 없다.

대법원 1997. 6. 24. 선고 97다8809 판결
금전채무와 같이 급부의 내용이 가분인 채무가 공동상속된 경우, 이는 상속 개시와 동시에 당연히 법정상속분에 따라 공동상속인에게 분할되어 귀속되는 것이므로, 상속재산 분할의 대상이 될 여지가 없다. 상속재산 분할의 대상이 될 수 없는 상속채무에 관하여 공동상속인들 사이에 분할의 협의가 있는 경우라면 이러한 협의는 민법 제1013조에서 말하는 상속재산의 협의분할에 해당하는 것은 아니지만, 위 분할의 협의에 따라 공동상속인 중의 1인이 법정상속분을 초과하여 채무를 부담하기로 하는 약정은 면책적 채무인수의 실질을 가진다고 할 것이어서, 채권자에 대한 관계에서 위 약정에 의하여 다른 공동상속인이 법정상속분에 따른 채무의 일부 또는 전부를 면하기 위하여는 민법 제454조의 규정에 따른 채권자의 승낙을 필요로 하고, 여기에 상속재산 분할의 소급효를 규정하고 있는 민법 제1015조가 적용될 여지는 전혀 없다.

대법원 1989. 11. 14. 선고 88다카29962 판결
채무자와 인수인 사이의 계약에 의한 채무인수에 대하여 채권자는 명시적인 방법뿐만 아니라 묵시적인 방법으로도 승낙을 할 수 있는 것인데, 채권자가 직접 채무인수인에 대하여 인수채무금의 지급을 청구하였다면 그 지급청구로써 묵시적으로 채무인수를 승낙한 것으로 보아야 한다.

대법원 2007. 7. 26. 선고 2006다83796 판결
상속개시 후에 인지되거나 재판이 확정되어 공동상속인이 된 자도 그 상속재산이 아직 분할되거나 처분되지 아니한 경우에는 당연히 다른 공동상속인들과 함께 분할에 참여할 수 있을 것이나, 인지 이전에 다른 공동상속인이 이미 상속재산을 분할 내지 처분한 경우에는 인지의 소급효를 제한하는 민법 제860조 단서가 적용되어 사후의 피인지자는 다른 공동상속인들의 분할 기타 처분의 효력을 부인하지 못하게 되는바, 민법 제1014조는 그와 같은 경우에 피인지자가 다른 공동상속인들에 대하여 그의 상속분에 상당한 가액의 지급을 청구할 수 있도록 하여 상속재산의 새로운 분할에 갈음하는 권리를 인정함으로써 피인지자의 이익과 기존의 권리관계를 합리적으로 조정하는 데 그 목적이 있는 것이다. 따라서 인지 이전에 공동상속인들에 의해 이미 분할되거나 처분된 상속재산은 민법 제860조 단서가 규정한 인지의 소급효 제한에 따라 이를 분할받은 공동상속인이나 공동상속인들의 처분행위에 의해 이를 양수한 자에게 그 소유권이 확정적으로 귀속되는 것이며, 상속재산의 소유권을 취득한 자는 민법 제102조에 따라 그 과실을 수취할 권능도 보유한다고 할 것이므로, 피인지자에 대한 인지 이전에 상속재산을 분할한 공동상속인이 그 분할받은 상속재산으로부터 발생한 과실을 취득하는 것은 피인지자에 대한 관계에서 부당이득이 된다고 할 수 없다.

대법원 2003. 2. 28. 선고 2000다65802, 65819 판결
민법 제622조 제1항은 '건물의 소유를 목적으로 하는 토지임대차는 이를 등기하지 아니한 경우에도 임차인이 그 지상건물을 등기한 때에는 제3자에 대하여 임대차의 효력이 생긴다.'고 규정하고 있는바, 이는 건물을 소유하는 토지임차인의 보호를 위하여 건물의 등기로써 토지임대차 등기에 갈음하는 효력을 부여하는 것일 뿐이므로 임차인이 그 지상건물을 등기하기 전에 제3자가 그 토지에 관하여 물권취득의 등기를 한 때에는 임차인이 그 지상건물을 등기하더라도 그 제3자에 대하여 임대차의 효력이 생기지 아니한다. 부동산에 관하여 처분금지가처분의 등기가 마쳐진 후에 가처분권자가 본안소송에서 승소판결을 받아 확정되면 그 피보전권리의 범위 내에서 그 가처분에 저촉되는 처분행위의 효력을 부정할 수 있고, 이 때 그 처분행위가 가처분에 저촉되는 것인지의 여부는 그 처분행위에 따른 등기와 가처분등기의 선후에 의하여 정해진다.

대법원 2010. 3. 11. 선고 2009다100098 판결

소외인이 2009. 7. 15. 소멸시효의 이익을 포기하고 채무를 변제할 것을 약정한 사실을 인정한 다음, 위 소멸시효 이익의 포기는 저당부동산을 취득한 제3자에 해당하는 원고에게는 그 효력이 미치지 아니한다는 이유로 피고의 소멸시효 이익 포기 항변을 배척한 것은 정당하고, 거기에 시효 이익 포기에 관한 법리를 오해하여 심리를 다하지 아니하는 등의 위법이 있다고 할 수 없다. 이 부분 상고이유의 주장 역시 받아들일 수 없다.

대법원 1996. 9. 20. 선고 96다24804 판결

일반적으로 자기의 노력과 재료를 들여 건물을 건축한 사람은 그 건물의 소유권을 원시취득하고, 다만 도급계약에 있어서는 수급인이 자기의 노력과 재료를 들여 건물을 완성하더라도 도급인과 수급인 사이에 도급인 명의로 건축허가를 받아 소유권보존등기를 하기로 하는 등 완성된 건물의 소유권을 도급인에게 귀속시키기로 합의한 것으로 보여질 경우에는 그 건물의 소유권은 도급인에게 원시적으로 귀속된다.

대법원 2009. 9. 24. 선고 2009다40684 판결

공사대금채권에 기하여 유치권을 행사하는 자가 스스로 유치물인 주택에 거주하며 사용하는 것은 특별한 사정이 없는 한 유치물인 주택의 보존에 도움이 되는 행위로서 유치물의 보존에 필요한 사용에 해당한다고 할 것이다. 그리고 유치권자가 유치물의 보존에 필요한 사용을 한 경우에도 특별한 사정이 없는 한 차임에 상당한 이득을 소유자에게 반환할 의무가 있다.

대법원 1994. 12. 9. 선고 94다27809 판결

건물임차인이 건물에 관한 임대차계약이 종료된 이후로 이를 건물임대인에게 반환하지 않고 그대로 계속 점유사용한 기간 동안 건물의 사용·수익에 따른 차임상당액을 부당이득으로 건물임대인에게 반환할 의무가 있는 경우, 여기서 차임상당액을 산정함에 있어, 통상적으로 건물을 임대하는 경우는 당연히 그 부지부분의 이용을 수반하는 것이고 그 차임 상당액 속에는 건물의 차임 외에도 부지부분의 차임(지대)도 포함되는 것이므로, 건물의 차임은 물론이고 그 부지부분의 차임도 함께 계산하여야 마땅할 것이다.

대법원 2008. 6. 12. 선고 2007다36445 판결

[1] 무권리자가 위법한 방법으로 그의 명의로 소유권보존등기나 소유권이전등기를 경료한 후 그 부동산을 전전매수한 제3자의 등기부 시효취득이 인정됨으로써 소유자가 소유권을 상실하게 된 경우, 무권리자의 위법한 등기 경료행위가 없었더라면 소유자의 소유권 상실이라는 결과가 당연히 발생하지 아니하였을 것이고 또한, 이러한 소유권 상실은 위법한 등기 경료행위 당시에 통상 예측할 수 있는 것이라 할 것이므로, 무권리자의 위법한 등기 경료행위와 소유자의 소유권 상실 사이에는 상당인과관계가 있다고 할 것이다.

[3] 순차로 경료된 등기들의 말소를 청구하는 소송은 권리관계의 합일적인 확정을 필요로 하는 필요적 공동소송이 아니라 통상공동소송이며, 이와 같은 통상공동소송에서는 공동당사자들 상호간의 공격방어방법의 차이에 따라 모순되는 결론이 발생할 수 있고, 이는 변론주의를 원칙으로 하는 소송제도 아래서는 부득이한 일로서 판결의 이유모순이나 이유불비가 된다고 할 수 없으며, 이 경우 후순위 등기에 대한 말소청구가 패소 확정됨으로써 그 전순위 등기의 말소등기 실행이 결과적으로 불가능하게 되더라도, 그 전순위 등기의 말소를 구할 소의 이익이 없다고는 할 수 없다.

[6] 무권리자가 위법한 방법으로 그의 명의로 부동산에 관한 소유권보존등기나 소유권이전등기를 마친 다음 제3자에게 이를 매도하여 제3자 명의로 소유권이전등기를 마쳐준 경우 제3자가 소유자의 등기말소 청구에 대하여 시효취득을 주장하는 때에는 제3자 명의의 등기의 말소 여부는 소송 등의 결과에 따라 결정되는 특별한 사정이 있으므로, 소유자의 소유권 상실이라는 손해는 소송 등의 결과가 나오기까지는 관념적이고 부동적인 상태에서 잠재적으로만 존재하고 있을 뿐 아직 현실화되었다고 볼 수 없고, 소유자가 제3자를 상대로 제기한 등기말소 청구 소송이 패소 확정될 때에 그 손해의 결과발생이 현실화된다고 볼 것이며, 그 등기말소 청구 소송에서 제3자의 등기부 시효취득이 인정된 결과 소유자가 패소하였다고 하더라도 그 등기부 취득시효 완성 당시에 이미 손해가 현실화되었다고 볼 것은 아니다.

대법원 2005. 9. 15. 선고 2005다29474 판결

소유권이전등기 말소등기의무가 이행불능이 됨으로 말미암아 그 권리자가 입는 손해액은 원칙적으로 그 이행불능이 될 당시의 목적물의 시가 상당액이다.

대법원 2013. 2. 14. 선고 2011다109708 판결

주권발행 전 주식에 관하여 주주명의를 신탁한 사람이 수탁자에 대하여 명의신탁계약을 해지하면 그 주식에 대한 주주의 권리는 해지의 의사표시만으로 명의신탁자에게 복귀하는 것이고, 이러한 경우 주주명부에 등재된 형식상 주주명의인이 실질적인 주주의 주주권을 다투는 경우에 실질적인 주주가 주주명부상 주주명의인을 상대로 주주권의 확인을 구할 이익이 있다. 이는 실질적인 주주의 채권자가 자신의 채권을 보전하기 위하여 실질적인 주주를 대위하여 명의신탁계약을 해지하고 주주명의인을 상대로 주주권의 확인을 구하는 경우에도 마찬가지이고, 그 주식을 발행한 회사를 상대로 명의개서절차의 이행을 구할 수 있다거나 명의신탁자와 명의수탁자 사이에 직접적인 분쟁이 없다고 하여 달리 볼 것은 아니다.

## VI 2021년 10월 모의고사

**대법원 2009. 10. 15. 선고 2009다49964 판결**

변경 전후 당사자의 동일성이 인정됨을 전제로 진정한 당사자를 확정하는 표시정정의 대상으로서의 성질을 지니는 이상 비록 소송에서 피고의 표시를 바꾸면서 피고 경정의 방법을 취하였다 해도 피고표시정정으로서의 법적 성질 및 효과는 잃지 않는다고 보아야 할 것이다.

**대법원 1998. 2. 19. 선고 95다52710 전원합의체 판결**

민사소송법 제60조, 제59조 제1항의 취지는 법인(법인 아닌 사단도 포함, 이하 같다) 대표자의 대표권이 소멸하였다고 하더라도 당사자가 그 대표권의 소멸 사실을 알았는지의 여부, 모른 데에 과실이 있었는지의 여부를 불문하고 그 사실의 통지 유무에 의하여 대표권의 소멸 여부를 획일적으로 처리함으로써 소송절차의 안정과 명확을 기하기 위함에 있으므로, 법인 대표자의 대표권이 소멸된 경우에도 그 통지가 있을 때까지는 다른 특별한 사정이 없는 한 소송절차상으로는 그 대표권이 소멸되지 아니한 것으로 보아야 하므로, 대표권 소멸 사실의 통지가 없는 상태에서 구 대표자가 한 소취하는 유효하고, 상대방이 그 대표권 소멸 사실을 알고 있었다고 하여 이를 달리 볼 것은 아니다.

**대법원 2013. 9. 9.자 2013마1273 결정**

민사소송법 제254조에 의한 재판장의 소장심사권은 소장이 같은 법 제249조 제1항의 규정에 어긋나거나 소장에 법률의 규정에 따른 인지를 붙이지 아니하였을 경우에 재판장이 원고에 대하여 상당한 기간을 정하여 그 흠결의 보정을 명할 수 있고, 원고가 그 기간 내에 이를 보정하지 않을 때에 명령으로써 그 소장을 각하한다는 것일 뿐이므로, 소장에 일응 대표자의 표지가 되어 있는 이상 설령 그 표시에 잘못이 있다고 하더라도 이를 정정 표시하라는 보정명령을 하고 그에 대한 불응을 이유로 소장을 각하하는 것은 허용되지 아니한다. 이러한 경우에는 오로지 판결로써 소를 각하할 수 있을 뿐이다.

**대법원 2004. 10. 14. 선고 2004다30583 판결**

공유물 분할의 방법은 당사자가 구하는 방법에 구애받지 아니하고 법원의 재량에 따라 공유관계나 그 객체인 물건의 제반상황에 따라 공유자의 지분비율에 따른 합리적인 분할을 하면 되는 것이고, 여기에서 공유지분비율에 따른다 함은 지분에 따른 가액비율에 따름을 의미한다.

**대법원 2003. 3. 28. 선고 2000다24856 판결**

소유권이전등기말소소송의 승소 확정판결에 기하여 소유권이전등기가 말소된 후 순차 제3자 명의로 소유권이전등기 및 근저당권설정등기 등이 마쳐졌는데 위 말소된 등기의 명의자가 현재의 등기명의인을 상대로 진정한 등기명의의 회복을 위한 소유권이전등기청구와 근저당권자 등을 상대로 그 근저당권설정등기 등의 말소등기청구 등을 하는 경우 현재의 등기명의인 및 근저당권자 등은 모두 위 확정된 전 소송의 사실심 변론종결 후의 승계인으로서 위 확정판결의 기판력은 그와 실질적으로 동일한 소송물인 진정한 등기명의의 회복을 위한 소유권이전등기청구 및 위 확정된 전소의 말소등기청구권의 존재여부를 선결문제로 하는 근저당권설정등기 등의 말소등기청구에 모두 미친다.

대법원 2008. 12. 11. 선고 2006다5550 판결

논리적으로 전혀 관계가 없어 순수하게 단순병합으로 구하여야 할 수개의 청구를 선택적 청구로 병합하여 청구하는 것은 부적법하여 허용되지 않는다 할 것인바, 원고가 그와 같은 형태로 소를 제기한 경우 제1심법원이 본안에 관하여 심리·판단하기 위해서는 소송지휘권을 적절히 행사하여 이를 단순병합 청구로 보정하게 하는 등의 조치를 취하여야 할 것이고, 법원이 이러한 조치를 취함이 없이 본안판결을 하면서 그 중 하나의 청구에 대하여만 심리·판단하여 이를 인용하고 나머지 청구에 대한 심리·판단을 모두 생략하는 내용의 판결을 하였다고 하더라도, 그로 인하여 청구의 병합 형태가 적법한 선택적 병합 관계로 바뀔 수는 없다 할 것이므로, 이러한 판결에 대하여 피고만이 항소한 경우 제1심법원이 심리·판단하여 인용한 청구만이 항소심으로 이심될 뿐, 나머지 심리·판단하지 않은 청구는 여전히 제1심에 남아 있게 된다.

대법원 2008. 12. 11. 선고 2005다51471 판결

논리적으로 전혀 관계가 없어 순수하게 단순병합으로 구하여야 할 수개의 청구를 선택적 또는 예비적 청구로 병합하여 청구하는 것은 부적법하여 허용되지 않는다 할 것인바, 원고가 그와 같은 형태로 소를 제기한 경우 제1심법원이 그 모든 청구의 본안에 대하여 심리를 한 다음 그 중 하나의 청구만을 인용하고 나머지 청구를 기각하는 내용의 판결을 하였다면, 이는 법원이 위 청구의 병합관계를 본래의 성질에 맞게 단순병합으로서 판단한 것이라고 보아야 할 것이고, 따라서 피고만이 위 인용된 청구에 대하여 항소를 제기한 때에는 일단 단순병합관계에 있는 모든 청구가 전체적으로 항소심으로 이심되기는 하나 항소심의 심판범위는 이심된 청구 중 피고가 불복한 청구에 한정된다.

대법원 2013. 7. 18. 선고 2012다5643 전원합의체 판결

수 개의 부동산에 공동저당권이 설정되어 있는 경우 책임재산을 산정함에 있어 각 부동산이 부담하는 피담보채권액은 특별한 사정이 없는 한 민법 제368조의 규정 취지에 비추어 공동저당권의 목적으로 된 각 부동산의 가액에 비례하여 공동저당권의 피담보채권액을 안분한 금액이라고 보아야 한다. 그러나 그 수 개의 부동산 중 일부는 채무자의 소유이고 다른 일부는 물상보증인의 소유인 경우에는, 물상보증인이 민법 제481조, 제482조의 규정에 따른 변제자대위에 의하여 채무자 소유의 부동산에 대하여 저당권을 행사할 수 있는 지위에 있는 점 등을 고려할 때, 그 물상보증인이 채무자에 대하여 구상권을 행사할 수 없는 특별한 사정이 없는 한 채무자 소유의 부동산에 관한 피담보채권액은 공동저당권의 피담보채권액 전액으로 봄이 상당하다. 이러한 법리는 하나의 공유부동산 중 일부 지분이 채무자의 소유이고, 다른 일부 지분이 물상보증인의 소유인 경우에도 마찬가지로 적용된다.

대법원 2003. 12. 12. 선고 2003다40286 판결

가액배상에 있어서는 일반 채권자들의 공동담보로 되어 있어 사해행위가 성립하는 범위 내의 가액의 배상을 명하여야 하는 것이므로, 사해행위 후 그 목적물에 관하여 선의의 제3자가 저당권을 취득하였음을 이유로 가액배상을 명하는 경우에는 사해행위 당시 일반 채권자들의 공동담보로 되어 있었던 부동산 가액 전부의 배상을 명하여야 할 것이고, 그 가액에서 제3자가 취득한 저당권의 피담보채권액을 공제할 것은 아니다.

대법원 2001. 6. 1. 선고 99다63183 판결

수익자가 채권자취소에 따른 원상회복으로서 가액배상을 할 때에 채무자에 대한 채권자라는 이유로 채무자에 대하여 가지는 자기의 채권과의 상계를 주장할 수는 없다.

대법원 2007. 11. 29. 선고 2007다54849 판결
소멸시효를 원용할 수 있는 사람은 권리의 소멸에 의하여 직접 이익을 받는 자에 한정되는바, 사해행위취소소송의 상대방이 된 사해행위의 수익자는, 사해행위가 취소되면 사해행위에 의하여 얻은 이익을 상실하고 사해행위취소권을 행사하는 채권자의 채권이 소멸하면 그와 같은 이익의 상실을 면하는 지위에 있으므로, 그 채권의 소멸에 의하여 직접 이익을 받는 자에 해당하는 것으로 보아야 한다.

대법원 2019. 12. 19. 선고 2016다24284 전원합의체 판결
건축공사도급계약이 수급인의 채무불이행을 이유로 해제될 당시 공사가 상당한 정도로 진척되어 이를 원상회복하는 것이 중대한 사회적·경제적 손실을 초래하고 완성된 부분이 도급인에게 이익이 된다면, 해당 도급계약은 미완성 부분에 대하여만 실효되어 수급인은 해제한 상태 그대로 건물을 도급인에게 인도하고 도급인은 특별한 사정이 없는 한 인도받은 미완성 건물에 대한 보수를 지급하여야 하는 권리의무관계가 성립한다. 이와 같은 경우 도급인이 지급하여야 할 미완성 건물에 대한 보수는 특별한 사정이 없는 한 당사자 사이에 약정한 총공사비에 기성고 비율을 적용한 금액이 되는 것이지, 수급인이 실제로 지출한 비용을 기준으로 할 것은 아니다. 이때의 기성고 비율은 공사대금 지급의무가 발생한 시점, 즉 수급인이 공사를 중단할 당시를 기준으로 이미 완성된 부분에 들어간 공사비에다 미시공 부분을 완성하는 데 들어갈 공사비를 합친 전체 공사비 가운데 완성된 부분에 들어간 비용이 차지하는 비율을 산정하여 확정하여야 한다. 다만 당사자 사이에 기성고 비율 산정에 관하여 특약이 있는 등 특별한 사정이 인정되는 경우라면 그와 달리 산정할 수 있다.

대법원 2000. 4. 25. 선고 99다67482 판결
당사자의 의사표시에 의한 채권의 양도금지는 채권 양수인인 제3자가 악의인 경우이거나 악의가 아니라도 그 제3자에게 채권양도 금지를 알지 못한 데에 중대한 과실이 있는 경우 채무자가 위 채권양도 금지로써 그 제3자에 대하여 대항할 수 있다. 양도금지 특약이 기재된 채권증서가 양도인으로부터 양수인에게 수수되어 양수인이 그 특약의 존재를 알 수 있는 상태에 있었고 그 특약도 쉽게 눈에 띄는 곳에 알아보기 좋은 형태로 기재되어 있어 간단한 검토만으로 쉽게 그 존재와 내용을 알아차릴 수 있었다는 등의 특별한 사정이 인정된다면 모르되, 그렇지 아니하는 한 양도금지 특약이 기재된 채권증서의 존재만으로 곧바로 그 특약의 존재에 관한 양수인의 악의나 중과실을 추단할 수는 없다.

대법원 2009. 9. 24. 선고 2009다39530 판결
민사소송법 제474조, 민법 제165조 제2항에 의하면, 지급명령에서 확정된 채권은 단기의 소멸시효에 해당하는 것이라도 그 소멸시효기간이 10년으로 연장된다. 유치권이 성립된 부동산의 매수인은 피담보채권의 소멸시효가 완성되면 시효로 인하여 채무가 소멸되는 결과 직접적인 이익을 받는 자에 해당하므로 소멸시효의 완성을 원용할 수 있는 지위에 있다고 할 것이나, 매수인은 유치권자에게 채무자의 채무와는 별개의 독립된 채무를 부담하는 것이 아니라 단지 채무자의 채무를 변제할 책임을 부담하는 점 등에 비추어 보면, 유치권의 피담보채권의 소멸시효기간이 확정판결 등에 의하여 10년으로 연장된 경우 매수인은 그 채권의 소멸시효기간이 연장된 효과를 부정하고 종전의 단기소멸시효기간을 원용할 수는 없다.

대법원 2011. 12. 13. 선고 2009다5162 판결

물건의 인도를 청구하는 소송에서 피고의 유치권 항변이 인용되는 경우에는 물건에 관하여 생긴 채권의 변제와 상환으로 물건의 인도를 명하여야 한다.

대법원 2001. 10. 12. 선고 2000다22942 판결

포괄적 수증자는 그 수증분에 따라서 유증자의 일신전속적인 권리를 제외한 모든 권리 및 의무를 법률상 당연히 포괄적으로 승계하기 때문에 포괄적 유증은 실질적으로는 수증분을 상속분으로 하는 피상속인(유증자)에 의한 상속인 및 상속분의 지정과 같은 기능을 하고 있으므로, 상속인의 상속회복청구권에 관한 규정은 포괄적 수증의 경우에 유추 적용되고, 상속회복청구권의 제척기간에 관한 규정도 상속에 관한 법률관계의 신속한 확정을 위한 상속회복청구권의 제척기간의 제도적 취지에 비추어 볼 때 포괄적 수증의 경우에 유추 적용된다.

대법원 2006. 9. 8. 선고 2006다26694 판결

진정상속인이 참칭상속인의 최초 침해행위가 있은 날로부터 10년의 제척기간이 경과하기 전에 참칭상속인에 대한 상속회복청구 소송에서 승소의 확정판결을 받았다고 하더라도 위 제척기간이 경과한 후에는 제3자를 상대로 상속회복청구 소송을 제기하여 상속재산에 관한 등기의 말소 등을 구할 수 없다.

대법원 2015. 5. 14. 선고 2014다12072 판결

채권에 대한 압류의 처분금지의 효력은 절대적인 것이 아니고, 이에 저촉되는 채무자의 처분행위가 있어도 압류의 효력이 미치는 범위에서 압류채권자에게 대항할 수 없는 상대적 효력을 가지는 데 그치므로, 압류 후에 피압류채권이 제3자에게 양도된 경우 채권양도는 압류채무자의 다른 채권자 등에 대한 관계에서는 유효하다.

대법원 1976. 9. 28. 선고 76다1145 판결

원고의 위 채권압류 및 전부명령은 그 압류명령이 같은 공사대금채권에 대하여 얻은 원판시 소외 신풍건업주식회사의 채권가압류와 경합된 상태에서 전부명령이 발부된 것이므로 그 전부명령은 무효라 할지라도 채권압류의 효력은 유효히 지속된다.

대법원 1999. 10. 22. 선고 98다6855 판결

건물 소유권에 기한 물권적 청구권을 원인으로 하는 건물명도소송의 소송물은 건물 소유권이 아니라 그 물권적 청구권인 건물명도청구권이므로 그 소송에서 청구기각된 확정판결의 기판력은 건물명도청구권의 존부 그 자체에만 미치는 것이고, 소송물이 되지 아니한 건물 소유권의 존부에 관하여는 미치지 아니하므로, 그 건물명도소송의 사실심 변론종결 후에 그 패소자인 건물 소유자로부터 건물을 매수하고 소유권이전등기를 마침으로써 그 소유권을 승계한 제3자의 건물 소유권의 존부에 관하여는 위 확정판결의 기판력이 미치지 않으며, 또 이 경우 위 제3자가 가지게 되는 물권적 청구권인 건물명도청구권은 적법하게 승계한 건물 소유권의 일반적 효력으로서 발생된 것이고, 위 건물명도소송의 소송물인 패소자의 건물명도청구권을 승계함으로써 가지게 된 것이라고는 할 수 없으므로, 위 제3자는 위 확정판결의 변론종결 후의 승계인에 해당한다고 할 수 없다.

대법원 2012. 10. 18. 선고 2010다52140 전원합의체 판결

강제경매의 목적이 된 토지 또는 그 지상 건물의 소유권이 강제경매로 인하여 그 절차상의 매수인에게 이전된 경우에 건물의 소유를 위한 관습상 법정지상권이 성립하는가 하는 문제에 있어서는 그 매수인이 소유권을 취득하는 매각대금의 완납시가 아니라 그 압류의 효력이 발생하는 때를 기준으로 하여 토지와 그 지상 건물이 동일인에 속하였는지가 판단되어야 한다. 한편 강제경매개시결정 이전에 가압류가 있는 경우에는, 그 가압류가 강제경매개시결정으로 인하여 본압류로 이행되어 가압류집행이 본집행에 포섭됨으로써 당초부터 본집행이 있었던 것과 같은 효력이 있다. 따라서 경매의 목적이 된 부동산에 대하여 가압류가 있고 그것이 본압류로 이행되어 경매절차가 진행된 경우에는, 애초 가압류가 효력을 발생하는 때를 기준으로 토지와 그 지상 건물이 동일인에 속하였는지를 판단하여야 한다.

대법원 2001. 3. 9. 선고 99다13157 판결

상속인이 될 직계비속이나 형제자매(피대습자)의 직계비속 또는 배우자(대습자)는 피대습자가 상속개시 전에 사망한 경우에는 대습상속을 하고, 피대습자가 상속개시 후에 사망한 경우에는 피대습자를 거쳐 피상속인의 재산을 본위상속을 하므로 두 경우 모두 상속을 하는데, 만일 피대습자가 피상속인의 사망, 즉 상속개시와 동시에 사망한 것으로 추정되는 경우에만 그 직계비속 또는 배우자가 본위상속과 대습상속의 어느 쪽도 하지 못하게 된다면 동시사망 추정 이외의 경우에 비하여 현저히 불공평하고 불합리한 것이라 할 것이고, 이는 앞서 본 대습상속제도 및 동시사망 추정규정의 입법 취지에도 반하는 것이므로, 민법 제1001조의 '상속인이 될 직계비속이 상속개시 전에 사망한 경우'에는 '상속인이 될 직계비속이 상속개시와 동시에 사망한 것으로 추정되는 경우'도 포함하는 것으로 합목적적으로 해석함이 상당하다.

## Ⅶ 2021년 8월 모의고사

대법원 1996. 9. 20. 선고 93다20177, 20184 판결

채권자대위권에 의한 소송이 제기된 사실을 피대위자가 알게 된 이상, 그 대위소송에 관한 종국판결이 있은 후 그 소가 취하된 때에는 피대위자도 민사소송법 제240조 제2항 소정의 재소금지규정의 적용을 받아 그 대위소송과 동일한 소를 제기하지 못한다.

대법원 1997. 7. 25. 선고 96다39301 판결

직권조사사항에 관하여도 그 사실의 존부가 불명한 경우에는 입증책임의 원칙이 적용되어야 할 것인바, 본안판결을 받는다는 것 자체가 원고에게 유리하다는 점에 비추어 직권조사사항인 소송요건에 대한 입증책임은 원고에게 있다.

대법원 1972. 10. 31. 선고 72다1271, 72다1272 판결

민사소송법 제216조의 규정은 소송절차가 중단되지 않는 경우에는 상속인은 소송절차를 수계하지도 못한다는 규정은 아니다.

대법원 1992. 11. 5.자 91마342 결정

당사자가 사망하였으나 소송대리인이 있어 소송절차가 중단되지 아니한 경우 원칙적으로 소송수계라는 문제가 발생하지 아니하고 소송대리인은 상속인들 전원을 위하여 소송을 수행하게 되는것이며 그 사건의 판결은 상속인들 전원에 대하여 효력이 있다 할 것이고, 이때 상속인이 밝혀진 경우에는 상속인을 소송승계인으로 하여 신당사자로 표시할 것이지만 상속인이 누구인지 모를 때에는 망인을 그대로 당사자로 표시하여도 무방하며, 가령 신당사자를 잘못표시하였다 하더라도 그 표시가 망인의 상속인, 상속승계인, 소송수계인 등 망인의 상속인임을 나타내는 문구로 되어 있으면 잘못표시된 당사자에 대하여는 판결의 효력이 미치지 아니하고 여전히 정당한 상속인에 대하여 판결의 효력이 미친다.

대법원 1996. 10. 11. 선고 96다3852 판결

[1] 당사자는 소장에 기재된 표시 및 청구의 내용과 원인사실을 합리적으로 해석하여 확정하여야 하고, 확정된 당사자와의 동일성이 인정되는 범위 내에서라면 항소심에서도 당사자의 표시정정을 허용하여야 한다.
[4] 소를 각하한 원심판결을 파기한다 하더라도 어차피 청구가 기각될 운명에 있다면, 원고만이 상고한 사건에 있어서 원고에게 더욱 불리한 재판을 할 수 없으므로 원심판결을 유지하여야 한다.

대법원 1997. 12. 23. 선고 97다44768 판결

건물 신축공사의 미완성과 하자를 구별하는 기준은 공사가 도중에 중단되어 예정된 최후의 공정을 종료하지 못한 경우에는 공사가 미완성된 것으로 볼 것이지만, 그것이 당초 예정된 최후의 공정까지 일단 종료하고 그 주요 구조 부분이 약정된 대로 시공되어 사회통념상 건물로서 완성되고, 다만 그것이 불완전하여 보수를 하여야 할 경우에는 공사가 완성되었으나 목적물에 하자가 있는 것에 지나지 않는다고 해석함이 상당하고, 개별적 사건에 있어서 예정된 최후의 공정이 일단 종료하였는지 여부는 당해 건물 신축공사 도급계약의 구체적 내용과 신의성실의 원칙에 비추어 객관적으로 판단할 수밖에 없다.

대법원 1998. 3. 13. 선고 95다30345 판결
하자가 중요하지 아니하면서 동시에 그 보수에 과다한 비용을 요하는 경우에는 도급인은 하자보수나 하자보수에 갈음하는 손해배상을 청구할 수 없고 그 하자로 인하여 입은 손해의 배상만을 청구할 수 있는데, 이러한 경우 그 하자로 인하여 입은 통상의 손해는 특별한 사정이 없는 한 수급인이 하자 없이 시공하였을 경우의 목적물의 교환가치와 하자가 있는 현재 상태대로의 교환가치와의 차액이고, 한편 하자가 중요한 경우에는 그 보수에 갈음하는 즉 실제로 보수에 필요한 비용이 손해배상에 포함된다.

대법원 1998. 3. 13. 선고 97다6919 판결
조합의 채무는 조합원의 채무로서 특별한 사정이 없는 한 조합채권자는 각 조합원에 대하여 지분의 비율에 따라 또는 균일적으로 변제의 청구를 할 수 있을 뿐이나, 조합채무가 특히 조합원 전원을 위하여 상행위가 되는 행위로 인하여 부담하게 된 것이라면 상법 제57조 제1항을 적용하여 조합원들의 연대책임을 인정함이 상당하다.

대법원 2017. 7. 18. 선고 2015다206973 판결
변제로 채권자를 대위하는 경우에 '채권 및 그 담보에 관한 권리'가 변제자에게 이전될 뿐 계약당사자의 지위가 이전되는 것은 아니다. 그리고 변제로 채권자를 대위하는 사람이 구상권 범위에서 행사할 수 있는 '채권 및 그 담보에 관한 권리'에는 채권자와 채무자 사이에 채무의 이행을 확보하기 위한 특약이 있는 경우에 특약에 기하여 채권자가 가지는 권리도 포함되나, 채권자와 일부 대위변제자 사이의 약정에 지나지 아니하는 '우선회수특약'이 '채권 및 그 담보에 관한 권리'에 포함된다고 보기는 어렵다. 이러한 사정들을 고려하면, 일부 대위변제자의 채무자에 대한 구상채권에 대하여 보증한 사람이 자신의 보증채무를 변제함으로써 일부 대위변제자를 다시 대위하게 되었다 하더라도, 그것만으로 채권자의 채무자에 대한 권리가 아니라 채권자와 일부 대위변제자 사이의 약정에 해당하는 '우선회수특약'에 따른 권리까지 당연히 대위하거나 이전받게 된다고 볼 수는 없다. 그렇지만 '우선회수특약'은 일부 대위변제 후의 잔존 채권 변제 및 그 담보권 행사의 순위를 정한 약정으로서 일부 대위에 부수하여 이루어진 약정이고, 일부 대위변제자는 자신을 다시 대위하는 보증채무 변제자를 위하여 민법 제484조 및 제485조에 따라 채권 및 그 담보권 행사에 협조하고 이에 관한 권리를 보존할 의무를 진다는 사정 등에 비추어 보면, 일부 대위변제자로서는 특별한 사정이 없는 한 보증채무 변제자가 대위로 이전받은 담보에 관한 권리 행사 등과 관련하여 채권자 등을 상대로 '우선회수특약'에 따른 권리를 주장할 수 있도록 권리의 승계 등에 관한 절차를 해 주어야 할 의무를 지고, 이를 위반함으로 인해 보증채무 변제자가 채권자 등에 대하여 권리를 주장할 수 없게 되어 손해를 입은 경우에는 그에 대한 손해배상책임을 진다.

대법원 2007. 11. 30. 선고 2005도9922 판결
토지거래 허가구역 안의 토지에 관한 매매계약이 처음부터 토지거래허가를 잠탈할 목적으로 증여를 가장하여 소유권이전등기를 마치려는 의도하에 체결된 경우, 위 매매계약은 확정적으로 무효이다.

대법원 1999. 7. 9. 선고 97누11607 판결
허가구역지정 기간 중에 허가구역 안의 토지에 대하여 한 토지거래계약이 허가구역지정이 해제되기 전에 다른 사유로 확정적으로 무효로 된 경우를 제외하고는 더 이상 관할행정청으로부터 토지거래 허가를 받을 필요가 없이 확정적으로 유효로 된다고 보아야 할 것이지 여전히 그 계약이 유동적 무효상태에 있다고 볼 것은 아니다.

대법원 1990. 4. 24. 선고 89다카18884 판결
단지 채무의 담보를 위하여 채무자가 자기 비용과 노력으로 신축하는 건물의 건축허가명의를 채권자명의로 하였다면 이는 완성될 건물을 담보로 제공하기로 하는 합의로서 법률행위에 의한 담보물권의 설정에 다름 아니므로, 완성된 건물의 소유권은 일단 이를 건축한 채무자가 원시적으로 취득한 후 채권자명의로 소유권보존등기를 마침으로써 담보목적의 범위내에서 위 채권자에게 그 소유권이 이전된다고 보아야 한다.

대법원 2009. 9. 24. 선고 2009다15602 판결

민법 제261조에서 첨부로 법률규정에 의한 소유권 취득( 민법 제256조 내지 제260조)이 인정된 경우에 "손해를 받은 자는 부당이득에 관한 규정에 의하여 보상을 청구할 수 있다"라고 규정하고 있는바, 이러한 보상청구가 인정되기 위해서는 민법 제261조 자체의 요건만이 아니라, 부당이득 법리에 따른 판단에 의하여 부당이득의 요건이 모두 충족되었음이 인정되어야 한다. 매도인에게 소유권이 유보된 자재가 제3자와 매수인 사이에 이루어진 도급계약의 이행으로 제3자 소유 건물의 건축에 사용되어 부합된 경우 보상청구를 거부할 법률상 원인이 있다고 할 수 없지만, 제3자가 도급계약에 의하여 제공된 자재의 소유권이 유보된 사실에 관하여 과실 없이 알지 못한 경우라면 선의취득의 경우와 마찬가지로 제3자가 그 자재의 귀속으로 인한 이익을 보유할 수 있는 법률상 원인이 있다고 봄이 상당하므로, 매도인으로서는 그에 관한 보상청구를 할 수 없다.

대법원 2002. 9. 24. 선고 2002다11847 판결

확정판결의 기판력은 소송물로 주장된 법률관계의 존부에 관한 판단의 결론에만 미치고 그 전제가 되는 법률관계의 존부에까지 미치는 것은 아니므로, 계쟁 부동산에 관한 피고 명의의 소유권이전등기가 원인무효라는 이유로 원고가 피고를 상대로 그 등기의 말소를 구하는 소송을 제기하였다가 청구기각의 판결을 선고받아 확정되었다고 하더라도, 그 확정판결의 기판력은 소송물로 주장된 말소등기청구권이나 이전등기청구권의 존부에만 미치는 것이지 그 기본이 된 소유권 자체의 존부에는 미치지 아니하고, 따라서 원고가 비록 위 확정판결의 기판력으로 인하여 계쟁 부동산에 관한 등기부상의 소유 명의를 회복할 방법은 없게 되었다고 하더라도 그 소유권이 원고에게 없음이 확정된 것은 아닐 뿐만 아니라, 등기부상 소유자로 등기되어 있지 않다고 하여 소유권을 행사하는 것이 전혀 불가능한 것도 아닌 이상, 원고로서는 그의 소유권을 부인하는 피고에 대하여 계쟁 부동산이 원고의 소유라는 확인을 구할 법률상 이익이 있으며, 이러한 법률상의 이익이 있는 이상에는 특별한 사정이 없는 한 소유권확인 청구의 소제기 자체가 신의칙에 반하는 것이라고 단정할 수 없는 것이다.

대법원 2017. 4. 7. 선고 2016다35451 판결

가압류를 시효중단사유로 규정한 이유는 가압류에 의하여 채권자가 권리를 행사하였다고 할 수 있기 때문이다. 가압류채권자의 권리행사는 가압류를 신청한 때에 시작되므로, 이 점에서도 가압류에 의한 시효중단의 효력은 가압류신청을 한 때에 소급한다.

대법원 2011. 1. 13. 선고 2010다88019 판결

민법 제175조는 가압류가 '권리자의 청구에 의하여 또는 법률의 규정에 따르지 아니함으로 인하여 취소된 때에는 소멸시효 중단의 효력이 없다'고 규정하고 있고, 이는 그러한 사유가 가압류 채권자에게 권리행사의 의사가 없음을 객관적으로 표명하는 행위이거나 또는 처음부터 적법한 권리행사가 있었다고 볼 수 없는 사유에 해당한다고 보기 때문이므로, 법률의 규정에 따른 적법한 가압류가 있었으나 제소기간의 도과로 인하여 가압류가 취소된 경우에는 위 법조가 정한 소멸시효 중단의 효력이 없는 경우에 해당한다고 볼 수 없다. 가압류결정 후 제소기간 도과를 이유로 가압류가 취소된 경우, 채권의 소멸시효는 가압류로 인하여 중단되었다가 제소기간의 도과로 가압류가 취소된 때로부터 다시 진행된다.

대법원 1987. 12. 22. 선고 87다카2337 판결

최고를 여러 번 거듭하다가 재판상 청구 등을 한 경우에 있어서의 시효중단의 효력은 항상 최초의 최고시에 발생하는 것이 아니라 재판상 청구 등을 한 시점을 기준으로 하여 이로부터 소급하여 6월 이내에 한 (최초의) 최고시에 발생한다.

## Ⅷ 2021년 6월 모의고사

**대법원 2018. 4. 24. 선고 2017다293858 판결**
확정된 승소판결에는 기판력이 있으므로 당사자는 확정된 판결과 동일한 소송물에 기하여 신소를 제기할 수 없는 것이 원칙이나, 시효중단 등 특별한 사정이 있는 경우에는 예외적으로 신소가 허용되는데, 이러한 경우에 신소의 판결이 전소의 승소확정판결의 내용에 저촉되어서는 아니 되므로, 후소 법원으로서는 그 확정된 권리를 주장할 수 있는 모든 요건이 구비되어 있는지에 관하여 다시 심리할 수 없다.

**대법원 1994. 10. 21. 선고 94다27922 판결**
제1심판결 정본이 공시송달의 방법에 의하여 피고에게 송달되었다면 비록 피고의 주소가 허위이거나 그 요건에 미비가 있다 할지라도 그 송달은 유효한 것이므로 항소기간의 도과로 그 판결은 형식적으로 확정되어 기판력이 발생한다.

**대법원 2011. 12. 12. 선고 2011다73540 판결**
당사자가 상대방의 주소 또는 거소를 알고 있었음에도 소재불명 또는 허위의 주소나 거소로 하여 소를 제기한 탓으로 공시송달의 방법에 의하여 판결(심판)정본이 송달된 때에는 민사소송법 제451조 제1항 제11호에 의하여 재심을 제기할 수 있음은 물론이나 또한 같은 법 제173조에 의한 소송행위 추완에 의하여도 상소를 제기할 수도 있다.

**대법원 2007. 10. 26. 선고 2006다86573, 86580 판결**
(독립당사자참가소송에서) 항소심의 심판대상은 실제 항소를 제기한 자의 항소 취지에 나타난 불복범위에 한정하되 위 세 당사자 사이의 결론의 합일확정의 필요성을 고려하여 그 심판의 범위를 판단하여야 하고, 이에 따라 항소심에서 심리·판단을 거쳐 결론을 내림에 있어 위 세 당사자 사이의 결론의 합일확정을 위하여 필요한 경우에는 그 한도 내에서 항소 또는 부대항소를 제기한 바 없는 당사자에게 결과적으로 제1심판결보다 유리한 내용으로 판결이 변경되는 것도 배제할 수는 없다.

**대법원 2004. 7. 21.자 2004마535 결정**
[2] 송달은 원칙적으로 받을 사람의 주소·거소·영업소 또는 사무소에서 해야 하는데(민사소송법 제183조 제1항 전문), 여기서 말하는 영업소 또는 사무소는 송달 받을 사람 자신이 경영하는 영업소 또는 사무소를 의미하는 것이지 송달 받을 사람의 근무장소는 이에 해당하지 않으며(같은 법 제183조 제2항 참조), 송달 받을 사람이 경영하는, 그와 별도의 법인격을 가지는 회사의 사무실은 송달 받을 사람의 영업소나 사무소라 할 수 없고, 이는 그의 근무장소에 지나지 아니한다.
[3] 근무장소에서의 송달을 규정한 민사소송법 제183조 제2항에 의하면, 근무장소에서의 송달은 송달 받을 자의 주소 등의 장소를 알지 못하거나 그 장소에서 송달할 수 없는 때에 한하여 할 수 있는 것이므로 소장, 지급명령신청서 등에 기재된 주소 등의 장소에 대한 송달을 시도하지 않은 채 근무장소로 한 송달은 위법하다.

**대법원 2015. 11. 27. 선고 2013다41097(본소), 2013다41103(반소) 판결**
공동저당의 목적인 물상보증인 소유의 부동산에 후순위저당권이 설정되어 있는 경우에 물상보증인 소유의 부동산이 먼저 경매되어 경매대금에서 선순위공동저당권자가 변제를 받은 때에는 특별한 사정이 없는 한 물상보증인은 채무자에 대하여 구상권을 취득함과 동시에 변제자대위에 관한 민법 제481조, 제482조에 따라 채무자 소유의 부동산에 대한 선순위공동저당권자의 저당권을 대위취득하고, 물상보증인 소유의 부동산에 대한 후순위저당권자는 물상보증인이 대위취득한 채무자 소유의 부동산에 대한 선순위공동저당권자의 저당권에 대하여 물상대위를 할 수 있다.

### 대법원 2017. 7. 11. 선고 2014다32458 판결

채무자가 소멸시효 완성 후 채무를 일부 변제한 때에는 액수에 관하여 다툼이 없는 한 채무 전체를 묵시적으로 승인한 것으로 보아야 하고, 이 경우 시효완성의 사실을 알고 이익을 포기한 것으로 추정되므로, 소멸시효가 완성된 채무를 피담보채무로 하는 근저당권이 실행되어 채무자 소유의 부동산이 경락되고 대금이 배당되어 채무의 일부 변제에 충당될 때까지 채무자가 아무런 이의를 제기하지 아니하였다면, 경매절차의 진행을 채무자가 알지 못하였다는 등 다른 특별한 사정이 없는 한, 채무자는 시효완성의 사실을 알고 채무를 묵시적으로 승인하여 시효의 이익을 포기한 것으로 볼 수 있기는 하다. 그러나 소멸시효가 완성된 경우 채무자에 대한 일반채권자는 채권자의 지위에서 독자적으로 소멸시효의 주장을 할 수는 없지만 자기의 채권을 보전하기 위하여 필요한 한도 내에서 채무자를 대위하여 소멸시효 주장을 할 수 있으므로 채무자가 배당절차에서 이의를 제기하지 아니하였다고 하더라도 채무자의 다른 채권자가 이의를 제기하고 채무자를 대위하여 소멸시효 완성의 주장을 원용하였다면, 시효의 이익을 묵시적으로 포기한 것으로 볼 수 없다.

### 대법원 2018. 11. 9. 선고 2018다38782 판결

타인의 채무를 담보하기 위하여 자기의 물건에 담보권을 설정한 물상보증인은 채권자에 대하여 물적 유한책임을 지고 있어 그 피담보채권의 소멸에 의하여 직접 이익을 받는 관계에 있으므로 소멸시효의 완성을 주장할 수 있고(대법원 2004. 1. 16. 선고 2003다30890 판결 등 참조), 소멸시효 이익의 포기는 상대적 효과가 있을 뿐이어서 채무자가 시효이익을 포기하더라도 물상보증인에게는 효력이 없다.

### 대법원 1975. 6. 24. 선고 74다1877 판결

시효로 부동산의 지분권을 취득하였음을 주장하는 당사자가 그 전체의 토지 중 자기의 지분에 해당하는 특정부분을 시효취득한 것으로 주장하는 경우에는 그 특정부분이 동인의 점유에 속한다는 것을 인식하기에 충분한 객관적 증표가 계속 존재하여야 하나 토지의 1/2지분에 대하여는 자주점유로 나머지 1/2지분에 대하여는 타주점유로 전 토지를 점유하여 왔음을 이유로 그 1/2의 지분권을 시효로 취득하였다고 주장하는 경우에는 객관적 증표가 계속 존재할 필요는 없다.

### 대법원 2012. 3. 29. 선고 2011다74932 판결

부동산의 일부 공유지분에 관하여 저당권이 설정된 후 부동산이 분할된 경우, 그 저당권은 분할된 각 부동산 위에 종전의 지분비율대로 존속하고, 분할된 각 부동산은 저당권의 공동담보가 된다.

### 대법원 2000. 4. 25. 선고 2000다11102 판결

민법 제168조에서 가압류를 시효중단사유로 정하고 있는 것은 가압류에 의하여 채권자가 권리를 행사하였다고 할 수 있기 때문인데 가압류에 의한 집행보전의 효력이 존속하는 동안은 가압류채권자에 의한 권리행사가 계속되고 있다고 보아야 할 것이므로 가압류에 의한 시효중단의 효력은 가압류의 집행보전의 효력이 존속하는 동안은 계속된다.

대법원 1993. 1. 19. 선고 92다31323 판결
매도인이 민법 제565조에 의하여 계약을 해제한다는 의사표시를 하고 일정한 기한까지 해약금의 수령을 최고하며 기한을 넘기면 공탁하겠다고 통지를 한 이상 중도금 지급기일은 매도인을 위하여서도 기한의 이익이 있다고 보는 것이 옳고, 따라서 이 경우에는 매수인이 이행기 전에 이행에 착수할 수 없는 특별한 사정이 있는 경우에 해당하여 매수인은 매도인의 의사에 반하여 이행할 수 없다고 보는 것이 옳으며, 매수인이 이행기 전에, 더욱이 매도인이 정한 해약금 수령기한 이전에 일방적으로 이행에 착수하였다고 하여도 매도인의 계약해제권 행사에 영향을 미칠 수 없다.

대법원 1999. 4. 27. 선고 98다56690 판결
채권자취소권에 의하여 보호될 수 있는 채권은 원칙적으로 사해행위라고 볼 수 있는 행위가 행하여지기 전에 발생된 것임을 요하나, 그 사해행위 당시에 이미 채권 성립의 기초가 되는 법률관계가 발생되어 있고, 가까운 장래에 그 법률관계에 기하여 채권이 성립되리라는 점에 대한 고도의 개연성이 있으며, 실제로 가까운 장래에 그 개연성이 현실화되어 채권이 성립된 경우에는, 그 채권도 채권자취소권의 피보전채권이 될 수 있다. 부동산을 양도받아 소유권이전등기청구권을 가지고 있는 자가 양도인이 제3자에게 이를 이중으로 양도하여 소유권이전등기를 경료하여 줌으로써 취득하는 부동산 가액 상당의 손해배상채권은 이중양도행위에 대한 사해행위취소권을 행사할 수 있는 피보전채권에 해당한다고 할 수 없다.

대법원 1998. 10. 13. 선고 98다12379 판결
주택임대차보호법에 의하여 우선변제청구권이 인정되는 임대차보증금반환채권은 현행법상 배당요구가 필요한 배당요구채권에 해당한다. 배당요구채권자가 적법한 배당요구를 하지 아니하여 그를 배당에서 제외하는 것으로 배당표가 작성·확정되고 그 확정된 배당표에 따라 배당이 실시되었다면 그가 적법한 배당요구를 한 경우에 배당받을 수 있었던 금액 상당의 금원이 후순위채권자에게 배당되었다고 하여 이를 법률상 원인이 없는 것이라고 할 수 없다.

대법원 2007. 2. 9. 선고 2006다39546 판결
확정된 배당표에 의하여 배당을 실시하는 것은 실체법상의 권리를 확정하는 것이 아니므로, 배당을 받아야 할 채권자가 배당을 받지 못하고 배당을 받지 못할 자가 배당을 받은 경우에는 배당을 받지 못한 채권자로서는 배당에 관하여 이의를 한 여부에 관계없이 배당을 받지 못할 자이면서도 배당을 받았던 자를 상대로 부당이득반환청구권을 갖는다 할 것이고, 배당을 받지 못한 그 채권자가 일반채권자라고 하여 달리 볼 것은 아니다 (배당요구는 하였으나, 배당이의를 하지 않은 사안).

대법원 2017. 8. 29. 선고 2017다212194 판결
주택임대차보호법은 임차인에게 우선변제권이 인정되기 위하여 대항요건과 임대차계약증서상의 확정일자를 갖추는 것 외에 계약 당시 임차보증금이 전액 지급되어 있을 것을 요구하지는 않는다. 따라서 임차인이 임대인에게 임차보증금의 일부만을 지급하고 주택임대차보호법 제3조 제1항에서 정한 대항요건과 임대차계약증서상의 확정일자를 갖춘 다음 나머지 보증금을 나중에 지급하였다고 하더라도 특별한 사정이 없는 한 대항요건과 확정일자를 갖춘 때를 기준으로 임차보증금 전액에 대해서 후순위권리자나 그 밖의 채권자보다 우선하여 변제를 받을 권리를 갖는다고 보아야 한다.

대법원 2018. 7. 24. 선고 2017다2472 판결

민법 제126조의 표현대리의 효과를 주장하려면 상대방이 자칭 대리인에게 대리권이 있다고 믿고 그와 같이 믿는 데 정당한 이유가 있을 것을 요건으로 하는 것인데, 여기의 정당한 이유의 존부는 자칭 대리인의 대리행위가 행하여질 때에 존재하는 제반 사정을 객관적으로 관찰하여 판단하여야 한다. 민법 제126조의 표현대리에 있어서 무권대리인에게 그 권한이 있다고 믿을 만한 정당한 이유가 있는가의 여부는 대리행위인 매매계약 당시를 기준으로 결정하여야 하고 매매계약 성립 이후의 사정은 고려할 것이 아니므로, 무권대리인이 매매계약 후 그 이행단계에서야 비로소 본인의 인감증명과 위임장을 상대방에게 교부한 사정만으로는 상대방이 무권대리인에게 그 권한이 있다고 믿을 만한 정당한 이유가 있었다고 단정할 수 없다.

## 제3절 민재실 중요판례정리

**대법원 2010. 6. 24. 선고 2010다17284 판결**

원고가 채권자대위권에 기해 청구를 하다가 당해 피대위채권 자체를 양수하여 양수금청구로 소를 변경한 사안에서, 이는 청구원인의 교환적 변경으로서 채권자대위권에 기한 구 청구는 취하된 것으로 보아야 하나, 그 채권자대위소송의 소송물은 채무자의 제3채무자에 대한 계약금반환청구권인데 위 양수금청구는 원고가 위 계약금반환청구권 자체를 양수하였다는 것이어서 양 청구는 동일한 소송물에 관한 권리의무의 특정 승계가 있을 뿐 그 소송물은 동일한 점, 시효중단의 효력은 특정승계인에게도 미치는 점(민법 제169조), 계속 중인 소송에 소송목적인 권리 또는 의무의 전부나 일부를 승계한 특정승계인이 소송참가하거나 소송인수한 경우에는 소송이 법원에 처음 계속된 때에 소급하여 시효중단의 효력이 생기는 점(민사소송법 제81조, 제82조 제3항), 원고는 위 계약금반환채권을 채권자대위권에 기해 행사하다 다시 이를 양수받아 직접 행사한 것이어서 위 계약금반환채권과 관련하여 원고를 '권리 위에 잠자는 자'로 볼 수 없는 점 등에 비추어 볼 때, 당초의 채권자대위소송으로 인한 시효중단의 효력이 소멸하지 않는다.

**대법원 2005. 11. 10. 선고 2005다41818 판결**

채권양도는 구 채권자인 양도인과 신 채권자인 양수인 사이에 채권을 그 동일성을 유지하면서 전자로부터 후자에게로 이전시킬 것을 목적으로 하는 계약을 말한다 할 것이고, 채권양도에 의하여 채권은 그 동일성을 잃지 않고 양도인으로부터 양수인에게 이전되며, 이러한 법리는 채권양도의 대항요건을 갖추지 못하였다고 하더라도 마찬가지인 점, 민법 제149조의 "조건의 성취가 미정한 권리의무는 일반규정에 의하여 처분, 상속, 보존 또는 담보로 할 수 있다."는 규정은 대항요건을 갖추지 못하여 채무자에게 대항하지 못한다고 하더라도 채권양도에 의하여 채권을 이전받은 양수인의 경우에도 그대로 준용될 수 있는 점, 채무자를 상대로 재판상의 청구를 한 채권의 양수인을 '권리 위에 잠자는 자'라고 할 수 없는 점 등에 비추어 보면, 비록 대항요건을 갖추지 못하여 채무자에게 대항하지 못한다고 하더라도 채권의 양수인이 채무자를 상대로 재판상의 청구를 하였다면 이는 소멸시효 중단사유인 재판상의 청구에 해당한다고 보아야 한다.

**대법원 2008. 1. 31. 선고 2007다64471 판결**

원심은, 피고의 소멸시효항변에 대하여, 채권자대위소송에서 제3채무자인 피고는 채무자의 소멸시효항변을 원용할 수 없다는 이유로 피고의 주장을 배척하고 있다. 채권자가 채권자대위권을 행사하여 제3자에 대하여 하는 청구에 있어서, 제3채무자는 채무자가 채권자에 대하여 가지는 항변으로 대항할 수 없고, 채권의 소멸시효가 완성된 경우 이를 원용할 수 있는 자는 원칙적으로는 시효이익을 직접 받는 자뿐이고, 채권자대위소송의 제3채무자는 이를 행사할 수 없다고 할 것이나(대법원 2004. 2. 12. 선고 2001다10151 판결 등 참조), 채권자가 채무자에 대한 채권을 보전하기 위하여 제3채무자를 상대로 채무자의 제3채무자에 대한 채권에 기한 이행청구의 소를 제기하는 한편, 채무자를 상대로 피보전채권에 기한 이행청구의 소를 제기한 경우, 채무자가 그 소송절차에서 소멸시효를 원용하는 항변을 하였고, 그러한 사유가 현출된 채권자대위소송에서 심리를 한 결과, 실제로 피보전채권의 소멸시효가 적법하게 완성된 것으로 판단되면, 채권자는 더 이상 채무자를 대위할 권한이 없게 된다고 할 것이다(대법원 2000. 5. 26. 선고 98다40695 판결 참조). / (당사자적격이 없으므로 소 각하 취지로 파기환송)

대법원 1991. 4. 12. 선고 90다9407 판결

채권자가 채무자를 대위하여 채무자의 제3채무자에 대한 권리를 행사하고 채무자에게 통지를 하거나 채무자가 채권자의 대위권 행사사실을 안 후에는 채무자는 그 권리에 대한 처분권을 상실하여 그 권리의 양도나 포기등 처분행위를 할 수 없고 채무자의 처분행위에 기하여 취득한 권리로서는 채권자에게 대항할 수 없으나, 채무자의 변제수령은 처분행위라 할 수 없고 같은 이치에서 채무자가 그 명의로 소유권이전등기를 경료하는 것 역시 처분행위라고 할 수 없으므로 소유권이전등기청구권의 대위행사후에도 채무자는 그 명의로 소유권이전등기를 경료하는 데 아무런 지장이 없다.

대법원 1996. 3. 8. 선고 95다55467 판결

부동산 매매계약에 있어서 매수인이 잔대금 지급기일까지 그 대금을 지급하지 못하면 그 계약이 자동적으로 해제된다는 취지의 약정이 있더라도 매도인이 이행의 제공을 하여 매수인을 이행지체에 빠뜨리지 않는 한 그 약정기일의 도과 사실만으로는 매매계약이 자동 해제된 것으로 볼 수 없으나, 매수인이 수회에 걸친 채무불이행에 대하여 책임을 느끼고 잔금 지급기일의 연기를 요청하면서 새로운 약정기일까지는 반드시 계약을 이행할 것을 확약하고 불이행시에는 매매 계약이 자동적으로 해제되는 것을 감수하겠다는 내용의 약정을 한 특별한 사정이 있다면, 매수인이 잔금 지급기일까지 잔금을 지급하지 아니함으로써 그 매매 계약은 자동적으로 실효된다.

대법원 2007. 9. 21. 선고 2006다69479 판결

일단 채무자의 이행지체로 인하여 채권자에게 계약해제권이 발생하면, 그 이후로는 채권자는 특별한 사정이 없는 한 자기채무의 이행제공을 하지 않은 상태에서도 그 해제권을 행사할 수 있는 것이므로, 이 사건 매매계약은 원고의 계약해제의 의사표시가 담긴 이 사건 소장부본의 송달로 인하여 적법하게 해제되었다고 할 것이다.

대법원 1995. 3. 14. 선고 94다26646 판결

쌍무계약의 당사자 일방이 먼저 한 번 현실의 제공을 하고, 상대방을 수령지체에 빠지게 하였다고 하더라도 그 이행의 제공이 계속되지 않는 경우는 과거에 이행의 제공이 있었다는 사실만으로 상대방이 가지는 동시이행의항변권이 소멸하는 것은 아니므로, 일시적으로 당사자 일방의 의무의 이행 제공이 있었으나 곧 그 이행의 제공이 중지되어 더 이상 그 제공이 계속되지 아니하는 기간 동안에는 상대방의 의무가 이행지체 상태에 빠졌다고 할 수는 없다고 할 것이고, 따라서 그 이행의 제공이 중지된 이후에 상대방의 의무가 이행지체되었음을 전제로 하는 손해배상청구도 할 수 없는 것이다.

대법원 2003. 7. 11. 선고 2003다19435 판결

채권자취소권 행사에 있어서 제척기간의 기산점인 채권자가 '취소원인을 안 날'이라 함은 채권자가 채권자취소권의 요건을 안 날, 즉 채무자가 채권자를 해함을 알면서 사해행위를 하였다는 사실을 알게 된 날을 의미한다고 할 것이므로, 단순히 채무자가 재산의 처분행위를 하였다는 사실을 아는 것만으로는 부족하고, 그 법률행위가 채권자를 해하는 행위라는 것 즉, 그에 의하여 채권의 공동담보에 부족이 생기거나 이미 부족상태에 있는 공동담보가 한층 더 부족하게 되어 채권을 완전하게 만족시킬 수 없게 되었으며 나아가 채무자에게 사해의 의사가 있었다는 사실까지 알 것을 요한다.

대법원 2000. 12. 8. 선고 2000다21017 판결
주채무자 또는 제3자 소유의 부동산에 대하여 채권자 앞으로 근저당권이 설정되어 있고, 그 부동산의 가액 및 채권최고액이 당해 채무액을 초과하여 채무 전액에 대하여 채권자에게 우선변제권이 확보되어 있다면, 연대보증인이 비록 유일한 재산을 처분하는 법률행위를 하더라도 채권자에 대하여 사해행위가 성립되지 않는다고 보아야 한다.

대법원 1999. 4. 27. 선고 98다56690 판결
[1] 채권자취소권에 의하여 보호될 수 있는 채권은 원칙적으로 사해행위라고 볼 수 있는 행위가 행하여지기 전에 발생된 것임을 요하나, 그 사해행위 당시에 이미 채권 성립의 기초가 되는 법률관계가 발생되어 있고, 가까운 장래에 그 법률관계에 기하여 채권이 성립되리라는 점에 대한 고도의 개연성이 있으며, 실제로 가까운 장래에 그 개연성이 현실화되어 채권이 성립된 경우에는, 그 채권도 채권자취소권의 피보전채권이 될 수 있다.
[2] 부동산을 양도받아 소유권이전등기청구권을 가지고 있는 자가 양도인이 제3자에게 이를 이중으로 양도하여 소유권이전등기를 경료하여 줌으로써 취득하는 부동산 가액 상당의 손해배상채권은 이중양도행위에 대한 사해행위취소권을 행사할 수 있는 피보전채권에 해당한다고 할 수 없다.
[3] 채권자취소권을 특정물에 대한 소유권이전등기청구권을 보전하기 위하여 행사하는 것은 허용되지 않으므로, 부동산의 제1양수인은 자신의 소유권이전등기청구권 보전을 위하여 양도인과 제3자 사이에서 이루어진 이중양도행위에 대하여 채권자취소권을 행사할 수 없다.

대법원 2005. 3. 25. 선고 2004다10985 판결
[1] 채권자가 채무자의 어떤 금원지급행위가 사해행위에 해당된다고 하여 그 취소를 청구하면서 다만 그 금원지급행위의 법률적 평가와 관련하여 증여 또는 변제로 달리 주장하는 것은 그 사해행위취소권을 이유 있게 하는 공격방법에 관한 주장을 달리하는 것일 뿐이지 소송물 또는 청구 자체를 달리하는 것으로 볼 수 없다.
[2] 채권자가 채무의 변제를 구하는 것은 그의 당연한 권리행사로서 다른 채권자가 존재한다는 이유로 이것이 방해받아서는 아니 되고, 채무자도 채무의 본지에 따라 채무를 이행할 의무를 부담하고 있어 다른 채권자가 있다는 이유로 그 채무이행을 거절하지는 못하므로, 채무자가 채무초과의 상태에서 특정채권자에게 채무의 본지에 따른 변제를 함으로써 다른 채권자의 공동담보가 감소하는 결과가 되는 경우에도 그 변제는 채무자가 특히 일부의 채권자와 통모하여 다른 채권자를 해할 의사를 가지고 변제를 한 경우가 아닌 한 원칙적으로 사해행위가 되는 것은 아니다.

대법원 2000. 4. 25. 선고 2000다11102 판결
[1] 민법 제168조에서 가압류를 시효중단사유로 정하고 있는 것은 가압류에 의하여 채권자가 권리를 행사하였다고 할 수 있기 때문인데 가압류에 의한 집행보전의 효력이 존속하는 동안은 가압류채권자에 의한 권리행사가 계속되고 있다고 보아야 할 것이므로 가압류에 의한 시효중단의 효력은 가압류의 집행보전의 효력이 존속하는 동안은 계속된다.
[2] 민법 제168조에서 가압류와 재판상의 청구를 별도의 시효중단사유로 규정하고 있는데 비추어 보면, 가압류의 피보전채권에 관하여 본안의 승소판결이 확정되었다고 하더라도 가압류에 의한 시효중단의 효력이 이에 흡수되어 소멸된다고 할 수 없다.

대법원 2005. 10. 27. 선고 2005다35554 판결

민법 제169조는 '시효의 중단은 당사자 및 그 승계인 간에만 효력이 있다.'고 규정하고 있고, 한편 민법 제440조는 '주채무자에 대한 시효의 중단은 보증인에 대하여 그 효력이 있다.'라고 규정하고 있는바, 민법 제440조는 민법 제169조의 예외 규정으로서 이는 채권자 보호 내지 채권담보의 확보를 위하여 주채무자에 대한 시효중단의 사유가 발생하였을 때는 그 보증인에 대한 별도의 중단조치가 이루어지지 아니하여도 동시에 시효중단의 효력이 생기도록 한 것이고, 그 시효중단사유가 압류, 가압류 및 가처분이라고 하더라도 이를 보증인에게 통지하여야 비로소 시효중단의 효력이 발생하는 것은 아니다.

대법원 2007. 8. 23. 선고 2007다21856 판결

임대차보증금은 임대차계약이 종료된 후 임차인이 목적물을 인도할 때까지 발생하는 차임 및 기타 임차인의 채무를 담보하는 것으로서 그 피담보채무액은 임대차관계의 종료 후 목적물이 반환될 때에 특별한 사정이 없는 한 별도의 의사표시 없이 임대차보증금에서 당연히 공제되는 것이므로, 특별한 사정이 없는 한 임대차계약이 종료되었다 하더라도 목적물이 명도되지 않았다면 임차인은 임대차보증금이 있음을 이유로 연체차임의 지급을 거절할 수 없는 것이고, 또한 임대차보증금액보다도 임차인의 채무액이 많은 경우에는 민법 제477조에서 정하고 있는 법정충당순서에 따라야 하는 것이다.

대법원 2004. 12. 23. 선고 2004다56554 판결

부동산 임대차에 있어서 수수된 보증금은 차임채무, 목적물의 멸실·훼손 등으로 인한 손해배상채무 등 임대차에 따른 임차인의 모든 채무를 담보하는 것으로서 그 피담보채무 상당액은 임대차관계의 종료 후 목적물이 반환될 때에 특별한 사정이 없는 한 별도의 의사표시 없이 보증금에서 당연히 공제되는 것이므로, 임대보증금이 수수된 임대차계약에서 차임채권에 관하여 압류 및 추심명령이 있었다 하더라도, 당해 임대차계약이 종료되어 목적물이 반환될 때에는 그 때까지 추심되지 아니한 채 잔존하는 차임채권 상당액도 임대보증금에서 당연히 공제된다.

대법원 1998. 10. 20. 선고 98다31905 판결

임차보증금 반환채권을 피전부채권으로 한 전부명령이 확정된 경우, 제3채무자에게 송달한 때에 소급하여 그 효력이 발생하지만, 임차보증금 반환채권은 임대인의 채권이 발생하는 것을 해제조건으로 하여 발생하는 것이므로, 임대차관계 종료 후 그 목적물이 명도되기까지 사이에 발생한 임대인의 채권을 공제한 잔액에 관하여서만 전부명령이 유효하다.

대법원 2009. 7. 9. 선고 2009다23313 판결

부동산 실권리자명의 등기에 관한 법률 시행 전에 명의수탁자가 명의신탁 약정에 따라 부동산에 관한 소유명의를 취득한 경우 위 법률의 시행 후 같은 법 제11조의 유예기간이 경과하기 전까지 명의신탁자는 언제라도 명의신탁 약정을 해지하고 당해 부동산에 관한 소유권을 취득할 수 있었던 것으로, 실명화 등의 조치 없이 위 유예기간이 경과함으로써 같은 법 제12조 제1항, 제4조에 의해 명의신탁 약정은 무효로 되는 한편, 명의수탁자가 당해 부동산에 관한 완전한 소유권을 취득하게 된다 할 것인데, 같은 법 제3조 및 제4조가 명의신탁자에게 소유권이 귀속되는 것을 막는 취지의 규정은 아니므로 명의수탁자는 명의신탁자에게 자신이 취득한 당해 부동산을 부당이득으로 반환할 의무가 있다 할 것인바, 이와 같은 경위로 명의신탁자가 당해 부동산의 회복을 위해 명의수탁자에 대해 가지는 소유권이전등기청구권은 그 성질상 법률의 규정에 의한 부당이득반환청구권으로서 민법 제162조 제1항에 따라 10년의 기간이 경과함으로써 시효로 소멸한다(기산점 유예기간 경과시점).

### 대법원 2013. 12. 12. 선고 2013다26647 판결

부동산의 매수인이 목적물을 인도받아 계속 점유하는 경우에는 매도인에 대한 소유권이전등기청구권은 소멸시효가 진행되지 않고, 이러한 법리는 3자간 등기명의신탁에 의한 등기가 유효기간의 경과로 무효로 된 경우에도 마찬가지로 적용된다. 따라서 그 경우 목적 부동산을 인도받아 점유하고 있는 명의신탁자의 매도인에 대한 소유권이전등기청구권 역시 소멸시효가 진행되지 않는다.

### 대법원 2011. 9. 8. 선고 2009다49193, 49209 판결

이른바 3자간 등기명의신탁에서 부동산 실권리자명의 등기에 관한 법률에서 정한 유예기간이 경과한 후 명의수탁자가 신탁부동산을 임의로 처분하거나 강제수용이나 공공용지 협의취득 등을 원인으로 제3취득자 명의로 이전등기가 마쳐진 경우, 특별한 사정이 없는 한 제3취득자는 유효하게 소유권을 취득하게 되므로(같은 법 제4조 제3항), 그로 인하여 매도인의 명의신탁자에 대한 소유권이전등기의무는 이행불능으로 되고 그 결과 명의신탁자는 신탁부동산의 소유권을 이전받을 권리를 상실하는 손해를 입게 되는 반면, 명의수탁자는 신탁부동산의 처분대금이나 보상금을 취득하는 이익을 얻게 되므로, 명의수탁자는 명의신탁자에게 그 이익을 부당이득으로 반환할 의무가 있다.

### 대법원 2013. 9. 12. 선고 2010다95185 판결

명의신탁자와 명의수탁자가 이른바 계약명의신탁 약정을 맺고 매매계약을 체결한 소유자도 명의신탁자와 명의수탁자 사이의 명의신탁약정을 알면서 그 매매계약에 따라 명의수탁자 앞으로 당해 부동산의 소유권이전등기를 마친 경우 부동산실권리자명의 등기에 관한 법률 제4조 제2항 본문에 의하여 명의수탁자 명의의 소유권이전등기는 무효이므로, 당해 부동산의 소유권은 매매계약을 체결한 소유자에게 그대로 남아있게 되고, 명의수탁자가 자신의 명의로 소유권이전등기를 마친 부동산을 제3자에게 처분하면 이는 매도인의 소유권 침해행위로서 불법행위가 된다. 그러나 명의수탁자로부터 매매대금을 수령한 상태의 소유자로서는 그 부동산에 관한 소유명의를 회복하기전까지는 신의칙 내지 민법 제536조 제1항 본문의 규정에 의하여 명의수탁자에 대하여 이와 동시이행의 관계에 있는 매매대금 반환채무의 이행을 거절할 수 있는데, 이른바 계약명의신탁에서 명의수탁자의 제3자에 대한 처분행위가 유효하게 확정되어 소유자에 대한 소유명의 회복이 불가능한 이상, 소유자로서는 그와 동시이행관계에 있는 매매대금 반환채무를 이행할 여지가 없다. 또한 명의신탁자는 소유자와 매매계약관계가 없어 소유자에 대한 소유권이전등기청구도 허용되지 아니하므로, 결국 소유자인 매도인으로서는 특별한 사정이 없는 한 명의수탁자의 처분행위로 인하여 어떠한 손해도 입은 바가 없다.

### 대법원 1994. 6. 24. 선고 94다3155 판결

주택임차인이 임차주택을 직접 점유하여 거주하지 않고, 간접 점유하여 자신의 주민등록을 이전하지 아니한 경우라 하더라도 임대인의 승낙을 받아 임차주택을 전대하고 그 전차인이 주택을 인도받아 자신의 주민등록을 마친 때에는 그 때로부터 임차인은 제3자에 대하여 대항력을 취득한다.

### 대법원 2002. 3. 15. 선고 2001다80204 판결

하나의 대지 위에 단독주택과 다세대 주택이 함께 건립되어 있고, 등기부상으로 단독주택과 다세대 주택의 각 구분소유 부분에 대하여 지번은 동일하나 그 동호수가 달리 표시되어 있으며, 나아가 위 단독주택에 대하여 위 등기부와 같은 지번과 동호수로 표시된 집합건축물관리대장까지 작성된 경우라면, 위 단독주택의 임차인은 그 지번 외에 등기부와 집합건축물관리대장상의 동호수까지 전입신고를 마쳐야만 그 임대차의 유효한 공시방법을 갖추었다고 할 것이다.

대법원 2000. 2. 11. 선고 99다59306 판결

갑이 주택에 관하여 소유권이전등기를 경료하고 주민등록 전입신고까지 마친 다음 처와 함께 거주하다가 을에게 매도함과 동시에 그로부터 이를 다시 임차하여 계속 거주하기로 약정하고 임차인을 갑의 처로 하는 임대차계약을 체결한 후에야 을 명의의 소유권이전등기가 경료된 경우, 제3자로서는 주택에 관하여 갑으로부터 을 앞으로 소유권이전등기가 경료되기 전에는 갑의 처의 주민등록이 소유권 아닌 임차권을 매개로 하는 점유라는 것을 인식하기 어려웠다 할 것이므로, 갑의 처의 주민등록은 주택에 관하여 을 명의의 소유권이전등기가 경료되기 전에는 주택임대차의 대항력 인정의 요건이 되는 적법한 공시방법으로서의 효력이 없고 을 명의의 소유권이전등기가 경료된 날에야 비로소 갑의 처와 을 사이의 임대차를 공시하는 유효한 공시방법이 된다고 할 것이며, 주택임대차보호법 제3조 제1항에 의하여 유효한 공시방법을 갖춘 다음날인 을 명의의 소유권이전등기일 익일부터 임차인으로서 대항력을 갖는다.

대법원 2008. 4. 10. 선고 2007다38908 판결

주택임대차보호법이 적용되는 임대차로서는 반드시 임차인과 주택의 소유자인 임대인 사이에 임대차계약이 체결된 경우에 한정된다고 할 수는 없고, 주택의 소유자는 아니지만 주택에 관하여 적법하게 임대차계약을 체결할 수 있는 권한(적법한 임대권한)을 가진 임대인과 사이에 임대차계약이 체결된 경우도 포함되고, 매매계약의 이행으로 매매목적물을 인도받은 매수인은 그 물건을 사용·수익할 수 있는 지위에서 그 물건을 타인에게 적법하게 임대할 수 있으며, 이러한 지위에 있는 매수인으로부터 매매계약이 해제되기 전에 매매목적물인 주택을 임차받아 주택의 인도와 주민등록을 마침으로써 주택임대차보호법 제3조 제1항에 의한 대항요건을 갖춘 임차인은 민법 제548조 제1항 단서의 규정에 따라 계약해제로 인하여 권리를 침해받지 않는 제3자에 해당하므로 임대인의 임대권원의 바탕이 되는 계약의 해제에도 불구하고 자신의 임차권을 새로운 소유자에게 대항할 수 있다(대법원 2003. 8. 22. 선고 2003다12717 판결 등 참조).

대법원 2007. 12. 13. 선고 2007다55088 판결

채권자가 채무자 소유의 주택에 관하여 채무자와 임대차계약을 체결하고 전입신고를 마친 다음 그곳에 거주하여 형식적으로 주택임대차로서의 대항력을 취득한 외관을 갖추었다고 하더라도 임대차계약의 주된 목적이 주택을 사용·수익하려는 것에 있는 것이 아니고, 실제적으로는 대항력 있는 임차인으로 보호받아 후순위권리자 기타 채권자보다 우선하여 채권을 회수하려는 것에 있었던 경우에는 그러한 임차인에게 주택임대차보호법이 정하고 있는 대항력을 부여할 수 없다.

대법원 2007. 6. 14. 선고 2007다17475 판결

공시방법이 없는 주택임대차에 있어서 주택의 인도와 주민등록이라는 우선변제의 요건은 그 우선변제권 취득 시에만 구비하면 족한 것이 아니고, 민사집행법상 배당요구의 종기까지 계속 존속하고 있어야 한다.

대법원 2010. 6. 24. 선고 2009다40790 판결

민사집행법 제91조 제3항은 "전세권은 저당권·압류채권·가압류채권에 대항할 수 없는 경우에는 매각으로 소멸된다"라고 규정하고, 같은 조 제4항은 "제3항의 경우 외의 전세권은 매수인이 인수한다. 다만, 전세권자가 배당요구를 하면 매각으로 소멸된다"라고 규정하고 있고, 이는 저당권 등에 대항할 수 없는 전세권과 달리 최선순위의 전세권은 오로지 전세권자의 배당요구에 의하여만 소멸되고, 전세권자가 배당요구를 하지 않는 한 매수인에게 인수되며, 반대로 배당요구를 하면 존속기간에 상관없이 소멸한다는 취지라고 할 것인 점, 주택임차인이 그 지위를 강화하고자 별도로 전세권 설정등기를 마치더라도 주택임대차보호법상 임차인으로서 우선변제를 받을 수 있는 권리와 전세권자로서 우선변제를 받을 수 있는 권리는 근거규정 및 성립요건을 달리하는 별개의 권리라고 할 것인 점 등에 비추어 보면, 주택임대차보호법상 임차인으로서의 지위와 전세권자로서의 지위를 함께 가지고 있는 자가 그 중 임차인으로서의 지위에 기하여 경매법원에 배당요구를 하였다면 배당요구를 하지 아니한 전세권에 관하여는 배당요구가 있는 것으로 볼 수 없다.

대법원 2006. 1. 13. 선고 2005다64002 판결
부가가치세법 제5조 제4항, 제5항의 규정 취지에 비추어 보면, 상가건물을 임차하고 사업자등록을 마친 사업자가 임차 건물의 전대차 등으로 당해 사업을 개시하지 않거나 사실상 폐업한 경우에는 그 사업자등록은 부가가치세법 및 상가건물 임대차보호법이 상가임대차의 공시방법으로 요구하는 적법한 사업자등록이라고 볼 수 없고, 이 경우 임차인이 상가건물 임대차보호법상의 대항력 및 우선변제권을 유지하기 위해서는 건물을 직접 점유하면서 사업을 운영하는 전차인이 그 명의로 사업자등록을 하여야 한다.

### 어음금에 대한 법정이자 및 지연손해금의 청구
약속어음의 발행인은 어음금을 절대적으로 지급할 의무를 부담하는 것이므로 어음소지인이 발행인에 대하여 지급을 위한 제시를 하지 아니하였다 하여도 발인에게 어음금을 청구할 수 있어, 발행인을 상대로 액면금만을 청구하는 경우 그 어음의 제시는 요건사실이 아니지만, 법정이자(어음법상 인정되는 '만기 이후의 이자'로서 만기 당일의 이자를 포함하는데, 이는 지급제시기간 즉 지급기일 및 이에 이은 2거래일 내에 적법한 지급세기가 있을 때에만 청구할 수 있다) 또는 지연손해금의 청구에 있어서는 요건사실로 된다. 이때에는 별도로 어음을 제시한 바가 없더라도 어음금의 지급을 구하는 소장부본이 송달된 때에 지급제시의 효과가 발생한다(70다965 판결). 백지가 보충되지 않은 미완성의 어음으로 한 지급제시로는 발행인을 이행지체에 빠뜨릴 수 없으므로(91다28313 판결), 지연손해금은 백지부분을 보충한 어음을 지급제시하거나 지급제시의 효과가 발생한 다음날부터 기산하게 된다.

대법원 2010. 5. 20. 선고 2009다48312 전원합의체 판결
[1] 만기는 기재되어 있으나 지급지, 지급을 받을 자 등과 같은 어음요건이 백지인약속어음의 소지인이 그 백지 부분을 보충하지 않은 상태에서 어음금을 청구하는 것은 어음상의 청구권에 관하여 잠자는 자가 아님을 객관적으로 표명한 것이고 그 청구로써 어음상의 청구권에 관한 소멸시효는 중단된다. 이 경우 백지에 대한 보충권은 그 행사에 의하여 어음상의 청구권을 완성시키는 것에 불과하여 그 보충권이 어음상의 청구권과 별개로 독립하여 시효에 의하여 소멸한다고 볼 것은 아니므로 어음상의 청구권이 시효중단에 의하여 소멸하지 않고 존속하고 있는 한 이를 행사할 수 있다.
[2] 지급지 및 지급을 받을 자 부분이 백지로 된 약속어음의 소지인이 그 지급기일로부터 3년이 경과한 후에야 위 백지 부분을 보충하여 발행인에게 지급제시를 하였으나 그 소지인이 위 약속어음의 지급기일로부터 3년의 소멸시효기간이 완성되기 전에 그 어음금을 청구하는 소를 제기한 이상으로써 위 약속어음상의 청구권에 대한 소멸시효는 중단되었다.

대법원 2010. 5. 13. 선고 2010다6345 판결
원인채권의 지급을 확보하기 위하여 어음이 수수된 당사자 사이에서 채권자가 어음채권을 청구채권으로 하여 채무자의 재산을 압류함으로써 그 권리를 행사한 경우에는 그 원인채권의 소멸시효를 중단시키는 효력이 있다. 그러나 이미 어음채권의 소멸시효가 완성된 후에는 그 채권이 소멸되고 시효중단을 인정할 여지가 없으므로, 시효로 소멸된 어음채권을 청구채권으로 하여 채무자의 재산을 압류한다 하더라도 이를 어음채권 내지는 원인채권을 실현하기 위한 적법한 권리행사로 볼 수 없어, 그 압류에 의하여 그 원인채권의 소멸시효가 중단된다고 볼 수 없다.

대법원 1995. 1. 20. 선고 94다50489 판결

[1] 타인의 금융 또는 채무담보를 위하여 약속어음(소위 융통어음)을 발행한 자는 피융통자에 대하여 어음상의 책임을 부담하지 아니하지만, 그 어음을 양수한 제3자에 대하여는 선의·악의를 묻지 아니하고 대가 없이 발행된 융통어음이었다는 항변으로 대항할 수는 없다.

[2] 피융통자가 융통어음과 교환하여 그 액면금과 같은 금액의 약속어음을 융통자에게 담보로 교부한 경우에 있어서는 융통어음을 양수한 제3자가 양수 당시 그 어음이 융통어음으로 발행되었고 이와 교환으로 교부된 담보어음이 지급거절되었다는 사정을 알고 있었다면, 융통어음의 발행자는 그 제3자에 대하여도 융통어음의 항변으로 대항할 수 있다.

[3] 어음의 양도 전에 배서를 하였다가 이를 말소한 채로 다시 어음을 양도한 자도 배서인으로서의 소구의무를 부담하는 것은 아니나 현재의 어음소지자의 전자로서의 권리를 양도한 어음상의 권리자였다는 점에는 변함이 없다 할 것이고, 현재의 어음소지인에게 어음을 양도한 자가 어음취득 당시 선의였기 때문에 그에게 대항할 수 없었던 사유에 대하여는 현재의 어음소지인이 비록 어음취득 당시 그 사유를 알고 있었다고 하여 그것으로써 현재의 어음소지인에게 대항할 수는 없다.

대법원 1992. 3. 10. 선고 91다28313 판결

수취인은 어음요건의 하나로서 그 기재를 결한 어음은 완성된 어음으로서의 효력이 없어 어음상의 권리가 적법하게 성립되지 않으므로, 이러한 미완성 어음으로 지급제시를 하였다고 하여도 적법한 지급제시의 효력이 없어 발행인을 이행지체에 빠뜨릴 수 없다.

대법원 2002. 3. 29. 선고 2000다13887 판결

민법 제451조 제1항이 이의를 보류하지 않은 승낙에 대하여 항변사유를 제한한 취지는 이의를 보류하지 않은 승낙이 이루어진 경우 양수인은 양수한 채권에 아무런 항변권도 부착되지 아니한 것으로 신뢰하는 것이 보통이므로 채무자의 '승낙'이라는 사실에 공신력을 주어 양수인의 신뢰를 보호하고 채권양도나 질권설정과 같은 거래의 안전을 꾀하기 위한 규정이라 할 것이므로, 채권의 양도나 질권의 설정에 대하여 이의를 보류하지 아니하고 승낙을 하였더라도 양수인 또는 질권자가 악의 또는 중과실의 경우에 해당하는 한 채무자의 승낙 당시까지 양도인 또는 질권설정자에 대하여 생긴 사유로써도 양수인 또는 질권자에게 대항할 수 있다.

대법원 1994. 4. 29. 선고 93다35551 판결

민법은 채권의 귀속에 관한 우열을 오로지 확정일자 있는 증서에 의한 통지 또는 승낙의 유무와 그 선후로써만 결정하도록 규정하고 있는 데다가, 채무자의 "이의를 보류하지 아니한 승낙"은 민법 제451조 제1항 전단의 규정 자체로 보더라도 그의 양도인에 대한 항변을 상실시키는 효과밖에 없고, 채권에 관하여 권리를 주장하는 자가 여럿인 경우 그들 사이의 우열은 채무자에게도 효력이 미치므로, 위 규정의 "양도인에게 대항할 수 있는 사유"란 채권의 성립, 존속, 행사를 저지 배척하는 사유를 가리킬 뿐이고, 채권의 귀속(채권이 이미 타인에게 양도되었다는 사실)은 이에 포함되지 아니한다.

대법원 1999. 8. 20. 선고 99다18039 판결

채권양도에 있어서 채무자가 양도인에게 이의를 보류하지 아니하고 승낙을 하였다는 사정이 없거나 또는 이의를 보류하지 아니하고 승낙을 하였더라도 양수인이 악의 또는 중과실의 경우에 해당하는 한, 채무자의 승낙 당시까지 양도인에 대하여 생긴 사유로써 양수인에게 대항할 수 있다고 할 것인데, 승낙 당시 이미 상계를 할 수 있는 원인이 있었던 경우에는 아직 상계적상에 있지 아니하였다 하더라도 그 후에 상계적상이 생기면 채무자는 양수인에 대하여 상계로 대항할 수 있다.

대법원 2000. 4. 25. 선고 99다67482 판결
[1] 일반적으로 지명채권의 양도거래에 있어 양도대상인 지명채권의 행사 등에 그 채권증서(계약서 등)의 소지·제시가 필수적인 것은 아닌 만큼 양도·양수 당사자 간에 그 채권증서를 수수하지 않는 경우도 적지 아니한 실정이고(특히 양수인이 채권양도 거래의 경험이 없는 개인이라면 더욱 그렇다.), 또한 수수하더라도 양수인이 그 채권증서의 내용에 대한 검토를 아예 하지 아니하거나 혹은 통상의 주된 관심사인 채권금액, 채권의 행사시기 등에만 치중한 채 전반적·세부적 검토를 소홀히 하는 경우가 있을 수 있으며, 그 밖에 전체 계약조항의 수, 양도금지 특약조항의 위치나 형상 등에 따라서는 채권증서의 내용을 일일이 그리고 꼼꼼하게 검토하지 않은 채 간단히 훑어보는 정도만으로는 손쉽게 그 특약의 존재를 알 수 없는 경우도 있을 수 있음에 비추어, 나아가 양도금지 특약이 기재된 채권증서가 양도인으로부터 양수인에게 수수되어 양수인이 그 특약의 존재를 알 수 있는 상태에 있었고 그 특약도 쉽게 눈에 띄는 곳에 알아보기 좋은 형태로 기재되어 있어 간단한 검토만으로 쉽게 그 존재와 내용을 알아차릴 수 있었다는 등의 특별한 사정이 인정된다면 모르되, 그렇지 아니하는 한 양도금지 특약이 기재된 채권증서의 존재만으로 곧바로 그 특약의 존재에 관한 양수인의 악의나 중과실을 추단할 수는 없다.
[2] 임직원이 부도 위기에 처한 회사로부터 임금 등 채권을 확보하기 위하여 양도금지 특약이 있는 회사의 임대차보증금반환채권을 양수한 경우, 양도금지 특약이 기재된 임대차계약서가 존재하고 양수인이 회사의 임직원들이며 특히 일부는 전무 등 핵심 지위에 있었다는 사정만으로는 양수인의 악의나 중과실을 추단할 수 없다.

대법원 1998. 4. 23. 선고 95다36466 전원합의체 판결
어음에 있어서 발행지의 기재는 발행지와 지급지가 국토를 달리하거나 세력(歲曆)을 달리하는 어음 기타 국제어음에 있어서는 어음행위의 중요한 해석 기준이 되는 것이지만 국내에서 발행되고 지급되는 이른바 국내어음에 있어서는 별다른 의미를 가지지 못하고, 또한 일반의 어음거래에 있어서 발행지가 기재되지 아니한 국내어음도 어음요건을 갖춘 완전한 어음과 마찬가지로 당사자 간에 발행·양도 등의 유통이 널리 이루어지고 있으며, 어음교환소와 은행 등을 통한 결제 과정에서도 발행지의 기재가 없다는 이유로 지급거절됨이 없이 발행지가 기재된 어음과 마찬가지로 취급되고 있음은 관행에 이른 정도인 점에 비추어 볼 때, 발행지의 기재가 없는 어음의 유통에 관여한 당사자들은 완전한 어음에 의한 것과 같은 유효한 어음행위를 하려고 하였던 것으로 봄이 상당하므로, 어음면의 기재 자체로 보아 국내어음으로 인정되는 경우에 있어서는 그 어음면상 발행지의 기재가 없는 경우라고 할지라도 이를 무효의 어음으로 볼 수는 없다.

대법원 1993. 8. 24. 선고 93다4151 전원합의체 판결
어음에 어음채무자로 기재되어 있는 사람이 자신의 기명날인이 위조된 것이라고 주장하는 경우에는 그 사람에 대하여 어음채무의 이행을 청구하는 어음의 소지인이 그 기명날인이 진정한 것임을 증명하지 않으면 안된다.

대법원 2003. 5. 30. 선고 2003다16214 판결
[1] 만기를 백지로 한 약속어음을 발행한 경우, 그 보충권의 소멸시효는 다른 특별한 사정이 없는 한 그 어음 발행의 원인관계에 비추어 어음상의 권리를 행사하는 것이 법률적으로 가능하게 된 때부터 진행하고, 백지약속어음의 보충권 행사에 의하여 생기는 채권은 어음금 채권이며 어음법 제77조 제1항 제8호, 제70조 제1항, 제78조 제1항에 의하면 약속어음의 발행인에 대한 어음금 채권은 만기의 날로부터 3년간 행사하지 아니하면 소멸시효가 완성되는 점 등을 고려하면, 만기를 백지로 하여 발행된 약속어음의 백지보충권의 소멸시효기간은 백지보충권을 행사할 수 있는 때로부터 3년으로 보아야 한다.
[2] 만기 이외의 어음요건이 백지인 경우 그 백지보충권을 행사할 수 있는 시기는 다른 특별한 사정이 없는 한 만기를 기준으로 한다.

### 청구이의의 소

민사집행법 제44조

집행권원의 일반적인 집행력의 배제를 구하는 소로서, 변론종결이후에 발생한 사유를 원인으로 제기할 수 있다.

ex) 변론종결 후 판결금을 변제한 경우, 변론종결이후 판결금을 수동채권으로 하여 상계권을 행사한 경우, 변론종결이후 건물매수청구권을 행사한 경우

단, 집행정지의 효력이 없으므로 민사집행법 제46조 따른 잠정처분을 같이 신청하여야 한다.

### 제3자이의의 소

민사집행법 제48조

집행목적물에 대하여 제3자가 소유권 또는 양도나 인도를 저지하는 권리는 가지고, 그 권리가 침해당한 경우에 제기할 수 있다.

ex) 동산양도담보권자가 양도담보목적물에 대하여 다른 채권자가 집행을 개시한 경우, 소유권유보부매매의 매도인이 매매목적물에 대하여 다른 채권자가 집행을 개시한 경우

단, 집행정지의 효력이 없으므로 민사집행법 제46조 따른 잠정처분을 같이 신청하여야 한다.

## 제4절 중요쟁점 정리

### 민법 중요법리 요약정리

#### 법정대리권의 제한

민법 제921조(이해상반행위), 제126조(표현대리), 제909조 제2항 및 제3항(친권의 공동행사), 제920조의2(공동친권자의 일방이 공동명의로 한 행위의 효력 : 상대방이 악의가 아닌 한 유효), 제920조 단서(자의 행위를 목적으로 한 채무의 부담 : 본인의 동의), 제950조(후견감독인의 동의)

무능력자 보호를 위한 법정대리권의 제한 4가지 : ① 이해상반행위, ② 부부공동대리 등 원칙, ③ 자의 행위를 목적으로 하는 채무부담행위, ④ 후견인의 대리행위에 대한 후견감독인의 동의 / 네 경우 모두 표현대리가 성립할 수 있다.

#### 비법인사단의 법적 규율

비법인사단에 대하여는 사단법인에 관한 민법 규정 가운데 법인격을 전제로 하는 것을 제외하고는 이를 유추적용하여야 하는데, 비법인사단 대표자가 행한 타인에 대한 업무의 포괄적 위임과 그에 따른 포괄적 수임인의 대행행위는 민법 제62조를 위반한 것이어서 비법인사단에 그 효력이 미치지 않는다(대법원 2011. 4. 28. 선고 2008다15438 판결).

민사소송법 제52조에 의하여 대표자가 있는 법인 아닌 사단이 소송의 당사자가 되는 경우에도 그 법인 아닌 사단은 대표자나 구성원과는 별개의 주체이므로, 그 대표자나 구성원을 당사자로 한 판결의 기판력이 법인 아닌 사단에 미치지 아니함은 물론 그 법인 아닌 사단을 당사자로 한 판결의 기판력 또한 그 대표자나 구성원에게 미치지 아니한다(대법원 2010. 12. 23. 선고 2010다58889 판결).

설립중 회사이론을 비법인사단에 유추적용할 수 없다(대법원 2008. 2. 28. 선고 2007다37394 판결).

#### 종물의 성립요건

1. 주물의 상용에 공할 것
   주물 자체의 경제적 효용을 다하게 하는 직접적이고 계속적인 관계일 것. 주물에 공하지 않는 물건, 일시적으로 제공된 물건 제외
2. 부속된 독립물일 것
   주물의 구성성분이 아니므로 독립성 요. 독립성이 없으면 부합물
3. 소유자의 동일 여부
   주물과 종물은 원칙적으로 동일한 소유자에게 속하여야 하나, 제3자의 권리를 침해하지 않는 한도에서는 다른 소유자에 속하는 물건도 종물이 될 수 있다

#### 비법인사단의 대표권의 제한문제의 서술방법

(즉, 상대방의 이행청구에 대하여 비법인사단이 계약의 효력을 부인할 수 있는 항변사항을 체계적으로 기술하는 문제이다)
가. 처분행위인가 의무부담행위인가 : 처분행위라면 무효, 의무부담행위라면 원칙적 유효
나. 대표권의 제한규정이 있는가 : 대표권제한이 없다면 원칙적 유효, 제한이 있다면 표현대리 유추적용
다. 대표권의 남용이 있는가 : 남용이 있다면 민법 제107조 유추적용

### 통정허위표시의 제3자

제3자에 해당하는 경우 : 가장매매의 매수인으로부터 목적부동산을 다시 매수한 자, 가장매매의 목적부동산에 관하여 저당권을 설정하거나 가등기를 취득한 자, 가장매매의 대금채권을 양수한 자(단, 해제되는 매매대금채권을 양수한 자는 해제의 제3자에 해당하지 않음), 가장채권을 양수가압류한 자, 가장채무를 보증한 후 보증채무를 이행하여 주채무자에게 구상권을 취득한 보증인, 파산관재인, 가장저당권실행에 의하여 부동산을 경락받은 자, 가장저당권을 양수받은 자

제3자에 해당하지 않는 경우 : 가장매매에 기하여 손해배상채권을 양수한 자, 채권의 가장양도에서 채무자, 가장행위의 수익자

허위근저당권설정의 법률관계
(1) 강제집행을 면할 목적이었다고 하더라도 민법 제103조 위반은 아님. (2) 근저당권은 근저당권설정행위와는 별도로 근저당권의 피담보채권을 성립시키는 법률행위가 있어야 하므로, 근저당권의 피담보채권이 가압류되는 경우 그 피담보채권이 존재하지 않는다면 가압류명령은 무효이고, (3) 위 근저당권을 말소하는 경우 가압류권자는 등기상 이해관계 있는 제3자로서 근저당권의 말소에 대한 승낙의 의사표시를 할 의무가 있다(대법원 2004. 5. 28. 선고 2003다70041 판결, 가장채권을 양수가압류한 자는 제108조 제2항의 제3자에 해당하나, 여기서 제3자가 되려면 통정허위표시를 기초로 이를 신뢰할 만한 외관이 있어야 한다).

### 쌍방에 공통되는 동기의 착오

가. 학설
① 법률행위의 보충적 해석에 의하여 해결하려는 견해 : 보충적 해석에 의하여 가정적 의사를 찾아 수정하고, 그것이 불가능한 경우 의사표시를 취소
② 주관적 행위기초론(신의칙)에 의하여 해결하려는 견해 : 계약의 구속력을 인정하는 것은 신의칙에 반하므로 계약을 수정하고, 수정이 불가능한 경우 계약을 해제·해지
③ 착오의 문제로 다루는 견해 : 동기가 법률행위의 내용으로 되었다고 볼 수 있어 착오취소 인정

나. 판례
계약당사자 쌍방이 계약의 전제나 기초가 되는 사항에 관하여 같은 내용으로 착오가 있고 이로 인하여 그에 관한 구체적 약정을 하지 아니하였다면, 당사자가 그러한 착오가 없을 때에 약정하였을 것으로 보

### 복대리와 표현대리

자격없는 복대리인 + 복대리인의 월권대리행위(126조 적용사안)
대리인이 사자 내지 임의로 선임한 복대리인을 통하여 권한 외 법률행위를 한 경우, 상대방이 그 행위자를 대리권을 가진 대리인으로 믿은 데에 정당한 이유가 있는 때에는, 복대리인 선임권이 없는 대리인에 의하여 선임된 복대리인의 권한도 기본대리권이 될 수 있을 뿐만 아니라, 그 행위자가 사자라고 하더라도 대리행위의 주체가 되는 대리인이 별도로 있고 그들에게 본인으로부터 기본대리권이 수여된 이상, 민법 제126조를 적용함에 있어서 기본대리권의 흠결 문제는 생기지 않는다(대법원 1998. 3. 27. 선고 97다48982 판결).

대리권소멸 후 복대리인 선임 + 복대리인의 권한범위 내의 대리행위(129조 적용사안)
표현대리의 법리는 일반적인 권리외관 이론에 그 기초를 두고 있는 점에 비추어 볼 때, 대리인이 대리권 소멸 후 직접 상대방과 사이에 대리행위를 하는 경우는 물론 대리인이 대리권 소멸 후 복대리인을 선임하여 복대리인으로 하여금 상대방과 사이에 대리행위를 하도록 한 경우에도, 상대방이 대리권 소멸 사실을 알지 못하여 복대리인에게 적법한 대리권이 있는 것으로 믿었고 그와 같이 믿은 데 과실이 없다면 민법 제129조에 의한 표현대리가 성립할 수 있다(대법원 1998. 5. 29. 선고 97다55317 판결).

### 126조의 정당한 이유

통설, 판례는 선의 무과실로 파악 / 판례는 대리행위의 상대방이 자신의 정당한 이유를 증명하여야 한다는 입장
⇨ 정당한 이유가 긍정되는 경우 : 당해 대리행위에 필요한 일체의 서류를 소지하고 있는 경우, 동종의 거래가 반복되었던 경우, 기본대리권과 월권행위가 동종인 경우
⇨ 정당한 이유가 부정되는 경우 : 대리행위가 이례적이거나 비정상적인 경우, 대리권 수여 여부를 본인에게 쉽게 확인할 수 있었던 경우, 상대방이 금융기관인 경우, 본인과 대리인이 부부간이고 본인이 장기간 입원, 해외나 지방에 체류 중이지 않은 경우, 대리로 발급된 인감증명서나 유효기간이 지난 인감증명서를 소지하고 있는 경우, 종중 재산을 매수하면서 종중 총회의 결의를 거쳤는지 확인해 보지 않은 경우

### 유동적 무효의 쟁점

1. 토지거래허가를 받을 때까지는 계약의 효력이 발생하지 않지만, 허가를 받으면 계약은 소급하여 유효한 계약이 되며, 불허가가 된 때에는 무효로 확정
2. 토지거래허가는 이행의 착수가 아님 : 계약금해제 가능
3. 토지거래허가를 받기 전에는 채권적 효력도 발생하지 않으므로 매수인은 소유권이전등기청구를 할 수 없고, 매도인은 매매대금지급을 구할 수 없다. 장래이행의 소로써 허가조건부의 소유권이전등기절차이행청구도 할 수 없고, 채무불이행으로 인한 손해배상청구도 할 수 없다(채무불이행에 기한 해제도 불가능).
4. 허가신청의 협력의무이행을 청구할 수 있으나, 불이행을 이유로 해제는 불가.
5. 계약금 약정이나 위약금 약정도 가능. 허가전 계약금 약정에 기한 해제도 가능.
6. 처음부터 허가를 배제하거나 잠탈하는 내용의 계약은 확정적 무효. 또한 중간생략등기도 확정적 무효.
7. 매도인의 지위를 인수하는 경우에는 허가 불필요.

### 무효행위의 전환

① 일단 성립한 법률행위가 무효일 것, ② 당사자가 그 무효를 알았더라면 다른 법률행위를 하는 것을 의욕하였으리라 인정될 것, ③ 전환되는 다른 법률행위의 요건을 갖출 것(제138조)
상속재산 전부를 상속인 중 1인(乙)에게 상속시킬 방편으로 나머지 상속인들이 상속포기신고를 하였으나 그 상속포기가 제1019조 제1항의 기간을 초과한 후 신고된 것이어서 상속포기로서의 효력이 없더라도, 乙과 나머지 상속인들 사이에는 乙이 상속재산 전부를 취득하고 나머지 상속인들은 전혀 취득하지 않기로 하는 의사의 합치가 있으므로 그들 사이에 위와 같은 내용의 상속재산의 협의분할이 이루어진 것이라고 보아야 한다(대법원 1989. 9. 12. 선고 88누9305 판결).
매매계약이 매매대금의 과다로 제104조의 불공정한 법률행위에 해당하여 무효인 경우에도, 당사자 쌍방이 그 무효를 알았더라면 대금을 다른 액으로 정하여 계약하였을 것으로 인정될 경우에는 그 다른 대금액을 내용으로 하는 매매계약이 유효하게 성립하며, 이때 당사자의 의사는 가정적 의사로서, 법원은 이를 함부로 추단하여 당사자가 의욕하지 않는 법률효과를 불합리하게 강요하는 것이 되지 않도록 신중을 기하여야 한다(대법원 2010. 7. 15. 선고 2009다50308 판결).

### 소멸시효 문제의 서술방법

가. 소멸시효기간의 확정 : 시효기간에 관한 주장은 법률상 주장에 불과. 일방적 상사채무, 보증채무 시효 유의. 사안에서 보증채권은 상사채권이므로 5년.
나. 소멸시효의 기산점의 확정 : 소멸시효의 기산점은 주요사실(자백이 성립하면 법원은 이에 구속). 사안에서 재판상 청구는 시효중단사유가 되고 주채무의 시효중단은 보증인에게도 미치므로, 판결확정시가 기산점.
다. 소멸시효기간의 도과여부 확정 : 판결확정일로부터 5년 도과.
라. 시효중단사유의 검토 : 사망자를 채무자로 한 가압류의 효력은 무효.
마. 시효중단사유의 소멸의 검토 : 필요한 경우 추가검토.

### 시효중단사유로서의 가압류

가. 시효중단시점 : 판례는 가압류신청시설에 따름. 따라서 가압류신청 후 가압류의 결정이나 집행 전 소멸시효 기간 도과하더라도 시효중단.
나. 시효중단의 효력발생요건 : 가압류는 반드시 집행이 되어야 효력이 발생함. 부동산가압류는 가압류의 기입등기가, 채권가압류는 제3채무자에의 가압류결정문의 송달이, 유체동산가압류의 경우는 집행관으로의 점유의 이전이 집행완료로 봄.

### 총유물의 처분행위 쟁점 서술순서

가. 단체의 법적 성격 : 사단법인, 비법인사단, 조합 (등기유무, 단체자체의 영속성, 탈퇴시 정산금청구권의 유무로 구별)
나. 처분행위인지 아니면 채무부담행위인지 – 총회결의 없는 처분행위라면 무효, 채무부담행위라면 대표권제한의 문제
다. 소송형태 : 비법인사단이라면 비법인사단의 명의나 구성원 전체의 필수적 공동소송의 형태로 소제기(보존행위도 단독으로 소제기 불가능), 조합이라면 보존행위는 단독으로 가능하나, 처분행위(특히, 조합재산의 이행청구)라면 필수적 공동소송. 특히 조합의 경우 임의적 소송신탁과 선정당사자 문제 검토 필요.

대법원 2005. 9. 15. 선고 2004다44971 전원합의체 판결
총유재산에 관한 소송은 법인 아닌 사단이 그 명의로 사원총회의 결의를 거쳐 하거나 또는 그 구성원 전원이 당사자가 되어 필수적 공동소송의 형태로 할 수 있을 뿐 그 사단의 구성원은 설령 그가 사단의 대표자라거나 사원총회의 결의를 거쳤다 하더라도 그 소송의 당사자가 될 수 없고, 이러한 법리는 총유재산의 보존행위로서 소를 제기하는 경우에도 마찬가지라 할 것이다.

### 중복보존등기의 쟁점

1. 동일인 명의의 중복보존등기인 경우 뒤에 이루어진 등기는 무효. 등기명의인이 다른 경우에는 먼저 이루어진 보존등기가 원인무효가 아닌 이상 뒤에 이루어진 등기가 무효.
2. 중복보존등기에 기한 등기부취득시효는 인정되지 않음.
3. 멸실회복등기의 중복
 ⅰ) 동일부동산에 관하여 중복된 소유권보존등기에 터잡아 등기명의인을 달리하는 각 소유권이전등기가 경료된 경우 각 보존등기의 선후로 판단
 ⅱ) 동일부동산에 관하여 하나의 소유권보존등기 경료 후 순차로 소유권이전등기가 경료되었다가 등기부멸실 후 등기명의인을 달리하는 소유권이전등기의 각 회복등기가 중복하여 이루어진 경우 중복등기문제 생기지 않음, 멸실 전 소유권이전등기의 선후를 가려서 멸실 전 먼저 된 소유권이전등기가 잘못 회복등재된 것이므로 그 회복등기 때문에 나중 된 소유권이전등기의 회복등기가 무효로 되지 아니함.
 ⅲ) 동일부동산에 관하여 등기명의인을 달리하여 멸실회복에 의한 각 소유권이전등기

### 등기의 불법말소와 회복등기의 쟁점

1. 등기가 말소되더라도 물권의 효력에는 영향이 없음. 따라서 회복등기 전이라도 적법한 권리자로 추정
2. 회복등기의 상대방은 말소 당시의 소유자. 말소등기이후 소유권이전등기가 마쳐진 경우, 신소유자에 대해서는 회복등기에 대한 승낙의 의사표시를 청구하여야 함.
3. 근저당권설정등기가 말소된 경우, 다른 원인으로 경매가 진행되어 부동산이 경락되면 근저당권도 소멸하게 되므로, 회복등기청구의 소의 이익이 없음. 이 경우 후순위로 배당받은 자에 대하여 부당이득반환청구를 하여야 함.

### 중간생략등기

1. 중간생략등기청구권 : 이해 당사자 전원의 의사 합치가 있어야 등기청구권이 인정됨. 단 묵시적, 순차적 합의는 가능.
2. 경료된 중간생략등기의 효력 : 실체관계에 부합하는 한 유효
3. 중간생략등기의 합의와 동시이행의 항변권 : 중간생략등기의 합의가 있다하여 최초매도인이 자신이 당사자인 매매계약상의 매수인 중간자에 대하여 갖고 있는 매매대금청구권의 행사가 제한되는 것은 아니므로, 최초매도인은 인상된 매매대금이 지급되지 않았음을 이유로 최종매수인 명의로의 소유권이전등기의무의 이행 거절 가능

### 등기추정력의 복멸

1. 보존등기 : 등기명의인이 원시취득자라는 점이 부정되면(예컨대 등기명의인이 매수를 주장하거나 등기명의인의 건물신축사실이 부정된 경우) 보존등기의 추정력은 복멸
2. 특별조치법에 의한 등기 : ① 보증서나 확인서가 허위 또는 위조된 것으로 밝혀진 경우, ② 등기의 원인행위 일자가 특별조치법 시행일 이후로 인정되는 경우, ③ 보증인이 권리변동관계를 알지 못한 채 아무런 확인이 없이 등기명의인의 말만 믿고 보증서를 작성하여 준 경우는 추정력이 복멸
3. 이전등기 : ① 전소유자의 사망 후에 이전등기가 경료된 경우, ② 전소유명의자가 허무인인 경우, ③ 등기의 기재 자체에 의하여 부실등기임이 명백한 경우에는 추정력이 복멸
4. 점유의 추정력과의 관계 : 부동산에서의 권리의 추정은 점유의 추정력(제200조)에 의하지 않고 등기에 의한다는 것이 통설·판례(대법원 1966. 5. 31. 선고 66다677 판결)의 입장이다. 따라서 등기 명의자와 점유자가 다른 경우에는 등기명의자만이 권리자로 추정된다. 미등기 부동산에 점유자가 있는 경우에도 토지대장에 토지의 소유자로 등재된 자가 소유권자로 사실상 추정.

### 점유취득시효로 인한 소유권취득의 성질 및 효력

1. 원시취득
민법 제245조에 따라 점유자 명의로 등기를 함으로써 소유권을 취득하게 되며, 이는 원시취득에 해당하므로 특별한 사정이 없는 한 원소유자의 소유권에 가하여진 각종 제한에 의하여 영향을 받지 아니하는 완전한 내용의 소유권을 취득하게 되고, 이와 같은 소유권취득의 반사적 효과로서 그 부동산에 관하여 취득시효의 기간이 진행 중에 체결되어 소유권이전등기청구권가등기에 의하여 보전된 매매예약상의 매수인의 지위는 소멸된다고 할 것이지만, 시효기간이 완성되었다고 하더라도 점유자 앞으로 등기를 마치지 아니한 이상 전 소유권에 붙어 있는 위와 같은 부담은 소멸되지 아니한다(대법원 2004. 9. 24. 선고 2004다31463 판결).

2. 소급효 : 민법 제247조 제1항.

3. 구체적 법률관계
  가. 점유자의 점유 개시 전에 존재하던 권리(담보권, 가등기권) : 존속
  나. 점유자의 점유 개시 이후 시효완성 이전에 설정된 권리 : 소멸, 단 저당권 등의 권리를 존재를 용인하고 점유한 경우에는 저당권은 소멸하지 않음.
  다. 취득시효완성 이후 소유권이전등기 이전에 설정된 권리 : 존속

4. 취득시효 완성자와 전소유자 사이의 법률관계
  가. 채무불이행책임 : 이행불능책임을 물을 수 없음.
  나. 불법행위책임 : 등기명의인이 취득시효완성 사실을 알았거나 알 수 있었다면 불법행위성립
  다. 대상청구권 : 인정, 단 권리를 주장하거나 등기청구권을 행사하여야 함. 최근 판례는 대상청구의 범위에 대하여 무제한설의 입장.

### 점유취득시효로 인한 소유권취득의 성질 및 효력

1. 원시취득

민법 제245조에 따라 점유자 명의로 등기를 함으로써 소유권을 취득하게 되며, 이는 원시취득에 해당하므로 특별한 사정이 없는 한 원소유자의 소유권에 가하여진 각종 제한에 의하여 영향을 받지 아니하는 완전한 내용의 소유권을 취득하게 되고, 이와 같은 소유권취득의 반사적 효과로서 그 부동산에 관하여 취득시효의 기간이 진행 중에 체결되어 소유권이전등기청구권가등기에 의하여 보전된 매매예약상의 매수인의 지위는 소멸된다고 할 것이지만, 시효기간이 완성되었다고 하더라도 점유자 앞으로 등기를 마치지 아니한 이상 전 소유권에 붙어 있는 위와 같은 부담은 소멸되지 아니한다(대법원 2004. 9. 24. 선고 2004다31463 판결).

2. 소급효 : 민법 제247조 제1항.

3. 구체적 법률관계
    가. 점유자의 점유 개시 전에 존재하던 권리(담보권, 가등기권) : 존속
    나. 점유자의 점유 개시 이후 시효완성 이전에 설정된 권리 : 소멸, 단 저당권 등의 권리를 존재를 용인하고 점유한 경우에는 저당권은 소멸하지 않음.
    다. 취득시효완성 이후 소유권이전등기 이전에 설정된 권리 : 존속

4. 취득시효 완성자와 전소유자 사이의 법률관계
    가. 채무불이행책임 : 이행불능책임을 물을 수 없음.
    나. 불법행위책임 : 등기명의인이 취득시효완성 사실을 알았거나 알 수 있었다면 불법행위성립
    다. 대상청구권 : 인정, 단 권리를 주장하거나 등기청구권을 행사하여야 함. 최근 판례는 대상청구의 범위에 대하여 무제한설의 입장.

### 등기부취득시효의 요건 및 효과

1. 요건

① 등기부취득시효완성을 주장하는 자의 점유는 자주·평온·공연의 점유이어야 하며, ② 선의·무과실의 점유이어야 한다. 여기서 선의·무과실은 등기에 관한 것이 아니고 점유 취득에 관한 것이다. 민법 제245조 제2항에서 정한 부동산의 등기부시효취득을 인정함에 있어서 점유에 과실이 없다고 함은 그 점유의 개시시에 과실이 없으면 된다는 취지이다.

2. 효과

등기부취득시효가 완성되면 등기명의자는 곧바로 소유권을 취득한다. 따라서 그 때부터 실체관계에 부합하는 유효한 등기가 되는 것이다. 등기부취득시효 완성 이후에 원인 없이 등기가 말소된 경우, 시효취득자는 여전히 소유자이므로(등기는 존속요건이 아님), 소유권에 기하여 현재의 등기명의자를 상대로 말소등기청구를 할 수 있을 뿐이고, 등기부시효취득의 완성을 원인으로 현재의 등기명의자를 상대로 소유권이전등기를 구할 수는 없다(대법원 1999. 12. 10. 선고 99다25785 판결).

### 공유물의 관리 및 보존

1. 과반수지분권자의 임대
  관리행위란 공유물을 이용·개량하는 행위(임대 또는 그 해지행위는 공유토지를 그 경제적 용도에 따라 활용하는 이용행위이므로 관리행위). 이러한 관리사항은 지분의 과반수로 결정(제265조). 따라서 과반수지분권자는 단독으로 임대할 수 있고, 이 경우 다른 소수지분권자는 과반수지분권자에 대하여 인도청구를 할 수 없지만, 부당이득반환은 요구할 수 있다.

2. 소수지분권자의 임대
  소수지분권자의 인도청구 : 인도청구는 불가하나, 방해배제청구권은 행사가능한 것으로 판례 변경.

### 구분소유적 공유의 쟁점

1. 대내적 관계
  가. 방해배제청구 : 각 구분소유자는 방해배제청구 가능
  나. 공유물분할청구 : 불허, 공유관계의 해소는 상호명의신탁의 해지절차에 따라야 함.

2. 대외적 관계
  가. 방해배제청구 : 자기 소유뿐만 아니라 전체토지에 관해서도 공유물의 보존행위로서 방해배제가능
  나. 구분소유적 공유의 승계 : 구분소유적 공유관계를 표상하는 공유지분등기에 근저당권이 설정된 경우에만, 근저당권실행에 따른 경락인은 구분소유적 공유지분을 취득

3. 구분소유적 공유와 법정지상권
  구분소유적 공유관계에 있는 토지의 공유자 중 1인 소유 건물과 그 대지는 다른 공유자와의 내부관계에 있어서는 그 공유자의 단독소유이므로 건물을 소유한 공유자가 그 건물 또는 토지지분에 저당권을 설정하였다가 그 후 저당권의 실행으로 소유자가 달라지면 건물소유자는 그 건물의 소유를 위한 법정지상권을 취득한다. 이는 위 토지의 공유자들이 그 토지 위에 각자 독자적으로 별개의 건물을 소유하면서 그 토지 전체에 대하여 저당권을 설정하였다가 그 저당권의 실행으로 토지와 건물의 소유자가 달라진 경우도 마찬가지이다(대법원 2004. 6. 11. 선고 2004다13533 판결).

### 유효한 명의신탁의 법률관계

1. 부동산실명법은 강제집행면탈, 조세포탈 등을 목적으로 하지 않는 종중재산의 명의신탁, 부부간의 명의신탁 예외적으로 허용.
2. 명의신탁이 유효인 경우는 ① 부동산실명법 시행 이전의 명의신탁 약정(다만 부동산실명법 시행일로부터 1년 이내에 실명등기로 전환하지 않으면 명의신탁약정은 무효가 된다) ② 부동산실명법 시행 이후의 종중재산의 명의신탁, 부부간의 명의신탁이 여기에 해당한다.
3. 부부간의 명의신탁에 있어서 배우자는 사실혼관계에 있는 배우자는 포함하지 않고(대법원 1999. 5. 14. 선고 99두35 판결), 어떠한 명의신탁등기가 부동산실명법에 따라 무효가 되었다고 할지라도 그 후 신탁자와 수탁자가 혼인하여 그 등기의 명의자가 배우자로 된 경우에는 조세포탈, 강제집행의 면탈 또는 법령상 제한의 회피를 목적으로 하지 아니하는 한 이 경우에도 위 법률 제8조 제2호의 특례를 적용하여 그 명의신탁등기는 당사자가 혼인한 때로부터 유효하게 된다(대법원 2002. 10. 25. 선고 2002다23840 판결). 그리고 부동산실명법 제8조 제2호에 따라 부부간 명의신탁이 일단 유효한 것으로 인정되었다면 그 후 배우자 일방의 사망으로 부부관계가 해소되었다 하더라도 그 명의신탁약정은 사망한 배우자의 다른 상속인과의 관계에서도 여전히 유효하게 존속한다고 보아야 한다(대법원 2013. 1. 24. 선고 2011다99498 판결).

| 매도인 악의의 계약명의신탁의 쟁점 |
|---|

1. 명의신탁약정무효, 매매계약 및 등기도 무효
2. 신탁자는 수탁자에 대하여 매수자금을 부당이득으로 반환청구
3. 명의수탁자가 부동산을 처분하게 되면, 이는 매도인의 소유권을 침해하는 불법행위에 해당하지만, 매매대금을 수령한 상태의 소유자로서는 그 부동산에 관한 소유명의를 회복하기 전까지는 신의칙 내지 민법 제536조 제1항 본문의 규정에 의하여 명의수탁자에 대하여 이와 동시이행의 관계에 있는 매매대금 반환채무의 이행을 거절할 수 있으므로, 소유자인 매도인으로서는 명의수탁자의 처분행위로 인하여 어떠한 손해도 입은 것이 없게 되어 명의수탁자에 대하여 손해배상청구를 할 수 없음.

| 관습법상 법정지상권 |
|---|

1. 요건
① 처분 당시 토지와 건물이 동일인 소유일 것, ② 매매 기타의 원인으로 토지와 건물의 소유자가 달라질 것 ③ 당사자 사이에 건물철거 등의 특약이 없을 것의 요건이 필요하다. ① 요건과 관련하여 소유란 법률상의 소유를 의미하고, 사실상의 소유는 포함하지 않으나, 미등기·무허가건물이라도 무방하다. ② 요건과 관련하여 토지와 건물의 소유자가 달라지는 원인은 임의경매(제366조의 법정지상권) 외의 모든 사유가 여기에 해당한다. 동일인의 소유 판단시기는 압류의 효력발생시기준, 가압류가 있는 경우 가압류의 효력발생시, 소멸하는 근저당권이 있는 경우에는 근저당권설정시가 기준.

2. 문제되는 경우
    가. 미등기건물과 대지를 함께 양수한 경우 : 매도인에게 성립하지 않음.
    나. 공유 : 토지 공유, 건물 단독의 경우 불성립
    다. 원인무효로 소유자가 변경되는 경우 : 불성립
    라. 공유물분할 : 성립
    마. 사해행위취소 : 관습상 법정지상권의 성립요건인 '동일인의 소유에 속하고 있던 토지와 지상 건물이 매매 등으로 인하여 소유자가 다르게 된 경우'에 해당한다고 할 수 없다. 그러나 사해행위취소로 채무자 앞으로 등기명의가 회복된 후 강제경매를 통하여 건물의 소유권을 취득한 경락인(즉, 매수인)에 대해서는 관습법상 법정지상권 인정(대법원 2014. 12. 24. 선고 2012다73158 판결).

| 전세금에 대한 물상대위 |
|---|

대법원 2014. 10. 27. 선고 2013다91672 판결(2016년 8월 민사 사례형 기출)
전세권을 목적으로 한 저당권이 설정된 경우, 전세권의 존속기간이 만료되면 전세권의 용익물권적 권능이 소멸하기 때문에 더 이상 전세권 자체에 대하여 저당권을 실행할 수 없게 되고, 저당권자는 저당권의 목적물인 전세권에 갈음하여 존속하는 것으로 볼 수 있는 전세금반환채권에 대하여 압류 및 추심명령 또는 전부명령을 받거나 제3자가 전세금반환채권에 대하여 실시한 강제집행절차에서 배당요구를 하는 등의 방법으로 물상대위권을 행사하여 전세금의 지급을 구하여야 한다. / 물상대위의 행사방법
전세권저당권자가 위와 같은 방법으로 전세금반환채권에 대하여 물상대위권을 행사한 경우, 종전 저당권의 효력은 물상대위의 목적이 된 전세금반환채권에 존속하여 저당권자가 전세금반환채권으로부터 다른 일반채권자보다 우선변제를 받을 권리가 있으므로, 설령 전세금반환채권이 압류된 때에 전세권설정자가 전세권자에 대하여 반대채권을 가지고 있고 반대채권과 전세금반환채권이 상계적상에 있다고 하더라도 그러한 사정만으로 전세권설정자가 전세권저당권자에게 상계로써 대항할 수는 없다. / 물상대위의 효력
그러나 전세금반환채권은 전세권이 성립하였을 때부터 이미 발생이 예정되어 있다고 볼 수 있으므로, 전세권저당권이 설정된 때에 이미 전세권설정자가 전세권자에 대하여 반대채권을 가지고 있고 반대채권의 변제기가 장래 발생할 전세금반환채권의 변제기와 동시에 또는 그보다 먼저 도래하는 경우와 같이 전세권설정자에게 합리적 기대 이익을 인정할 수 있는 경우에는 특별한 사정이 없는 한 전세권설정자는 반대채권을 자동채권으로 하여 전세금반환채권과 상계함으로써 전세권저당권자에게 대항할 수 있다.

대법원 2000. 5. 12. 선고 2000다4272 판결 / 물상대위행사의 종기
민법 제370조, 제342조에 의한 저당권자의 물상대위의 행사는 민사소송법 제733조에 의하여 담보권의 존재를 증명하는 서류를 집행법원에 제출하여 채권압류 및 전부명령을 신청하거나, 민사소송법 제580조에 의하여 배당요구를 하는 방법에 의하여 하는 것이고, 이는 늦어도 민사소송법 제580조 제1항 각 호 소정의 배당요구의 종기까지 하여야 하는 것으로 그 이후에는 물상대위권자로서의 우선변제권을 행사할 수 없다고 하여야 할 것이고, 위 물상대위권자로서의 권리행사의 방법과 시한을 위와 같이 제한하는 취지는 물상대위의 목적인 채권의 특정성을 유지하여 그 효력을 보전하고 평등배당을 기대한 다른 일반 채권자의 신뢰를 보호하는 등 제3자에게 불측의 손해를 입히지 아니함과 동시에 집행절차의 안정과 신속을 꾀하고자 함에 있다(저당권자의 가압류, 다른 채권자의 압류, 배당요구 종기 후 저당권자의 압류 및 전부가 순차로 이루어졌으나, 저당권자의 물상대위가 실권되었다고 본 판례).

대법원 2002. 10. 11. 선고 2002다33137 판결 / 물상대위권이 실권된 경우의 효력
민법 제370조, 제342조 단서가 저당권자는 물상대위권을 행사하기 위하여 저당권설정자가 받을 금전 기타 물건의 지급 또는 인도 전에 압류하여야 한다고 규정한 것은 물상대위의 목적인 채권의 특정성을 유지하여 그 효력을 보전함과 동시에 제3자에게 불측의 손해를 입히지 않으려는데 있는 것이므로, 저당목적물의 변형물인 금전 기타 물건에 대하여 이미 제3자가 압류하여 그 금전 또는 물건이 특정된 이상 저당권자가 스스로 이를 압류하지 않고서도 물상대위권을 행사하여 일반 채권자보다 우선변제를 받을 수 있으나, 그 행사방법으로는 민사집행법 제273조에 의하여 담보권의 존재를 증명하는 서류를 집행법원에 제출하여 채권압류 및 전부명령을 신청하는 것이거나 민사집행법 제247조 제1항에 의하여 배당요구를 하는 것이므로, 이러한 물상대위권의 행사에 나아가지 아니한 채 단지 수용대상토지에 대하여 담보물권의 등기가 된 것만으로는 그 보상금으로부터 우선변제를 받을 수 없고, 저당권자가 물상대위권의 행사에 나아가지 아니하여 우선변제권을 상실한 이상 다른 채권자가 그 보상금 또는 이에 관한 변제공탁금으로부터 이득을 얻었다고 하더라도 저당권자는 이를 부당이득으로서 반환청구할 수 없다 할 것이다.

대법원 2003. 3. 28. 선고 2002다13539 판결
저당권자의 물상대위권 행사로서의 압류 및 전부는 그 명령이 제3채무자에게 송달됨으로써 효력이 생기며, 물상대위권의 행사를 제한하는 취지인 '특정성의 유지'나 '제3자의 보호'는 물상대위권자의 압류 및 전부명령이 효력을 발생함으로써 비로소 달성될 수 있는 것이므로, 배당요구의 종기가 지난 후에 물상대위에 기한 채권압류 및 전부명령이 제3채무자에게 송달되었을 경우에는, 물상대위권자는 배당절차에서 우선변제를 받을 수 없다.

### 유치권의 쟁점
유치권의 피담보채권 : 임차보증금반환청구권, 권리금, 부속물매수청구권, 계약명의신탁에서 부당이득반환청구권, 등기를 이전해 준 부동산 매도인의 매매대금채권, 건축자재대금채권은 견련성이 인정되지 않음.
유치권과 점유 : ① 간접점유도 가능하나, 소유자를 직접점유자로 한 간접점유는 인정되지 않음(점유의 배타성이 없음). ② 압류의 기입등기이후 점유취득시 경락인(매수인)에게 대항불가. ③ 단, 근저당권 설정등기 후 또는 가압류 기입등기 후이고 압류의 기입등기 이전 점유를 취득한 경우에는 경락인(매수인)에게 대항가능.

대법원 2005. 8. 19. 선고 2005다22688 판결
채무자 소유의 건물 등 부동산에 강제경매개시결정의 기입등기가 경료되어 압류의 효력이 발생한 이후에 채무자가 위 부동산에 관한 공사대금 채권자에게 그 점유를 이전함으로써 그로 하여금 유치권을 취득하게 한 경우, 그와 같은 점유의 이전은 목적물의 교환가치를 감소시킬 우려가 있는 처분행위에 해당하여 민사집행법 제92조 제1항, 제83조 제4항에 따른 압류의 처분금지효에 저촉되므로 점유자로서는 위 유치권을 내세워 그 부동산에 관한 경매절차의 매수인에게 대항할 수 없다.

대법원 2008. 4. 11. 선고 2007다27236 판결
유치권의 성립요건이자 존속요건인 유치권자의 점유는 직접점유이든 간접점유이든 관계가 없으나, 다만 유치권은 목적물을 유치함으로써 채무자의 변제를 간접적으로 강제하는 것을 본체적 효력으로 하는 권리인 점 등에 비추어, 그 직접점유자가 채무자인 경우에는 유치권의 요건으로서의 점유에 해당하지 않는다고 할 것이다.

대법원 2011. 10. 13. 선고 2011다55214 판결
유치권은 목적물에 관하여 생긴 채권이 변제기에 있는 경우에 비로소 성립하고(민법 제320조), 한편 채무자 소유의 부동산에 경매개시결정의 기입등기가 마쳐져 압류의 효력이 발생한 후에 유치권을 취득한 경우에는 그로써 부동산에 관한 경매절차의 매수인에게 대항할 수 없는데, 채무자 소유의 건물에 관하여 증개축 등 공사를 도급받은 수급인이 경매개시결정의 기입등기가 마쳐지기 전에 채무자에게서 건물의 점유를 이전받았다 하더라도 경매개시결정의 기입등기가 마쳐져 압류의 효력이 발생한 후에 공사를 완공하여 공사대금채권을 취득함으로써 그 때 비로소 유치권이 성립한 경우에는, 수급인은 유치권을 내세워 경매절차의 매수인에게 대항할 수 없다.

### 근저당권의 피담보채권의 확정시기

1. 근저당권자가 경매를 신청한 경우에 원칙적으로 경매신청시(판례에 따르면 경매개시결정을 기준으로)에 피담보채무 확정(경매신청이 취하된 경우와 관련하여, 경매개시결정 전 취하되면 확정되지 않고, 경매개시결정 후 취하되면 확정되어 이후의 채권은 근저당권으로 담보되지 않음)
2. 후순위저당권자가 경매를 신청한 경우에는 경락인(매수인)이 경락대금을 완납한 시기에 피담보채무액이 확정

대법원 2002. 11. 26. 선고 2001다73022 판결
근저당권자가 피담보채무의 불이행을 이유로 경매신청을 한 경우에는 경매신청시에 근저당 채무액이 확정되고, 그 이후부터 근저당권은 부종성을 가지게 되어 보통의 저당권과 같은 취급을 받게 되는바, 위와 같이 경매신청을 하여 경매개시결정이 있은 후에 경매신청이 취하되었다고 하더라도 채무확정의 효과가 번복되는 것은 아니다.

근저당권의 피담보채권의 확정의 효과
확정의 의미는 확정일자 기준 피담보채무의 원금의 확정을 의미하므로, 확정시까지 발생한 이자 및 확정이후 변제시까지의 이자는 채권최고액의 범위 내에서 담보된다. 판례는 확정으로 근저당권이 보통의 저당권으로 전환된다는 표현을 사용하고 있으나, 지연손해금의 범위를 1년간으로 제한하는 민법 제360조를 적용하지는 않고, 채권최고액 한도내에서는 모두 담보되는 것으로 보고 있으므로, 유의하여야 한다.

### 후순위저당권자의 지위

1. 민법 제364조의 제3취득자에 해당하는지 여부 (반드시 법조문을 확인하고 판례를 장악할 것)
   근저당부동산에 대하여 후순위근저당권을 취득한 자는 민법 제364조에서 정한 권리를 행사할 수 있는 제3취득자에 해당하지 아니하므로 이러한 후순위근저당권자가 선순위근저당권의 피담보채무가 확정된 이후에 그 확정된 피담보채무를 변제한 것은 민법 제469조의 규정에 의한 이해관계 있는 제3자의 변제로서 유효한 것인지 따져볼 수는 있을지언정 민법 제364조의 규정에 따라 선순위근저당권의 소멸을 청구할 수 있는 사유로는 삼을 수 없다.
2. 민법 제482조 제2항 2호의 제3취득자에 해당하는지 여부 / 대법원 2013. 2. 15. 선고 2012다48855 판결
   저당부동산에 대하여 후순위 근저당권을 취득한 제3자는 민법 제364조에서 정한 저당권소멸청구권을 행사할 수 있는 제3취득자에 해당하지 아니하고, 달리 선순위 근저당권의 실행으로부터 그의 이익을 보호하는 규정이 없으므로 변제자대위와 관련해서 후순위 근저당권자보다 보증인을 더 보호할 이유가 없으며, 나아가 선순위 근저당권의 피담보채무에 대하여 직접 보증책임을 지는 보증인과 달리 선순위 근저당권의 피담보채무에 대한 직접 변제책임을 지지 않는 후순위 근저당권자는 보증인에 대하여 채권자를 대위할 수 있다고 봄이 타당하므로, 민법 제482조 제2항 제2호의 제3취득자에 후순위 근저당권자는 포함되지 아니한다.
   보증인은 미리 저당권의 등기에 그 대위를 부기하지 않고서도 저당물에 후순위 근저당권을 취득한 제3자에 대하여 채권자를 대위할 수 있다고 할 것이므로 민법 제482조 제2항 제1호의 제3자에 후순위 근저당권자는 포함되지 않는다.

### 가등기담보법의 적용요건

① 피담보채무가 소비대차계약 또는 준소비대차계약상의 채무이며, ② 목적물의 가액이 피담보채권액을 초과한 양도담보나 가등기담보의 경우에만 가등기담보법이 적용. 피담보채무가 매매대금채권인 경우에는 적용되지 않고, 매물변제의 예약이 결합된 경우에만 적용되므로, 변제기이후의 대물변제 자체에는 적용되지 않음.

가등기담보법 제3조, 제4조를 위반하여 이루어진 본등기는 무효이고, 그 본등기가 가등기권리자와 채무자간의 특약에 의한 것이라도 그 특약이 채무자에게 불리한 것으로 무효라면 그 본등기는 여전히 무효일 뿐, 약한 의미의 양도담보라 할 것이 아니다.

가등기담보법이 적용되지 않는 경우에도 채권자가 채권담보 목적으로 부동산에 가등기하였다가 변제받지 못하여 본등기한 경우, 특약이 없는 한, 그 본등기도 채권담보목적으로 경료된 것으로서 정산절차를 예정하는 '약한 의미의 양도담보'가 된다.

제3조(담보권 실행의 통지와 청산기간) ① 채권자가 담보계약에 따른 담보권을 실행하여 그 담보목적부동산의 소유권을 취득하기 위하여는 그 채권(債權)의 변제기(辨濟期) 후에 제4조의 청산금(淸算金)의 평가액을 채무자등에게 통지하고, 그 통지가 채무자등에게 도달한 날부터 2개월(이하 "청산기간"이라 한다)이 지나야 한다. 이 경우 청산금이 없다고 인정되는 경우에는 그 뜻을 통지하여야 한다.

제9조(통지의 구속력) 채권자는 제3조제1항에 따라 그가 통지한 청산금의 금액에 관하여 다툴 수 없다.

제11조(채무자등의 말소청구권) 채무자등은 청산금채권을 변제받을 때까지 그 채무액(반환할 때까지의 이자와 손해금을 포함한다)을 채권자에게 지급하고 그 채권담보의 목적으로 마친 소유권이전등기의 말소를 청구할 수 있다. 다만, 그 채무의 변제기가 지난 때부터 10년이 지나거나 선의의 제삼자가 소유권을 취득한 경우에는 그러하지 아니하다.

제12조(경매의 청구) ① 담보가등기권리자는 그 선택에 따라 제3조에 따른 담보권을 실행하거나 담보목적부동산의 경매를 청구할 수 있다. 이 경우 경매에 관하여는 담보가등기권리를 저당권으로 본다.

### 금원청구 중 지연손해금의 쟁점 정리

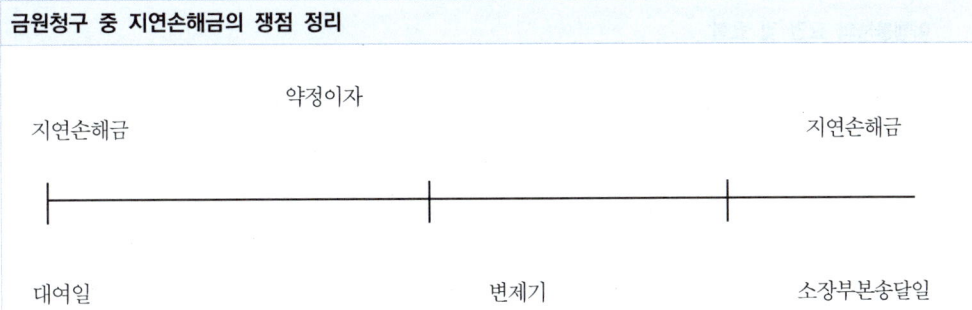

1. 각 소멸시효
   가. 대여금 : 민사채권은 10년, 상사채권은 5년 / 은행은 주식회사이므로 상인
   나. 약정이자 : 1년 이내의 기간에 지급하는 것으로 정한 경우 3년 (민법 163조, 상법 64조)
   다. 지연손해금 : 법적 성질은 손해배상금. 대여금청구의 법적 성질에 따름 (상사라면 5년, 대법원 2008. 3. 14. 선고 2006다2940 판결)

2. 약정이자(대여금의 지급일부터 변제기까지)
   가. 소비대차계약에서 정한 약정이율이 최우선 적용
   나. 명시적인 약정이율이 없는 경우 : 민사라면 무이자 소비대차, 상사중 상인의 영업상 대여에 한하여 6% (상법 54조, 55조)

3. 지연손해금(변제기 다음날부터 소장부본송달일까지)
   가. 명시적 지연손해금률의 약정이 있는 경우 : 법정이율보다 낮더라도 최우선 적용(대법원 2013. 4. 26. 선고 2011다50509 판결)
   나. 위 약정이 없는 경우 약정이율이 적용
   다. 약정이율이 없거나 약정이율이 법정이율보다 낮은 경우에는 법정이율 적용(대법원 2009. 12. 24. 선고 2009다85342 판결)
   라. 지연손해금률에 관한 약정은 그 법적 성질이 손해배상액의 예정

4. 지연손해금(소장부본송달일 다음날부터 다 갚는 날까지)
   약정이율이나 약정 지연손해금률이 연 12%를 초과하면 약정이율 등을 그대로 적용

### 이행지체의 요건 및 효력

1. 요건
   ① 채무가 이행기에 이행가능할 것, ② 채무자가 이행하지 않을 것, ③ 채무자의 귀책사유, ④ 이행하지 않는 것이 위법할 것을 요한다. 위법성과 관련하여 동시이행항변권이 문제된다(쌍방 모두 변제제공하지 않고 이행기 경과시 기한의 정함이 없는 채무로 존속).

2. 이행지체 중의 이행불능
   채무자는 이행지체 중에 이행불능이 된 경우 자기에게 과실이 없는 경우에도 그 이행지체 중에 생긴 손해를 배상하여야 하나(무과실책임), 채무자가 이행기에 이행하여도 손해를 면할 수 없는 경우에는 그러하지 아니하다(제392조).

3. 이행지체시기
   1) 확정기한부 : 기한이 도래한 다음날
   2) 불확정기한부 : 기한이 도래함을 안 다음날
   3) 기한의 정함이 없는 채무 : 채무자가 이행청구를 받은 다음날

### 이행불능의 요건 및 효력

1. 요건
① 채권관계 성립 이후 이행불능이 있을 것, ② 채무자의 고의·과실, ③ 이행불능에 대한 위법성, ④ 채무자의 책임능력

2. 효력
채권자는 손해배상청구권(전보배상), 계약해제권, 대상청구권을 행사할 수 있다.
매도인의 소유권이전등기청구권이 가압류되어 있거나 처분금지가처분이 있는 경우에는 그 가압류·가처분의 해제를 조건으로 하여서만 소유권이전등기절차의 이행을 명받을 수 있는바, 매도인이 그 가압류·가처분 집행을 해제할 수 없는 무자력 상태인 경우에는 매도인의 소유권이전등기의무가 이행불능임(대법원 2006. 6. 16. 선고 2005다39211 판결, 원칙적으로는 가압류, 가처분, 가등기, 담보권설정등기, 신탁행위, 경매신청 등의 사유가 있다고 하여 이행불능이 되지 않음)


### 효력 손해배상액의 산정순서

1단계 : 상당인과관계의 판단, 상당인과관계가 인정되지 않는 경우 손해배상책임의 범위에서 제외

2단계 : 신뢰이익과 이행이익 중 택일 (양자를 합산해서 청구하지는 못함)
이행이익은 계약이 정상적으로 이행된 상태의 이익에서 계약이 불이행된 상태의 이익을 뺀 차액이다. 그 산정기준시에 대하여 판례는 채무불이행시로 본다. 즉 이행지체에 의한 전보배상액은 본래의 의무이행을 최고한 후 상당한 기간이 경과한 당시의 시가를, 이행불능으로 인한 전보배상액은 이행불능 당시의 시가 상당액을, 이행거절로 인한 손해액 산정은 채무자가 이행거절의사를 명백히 표시하여 최고 없이 계약의 해제나 손해배상을 청구할 수 있는 경우에는 이행거절 당시의 급부목적물의 시가를 각 표준으로 해야 한다. 신뢰이익은 무효한 계약을 유효한 것으로 믿었음으로 말미암아 받은 손해를 의미하고, 배상되어야 할 신뢰이익은 이행이익의 범위를 초과하지 못한다(제535조 제1항 단서의 유추).

3단계 통상손해와 특별손해 : 통상손해에 대하여는 채무자의 예견 유무에 관계없이 채무자가 배상하여야 하며, 특별손해는 통상손해와 달리 채무자가 그 특별사정을 알았거나 알 수 있었으면(예견 또는 예견가능한 때에) 비로소 배상책임이 있다. 예견가능성 판단시기는 계약체결당시가 아니라 채무의 이행기까지를 기준으로 판단하여야 한다(판례).


### 대상청구권의 쟁점

1. 요건
① 채권적 청구권이 존재하여야 하고, ② 급부의 후발적불능이 있어야 하며, ③ 채무자가 급부를 불능케 하는 사정으로 말미암아 ④ 채권의 목적물에 관하여 '대신하는 이익'을 취득하여야 한다. ⑤ 채무자의 귀책사유는 요하지 않는다.

2. 행사방법
① 본래의 급부가 이행불능된 경우, 채권자는 채무자에게 대상청구권의 행사로서 채무자가 지급받은 보상금의 반환을 구하거나 또는 채무자가 취득한 보상금청구권의 양도를 구할 수 있을 뿐, 그 보상금청구권 자체가 채권자에게 귀속되는 것은 아니다.
그러나 어떤 사유로 채권자가 직접 자신의 명의로 대상청구의 대상이 되는 보상금을 지급받았다고 하더라도 이로써 채무자에 대한 관계에서 바로 부당이득이 되는 것은 아닙니다(대법원 2002. 2. 8. 선고 99다23901 판결, 대상청구권이 채권자에게 귀속되지 않음에 유의).
② 대상청구권의 범위는 대신하는 이익 전부에 미침(무제한설)

### 채무자에 대한 절대적 효력의 범위

1. 절대적 효력의 범위
    1) 불가분채권 : 변제(대물변제, 공탁), 채권자지체, 이행청구(시효중단, 이행지체)
    2) 불가분채무 : 변제, 채권자지체(변제의 제공)
    3) 연대채무 : 변, 채, 이, 경개, 상계, 면제(부담부분), 혼동(부담부분), 소멸시효(부담부분)
    4) 부진정연대채무 : 변제, 상계
    5) 보증채무(보증인으로부터 주채무자에게) : 변제, 상계

2. 불가분채무의 유형
    각 채무자가 채무 전부를 이행할 의무가 있으며, 1인의 이행으로 다른 채무자도 의무를 면함. 수인이 공동으로 법률상 원인 없이 타인의 재산을 사용한 경우의 부당이득반환채무는 불가분적 이득의 반환으로서 불가분채무(대법원 2001. 12. 11. 선고 2000다13948 판결) / 건물 공유자가 공동으로 건물을 임대한 경우, 그 보증금반환채무는 불가분채무(대법원 1998. 12. 8. 선고 98다43137 판결) / 공동점유물의 인도의무 및 공동소유물의 철거의무도 불가분채무 / 불가분채무의 경우 통상의 공동소송임을 유의

### 공동명의예금계약

1. 당사자확정 : 공동명의자 전부가 거래자
2. 법적 성질 : 조합의 예금이라면 준합유, 그렇지 않다면 준공유. 단, 은행과의 사이에 공동반환특약이 존재하면 은행에 대한 지급청구는 반드시 공동으로 해야 함.
3. 인출방법 : 이는 예금계약내용에 따르고, 그 내용이 명의자 전원의 인감증명이 날인된 예금청구서에 의해 1인이 단독청구할 수 있다는 것이면 다른 공동명의자의 동의를 받아 단독청구할 수 있고, 다른 공동명의자와 금융기관을 피고로 하여 공동명의자에게는 단독청구에 관한 동의를, 금융기관에게는 다른 공동명의자에 대한 승소를 전제로 한 예금청구를 소구할 수 있으며, 1인이 공동명의자 전원의 동의를 받은 이상 예금전액을 청구할 수 있으므로 금융기관이 공동명의자들의 내부적 지분을 들어 정당한 예금청구를 거절할 수 없다
4. 상계 : (1) 준합유의 경우에는 은행은 대출금채권으로 상계불가. (2) 준공유의 경우에는 지분에 한정해서 가능.

### 수탁보증인의 구상권과 통지

1. 주채무자 사후통지 없는 변제 → 보증인 사전통지 있는 변제 : 보증인이 우선
2. 보증인 사전통지 없는 변제 : 주채무자는 채권자에 대항할 수 있는 사유로 보증인에 대항할 수 있고, 대항사유가 상계인 경우 상계로 소멸할 채권은 보증인에게 이전(제445조 제1항)
3. 보증인 사후통지 없는 변제 : 선의의 주채무자 우선(제445조 제2항).
4. 주채무자 사후통지 없는 변제 → 보증인 사전통지 없는 변제 : 제446조는 제445조 제1항을 전제한 것으로, 제445조 제1항의 사전통지를 하지 않은 수탁보증인까지 보호하는 취지는 아니므로, 주채무자가 면책행위를 하고 통지하지 않던 중 보증인도 사전통지 없이 이중의 면책행위를 한 경우 보증인은 제446조에 의해 그 유효를 주장할 수 없고 이 경우는 이중변제의 기본원칙으로 돌아가 먼저 이뤄진 주채무자의 면책행위가 유효하고 나중에 이뤄진 보증인의 면책행위는 무효이므로 보증인은 제466조의 구상권을 행사할 수 없다(대법원 1997. 10. 10. 선고 95다46265 판결).

**채권양도의 쟁점**

1. 양도금지특약의 효력

　채권의 양도성은 인정됨이 원칙이나(제449조), 채권의 성질이 양도를 허용하지 않는 경우, 당사자간에 양도금지특약이 있는 경우에는 양도하지 못함. 특히 후자의 경우, 제3자가 악의인 때는 물론 그 금지를 알지 못한 데 중대한 과실이 있는 때에도 그 금지로써 대항할 수 있으며 이러한 제3자의 악의·중과실은 그 금지특약으로 양수인에게 대항하는 자(채무자)가 주장·증명. 다만 양도금지특약이 있더라도 압류·전부명령에 의해 이전할 수 있고, 이 경우 압류채권자의 선·악의는 전부명령의 효력에 영향을 미치지 못함(판례).

2. 이의보류없는 승낙의 효력

　민법은 채권의 귀속에 관한 우열을 오로지 확정일자 있는 증서에 의한 통지 또는 승낙의 유무와 그 선후로써만 결정하도록 규정하고 있는 데다가, 채무자의 "이의를 보류하지 아니한 승낙"은 민법 제451조 제1항 전단의 규정 자체로 보더라도 그의 양도인에 대한 항변을 상실시키는 효과밖에 없고, 채권에 관하여 권리를 주장하는 자가 여럿인 경우 그들 사이의 우열은 채무자에게도 효력이 미치므로, 위 규정의 "양도인에게 대항할 수 있는 사유"란 채권의 성립, 존속, 행사를 저지 배척하는 사유를 가리킬 뿐이고, 채권의 귀속(채권이 이미 타인에게 양도되었다는 사실)은 이에 포함되지 아니한다(대법원 1994. 4. 29. 선고 93다35551 판결).

<사해행위 취소소송의 기본구조>

1. 기본구조(사해행위 취소부분)

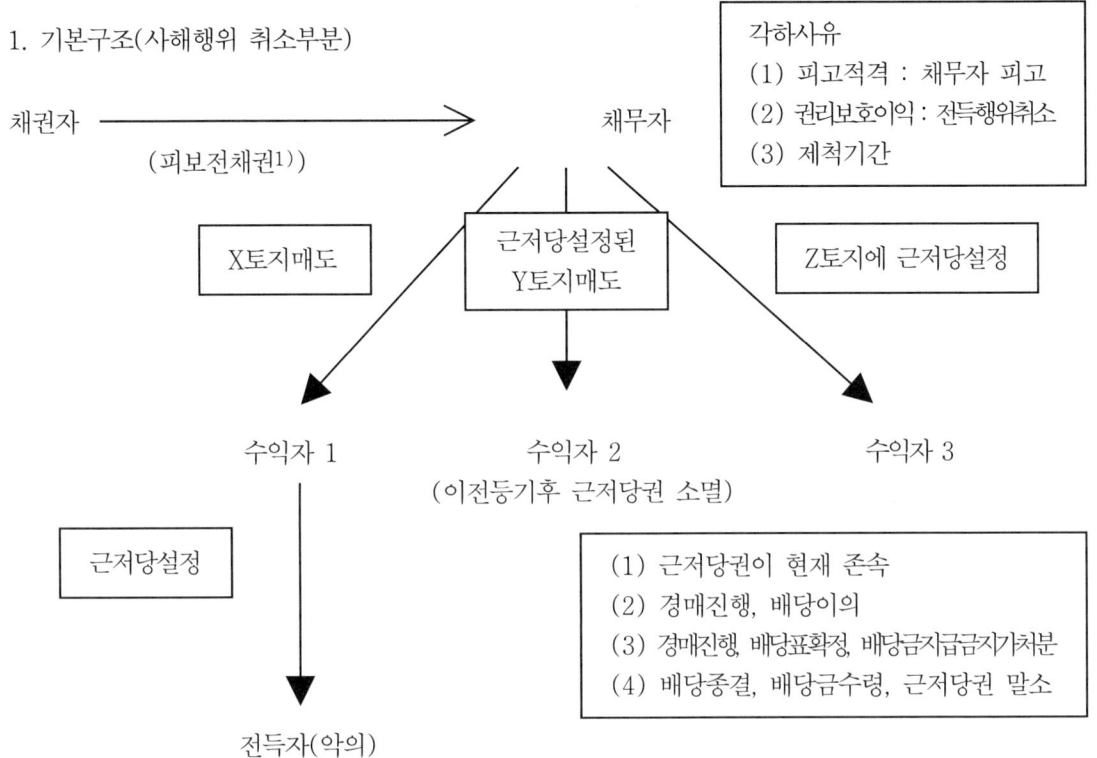

2. 원상회복 부분
   가. 원물반환 원칙
      예외적 가액배상의 경우 : ① 사실상 불가능 ② 법률상 불가능(선의의 전득자), ③ 공평의 관념(근저당권 변제말소)

   나. 가액배상의 범위
   (1) 수익자의 이익, 공동담보가액, 피보전채권액 중 가장 적은 범위 내에서 가액배상(목적물의 양도의 경우 수익자의 이익과 공동담보가액은 일치)
   (2) 수익자의 이익 = 변론종결일 기준 목적물의 시가 - 변론종결일 기준 이자 및 지연손해금을 포함한 피담보채권액 전액 (우선변제권 있는 임대차보증금도 공제)
   (3) 피보전채권액 = 변론종결일 기준 피보전채권의 원금, 이자 및 지연손해금의 합계금
   (4) 가압류의 청구채권액은 공제 불가, 사해행위 이후 설정된 저당권의 피담보채권액 공제 불가

---

1). 발생시기, 양수받은 채권, 피보전채권의 이행청구 및 사해취소소송과 병합가능(병합되면 채무자도 피고의 지위에 있게 되므로 소장에 전부 피고로 기재하여야 함)

### 보전처분, 강제집행과 채권양도의 경합문제

1. 확정일자 없는 채권양도, 채무자의 변제, 채권자의 집행채권자의 압류 및 전부가 순차적으로 이루어진 경우
채권양도 당시 대항력은 문제될 여지가 없었으므로, 채무자의 채무변제는 유효하다(채무자에 대한 대항력은 있으나, 제3자에 대한 대항력은 없는 상태). 따라서 압류채권자가 압류할 채권 자체가 존재하지 않는 상태이므로 압류 및 전부명령이 무효가 된다.

2. 압류 및 추심명령(또는 전부명령)이 집행되고, 이후 채권양도가 이루어진 경우
(1) 원칙적 압류 및 추심명령의 제3채무자 송달일자와 채권양도통지서의 채무자에게의 송달일자를 기준으로 우열관계 확정, (2) 압류 및 추심명령이 먼저 도달한 경우 압류 및 추심명령의 효력이 발생, (3) 이후 이루어진 채권양도는 압류의 처분금지효에 반하여 무효가 된다.

대법원 2002. 4. 26. 선고 2001다59033 판결 / 요지 모두 장악 필요
[1] 채권양도는 구 채권자인 양도인과 신 채권자인 양수인 사이에 채권을 그 동일성을 유지하면서 전자로부터 후자에게로 이전시킬 것을 목적으로 하는 계약을 말한다 할 것이고, 채권양도에 의하여 채권은 그 동일성을 잃지 않고 양도인으로부터 양수인에게 이전된다 할 것이며, 가압류된 채권도 이를 양도하는데 아무런 제한이 없다 할 것이나, 다만 가압류된 채권을 양수받은 양수인은 그러한 가압류에 의하여 권리가 제한된 상태의 채권을 양수받는다고 보아야 할 것이고, 이는 채권을 양도받았으나 확정일자 있는 양도통지나 승낙에 의한 대항요건을 갖추지 아니하는 사이에 양도된 채권이 가압류된 경우에도 동일하다.
[2] 일반적으로 채권에 대한 가압류가 있더라도 이는 채무자가 제3채무자로부터 현실로 급부를 추심하는 것만을 금지하는 것일 뿐 채무자는 제3채무자를 상대로 그 이행을 구하는 소송을 제기할 수 있고 법원은 가압류가 되어 있음을 이유로 이를 배척할 수는 없는 것이 원칙이다. 왜냐하면 채무자로서는 제3채무자에 대한 그의 채권이 가압류되어 있다 하더라도 채무명의를 취득할 필요가 있고 또는 시효를 중단할 필요도 있는 경우도 있을 것이며 또한 소송 계속 중에 가압류가 행하여진 경우에 이를 이유로 청구가 배척된다면 장차 가압류가 취소된 후 다시 소를 제기하여야 하는 불편함이 있는데 반하여 제3채무자로서는 이행을 명하는 판결이 있더라도 집행단계에서 이를 저지하면 될 것이기 때문이다.
[3] 채권가압류의 처분금지의 효력은 본안소송에서 가압류채권자가 승소하여 채무명의를 얻는 등으로 피보전 권리의 존재가 확정되는 것을 조건으로 하여 발생하는 것이므로 채권가압류결정의 채권자가 본안소송에서 승소하는 등으로 채무명의를 취득하는 경우에는 가압류에 의하여 권리가 제한된 상태의 채권을 양수받는 양수인에 대한 채권양도는 무효가 된다.

3. 채권양도이후 가압류가 집행된 경우 (양도통지이후 가압류)
가압류가 무효 : 가압류할 채권(피압류채권)이 부존재하는 상황

4. 가압류이후 채권양도
가압류된 상태의 채권이 양도된 것이고, 이후 본압류로 전이된 경우 채권양도가 소급적으로 무효가 된다.

5. 대항요건 구비 후 이중양도
대법원 2016. 7. 14. 선고 2015다46119 판결
양도인이 지명채권을 제1양수인에게 1차로 양도한 다음 제1양수인이 그에 따라 확정일자 있는 증서에 의한 대항요건을 적법하게 갖추었다면 이로써 채권이 제1양수인에게 이전하고 양도인은 채권에 대한 처분권한을 상실하므로, 그 후 양도인이 동일한 채권을 제2양수인에게 양도하였더라도 제2양수인은 채권을 취득할 수 없다.
이 경우 양도인이 다른 채무를 담보하기 위하여 제1차 양도계약을 하였더라도 대외적으로 채권이 제1양수인에게 이전되어 제1양수인이 채권을 취득하게 되므로 그 후에 이루어진 제2차 양도계약에 따라 제2양수인이 채권을 취득하지 못하게 됨은 마찬가지이다.
또한 제2차 양도계약 후 양도인과 제1양수인이 제1차 양도계약을 합의해지한 다음 제1양수인이 그 사실을 채무자에게 통지함으로써 채권이 다시 양도인에게 귀속하게 되었더라도 특별한 사정이 없는 한 양도인이 처분권한 없이 한 제2차 양도계약이 채권양도로서 유효하게 될 수는 없으므로, 그로 인하여 제2양수인이 당연히 채권을 취득하게 된다고 볼 수는 없다.

### 채권에 대한 강제집행절차의 효력발생시기

가. 가압류 : 가압류결정문의 제3채무자 송달시
나. 압류 : 압류결정문의 제3채무자 송달시
다. 추심명령 : 추심명령의 제3채무자 송달시
라. 전부명령 : 전부명령이 확정되어야 효력이 발생하고(효력발생요건), 확정되면 그 효력은 제3채무자 송달시로 소급

전부명령의 효력
전부명령이 있게 되면 압류된 채권은 집행채권액과 집행비용을 한도로 하여 동일성을 가진 채로 채무자로부터 집행채권자에게 이전하고, 집행채권은 전부된 채권의 권면액의 범위 내에서 당연히 소멸한다. 이러한 권리이전효로 인하여 압류채무자가 채권을 상실하게 되는 효과가 발생하고, 따라서 집행채무자의 이행청구는 기각된다. 전부명령의 실체적 효력은 전부명령이 확정되면 제3채무자 송달시로 소급하여 발생하므로(민사집행법 제231조), 확정된 전부명령에 의하여 전부채권자가 취득하는 채권은 전부명령이 제3채무자에게 송달된 시점이 기준이 된다. 이와 같이 전부명령이 효력을 발생하기 위해서는 전부명령이 확정되어야 하므로, 제3채무자에게 전부명령이 송달된 사실 및 전부명령이 확정된 사실까지 원고가 주장·증명하여야 한다. 그리고 전부명령이 확정되기 위해서는, 즉시항고권자인 채무자에게 전부명령이 송달되고 즉시항고기간이 도과되어야 하므로, 결국 원고는 채무자에 대한 전부명령의 송달사실도 주장·증명하여야 한다.

추심명령의 효력
전부명령은 피압류채권을 집행채무자로부터 집행채권자에게 이전시키는 이전효를 가지지만, 추심명령은 실체법상의 청구권은 집행채무자에게 유보시키고, 소송법상의 관리권만을 추심채권자에게 이전시키게 되며, 추심채권자는 집행채무자의 제3자 법정소송담당의 관계에 있게 된다. 추심권한의 상실로 인하여 집행채무자의 이행청구는 당사자적격이 없어 각하된다. 추심권의 범위는 추심명령에서 특별히 한정하지 아니한 이상 피압류채권의 전액에 미치고, 종된 권리인 이자 및 지연손해금에도 미치나 압류신청당시 압류의 대상이 아니었던 압류의 효력 발생 전에 이미 발생한 이자 등에는 미치지 않는다(결국 압류 및 추심명령이 송달된 다음날부터 이자 및 지연손해금을 가산하여야 한다).

### 변제충당의 쟁점

1. 충당의 순서 : 합의충당, 비용·이자·원본 충당, 지정충당, 법정충당.

2. 변제의 이익
 i ) 이행기가 도래한 채무 → ii ) 변제이익이 많은 채무 → iii ) 이행기가 먼저 도래한 또는 먼저 도래할 채무 →   iv ) 채무액에 비례 순으로 변제가 이루어진다(제477조).
 ① 무이자 채무보다는 이자부 채무가, ② 저이율의 채무보다는 고이율의 채무가, ③ 위약벌이 없는 채무보다는 그 정함이 있는 채무가, ④ 저당권이 붙어 있지 않는 채무보다는 저당권이 붙어 있는 채무가 더 변제이익이 크다. 그러나 주채무자 입장에서는 보증인이 있는지 여부는 변제의 이익의 차이가 없으나, 보증인의 입장에서는 보증인으로서 부담하는 보증채무가 자신의 채무에 비하여 그 변제의 이익이 적다(변제자가 제공한 담보가 있는 채무가 변제이익이 크다).

### 민법 제482조 제2항 (보증인, 연대채무자, 물상보증인, 제3취득자)

1. 보증인과 제3취득자
가. 보증인이 변제한 경우
　전세물이나 저당물에 권리를 취득한 제3자에 대하여 채권자를 대위한다.
　보증인은 미리 전세권이나 저당권의 등기에 그 대위를 부기하여야 한다.
나. 제3취득자가 변제한 경우
　제3취득자는 보증인에 대하여 채권자를 대위하지 못한다(제484조 제2항 제2호). 위 제3취득자에 후순위 저당권자는 포함되지 않는다(대법원 2013. 2. 15. 선고 2012다48855 판결). 따라서 후순위저당권자는 선순위 피담보채무를 대위변제하면 보증인에 대하여 채권자를 대위할 수 있다.
　제3취득자는 물상보증인에 대하여 채권자를 대위하지 못한다(대법원 2014. 12. 18. 선고 2011다50233 전원합의체 판결). 즉, 물상보증인만 채권자를 대위할 수 있고, 물상보증인 소유 부동산의 후순위 저당권자도 채권자를 대위하여 제3자취득자에 대하여 대위할 수 있다.
2. 제3취득자 중의 1인은 각 부동산가액에 비례하여 다른 제3취득자에 대하여 채권자대위
3. 자기의 재산을 타인의 채무의 담보로 제공한 자가 수인인 경우에는 제3호를 준용
4. 자기의 재산을 타인의 채무의 담보로 제공한 자와 보증인간에는 그 인원수에 비례하여 채권자를 대위. 그러나 자기의 재산을 타인의 채무의 담보로 제공한 자가 수인인 때에는 보증인의 부담부분을 제외하고 그 잔액에 대하여 각 재산가액에 비례하여 대위. 이 경우에 그 재산이 부동산인 때에는 제1호를 준용
5. 연대채무자 상호간 및 보증인 상호간에는 연대채무 및 보증인에 관한 각 특별규정이 적용됨.
6. 후순위 저당권자 사이의 우열관계는 민법 제368조가 적용됨을 유의할 것.

### 동시이행관계에 있는 각 채권의 상계

1. 민법 제667조 제3항에 의하여 민법 제536조가 준용되는 결과 도급인이 수급인에 대하여 하자보수와 함께 청구할 수 있는 손해배상채권과 수급인의 공사대금채권은 서로 동시이행관계에 있는 점 등에 비추어 보면, 하자확대손해로 인한 수급인의 손해배상채무와 도급인의 공사대금채무도 동시이행관계에 있는 것으로 보아야한다(대법원 2005. 11. 10. 선고 2004다37676 판결).
2. 계약 해제로 인하여 계약의 당사자는 자기가 지급받은 급부를 원상회복하여야 하는데, 반환할 금전에는 민법 제548조 제2항에 의하여 그 받은 날로부터 이자를 지급하여야 하고 당사자 일방이 목적물을 이용한 경우에는 그 사용에 의한 이익을 상대방에게 반환하여야 한다. 민법 제549조에 따라 계약의 당사자의 각 원상회복의무는 동시이행관계에 있다. 따라서 매도인의 사용료반환채권과 매수인의 매매대금반환채권은 동시이행관계에 있다(대법원 2000. 2. 25. 선고 97다30066 판결 (법전협 기출)).
3. 부동산 매수인의 매매잔대금 지급의무와 매도인의 가압류기입등기말소의무가 동시이행관계에 있었는데 위 가압류에 기한 강제경매절차가 진행되자 매수인이 강제경매의 집행채권액과 집행비용을 변제공탁한 경우 매도인은 매수인에 대해 대위변제로 인한 구상채무를 부담하게 되고, 그 구상채무는 가압류기입등기말소의무의 변형으로서 매수인의 매매잔대금 지급의무와 여전히 대가적인 의미가 있어 서로 동시이행관계에 있으므로, 매수인은 매도인의 매매잔대금채권에 대해 가압류로부터 본압류로 전이하는 압류 및 추심명령을 받은 채권자에게 가압류 이후에 발생한 위 구상금채권에 의한 상계로 대항할 수 있다(대법원 2001. 3. 27. 선고 2000다43819 판결).
4. 공사도급계약의 도급인이 자신 소유의 토지에 근저당권을 설정하여 수급인으로 하여금 공사에 필요한 자금을 대출받도록 한 사안에서, 수급인의 근저당권 말소의무는 도급인의 공사대금채무에 대하여 공사도급계약상 고유한 대가관계가 있는 의무는 아니지만, 담보제공의 경위와 목적, 대출금의 사용용도 및 그에 따른 공사대금의 실질적 선급과 같은 자금지원 효과와 이로 인하여 도급인이 처하게 될 이중지급의 위험 등 구체적인 계약관계에 비추어 볼 때, 이행상의 견련관계가 인정

되므로 양자는 서로 동시이행의 관계에 있고, 나아가 수급인이 근저당권 말소의무를 이행하지 아니한 결과 도급인이 위 대출금 및 연체이자를 대위변제함으로써 수급인이 지게 된 구상금채무도 근저당권 말소의무의 변형물로서 그 대등액의 범위 내에서 도급인의 공사대금채무와 동시이행의 관계에 있다(대법원 2010. 3. 25. 선고 2007다35152 판결 (법전협 기출).

### 상계충당의 기재방법

1. 자동채권과 수동채권의 확정 및 요건사실

2. 상계권의 행사 및 상계의 의사표시의 도달

3. 상계적상일의 확정 및 상계적상일 기준 자동채권과 수동채권의 액수의 확정
   상계적상일은 자동채권과 수동채권의 각 변제기 중 늦게 도달한 변제기가 된다.
   상계적상일을 기준으로 수동채권과 자동채권의 액수를 계산한다.
   사안에서 자동채권의 변제기가 상계적상일이므로 자동채권에 대해서는 지연손해금이 발생하지 않는다.
   수동채권의 액수계산시 이자와 지연손해금을 별도로 계산할 필요는 없다.

4. 상계충당의 계산
   수동채권이 둘 이상인 경우 상계로 소멸하는 수동채권은 법정변제충당의 순서에 의하므로, 민법 제499조 및 제479조에 따라 총비용, 총이자, 총원본의 순으로 소멸하고, 원본 상호간에는 수동채권의 변제기가 모두 도래하였으므로 민법 제499조 및 제477조 제2호에 의하여 변제이익이 더 많은 채무가 먼저 소멸한다(준용규정인 민법 제499조를 누락하지 말 것).
   (충당계산)
   위 각 수동채권은 상계적상일에 소급하여 위 자동채권과 대등액의 범위에서 순차로 소멸하였다.

5. 결론
   상계적상일 기준으로 이자 및 지연손해금의 충당이 있었으므로, 상계적상일의 다음날부터 다시 지연손해금이 발생하게 된다.

### 변제충당의 순서

합의충당
비용, 이자, 원본(민법 제479조)
지정충당(민법 제476조) : 비용, 이자, 원본의 충당순서에 반하는 지정충당은 효력이 없다.
법정충당(민법 제477조)

### 위험부담

1. 원칙(물건의 위험)
   쌍무계약에 있어서 일방당사자가 부담하는 급부가 쌍방의 귀책사유 없이 불능으로 된 경우 그 채무자는 상대방에 대해 반대급부를 청구할 수 없다(제537조, 채무자위험부담주의).

2. 예외(대가의 위험)
   급부불능이 채권자의 귀책사유나 채권자지체 중에 당사자 쌍방의 귀책사유 없이 발생한 경우에는 채무자는 상대방인 채권자에게 반대급부의 이행을 청구할 수 있다(제538조 제1항). 제1문의 채권자의 귀책사유에 대하여 판례는 "채권자의 어떤 작위나 부작위가 채무자의 이행의 실현을 방해하고 그 작위나 부작위는 채권자가 이를 피할 수 있었다는 점에서 신의칙상 비난받을 수 있는 경우를 의미한다"고 하였고(매수인이 목적물에 관한 근저당권의 피담보채무를 이행인수한 경우, 채권자에 대하여는 매도인이 여전히 채무를 부담하더라도, 매도인과 매수인 사이에서는 매수인에게 변제책임이 있으므로, 매수인이 변제를 게을리 하여 근저당권이 실행됨으로써 매도인이 목적물의 소유권을 상실하였다면, 이는 매수인의 책임 있는 사유로 소유권

이전등기의무가 이행불능으로 된 경우), 제2문의 채권자지체 중 당사자 쌍방의 귀책사유에 대하여는 "제2문 소정의 '채권자의 수령지체 중에 당사자 쌍방의 책임 없는 사유로 이행할 수 없게 된 때'에 해당하기 위해서는 현실제공이나 구두제공이 필요하다"고 하였다.

3. 채권자지체 중에 채무자의 경과실이 있는 경우
① 경과실포함설(위험이전긍정설, 채권자책임긍정설) : 제401조가 채권자지체 중의 채무자의 경과실에 대하여 채무자의 면책을 규정하고 있어 채권자지체 중 채무자의 경과실은 채무자에게 책임 없는 사유에 해당하므로 위험이 이전하여 채권자는 반대급부를 제공해야 함.
② 경과실불포함설(위험이전부정설, 채권자책임부정설) : 제401조는 채무자의 책임을 경감하기 위한 규정으로서 제538조와는 서로 규범목적이 다른 규정. 생각건대, 이행지체 중의 불능의 경우에 채무자는 그 불능에 귀책사유가 없는 경우에도 책임을 지는 것(제392조)과의 균형상 채권자의 책임을 긍정하는 경과실포함설이 타당

### 제3자를 위한 계약

1. 요건
유효한 기본계약(요약자와 낙약자 사이의 약정)
제3자 수익약정 : 제3자에 대하여 가진 채권에 관하여 채무를 면제하는 계약도 포함

2. 유형
판단방법 : 의사표시의 해석문제
병존적 채무인수 : 해당
면책적 채무인수 및 이행인수 : 해당하지 않음

3. 효과
가. 수익자의 권리취득
수익의 의사표시에 의하여 수익자의 계약상의 권리는 확정되므로 수익의 의사표시 이후에는 요약자 및 낙약자가 임의로 수익자의 권리를 변경하거나 소멸시키지 못한다(제541조). 그러나 위 제한이 요약자나 낙약자가 계약 자체를 취소하거나 채무불이행을 이유로 해제할 수 없다는 것을 의미하지는 않으므로 취소나 해제의 권리가 있는 경우에는 이러한 권리의 행사는 가능하다(대법원 1970. 2. 24. 선고 69다1410 판결).
계약이 해제되면 제3자를 위한 계약의 당사자가 아닌 수익자는 계약의 해제권이나 해제를 원인으로 한 원상회복청구권이 있다고 볼 수 없으나 수익자는 낙약자에게 자기가 입은 손해의 배상을 청구할 수 있다(대법원 1994. 8. 12. 선고 92다41559 판결). 또한 수익자는 기본계약으로 직접 권리를 취득한 자이므로 계약해제로 보호받는 제3자에는 해당하지 않는다. 그러나 기본관계를 이루는 계약이 적법하게 해제된 경우, 그 계약관계의 청산은 계약의 당사자인 낙약자와 요약자 사이에 이루어져야 할 것이고, 제3자인 수익자를 상대로 하여 해제에 따른 원상회복 또는 위 매매대금을 지급받은 것이 부당이득이라는 이유로 그 반환을 구할 수는 없다(대법원 2005. 7. 22. 선고 2005다7566,7573 판결).

나. 요약자의 지위
요약자는 계약당사자로서 기본계약에 의한 의무를 이행하여야 하고 그 계약으로부터 발생하는 취소권이나 해제권을 취득하고, 취소해제로 인한 원상회복손해배상에 관한 권리는 요약자가 취득한다. 단 채무불이행의 경우 수익자와 요약자가 모두 손해배상청구권을 취득한다는 것이 다수설. 요약자는 대가관계의 부존재나 효력의 상실을 이유로 자신이 기본관계에 기하여 낙약자에게 부담하는 채무의 이행을 거부할 수 없고 낙약자에 대하여 수익자에 대한 의무를 자기에게 이행할 것을 청구할 수 있는 것은 아니다(대법원 2003. 12. 11. 선고 2003다49771 판결).

**법정해제**

1. 요건

가. 채무자의 이행지체

쌍무계약의 일방당사자가 이행기에 한번 이행제공을 하여 상대방을 이행지체에 빠지게 한 경우, 신의칙상 이행을 최고하는 일방당사자는 그 채무이행의 제공을 계속할 필요는 없더라도 상대방이 최고기간 내에 이행 또는 이행제공을 하면 계약해제권은 소멸되므로 상대방의 이행을 수령하고 자신의 채무를 이행할 수 있는 정도의 준비가 되어 있으면 된다.

채무자가 최고기간 또는 상당한 기간 내에 이행하지 아니한 데에 정당한 사유가 있다고 여겨질 경우에는 신의칙상 그 최고기간 또는 상당한 기간 내에 이행 또는 이행의 제공이 없다는 이유로 해제권을 행사하는 것이 제한될 수 있다(대법원 2013. 6. 27. 선고 2013다14880,14897 판결).

나. 상당한 기간을 정하여 최고할 것

그 과다한 정도가 현저하고 채권자가 청구한 금액을 제공하지 않으면 그것을 수령하지 않을 것이라는 의사가 분명한 경우에는 그 최고는 부적법하고 이러한 최고에 터잡은 계약의 해제는 그 효력이 없다(대법원 1995. 9. 15. 선고 94다54894 판결). 상대방의 이행을 수령하고 자신의 채무를 이행할 수 있는 정도의 준비가 되어 있어야 한다.

다. 최고기간 내 이행 또는 이행의 제공이 없을 것.

라. 해제의 의사표시 및 도달

2. 효과

가. 판례는 물권적효과설의 입장

나. 원상회복의무 + 손해배상의무(551조)

채무불이행을 이유로 계약해제와 아울러 손해배상을 청구하는 경우 그 계약이행으로 인하여 채권자가 얻을 이익 즉 이행이익의 배상을 구하는 것이 원칙이나, 그에 갈음하여 그 계약이 이행되리라고 믿고 채권자가 지출한 비용 즉 신뢰이익의 배상을 구할 수도 있다. 다만 그 신뢰이익은 과잉배상금지 원칙에 비추어 이행이익의 범위를 초과할 수 없다.

다. 매도인과 제3자 사이의 법률관계

해제에 의하여 물권 등이 당연히 복귀되는 경우에도 제3자의 권리를 해하지 못한다(제548조 제1항 단서). 여기서 보호되는 제3자는 원칙적으로 해제의 의사표시가 있기 전에 해제된 계약에 기하여 생긴 법률관계를 기초로 하여 새로운 권리를 취득한 자를 의미하는데 제3자는 점유나 등기와 같은 공시방법을 갖추어야 한다. 더불어 해제 후 말소등기 전에 선의로 물권 등을 취득한 제3자도 보호.

| 매도인의 의무 | 매수인의 의무 |
|---|---|
| 1. 지급받은 매매대금의 반환의무<br>2. 지급받은 매매대금에 대한 법정이자의 반환의무(민법 제548조 제2항)<br>위 이자는 법정이자이므로 동시이행관계와 상관없이 반환의무부담<br>3. 매도인에게 귀책사유가 있는 경우 위약금까지 배상하여야 함. 위약금의 지연손해금의 발생일자는 원칙적 해제의 의사표시 도달일 다음날로 보아야 하나, 위약금은 손해배상금이고, 손해배상금도 원상회복의무와 동시이행관계에 있으므로, 동시이행관계가 유지되는 한 지연손해금은 발생하지 않음.<br>4. 매도인의 원상회복의무와 매수인의 원상회복의무는 동시이행관계에 있으므로(민법 제549조) 각 채무에 대해서는 원칙적으로 지연손해금이 발생하지 않음. 그러나 매도인이 중도금만 지급받고 선인도 등이 없이 매도인의 귀책사유로 해제된 경우에는 매매대금 및 법정이자에 대하여 지연손해금 발생할 수 있음. | 1. 인도받은 목적물의 반환의무, 등기가 있는 경우 말소의무(등기후 처분행위가 있는 경우 해제의 제3자의 보호문제가 발생)<br>2. 사용이익의 반환의무(해제에 대한 귀책사유를 불문하고 사용이익의 전부반환, 민법 제201조의 선의점유자의 과실수취권의 적용배제). 사용이익의 반환기준은 보증금없는 감정차임.<br>3. 사용으로 인한 감가상각비 상당의 손해는 배상할 필요가 없고, 매수인의 특유한 운용수익도 원칙적으로 반환할 필요가 없음.<br>4. 매수인의 귀책사유로 해제된 경우 위약금약정이 있다면 계약금이 위약금으로 몰취됨. 따라서 이 부분에 대한 법정이자도 청구할 수 없음.<br>5. 왼쪽과 동일하게 매도인과 매수인의 각 의무는 동시이행관계. |

### 계약금약정에 기한 해제

1. 요건
① 계약금의 교부가 있는 경우, ② 당사자 일방이 이행에 착수할 때까지, ③ 계약금을 교부한 매수인은 해제의 의사표시로써 해제가 가능하나, 계약금을 받은 매도인이 그 배액을 상환하고 하는 계약해제의 의사표시는 그 의사표시만으로는 부족하고, 현실적으로 그 배액의 제공이 있어야 한다(제565조).

2. 계약금의 일부교부
계약금 일부만 지급된 경우 수령자가 매매계약을 해제할 수 있다고 하더라도, 그 해약금의 기준이 되는 금원은 '실제 교부받은 계약금'이 아니라 '약정계약금'이라고 봄이 타당하다.

3. 이행의 착수가 문제되는 경우
이행기 약정이 있더라도 이행기 전 이행착수는 원칙적으로 허용되나, 당사자가 이행기 전에는 착수하지 않기로 특약하는 등 특별한 사정이 있으면 이행기 전에 이행에 착수할 수 없다. 판례는 매도인이 제565조에 의한 계약해제의사표시를 하고 일정한 기한까지 해약금 수령을 최고하며 기한을 넘기면 공탁하겠다고 통지한 이상 중도금지급기일은 매도인을 위하여도 기한의 이익이 있다고 봄이 옳으므로, 매수인이 이행기 전에 이행에 착수할 수 없는 특별한 사정이 있는 경우에 해당한다고 판시하였다.

### 자동해제약정

**1. 계약금의 경우**
매도인이 위약시에는 계약금의 배액을 배상하고 매수인이 위약시에는 지급한 계약금을 매도인이 취득하고 계약은 자동적으로 해제된다는 조항은 위약 당사자가 상대방에 대하여 계약금을 포기하거나 그 배액을 배상하여 계약을 해제할 수 있다는 해제권 유보조항

**2. 중도금의 경우 : 유효**

**3. 잔금의 경우**
부동산 매매계약에 잔대금지급기일까지 잔대금을 지급하지 아니할 때에는 위 매매계약은 자동적으로 해제된다고 하는 약정이 있더라도, 매도인이 그 대금지급기일에 자기 채무의 이행제공을 하여 매수인으로 하여금 이행지체에 빠지게 하여야 비로소 자동적으로 매매계약이 해제되는 것이다.
매수인이 수회에 걸친 채무불이행에 대하여 책임을 느끼고 잔금지급기일의 연기를 요청하면서 새로운 약정기일까지는 반드시 계약을 이행할 것을 확약하고 불이행시에는 매매계약이 자동적으로 해제되는 것을 감수하겠다는 약정을 한 특별한 사정이 있다면, 매수인이 잔금지급기일까지 잔금을 지급하지 아니함으로써 계약은 자동적으로 실효.

### 증여의 쟁점

**1. 증여자의 담보책임**
증여의 무상성 때문에 증여자는 그에 따른 책임이 없음이 원칙(제559조 제1항 본문). 다만 증여자가 그 하자나 흠결을 알고도 수증자에게 고지하지 않은 경우에는 담보책임을 지며, 그 내용은 수증자가 하자나 흠결이 없는 것으로 믿었기 때문에 발생한 손해 즉 신뢰이익의 배상. 그러나 부담부증여에서는 그 부담한도 내에서 매도인의 담보책임 준용(제559조 제2항)

**2. 증여계약의 해제**
증여가 서면으로 이루어지지 않는 한 언제라도 해제할 수 있으며(제555조, 이 해제권은 제척기간의 적용을 받지 않음), 다만 이러한 증여계약의 해제는 이미 이행한 부분에 대하여는 영향을 미치지 않음(제558조, 이행으로 볼 수 있기 위하여는 등기 등의 공시가 필요). 증여의 서면이라고 하기 위하여는 증여계약 당사자 사이에 증여자가 자기의 재산을 상대방에게 준다는 증여의사가 문서를 통하여 확실히 알 수 있는 정도로 서면에 나타나 있으면 족함
(원칙 : 언제든지 해제 가능, 예외 : 그러나 이행이 완료한 경우에는 해제 불가, 예외의 예외 : 증여자의 의사에 기하지 않은 원인무효의 등기 경료)
부담부 증여에 대하여는 제561조에 의하여 쌍무계약에 관한 규정이 준용되어 부담의무 있는 상대방이 자신의 의무를 이행하지 아니하면 비록 증여계약이 이미 이행되어 있더라도 증여자는 계약을 해제할 수 있고, 그 경우 제555조와 제558조는 적용되지 않는다(대법원 1997. 7. 8. 선고 97다2177 판결).
제556조 제1항 제2호의 '부양의무'란 제974조에 규정된 직계혈족 및 그 배우자 또는 생계를 같이 하는 친족간의 부양의무를 가리키는 것으로, 친족간이 아닌 당사자간의 약정에 의한 부양의무는 이에 해당하지 않아 제556조 제2항이나 제558조가 적용되지 않는다. 따라서 친족 간이 아닌 당사자 사이의 약정에 의한 부양의무를 이행하지 않아 증여계약을 해제한 때에는 이미 이행한 부분에도 해제의 효력이 미친다.

### 매매계약의 이행과 과실수취권

1. 적용범위

   제587조는 매도인의 채무와 매수인의 채무가 동시이행의 관계에 있는 때에 적용되고, 당사자 사이에 일방의 의무를 선이행하기로 약정하는 등 과실수취권의 이전시기에 관하여 특약을 한 경우에는 이 규정은 배제된다(제587조 단서). 따라서 매수인이 미지급 잔대금에 대하여 이자를 지급하기로 약정한 경우에는 목적물을 인도받기 전이라도 계약체결 후의 과실을 취득한다. 다만 선이행약정을 하였더라도 당사자가 이행지체에 빠져 있는 중 다른 당사자의 채무의 이행기가 도래한 때에는 그 때부터 동시이행관계에 놓이게 되므로 제587조가 적용된다.

2. 과실 및 이자의 의미

   통설에 따르면, 제587조 제1문의 과실은 제101조의 과실보다는 그 범위가 넓게 보므로, 천연과실, 법정과실뿐만 아니라 사용수익까지도 포함한다. 제2문의 대금의 이자가 법정이자인지 아니면 지연손해금인지에 대하여 학설의 대립이 있고 판례의 입장도 명확하지는 않으나, 지연손해금의 입장으로 보임(등기가 없으면 법정이자 지급의무 없음).

3. 매도인의 인도 및 매수인의 대금지급이 모두 지체된 경우 : 매도인
4. 매도인이 인도하였으나 매수인이 대금지급을 지체한 경우 : 매수인 (즉, 선인도약정에 기한 인도의 경우 매수인이 과실취득)
5. 매수인의 대금완납 매도인이 인도 지체 : 매수인

   토지의 매수인이 아직 소유권이전등기를 마치지 않았더라도 매매계약의 이행으로 토지를 인도받은 때에는 매매계약의 효력으로서 이를 점유·사용할 권리가 있으므로, 매도인이 매수인에 대하여 그 점유사용을 법률상 원인이 없는 이익이라고 하여 부당이득반환청구를 할 수는 없다. 이러한 법리는 대물변제 약정 등에 의하여 매매와 같이 부동산의 소유권을 이전받게 되는 사람이 이미 부동산을 점유사용하고 있는 경우에도 마찬가지로 적용된다(대법원 2016. 7. 7. 선고 2014다2662 판결, 강사주: 매도인이 목적물을 선인도하고 잔금이 지급되지 않은 사안인데, 례는 원고의 청구에 따라 부당이득의 법리로 해결하고 있는 것으로 생각된다).

   민법 제587조는 "매매계약이 있은 후에도 인도하지 아니한 목적물로부터 생긴 과실은 매도인에게 속한다. 매수인은 목적물의 인도를 받은 날로부터 대금의 이자를 지급하여야 한다."고 규정하고 있다. 그러나 매수인의 대금지급의무와 매도인의 소유권이전등기의무가 동시이행관계에 있는 등으로 매수인이 대금지급을 거절할 정당한 사유가 있는 경우에는 매매목적물을 미리 인도받았다 하더라도 위 민법 규정에 의한 이자를 지급할 의무는 없다고 보아야 한다(대법원 2013. 6. 27. 선고 2011다98129 판결).

### 매도인의 담보책임

1. 법적 성질

   법정책임설과 채무불이행책임설 대립 / 판례는 불명확

   특정물 매매 사안에서는 "양도목적물의 숨은 하자로부터 손해가 발생한 경우에 양도인이 양수인에 대하여 부담하는 하자담보책임은 그 본질이 불완전이행책임으로서 본계약 내용의 이행과 직접 관련된 책임인 바(대법원 1992. 4. 14. 선고 91다17146, 91다17153(반소) 판결)"라고 판시하여 하자담보책임의 본질을 불완전이행책임으로 보았다.

   한편 판례는 타인의 권리매매에 있어서 일찍부터 담보책임과 채무불이행책임의 경합을 인정해 오고 있었으며(대법원 1993. 11. 23. 선고 93다37328 판결), 최근 특정물의 하자담보책임 사안에서도 "토지 매도인이 성토작업을 기화로 다량의 폐기물을 은밀히 매립하고 그 위에 토사를 덮은 다음 도시계획사업을 시행하는 공공사업시행자와 사이에서 정상적인 토지임을 전제로 협의취득절차를 진행하여 이를 매도함으로써 매수자로 하여금 그 토지의 폐기물처리비용 상당의 손해를 입게 하였다면 매도인은 이른바 불완전이행으로서 채무불이행으로 인한 손해배상책임을 부담하고, 이는 하자 있는 토지의 매매로 인한 민법 제580조 소정의 하자담보책임과 경합적으로 인정된다(대법원 2004. 7. 22. 선고 2002다51586 판결)."고 판시.

   그리고 하자담보책임과 착오에 기한 취소는 경합적으로 성립가능함.

2. 타인권리매매
  가. 부동산의 미등기전매, 위조에 의한 등기경료 후 매도한 경우
  나. 전부타인권리 매매
    해제권, 선의의 매수인의 손해배상청구권 (570조)
    선의의 매도인은 손해배상후 해제가능 (571조)
  다. 일부타인권리 매매
    선악 불문 매수인의 대금감액청구 / 선의 매수인의 해제권 및 손해배상청구권(제척기간 선의인 경우 사실을 안날로부터 1년, 악의의 경우에는 계약일로부터 1년)

3. 수량지정매매
  면적이 계약의 가장 중요한 요소가 된 경우, 아파트 분양계약 등이 여기에 해당
  매수인이 선의이고, 목적물이 부족 또는 일부멸실의 경우에 대금감액청구 및 해제권 행사가능

4. 용익물권부 매매
  매매의 목적물이 전세권의 목적이 된 경우 매수인이 이를 알지 못한 때에는 이로 인하여 계약의 목적을 달성할 수 없는 경우에 한하여 매수인은 계약을 해제할 수 있고, 그 밖의 경우에는 손해배상만을 청구할 수 있다(제575조 제1항).

5. 담보물권부 매매
  당권의 실행으로 저당목적물이 낙찰인에게 넘어감에 따라 채무자의 이행이 불능 상태가 된 경우, 제3취득자는 매도인을 상대로 소유권보존을 위하여 출재한 금원의 상환을 청구할 수 있으며(제576조 제2항), 손해가 있는 경우에는 손해배상을 아울러 청구할 수 있다(제3항). 이 경우 매수인이 악의라도 상관이 없다.
  가압류부동산의 매수인이 그 후 가압류에 기한 강제집행으로 소유권을 상실한 경우 제576조가 준용된다(대법원 2011. 5. 13. 선고 2011다1941 판결).
  가등기의 목적이 된 부동산의 매수인이 그 후 본등기 경료로 소유권을 상실한 때에는 저당권·전세권의 행사로 매수인이 소유권을 상실한 경우와 유사하므로 제576조가 준용되고 제570조 담보책임을 진다고 할 수 없다(대법원 1992. 10. 27. 선고 92다21784 판결).

6. 하자담보책임
  가. 하자의 판단기준
    매매의 목적물이 거래통념상 기대되는 객관적 성질·성능을 결여하거나, 당사자가 예정 또는 보증한 성질을 결여한 경우에 매도인은 매수인에 대하여 그 하자로 인한 담보책임을 부담(대법원 2000. 1. 18. 98다18506 판결). 매도인이 그러한 품질과 성능을 갖춘 제품이라는 점을 명시적으로나 묵시적으로 보증하고 공급하였다는 사실이 인정되면 담보책임 부담.
    하자의 존부는 매매계약 성립시를 기준으로 판단하여야 할 것이다(대법원 2000. 1. 18. 선고 98다18506 판결).

  나. 계약해제권
    하자로 인하여 매매의 목적을 달성할 수 없는 경우 (제580조, 제575조) / 매수인의 선의 무과실

  다. 손해배상청구권
    대법원은 특정물 매매 사안에서는 "양도목적물의 숨은 하자로부터 손해가 발생한 경우에 양도인이 양수인에 대하여 부담하는 하자담보책임은 그 본질이 불완전이행책임으로서 본계약 내용의 이행과 직접 관련된 책임인바(대법원 1992. 4. 14. 선고 91다17146, 91다17153(반소) 판결)"라고 판시하여 하자담보책임의 본질을 불완전이행책임으로 보았다. 또한 "매도인은 이른바 불완전이행으로서 채무불이행으로 인한 손해배상책임을 부담하고, 이는 하자 있는 토지의 매매로 인한 민법 제580조 소정의 하자담보책임과 경합적으로 인정된다(대법원 2004. 7. 22. 선고 2002다51586 판결)."고 판시 / 매수인의 선의 무과실

  라. 완전물급부청구권
    종류매매의 경우에 매수인은 계약의 해제 또는 손해배상을 청구하지 아니하고 하자 없는 물건을 청구할 수 있다(제581조 제2항). / 매수인의 선의 무과실
    매매목적물의 하자가 경미하여 수선 등의 방법으로도 계약의 목적을 달성하는 데 별다른 지장이 없는 반

면 매도인에게 하자 없는 물건의 급부의무를 지우면 다른 구제방법에 비하여 지나치게 큰 불이익이 매도인에게 발생되는 경우와 같이 하자담보의무의 이행이 오히려 공평의 원칙에 반하는 경우에는, 완전물급부청구권의 행사를 제한함이 타당하다(대법원 2014. 5. 16. 선고 2012다72582 판결).

마. 제척기간
매수인이 그 사실을 안 날로부터 6개월 내

## 임대인과 임차인의 의무

1. 임대인의 의무
 가. 목적물의 인도, 유지, 수선의무(623조)
　　특약에 의하여 임대인이 수선의무를 면하거나 임차인이 그 수선의무를 부담하게 되는 것은 통상 생길 수 있는 파손의 수선 등 소규모의 수선에 한한다 할 것이고, 대파손의 수리, 건물의 주요 구성부분에 대한 대수선, 기본적 설비부분의 교체 등과 같은 대규모의 수선은 이에 포함되지 아니하고 여전히 임대인이 그 수선의무를 부담한다고 해석함이 상당하다(대법원 1994. 12. 9. 선고 94다34692,94다34708 판결).

 나. 보호의무
　　임차인의 안전을 배려하여 주거나 도난을 방지하는 등의 보호의무까지 부담한다고 볼 수 없음(대법원 1999. 7. 9. 선고 99다10004 판결).

 다. 비용상환의무 : 필요비, 유익비의 상환의무

2. 임차인의 의무
 가. 차임지급의무
　　수인이 공동으로 목적물을 임차한 경우 그 수인의 임차인이 연대하여 의무를 부담한다(제654조, 제616조). 차임지급의 연체는 연속될 것을 요하지 않으며, 임대인이 상당한 기간을 정하여 이를 최고할 필요도 없다. 본조는 강행규정(제652조).

 나. 목적물의 보관, 반환, 원상회복의무
　　임대차가 종료되면 임차인은 임차목적물 자체를 임대인에게 반환하여야 할 계약상의 의무를 부담한다(대법원 2001. 6. 29. 선고 2000다68290 판결). 임차인이 임차물을 반환하는 때에는 이를 원상으로 회복하여야 하고, 부속시킨 물건은 철거할 수 있다(제654조, 제615조).

 다. 수선인용의무

 라. 통지의무

## 임대차보증금의 효력

1. 담보적효력
　　부동산 임대차에 있어서 수수된 보증금은 임료채무, 목적물의 멸실·훼손 등으로 인한 손해배상채무 등 임대차관계에 따른 임차인의 모든 채무를 담보하는 것으로서 그 피담보채무 상당액은 임대차관계의 종료 후 목적물이 반환될 때에 특별한 사정이 없는 한 별도의 의사표시 없이 보증금에서 당연히 공제된다(대법원 2005. 9. 28. 선고 2005다8323 판결, 우선변제적 효과).
　　그러므로 보증금이 수수된 임대차계약에서 차임채권이 양도되었다고 하더라도, 임차인은 임대차계약이 종료되어 목적물을 반환할 때까지 연체한 차임 상당액을 보증금에서 공제할 것을 주장할 수 있다(대법원 2015. 3. 26. 선고 2013다77225 판결).
　　임차건물의 양수인이 건물 소유권을 취득한 후 임대차관계가 종료되어 임차인에게 임대차보증금을 반환해야 하는 경우에 임대인의 지위를 승계하기 전까지 발생한 연체차임이나 관리비 등이 있으면 이는 특별한 사정이 없는 한 임대차보증금에서 당연히 공제된다(대법원 2017. 3. 22. 선고 2016다218874 판결).

2. 임대차존속 중의 보증금 충당

임대인은 임대차의 존속 중이라도 보증금을 연체 차임 등에 충당할 수 있다. 그러나 당연히 충당되는 것은 아니고 충당 여부는 임대인의 자유이므로 임대인은 임대차보증금으로 연체 차임을 충당하는 대신 차임 연체를 이유로 계약을 해지할 수 있다.

한편 임차인은 보증금의 존재를 이유로 차임의 지급을 거절하거나 그 연체에 따른 채무불이행 책임을 면할 수는 없고(대법원 1994. 9. 9. 선고 94다4417 판결), 나아가 임대차보증금은 임대차계약이 종료된 후 임차인이 목적물을 명도할 때까지 발생하는 차임 및 기타 임차인의 채무를 담보하기 위하여 교부되는 것이므로 특별한 사정이 없는 한 임대차계약이 종료되었다 하더라도 목적물이 명도되지 않았다면 임차인은 보증금이 있음을 이유로 연체차임의 지급을 거절할 수 없다(대법원 1999. 7. 27. 선고 99다24881 판결).

### 임차권의 양도

1. 의의

임차권의 양도란 임차권을 그 동일성을 유지하면서 이전하는 계약. 민법은 전세권의 양도에 설정자의 동의가 불필요한 것과 달리 임차권의 양도 및 전대차를 원칙적으로 금지하고, 임대인의 동의가 있는 경우에만 예외적으로 허용(제629조 제1항). 이를 어긴 경우 임대인은 임대차계약을 해지할 수 있다(제2항). 다만 건물임차인의 건물의 소부분을 타인에게 사용하게 하는 경우에는 임대인의 동의는 불필요하다(제632조). / 법적성질은 준물권행위

2. 무단양도의 법률관계

가. 임차인과 양수인사이의 법률관계

건물에 대한 저당권이 실행되어 경락인이 건물의 소유권을 취득한 때에는 특별한 다른 사정이 없는 한 건물의 소유를 목적으로 한 토지의 임차권도 건물의 소유권과 함께 경락인에게 이전된다. 민법 제622조 제1항은 건물의 소유를 목적으로 한 토지임대차는 이를 등기하지 아니한 경우에도 임차인이 그 지상건물을 등기한 때에는 토지에 관하여 권리를 취득한 제3자에 대하여 임대차의 효력을 주장할 수 있음을 규정한 취지임에 불과할 뿐, 건물의 소유권과 함께 건물의 소유를 목적으로 한 토지의 임차권을 취득한 사람이 토지의 임대인에 대한 관계에서 그의 동의가 없이도 임차권의 취득을 대항할 수 있는 것까지 규정한 것이라고는 볼 수 없다(대법원 1993. 4. 13. 선고 92다24950 판결).

나. 임대인과 양수인사이의 법률관계

양수인은 임대인에 대하여 임차권의 취득을 주장할 수 없고 더불어 임대인에 대항할 수 없는 임차권의 양수인으로서는 임대인의 권한을 대위행사할 수 없다(대법원 1985. 2. 13. 선고 84다카1832 판결).

다. 임대인과 임차인사이의 법률관계

임차권의 무단양도시 임대인은 임대차 계약을 해지할 수 있다(제629조 제2항). 다만 임차인의 변경이 당사자의 개인적인 신뢰를 기초로 하는 계속적 법률관계인 임대차를 더 이상 지속시키기 어려울 정도로 당사자 간의 신뢰관계를 파괴하는 임대인에 대한 배신행위가 아니라고 인정되는 특별한 사정이 있는 때에는 임대인은 자신의 동의 없이 임차권이 이전되었다는 것만을 이유로 제629조 제2항에 따라서 임대차계약을 해지할 수 없고, 그와 같은 특별한 사정이 있는 때에 한하여 양수인은 임대인의 동의가 없더라도 임차권의 이전을 임대인에게 대항할 수 있다고 봄이 상당한바(배신행위론), 위와 같은 특별한 사정이 있는 점은 양수인이 주장·입증하여야 한다(대법원 1993. 4. 13. 선고 92다24950 판결).

### 비용상환청구권

**1. 필요비상환청구권(제626조 제1항)**

가. 개념
　임차물의 보존에 관한 비용을 필요비라 하는데, 단지 목적물 자체의 원상을 유지하고 또는 그 원상을 회복하는 비용에 한하지 않고 임차물을 통상의 용법에 알맞은 상태로 보존하기 위하여 지출한 비용.

나. 청구
　임차인은 임대차종료를 기다리지 않고 비용을 지출한 즉시 필요비를 청구할 수 있다. 따라서 그 때부터 소멸시효가 진행되는 것이 원칙이나, 특약으로 변제기를 별도로 정할 수 있다. 다만 목적물을 임대인이 반환받는 날로부터 6개월 내에 행사하여야 한다(제척기간, 제654조, 제617조). 필요비로 상환 청구할 수 있는 범위는 임차인이 필요비로 지출한 비용전액이다. 유익비와 달리 가격이 현존하는가의 여부는 문제되지 않는다.

다. 포기특약
　포기특약은 원칙적 유효 / 수선의무 면제특약의 범위에 포함시키지 않는 대규모 수선비용은, 비록 필요비 포기의 특약이 있더라도 그 효력이 미치지 않는다고 볼 것이다.
　건물을 원상으로 복구하여 임대인에게 명도하기로 약정한 것은 건물에 지출한 각종 유익비 또는 필요비의 상환청구권을 미리 포기하기로 한 취지의 특약(대법원 1975. 4. 22. 선고 73다2010 판결).
　임차인이 임차건물을 증개축 기타 필요한 시설을 하되 임대인에게 그 투입비용의 변상이나 일체의 권리주장을 포기하기로 특약하였다면 이는 임차인이 임차건물을 반환시에 비용상환청구등 일체의 권리를 포기하는 대신 원상복구의무도 부담하지 아니한다는 내용을 포함하는 약정으로 볼 것이다(대법원 1981. 11. 24. 선고 80다320,321 판결).

**2. 유익비상환청구권(제626조 제2항)**

가. 개념
　유익비란 임차인이 임차물에 비용을 지출하여 임차물의 객관적 가치를 증가시킨 것이어야 하므로 임차물의 가치의 증가와 관계없는 예컨대 임차인의 주관적 취미나 특수한 목적을 위하여 지출한 비용은 이에 포함되지 아니한다.
　임차인의 지출의 결과가 임차물의 구성부분으로 되어 있어 부합의 법리에 의하여 임대인의 소유에 속하는 경우에는 비용상환청구권을 행사할 수 있음.
　임차물의 가액의 증가가 현존하여야 한다.

나. 청구
　임차인은 임대차 종료시에 비로소 그 종료원인에 상관없이 유익비의 상환청구를 할 수 있다(제626조 제2항, 여기서 '임대차 종료시'는 '임차목적물 반환시'로 봄).
　임대인의 선택권을 위하여 그 유익비는 실제로 지출한 비용과 현존하는 증가액을 모두 산정

다. 포기특약
　필요비상환청구권과 동일

### 지상물매수청구권의 요건 및 효과

1. 임대차계약의 해지 및 갱신거절
　(1) 묵시적 갱신
　(2) 해지통고로 인한 임대차기간만료 (해지통고는 갱신거절을 포함)
　(3) 철거 및 토지인도 청구의 청구원인은 일응 이유있음
　(4) 원칙적 사전포기불가. 단 임차인에게 불리하지 않은 경우 포기가능

2. 임차인의 지상물매수청구권
　(1) 지상물매수청구권의 요건
　　　건물 등의 소유를 목적으로 한 토지임대차의 기간만료시 토지임대인이 계약갱신을 거절하는 경우 건물 등이 현존한 때(643조, 283조)

   (2) 해지통고로 인한 임대차 종료의 경우에도 지상물매수청구권 인정 가능
   (3) 지상물매수청구권이 효력 : 행사 당시의 시가를 기준으로 행사 당시의 토지소유자와 건물소유자 사이에 매매계약이 체결된 것과 같은 효력 발생
   (4) 철거 및 토지인도의 기각 사유 so 원고는 건물의 이전등기 및 인도청구로 청구취지 변경필요. 또한 청구취지 변경에 대한 법원의 석명의무(대법원 1995. 7. 11. 선고 94다34265 전원합의체 판결)

3. 연체차임 및 부당이득의 청구
   (1) 기산점 : 연체기산점 확정
   (2) 토지사용에 대한 법률상 원인이 없음 : 따라서 토지사용으로 인한 부당이득반환의무 부담
   (3) 건물을 사용하지 않았다 하더라도 건물의 소유 자체가 토지 사용에 해당

4. 부속물매수청구권
   (1) 임대인의 동의를 얻어 부속하거나 임대인으로부터 매수한 부속물에 한정(646조)
   (2) 임차인의 소유에 속하고 건물의 구성부분이 되지 아니한 것
   (3) 건물의 사용에 객관적인 편익을 가져오게 한 물건
   (4) 포기특약 : 지상물매수청구권과 동일하게 원칙적 포기 불가. 단, 임차인에게 불리하지 않은 경우에는 가능.

### 주택임대차보호법상 대항력

1. 개념
   대항력이란 채권인 임차권의 내용을 임차목적물에 대하여 이해관계 있는 제3자에게 주장할 수 있는 법률상의 권능을 말한다. 주택임대차에 있어서 주택의 인도 및 주민등록이라는 대항요건은 그 대항력 취득시에만 구비하면 족한 것이 아니고 그 대항력을 유지하기 위하여서도 계속 존속하고 있어야 한다(대법원 2000. 9. 29. 선고 2000다37012 판결).

2. 요건
   대항력을 취득하기 위하여는 주택의 인도 및 주민등록(전입신고)의 요건을 갖추면 되고, 임차인이 보증금을 전부 지급하여야 하는 것은 아니다(2000다61855).
가. 주택의 인도
   갑이 주택에 관하여 소유권이전등기를 경료하고 주민등록 전입신고까지 마친 다음 처와 함께 거주하다가 을에게 매도함과 동시에 그로부터 이를 다시 임차하여 계속 거주하기로 약정하고 임차인을 갑의 처로 하는 임대차계약을 체결한 후에야 을 명의의 소유권이전등기가 경료된 경우, 을 명의의 소유권이전등기가 경료된 날에야 비로소 갑의 처와 을 사이의 임대차를 공시하는 유효한 공시방법이 된다고 할 것이며, 주택임대차보호법 제3조 제1항에 의하여 유효한 공시방법을 갖춘 다음날인 을 명의의 소유권이전등기일 익일부터 임차인으로서 대항력을 갖는다(대법원 2000. 2. 11. 선고 99다59306 판결).

나. 주민등록
   주민등록이라는 대항요건은 임차인 본인뿐 아니라 그 배우자나 자녀 등 가족의 주민등록을 포함한다(대법원 1995. 6. 5.자 94마2134 결정).
   간접점유자에 불과한 임차인 자신의 주민등록으로는 대항력의 요건을 적법하게 갖추었다고 할 수 없으며, 임차인과의 점유매개관계에 기하여 당해 주택에 실제로 거주하는 직접점유자가 자신의 주민등록을 마친 경우에 한하여 비로소 그 임차인의 임대차가 제3자에 대하여 적법하게 대항력을 취득할 수 있다(대법원 2001. 1. 19. 선고 2000다55645 판결).
   임대차 공시방법으로서의 주민등록이 등기부상의 주택의 현황과 일치하지 않는다면 원칙적으로 유효한 공시방법이라고 할 수 없다(지번, 동, 호수까지 기재하여야 유효한 공시가 된다).
   다가구용 단독주택의 경우 건축법이나 주택건설촉진법상 이를 공동주택으로 볼 근거가 없어 단독주택으로 보아야 하는 이상 주민등록법시행령 제9조 제3항에 따라 임차인이 위 건물의 일부나 전부를 임차하여 전입신고를 하는 경우 지번만 기재하는 것으로 충분하고, 나아가 그 전유부분의 표시까지 기재할 의무나 필요가 있다고 할 수 없다(대법원 2002. 3. 15. 선고 2001다80204 판결).

임차인들이 다세대주택의 동호수 표시 없이 그 부지 중 일부 지번으로만 주민등록을 한 경우, 그 주민등록으로써는 일반의 사회통념상 그 임차인들이 그 다세대주택의 특정 동호수에 주소를 가진 것으로 제3자가 인식할 수는 없는 것이므로, 임차인들은 그 임차 주택에 관한 임대차의 유효한 공시방법을 갖추었다고 볼 수 없다(대법원 1996. 2. 23. 선고 95다48421 판결).

3. 비교 : 상가건물임대차보호법
건물의 인도 + 부가가치세법 등에 의한 사업자등록
사업자가 폐업신고를 하였다가 다시 같은 상호 및 등록번호로 사업자등록을 하였다고 하더라도 상가건물 임대차보호법상의 대항력 및 우선변제권이 그대로 존속한다고 할 수 없다(대법원 2006. 10. 13. 선고 2006다56299 판결).
사업자등록신청서에 첨부한 임대차계약서상의 임대차목적물 소재지가 당해 상가건물에 대한 등기부상의 표시와 불일치하는 경우에는 특별한 사정이 없는 한 그 사업자등록은 제3자에 대한 관계에서 유효한 임대차의 공시방법이 될 수 없다(대법원 2008. 9. 25. 선고 2008다44238 판결).

4. 대항력의 취득시기 및 존속요건
주택임대차의 경우 주택인도와 주민등록(전입신고)을 마친 익일에 대항력을 취득한다(제3조 제1항). 상가임대차의 경우는 상가건물의 인도와 사업자등록 신청일 익일에 대항력을 취득한다(제3조 제1항). 익일이란 오전 영시를 가리킨다(대법원 1999. 5. 25. 선고 99다9981 판결). 따라서 익일 낮에 저당권 등기를 경료한 권리자에게 대항할 수 있다.
주택임대차에 있어서 주택의 인도 및 주민등록(상가임대차의 경우에는 사업자등록)이라는 대항요건은 취득시에만 구비하면 족한 것이 아니고 그 대항력을 유지하기 위하여서도 신소유자의 소유권취득, 배당요구의 종기까지 그 대항요건을 계속 존속하고 있어야 한다(대법원 2000. 9. 29. 선고 2000다37012 판결).
주택 임차인이 그 가족과 함께 그 주택에 대한 점유를 계속하고 있으면서 그 가족의 주민등록을 그대로 둔 채 임차인만 주민등록을 일시 다른 곳으로 옮긴 경우라면, 전체적으로나 종국적으로 주민등록의 이탈이라고 볼 수 없는 만큼, 임대차의 제3자에 대한 대항력을 상실하지 아니한다(대법원 1996. 1. 26. 선고 95다30338 판결).
그러나 임차권의 대항력을 취득한 후 어떤 이유에서든지 그 가족과 함께 일시적이나마 다른 곳으로 주민등록을 이전하였다면 이는 전체적으로나 종국적으로 주민등록의 이탈이라고 볼 수 있으므로 그 대항력은 그 전출 당시 이미 대항요건의 상실로 소멸되는 것이다.

5. 대항력의 내용
가. 양수인과 임차인과의 관계
대항력 있는 주택임대차에 있어 기간만료나 당사자의 합의 등으로 임대차가 종료된 경우에도 주택임대차보호법 제4조 제2항에 의하여 임차인은 보증금을 반환받을 때까지 임대차관계가 존속하는 것으로 의제되므로 그러한 상태에서 임차목적물인 부동산이 양도되는 경우에는 같은 법 제3조 제3항에 의하여 양수인에게 임대차가 종료된 상태에서의 임대인으로서의 지위가 당연히 승계된다(대법원 2002. 9. 4. 선고 2001다64615 판결).
대항요건 및 확정일자를 갖춘 임차인과 소액임차인의 임차주택 대지에 대한 우선변제권에 관한 법리는 임차주택이 미등기인 경우에도 그대로 적용된다(대법원 2007. 6. 21. 선고 2004다26133 전원합의체 판결).
임차인의 임대차보증금반환채권이 가압류된 상태에서 임대주택이 양도되면 양수인이 채권가압류의 제3채무자의 지위도 승계하고, 가압류권자 또한 임대주택의 양도인이 아니라 양수인에 대하여만 위 가압류의 효력을 주장할 수 있다고 보아야 한다(대법원 2013. 1. 17. 선고 2011다49523 전원합의체 판결).
대항력 있는 주택임대차에 있어 기간만료나 당사자의 합의 등으로 임대차가 종료되어 양수인이 임대인의 지위를 승계하는 경우에는 임차인이 임차주택의 양도사실을 안 때로부터 상당한 기간 내에 이의를 제기함으로써 승계되는 임대차관계의 구속으로부터 벗어날 수 있다고 봄이 상당하고(예컨대 해지), 그와 같은 경우에는 양도인의 임차인에 대한 보증금 반환채무는 소멸하지 않는다(대법원 2002. 9. 4. 선고 2001다64615 판결).

나. 양도인과 임차인 사이의 관계
양도인은 임대인으로서의 지위를 상실하게 된다(대법원 1995. 5. 23. 선고 93다47318 판결). 따라서 양도인의 채무는 소멸한다(대법원 1993. 7. 16. 선고 93다17324 판결). 따라서 주택 양수인이 임차인에게 임대차보증금을 반환하였다 하더라도, 이는 자신의 채무를 변제한 것에 불과할 뿐, 양도인의 채무를 대위변제한 것이라거나, 양도인이 위 금액 상당의 반환채무를 면함으로써 법률상 원인 없이 이익을 얻고 양수인이 그로 인하여 위 금액 상당의 손해를 입었다고 할 수 없다(대법원 1993. 7. 16. 선고 93다17324 판결).

다. 우선변제권과의 관계

대항력과 우선변제권이 있는 임차인은 ① 임차주택의 양수인에게 대항하여 보증금의 반환을 받을 때까지 임대차관계의 존속을 주장할 수 있는 권리와 ② 법 제3조의2 제1항 본문 소정의 보증금이나 법 제8조 제3항 소정의 보증금에 관하여 임차주택의 가액으로부터 우선변제를 받을 수 있는 권리를 겸유하고 있다고 해석되고 이 두 가지 권리 중 하나를 선택하여 행사할 수 있다(대법원 1993. 12. 24. 선고 93다39676 판결).

### 주택임대차보호법상 우선변제권

1. 우선변제권의 근거

    제3조 제1항의 '대항력', 즉 주택의 인도 및 주민등록과 임대차계약증서상에 '확정일자'를 갖춘 임차인은 민사집행법에 의한 경매시 후순위권리자 기타 채권자보다 우선하여 보증금을 변제받을 권리가 있다(동법 제3조의2 제2항). 다만, 이 경우에 임차인은 임차주택을 양수인에게 인도하지 아니하면 그 보증금을 수령할 수 없다(동법 제3조의2 제3항).

2. 확정일자의 취지

    대항요건으로 규정된 주민등록과 같이 당해 임대차의 존재 사실을 제3자에게 공시하고자 하는 것은 아니므로, 확정일자를 받은 임대차계약서가 당사자 사이에 체결된 당해 임대차계약에 관한 것으로서 진정하게 작성된 이상, 위와 같이 임대차계약서에 임대차 목적물을 **아파트의 명칭과 그 전유 부분의 동호수의 기재를 누락하였다는 사유만으로 주택임대보호법 제3조의2 제2항에 규정된 확정일자의 요건을 갖추지 못하였다고 볼 수는 없다(대법원 1999. 6. 11. 선고 99다7992 판결).

3. 전세권설정계약서에 대한 확정일자의 효력

    따로 작성된 전세권설정계약서가 원래의 임대차계약서와 계약일자가 다르다고 하여도 계약당사자, 계약목적물 및 보증금액(전세금액) 등에 비추어 동일성을 인정할 수 있다면 그 전세권설정계약서 또한 원래의 임대차계약에 관한 증서로 볼 수 있고, 등기필증에 찍힌 등기관의 접수인은 첨부된 등기원인계약서에 대하여 민법 부칙 제3조 제4항 후단에 의한 확정일자에 해당한다(대법원 2002. 11. 8. 선고 2001다51725 판결).

4. 우선변제권의 취득시기

    주택임대차보호법 제3조의2 제1항에 규정된 우선변제적 효력은 대항력과 마찬가지로 주택임차권의 제3자에 대한 물권적 효력으로서 임차인과 제3자 사이의 우선순위를 대항력과 달리 규율하여야 할 합리적인 근거도 없으므로, 법 제3조의2 제1항에 규정된 확정일자를 입주 및 주민등록일과 같은 날 또는 그 이전에 갖춘 경우에는 우선변제적 효력은 대항력과 마찬가지로 인도와 주민등록을 마친 다음날을 기준으로 발생한다(대법원 1997. 12. 12. 선고 97다22393 판결).

5. 선순위가압류채권과 보증금채권과의 배당순위

    부동산 담보권자보다 선순위의 가압류채권자가 있는 경우에 그 담보권자가 선순위의 가압류채권자와 채권액에 비례한 평등배당을 받을 수 있는 것과 마찬가지로 위 규정에 의하여 우선변제권을 갖게 되는 임차보증금 채권자도 선순위의 가압류채권자와는 평등배당의 관계에 있게 된다(대법원 1992. 10. 13. 선고 92다30597 판결).

6. 우선변제권이 없는 채권양수인

    채권양수인이 우선변제권을 행사할 수 있는 주택임차인으로부터 임차보증금반환채권을 양수하였다고 하더라도 임차권과 분리된 임차보증금반환채권만을 양수한 이상 그 채권양수인이 주택임대차보호법상의 우선변제권을 행사할 수 있는 임차인에 해당한다고 볼 수 없다. 이와 같은 경우에도 채권양수인이 일반 금전채권자로서의 요건을 갖추어 배당요구를 할 수 있음은 물론이다(대법원 2010. 5. 27. 선고 2010다10276 판결).

7. 우선변제권의 행사방법
   주택임대차보호법에 의하여 우선변제청구권이 인정되는 임대차보증금반환채권은 현행법상 배당요구가 필요한 배당요구채권에 해당한다. 배당요구채권자가 적법한 배당요구를 하지 아니하여 그를 배당에서 제외하는 것으로 배당표가 작성·확정되고 그 확정된 배당표에 따라 배당이 실시되었다면 그가 적법한 배당요구를 한 경우에 배당받을 수 있었던 금액 상당의 금원이 후순위채권자에게 배당되었다고 하여 이를 법률상 원인이 없는 것이라고 할 수 없다(대법원 1998. 10. 13. 선고 98다12379 판결).

### 임대차의 종료

1. 임대차의 종료사유
   임대기간의 만료(민법은 최단존속기간의 명문의 규정이 없고, 20년의 최장존속기간에 대해서는 위헌판단), 기한의 정함이 없는 임대차의 해지통고(묵시적 갱신의 경우 원칙적 기한의 정함이 없는 임대차), 채무불이행에 기한 해지통지

2. 묵시적 갱신
   가. 민법 : 민법 제639조, 임대차기간이 만료한 후 임차인이 임차물의 사용, 수익을 계속하고 임대인이 상당한 기간 내에 이의를 하지 아니한 때 전임대차와 동일한 조건으로 다시 임대차한 것으로 본다.(이 경우 기한의 정함이 없는 임대차)
   나. 주택임대차보호법 : 동법 제6조 제1항, 임대인이 임대차기간이 끝나기 6개월 전부터 1개월 전까지의 기간에 임차인에게 갱신거절의 통지를 하지 아니하거나 계약조건을 변경하지 아니하면 갱신하지 아니한다는 뜻의 통지를 하지 아니한 경우
   주택임대차보호법 제6조의 3 : ① 제6조에도 불구하고 임대인은 임차인이 제6조제1항 전단의 기간 이내에 계약갱신을 요구할 경우 정당한 사유 없이 거절하지 못한다.
   다. 상가건물임대차보호법 : 계약갱신요구권(제10조 제1항) 및 묵시적 갱신(제10조 제4항), 임차인의 갱신요구권은 10년의 범위를 초과하지 않는 범위내에서 행사가능(동조 제2항, 제3항). 묵시적 갱신의 경우 기한의 정함이 없는 임대차가 되어 1년의 최소기간 보장.
   라. 묵시적 갱신의 효과
      (1) 민법 : 동일한 조건이나 기한의 정함이 없는 임대차
      (2) 주택임대차보호법 : 동일한 조건이나 2년의 임차기간 보장(동법 제6조 제2항)
      (3) 상가건물임대차보호법 : 동일한 조건이나 1년의 임차기간 보장(동법 제10조 제4항)

3. 기한의 정함이 없는 임대차의 해지통고
   가. 민법 : 당사자는 자유롭게 해지가능(제635조). 단 일정기간 도과후 효력발생(토지, 건물 기타 공작물에 대해서는 임대인 해지시 6개월, 임차인 해지시 1개월)
   나. 주택임대차보호법 : 2년의 최소기간 보장, 임차인 해지시 3개월(동법 제6조 제2항)
   다. 상가건물임대차보호법 : 1년의 최소기간 보장, 임차인 해지시 3개월(동법 제10조 제5항)

4. 차임연체에 기한 해지통지
   가. 민법 : 2기 연체(민법 제640조, 제641조)
   나. 주택임대차보호법 : 2기 연체(민법 제640조, 제641조), 단 묵시적 갱신 제한사유로 규정(동법 제6조 제3항)
   다. 상가건물임대차보호법 : 3기 연체(동법 제10조의8, 신설규정 유의)

### 수급인의 담보책임

1. 요건
   하자의 존재, 도급인이 제공한 재료의 성실, 지시로 인한 하자가 아닐 것, 면책특약이 없을 것

2. 내용

가. 하자보수의무
   <원칙> 완성된 목적물 또는 완성 전의 성취된 부분에 하자가 있는 경우에 도급인은 수급인에 대하여 상당한 기간을 정하여 하자보수를 청구할 수 있다(제667조 제1항 본문). <예외> 그러나 하자가 중요하지 않고 그 보수에 과다한 비용을 요할 때에는 도급인을 하자보수청구를 하지 못한다(단서). 이 경우에는 하자의 보수에 갈음하는 손해배상도 청구할 수 없고, 단지 하자로 인하여 도급인이 입은 손해배상을 청구할 수 있을 뿐이다.

나. 손해배상의무
   도급계약에 있어서 완성된 목적물 또는 완성 전의 성취된 부분에 하자가 있을 경우에 수급인에게 과실이 없더라도 도급인은 수급인에게 그 하자보수에 갈음하여 또는 하자보수와 함께 손해배상을 청구할 수 있으나(제667조 제2항), 하자가 중요하지 아니하면서 동시에 보수에 과다한 비용을 요할 때에는 하자로 인하여 입은 손해의 배상만을 청구할 수 있다고 할 것이다(대법원 1998. 3. 13. 선고 97다54376 판결). 하자가 중대한 경우에는 특별한 사정이 없는 한 건물 등을 철거하고 다시 건축하는 데 드는 비용 상당액을 하자로 인한 손해배상으로 청구할 수 있다(대법원 2016. 8. 18. 선고 2014다31691, 31707 판결).

다. 계약해제권
   완성된 목적물의 하자로 인하여 계약의 목적을 달성할 수 없는 때에는 도급인은 계약을 해제할 수 있다(제668조 본문). 따라서 완성 전의 성취된 부분의 하자가 있는 경우의 해제권(제673조)은 담보책임의 내용이 아니며, 하자가 없거나 하자가 있더라도 계약의 목적을 달성할 수 있는 때에는 계약을 해제할 수 없다. 다만 건물 기타 토지의 공작물이 완성된 경우에는 중대한 하자가 있더라고 계약을 해제할 수 없다(제668조 단서).

### 위임계약의 해지

1. 해지의 자유
   위임계약은 각 당사자가 언제든지 해지할 수 있다. 단, 당사자 일방이 부득이한 사유 없이 상대방의 불리한 시기에 계약을 해지한 때에는 그 손해를 배상하여야 한다(제689조). 위임계약의 일방 당사자가 타방 당사자의 채무불이행을 이유로 위임계약을 해지한다는 의사표시를 하였으나 실제로는 채무불이행을 이유로 한 계약 해지의 요건을 갖추지 못한 경우라도, 민법 제689조 제1항에 따른 임의해지로서의 효력이 인정된다(대법원 2015. 12. 23. 선고 2012다71411 판결).

2. 해지의 제한
   수임인의 지위를 보장하기 위하여 계약기간 중 처음 2년간은 위임인이 해지권을 행사하지 않기로 하는 특약까지 되어 있어 위임인의 이익과 함께 수임인의 이익도 목적으로 하고 있는 위임의 경우에는 위임인의 해지 자유가 제한되어 위임인으로서는 해지 자체는 정당한 이유 유무에 관계없이 할 수 있다 하더라도 정당한 이유 없이 해지한 경우에는 상대방인 수임인에게 그로 인한 손해를 배상할 책임이 있다(대법원 2000. 4. 25. 선고 98다47108 판결).

3. 해지로 인한 손해배상
   유상위임계약에 있어서는 시기 여하에 불문하고 사무처리 완료 이전에 계약이 해지되면 당연히 그에 대한 보수청구권을 상실하는 것으로 계약 당시에 예정되어 있어 특별한 사정이 없는 한 해지에 있어서의 불리한 시기란 있을 수 없다 할 것이므로, 수임인의 사무처리 완료 전에 위임계약을 해지한 것만으로 수임인에게 불리한 시기에 해지한 것이라고 볼 수는 없다(대법원 2000. 6. 9. 선고 98다64202 판결).

### 예금계약의 쟁점

1. 법적 성질 : 소비임치로서 요물계약
2. 당사자 : 금융실명제 시행후 특별한 사정이 없는 한 명의자가 예금주
3. 성립시기
   금융기관이 그 의사에 따라 그 돈을 받아 확인을 하면 그로써 성립하며, 금융기관의 직원이 그 받은 돈을 금융기관에 실제로 입금하였는지 여부는 예금계약의 성립에는 아무런 영향을 미치지 아니한다(대법원 2005. 12. 23. 선고 2003다30159 판결).
4. 오입금의 법률관계
   송금의뢰인이 수취인의 예금구좌에 계좌이체를 한 때에는, 송금의뢰인과 수취인 사이에 계좌이체의 원인인 법률관계가 존재하는지 여부에 관계없이 수취인과 수취은행 사이에는 계좌이체금액 상당의 예금계약이 성립하고, 수취인이 수취은행에 대하여 위 금액 상당의 예금채권을 취득한다. 이때, 송금의뢰인과 수취인 사이에 계좌이체의 원인이 되는 법률관계가 존재하지 않음에도 불구하고, 계좌이체에 의하여 수취인이 계좌이체금액 상당의 예금채권을 취득한 경우에는, 송금의뢰인은 수취인에 대하여 위 금액 상당의 부당이득반환청구권을 가지게 되지만, 수취은행은 이익을 얻은 것이 없으므로 수취은행에 대하여는 부당이득반환청구권을 취득하지 아니한다(대법원 2007. 11. 29. 선고 2007다51239 판결).

### 조합채권과 조합채무

1. 조합채권
   조합채권은 조합원 전원에게 합유적으로 귀속하는 것이어서, 특별한 사정이 없는 한 조합원 중 1인이 임의로 조합의 채무자에 대하여 출자지분의 비율에 따른 급부를 청구할 수 없다.
   조합채권은 조합원 전원에게 귀속되는 것이므로, 그 채권의 추심은 원칙으로 조합원 전원이 공동으로 하여야 하는 것이니(대법원 2005. 12. 8. 선고 2004다30682 판결), 조합원 1인이 조합관계를 벗어난 개인의 지위에서 그 이행을 청구할 수 없다(대법원 1999. 6. 8. 선고 98다60484 판결).
   또한 조합채권은 조합원 개인의 채권에 대하여 독립성이 인정되므로, 조합의 채무자는 그 채무와 조합원에 대한 채권으로 상계하지 못한다(제715조).

2. 조합채무
   조합의 채무가 가분적이면 연대의 특약이 없는 한 손실비율에 따른 분할채무의 형태를 띤다. 따라서 조합채권자는 각 조합원에 대하여 지분의 비율에 따라 또는 지분을 알지 못한 때는 균일적으로 변제의 청구를 할 수 있을 뿐이지 달리 그 금원 전부나 연대의 지급을 구할 수는 없다(대법원 1985. 11. 12. 선고 85다카1499 판결). 그러나 조합채무가 상행위로 발생한 것이면 연대채무의 형태를 띤다. 그리고 조합채무에 대하여는 조합원이 조합재산으로 분할채무를 지는 한편 각 조합원은 개인적으로도 채무를 부담한다.
   따라서 조합채권자는 조합재산에 대하여 각 조합원에게 손실비율에 따른 채권을 행사할 수 있으며, 동시에 조합원 개인의 재산에 대하여도 채권을 행사할 수 있다. 그러나 조합채권자는 조합재산에 대하여 먼저 이행을 청구하여야 하는 것은 아니고 조합원 개인의 재산에 대하여 먼저 이행을 청구하여도 무방하다(대법원 1991. 11. 22. 선고 91다30705 판결).
   조합채권자가 조합재산에 대하여 강제집행을 하기 위하여는 조합원 전원에 대한 집행권원이 필요하므로 조합원 전원을 상대로 채권 전체에 대한 이행의 소를 제기하여 승소판결을 선고받아야 한다(고유필수적 공동소송). 조합채권자가 조합재산이 아닌 조합원의 개인 재산에 대하여 강제집행을 하기 위하여는 그 조합원에 대한 집행권원만 있으면 되므로, 조합원 각자를 상대로 하여 이행의 소를 제기할 수 있다(대법원 1991. 11. 22. 선고 91다30705 판결, 통상공동소송). 따라서 조합채권자가 아닌 조합원 개인의 채권자는 조합재산에 대하여 강제집행할 수 없다.

3. 조합재산의 처분, 변경행위
   제706조 제2항과 달리 제272조 본문은 합유물의 처분에 합유자 전원의 동의를 요하고 있어 양 규정이 충돌하는 문제가 발생하고 있다. 이와 관련하여 판례는 업무집행자가 없는 경우에는 원칙적으로 조합원의 과반수로써 결정하는 것이고, 업무집행조합원이 수인 있는 경우에는 원칙적으로 업무집행조합원의 과반수로써

결정하는 것이다(대법원 2000. 10. 10. 선고 2000다28506,28513 판결)라고 판시하고 있다. / 처분변경의 의사결정에 과반수의 동의가 필요하다는 의미이지, 이에 관한 소송은 여전히 필수적 공동소송이다.

### 화해계약의 취소

화해계약이 성립되면 특별한 사정이 없는 한, 그 창설적 효력에 의하여 새로운 법률관계가 생기는 것이므로, 화해계약의 의사표시에 착오가 있더라도 '분쟁의 대상인 법률관계 자체'에 관한 것일 때에는 취소할 수 없다(제733조 본문). 즉 제109조의 적용이 배제된다.
다만 화해의 목적인 분쟁 이외의 사항 또는 당사자의 자격에 착오가 있는 경우에는 제109조의 요건을 갖추는 한 화해계약을 취소할 수 있다(제733조 단서). '화해의 목적인 분쟁 이외의 사항'이란 분쟁의 대상이 아니라 분쟁의 전제 또는 기초가 된 사항으로서, 쌍방 당사자가 예정한 것이어서 상호 양보의 내용으로 되지 않고 다툼이 없는 사실로 양해된 사항을 말한다.

### 사무관리의 쟁점

1. 요건
   가. 타인의 사무(국가사무도 포함)
   나. 타인을 위한 관리의사가 있을 것 : 자신을 위한 의사와 병존하여도 무방하나 관리의사가 없으면 성립불가
   다. 법률상, 계약상 의무가 없을 것
      제3자와의 약정에 따라 타인의 사무를 처리한 경우에는 의무 없이 타인의 사무를 처리한 것이 아니므로 이는 원칙적으로 그 타인과의 관계에서는 사무관리가 된다고 볼 수 없다(대법원 2013. 9. 26. 선고 2012다43539 판결).
      채권자가 자신의 채권을 보전하기 위하여 채무자가 다른 상속인과 공동으로 상속받은 부동산에 관하여 위와 같이 공동상속등기를 대위신청하여 그 등기가 행하여지는 것과 같이 채권자에 의한 채무자 권리의 대위행사의 직접적인 내용이 제3자의 법적 지위를 보전·유지하는 것이 되는 경우에는, 채권자는 자신의 채무자가 아닌 제3자에 대하여도 다른 특별한 사정이 없는 한 사무관리에 기하여 그 등기에 소요된 비용의 상환을 청구할 수 있다고 할 것이다(대법원 2013. 8. 22. 선고 2013다30882 판결).

2. 준사무관리
   판례는 불법사무관리 사안에서 부당이득으로 해결

### 점유로 인한 부당이득반환청구의 쟁점 (정기금의 청구)

1. 견해대립의 이유
   민법 제201조의 반환범위와 민법 제748조의 반환범위가 다르게 규정되어 있음.
   민법 제201조의 규정이 점유자에게 유리함

2. 점유자 선의
   민법 제201조 제1항이 특별규정으로 배타적 적용
   단, 민법 제197조 제2항의 적용으로 소제기시부터 악의간주
   소제기시의 의미는 소장부본 송달시

3. 점유자 악의
   민법 제748조 제2항이 적용될 수 있고, 민법 제201조 제2항이 특별규정이 아니다. / 처분권주의에 따라 원고가 선택해서 청구할 수 있고, 반드시 민법 제748조 제2항이 적용되어야 한다는 의미는 아니다.
   민법 제748조 제2항의 적용시 법정이자 및 이에 대한 지연손해금도 지급하여야 한다.

4. 관련 판례
   대법원 2003. 11. 14. 선고 2001다61869 판결

타인 소유물을 권원 없이 점유함으로써 얻은 사용이익을 반환하는 경우 민법은 선의 점유자를 보호하기 위하여 제201조 제1항을 두어 선의 점유자에게 과실수취권을 인정함에 대하여, 이러한 보호의 필요성이 없는 악의 점유자에 관하여는 민법 제201조 제2항을 두어 과실수취권이 인정되지 않는다는 취지를 규정하는 것으로 해석되는바, 따라서 악의 수익자가 반환하여야 할 범위는 민법 제748조 제2항에 따라 정하여지는 결과 그는 받은 이익에 이자를 붙여 반환하여야 하며, 위 이자의 이행지체로 인한 지연손해금도 지급하여야 한다.

5. 위 판례의 기본 사실관계 및 적용시 유의점
  가. 위 판례는 과거 약 10년간의 부당이득금을 1년 단위로 확정한 뒤 확정금에 대한 법정이자와 지연손해금을 청구한 사안.
  나. 민사 사례형이나 기록형에서 '청구취지'를 기재하라는 문제가 출제되면 '2011. 5. 1.부터 별지 목록 기재 부동산의 인도완료일까지 월 1,000,000원의 비율에 의한 금원을 지급하라.'라는 정기금의 형식으로 답안을 작성하여야 하는데, 정기금의 형태로 청구하는 경우에는 법정이자와 지연손해금을 기재할 수가 없다.
  다. 따라서 선택형, 단순 사례형에서는 위 판례를 원용하며 법정이자 및 지연손해금의 반환의무에 대하여 기재하여야 하고, 청구취지를 기재하는 문제에서는 별도로 법정이자와 지연손해금에 대하여 고려할 필요가 없다.

### 급부부당이득의 법률관계

1. 사안
  실명법 시행후 계약명의신탁의 경우, 신탁자가 수탁자에게 매수자금의 반환을 청구하는 경우 / 점유와는 관련없으므로 제201조의 적용문제가 아니고, 또한 정기금의 형태의 청구도 아닌 확정금의 청구.

2. 적용법조
  민법 제748조 ① 선의의 수익자는 그 받은 이익이 현존한 한도에서 전조의 책임이 있다. ② 악의의 수익자는 그 받은 이익에 이자를 붙여 반환하고 손해가 있으면 이를 배상하여야 한다.
  민법 제749조 ① 수익자가 이익을 받은 후 법률상 원인 없음을 안 때에는 그때부터 악의의 수익자로서 이익반환의 책임이 있다. ② 선의의 수익자가 패소한 때에는 그 소를 제기한 때부터 악의의 수익자로 본다.

3. 법정이자 및 지연손해금의 문제
  가. 선의수익자의 경우
  원칙적 법정이자는 문제되지 않고, 지연손해금만이 문제됨.
  부당이득반환채무는 이행기의 정함이 없는 채무이므로 이행청구의 의사표시 도달일 다음날부터 지연손해금이 발생(소송전 이행청구한 경우에는 청구서 도달일 다음날부터, 소송으로 이행청구한 경우에는 소장부본 송달일 다음날부터 지연손해금 발생)
  법리상 민법 제749조가 적용되어 소장부본 송달일 당일의 법정이자 청구가능.

  나. 악의수익자의 경우
  수익자의 이득의 취득일부터 법정이자가 발생하고, 이행청구의 의사표시가 도달한 다음날부터는 지연손해금이 발생함.
  지연손해금이 발생한 시점부터는 법정이자를 추가하여 청구하지 않음(즉, 법정이자 연 5%, 지연손해금 연 5%를 합산하여 연 10%의 금원을 청구하지는 않음).
  법리상 법정이자에 대한 지연손해금도 가능은 하나, 실무적으로 이를 청구하지 않음.
  결국, 소제기로 부당이득의 반환을 청구하는 경우, 악의수익자는 이득액 및 이에 대한 이득의 취득일부터 소장부본 송달일까지는 연 5%의 법정이자를, 소장부본송달일 다음날부터 다 갚는 날까지는 연 12%의 지연손해금을 지급하여야 함.

  다. 선악의 판단기준
  대법원 2018. 10. 25. 선고 2016다42800, 42817, 42824, 42831 판결
  민법 제748조 제2항은 "악의의 수익자는 그 받은 이익에 이자를 붙여 반환하고 손해가 있으면 이를 배상하여야 한다."라고 규정하고 있고, 제749조 제1항은 "수익자가 이익을 받은 후 법률상 원인 없음을 안 때에는 그때부터 악의의 수익자로서 이익반환의 책임이 있다."라고 규정하고 있으며, 같은 조 제2항은 "선의의 수익자가 패소한 때에는 그 소를 제기한 때부터 악의의 수익자로 본다."라고 규정하고 있다. 여기서 '악의'란,

민법 제749조 제2항에서 악의로 의제되는 경우 등은 별론으로 하고, 자신의 이익보유가 법률상 원인 없는 것임을 인식하는 것을 말하고, 그 이익의 보유를 법률상 원인이 없는 것이 되도록 하는 사정, 즉 부당이득반환의무의 발생요건에 해당하는 사실이 있음을 인식하는 것만으로는 부족하다. / 단순히 부당이득의 요건사실을 아는 것만으로는 부족하고, 당해 법률행위가 법률상 무효인 사실까지 명확하게 인지하여야 한다는 의미.

## 불법원인급여

대법원 1989. 9. 29. 선고 89다카5994 판결
민법 제746조의 규정취지는 민법 제103조와 함께 사법의 기본이념으로 사회적 타당성이 없는 행위를 한 사람은 그 형식여하를 불문하고 스스로 한 불법행위의 무효를 주장하여 그 복구를 소구할 수 없다는 법의 이상을 표현한 것이고 부당이득반환청구만을 제한하는 규정이 아니므로 불법의 원인으로 급여를 한 사람이 그 원인행위가 무효라고 주장하고 그 결과 급여물의 소유권이 자기에게 있다는 주장으로 소유권에 기한 반환청구를 하는 것도 허용할 수 없는 것이니, 도박채무가 불법무효로 존재하지 않는다는 이유로 양도담보조로 이전해 준 소유권이전등기의 말소를 청구하는 것은 허용되지 않는다.

대법원 1993. 12. 10. 선고 93다12947 판결
수익자의 불법성이 급여자의 그것보다 현저히 크고, 그에 비하면 급여자의 불법성은 미약한 경우에도 급여자의 반환청구가 허용되지 않는다고 하는 것은 공평에 반하고 신의성실의 원칙에도 어긋난다고 할 것이므로, 이러한 경우에는 민법 제746조 본문의 적용이 배제되어 급여자의 반환청구는 허용된다고 해석함이 상당하다. 부동산의 명의수탁자가 그 부동산을 매도한 것이 반사회적 법률행위로서 무효인 경우 매도인인 명의수탁자의 불법성이 매수인의 불법성보다 크다고 하여 매수인의 매매대금반환청구를 인용한 사례.

대법원 2010. 5. 27. 선고 2009다12580 판결
불법원인급여 후 급부를 이행받은 자가 급부의 원인행위와 별도의 약정으로 급부 그 자체 또는 그에 갈음한 대가물의 반환을 특약하는 것은 불법원인급여를 한 자가 그 부당이득의 반환을 청구하는 경우와는 달리 그 반환약정 자체가 사회질서에 반하여 무효가 되지 않는 한 유효하다. 여기서 반환약정 자체의 무효 여부는 반환약정 그 자체의 목적뿐만 아니라 당초의 불법원인급여가 이루어진 경위, 쌍방당사자의 불법성의 정도, 반환약정의 체결과정 등 민법 제103조 위반 여부를 판단하기 위한 제반 요소를 종합적으로 고려하여 결정하여야 하고, 한편 반환약정이 사회질서에 반하여 무효라는 점은 수익자가 이를 입증하여야 한다.

## 특수부당이득

1. 비채변제
가. 의의
　　채무 없음을 알고 이를 변제한 때에는 그 반환을 청구하지 못한다(제742조).

나. 요건
　　비채변제에 관한 규정은 변제자가 채무 없음을 알면서도 변제를 한 경우에 적용되는 것이고, 채무 없음을 알지 못한 경우에는 그 과실 유무를 불문하고 적용되지 아니하며(대법원 1998. 11. 13. 선고 97다58453 판결), 변제자가 채무 없음을 알았다는 점에 대한 입증책임은 반환청구권을 부인하는 측에 있다(대법원 2006. 9. 28. 선고 2006다40171 판결).

다. 비채변제에 관한 판례의 법리
　　원심은 이 사건 부동산들에 관한 임의경매가 진행중이었다는 점을 중시하여 원고의 위 변제가 자유로운 의사에 반하여 이루어진 것이라고 본 듯하나 단순히 위 피담보채무의 담보목적물인 이 사건 부동산들에 관한 경매가 진행중이었다는 사실만으로 원심과 같이 볼 수 있는 것은 아니다(대법원 선고 2004. 1. 27. 선고 2003다46451 판결).
　　비채변제는 지급자가 채무 없음을 알면서도 임의로 지급한 경우에만 성립하고, 채무 없음을 알고 있었다 하더라도 변제를 강요당한 경우나 변제거절로 인한 사실상의 손해를 피하기 위하여 부득이 변제하게 된 경우

등 그 변제가 자기의 자유로운 의사에 반하여 이루어진 것으로 볼 수 있는 사정이 있는 때에는 지급자가 그 반환청구권을 상실하지 않는다(대법원 2006. 7. 28. 선고 2004다54633 판결).

2. 기한 전의 변제
변제기에 있지 아니한 채무를 변제한 때에는, 채무자가 변제기 전임을 알았는지 여부를 불문하고 유효한 변제가 되어 그 반환을 청구하지 못한다. 그러나 채무자가 착오로 인하여 변제한 때에는 채권자는 이로 인하여 얻은 이익을 반환하여야 한다(제743조).

3. 도의관념에 적합한 비채변제
채무 없는 자가 착오로 인하여 변제한 경우에 그 변제가 도의관념에 적합한 때에는 그 반환을 청구하지 못한다(제744조).

4. 타인의 채무의 변제
채무자 아닌 자가 착오로 인하여 타인의 채무를 변제한 경우에 채권자가 선의로 증서를 훼멸하거나 담보를 포기하거나 시효로 인하여 그 채권을 잃은 때에는 그 반환을 청구하지 못한다. 이 경우에 변제자는 채무자에 대하여 구상권을 행사할 수 있다(제745조).

5. 지시삼각관계에서의 급부부당이득 / 단축된 급부는 계약이 무효로 된 경우이고, 전용물소권은 계약이 여전히 유효인 경우
계약상 급부가 실제적으로는 제3자에게 행하여졌다고 하여도 그것은 계약상 채무의 적법한 이행(이른바 '제3자방(第三者方) 이행')이라고 할 것이다. 이때 계약의 효력이 불발생하였으면, 그와 같이 적법한 이행을 한 계약당사자는 다른 특별한 사정이 없는 한 그 제3자가 아니라 계약의 상대방당사자에 대하여 계약의 효력불발생으로 인한 부당이득을 이유로 자신의 급부 또는 그 가액의 반환을 청구하여야 한다(대법원 2010. 3. 11. 선고 2009다98706 판결).
甲 회사의 화물차량 운전자가 甲 회사 소유의 화물차량을 운전하면서 甲 회사의 지정주유소가 아닌 乙이 경영하는 주유소에서 대금을 지급할 의사나 능력이 없음에도 불구하고 상당량의 유류를 공급받아 편취한 다음 甲 회사의 화물운송사업에 사용하고 그 유류대금을 결제하지 않은 경우, 비록 위 유류가 甲 회사의 화물운송사업에 사용됨으로써 甲 회사에게 이익이 되었다 하더라도 乙은 계약당사자가 아닌 甲 회사에 대하여 직접 부당이득 반환을 청구할 수 없다(대법원 2010. 6. 24. 선고 2010다9269 판결).

## 불법행위에 있어 손해와 가해행위의 인과관계

1. 인과관계
토지의 소유자라 하더라도 토양오염물질을 토양에 누출·유출하거나 투기·방치함으로써 토양오염을 유발하였음에도 오염토양을 정화하지 않은 상태에서 그 오염토양이 포함된 토지를 거래에 제공함으로써 유통되게 하거나, 토지에 폐기물을 불법으로 매립하였음에도 이를 처리하지 않은 상태에서 그 해당 토지를 거래에 제공하는 등으로 유통되게 하였다면, 다른 특별한 사정이 없는 한 이는 거래의 상대방 및 위 토지를 전전 취득한 현재의 토지 소유자에 대한 위법행위로서 불법행위가 성립할 수 있다고 봄이 타당하다(대법원 2016. 5. 19. 선고 2009다66549 전원합의체 판결).
불법행위로 인한 손해배상책임은 원칙적으로 위법행위시에 성립하지만 위법행위 시점과 손해발생 시점 사이에 시간적 간격이 있는 경우에는 손해가 발생한 때에 성립한다. 손해란 위법한 가해행위로 인하여 발생한 재산상의 불이익, 즉 그 위법행위가 없었더라면 존재하였을 재산상태와 그 위법행위가 있은 후의 재산상태의 차이를 말한다(대법원 2018. 6. 15. 선고 2016다212272 판결).

2. 증명책임
감정평가업자가 담보목적물에 대하여 부당한 감정을 함으로 인하여 금융기관이 그 감정을 믿고 정당한 감정가격을 초과한 대출을 함으로써 재산상 손해를 입게 되리라는 것은 쉽사리 예견할 수 있으므로, 다른 특별한 사정이 없는 한 감정평가업자의 위법행위와 금융기관의 손해 사이에는 상당인과관계가 있다. 그리고 부당한 감정가격에 근거하여 산출된 담보가치와 정당한 감정가격에 근거하여 산출된 담보가치의 차액을 한도로 하여 대출금 중 정당한 감정가격에 근거하여 산출된 담보가치를 초과한 부분이 손해액이 된다(대법원 2009. 9. 10. 선고 2006다64627 판결).

확정판결의 취득 혹은 그에 기한 집행을 불법행위라고 하기 위해서는, 소송당사자가 상대방의 권리를 해할 의사로 상대방의 소송관여를 방해하거나 허위의 주장으로 법원을 기망하는 등 부정한 방법으로 실제의 권리관계와 다른 내용의 확정판결을 취득하고, 그로 인하여 상대방의 절차적 기본권을 근본적으로 침해함으로써 확정판결의 효력을 존중하는 것이 정의관념에 반하여 이를 도저히 묵과할 수 없는 사정이 있어야 한다(대법원 2010. 2. 11. 선고 2009다82046,82053 판결).

**공동불법행위**

1. 유형 및 요건
    가. 협의의 공동불법행위
        각자의 불법행위, 행위의 관련공동성
        민법상 공동불법행위는 객관적으로 관련공동성이 있는 수인의 행위로 타인에게 손해를 가하면 성립하고, 행위자 상호 간에 공모는 물론 의사의 공통이나 공동의 인식을 필요로 하는 것이 아니다. 또한 공동의 행위는 불법행위 자체를 공동으로 하거나 교사방조하는 경우는 물론 횡령행위로 인한 장물을 취득하는 등 피해의 발생에 공동으로 관련되어 있어도 인정될 수 있다. 그리고 이러한 법리는 범죄수익 은닉의 규제 및 처벌 등에 관한 법률에서 정하는 특정범죄로 취득한 재산인 것을 인식하면서 은닉·보존 등에 협력하는 등으로 특정범죄로 인한 피해회복을 곤란 또는 불가능하게 함으로써 손해가 지속되도록 한 경우에도 마찬가지로 적용된다(대법원 2016. 4. 12. 선고 2013다31137 판결).
    나. 가해자불명의 공동불법행위
    다. 교사, 방조
        방조자는 피방조자의 불법행위의 일시, 장소 등을 구체적으로 인식할 필요가 없으며, 실제 피방조자가 누구인지 확정적으로 인식할 필요도 없다(대법원 2007. 1. 25. 선고 2005다11626 판결). 과실에 의한 방조도 가능하다(대법원 2014. 3. 27. 선고 2013다91597 판결).

2. 부진정연대채무

3. 과실상계
    공동불법행위의 경우 법원이 피해자의 과실을 들어 과실상계를 함에 있어서는 피해자의 공동불법행위자 각인에 대한 과실비율이 서로 다르더라도 피해자의 과실을 공동불법행위자 각인에 대한 과실로 개별적으로 평가할 것이 아니고 공동불법행위자 전원에 대한 과실로 전체적으로 평가하여야 하고, 공동불법행위자 간의 과실의 경중이나 구상권 행사의 가능 여부 등은 고려할 여지가 없다(대법원 2007. 6. 14. 선고 2005다32999 판결). 그러나 사용자책임에 있어서는 사용자와 피용자의 불법행위에 대해서는 과실상계비율이 달라 질 수 있다(대법원 1999. 2. 12. 선고 98다55154 판결).
    피해자의 부주의를 이용하여 고의로 불법행위를 저지른 자가 바로 그 피해자의 부주의를 이유로 자신의 책임을 감하여 달라고 주장하는 것은 허용될 수 없으나, 이는 그러한 사유가 있는 자에게 과실상계의 주장을 허용하는 것이 신의칙에 반하기 때문이므로, 불법행위자 중 일부에게 그러한 사유가 있다고 하여 그러한 사유가 없는 다른 불법행위자까지도 과실상계의 주장을 할 수 없다고 해석할 것은 아니다(대법원 2007. 6. 14. 선고 2005다32999 판결).

4. 구상
    공동불법행위자 중 1인이 다른 공동불법행위자에 대한 구상권을 행사하려면 현실적으로 그 피해자에게 손해를 배상하여 공동면책을 받아야 하고, 부담부분이상의 변제를 하여야 한다.
    피해자가 여럿이고 피해자별로 공동불법행위자 또는 공동불법행위자들 내부관계에 있어서의 일정한 부담 부분이 다른 경우에는 피해자별로 구상관계를 달리 정하여야 한다(대법원 2002. 9. 24. 선고 2000다69712 판결). 구상의무를 부담하는 다른 공동불법행위자가 수인인 경우에는 특별한 사정이 없는 이상 그들의 구상권자에 대한 채무는 이를 부진정연대채무로 보아야 할 근거는 없으며, 오히려 다수 당사자 사이의 분할채무의 원칙이 적용되어 각자의 부담 부분에 따른 분할채무로 봄이 상당하다(대법원 2002. 9. 27. 선고 2002다15917 판결).

구상권자인 공동불법행위자 측에 과실이 없는 경우, 즉 내부적인 부담 부분이 전혀 없는 경우에는 이와 달리 그에 대한 수인의 구상의무 사이의 관계를 부진정연대관계로 봄이 상당하다(특별한 사정이 있는 경우임. 대법원 2005. 10. 13. 선고 2003다24147 판결).

## 사용자책임

1. 책임의 근거 : 대위책임설(통설, 판례)과 고유책임설이 대립
2. 요건
    가. 사용관계
        명의사용을 허용받은 사람이 업무수행을 함에 있어 고의 또는 과실로 다른 사람에게 손해를 끼쳤다면 명의사용을 허용한 사람은 민법 제756조에 의하여 그 손해를 배상할 책임이 있다
        수급인은 도급인에 대하여 독립적인 지위를 가지고 있으므로 도급인은 도급 또는 지시에 관하여 중대한 과실이 없는 한 수급인이 그 일에 관하여 제3자에게 가한 손해를 배상할 책임이 없는 것이 원칙(제757조)이나 실질적 사용관계가 있으면 책임부담.
        다른 동업자는 그 업무집행자의 동업자인 동시에 사용자의 지위에 있다 할 것이므로, 업무집행과정에서 발생한 사고에 대하여 사용자로서 손해배상책임이 있다(대법원 2006. 3. 10. 선고 2005다65562 판결).
    나. 사무집행관련성(외형이론)
        피용자의 불법행위가 외관상 사무집행의 범위 내에 속하는 것으로 보이는 경우에도 피용자의 행위가 사용자나 사용자에 갈음하여 그 사무를 감독하는 자의 사무집행 행위에 해당하지 않음을 피해자 자신이 알았거나 또는 중대한 과실로 알지 못한 경우에는 사용자 또는 사용자에 갈음하여 그 사무를 감독하는 자에 대하여 사용자책임을 물을 수 없다(대법원 2003. 1. 10. 선고 2000다34426 판결).
    다. 피용자의 불법행위로 제3자에게 손해가 발생
    라. 사용자의 면책사유가 없을 것
3. 효과
    가. 사용자와 피용자의 부진정연대채무

    나. 사용자와 다른 공동불법행위자의 부진정연대채무
        사용자의 손해배상책임은 피용자의 배상책임에 대한 대체적 책임이어서 사용자도 제3자와 부진정연대관계에 있다고 보아야 할 것이므로, 사용자가 피용자와 제3자의 책임비율에 의하여 정해진 피용자의 부담부분을 초과하여 피해자에게 손해를 배상한 경우에는 사용자는 제3자에 대하여도 구상권을 행사할 수 있으며, 그 구상의 범위는 제3자의 부담부분에 국한된다고 보는 것이 타당하다(대법원 1992. 6. 23. 선고 91다33070 전원합의체 판결).
    다. 사용자의 피용자에 대한 구상권
        사용자는 그 사업의 성격과 규모, 시설의 현황, 피용자의 업무내용과 근로조건 및 근무태도, 가해행위의 발생원인과 성격, 가해행위의 예방이나 손실의 분산에 관한 사용자의 배려의 정도, 기타 제반 사정에 비추어 손해의 공평한 분담이라는 견지에서 신의칙상 상당하다고 인정되는 한도 내에서만 피용자에 대하여 손해배상을 청구하거나 그 구상권을 행사할 수 있다(대법원 1996. 4. 9. 선고 95다52611 판결).

## ⟨민사소송법 중요법리 요약정리⟩

### 법관의 제척사유 중 전심관여

1. 의의
   ① 제척 : 법관이 구체적인 사건에 관하여 법률에서 정한 특수한 관계에 있는 경우에 법률에 의하여 당연히 그 사건에 관한 직무수행을 할 수 없게 되는 경우(제41조)
   ② 전심관여 : 어느 법관에 대해서도 자기가 직접 작성했거나 작성에 관여한 재판을 재심사시켜서는 공정한 재판을 받을 수 없다(제41조 5호) / 법관 또는 배우자가 당사자, 친족관계, 법관이 증언 또는 감정, 법관이 대리인(제41조 제1호 내지 제4호)

2. 요건
   전심관여라 함은 최종변론, 판결의 합의와 판결의 작성에 관여함을 말하는 것이고 그 전의 변론이나 증거조사에 관여한 경우, 기일지정과 같은 소송지휘에 관여한 경우, 판결의 선고에만 관여한 경우는 포함되지 아니한다(대법원 1997. 6. 13. 선고 96다56115 판결).
   전심은 하급심재판을 의미, 직접 불복의 대상이 되는 종국판결뿐 아니라 상급심의 판단을 받을 중간적 재판도 포함. 재심대상판결은 해당하지 않음

3. 절차
   직권 또는 신청 : 제척이유 유무는 직권조사사항
   제척이유가 명백한 경우 : 법관 스스로 물러나고 조서에 기재
   제척이유에 의문이 있는 경우 : 확인적 성질의 재판

4. 효과
   원칙 : 소송행위 관여금지 [당연효]
   예외 : 종국판결 선고, 긴급을 요하는 행위
   제척이유를 간과한 판결의 효력 : 절대적 상고이유(제424조 제1항 제2호), 재심사유(제451조 제1항 제2호)

### 법관의 기피

1. 의의
   법률상 정해진 제척이유 이외의 재판의 공정을 기대하기 어려운 사정이 있는 경우에 당사자의 신청에 의하여 비로소 법관이 직무집행에서 배제되는 것(제43조 내지 제48조)

2. 기피사유
   법관에게 공정한 재판을 기대하기 어려운 사정 + 객관적 사정

3. 절차
   당사자의 신청(직권기피는 인정안됨) / 3일 이내네 기피이유와 소명방법을 서면으로 제출
   본안변론 또는 변론준비기일에서 진술하는 경우 신청권 소멸
   신청방식을 준수하지 않은 경우 또는 소송지연을 목적으로 한 신청인 경우 기피당한 법관 스스로 간이각하
   이외의 경우 결정에 의한 재판

4. 효과
   본안소송절차 정지
   속행 후 판결선고시 별도로 항고불가
   기피신청을 각하하는 결정이 확정되었다는 사정만으로 민사소송법 제48조의 규정을 위반하여 쌍방불출석의 효과를 발생시킨 절차 위반의 흠결이 치유된다고 할 수 없다.

### 전속관할과 임의관할

1. 전속관할
   가. 의의 : 법정관할 가운데서 오로지 특정법원만이 배타적으로 관할권을 갖게 한 것 / 재판의 적정·공평 등 고도의 공익적 견지
   나. 예 : 직분관할(법률 등으로 담당재판권을 정해놓은 것) / 사물관할이나 토지관할 중 법률이 전속관할로 정해 놓은 것 ⇒ 재심사건(제453조), 정기금 판결에 대한 변경의 소(제252조 제2항), 특허권등의 지식재산권에 관한 소(제24조 제2항)
   다. 효과 : 합의관할 ✕, 변론관할 ✕, 관할의 경합 ✕, 편의이송 ✕(특허권등의 지식재산권에 관한 소는 이송가능), 하자치유 ✕ / 상소이유는 되나(제411조 단서, 제424조 제1항 제3호) 재심사유는 아님

2. 임의관할
   가. 의의 : 당사자 간의 합의나 피고의 응소에 의하여 다른 법원에 관할을 발생시킬 수 있는 것 / 당사자의 편의나 공평을 위한 사익적 견지
   나. 예 : 사물관할이나 토지관할, 직분관할 중 비약상고
   다. 효과 : 합의관할 ◯, 변론관할 ◯, 관할의 경합 ◯, 편의이송 ◯, 하자치유 ◯ / 항소심에서 제1심법원의 관할위반의 하자를 다투지 못함(제411조 본문)

### 관련재판적의 적용범위

1. 토지관할 : 토지관할만 적용, 사물관할은 적용되지 않음 / 제2조 내지 제24조에 한정하지 않고 제29조(합의관할)도 포함
2. 객관적 병합 : 객관적 병합은 당연히 적용
3. 주관적 병합에의 적용 여부
   종래 주관적 병합에도 인정할 수 있는지에 대하여 다툼이 있었으나 제25조 제2항에 절충설로 입법화하여 제65조 전문의 공동소송 즉 피고들끼리 실질적 관련성이 있는 경우에만 관련재판적이 인정. 수인의 연대채무자, 수인의 불법행위 피해자 등이 여기에 해당.

### 합의관할

1. 요건
가. 제1심법원의 임의관할
나. 합의의 대상인 소송이 특정되었을 것
다. 합의의 방식과 시기 : 서면, 소제기이후도 가능
라. 관할법원이 특정되었을 것

2. 효력
가. 관할의 변동 : 전속적 합의관할도 임의관할
나. 효력의 주관적 범위
   당사자와 포괄승계인 : 효력 미침
   특정승계인 : 채권관계는 특정승계인에게도 효력미치나, 물권관계는 효력이 미치지 않음
   제3자 : 효력 미치지 않음. 단 대위채권자에게는 채무자의 합의의 효력이 미침

### 이송의 원인 및 효력

1. 요건
  가. 관할위반에 의한 이송(제34조)
    토지관할, 사물관할 등의 위반
    심급관할위반
    직권에 의한 이송 : 당사자의 이송신청권 없음(제35조와 구별)
  나. 현저한 손해 또는 지연을 피하기 위한 이송(제35조) : 이송신청권 있음
  다. 지법단독판사로부터 지법합의부로의 이송(제34조 제2항)
  라. 지식재산권 등에 관한 소송의 이송(제36조)
  마. 반소제기에 의한 이송(제269조 제2항) : 변론관할이 생긴 경우에는 이송하지 않음

2. 효과
  이송결정의 구속력 : 전속관할위반의 경우에도 구속력이 발생하나, 심급관할위반의 경우 상급심법원에는 그 효력이 미치지 않으므로, 이송 가능
  소송계속의 이전(제40조 제1항) : 시효중단, 기간준수의 효력이 유지

### 당사자확정에 관한 견해대립

1. 학설
  가. 의사설
    원고나 법원이 당사자로 삼으려는 사람이 당사자가 된다는 견해이다. (피고는 원고의 의사를, 원고는 법원의 의사를 고려하여 확정. ⅰ) 甲이 丙을 피고로 삼고 싶었지만 丙의 성명을 乙로 착오하여 乙명의로 소를 제기하고 丙이 무단으로 소송수행을 한 경우 피고는 丙이 되며, ⅱ) 甲이 乙을 피고로 하여 소제기한 다음 丙이 무단으로 소송수행을 한 경우에는 피고는 乙이 된다.).

  나. 행위설(행동설)
    소송상 당사자로 취급되거나 또는 당사자로 행동하는 사람이 당사자라는 견해이다. (ⅰ) 甲이 丙을 피고로 삼고 싶었지만 丙의 성명을 乙로 착오하여 乙 명의로 소를 제기하고 丙이 무단으로 소송수행을 한 경우 피고는 丙이 되며, ⅱ) 甲이 乙을 피고로 하여 소제기한 다음에 丙이 무단으로 소송수행을 한 경우에도 피고는 丙이 된다)

  다. 표시설
    소장에 나타난 당사자의 표시를 비롯한 청구원인 기타의 기재 등 전취지를 기준으로 객관적으로 당사자를 확정하여야 한다는 견해이다. (ⅰ) 甲이 丙을 피고로 삼고 싶었지만 丙의 성명을 乙로 착오하여 乙 명의로 소를 제기하고 丙이 무단으로 소송수행을 한 경우 피고는 乙이 되며, ⅱ) 甲이 乙을 피고로 하여 소제기한 다음에 丙이 무단으로 소송수행을 한 경우 피고는 乙이 된다.)

  라. 규범분류설
    소송이 개시되는 때에는 표시설에 의하되, 소송진행 뒤에는 누가 당사자로서 행동하였는가, 누가 분쟁주체로서 절차보장을 받았는가를 기준으로 정하여야 한다는 견해이다. (ⅰ) 甲이 丙을 피고로 삼고 싶었지만 丙의 성명을 乙로 착오하여 乙 명의로 소를 제기하고 丙이 무단으로 소송수행을 한 경우와 ⅱ) 甲이 乙을 피고로 하여 소제기한 다음에 丙이 무단으로 소송수행을 한 경우 모두 소송개시시 피고는 乙이었다가 판결의 효력을 받을 피고는 없게 된다.)

2. 판례
  대법원은 "당사자는 소장에 기재된 표시 및 청구의 내용과 원인 사실을 종합하여 확정하여야 한다(대법원 1996. 3. 22. 94다61243 판결)"고 하여 표시설의 입장이다. 다만 원고가 사망사실을 모르고 피고로 표시하여 소제기한 경우에는 사실상의 피고를 상속인으로 보고 있다(대법원 1983. 12. 27. 선고 82다146 판결)고 하여 제소 전 사망의 경우에서는 예외적으로 의사설을 취하고 있다).

### 당사자표시정정과 피고의 경정의 차이

1. 요건
  가. 당사자표시정정 : 피고의 동일성이 인정되어야 함(오기, 당사자능력의 착오, 특히 소제기전 당사자 사망, 원고의 의사는 반드시 망인이 피고가 되어야 한다는 것이 아니고, 채무의 실질적인 귀속자를 피고로 지정하고자 한 것)
  항소심에서의 표시정정 및 원고의 표시정정도 예외적으로 허용한 판례 있음

  나. 피고의 경정 : 피고의 동일성이 인정되지 않으나, 피고를 잘못 지정한 것이 분명한 경우(260조)
  ① 청구취지나 청구원인의 기재 내용 자체로 보아 원고가 법률적 평가를 그르치는 등의 이유로 피고의 지정이 잘못된 것이 명백하거나, ② 법인격의 유무에 관하여 착오를 일으킨 것이 명백한 경우 등을 의미하고, 따라서 '기재 내용 자체'에서 파악되지 않고, 피고로 되어야 할 자가 누구인지를 증거조사를 거쳐 사실을 인정하고 그 인정 사실에 터 잡아 법률 판단을 해야 인정할 수 있는 경우는 이에 해당하지 않는다(대법원 1997. 10. 17. 선고 97마1632 결정)고 한다.

  다. 쟁점
  의무없는 자에 대한 청구는 표시정정 및 피고의 경정 모두 허용되지 않는다.
  표시정정사유이기는 하나 당사자가 경정신청서(또는 수계신청서)를 제출한 경우 정정신청서로 선해함.
  표시정정사유와 피고의 경정사유는 구별하기가 쉽지 않은데, 통상 법인격의 착오 정도를 피고의 경정사유로 보고 있고, 당사자적격의 착오는 표시정정사유로 변경되는 추세인 것으로 보인다.

2. 효과의 차이
  가. 당사자표시정정 : 동일성이 인정되므로, 표시정정전 소제기의 효력이 그대로 유지된다.
  나. 피고의 경정 : 구소취하 및 신소제기의 실질을 가진다. (민소법 제260조, 제261조, 제265조)
  특히 피고의 경정은 제척기간 및 소멸시효 쟁점과 연결될 가능성이 매우 높다.


### 소송당사자의 사망의 소송단계별 쟁점

1. 당사자사망의 단계별 쟁점
  가. 소제기전 사망 : 원칙적 소송당사자의 확정문제, 판례는 의사설에 따라 상속인을 당사자로 보고 당사자표시정정절차에 따라 당사자를 변경
  예) 대법원 2016. 4. 29. 선고 2014다210449 판결
  당사자가 사망하더라도 소송대리인의 소송대리권은 소멸하지 아니하므로(민사소송법 제95조 제1호), 당사자가 소송대리인에게 소송위임을 한 다음 소 제기 전에 사망하였는데 소송대리인이 당사자가 사망한 것을 모르고 당사자를 원고로 표시하여 소를 제기하였다면 소의 제기는 적법하고, 시효중단 등 소 제기의 효력은 상속인들에게 귀속된다. 이 경우 민사소송법 제233조 제1항이 유추적용되어 사망한 사람의 상속인들은 소송절차를 수계하여야 한다. 제소전 사망이나 수계절차에 따름
  나. 소제기 후 소송계속 중 사망 : 소송수계의 문제
    다. 판결선고 후 당사자의 사망 : 승계집행문의 문제(승계집행문설과 판결경정설의 대립이 있으나 판례는 승계집행문설 98그7)

2. 소송계속 중 당사자의 사망
  가. 소송대리인이 없는 경우 : 소송중단(제233조), 간과판결은 위법하나 당연무효는 아니고 대리권흠결에 준하여 상소, 재심으로 취소(대법원 1995. 5. 23. 선고 94다28444 전원합의체 판결)
  나. 소송대리인이 있는 경우 : 절차계속(제238조), 판결은 유효, 대리인에게 상소제기에 관한 특별수권이 없는 경우에는 판결문송달시 심급대리원칙상 절차 중단
  대리인에게 상소제기에 관한 특별수권이 있는 경우에는 상소기간이 진행하고, 기간도과후 확정

3. 수계의 특수문제
  대법원 1991. 11. 5.자 91마342 결정

(이 사건 제1심판결의 효력은 당사자표시에서 누락되었음에도 불구하고 위 망 남@열의 정당한 상속인인 위 남국현, 남주현에게도 그들의 상속지분 만큼 미치는 것이고 통상의 경우라면 심급대리의 원칙상 이 판결의 정본이 소송대리인에게 송달된 때에 소송절차는 중단되는 것이며, 소송수계를 하지 아니한 남국현과 남주현에 관하여는 현재까지도 중단상태에 있다고 할 것이나, 기록에 의하면 이 사건의 경우 망 남@열의 소송대리인이었던 임종선변호사는 상소제기의 특별수권을 부여받고 있었으므로(소송대리위임장에 부동문자로 특별수권이 부여되어 있다) 항소제기기간은 진행된다고 하지 않을 수 없어 제1심판결중 위 남국현, 남주현의 상속지분에 해당하는 부분은 그들이나 소송대리인이 항소를 제기하지 아니한 채 항소제기기간이 도과하여 이미 그 판결이 확정되었다고 하지 않을 수 없다.)

대법원 2010. 12. 23. 선고 2007다22859 판결
망인의 소송대리인에게 상소제기에 관한 특별수권이 부여되어 있는 경우에는, 그에게 판결이 송달되더라도 소송절차가 중단되지 아니하고 상소기간은 진행하는 것이므로 상소제기 없이 상소기간이 지나가면 그 판결은 확정되는 것이지만, 한편 망인의 소송대리인이나 상속인 또는 상대방 당사자에 의하여 적법하게 상소가 제기되면 그 판결이 확정되지 않는 것 또한 당연하다. 그런데 <u>당사자 표시가 잘못되었음에도 망인의 소송상 지위를 당연승계한 정당한 상속인들 모두에게 효력이 미치는 판결에 대하여 그 잘못된 당사자 표시를 신뢰한 망인의 소송대리인이나 상대방 당사자가 그 잘못 기재된 당사자 모두를 상소인 또는 피상소인으로 표시하여 상소를 제기한 경우에는, 상소를 제기한 자의 합리적 의사에 비추어 특별한 사정이 없는 한 정당한 상속인들 모두에게 효력이 미치는 위 판결 전부에 대하여 상소가 제기된 것으로 보는 것이 타당하다.</u>

위 각 판결의 차이
구체적으로 위 각 판결의 사실관계를 보면 (1) 당사자의 1심 계속 중 사망, (2) 상소제기의 특별수권이 있는 소송대리인의 존재, (3) 일부 상속인들만의 수계신청 및 일부 상속인들만을 표시한 판결의 선고, (4) 항소심 계속 중 나머지 상속인들의 수계신청이 있었다는 점에는 동일하나, 91마342결정은 당사자들이 항소를 제기하였고, 2007다22859판결은 소송대리인이 항소를 제기하였다는 점에서 구별된다. 생각건대, 단순 공동상속인은 다른 공동상속인의 항소제기에 대하여 아무런 권한이 없지만, 소송대리인은 상속인들 전부에 대하여 소송대리권을 가진다는 점을 구별하여 위 각 판례가 판단을 달리한 것으로 보인다. 그리고 위 2007다22859판결은 계속해서 후속 판결에서 원용되고 있다(실무상 소송대리인이 항소를 제기하고 있고, 대부분의 경우 소송대리인이 항소제기의 특별수권을 보유하고 있기 때문인 것으로 생각된다).

### 조합의 소송수행방법

1. 조합명의의 소송수행
   조합의 당사자능력 없음, 간과판결은 유효(당연무효사유 아님)

2. 조합원 전원명의로 한 소송수행
   가. 능동, 수동 모두 필수적 공동소송
   나. 소송위임 : 가능
   다. 업무집행조합원을 법률상의 소송대리인으로 한 수행 : 명문의 규정이 없어 부정적

3. 업무집행조합원을 당사자로 한 소송수행
   가. 선정당사자로서 소송수행 : 가능
   나. 임의적 소송담당자 : 판례는 허용 (소송신탁금지에 위배되지 않고, 인정할 합리적 이유가 있는 경우)

### 당사자적격

1. 이행의 소
   이행의 소에서는 자기에게 이행(급부)청구권이 있음을 주장하는 자가 원고적격을 가지며, 그로부터 이행의 무자로 주장된 자가 피고적격을 갖는다.

말소등기청구소송 및 회복등기청구소송의 피고적격
판례는 말소등기소송에서 등기명의인(또는 그 포괄승계인)이나 등기상 이해관계 있는 제3자를 피고적격자로 본다. 이에 대하여 당사자적격 유무는 원고의 주장 자체에 의하여 판단해야 하므로 원고가 말소등기절차 의무자로 지정한 자가 피고적격자이고, 심리 결과 등기부상 등기명의자가 아닌 경우는 주장 자체로 이유 없는 경우로 보아 청구기각 판결을 선고해야 하며, 판례는 당사자적격의 문제와 실체법상의 권리 또는 의무의 귀속자인지의 문제인 본안적격의 문제를 혼동하였다고 비판하는 반대 견해가 있다.

2. 확인의 소
   그 청구에 대하여 확인의 이익을 가지는 자가 원고적격자로 되며, 원고의 이익과 대립·저촉되는 이익을 가진 자가 피고적격자로 된다.

3. 형성의 소
   법규 자체에서 원고적격자나 피고적격자를 정해 놓고 있는 경우가 많다. 명문의 규정이 없는 경우에는 당해 소송물과의 관계에서 가장 강한 이해관계를 갖고 있고 충실한 소송수행을 기대할 수 있는 사람을 당사자적격자로 볼 것이다.

4. 제3자 법정소송담당
가. 병행형
   채권자대위소송을 하는 채권자, 주주대표소송의 주주, 채권질의 질권자, 공유자 전원을 위해 보존행위를 하는 공유자
나. 갈음형
   파산관재인, 회생회사 재산관리인, 추심채권자, 유언집행자, 주한미군을 위한 국가, 상속재산관리인
다. 임의적 소송담당
   변호사대리의 원칙을 잠탈하거나 소송신탁금지 원칙에 위배되지 않고, ii) 이를 인정할 합리적 이유가 있을 때 허용된다. / 조합의 업무집행조합원, 집합건물의 관리단이 관리비의 부과·징수를 포함한 관리업무를 위탁관리회사에 포괄적으로 위임한 경우 위탁관리회사
라. 기판력
   갈음형, 직무형, 임의형 : 제218조 제3항 적용
   병행형(대위소송) : 어떠한 사유로 인하였던 적어도 채무자가 채권자 대위권에 의한 소송이 제기된 사실을 알았을 경우에는 그 판결의 효력은 채무자에게 미친다.

### 법정대리권의 종류 및 권한

1. 종류
    실체법상의 법정대리인 : 친권자인 부모, 후견인, 민법상 특별대리인
    소송상의 특별대리인 : 소송무능력자를 위한 특별대리인, 판결절차 이외의 특별대리인
    법인 등 대표자 : 법인이 나오면 준용조문 제64조 반드시 기재할 것

2. 권한

| 친권자 | 후견인 | 소송상의 특별대리인 |
| --- | --- | --- |
| 수동 무제한 | 수동 무제한 | 수동 무제한 |
| 능동 무제한 | 후견감독인의 수권 요 (특히 처분행위 제56조 제2항도 수권 요) | 능동 수권 불요 (그러나 처분행위 제56조 제2항은 법원의 허가 요) |
| 제56조 제2항 부적용 | 제56조 제1항 부적용 | |

수동행위 : 각자
능동행위 : 공동대리의 원칙이 적용

### 법정대리권의 소멸

1. 대리권의 소멸원인 : 실체법에 따름

2. 소멸의 통지
    가. 원칙 : 법정대리권의 소멸은 본인 또는 대리인이 상대방에게 통지하지 아니하면 그 효력이 없다(제63조). 상대방이 소멸사유의 발생을 알든 모르든, 모른데 대하여 과실이 있든 없든 유효하다는 것이 판례·다수설이다. 제63조는 상대방을 보호하는 규정이 아니라 절차의 안정·명확획일한 처리를 목적으로 하는 것이기 때문이다.
    나. 예외 : 소멸통지효력의 예외를 인정하여 법원에 대리권의 소멸사실이 알려진 뒤에는 상대방에게 통지 전이라도 구대리인에 의한 제56조 제2항의 행위 즉 소취하·화해·청구 포기인낙·소송탈퇴 등의 행위를 할 수 없도록 하였다.
        ☞ 임의대리인(제97조), 선정당사자(제63조 2항)에게도 준용됨

3. 소송절차의 중단(제235조) : 법정대리권 소멸시 소송절차가 중단됨

### 소송대리권의 범위

1. 법률상 소송대리인 : 실체법의 규정에 의하고 제한은 효력이 없다.
2. 소송위임에 의한 소송대리인
   가. 소송대리권의 법정사항(제90조 제1항) : 소송수행에 필요한 일체의 소송행위, 변제의 영수도 가능, 변호사인 소송대리인은 제한할 수 없다(제91조 본문). 소송목적인 채권의 변제를 채무자로부터 수령하는 권한을 비롯하여 위임을 받은 사건에 관한 실체법상 사법(사법)행위를 하는 권한도 포함된다(대법원 2015. 10. 29. 선고 2015다32585 판결).
   나. 특별수권사항(제90조 제2항)
   (1) 반소의 제기
   (2) 소의 취하, 화해, 청구의 포기·인낙 또는 소송탈퇴
   (3) 상소의 제기 또는 취하
   (4) 복대리인의 선임 : 복대리인은 대리인 선임 불허
   
   다. 심급대리의 문제
   제90조 제2항 제3호의 '상소의 제기'의 해석문제. / 소송대리권의 범위는 특별한 사정이 없는 한 당해 심급에 한정되어, 소송대리인의 소송대리권의 범위는 수임한 소송사무가 종료하는 시기인 당해 심급의 판결을 송달받은 때까지라고 할 것
   
   라. 파기환송 이후 소송대리권의 부활
   상급심에서 원판결이 파기환송되었을 경우에는 환송전 원심의 상태로 환원되었으므로 환송 전의 옛 소송대리인의 대리권이 다시 부활

### 형식적 형성의 소

1. 처분권주의의 배제 : 실질이 비송사건이므로 처분권주의가 배제된다.
2. 불이익변경금지원칙의 부적용 : 항소법원이 항소인에 대하여 제1심 판결보다 불리한 판결을 할 수 있다.
3. 청구기각판결의 불가(증명책임의 예외) : 다른 형성의 소와 달리 법률관계의 요건사실(형성요건)이 결여되어 있으므로 사건의 진위불명이 있을 수 없고 따라서 증명책임이 적용되지 않는다.
4. 유형
   가. 공유물분할의 소 : 공유물의 분할방법에 대하여 공유자간의 협의가 성립하지 않거나 불가능한 경우 판결에 의한 분할을 청구하는 소(민법 제269조 제1항). 필수적 공동소송. 상속재산분할에 갈음한 공유물분할청구는 불허(대법원 2015. 8. 13. 선고 2015다18367 판결).
   공유물분할을 청구한 공유자의 지분한도 안에서는 공유물을 현물 또는 경매·분할함으로써 공유관계를 해소하고 단독소유권을 인정하여야지, 그 분할청구자 지분의 일부에 대하여만 공유물 분할을 명하고 일부 지분에 대하여는 이를 분할하지 아니하거나, 공유물의 지분비율만을 조정하는 등의 방법으로 공유관계를 유지하도록 하는 것은 허용될 수 없다(대법원 2011. 3. 10. 선고 2010다92506 판결). 나아가 분할청구자가 상대방들을 공유로 남기는 방식의 현물분할을 청구하고 있다고 하여, 상대방들이 그들 사이만의 공유관계의 유지를 원하고 있지 아니한데도 상대방들을 여전히 공유로 남기는 방식으로 현물분할을 하는 것도 허용될 수 없다(대법원 2015. 3. 26. 선고 2014다233428 판결).
   나. 토지경계확정의 소 : 인접하는 토지의 한편 또는 양편이 여러 사람의 공유에 속하는 경우에, 합일확정의 필요성이 있으므로 고유필수적 공동소송이다(대법원 2001. 6. 26. 선고 2000다24207 판결). 법원은 당사자 쌍방이 주장하는 경계선에 구속되지 않고 스스로 진실하다고 인정되는 바에 따라 경계를 확정하여야 한다(대법원 1996. 4. 23. 선고 95다54761 판결).

### 각종 소와 소송물의 특정

1. 확인의 소 : 확인의 대상이 되는 법률관계가 소송물(소유권확인의 경우 소유권 자체)
2. 말소등기청구 : 말소등기청구권, 개별 말소원인은 공격방어방법
3. 이전등기청구 : 등기원인까지 포함하여 소송물
4. 채무불이행 손해배상과 불법행위 손해배상 : 별개의 소송물, 선택적 병합
5. 원인채권과 어음채권 : 별개의 소송물, 선택적 병합
6. 원금, 이자, 지연손해금 : 3개의 소송물
7. 후유증에 의한 확대손해 : 별개의 소송물
8. 인명사고시 손해배상청구 : 손해3분설
9. 말소등기와 진정명의회복청구 : 동일한 소송물
10. 소유권에 기한 청구와 계약에 기한 청구 : 별개의 소송물
11. 이혼청구 : 이혼사유별로 별개의 소송물

### 일부청구

1. 일부청구의 허용여부(= 소송물, 기판력)
   분채권의 일부에 대한 이행청구의 소를 제기하면서 나머지를 유보하고 일부만을 청구한다는 취지를 명시하지 아니한 이상 그 확정판결의 기판력은 청구하고 남은 잔부청구에까지 미치는 것이므로 그 나머지 부분을 별도로 다시 청구할 수 없다 ⇒ 명시적 일부청구설(양자를 조화, 명시한 경우만 잔부청구가 허용)

2. 소액사건화하기 위한 일부청구
   신의칙 위반

3. 과실상계
   안분설(청구한 금액에서 과실상계), 외측설(판례)
   일개의 손해배상청구권 중 일부가 소송상 청구되어 있는 경우에 과실상계를 함에 있어서는 손해의 전액에서 과실비율에 의한 감액을 하고 그 잔액이 청구액을 초과하지 않을 경우에는 그 잔액을 인용할 것이고 잔액이 청구액을 초과할 경우에는 청구의 전액을 인용하는 것으로 풀이하는 것이 일부청구를 하는 당사자의 통상적 의사라고 할 것이다(대법원 1976. 6. 22. 선고 75다819 판결).

4. 중복소송
   중복소송설, 독립소송설(중복소송 부정), 단일절차병합설(잔부청구 자체는 중복소송이 아니나 이부, 이송, 변론의 병합 등의 방법으로 단일화 시도), 명시적 일부청구설(판례)
   전 소송에서 불법행위를 원인으로 치료비청구를 하면서 일부만을 특정하여 청구하고 그 이외의 부분은 별도 소송으로 청구하겠다는 취지를 명시적으로 유보한 때에는 그 전소송의 소송물은 그 청구한 일부의 치료비에 한정되는 것이고 전 소송에서 한 판결의 기판력은 유보한 나머지 부분의 치료비에까지는 미치지 아니한다 할 것이므로 전 소송의 계속 중에 동일한 불법행위를 원인으로 유보한 나머지 치료비청구를 별도소송으로 제기하였다 하더라도 중복소송에 해당하지 아니한다(대법원 1985. 4. 9. 선고 84다552 판결).

5. 시효중단
   한 개의 채권 중 일부에 관하여만 판결을 구한다는 취지를 명백히 하여 소송을 제기한 경우에는 소제기에 의한 소멸시효중단의 효력이 그 일부에 관하여만 발생하고, 비록 그중 일부만을 청구한 경우에도 그 취지로 보아 채권 전부에 관하여 판결을 구하는 것으로 해석된다면 그 청구액을 소송물인 채권의 전부로 보아야 하고 ⇒ 명시설

6. 상소의 제기
   형식적 불복설, 실질적 불복설, 절충설, 신실질적 불복설 ⇒ (수정)형식적 불복설(✔)

### 변경의 소

1. 의의 : 정기금의 지급을 명하는 판결이 확정된 뒤에 그 액수 산정의 기초가 된 사정이 현저하게 바뀐 경우에 장차 지급할 정기금의 액수를 바꾸어 달라는 소(제252조)

2. 법적 성질 : 형성의 소(전소판결의 주문을 변경하는 판결 선고)

3. 소송물 : 전소의 소송물과 동일
   변경의 소의 소송물 및 전소의 기판력이 미치는 범위(대법원 2009. 12. 24. 선고 2009다64215 판결)
   피고들의 점유 부분이 전소의 변론종결 당시와 동일하다면, 원고의 이 사건 청구 중 이 사건 소 제기일 전까지의 기간에 해당하는 부분은 확정판결이 있었던 전소와 소송물이 동일하여 그 확정판결의 기판력이 미친다고 할 것이어서, 그 중 전소의 확정판결에서 원고가 승소한 부분(전소에서 원고의 청구가 인용된 금액에 해당하는 부분)에 해당하는 부분은 권리보호의 이익이 없고, 이를 초과하는 부분은 전소의 확정판결의 기판력에 저촉되는 것이어서 받아들일 수 없는 없는 것이고, 원고의 이 사건 청구 중 이 사건 소 제기일 이후의 기간에 해당하는 부분은 앞서 본 정기금 판결의 변경을 구하는 취지라고 봄이 상당하다고 할 것

4. 요건
   정기금의 지급을 명하는 판결이 확정되어야 하고, 변론종결 이후 현저한 사정변경의 발생
   토지의 소유자가 소유권에 기하여 토지의 무단 점유자를 상대로 차임 상당의 부당이득반환을 구하는 소송을 제기하여 무단 점유자가 점유 토지의 인도 시까지 매월 일정 금액의 차임 상당 부당이득을 반환하라는 판결이 확정된 경우, 이러한 소송의 소송물은 채권적 청구권인 부당이득반환청구권이므로, 소송의 변론종결 후에 토지의 소유권을 취득한 사람은 민사소송법 제218조 제1항에 의하여 확정판결의 기판력이 미치는 변론을 종결한 뒤의 승계인에 해당한다고 볼 수 없다(대법원 2016. 6. 28. 선고 2014다31721 판결).

5. 재판절차
   종전 제1심 판결법원의 전속관할
   권리보호의 이익 필요
   변경의 소제기로 집행정지가 되지 않음 따라서 별도의 집행정지 필요

### 장래이행의 소의 적법요건(제251조)

1. 기한부·정지조건부 청구권 또는 장래 발생할 청구권 : 기한부·정지조건부 청구권 혹은 장래 발생할 청구권이라도 그 기초관계가 성립되어 있는 경우에는 장래이행의 소의 대상이 된다. 다만 조건부청구권에 있어서는 조건성취의 개연성이 희박하기 때문에 아무런 재산가치가 없는 경우는 현재로서는 장래의 이행의 소의 대상이 되지 않는다. 토지거래허가구역의 토지매수인이 매도인을 상대로 장차 허가받을 것을 조건으로 하여 소유권이전등기청구를 하는 경우 아직 거래허가를 얻지 못한 토지거래계약은 유동적 무효 상태이므로 허용하지 않았으나(대법원 1991. 12. 24. 선고 90다12243 전원합의체 판결), 감독청의 허가 없이 학교법인의 기본재산에 대하여 매매계약을 체결한 경우에도 매수인은 감독청의 허가를 조건으로 소유권이전등기절차의 이행을 구할 수 있다(대법원 1998. 7. 24. 선고 96다27988 판결).

집행불능을 대비한 전보배상의 법적 성질 및 병합의 형태(대법원 2011. 8. 18. 선고 2011다30666,30673 판결)
채권자가 본래적 급부청구에 이를 대신할 전보배상을 부가하여 대상청구를 병합하여 소구한 경우 대상청구는 본래적 급부청구권이 현존함을 전제로 하여 이것이 판결확정 전에 이행불능되거나 또는 판결확정 후에 집행불능이 되는 경우에 대비하여 전보배상을 미리 청구하는 경우로서 양자의 병합은 현재 급부청구와 장래 급부청구의 단순병합에 속하는 것으로 허용된다. 이러한 대상청구를 본래의 급부청구에 예비적으로 병합한 경우에도 본래의 급부청구가 인용된다는 이유만으로 예비적 청구에 대한 판단을 생략할 수는 없다.

2. 부작위청구권

3. 선이행청구 : 선이행청구는 원칙적으로 허용되지 않는다. 다만 양도담보 등의 경우에 채권자가 ① 그 등기가 담보의 목적이 아님을 다툰다든가 ② 피담보채무의 액수를 다투기 때문에 채무자가 변제하여도 담보조로 옮겨간 등기의 말소에 즉시 협력을 기대할 수 없으면 미리 청구할 필요가 있다.

### 확인의 소의 대상적격 및 확인의 이익

1. 대상적격
    현재 자기의 권리, 법률관계
    사실관계는 불허 / 당사자간의 권리관계가 아니라 타인간의 권리관계라 하여도 자기의 권리관계에 대한 불안이나 위험을 제거할 수 있는 유효하고 적절한 수단이 되는 경우에 확인의 이익이 있다. /
    신분관계·사단관계·행정소송관계처럼 포괄적 법률관계의 경우에 과거의 것이라도 일체 분쟁의 직접적·획일적 해결에 유효적절한 수단이 되는 때에는 그 확인을 구하는 것이 허용된다.

2. 확인의 이익
    현존하는 법적 불안이 있고, 불안제거에 유효적절한 수단
    저당권자가 제기하는 유치권부존재확인의 소는 허용.
    토지소유자가 국가를 상대로 소유권확인의 소를 제기할 수 있는 경우 : ① 어느 토지가 미등기이고 대장상의 등록명의자가 없거나 등록명의자가 누구인지를 알 수 없을 때, ② 국가가 등록명의자의 소유를 부인하면서 계속 국가소유를 주장하는 때
    이행의 소를 제기할 수 있는데도 이행청구권 자체의 존재확인의 소를 제기하는 것은 적절치 못하므로 허용되지 않는다.
    공정증서에 대한 청구이의의 소를 제기하지 않고 공정증서의 작성원인이 된 채무에 관하여 채무부존재확인의 소를 제기한 경우, 그 목적이 오로지 공정증서의 집행력 배제에 있는 것이 아닌 이상 청구이의의 소를 제기할 수 있다는 사정만으로 채무부존재확인소송이 확인의 이익이 없어 부적법하다고 할 것은 아니다(대법원 2013. 5. 9. 선고 2012다108863 판결).
    확인의 소에서 확인의 대상은 현재의 권리 또는 법률관계일 것을 요하므로 특별한 사정이 없는 한 과거의 권리 또는 법률관계의 존부확인은 인정되지 아니하는바, 근저당권의 피담보채무에 관한 부존재확인의 소는 근저당권이 말소되면 과거의 권리 또는 법률관계의 존부에 관한 것으로서 확인의 이익이 없게 된다(대법원 2013. 8. 23. 선고 2012다17585 판결).

### 증서진부확인의 소의 적법요건(제250조)

Ⅰ. 의의
   민사소송법 제250조

Ⅱ. 대상적격
   1. 법률관계 : 사실관계의 확인문서는 그 대상이 되지 않음
   2. 기재내용으로부터 직접 법률관계를 증명 : 기재 내용으로부터 직접 일정한 현재의 법률관계의 존부가 증명될 수 있는 서면을 말한다(대법원 2007. 6. 14. 선고 2005다29290,29306 판결). 임대차계약금으로 일정한 금원을 받았음을 증명하기 위하여 작성된 영수증은 특별한 사정이 없는 한 임대차 등 법률관계의 성립 내지 존부를 직접 증명하는 서면이 아니므로 증서의 진정 여부를 확인하는 소의 대상이 될 수 없다.
   3. 현재의 법률관계 : 세금계산서는 대상적격 없음
   4. 진부 : 작성명의자에 의하여 작성되었는지의 여부

Ⅲ. 확인의 이익
   1. 현존하는 법적불안 : 당사자가 주장하는 법률효과가 동일하다고 하더라도 주장하는 법률요건이 다를 때에는 당사자 사이에 법률관계에 관한 다툼이 없다고 볼 수 없다(대법원 2017. 3. 9. 선고 2016다256968, 256975 판결). / 법률요건은 같아야 함. 상대방의 과실을 주장하며 각자 전속계약 해지 주장
   2. 불안제거에 유효적절한 수단 : 어느 서면에 의하여 증명되어야 할 법률관계를 둘러싸고 이미 소가 제기되

어 있는 경우에는 그 소송에서 분쟁을 해결하면 되므로 그와 별도로 그 서면에 대한 진정 여부를 확인하는 소를 제기하는 것은 특별한 사정이 없는 한 확인의 이익이 없다(대법원 2007. 6. 14. 선고 2005다29290, 29306 판결).

### 재판장의 소장심사

1. 의의 : 소장이 접수된 다음에 재판장이 소장의 적식 여부를 심사하는 것(제254조)
2. 내용
   재판장, 단독판사, 법원사무관이 주체 / 당사자, 법정대리인, 청구취지, 청구원인, 인지납부
     소장심사의 선순위성
3. 불복방법
   보정명령에 대한 시기적 제한은 없음. 보정명령에 대해서는 불복불가 단, 소장각하명령에 대해서는 즉시항고 가능
4. 효력
   보정시 소제기의 효력은 소급

### 무변론판결의 요건

1. 구체적인 소장기재 : 청구불특정시 원고의 주장이 없어 승소의 대상도 없고, 직권조사사항이 규명되지 않은 상태에서도 무변론원고승소판결을 하는 것은 부당하므로 무변론원고승소판결 불가
2. 답변서제출의무 : 공시송달의 경우는 답변서제출의무 없음
3. 답변서의 불제출 또는 자백 취지의 답변서 제출
4. 예외에 해당하지 않을 것
   ① 답변서 제출의무가 없는 공시송달사건(제256조 제1항 단서), ② 직권조사사항이 있는 사건, ③ 판결선고일까지 원고의 청구를 다투는 취지의 답변서를 제출한 경우(제257조 제1항 단서), ④ 형식적 형성의 소, ⑤ 자백간주의 법리가 적용되지 아니하는 사건, ⑥ 외국에 주소를 두고 있는 피고에 대하여는 답변서를 제출하지 않더라도 무변론판결을 할 수 없다. 통상공동소송으로 진행되어, 피고 중 1인이 답변서를 제출하지 않았음에도 불구하고 변론기일이 지정된 때에는 무변론판결을 선고할 수 없고, 변론종결이후 의제자백으로 원고 승소판결을 선고함을 유의할 것.

### 중복제소의 요건 및 효력

Ⅰ. 의의
   법원이 이미 계속 중인 사건에 대하여 다시 소를 제기하는 것은 허용되지 않는다는 원칙(제259조). 판결의 모순저촉의 방지, 소송경제

Ⅱ. 요건
   1. 당사자의 동일
      가. 당사자 동일의 범위 : 당사자와 기판력이 미치는 제3자, 전소와 후소의 원고·피고가 바뀌어도 무방
      나. 채권자대위소송 : 3가지 경우 모두 중복소송 해당
         (1) 채권자대위소송의 계속 중 채무자가 같은 내용의 후소 제기
         (2) 채무자의 소송계속 중 채권자대위소송의 제기
         (3) 채권자대위소송 중에 다시 다른 채권자의 대위소송 제기 : ☞ 다른 채권자의 공동소송참가는 중복소송 아님에 유의)

다. 채권자취소소송 : 각 채권자는 자기의 고유권리로서 채권자취소권을 행사하므로 중복소송이 되지 않음
2. 청구의 동일
   가. 청구동일의 범위
      ① 선결관계 : 소송계속 안되므로 중복소송 X,
      ② 모순관계 : 양소는 기판력의 모순관계에 있더라도 소송물이 같지 않으므로 중복소송에 해당하지 않는다고 봄이 타당. 판례
   나. 청구동일의 구체적 예
      (1) 청구취지가 같은 경우 : 청구취지가 다르면 별개의 소송물에 해당. 한편 청구취지가 같더라도 청구원인이 다르면 다른 소송물이라는 게 판례의 태도
      (2) 항변으로 제출된 권리에 대한 별소제기
         ① 항변 : 소송계속 안되므로 중복소송 X
         ② 상계항변으로 주장된 채권 : 소극설, 적극설 대립하나, 판례는 소극설
      (3) 동일권리에 관하여 청구취지를 달리할 때
         ① 원고의 적극적 확인청구와 피고의 소극적 확인청구 : 동일사건에 해당
         ② 동일권리에 관한 확인청구와 이행청구
      (4) 일부청구와 잔부청구 : 명시설
3. 전소의 소송계속 중에 후소를 제기하였을 것 : 전소와 후소의 판별기준은 소송계속의 발생시기 즉 소장이 피고에게 송달된 때의 선후에 의할 것이다(대법원 1994. 11. 25. 선고 94다12517,94다12524 판결).

III. 효과
   1. 직권조사사항 : 소극적 소송요건, 부적법한 소라도 중복소송 문제 발생함 / 일반적 적법요건이므로, 다른 요건에 대하여 우선적으로 검토하여야 함. 전소가 부적법하더라도 후소는 중복제소로 각하되는 것이 원칙
   2. 간과판결의 효력 : 당연무효 판결 아님. 이 경우 전·후소를 따지지 않고 후에 생성된 판결은 재심의 소에 의하여 취소될 수 있다(제451조 제1항 제10호).

### 채무부존재확인의 소

1. 청구의 특정
원칙적으로 청구취지에 채무액의 상한을 기재하여야만 소송물이 특정되어 적법하나 기재되어 있지 않더라도, 채권자인 피고는 특별한 사정이 없는 한 채무액을 알고 있거나 청구원인을 통하여 쉽게 특정할 수 있으므로 소송물이 특정되었다고 본다(판례, 다수설).

2. 소송물
   가. 오로지 채무존부만을 문제삼는 경우(채무불발생) : 소송물은 채무의 존부 자체
   나. 전체채무의 부존재를 구하는 경우(채무발생하였으나 전부변제) : '채무는 존재하지 아니함을 확인한다.'
      → 소송물은 채무전부
   다. 일부채무의 부존재를 구하는 경우(채무발생하였으나 일부변제) : '3천만원을 초과하여서는 존재하지 아니함을 확인한다.' → 소송물은 채무전액으로부터 다툼이 없는 3천만원을 공제한 잔액채무

3. 일부인용시 법원의 조치(처분권주의)
   가. 오로지 채무존부만을 문제삼는 경우 : 과실 유무를 따져 청구인용·청구기각의 판결을 하여야 하고, 일부인용의 판결은 불허
   나. 전체채무의 부존재를 구하는 경우 : 일부판결은 허용된다.
   다. 일부채무의 부존재를 구하는 경우 : 그 부존재확인을 구하는 목적인 법률관계가 가분하고 또 분량적으로 그 일부만이 존재하는 경우에는 그 청구전부를 기각할 것이 아니고 그 존재하는 법률관계의 부분에 대하여 일부 패소의 판결을 하여야 한다.

### 주요사실과 간접사실의 구별

1. 의의
   변론주의는 주요사실에 대하여만 인정되므로 간접사실 등은 변론에서 당사자의 주장이 없어도 또 주장과는 달리 증거로써 이를 인정할 수 있으며 자백이 되어도 구속력이 없다.

2. 구별의 실익 : 자백구속여부, 유일한 증거, 판단누락

3. 구별기준
   법규기준설(통설) : 법률효과를 발생시키는 법규의 직접 요건사실이 주요사실, 주요사실의 존재를 추인하는 데 도움이 됨에 그치는 사실은 간접사실 / 판례(법규기준설) : 기본사실의 경위·내력 등에 관한 사실 또는 당사자의 주장사실에 연결성이 있고 또 동일범위 안에 속하는 사항은 간접사실에 해당하므로 법원이 증거에 의하여 자유롭게 인정할 수 있다.

4. 법규기준설에 대한 이설과 준주요사실설
   문제점 : 과실, 인과관계 등을 요건으로 하는 일반규정에서만
   학설 : 중요사실주장설(소송의 승패에 영향을 미치는 중요한 사실에 대하여 변론주의의 적용), 기준재구성설(이익형량의 견지에서 주요사실을 결정), 전사실주장설(주요사실이든 간접사실이든 모두), 준주요사실설(일반규정의 요건사실을 구성하는 구체적 사실을 준주요사실로 하고 변론주의를 적용), 주요사실·요건사실 구별설(주요사실은 사실 그 자체이며 요건사실은 그 사실에 대한 법적평가이므로 주요사실만 변론주의가 적용)

### 지적의무의 요건(제136조 제4항) / 판례는 지적의무를 석명권의 하나로 파악하는 입장

1. 법률상 사항일 것
   가. 법률적 관점 : 사실관계에 대한 법규적용사항
   나. 기본적이고 주요한 법률적 관점
   다. 소송물의 범위 내의 법률적 관점 : 소송물의 범위 내만(반대견해 있음)
   라. 구체적 예
   (1) 청구권원의 지적 : 손해배상청구의 법률적 근거는 이를 계약책임으로 구성하느냐 불법행위책임으로 구성하느냐에 따라 요건사실에 대한 증명책임이 달라지는 중대한 법률적 사항에 해당하므로, 당사자가 이를 명시하지 않은 경우 석명권을 행사하여 당사자에게 의견 진술의 기회를 부여함으로써 당사자로 하여금 그 주장을 법률적으로 명쾌하게 정리할 기회를 주어야 함에도, 이러한 조치를 취하지 않은 채 손해배상청구의 법률적 근거를 불법행위책임을 묻는 것으로 단정한 뒤 증명이 부족하다는 이유로 청구를 받아들이지 않은 원심판결은 잘못이다(대법원 2009. 11. 12. 선고 2009다42765 판결). / 청구취지와 청구원인이 불일치하는 경우(대법원 2011. 11 .10. 선고 2011다55405 판결)
   (2) 본안요건의 지적 : 예컨대 소유권에 기한 건물인도청구를 구하는 경우에 채권자대위권에 기한 건물인도청구를 인용하는 경우, 명시적으로 다툼이 없었음에도 추심명령의 경정결정의 송달이 되지 않았다는 이유로 기각 판결한 경우
   (3) 소송요건의 지적 : 예컨대 법원이 당사자 사이에 전혀 논의되지 않은 피고적격의 흠결로 소각하할 때
   (4) 계약해석의 지적 : 원고가 도급계약으로 주장하지만 법원으로서는 매매계약으로 보여질 때의 이의 지적
   (5) 적용법의 지적 : 사용자책임에 대하여 다투고 있는데 자배법 제3조를 적용하는 경우
   (6) 소변경의 지적 : 등기명의자였거나 법률상 소유자가 아닌 자가 진정명의회복을 위한 이전등기청구로 소변경 하는 경우

2. 당사자가 간과하였음이 분명할 것 : 통상인의 주의력을 기준으로 당사자가 소송목적에 비추어 당연히 변론에서 고려 또는 주장되어야 할 법률상의 사항을 부주의 또는 오해로 빠뜨리고 넘어간 경우

3. 판결의 결과에 영향이 있는 것일 것 : 방론이나 예비적·보조적 주장은 지적의무의 대상이 아니다.

4. 부수적 채권에만 관한 것이 아닐 것

### 변론준비기일의 쟁점

1. 변론준비기일
    가. 최종적인 쟁점 및 증거정리기일 : 변론준비기일방식의 경우 실권효가 있음. 규칙 제70조의2에서는 구술의 의한 주장과 증거의 정리진술, 쟁점의 확인정리의무를 부과
    나. 당사자 본인의 출석문제 : 당사자에게 일반적인 출석의무는 없으나 필요한 경우 출석명령을 내릴 수 있음
    다. 변론준비기일의 진행방식 : 비공개, 준비절차실 또는 심문실에서, 변론준비기일은 쟁점기일일뿐 소송관계를 뚜렷이 하는 변론기일과 구별되고, 변론기일과 달리 공개주의·직접주의가 적용되지 않는다. 변론준비기일은 재판장 등에 의하여 진행되나 변론기일은 수소법원에 의한 기일진행임
    라. 변론준비조서의 작성(제283조 제1항)

2. 변론준비기일 불출석의 효과
    가. 내용 : 변론기일 불출석의 효과가 준용됨
    나. 쌍방의 1회 불출석시 법원의 조치 : 변론준비기일에 있어서 양쪽 당사자의 불출석이 밝혀진 경우 재판장 등은 양쪽의 불출석으로 처리하여 새로운 변론준비기일을 지정하는 외에도 당사자 불출석을 이유로 변론준비절차를 종결할 수 있다
    다. 변론준비기일 불출석의 효과가 변론기일에도 승계되지 않음

3. 변론준비절차의 종결
    가. 종결원인(제284조) : 6월 경과, 재정기간 불준수, 기일 불출석
    나. 변론준비기일 종결의 효과
        (1) 실권효(제285조 제1항) : 서면에 의한 변론준비절차는 예외
        (2) 예외 사항 : 직권조사사항 등


### 소송상 항변

1. 부인과의 구별
    가. 구별의 실익 : 증명책임(부인의 경우에는 부인당한 사실의 증명책임이 상대방 즉 원고에게 돌아가지만 항변의 경우에는 항변사실의 증명책임이 그 제출자인 피고에게 있다) / 판결이유의 설시(항변을 배척시는 판단이 필요하고 그렇지 않으면 판단누락의 위법에 해당하나 간접부인의 경우에는 판단이 불요)
    나. 구별기준 : 양립가능성 여부(원고의 주장사실과 양립되지 않는 별개의 사실을 진술하면 간접부인, 원고의 주장사실이 진실임을 전제로 논리적으로 양립할 수 있는 별개의 사실을 진술하는 경우는 항변)

2. 항변의 종류
    가. 개설 : 주장의 형태에 따라 제한부자백(원고의 주장사실을 확정적으로 인정하면서 양립될 수 있는 별개의 사실을 진술하는 것)과 가정항변(원고의 주장사실을 일응 다투면서 예비적으로 항변하는 경우)으로 / 반대규정의 성질에 따라 권리 장애·멸각·행사저지 사실의 항변으로 구분
    나. 권리장애사실의 항변 : 권리의 발생을 애당초 방해 / 무효사유, 불법원인급여 등
    다. 권리멸각사실의 항변 : 일단 발생한 권리를 소멸 / 변제, 소멸시효, 해제, 취소, 상계 등
    라. 권리저지사실의 항변 : 이미 발생한 권리의 행사를 저지 / 유치권, 동시이행항변 등

3. 재항변
    피고의 항변이 유효함을 전제로 원고의 재항변이 가능

### 소송상 합의의 법적 성질

1. 명문의 규정이 있는 경우 : 소송행위, 관할의 합의(제29조), 불항소합의(제390조 제1항 단서)

2. 명문의 규정이 없는 경우
   소취하계약, 부제소특약, 당사자가 약정을 불이행한 경우, 사법계약설 중 ① 의무이행소구설은 약정에 따른 의무이행을 소구한 다음 승소판결에 의하여 (간접)강제집행을 할 수 있고 만일 집행이 불능인 경우는 손해배상을 청구할 수 있다고 본다. ② 항변권발생설은 의무불이행자의 상대방은 계약의 존재에 대한 항변권을 행사할 수 있다고 본다. 소송계약설은 소송상 합의를 소송계약으로 보아 직접적으로 합의에 따른 소송법상의 효과가 발생한다고 본다. 발전적 소송계약설은 소송상의 합의를 소송계약으로 보면서도 사법상의 작위·부작위의무까지 발생한다고 본다.
   본계약이 강행법규 위반이라도 부제소합의가 무효가 되는 것은 아니나, 매매계약과 같은 쌍무계약이 불공정한 법률행위에 해당하여 무효라고 한다면, 불공정성을 소송 등 사법적 구제수단을 통하여 주장하지 못하도록 하는 부제소합의 역시 다른 특별한 사정이 없는 한 무효이다(대법원 2010. 7. 15. 선고 2009다50308 판결).

### 소송행위의 철회

1. 여효적 소송행위 : 법원의 행위가 개입하지 않고 직접 소송상의 효력을 발생하므로 상대방의 이익과 절차의 안정을 고려하여 원칙적으로 철회가 허용되지 않는다(재판상 자백, 소취하, 재판상 화해, 청구의 포기·인낙, 상소의 취하).

2. 취효적 소송행위
   가. 철회의 자유 : 법원의 판단이 있기 전까지는 자유로이 철회 가능(신청·주장·증거신청)
   나. 제한 : 당해 행위를 한 당사자에게 불리하거나 또는 상대방에게 유리한 법률상 지위가 형성된 경우 즉 구속적 소송행위에는 철회가 제한(상대방이 응소한 후의 소취하, 증거신청 후 증거조사가 개시된 경우)

3. 철회제한의 예외(구속적 소송행위) : (1) 형사상 처벌할 수 있는 타인의 행위로 인한 소송행위(제451조 1항 5호), (2) 상대방의 동의, (3) 재판상 자백의 취소, (4) 당사자가 경정한 때

자백을 취소하는 당사자는 그 자백이 진실에 반한다는 것 외에 착오로 인한 것임을 아울러 증명하여야 하고, 진실에 반하는 것임이 증명되었다고 하여 착오로 인한 자백으로 추정되는 것은 아니다(대법원 2013. 6. 27. 선고 2012다86048 판결).

## 기일의 해태(소취하간주, 제268조)

1. 당사자의 결석(기일의 해태) :
가. 필요적 변론기일 : 변론준비기일에 해당
나. 적법한 기일통지 : 공시송달은 해당되지 않음
다. 불출석 또는 출석·무변론 : 단지 피고가 청구기각의 판결만을 구한 경우에는 변론을 하였다고 볼 수 없다
2. 양쪽 당사자의 1회 결석 : 재판장은 반드시 속행기일을 정하여 양쪽 당사자에게 통지하여야 한다.
3. 양쪽 당사자의 2회 결석 : 1회 결석과 달리 판결을 하기에 성숙하였다고 인정될 때에 변론종결 후 기록에 의한 판결이 가능하다. 2회 결석은 연속적일 필요가 없으며, 단속적이어도 무방.
4. 기일지정신청이 없거나 기일지정신청 이후의 양쪽 결석
　양쪽 당사자의 2회 결석 후 변론의 휴지상태에서 1월내에 당사자의 기일지정신청이 없으면 소취하간주의 효력이 발생한다(제268조 제2항). 당사자가 기일지정신청을 하면 절차는 속행되므로 다시 기일이 열리게 되는바, 그 새기일 또는 이후의 기일에 양쪽 당사자가 3회째 결석하면 역시 소취하간주의 효력이 발생한다(동조 제3항).
5. 효과 : 1심의 경우 소취하, 상소심의 경우 상소취하

## 공시송달의 요건 및 효력

1. 요건(제195조)
　① 당사자의 주소 등 또는 근무장소를 알 수 없는 경우와 외국에서 하여야 할 송달에 관하여 촉탁송달을 하기가 어려운 것으로 인정되는 경우
　② 다른 송달방법에 의하는 것이 불가능한 경우일 것.
　　공시송달은 당사자나 보조참가인에 대하여만 할 수 있지, 증인·감정인에게는 할 수 없으며, 다른 송달방법이 가능할 때에는 사용할 수 없는 보충적인 송달방법이다. 예컨대 당사자가 사망하거나 법인 등의 대표자가 사망한 경우(대법원 1991. 10. 22. 선고 91다9985 판결), 단순히 폐문부재(문이 잠겨있고 아무도 없는 경우)로 송달되지 아니한 경우(대법원 2011. 10. 27.자 2011마1154 결정), 송달을 받을 자가 장기간 여행 중인 경우(대법원 1969. 2. 19.자 68마1721 결정)에는 공시송달을 할 수 없다. 최초의 공시송달은 게시한 날로부터 2주가 지나야 송달의 효력이 발생하나, 그 이후의 공시송달은 게시한 다음날부터 효력이 발생한다(제196조 제1항).
2. 효력
　공시송달의 요건에 흠이 있더라도 재판장이 공시송달을 명하여 절차를 취한 경우에는 유효한 송달에 해당한다. 다만 공시송달에 의한 편취판결의 경우에 편취를 이유로 추후보완상소(제173조) 또는 재심(제451조 제1항 제11호)을 제기할 수 있을 뿐이다.

## 재판상 자백

1. 구체적인 사실을 대상으로 하였을 것(자백의 대상적격)
　가. 사실상의 진술 : 자백은 사실상 진술에 대하여 성립함, 주요사실에 대하여만 성립하나, 예외적으로 문서의 진정성립에 관한 자백은 보조사실에 관한 것이나 그 취소에 관하여는 주요사실에 관한 자백취소와 같이 취급
　나. 법률상의 진술(5가지) / 권리자백
　　(1) 소송물인 권리관계 자체에 대한 진술 ⇒ 청구의 포기·인낙에 의하여 구속력 인정
　　(2) 법규의 존부·해석에 관한 진술 ⇒ 권리자백(예컨대 법정변제충당의 순서)
　　(3) 사실에 대한 평가적 판단 ⇒ 권리자백(예컨대 법률상 유언, 과실, 정당한 사유 등)
　　(4) 법률적 사실의 진술(법률용어를 사용한 사실의 압축진술) ⇒ 매매·소비대차·임대차와 같이 상식적으로 널리 알려진 것이고 진술자가 이해하였으면 재판상 자백

5) 선결적 법률관계(소유권에 기한 인도청구에 있어서 소유권의 존부)의 자백
      부정설(권리자백이므로), 긍정설(소전제이므로), 절충설(법적 추론에 관한 진술은 법원에 대한 구속력은 인정할 수 없지만 사실적 요소에 관한 진술은 당사자에 대한 구속력은 인정할 수 있다)이 대립하고 있으나, 판례는 소유권에 기한 이전등기말소청구소송에 있어서 피고가 원고 주장의 소유권을 인정하는 진술은 그 소의 전제가 되는 소유권의 내용을 이루는 사실에 대한 진술로 볼 수 있으므로 이는 재판상 자백이라고 판시.

2. 자기에게 불리한 진술(자백의 내용) : 상대방이 증명책임 지는 사실에 한정하는 증명책임설이 있으나 패소가능성설이 타당

3. 상대방의 주장사실과 일치하는 사실상의 진술(자백의 모습)
   가. 선행자백 : 당사자 일방이 먼저 불리한 진술을 하는 경우를 선행자백이라 한다. 구체적으로 학설은 선행자백에 대하여 원용이 있으면 재판상 자백이 된다고 하나 판례는 위의 선행자백을 자인이라고 하고, 상대방의 원용이 있으면 선행자백이라고 한다. 따라서 일단 자기에게 불리한 사실을 진술한 당사자도 그 후 그 상대방의 원용이 있기 전에는 그 자인한 진술을 철회하고 이와 모순되는 진술을 자유로이 할 수 있으며 이 경우 앞의 자인진술은 소송자료로부터 제거된다(대법원 2016. 6. 9. 선고 2014다64752 판결).
   나. 자백의 가분성 : 이유부 부인으로, 예컨대 돈을 받은 것은 인정하지만 상대방의 주장과 같이 차용한 것이 아니라 증여로 받았다고 하면 돈을 받았다는 사실의 한도에서 자백이 성립한다. / 제한부 자백으로, 예컨대 금전차용은 인정하지만 변제하였다고 하면 차용사실에 관하여 자백이 성립한다. / 이 진술이 일치하지 않는 잔여부분에는 이유부 부인의 경우에는 부인이 되고, 제한부 자백의 경우에는 항변이 된다.

4. 변론이나 변론준비기일에서 소송행위로서 진술하였을 것(자백의 형식)
   가. 재판상의 진술 : 변론이나 변론준비기일에서 진술하였어야 한다. 자백 취지의 서면이 진술간주된 경우도 포함된다(대법원 2015. 2. 12. 선고 2014다229870 판결).
   나. 단독적 소송행위 : 자백은 소송행위이므로 조건을 붙일 수 없고, 법원에 대한 단독적 소송행위이므로 상대방이 불출석하여도 할 수 있다.

### 자백간주의 성립

1. 상대방의 주장사실을 명백히 다투지 아니한 경우(제150조 제1항)
   가. 당사자가 변론 또는 변론준비기일에 출석하였을 것
   나. 출석 당사자가 상대방의 주장사실을 명백히 다투지 않을 것
   다. 변론전체의 취지로 보아 다투는 사정이 보이지 않을 것 : 상대방의 주장사실을 다투었다고 인정할 것인가의 여부는 사실심 변론종결 당시의 상태에서 변론의 전체를 살펴서 구체적으로 결정하여야 한다(대법원 2004. 9. 24. 선고 2004다21305 판결).

2. 한쪽 당사자가 기일에 불출석한 경우(← 기일의 해태, 제150조 제3항)
   가. 한쪽 당사자가 기일에 불출석할 것
   나. 답변서 그 밖의 준비서면으로 다투지 않을 것
   다. 불출석 당사자가 공시송달을 받지 않았을 것

3. 답변서의 불제출 또는 자백취지의 답변서 제출(제257조)
   가. 답변서 제출의무가 있을 것
   나. 피고가 공시송달 외의 방법으로 송달받았을 것
   다. 피고가 송달일로부터 30일 이내에 답변서를 제출하지 않거나 자백취지의 답변서를 제출할 것

자백간주가 성립하면 재판상 자백과 마찬가지로 법원에 대한 구속력이 발생하므로 법원은 자백간주 사실에 반하는 사실을 인정할 수 없다. 자백간주는 재판상 자백과 달리 당사자에 대한 구속력이 인정되지 않는다. 당사자는 사실심 변론종결시까지 상대방의 주장사실을 다투어 자백간주의 효력을 번복할 수 있다.

**사문서의 증거력**

1. 문서의 형식적 증거력(= 진정성립)
   가. 의의 : 문서가 거증자가 주장하는 특정인의 의사에 기하여 작성된 것을 문서의 진정성립이라고 하고, 진정하게 성립된 문서를 형식적 증거력이 있다고 한다.
   나. 성립의 인부(조사)
      (1) 성립인정·침묵 ⇒ 자백 또는 자백간주의 법리. 다만 자백의 취소에 있어서는 주요사실의 자백취소와 동일하게 처리한다.
      (2) 부인·부지 ⇒ 이 경우 증명을 필요로 하는데 증명책임은 문서제출자에게 돌아간다. 증명방법에 제한이 없으며 변론 전체의 취지(제202조)만으로 그 성립을 인정하여도 무방하다. 다만 진정성립의 증명을 쉽게 하기 위하여 법정증거법칙의 일종으로 추정 규정이 있다.
   다. 진정의 추정 및 복멸
      (1) 2단계의 추정 : 작성명의인의 인영이 그 사람의 인장에 의한 것임이 인정되면(= 인영과 인장의 동일성, 인영의 진정) 그 날인이 그 사람의 의사에 기한 것(= 날인의 진정, 인영의 진정성립)이라고 사실상의 추정(1단계 추정)이 된다는 것이고, 일단 날인의 진정이 추정되면 그 문서 전체의 진정성립까지도 추정된다(2단계 추정, 증거법칙적 추정). 이를 이른바 2단계의 추정이라 한다.
      (2) 인장도용·강박날인의 항변 : 인장도용·강박에 대한 증명책임은 항변자에게 있는 것이며 만일 이를 입증하지 못하면 진정성립이 추정된다. 다만 도용의 경우 날인행위가 작성명의인 이외의 자에 의하여 이루어진 것임이 밝혀진 이상 문서제출자는 그 날인행위가 작성명의인으로부터 위임받은 정당한 권원에 의한 것이라는 사실을 증명할 책임이 있다. <u>인영의 진정성립 추정은 사실상의 추정이므로, 인장도용 또는 강박날인 항변 등으로 인영의 진정성립을 다투는 자가 반증을 들어 인영의 날인행위가 작성 명의인의 의사에 기한 것임에 관하여 의심을 품게 할 수 있는 사정을 입증하면 그 진정성립의 추정은 깨어진다(대법원 2003. 2. 11. 선고 2002다59122 판결). 다만 문서에 찍혀진 작성 명의인의 인영이 그 인장에 의하여 현출된 인영임이 밝혀진 경우에는 문서가 인장도용 등에 의하여 작성된 것이라는 것은 그것을 주장하는 자가 적극적으로 입증하여야 하고 이 항변사실을 입증하는 증거의 증명력은 개연성만으로는 부족하다(대법원 1987. 12. 22. 선고 87다카707 판결).</u>
      (3) 백지보충의 항변 : 작성명의인의 날인만 있고 내용이 백지로 된 문서를 교부받아 후일 다른 사람이 보충한 경우 판례는 "백지문서 또는 미완성 부분을 작성명의자가 아닌 자가 보충하였다는 등의 사정이 밝혀진 경우라면, 다시 그 백지문서 또는 미완성 부분이 정당한 권한에 기하여 보충되었다는 점에 관하여는 그 문서의 진정성립을 주장하는 자 또는 문서제출자에게 그 증명책임이 있다(대법원 2003. 4. 11. 선고 2001다11406 판결)."고 판시하여 그 문서의 진정성립의 추정은 배제된다고 한다.

2. 문서의 실질적 증거력(= 증거가치)
   가. 의의 : 어떤 문서가 요증사실을 증명하기에 얼마나 유용한가의 증거가치
   나. 조사 : 실질적 증거력은 형식적 증거력의 존재를 전제로 하며, 법관의 자유심증에 일임되어 있으므로 실질적 증거력에 대한 자백은 인정되지 않는다.
   다. 추정 및 복멸 : 처분문서의 경우 그 진정성립이 인정되는 이상 기재 내용대로 법률행위의 존재 및 내용을 인정하여야 한다(사실상의 추정). 강력한 사실상의 추정이므로 법원이 처분문서를 배척하려면 합리적인 이유 설시가 있어야 한다.

### 법률요건분류설에 의한 증명책임의 분배

가. 원칙 : 각 당사자는 자기에게 유리한 법규의 요건사실의 존부에 대하여 증명책임을 부담한다.
나. 소송요건 : 원고에게 증명책임 있는 게 원칙
다. 본안요건 : 권리의 존재를 주장하는 사람은 권리근거사실(청구원인사실)에 대하여 증명책임을 지고, 권리의 존재를 다투는 상대방은 반대규정의 요건사실 즉 권리장애·소멸·행사저지 사실(항변사실)에 대하여 증명책임을 부담한다.

근저당권은 담보권이므로, 근저당권설정행위와는 별도로 근저당권의 피담보채권을 성립시키는 법률행위가 있어야 하고, 근저당권의 성립 당시 근저당권의 피담보채권을 성립시키는 법률행위가 있었는지 여부에 대한 입증책임은 그 존재를 주장하는 측에 있다(원인계약의 존부에 대해서는 등기의 추정력이 미치지 않는다, 대법원 2009. 12. 24. 선고 2009다72070 판결).

민법 제108조 제1항에서 상대방과 통정한 허위의 의사표시를 무효로 규정하고, 제2항에서 그 의사표시의 무효는 선의의 제3자에게 대항하지 못한다고 규정하고 있는데, 여기에서 제3자는 특별한 사정이 없는 한 선의로 추정하므로, 제3자가 악의라는 사실에 관한 주장·입증책임은 그 허위표시의 무효를 주장하는 자에게 있다(대법원 2006. 3. 10. 선고 2002다1321 판결).

당사자의 의사표시에 의한 채권양도금지 특약은 제3자가 악의인 경우는 물론 제3자가 채권양도금지 특약을 알지 못한 데에 중대한 과실이 있는 경우에도 채권양도금지 특약으로써 대항할 수 있고, 제3자의 악의 내지 중과실은 채권양도금지 특약으로 양수인에게 대항하려는 자가 이를 주장·증명하여야 한다(대법원 2015. 4. 9. 선고 2012다118020 판결).

사해행위취소소송에서 채무자의 악의의 점에 대하여는 취소를 주장하는 채권자에게 증명책임이 있으나 수익자 또는 전득자가 악의라는 점에 관하여는 증명책임이 채권자에게 있는 것이 아니고 수익자 또는 전득자 자신에게 선의라는 사실을 증명할 책임이 있다(대법원 2015. 6. 11. 선고 2014다237192 판결).

### 소송종료선언의 사유(규칙 제67조, 제68조)

1. 이유 없는 기일지정신청(규칙 제67조) : 소취하만 해당
    가. 소 또는 상소 취하의 효력에 관한 다툼 : 소 또는 상소취하로 소송이 종료된 것으로 처리된 뒤 그 소송종료 효과의 부존재 또는 무효를 주장하며 기일지정신청을 하는 경우 ⇒ 법원은 변론기일을 열어 심리한 후 만일 소송종료가 유효하면 소송종료선언판결을 선고하고, 소송종료의 처리가 잘못되었으면 본안심리를 계속 진행함
    나. 청구의 포기·인낙에 관한 다툼 : 당연무효가 아닌 한, 소 또는 상소취하와 달리 준재심으로써 다툴 수 있을 뿐 기일지정신청으로는 다툴 수 없다.
    다. 화해의 효력에 관한 다툼 : 당연무효가 아닌 한, 판례(소송행위설)는 준재심만을 인정할 뿐 기일지정신청을 인정하지 않으나, 다수설(양성설)은 준재심 뿐만 아니라 기일지정신청(또한 화해무효확인의 소)을 인정함]

2. 법원의 소송종료의 간과진행 : 모든 종료원인이 해당
    가. 판결의 확정의 간과 : 판결의 일부가 이미 확정되어 그 한도에서 소송이 종료되었음에도 이를 간과하고 심판한 경우 상급법원은 확정된 부분의 판결을 파기(취소)하고 소송은 종료되었다고 선언함
    나. 소의 취하간주의 간과 : 제1심에서 소가 취하간주되었음에도 이를 간과하고 본안판결을 하였다면 상급법원은 제1심 판결을 취소하고 소송종료선언을 함
    다. 청구인낙의 간과 : 피고가 청구인낙을 하여 변론조서에 기재되었음에도 이를 간과하고 소송이 진행되는 경우 법원은 소송종료선언을 함

3. 당사자대립구조의 소멸
    당사자 일방의 사망 + 상속되지 않는 일신전속적인 법률관계

## 소 취하의 요건 및 절차

### Ⅰ. 의의
원고가 제기한 소의 전부 또는 일부를 철회하는 법원에 대한 단독적 소송행위(제266조)

### Ⅱ. 요건
1. 당사자 : 소취하는 소송행위. 원고가 고유필수적 공동소송인일 경우에는 전원이 취하하여야 하고 반면 유사필수적 공동소송인이면 단독 취하도 가능하다.
2. 소송물 : 변론주의·직권탐지주의의 적용을 받는 모든 소송물
3. 시기 : 판결 확정 전까지 할 수 있다(제266조 제1항). 판결의 선고 이후라도 확정 전이라면 상소심에서도 소취하가 허용되지만 재소금지의 제재가 따른다(제267조 제2항).
4. 피고의 동의(제266조 제2항)
   피고의 본안응소 이후에는 피고에게 청구기각 판결을 받을 이익이 생겼기 때문, 다만 피고가 주위적으로 소각하판결, 예비적으로 청구기각판결을 구한 경우에는 피고의 동의가 필요 없다는 게 판례의 태도(대법원 1968. 4. 23. 선고 68다217,68다218 판결).
5. 소송행위로서 유효한 요건을 갖출 것 : 소송행위이므로 조건의 불가, 의사표시의 하자를 이유로 한 소취하의 취소에 대하여 하자불고려설이 통설

### Ⅲ. 절차
1. 서면 또는 구술 : 소취하는 원칙적으로 소취하서의 제출에 의하나, 예외적으로 변론(준비)기일에 소취하를 함에는 구술로써도 할 수 있다(제266조 제3항). 조건부 소취하의 합의를 한 경우에는 조건의 성취사실이 인정되지 않는 한 그 소송을 계속 유지할 법률상의 이익을 부정할 수 없다(대법원 2013. 7. 12. 선고 2013다19571 판결).
2. 소의 일부취하 : 소의 일부에 대한 소취하 가능
3. 피고 동의의 방법 : 피고의 동의도 서면 또는 구술로써 한다. 피고가 취하서 송달을 받거나 기일에 출석하여 취하가 있는 것을 안 날로부터 2주 이내에 이의하지 아니하면 동의한 것으로 간주한다(동조 제6항).


## 재소금지의 요건

1. 당사자의 동일
   가. 전소의 원고 : 전소의 원고만이 재소금지의 제재 있음
   나. 변론종결 후의 일반승계인 : 당사자 동일 해당
   다. 변론종결 후의 특정승계인 : 적극설(재소금지의 제재적 기능 고려), 소극설(재소금지 취지를 기판력 취지와 동일시할 수는 없다), 절충설(공모시만)의 대립이 있으나, 판례는 민사소송법 제267조 제2항 소정의 '소를 취하한 자'에는 변론종결 후의 특정승계인도 포함되는 것이나 전소의 취하 후에 토지에 대한 소유권을 양수한 원고는 그 소유권을 침해하고 있는 피고에 대하여 그 배제를 구할 새로운 권리보호의 이익이 있다고 할 것이니 동일한 소라고 할 수 없다는 입장(적극설의 입장이나, 권리보호이익의 추가적 검토)
   라. 선정당사자(전소)와 선정자(후소)
   적극설(선정당사자의 소송수행의 결과는 선정자에게 미치므로), 소극설(재소금지의 취지는 기판력의 취지와 다르므로)의 대립이 있으나, 적극설(재소금지는 법원의 종국판결의 농락을 방지하고 소취하남용의 제재를 위한 것이므로)이 타당
   마. 채권자대위소송 이후 채무자의 재소
   <u>채권자대위권에 의한 소송이 제기된 사실을 피대위자가 알게 된 이상 그 종국판결 선고 후 소가 취하된 때에는 피대위자도 위 대위소송과 동일한 소를 제기할 수 없다</u>(대법원 1981. 1. 27. 선고 79다1618, 1619 판결). ⇒ 적극설

2. 청구의 동일
   가. 소송물 이론 : 소송물 이론에 따라 소송물 동일 여부 결정
   나. 선결관계 : 원금 → 이자, 소유권확인 → 인도·말소청구

(1) 학설 : 적극설(재소금지의 제재적 취지에 비추어), 소극설(후소의 제기 자체를 불허하는 것은 기판력의 효과보다 가혹하므로)
(2) 판례 : 면직처분무효확인의 소 이후 손해배상청구를 한 사안에서 후소가 전소의 소송물을 선결적 법률관계 내지 전제로 하는 것일 때에는 재소금지의 제재적 취지와 종국판결 농락방지 목적에 비추어 후소에 대하여도 동일한 소로서 판결을 구할 수 없다고 풀이함이 상당하다고 판시(대법원 1989. 10. 10. 선고 88다카18023 판결) ⇒ 적극설

다. 포함관계 : 재소금지의 효과를 받는다.

3. 권리보호이익의 동일
새로운 권리보호이익이 발생한 경우에는 남소로 볼 수 없으므로. 예컨대 i) 본안판결이 난 다음 피고가 소유권침해를 중지하여 소를 취하하였는데 그 뒤 재침해하는 경우, ii) 피고가 전소취하의 전제조건인 약정사항을 이행하지 않아 약정이 해제·실효되는 사정변경이 있는 경우, iii) 토지거래허가 전에 소유권이전등기청구를 제기하여 승소하였다가 취하하였는데 그 뒤 허가받았을 경우, vi) 항소심 계속 중에 특정승계가 이루어진 경우로서, 부동산 공유자들이 제기한 명도청구소송에서 제1심 종국판결 선고 후 항소심 계속 중 소송당사자 상호간의 지분 양도·양수에 따라 소취하 및 재소가 이루어진 경우, 그 양수인의 추가된 점포명도청구는 그 공유지분의 양도인이 취하한 전소와는 권리보호의 이익을 달리하여 재소금지원칙에 위배되지 아니한다(대법원 1998. 3. 13. 선고 95다48599, 48605 판결).

4. 본안에 대한 종국판결선고 후의 취하
가. 본안판결 : 본안판결이 선고된 뒤이어야 하기 때문에 소각하판결이나 소송종료선언판결 등 소송판결이 있은 뒤의 취하에는 재소금지가 적용되지 않는다.
나. 종국판결선고 후의 취하 : 종국판결 이전의 소취하는 재소금지 불적용
다. 항소심에서의 교환적 변경 : 교환된 청구는 재소금지됨, 즉 교환적 변경 후 다시 교환적 변경을 한 경우 재소금지 적용

### 일부판결

1. 개념 : 동일소송절차에 의해 심판되는 사건의 일부를 다른 부분에서 분리하여 그것만 먼저 끝내는 종국판결(제200조 제1항)
2. 허용되는 경우 : 단순병합, 통공, 변론병합한 청구 중 일부, 본소와 반소 중 일부, 가분적 청구
3. 허용되지 않는 경우 : 선택적·예비적 병합, 필공, 독당참가, 공참, 예비적 공동, 본소와 반소가 동일 목적의 청구, 불가분적 청구
4. 누락에 대한 구제
   가. 의식적 일부판결 : 잔부판결
   나. 누락한 경우 : 추가판결(제212조 제1항), 단순병합의 재판누락
   다. 허용되지 않는 경우 : 판단유탈로 항소사유

### 일부상소와 판결의 확정시기

I. 객관적 병합 중 단순병합의 경우
 1. 일부항소의 경우 항소하지 않는 청구의 확정시기
   가. 학설 : 항소심변론종결시설(당사자가 항소범위의 확장 또는 부대항소를 통하여 불복할 수 있는 최후의 시점), 항소심판결선고시설(항소심에서 변론이 종결되었다가 재개될 수 있으므로), 상고심판결선고시설(직권조사사항)
   나. 판례 : 이전등기말소청구와 금원청구를 모두 기각한 제1심판결에 대하여 원고가 말소청구 부분에 관하여만 항소하였을 뿐 그 변론종결시까지 항소취지를 확장한 바 없어 항소심의 심판범위는 말소

        청구 부분에 한하고 나머지 부분에 관하여는 항소심 판결의 선고와 동시에 확정되었다 ⇒ 항소심판
        결선고시설
      다. 검토 : 항소심판결선고시설(확정시기란 당해 절차에서 더 이상 다툴 수 없는 시기를 의미하므로)
  2. 일부상고의 경우 상고하지 않는 청구의 확정시기
    가. 학설 : 상고이유서제출기간만료시설(상고범위의 확장 또는 부대상고를 할 수 없는 시기), 상고심판결선
        고시설(직권조사사항)
    나. 판례 : 파기환송의 대상이 되지 아니한 주위적 청구부분은 예비적 청구에 관한 파기환송판결의 선고와
        동시에 확정되며 그 결과 환송 후 원심에서의 심판범위는 예비적 청구 중 피고 패소 부분에 한정된다. ⇒
        상고심판결선고시설
    다. 검토 : 상고심판결선고시설(직권조사사항은 상고이유에 없더라도 선고시까지는 다툴 수 있으므로)
Ⅱ. 객관적 병합 중 선택적 병합 및 예비적 병합
    원칙적 상소불가분이 적용되어 상소심으로 전부 이심되나, 사안에 따라 심판의 범위가 다르므로, 일괄적으
    로 판단할 수 없음.
Ⅲ. 주관적 병합의 경우
    통상공동소송은 공동소송인 중의 1인이 상소를 하거나 상소를 당하였다고 하더라도 상소가 제기된 부분만
    분리 독립하여 확정이 차단되며 또 그 부분만 이심된다. 따라서 상소불가분의 원칙을 전제로 하는 일부확
    정의 문제는 발생하지 않는다. 한편 필수적 공동소송 또는 독립당사자참가소송은 성질상 분리 취급하는 것
    이 허용되지 않으므로 역시 일부확정의 문제가 생길 여지가 없다.

### 기판력의 객관적 범위 및 작용

가. 주문 원칙
    원칙 : 확정판결은 주문에 포함된 것에 한하여 기판력을 가진다(제216조 제1항). 다만 상계항변은 이중이
    익과 이중심판의 방지를 위하여 상계로써 대항한 액수의 한도 내에서 기판력이 발생한다(제216조 제2항).
나. 기판력의 작용
  (1) 동일관계
    ① 의의 : 전소에서 승소한 원고이든 패소한 원고이든 전소의 소송물과 후소의 소송물이 동일하면 기판
      력에 저촉되어 후소에 장애가 된다.
    ② 구체적 예 : (전소) 원고가 소유권확인청구하여 패소 → (후소) 다시 원고가 소유권확인청구하는 경우
    ③ 후소법원의 조치 : 모순금지설에 의하면 전소승소자의 경우 소각하, 전소패소자의 경우 청구기각 / 반
      복금지설에 의하면 전소승소자패소자 불문하고 소각하 / 다만 판결원본이 멸실된 경우, 판결내용이
      특정되지 않은 경우, 시효완성이 가까운 경우 등은 예외적으로 동일한 권리라도 신소 제기 허용
  (2) 선결관계
    ① 의의 : 전소의 기판력 있는 법률관계가 후소의 선결관계로 되는 때에는 후소의 선결문제로서 기판력
      을 받아 후소의 법원은 그와 모순되는 판단을 할 수 없다 / 원고로서 권리주장하는 경우뿐만 아니라 피
      고로서 항변사유로써 주장하는 경우에도 선결관계가 적용된다.
    ② 구체적 예 : (전소) 원고가 먼저 소유권확인청구하여 패소 → (후소) 뒤에 원고가 같은 피고에 대하
      여 소유권에 기한 목적물인도를 청구하는 경우 / (전소) 원고가 매매대금지급청구 이후 패소 → (후소)
      피고가 목적물인도청구를 하자 매매대금채권을 근거로 동시이행항변을 하는 경우
    ③ 후소법원의 조치 : 후소는 청구기각 또는 청구인용 판결을 할 것이지 소각하 판결을 할 것은 아니다.
      ☞ 선결적 법률관계 : 전소의 기판력 없는 법률관계가 후소의 소송물 또는 선결관계로 작용할 때
  (3) 모순관계
    ① 의의 : 후소가 전소에 의하여 기판력 있는 법률관계와 정면으로 모순되는 반대관계를 소송물로 할
      때에는 전소의 기판력에 저촉된다.
    ② 구체적 예 : (전소) 원고의 소유권확인판결이 승소확정 → (후소) 뒤에 피고가 소유권확인청구를 하는 경우

③ 후소법원의 조치 : 반복금지설에 따르면 소각하판결을 하자고 하나, 모순금지설에 따르면 청구기각 등의 본안판결을 하여야 한다.

### 기판력 문제의 기술방법

1. 전소 기판력의 범위
   가. 객관적 범위 : 민소법 제216조, '주문에 포함된 것에 한하여 미친다'는 의미는 청구원인을 고려한 심판의 대상이 된 소송물에 대해서만 미친다는 의미이다. 따라서 개별청구에 따른 소송물을 확정하여야 한다. <u>단, 말소청구권, 인도청구권 등은 소유권에 기한 물권적 청구권이지만 소유권자체가 소송물이 아니었고, 소유권에 관한 판단은 선결적 법률관계에 불과하기 때문에 기판력이 미치지 않는다.</u>
   나. 시적 범위 : 사실심 변론종결시를 기준으로 발생. 따라서 변론종결이전 사항에 대해서는 기판력이 미치지 않으나(예컨대, 대여금원금청구가 기각되었다고 하더라도, 기각 판결 변론종결 이전의 이자 및 지연손해금에 대해서는 기판력이 미치지 않는다.), 단 차단효는 발생한다.
   다. 주관적 범위 : 변론 종결 전 승계인에 대해서는 기판력이 미치지 않으므로, 별소를 제기하여야 한다.

기판력의 인정요건 / 대법원 2014. 10. 30. 선고 2013다53939 판결
소송물이 동일하거나 선결문제 또는 모순관계에 의하여 기판력이 미치는 객관적 범위에 해당하지 아니하는 경우에는 전소 판결의 변론종결 후에 당사자로부터 계쟁물 등을 승계한 자가 후소를 제기하더라도 후소에 전소 판결의 기판력이 미치지 아니한다.

2. 기판력의 작용
   가. 동일관계
   나. 선결관계 및 모순관계 : 선결관계라 함은 전소의 기판력있는 판단이 후소에서 짚고 넘어갈 판단의 전제가 되었을 때를 의미한다(전소가 대여금이고, 후소가 이에 대한 이자 및 지연손해금인 경우). 모순관계라 함은 전소의 기판력있는 판단이 후소의 청구와 반대관계에 있는 경우를 의미한다(전소 원고의 소유권이전등기청구 확정판결에 대하여 전소의 피고가 원고가 되어 소유권이전등기말소청구 소송을 제기한 경우). 판례는 선결관계와 모순관계를 엄격하게 구별하고 있지는 않고, '선결 또는 모순관계에 있어 기판력에 반한다.'고 판시한 경우가 많다.

3. 후소의 판단
   승소원고의 동일한 소송제기는 소의 이익이 없어 각하, 나머지 경우는 모순금지설에 사안에 따라 판단. 따라서 판례에 따르면 기판력에 관한 항변은 위 각하의 경우를 제외하고는 본안에 관한 항변이 된다.

### 기판력의 시적 범위

1. 의의 : 사실심변론종결시가 기판력의 표준시(제218조, 민집 제44조 제2항), 다만 무변론판결은 판결선고시.

2. 표준시 이전의 권리관계 : 표준시 전의 법률관계에 대하여는 기판력이 생기지 않는다. → 원본채권의 부존재 판결(원본청구소송 기각 확정)이 확정되더라도 변론종결 이전의 이자청구에는 기판력이 미치지 않는다. 확정판결의 기판력은 사실심의 최종변론종결 당시의 권리관계를 확정하는 것이므로, 원고의 청구 중 확정판결의 사실심 변론종결시 후의 이행지연으로 인한 손해배상(이자) 청구부분은 그 선결문제로서 확정판결에 저촉되는 금원에 대한 피고의 지급의무의 존재를 주장하게 되어 논리상 확정판결의 기판력의 효과를 받게 되는 것이라고 할 것이나 그 외의 부분(변론종결당시까지의 분)의 청구는 확정판결의 기판력의 효과를 받지 않는다(대법원 1976. 12. 14. 선고 76다1488 판결).

3. 표준시 이전의 사실자료 - 실권효(차단효)
   가. 발생요건
   실권효가 발생하는 '표준시 전의 사유'란 공격방어방법(사실자료와 증거자료)을 말한다. 소송물은 실권되지 않는다. 전소에서 당사자가 그 공격방어방법을 알지 못하여 주장하지 못하였는지 나아가 그와 같이 알지 못한 데 과실이 있는지는 묻지 아니한다(대법원 2014. 3. 27. 선고 2011다49981 판결).

나. 예외 : 판결집행이 불법인 경우(대법원 1984. 7. 24. 선고 84다카572 판결), 변론종결 전의 한정승인사실 → 상속포기는 실권효 적용됨

4. 표준시 이후의 권리관계 : 표준시 이후의 권리관계에 대하여는 전소가 선결관계가 되어 기판력을 미칠 수 있다. 예컨대 원본채권 부존재 판결이 확정된 경우 변론종결일 이후의 이자청구는 이유가 없다.

5. 표준시 이후의 사실자료 - 사정변경 : 변론종결 이후의 변제·변론종결 이후의 조건성취·변론종결 이후의 변제기 도래 등이 여기에 해당. 변론종결 후의 사실자료만이 실권되지 않으며 법률·판례의 변경, 법률의 위헌결정, 기초가 되었던 행정처분의 변경, 사실관계에 대한 다른 법률평가는 포함되지 않는다.

6. 표준시 후의 형성권의 행사
   가. 문제점 : 변론종결 이전에 발생한 형성권을 이후에 행사
   나. 학설 : 비실권설(모든 형성권은 비실권), 건매청구권, 상계권비실권설(건매청구권, 상계권만 비실권), 제한적 실권설(건매청구권, 상계권 있음을 알지 못한 경우만 비실권), 실권설(모든 형성권은 실권)
   다. 판례 : 채무자가 채무명의인 확정판결의 변론종결 전에 상대방에 대하여 상계적상에 있는 채권을 가지고 있었다 하더라도 당사자가 채무명의인 확정판결의 변론종결 전에 자동채권의 존재를 알았는가 몰랐는가에 관계없이 적법한 청구이의 사유로 된다(대법원 1998. 11. 24. 선고 98다25344 판결). ⇒ 상계권비실권설

### 기판력의 주관적 범위 및 인수승계의 추가적 승계의 문제

1. 기판력의 주관적 범위 (즉, 변론종결후의 승계인의 범위)
   가. 변론종결후의 승계인의 범위 :
      (1) 소송물의 승계인으로 한정하는 견해(의존관계설), (2) 소송물의 승계인 및 계쟁물의 승계인을 포함하는 견해(적격승계설, 분쟁주체지위이전설)
   
   나. 적격승계인의 범위
      (1) 원고의 소송물을 물권적 청구권에 한정하지 않고, 채권적 청구권도 포함하는 견해, (2) 원고의 소송물을 물권적 청구권만으로 제한하는 견해,
   
   다. 판례: 소송물의 승계인을 포함하는 전제에서(소송물 자체의 승계인이면 채권적, 물권적 모두 포함), 적격승계인에 대해서는 구소송물이론에 따라 전소의 소송물이 물권적 청구권이면 점유승계인, 등기승계인(변론종결 후의 추가적 승계인도 포함)에게 미치나 채권적 청구권이면 기판력이 미치지 않게 된다.

예외:
① 승계인이 실체법상 고유의 방어방법을 가지고 있는 경우 : 대법원 1999. 10. 22. 선고 98다6855 판결(비판견해 다수), 건물명도소송의 사실심 변론종결 후에 그 패소자인 건물 소유자로부터 건물을 매수하고 소유권이전등기를 마친 자
② 소송물이 달라 전소 판결이 집행권원이 될 수 없는 경우: 건물소유자에 대한 토지인도청구, 건물철거청구 승소판결이후 건물소유자로부터 건물의 점유를 이전받은 건물의 점유자(건물의 현재 점유자에 대해서는 퇴거청구를 하여야 하는데, 연수원교재에서는 통상 건물철거의 집행권원이 건물퇴거의 집행권원이 될 수 없다고 설명하고 있다).
③ 변론 종결 전 승계인으로부터 변론 종결 후 계쟁물을 승계한 승계인은 변종 후 승계인이 아님

쟁점을 정리하면,
① 전소 원고가 건물인도청구, 변론종결 후 양수인이 매수 및 이전등기를 마친 경우: 기판력이 미치지 않음
② 전소 건물인도청구, 변론종결 후 임차인 또는 전대인(즉, 처분권이 아닌 점유만을 승계한 자)인 경우: 기판력이 미침
③ 전소 건물철거청구, 변론종결 후 임차인 또는 전대인인 경우: 기판력이 미치지 않음

라. 채권적 청구권의 변론종결후 승계인의 문제
병존적 채무인수인은 변론종결후 승계인에 포함되지 않으나 면책적 채무인수인은 변론종결후 승계인에 해당(대법원 2016. 5. 27. 선고 2015다21967 판결) / 소송물 자체의 승계인이고, 피고가 추가되지 않는 교환적 승계이기 때문

2. 인수승계
    가. 범위
    변론종결 전 소송승계의 문제와 변론종결 후 승계인의 문제는 기판력의 확장제도와 기본적으로 동일한 법리가 적용된다. 따라서 판례는 당사자적격의 승계로 인한 특정승계에 대해서도 구소송물이론에 따라 원고의 소송물이 물권적 청구권인 경우에 한하여 인수승계를 인정하고 있다.

    나. 추가적 인수승계
    소송의 목적인 채무 자체를 승계한 경우가 아니고 소송의 목적이 된 채무를 전제로 새로운 이해관계를 맺은 제3자에 대해서도 소송계속 중 위 제3자를 인수승계의 방식으로 인입할 수 있는지의 문제이다. 예컨대, ① 원고의 소유권이전등기말소청구소송 도중 피고가 제3자에게 새로운 이전등기를 한 경우, 제3자의 소유권이전등기도 말소하기 위한 추가적 인수(변론종결 후라면 당연히 변론종결 후 승계인에 해당하여 승계집행문을 받을 수 있으나, 소유권이전등기의 특성상 부기등기의 방식으로 이전되는 것이 아니고 주등기의 방식으로 이전되기 때문에 피고를 교환적으로 승계하게 되면 이전 등기명의자의 등기는 그대로 남아있는 문제가 발생하게 된다)
② 토지소유자인 원고가 건물처분권자인 피고를 상대로 건물철거소송을 제기하였는데, 피고가 건물을 제3자에게 임대하여 점유자가 변경된 경우, 점유자인 제3자에 대한 퇴거청구를 위한 추가적 인수
추가적 인수승계에 대하여 학설은 분쟁의 일회적 해결 등을 이유로 추가적 승계에 대하여 적극적이나, 판례는 건물철거청구 중에 피고가 제3자 앞으로 소유권이전등기를 마친 경우 등기말소를 위한 추가적 인수를 불허하였고(대법원 1971. 7. 6.자 71다726 결정), 이전등기청구소송 중에 제3자 앞으로 소유권이전등기를 마친 경우 등기말소를 위한 추가적 인수를 불허하였는데(대법원 1983. 3. 22.자 80마283 결정), 이는 추가적 인수에 대하여 부정적 입장이라고 볼 수 있다.

3. 참가승계에서 소송물이 채권적 청구권인 경우
    참가승계의 경우는 당사자 적격(즉, 분쟁주체지위의 이전)이 이전되는 경우가 아닌 소송물 자체를 양수한 경우가 주로 발생
    채권적 청구권인 금전채권을 양수한 채권양수인 참가신청가능(대법원 2004. 1. 27. 선고 2000다63639 판결)
    채권적 청구권인 금전채권을 추심한 추심채권자 참가신청가능(대법원 2013. 12. 18. 선고 2013다202120 전원합의체 판결)
    신주발행무효의 소송 중 주식의 양수인의 참가승계가능(대법원 2003. 2. 26. 선고 2000다42786 판결)

4. 참가승계 또는 인수승계가 허용된 이후의 절차
    종전의 당사자는 원칙적으로 당사자적격이 없어지므로, 소송에서 탈퇴할 수 있는데, 소송의 탈퇴를 위해서는 상대방의 승낙이 있어야 한다(민사소송법 제80조, 제81조, 제82조 제3항).
    상대방의 허락이 없는 경우 종전의 당사자는 탈퇴를 할 수 없어 현실적으로 소송을 유지하여야 하는데, 이 경우 판례는 필수적 공동소송에 따라 판단(대법원 2019. 10. 23. 선고 2012다46170 전원합의체 판결)

---

**판결의 편취**

Ⅰ. 서설
  1. 의의 : 당사자가 상대방이나 법원을 기망하여 부당한 내용의 판결을 받은 경우
  2. 유형 : ① 다른 사람의 성명을 모용하여 판결을 받은 경우(성명모용판결), ② 소취하 합의 후 소취하를 하지 않고 소송을 계속 진행시켜 피고불출석으로 승소판결을 받은 경우(소취하합의 후 판결), ③ 피고의 주소를 알고 있음에도 소재불명으로 공시송달명

령을 받아 승소판결을 받은 경우(공시송달에 의한 판결), ④ 허위로 적은 피고의 주소에 송달을 하게 하고 원고나 그 하수인이 송달받아 피고의 자백간주로 인한 무변론승소판결을 받은 경우(허위주소송달에 의한 판결), ⑤ 피고의 대표자를 참칭대표자로 적어 그에게 송달되게 하여 자백간주에 의한 승소판결을 받은 경우(참칭대표자 송달에 의한 판결)가 있다.

Ⅱ. 소송법상의 구제책 : 집행전후 불문
 1. 문제점 : 판결의 유·무효 또는 송달의 유·무효에 따라 구제책이 결정됨
 2. 학설 : 당연무효설(재판받을 권리의 침해) / 상소추후보완·재심설(편취판결은 유효하고 송달도 유효) / 일부항소설(공시송달 또는 허위주소송달에 의한 판결은 송달이 무효)
 3. 판례 : 성명모용판결, 공시송달에 의한 판결, 참칭대표자 송달에 의한 판결 ⇒ 상소추후보완·재심설 / 허위주소송달에 의한 판결 ⇒ 판결정본은 피고에게 적법하게 송달되었다고 할 수 없으므로 그 판결에 대한 항소기간은 진행을 개시하지 아니한다 할 것이어서 그 판결은 형식적으로 확정되었다고 할 수 없다(항소설, 단 외관제거를 위한 별소제기도 가능).
 4. 검토 : 법적안정성을 고려하여 편취판결은 일단 유효, 다만 송달이 되었는지 여부는 달리 보아야 할 것이므로 판례가 타당

Ⅲ. 실체법상의 구제책 : 집행종료 이후
 1. 문제점 : 부당이득반환청구 또는 불법손배청구의 가능성
 2. 학설 : 재심필요설(편취판결은 유효인 판결이므로 재심에 의한 취소가 필요) / 재심불요설(판결을 무효로 보거나 또는 유효이더라도 실체적 정의에 반하는 결과 발생 방지를 위하여 재심이 불요) / 제한적 불요설(원칙적으로 필요하나, 당사자의 절차기본권을 침해하여 이루어진 경우에는 예외적으로 재심 불요)
 3. 판례 : 부당이득반환청구 ⇒ 확정판결은 재심의 소 등으로 취소되지 아니하는 한 위 편취 확정판결에 기한 이행으로 교부받은 돈은 법률상 원인 없는 이익이 되지 아니한다(재심필요설, 대법원 2000. 5. 16. 선고 2000다11850 판결), 불법행위 손배 ⇒ 절차적 기본권이 근본적으로 침해된 상태에서 판결이 선고되었거나 확정판결에 재심사유가 존재하는 등 확정판결의 효력을 존중하는 것이 정의에 반함이 명백하여 이를 묵과할 수 없는 경우 재심불요(대법원 2010. 2. 11. 선고 2009다82046, 82053 판결).

### 단순병합의 판결 및 항소

Ⅰ. 판결
 1. 판단방법
  단순병합은 병합된 다른 청구가 이유 있든 이유 없든 상관없이 차례로 심판을 구하는 것이기 때문에 병합된 모든 청구에 대하여 법원의 심판을 필요로 한다. 이는 관련성 있는 단순병합 청구에도 그대로 적용된다.
 2. 일부판결의 허용 여부
  단순병합의 경우에는 어느 하나의 청구에 대하여 판결하기에 성숙하면 일부판결을 할 수 있다(제200조). 나머지 청구에 대하여는 잔부판결을 하면 된다.
 3. 누락판결의 구제책
  법원이 만일 본의 아니게 어느 하나의 청구에 대하여 판단을 하였지만 다른 청구에 대하여는 판단을 하지 않은 경우, 이는 재판누락의 하자에 해당하므로 법원은 다른 청구에 대하여 추가판결을 하면 된다(제212조). 재판의 누락이 있는 경우, 그 부분 소송은 아직 원심에 계속 중이라고 보아야 할 것이어서 적법한 상고의 대상이 되지 아니하므로 그 부분에 대한 상고는 부적법하다(대법원 2004 .8. 30. 선고 2004다24083 판결).

II. 이심의 범위 및 상소심의 심판대상
　1. 이심의 범위
　　　통설은 단순병합에 대하여 전체에 대하여 판결을 한 때에는 이 전부판결은 1개의 판결로서 그 중 1개 청구에 대하여 불복이 있는 경우에도 청구 전부가 이심되어 확정이 차단된다고 한다. 즉 단순병합도 선택적·예비적 병합과 같이 상소불가분의 원칙이 적용된다는 취지이다.
　2. 상소심의 심판대상
　　　전부판결의 일부에 대하여 상소하면 모든 청구에 대하여 이심 및 확정차단의 효력이 발생하지만, 불복한 청구만이 상소심의 심판대상이 된다(불이익변경금지의 원칙).

### 선택적 병합의 항소

1. 확정차단 및 이심의 범위, 항소심의 심판대상 : 전부
　　선택적 병합의 경우에는 상소불가분의 원칙이 적용되고 나아가 수개의 청구가 하나의 소송절차에 불가분적으로 결합되어 있기 때문에 일부 청구에 대하여만 판단한 경우에도 그 판결에 대하여 상소가 제기되면 판단하지 아니한 청구 부분까지 전부 상소심으로 이심이 되고, 상소심의 심판 대상이 된다. 따라서 만일 원고의 청구를 모두 기각할 경우에는 원고의 선택적 청구 전부에 대하여 판단하여야 하며(대법원 2010. 5. 27. 선고 2009다12580 판결), 실질적으로 선택적 병합 관계에 있는 두 청구에 관하여 당사자가 주위적·예비적으로 순위를 붙여 청구하였고, 그에 대하여 제1심법원이 주위적 청구를 기각하고 예비적 청구만을 인용하는 판결을 선고하여 피고만이 항소를 제기한 경우에도, 항소심으로서는 두 청구 모두를 심판의 대상으로 삼아 판단하여야 한다(대법원 2014. 5. 29. 선고 2013다96868 판결).

2. 항소심의 조치
　가. 문제점 : 제1심에서 판단한 청구는 이유가 없고, 오히려 판단하지 않은 청구가 이유 있을 때 항소심의 조치
　나. 학설 : 항소기각설(원고의 소송목적이 달성되었으므로), 취소자판설(제1심에서 판단하지 않는 청구이므로)
　다. 판례 : 심리한 결과 그 청구가 이유 있다고 인정되고 그 결론이 제1심판결의 주문과 동일한 경우에도 피고의 항소를 기각하여서는 안 되며 제1심판결을 취소한 다음 새로이 청구를 인용하는 주문을 선고하여야 할 것(대법원 1992. 9. 14. 선고 92다7023 판결). ⇒ 취소자판설

### 예비적 병합의 항소

1. 확정차단 및 이심의 범위 : 전부
2. 항소심의 심판 대상
　가. 주위적 청구 인용판결에 대하여 피고가 항소한 경우 : 전부
　나. 주위적 청구 기각, 예비적 청구 인용판결에 대하여 원고가 항소한 경우 : 원고만 항소한 경우는 주위적 청구만 심판대상
　다. 주위적 청구 기각, 예비적 청구 인용판결에 대하여 피고가 항소한 경우
　　(1) 학설 : 적극설(양 청구는 불가분적으로 결합되어 있고, 양 청구의 통일적 해결을 위하여 주위적 청구도 심판대상), 소극설(불이익변경금지 원칙 준수를 위하여 예비적 청구만 심판대상)
　　(2) 판례 : 항소심의 심판범위는 피고의 불복신청의 범위에 한하는 것으로서 예비적 청구를 인용한 제1심 판결의 당부에 그치고 원고들의 부대항소가 없는 한 주위적 청구는 심판대상이 될 수 없다(대법원 1995. 2. 10. 선고 94다31624 판결). ⇒ 소극설
　　(3) 검토 : 소극설(원고는 언제든지 부대항소를 할 수 있고, 항소한 피고를 위하여 불변금 원칙은 준수되어야 하므로)
　라. 주위적·예비적 청구 모두 기각된 경우 : 원고가 항소한 청구에 대하여만 심판의 대상이 됨
　마. 예비적 반소에서 본소기각 판결에 대하여 원고가 항소한 경우 : 본소·반소 모두 부적법 각하하여야 한다면, 피고의 예비적 반소는 제1심의 심판대상이 될 수 없는 것이지만, 원고의 항소를 받아들여 원고의 본소청구를 인용한 이상 피고의 예비적 반소청구를 심판대상으로 삼아 이를 판단하여야 한다(대법원 2006. 6. 29. 선고 2006다19061 판결).

## 항소심에서의 교환적 변경

Ⅰ. 피고의 동의 요부(항소심에서의 교환적 변경의 적법요건)
1. 문제점 : 소취하 규정(제266조 제2항) vs 소변경 규정(제262조)
2. 학설 : 중복적용설(소취하 규정에 따라 피고가 본안에 관하여 응소한 때에는 피고의 동의가 필요), 소변경규정 적용설(교환적 변경은 청구 기초의 동일성이 인정되는 범위에서 인정되므로 피고의 동의가 불필요), 고유의 소변경설(청구변경은 독립적인 제도이므로 피고의 동의는 불필요)
3. 판례 : 교환적변경의 경우에 있어서도 변경 전후의 양청구의 기초의 동일성에 영향이 없으므로 구청구의 취하에 피고의 동의가 별도로 필요하지 않다 ⇒ 피고의 동의가 불필요

Ⅱ. 재소금지 저촉 여부(항소심에서의 교환적 변경의 효과)
1. 학설 : 적극설(청구의 변경은 신소제기·구소취하의 성격을 가지므로), 소극설(원고의 교환적 변경은 승소하기 위한 최선의 노력으로서 법원의 판결을 농락하거나 재소 남용의 의도가 전혀 없고, 재소금지를 적용하는 것은 현실로 소취하를 하고 뒤에 현실로 소제기한 경우만 한정하는 견해)
2. 판례 : 소의 교환적 변경은 신청구의 추가적 병합과 구청구의 취하의 결합형태로 볼 것이므로 본안에 대한 종국판결이 있은 후 구청구를 신청구로 교환적 변경을 한 다음 다시 본래의 구청구로 교환적 변경을 한 경우에는 종국판결이 있은 후 소를 취하하였다가 동일한 소를 다시 제기한 경우에 해당하여 부적법하다(대법원 1987. 11. 10. 선고 87다카1405 판결) ⇒ 적극설

## 공동소송인 독립원칙의 수정

1. 수정의 필요성 : 제65조 전문의 공동소송인에 한하여 재판의 모순저촉 방지를 위하여 부분적으로 수정

2. 증거공통
   가. 의의 : 공동소송인의 한 사람이 제출한 증거는 다른 공동소송인의 원용이 없어도 공통된 증거자료가 될 수 있다는 원칙
   나. 인정여부 : 부정설도 있으나 긍정설이 타당(통설·실무)
   다. 예외 : ① 공동소송인 사이에 이해상반이 있는 경우는 원용이 필요하고 ② 공동소송인의 한 사람이 자백한 경우 변론전체의 취지로 참작할 수 있을 뿐

3. 주장공통
   가. 의의 : 공동소송 중 한 사람이 다른 공동소송인에게 유리한 행위를 한 때 다른 공동소송인의 원용이 없어도 이를 다른 공동소송인이 주장한 것으로 볼 수 있는지의 문제
   나. 학설 : 부정설(공동소송인 독립의 원칙의 근거 규정인 제66조와 주장책임을 내용으로 하는 변론주의를 근거) / 한정적 긍정설(다른 공동소송인이 이와 저촉되는 행위를 적극적으로 하지 않고 그 주장이 다른 공동소송인에게 이익이 되는 한 다른 공동소송인에게도 효력이 미친다)
   다. 판례 : 민사소송법 제66조의 명문의 규정과 우리 민사소송법이 취하고 있는 변론주의 소송구조 등에 비추어 볼 때, 통상의 공동소송에 있어서 이른바 주장공통의 원칙은 적용되지 아니한다(대법원 1994. 5. 10. 선고 93다47196 판결) ⇒ 부정설.

4. 대안의 제시
   가. 당연의 보조참가이론 : 참가가 없음에도 의제하는 문제점
   나. 이론상 합일확정소송이론 : 법률상 합일확정소송(고필공, 유필공) 외에 이론상 합일확정소송을 인정하자는 견해가 있으나 우리 판례와 다수설은 부정]
   다. 석명권 행사론

### 필수적 공동소송의 심판

1. 연합관계 : 구구한 판결이 나올 수 없어 연합관계에 있는 고유필수적 공동소송인 간에는 제67조의 규정이 적용되며 따라서 재판의 통일을 위하여 소송자료와 소송진행의 통일이 필요

2. 소송요건의 조사 : 각 공동소송인별로 조사하나, 한사람의 누락이라도 전소가 각하됨

3. 소송자료의 통일
   가. 유리한 능동행위 : 전원에 대하여 효력 발생 - 상대방의 주장사실을 다툼, 본안응소, 기일의 출석, 기간의 준수, 답변서의 제출(제67조 제1항)
   나. 불리한 능동행위 : 전원이 하지 않으면 효력 발생 않음(제67조 제1항) - 자백, 소취하, 청구의 포기·인낙, 재판상 화해
   다. 수동행위(제67조 제2항) : 전원에 대하여 효력 발생 - 준비서면에 적지 아니한 사실의 주장

4. 소송진행의 통일
   ① 변론·증거조사·판결은 모든 공동소송인에 대하여 같은 절차에서 진행되어야 하며, 변론의 분리·일부판결은 할 수 없다. ② 만일 공동소송인 중 1인의 중단·중지의 사유가 있으면 전체의 소송절차가 중단·중지된다(제67조 제3항).

5. 본안재판의 통일 : 일부판결 불허, 모두에 대하여 판결하여야 함, 일부에 대하여 판결을 하였더라도 이는 흠 있는 전부판결에 해당하므로 누락된 당사자는 상소 등으로 다툴 수 있는 것이지 누락된 공동소송인에 대하여 추가판결을 할 것은 아니다(대법원 2010. 4. 29. 선고 2008다50691 판결).

6. 상소심에서의 소송진행의 통일
   가. 상소기간 : 각 공동소송인 별로 개별진행하나 전원에 대하여 상소기간이 만료되기까지는 판결은 확정되지 않는다.
   나. 이심의 범위 : 한 사람이라도 상소하면 전원에 대하여 확정이 차단되고, 이심됨.
   다. 불이익변경금지원칙의 배제 : 합일확정의 필요성 때문에
   라. 불복하지 않는 공동소송인의 지위
      ① 견해대립 : 상소인설 / 선정자설 / 단순한 상소심당사자설(통설·판례, 합일확정의 필요성 때문에 상소심으로 이심되는 특수지위이므로)
      ② 구체적 지위 : ⅰ) 상소인지를 붙일 필요가 없으며, ⅱ) 상소비용을 부담하지 않으며, ⅲ) 상소심의 심판 범위를 확정할 권한이 없으며, ⅳ) 상소 취하 여부도 결정할 수 없다.

### 예비적 공동소송의 항소

가. 상소기간 : 개별적으로 진행, 다만 모든 공동소송인의 상소기간이 만료되어야만 판결은 확정됨

나. 상소의 이익 : 일부판결은 허용되지 않으므로 법원이 만일 이를 위반하여 일부 공동소송인에 관한 청구에 대하여만 판결을 하는 경우 이는 일부판결이 아닌 흠이 있는 전부판결에 해당하여 상소로써 이를 다투어야 하고, 그 판결에서 누락된 공동소송인은 이러한 판단유탈을 시정하기 위하여 상소를 제기할 이익이 있다(대법원 2008.3.27. 선고 2005다49430 판결). / 주위적 피고에 해당하는 피고 甲으로서는 피고 乙에 대한 예비적 청구에 대하여는 자신이 당사자가 아니므로 제1심법원이 그 청구의 전부를 인용한 데 불만이 있더라도 이에 불복하여 항소를 제기할 이익이 없다.

다. 이심의 범위 : 전부

라. 불이익변경금지 원칙 배제 : 전부 심판 원고가 주위적 피고에 대하여는 패소하고 예비적 피고에 대하여는 승소하였는데 예비적 피고만이 항소한 경우, ⅰ) 불복하지 않은 주위적 피고에 대한 청구도 항소법원의 심리대상이 되고(대법원 2008. 3. 27. 선고 2006두17765 판결), 나아가 ⅱ) 항소법원은 주위적 피고에 대한 청구의 기각판결에 불복하지 않았음에도 불구하고 주위적 피고에 대한 청구를 인용하고 대신 예비적 피고에 대한 청구를 기각하는 판결을 할 수 있다. / 상고심에서 파기환송을 하는 경우에도 전부 파기하여야 한다(대법원 2009. 4. 9. 선고 2008다88207 판결).

### 보조참가인의 소송상 지위

1. 보조참가인의 독립적 지위 : 참가인은 피참가인의 대리인이 아니며 자기의 이익을 옹호하기 위하여 독자적인 권한으로서 소송에 관여, 피참가인과 별도로 기일통지를 받을 권리, 판결정본을 제외한 소송서류를 송달받을 권리를 가짐. 참가인은 원칙적으로 피참가인을 위하여 모든 소송행위를 할 수 있다(제76조 제1항 본문). 사실주장, 증거신청, 이의신청, 상소, 등을 할 수 있고 이는 피참가인이 행한 것과 동일한 효과가 있다.

2. 보조참가인의 종속적 지위 : 승소보조자, 상소기간은 피참가인의 상소기간을 기준으로 함

3. 참가인의 소송행위
   가. 할 수 있는 소송행위 : 예컨대 상소제기, 증거신청
   
   나. 할 수 없는 소송행위 : 정,어,불,소,사
   (1) 참가당시의 소송정도에 따라 피참가인도 할 수 없는 행위(제76조 제1항 단서) : 예컨대 자백의 취소, 실기한 공격방어방법의 제출, 상소기간 이후의 상소제기 (대법원 2007. 9. 6. 선고 2007다41966 판결)
   (2) 피참가인의 행위와 어긋나는 행위(제76조 제2항) : 피참가인이 자백한 뒤에 참가인이 이를 부인(대법원 2001. 1. 19. 선고 2000다59333 판결), 피참가인이 상소포기한 뒤에 참가인의 상소제기 / 단, 피참가인인 피고가 원고가 주장하는 사실을 명백히 다투지 아니하여 자백간주가 성립한 경우라도 참가인이 그 사실에 대하여 다투는 것은 피참가인의 행위와 명백히 적극적으로 배치되는 경우라 할 수 없어 그 소송행위의 효력이 없다고 할 수 없다(대법원 2007. 11. 29. 선고 2007다53310 판결).
   (3) 피참가인에 불이익한 행위 : 소취하, 청구포기·인낙, 자백
   (4) 소를 변경하거나 확장하는 행위 : 소변경, 반소
   (5) 사법상의 권리행사 : 피참가인이 가지고 있는 상계권, 취소권의 행사는 불가

### 참가적 효력

1. 제77조 효력의 성질
   기판력설(기판력의 확장으로 이해 / 상대방과 피참가인 사이에는 기판력-상대방과 참가인 사이에는 없음-피참가인과 참가인 사이에는 기판력), 참가적 효력설(피참가인 패소 후에 참가인이 판결의 내용이 부당하다고 주장할 수 없는 구속력 / 기판력-없음-참가적 효력, 판례의 입장), 신기판력설(참가인과 피참가인 사이에는 참가적 효력이, 참가인과 피참가인의 상대방 사이에는 기판력 또는 쟁점효 / 기판력-기판력-참가적 효력)

2. 효력발생의 요건
   가. 참가신청의 요건 : 참가신청 각하 외에는 참가적 효력이 발생
   나. 본소의 요건 : 본소송은 피참가인이 패소하여 확정되어야 하고, 소송판결이 아닌 본안판결이어야 한다. 화해권고결정에 의한 확정의 경우에는 참가효 인정되지 않음(대법원 2015. 5. 28. 선고 2012다78184 판결).
   다. 후소의 요건 : 참가적 효력은 참가인과 피참가인의 제2소송에서만 문제된다. 참가적 효력의 존재는 기판력과 달리 항변사항으로 당사자의 주장이 있어야 비로소 법원은 고려.

3. 참가적 효력의 범위
   가. 주관적 범위 : 피참가인과 참가인 사이
   나. 객관적 범위 : 판결주문뿐만 아니라 판결이유 중 패소이유가 되었던 사실상·법률상의 판단에 미친다. / 참가적 효력이 미치는 것은 판결 이유 중 결론에 영향을 미칠 중요한 판결이유로서 선결적 법률관계에도 미치며, 일부청구에 대한 판결은 그 선결관계인 채권 전부에 미친다. 그러한 영향이 없는 부가적·보충적인 판단, 방론 등에까지는 아니다.
   다. 기판력과의 비교 : 요건상의 차이 : 기판력은 승패에 불구하고, 참가적 효력은 패소한 경우에만 문제 / 절차상의 차이 : 직권조사사항, 항변(원용)사항 / 주관적 범위의 차이 : 당사자간, 피참가인과 참가인 / 객관적 범위의 차이 : 주문, 이유 / 적용상의 차이 : 배제사유 없음, 배제사유 있음

4. 참가적 효력의 배제
   가. 개설
      패소의 책임이 피참가인에게 있는 경우나 참가인과 피참가인의 협력 관계가 깨어진 경우까지 참가적 효력이 미치는 것은 부당하므로 이 경우에는 참가적 효력이 배제된다. 다만, 참가인이 아래 사유 중 하나가 발생하지 않았더라면 피참가인이 승소하였을 것이라는 점을 주장·입증하여야 한다.
   나. 참가한 때의 소송 진행정도에 따라 참가인이 소송행위를 할 수 없었던 경우(제77조 제1호, 제76조 제1항 단서) : 공격방어방법의 제출이 시기에 늦어 각하될 수밖에 없어 참가인이 이를 제출하지 못하여 피참가인이 패소한 경우, 상고심에서 참가하여 사실자료를 제출하지 못하여 패소한 경우에 참가인은 참가적 효력을 면하게 된다.
   다. 피참가인의 소송행위와 어긋나게 되어 효력이 없는 경우(제77조 제1호, 제76조 제2항) : 참가인이 부인함에도 피참가인이 자백이나 청구인낙을 하고 그로 인하여 피참가인이 패소한 경우 후소에서 참가적 효력이 배제되므로 참가인에게 손해가 발생한 경우 참가인은 피참가인에게 손해배상청구를 할 수 있다.
   라. 피참가인이 참가인의 소송행위를 방해한 때(제77조 제2호) : 참가인이 제기한 상소를 피참가인이 취하하거나 포기하여 원심이 확정된 경우 참가인은 참가적 효력을 면한다.
   마. 피참가인이 참가인이 할 수 없는 소송행위를 고의 또는 과실로 하지 아니한 경우(제77조 제3호) : 참가인이 알지 못하는 사실 또는 증거의 제출을 피참가인이 게을리하여 그로 인해 패소한 경우, 피참가인이 취소권 등의 사법상 권리를 행사하지 아니하여 그로 인해 패소한 경우 참가인은 참가적 효력을 면하게 된다.

## 보조참가인이 할 수 없는 소송행위(민소법 제76조)

1. 개념 : 소송상 화해와 제소전 화해
2. 법적 성질 : 사법행위설, 소송행위설(판례), 병존설(2개의 행위가 병존), 양성설(1개의 행위로 경합된 행위),
3. 요건
   가. 당사자 : 소송능력 필요, 대리인은 특별수권 필요
   나. 소송물 : 처분할 수 있는 권리
   다. 소송행위와 사법행위의 유효요건 구비 : 단 판례는 민법 제103조 위반의 화해에 대해서 무제한 기판력 인정
   라. 조건부 화해의 가능성 : 실효조건부화해의 효력 인정.
4. 효력 : 소송종료효, 기판력, 집행력, 창설적 효력(단 물권적 청구권이 채권적 청구권으로 변경되는 것은 아님)

## 독립당사자참가의 참가이유

가. 권리주장참가
   (1) 불양립관계 : 참가인이 원고의 본소청구와 양립되지 않는 권리 또는 그에 우선할 수 있는 권리를 주장할 것을 요한다.
   (2) 불양립관계의 판단 : 주장 자체로 판단, 본소청구와 참가인의 청구가 참가인의 주장 자체로 불양립관계이면 실체관계를 심리할 필요 없이 그것만으로 불양립관계를 인정하고(주장설), 양립할 수 없는 본소청구에 관하여 본안에 들어가 심리한 결과 이유가 없는 것으로 판단된다고 하더라도 참가신청이 부적법하게 되는 것은 아니다(대법원 2007. 6. 15. 선고 2006다80322, 80339 판결).
   (3) 이중매매의 경우
      원고의 피고에 대한 본소청구인 매매를 원인으로 한 소유권이전등기절차이행청구와 참가인의 피고에 대한 청구인 취득시효완성을 원인으로 한 소유권이전등기절차이행청구는 합일확정을 필요로 하는 동일한 권리관계에 관한 것이 아니어서 참가는 부적법하다(대법원 1982. 12. 14. 선고 80다1872, 1873).
나. 사해방지참가
   (1) 문제점 : 권리주장참가와 달리 참가인의 청구가 본소청구와 불양립관계에 있을 필요는 없다. 다만 '권리침해'의 의미에 대하여 견해가 대립

(2) 학설 : 판결효설(본소 판결의 효력이 제3자에 미칠 경우), 이해관계설(널리 소송의 결과로 실질상 권리침해를 받을 제3자), 사해의사설(사해의사를 갖고 있다고 객관적으로 판정할 수 있는 경우)

(3) 판례 : 사해의사를 갖고 있다고 객관적으로 인정되고 그 소송결과로 참가인의 권리가 침해될 염려가 있다고 인정될 경우(대법원 2001. 9. 28. 선고 99다35331, 35348 판결)로 판시하여 엄격히 말해 사해의사와 권리침해의 염려를 요구하였으나, 사해의사가 인정되면 권리침해의 염려가 추정된다고 할 것이므로 판례의 입장이 사해의사설과 큰 거리가 있다고 보기 어렵다.

### 독립당사자참가의 심판

1. 참가요건과 소송요건의 조사 (주장 자체로 판단)
   가. 참가요건의 조사 : 흠결시 참가신청 각하, 다만 보조참가로의 전환은 가능
   나. 소송요건의 조사 : 흠결시 참가신청 각하

2. 본안심판(= 제67조의 준용) : 유필공의 법리
   가. 소송자료의 통일
   나. 소송진행의 통일
   다. 본안재판의 통일
   라. 상소심에서의 소송진행의 통일
      (1) 상소기간의 개별진행 : 전원에 대한 상소기간이 도과한 때 비로소 판결이 확정

      (2) 이심의 범위(일부상소시 분리심판 허부)
         ① 학설 : 이심설(합일확정), 분리확정설, 제한적 이심설(패소하고도 상소하지 아니한 자의 청구 부분이 확정되면 상소인에게 불이익이 될 염려가 있는 경우에 한하여 제한적으로 이심
         ② 판례 : 제1심에서 피고 승소의 본안판결이 선고된 데 대하여 원고만이 항소한 경우 원고와 참가인 그리고 피고간의 세 개의 청구는 당연히 항소심의 심판대상이 되어야 하는 것(대법원 1991. 3. 22. 선고 90다19329, 19336 판결). ⇒ 이심설

      (3) 상소하지 않은 당사자의 지위
         ① 학설 : 상소인설(제67조 제1항 준용), 피상소인설(제67조 제2항 준용), 상대적 이중지위설(승소자에게는 상인, 패소자에게는 피상소인), 단순한 상소심당사자설
         ② 판례 : 원고가 피고에 대하여 항소한 경우에 사건전부에 대하여 이심의 효력이 생기는 것이므로 독립당사자참가인도 항소심에서의 당사자라 할 것이다 → 단순한 상소심당사자설

      (4) <u>심판의 범위 : 불이익변경금지원칙의 적용 여부, 참가신청이 적법한 경우에 한하여 합일확정의 필요성 때문에 적용되지 않음(대법원 2007. 10. 26. 2006다86573, 86580 판결), 다만 합일확정이 불필요한 경우로서 원고의 피고에 대한 청구를 인용하고 참가인의 참가신청을 각하한 제1심판결에 대하여 참가인만이 항소하였는데, 참가인의 항소를 기각하면서 제1심판결 중 피고가 항소하지도 않은 본소 부분을 취소하고 원고의 피고에 대한 청구를 기각한 것은 부적법(대법원 2007. 12. 14. 선고 2007다37776, 37783 판결).</u>

### 공동소송적 보조참가

Ⅰ. 서설
판결의 효력이 미치는 제3자가 보조참가하는 것을 말한다(제78조). 참가인이 판결의 효력을 받는 자라는 점이 통상의 보조참가와 다르고, 당사자적격이 없는 자라는 점이 공동소송참가 또는 독립당사자참가와 다르다.

Ⅱ. 요건
1. 타인간의 소송계속 중일 것 : 결정절차는 불가, 상고심에도 허용
2. 당사자적격이 없고, 판결의 효력(기판력)이 미칠 것
   가. 제3자 소송담당

(1) 갈음형 : 권리귀속주체는 당사자적격 無 ⇒ 공동소송적 보조참가
(2) 병행형 : 권리귀속주체는 당사자적격 有, 그러나 중복소송에 해당하는 경우는 공동소송적 보조참가
채권자대위소송 중 채무자의 참가 ⇒ 공동소송적 보조참가, 단 채권자대위소송 도중 다른 채권자의 공동소송참가에 대해서는 이를 허용(대법원 2015. 7. 23. 선고 2013다30301,30325 판결).
(3) 임의형 : 권리귀속주체는 당사자적격 無 ⇒ 공동소송적 보조참가
나. 판결의 효력이 제3자에게 확장되는 경우(대세효)
(1) 당사자적격이 없는 일반 제3자 ⇒ 이사선임결의무효확인소송에서 피고적격자는 회사이고 당해 이사는 피고적격자가 아니다. 이 경우 당해 이사는 위 무효확인소송에 공동소송적 보조참가를 할 수 있다.
(2) 제소기간 도과한 열거된 당사자적격자 ⇒ 당사자적격자가 제소기간을 도과한 경우에는 공동소송참가를 할 수 없다. 따라서 공동소송적 보조참가만이 가능
3. 소송행위의 유효요건을 갖출 것

Ⅲ. 공동소송적 보조참가인의 지위
　1. 제67조의 준용
　　재심의 소에 공동소송적 보조참가인이 참가한 후에는 피참가인이 재심의 소를 취하하더라도 공동소송적 보조참가인의 동의가 없는 한 효력이 없다(대법원 2015. 10. 29. 선고 2014다13044 판결).

　2. 보조참가인과 다른 점
　　가. 피참가인의 행위와 어긋나는 행위 : 참가인은 자신의 이익을 위하여 피참가인의 행위와 어긋나는 행위를 할 수 있으므로(제78조, 제67조 제1항), 제76조 제2항은 적용되지 않는다.
　　나. 참가인의 상소기간 : 판결의 효력이 미치는 참가인의 상소기간은 피참가인과 관계없이 참가인에 대한 판결송달시로부터 독자적으로 기산되며(제396조 참조), 상소하면 참가인·피참가인 모두에게 효력이 있기 때문에 모두의 상소기간이 끝날 때까지 판결은 확정되지 않는다.
　　다. 참가인의 중단·중지 사유 : 참가인에게 소송절차를 중단 또는 중지하여야 할 이유가 있는 경우 그 중단 또는 중지는 피참가인에게도 효력이 미친다(제78조, 제67조 제3항).

　3. 보조참가인과 같은 점 : 통상의 보조참가인은 참가 당시의 소송상태를 전제로 하여 피참가인을 보조하기 위하여 참가하는 것이므로 참가할 때의 소송의 진행 정도에 따라 피참가인이 할 수 없는 행위를 할 수 없다(원고의 부적법한 재심의 소 제기 및 공동소송적 보조참가인의 보조참가, 대법원 2015. 10. 29. 선고 2014다13044 판결).

### 공동소송참가

Ⅰ. 서설
　소송계속 중에 판결의 효력이 미치는 제3자가 원고 또는 피고의 공동소송인으로 참가하는 것(제83조)

Ⅱ. 참가의 요건
　1. 타인 간에 소송이 계속 중일 것 : 신소제기의 성질이므로 상고심 불허

　2. 당사자적격이 있을 것
　　가. 갈음형 : 당사자적격이 없으므로 공동소송적 보조참가
　　나. 병행형 : 당사자적격이 있으나 중복소송에 해당하지 않아야 공동소송참가를 할 수 있음, 예컨대 주주대표소송(판례)
　　다. 임의형 : 일반적으로 당사자적격이 없으므로 공동소송적 보조참가

3. 합일확정의 필요가 있을 것
　가. 유사필수적 공동소송 : 공동소송참가가 허용, 대위소송 계속 중 다른 채권자의 공동소송참가 허용
　나. 고유필수적 공동소송 : 반대설도 없지 아니하나 소송경제를 고려하고 고유필수적공동소송 역시 합일확정소송인 점 등을 고려하면 공동소송참가를 허용함이 옳을 것

4. 소송요건·병합요건을 갖출 것

Ⅲ. 참가인의 지위

참가의 방식은 보조참가의 신청에 준한다(제83조 제2항). 참가가 적법하다면 참가인과 피참가인의 공동소송의 형태는 유사 또는 고유필수적 공동소송이 된다. 따라서 제67조의 규정이 적용되어 재판의 합일확정을 위하여 소송자료와 소송진행의 통일이 필요하다.

---

**선정당사자의 선정요건**

1. 공동소송을 할 여러 사람이 있을 것

2. 공동의 이해관계(공동의 이익)가 있을 것 :
고유필수적 공동소송의 경우나 소송의 목적인 권리·의무가 공통인 경우에만 국한시킬 것이 아니라 널리 다수자 서로간에 공동소송인이 될 관계가 있고 또 주요한 공격방어방법을 공통으로 하는 경우로 볼 것이다. 따라서 여러 사람이 제65조 전문의 '권리·의무가 공통되거나 같은 원인으로 생긴' 관계에 있을 때에 이에 해당되어 공통의 대표자인 선정당사자를 선정할 수 있다.
다만 판례는 여러 사람의 임차인들이 乙을 상대로 각기 보증금의 반환을 구하는 사안에서 사건의 쟁점은 乙이 임대인으로서 계약당사자인지 여부에 있으므로, '쟁점공통'의 경우에도 공동의 이해관계가 있는 경우로 보았다(대법원 1999. 8. 24. 선고 99다15474 판결). 공동의 이해관계 존재 여부는 원고 주장의 청구원인사실에 의하여 판단한다. 단, 제65조 후문의 다수자의 권리·의무가 동종이며 그 발생 원인이 동종인 관계에 있는 것만으로는 공동의 이해관계가 있는 경우라고 할 수 없을 것이어서 선정당사자의 선정을 허용할 것은 아니다(대법원 1997. 7. 25. 선고 97다362 판결).

3. 공동의 이해관계 있는 사람 중에서 선정할 것 : 변호사대리원칙의 잠탈 방지

---

**부대항소의 효력**

1. 불이익변경금지의 원칙 배제 : 부대항소를 하게 되면 항소법원의 심판 범위가 확장되기 때문에 항소인에게 제1심 판결보다 불리한 변경을 할 수 있다.

2. 부대항소의 종속성 : 부대항소는 상대방의 항소에 의존하는 은혜적인 것이기 때문에 주된 항소의 취하 또는 부적법각하에 의하여 그 효력을 잃는다(제404조 본문). 다만 항소기간 내에 제기된 부대항소(독립부대항소)는 예외

☞ 부대항소의 종속성 사례

가. 문제점 : 제1심판결 이후 피항소인의 부대항소가 있고, 제2심판결이 제1심판결보다 불리한 판결이 선고된 경우에는 항소인의 항소취하가 불가, 다만 대법원에서 상고 이후 불리한 환송판결이 선고된 경우 항소인의 항소 취하로 피항소인의 부대항소도 소멸하는지가 쟁점

나. 학설 : 항소취하긍정설(부대항소는 상대방의 항소에 의존한 은혜적인 것으로 종속적인 성질을 가지므로), 항소취하부정설(피고의 항소 취하를 인정한다면 피고는 자유로운 선택에 의하여 환송전 원심판결보다 유리한 제1심 판결을 확정시킬 수 있어 부당)

다. 판례 : 종국판결이 상고심에서 파기되어 사건이 다시 항소심에 환송된 경우에는 먼저 있은 종국판결은 그 효력을 잃고 그 종국판결이 없었던 것과 같은 상태로 돌아가게 되므로 새로운 종국판결이 있기까지는 항소인은 피항소인이 부대항소를 제기하였는지 여부에 관계없이 항소를 취하할 수 있다(대법원 1995. 3. 10. 선고 94다51543 판결). ⇒ 항소취하긍정설

라. 검토 : 항소취하긍정설(환송 후에도 소변경이 가능하다고 보면 항소취하만을 부정할 이유가 없으므로)

### 환송판결의 기속력

I. 기속력의 성질
1. 학설 : 중간판결설(중간판결의 기속력을 유추), 기판력설(종국판결의 확정에 기하여 생기는 기판력), 특수효력설(심급제도를 유지하기 위하여 상급심의 판결이 하급심의 판결을 구속하는 특수한 효력)
2. 판례 : 대법원의 환송판결도 당해 사건에 대하여 재판을 마치고 그 심급을 이탈시키는 판결인 점에서 당연히 제2심의 환송판결과 같이 종국판결로 보아야 할 것이다(대법원 1995. 2. 14. 선고 93재다27, 34 전원합의체 판결 (반소)) ⇒ 특수효력설

II. 기속력의 범위
1. 객관적 범위 : 판결이유 중의 판단에도 미치나 당해사건에 한함
2. 주관적 범위 : 환송을 받은 법원 및 그 하급심, 재상고된 대법원, 단 전원합의체에는 기속력 없음(대법원 2001. 3. 15. 선고 98두15597 전원합의체 판결).

III. 기속력의 내용
1. 사실상의 판단 : 본안에 관한 사실판단은 포함되지 않고, 단지 ① 직권조사사항에 관한 사실상의 판단(예컨대 소송능력에 관한 당사자의 나이), ② 절차위반을 판단함에 있어서 인정한 사실, ③ 재심사유에 관한 사실상의 판단에 국한된다.
2. 법률상의 판단 : 명시한 법률상 판단뿐만 아니라 파기이유의 전제로서의 법률상 판단도 포함(대법원 2012. 3. 29. 선고 2011다106136 판결)
3. 소극적 판단 : 파기의 이유로 든 잘못된 견해만 피하면 됨

### 공유물에 관한 소송(암기 필요)

1. 공유자측이 소를 제기한 경우 : 원칙적 통상의 공동소송, 단 공유물 전체에 대한 소유권확인청구, 공동상속인의 다른 공동상속인에 대한 상속재산확인의 소, 공유자의 경계확정의 소는 필수적 공동소송.
2. 공유자측을 상대로 소를 제기한 경우 : 원칙적 통상의 공동소송, 단 공유물분할청구, 공유토지 경계확정의 소는 필수적 공동소송.

### 상계항변의 기판력

1. 기판력의 객관적 범위 일반
민소법 제216조 제1항 : 주문에 포함된 권리 또는 법률관계의 존부에 대한 판단사항에 한하여 기판력 발생. 즉, 소송물인 권리에 대해서만 기판력이 발생하고, 선결문제(말소등기청구소송에 있어서 소유권의 존부)나 판결이유 중 판단(대부분의 소송상 주장)에 대해서는 기판력이 발생하지 않음.

2. 상계항변의 기판력의 의의
민소법 제216조 제2항 : 판결이유중의 판단이나 명문의 규정으로 기판력을 인정(소송경제 및 수동채권자를 보호하려는 취지).

3. 상계항변의 기판력의 인정 요건
자동채권의 존부에 관하여 실질적 판단을 한 경우에 한정(실기각하, 상계금지, 상계부적상 제외)

수동채권이 소송물이거나 이와 실질적으로 동일한 경우(청구이의의 소, 후술)에 상계항변에 기판력이 발생 / 대법원 2005. 7. 22. 선고 2004다17207 판결

① 동일한 경우란 : 원고의 금원청구 소송 중 이미 상계적상 존재 > 원고의 금원청구 소송 확정 > 상계권 행사하며 확정된 집행채권의 소멸을 주장하고 동시에 청구이의의 소를 제기 > 청구이의 실체판단
② 수동채권이 소송물이어야 하므로 피고가 금전채무의 지급을 동시이행항변으로 행사하고, 이에 대하여 원고가 별개의 채권을 자동채권으로 한 상계의 재항변을 한 경우는 기판력이 발생하지 않음

Case1) 임차인의 보증금청구에 대한 임대인의 대여금 상계의 항변 / 기판력 발생(수동채권이 소송물)
Case2) 임대인의 인도청구, 임차인의 보증금반환의 동시이행항변, 임대인의 대여금 상계의 재항변 / 기판력 없음. 수동채권이 소송물이 아니고, 동시이행항변에 제공된 것이기 때문

4. 상계항변의 기판력의 효력
상계항변이 배척된 경우 : 자동채권 부존재에 관하여 기판력 발생(단, 상계로써 대항한 액수에 한정)
Ex) 원고가 1천만원 대여금 청구, 피고가 1억원의 대여금채권으로 상계항변, 법원이 상계항변 배척한 경우 : 피고의 대여금채권 중 상계로 대항한 1천만원의 범위 내에서 기판력 발생하고, 따라서 피고는 후소로써 나머지 9천만원의 이행청구를 할 수 있으며, 후소의 법원은 기판력을 이유로 배척해서는 안되고 실체심리를 하여야 함(만약 1억원을 청구하였다면, 1천만원은 기각, 나머지 9천만원은 실체심리).

상계항변이 인정된 경우 : (다수설) 자동, 수동 모두 존재하였다가 상계로 소멸된 것에 기판력 발생
유의 : 복수의 자동채권으로 상계행사한 경우 법원은 기판력이 생기는 자동채권을 특정하여 판결이유에 설시필요

## 단순병합과 통상의 공동소송의 경우 각 확정시기

1. 말소등기청구소송의 법적 성질 : 의사의 진술을 명하는 소송으로서 확정되어야 효력발생. 사안에서는 각 청구의 확정시기가 문제됨.

2. ①, ②, ③, ④의 각 청구의 관계
을에 대하여 ①, ②, ③의 청구를 병에 대하여 ④의 청구를 하였고, ①, ②, ③, ④의 각 청구는 합일확정의 필요성이 없음.
따라서 ①, ②, ③의 청구는 한명의 피고에 대한 청구로 단순병합의 관계, ④에 대한 청구는 합일확정의 필요성이 없는 다른 피고에 대한 청구이므로 ①, ②, ③과 ④에 대한 청구는 통상의 공동소송의 관계

3. 상소불가분의 원칙의 적용범위
단순병합에 있어서는 상소불가분적용.
통상의 공동소송에 있어서는 상소불가분 적용불가이므로 분리확정.
필수적 공동소송, 예비적 공동소송은 상소불가분 적용.

4. 불이익변경금지 원칙의 적용범위
당사자가 상소한 범위내에서만 심판의 대상이 될 수 있음.

5. 단순병합청구에 있어서 상소하지 않은 부분의 분리확정시기
상소불가분에 따라 상소하지 않은 부분도 이심이 되나, 상소심 판결선고전까지 부대항소 또는 청구확장을 하지 않으면 상소심 판결선고시에 분리확정. 즉, 항소심의 경우에는 항소심판결선고시, 상고심의 경우에는 상고심 판결선고시 확정.

6. 각 청구의 분리확정시기
   가. 병의 항소포기 및 을의 ②, ③에 대한 항소시 : ④의 청구는 1심 항소기간 도과시 분리확정. ①의 청구는 상소불가분에 따라 항소심에 이심되므로 확정되지 않음.
   나. 항소심 판결 : 을의 항소기각. ①의 청구는 심판의 대상이 되지 않았고, 상고도 할 수 없으므로, 항소심 판결선고시 확정.
   다. 상고 제기 : 을은 ③에 대해서만 상고. ②의 청구는 상고심에 이심되나, 심판의 대상은 아님. 따라서 상고심 판결 선고시 ②의 청구는 확정
   라. ③의 청구 : 재상고의 기각시 확정

## 제5절 선택형 판례정리

## 민 법

### I 민법총칙

**대법원 2007. 6. 1. 선고 2005다5812 판결**

부동산 거래에 있어 거래 상대방이 일정한 사정에 관한 고지를 받았더라면 그 거래를 하지 않았을 것임이 경험칙상 명백한 경우에는 신의성실의 원칙상 사전에 상대방에게 그와 같은 사정을 고지할 의무가 있으며, 그와 같은 고지의무의 대상이 되는 것은 직접적인 법령의 규정뿐 아니라 널리 계약상, 관습상 또는 조리상의 일반원칙에 의하여도 인정될 수 있다.

**대법원 1998. 5. 22. 선고 96다24101 판결**

취득시효완성 후에 그 사실을 모르고 당해 토지에 관하여 어떠한 권리도 주장하지 않기로 하였다 하더라도 이에 반하여 시효주장을 하는 것은 특별한 사정이 없는 한 신의칙상 허용되지 않는다.

**대법원 2009. 1. 15. 선고 2008다58367 판결**

무능력자의 책임을 제한하는 민법 제141조 단서는 부당이득에 있어 수익자의 반환범위를 정한 민법 제748조의 특칙으로서 무능력자의 보호를 위해 그 선의·악의를 묻지 아니하고 반환범위를 현존 이익에 한정시키려는 데 그 취지가 있으므로, 의사능력의 흠결을 이유로 법률행위가 무효가 되는 경우에도 유추적용되어야 할 것이나, 법률상 원인 없이 타인의 재산 또는 노무로 인하여 이익을 얻고 그로 인하여 타인에게 손해를 가한 경우에 그 취득한 것이 금전상의 이득인 때에는 그 금전은 이를 취득한 자가 소비하였는가의 여부를 불문하고 현존하는 것으로 추정되므로, 위 이익이 현존하지 아니함은 이를 주장하는 자, 즉 의사무능력자 측에 입증책임이 있다.

**대법원 1994. 9. 9. 선고 94다6680 판결**

적모와 미성년자인 수인의 자 사이에 상속재산분할협의를 하게 되는 경우에는 미성년자 각자마다 특별대리인을 선임하여 그 각 특별대리인이 각 미성년자를 대리하여 상속재산분할의 협의를 하여야 하고, 만약 특별대리인 1인이 수인의 미성년자를 대리하여 상속재산분할협의를 하였다면 이는 민법 제921조에 위반된 것으로서 이러한 대리행위에 의하여 성립된 상속재산분할협의는 피대리자의 전원에 의한 추인이 없는 한 무효이다.

**대법원 1982. 2. 9. 선고 81다534 판결**

의용민법이나 구관습하에 태아에게는 일반적으로 권리능력이 인정되지 아니하고 손해배상청구권 또는 상속 등 특별한 경우에 한하여 제한된 권리능력을 인정하였을 따름이므로 증여에 관하여는 태아의 수증능력이 인정되지 아니하였고, 또 태아인 동안에는 법정대리인이 있을 수 없으므로 법정대리인에 의한 수증행위도 할 수 없다.

대법원 2005. 4. 15. 선고 2003다60297(본소), 60303(본소), 60310(본소), 60327(반소) 판결
미성년자가 신용카드발행인과 사이에 신용카드 이용계약을 체결하여 신용카드거래를 하다가 신용카드 이용계약을 취소하는 경우 미성년자는 그 행위로 인하여 받은 이익이 현존하는 한도에서 상환할 책임이 있는바(민법 제141조), 신용카드 이용계약이 취소됨에도 불구하고 신용카드회원과 해당 가맹점 사이에 체결된 개별적인 매매계약은 특별한 사정이 없는 한 신용카드 이용계약취소와 무관하게 유효하게 존속한다 할 것이고, 신용카드발행인이 가맹점들에 대하여 그 신용카드사용대금을 지급한 것은 신용카드 이용계약과는 별개로 신용카드 발행인과 가맹점 사이에 체결된 가맹점 계약에 따른 것으로서 유효하므로, 신용카드발행인의 가맹점에 대한 신용카드이용대금의 지급으로써 신용카드회원은 자신의 가맹점에 대한 매매대금 지급채무를 법률상 원인 없이 면제받은 이익을 얻었으며, 이러한 이익은 금전상의 이득으로서 특별한 사정이 없는 한 현존하는 것으로 추정된다 할 것이다.

대법원 1986. 10. 10.자 86스20 결정
부재자의 자매로서 제2순위 상속인에 불과한 자는 부재자에 대한 실종선고의 여부에 따라 상속지분에 차이가 생긴다고 하더라도 이는 부재자의 사망 간주시기에 따른 간접적인 영향에 불과하고 부재자의 실종선고 자체를 원인으로 한 직접적인 결과는 아니므로 부재자에 대한 실종선고를 청구할 이해관계인이 될 수 없다.

대법원 2011. 1. 31.자 2010스165 결정
甲이 잠수장비를 착용한 채 바다에 입수하였다가 부상하지 아니한 채 행방불명되었다 하더라도, 이는 "사망의 원인이 될 위난"이라고 할 수 없다는 원심판단이 정당하다. / 전지, 침몰, 추락에 해당하지 않음

대법원 1994. 9. 27. 선고 94다21542 판결
실종선고를 받은 자는 실종기간이 만료한 때에 사망한 것으로 간주되는 것이므로, 실종선고로 인하여 실종기간 만료시를 기준으로 하여 상속이 개시된 이상 설사 이후 실종선고가 취소되어야 할 사유가 생겼다고 하더라도 실제로 실종선고가 취소되지 아니하는 한, 임의로 실종기간이 만료하여 사망한 때로 간주되는 시점과는 달리 사망시점을 정하여 이미 개시된 상속을 부정하고 이와 다른 상속관계를 인정할 수는 없다.

대법원 1993. 9. 14. 선고 93다8054 판결
유언으로 재단법인을 설립하는 경우에도 제3자에 대한 관계에서는 출연재산이 부동산인 경우는 그 법인에의 귀속에는 법인의 설립 외에 등기를 필요로 하는 것이므로, 재단법인이 그와 같은 등기를 마치지 아니하였다면 유언자의 상속인의 한 사람으로부터 부동산의 지분을 취득하여 이전등기를 마친 선의의 제3자에 대하여 대항할 수 없다.

대법원 2018. 11. 20.자 2018마5471 결정
법인의 정관에서 이사들 중 대표권이 전속된 이사장이나 그 직무대행자인 부이사장을 법인의 회원이나 대의원으로 이루어진 총회에서 선출하도록 정하였고, 이러한 대표권이 전속된 이사장이나 그 직무대행자로 정한 부이사장이 없거나 결원이 있으며, 이로 인하여 손해가 생길 염려가 있는 때에는 법원은 민법 제63조에 따라 이해관계인이나 검사의 청구에 의하여 법인의 대표권이 전속된 임시 이사장이나 그 직무대행자인 임시 부이사장을 선임할 수 있다.

**대법원 2013. 11. 28. 선고 2011다41741 판결**

법인이 정관에 이사의 해임사유 및 절차 등을 따로 정한 경우 그 규정은 법인과 이사와의 관계를 명확히 함은 물론 이사의 신분을 보장하는 의미도 아울러 가지고 있어 이를 단순히 주의적 규정으로 볼 수는 없다. 따라서 법인의 정관에 이사의 해임사유에 관한 규정이 있는 경우 법인으로서는 이사의 중대한 의무위반 또는 정상적인 사무집행 불능 등의 특별한 사정이 없는 이상, 정관에서 정하지 아니한 사유로 이사를 해임할 수 없다.

**대법원 1992. 7. 24. 선고 92다749 판결**

재단법인의 이사는 법인에 대한 일방적인 사임의 의사표시에 의하여 법률관계를 종료시킬 수 있고, 그 의사표시가 수령권한 있는 기관에 도달됨으로써 효력을 발생하는 것이며, 법인의 승낙이 있어야만 효력이 있는 것은 아니다.

**대법원 2011. 4. 28. 선고 2008다15438 판결**

민법 제35조 제1항은 "법인은 이사 기타 대표자가 그 직무에 관하여 타인에게 가한 손해를 배상할 책임이 있다"라고 정한다. 여기서 '법인의 대표자'에는 그 명칭이나 직위 여하, 또는 대표자로 등기되었는지 여부를 불문하고 당해 법인을 실질적으로 운영하면서 법인을 사실상 대표하여 법인의 사무를 집행하는 사람을 포함한다고 해석함이 상당하다.

민법 제62조에 비추어 보면 비법인사단의 대표자는 정관 또는 총회의 결의로 금지하지 아니한 사항에 한하여 타인으로 하여금 특정한 행위를 대리하게 할 수 있을 뿐 비법인사단의 제반 업무처리를 포괄적으로 위임할 수는 없으므로 비법인사단 대표자가 행한 타인에 대한 업무의 포괄적 위임과 그에 따른 포괄적 수임인의 대행행위는 민법 제62조를 위반한 것이어서 비법인사단에 대하여 그 효력이 미치지 않는다.

**대법원 2005. 12. 23. 선고 2003다30159 판결**

민법 제35조에서 말하는 '이사 기타 대표자'는 법인의 대표기관을 의미하는 것이고 대표권이 없는 이사는 법인의 기관이기는 하지만 대표기관은 아니기 때문에 그들의 행위로 인하여 법인의 불법행위가 성립하지 않는다.

**대법원 2003. 7. 25. 선고 2002다27088 판결**

비법인사단의 경우 대표자의 행위가 직무에 관한 행위에 해당하지 아니함을 피해자 자신이 알았거나 또는 중대한 과실로 인하여 알지 못한 경우에는 비법인사단에게 손해배상책임을 물을 수 없다고 할 것이다.

**대법원 2003. 7. 22. 선고 2002다64780 판결**

비법인사단의 경우에는 대표자의 대표권 제한에 관하여 등기할 방법이 없어 민법 제60조의 규정을 준용할 수 없고, 비법인사단의 대표자가 정관에서 사원총회의 결의를 거쳐야 하도록 규정한 대외적 거래행위에 관하여 이를 거치지 아니한 경우라도, 이와 같은 사원총회 결의사항은 비법인사단의 내부적 의사결정에 불과하다 할 것이므로, 그 거래 상대방이 그와 같은 대표권 제한 사실을 알았거나 알 수 있었을 경우가 아니라면 그 거래행위는 유효하다고 봄이 상당하고, 이 경우 거래의 상대방이 대표권 제한 사실을 알았거나 알 수 있었음은 이를 주장하는 비법인사단측이 주장·입증하여야 한다. / 처분행위가 아닌 대표권의 제한문제

대법원 1989. 3. 14. 선고 87다카1574 판결

교회 교인들의 총유 또는 준총유에 속하는 토지의 처분에 관하여 교회의 정관이나 규약이 없고 교인들의 처분결의도 없다면 비록 그 토지를 전득하여 등기를 마친 자가 선의라 하더라도 교회는 그 처분행위의 무효인 사실을 대항할 수 있다.

대법원 2009. 1. 30. 선고 2006다60908 판결

사단법인의 하부조직의 하나라 하더라도 스스로 단체로서의 실체를 갖추고 독자적인 활동을 하고 있다면 사단법인과는 별개의 독립된 비법인사단으로 볼 수 있다.

대법원 2008. 2. 28. 선고 2007다37394 판결

교회가 아직 실체를 갖추지 못하여 법인 아닌 사단으로 성립하기 전에 설립의 주체인 개인이 취득한 권리의무는 그것이 앞으로 성립할 교회를 위한 것이라 하더라도 바로 법인 아닌 사단인 교회에 귀속될 수는 없고, 또한 설립중의 회사의 개념과 법적 성격에 비추어, 법인 아닌 사단인 교회가 성립하기 전의 단계에서 설립중의 회사의 법리를 유추적용할 수는 없다.

대법원 1990. 12. 26. 선고 88다카20224 판결

집합물에 대한 양도담보설정계약 체결도 가능하며 이 경우 그 목적 동산이 담보설정자의 다른 물건과 구별될 수 있도록 그 종류, 장소 또는 수량지정 등의 방법에 의하여 특정되어 있으면 그 전부를 하나의 재산권으로 보아 이에 유효한 담보권의 설정이 된 것으로 볼 수 있다. 집합물에 대한 양도담보권설정계약이 이루어지면 그 집합물을 구성하는 개개의 물건이 변동되거나 변형되더라도 한 개의 물건으로서 동일성을 잃지 아니 하므로 양도담보권의 효력은 항상 현재의 집합물 위에 미치는 것이고, 따라서 양도담보권자가 담보권설정계약 당시 존재하는 집합물을 점유개정의 방법으로 그 점유를 취득하면 그 후 양도담보설정자가 그 집합물을 이루는 개개의 물건을 반입하였다 하더라도 그때마다 별도의 양도담보권설정계약을 맺거나 점유개정의 표시를 하여야 하는 것은 아니다.

대법원 1989. 3. 28. 선고 88다카12803 판결

원본채권이 양도된 경우 이미 변제기에 도달한 이자채권은 원본채권의 양도당시 그 이자채권도 양도한다는 의사표시가 없는 한 당연히 양도되지는 않는다.

대법원 1979. 8. 28. 선고 79다1087 판결

건물 소유를 위하여 법정지상권을 취득한 자로부터 경매에 의하여 그 건물의 소유권을 이전받은 경락인은 위 지상권도 당연히 이전받았다 할 것이고 이는 그에 대한 등기가 없어도 그 후에 담보토지를 전득한 자에 대하여 유효하다.

대법원 2006. 10. 26. 선고 2006다29020 판결

민법 제100조 제2항의 종물과 주물의 관계에 관한 법리는 물건 상호간의 관계뿐 아니라 권리 상호간에도 적용되고, 위 규정에서의 처분은 처분행위에 의한 권리변동뿐 아니라 주물의 권리관계가 압류와 같은 공법상의 처분 등에 의하여 생긴 경우에도 적용되어야 한다.

**대법원 1993. 10. 10.자 93마929 결정**

경매대상 건물이 인접한 다른 건물과 합동됨으로 인하여 건물로서의 독립성을 상실하게 되었다면 경매대상 건물만을 독립하여 양도하거나 경매의 대상으로 삼을 수는 없고, 이러한 경우 경매대상 건물에 대한 채권자의 근저당권은 위 합동으로 인하여 생겨난 새로운 건물 중에서 위 경매대상 건물이 차지하는 비율에 상응하는 공유지분 위에 존속한다.

**대법원 1982. 6. 22. 선고 82다카90 판결**

해외파견된 근로자가 귀국일로부터 일정기간 소속회사에 근무하여야 한다는 사규나 약정은 민법 제103조 또는 제104조에 위반된다고 할 수 없고, 일정기간 근무하지 않으면 해외 파견 소요경비를 배상한다는 사규나 약정은 근로계약기간이 아니라 경비 반환채무의 면제기간을 정한 것이므로 근로기준법 제21조에 위배하는 것도 아니다.

**대법원 2010. 12. 23. 선고 2008다75119 판결**

공인중개사자격이 없어 중개사무소 개설등록을 하지 아니한 채 부동산중개업을 한 자에게 형사적 제재를 가하는 것만으로는 부족하고 그가 체결한 중개수수료 지급약정에 의한 경제적 이익이 귀속되는 것을 방지하여야 할 필요가 있고, 따라서 중개사무소 개설등록에 관한 구 부동산중개업법 관련 규정들은 공인중개사 자격이 없는 자가 중개사무소 개설등록을 하지 아니한 채 부동산중개업을 하면서 체결한 중개수수료 지급약정의 효력을 제한하는 이른바 강행법규에 해당한다.

**대법원 1995. 10. 13. 선고 95다22337 판결**

채무자의 부동산에 관한 소유권이전등기 의무가 이행불능으로 된 경우, 그 손해배상액은 원칙적으로 이행불능 당시의 목적물의 시가에 의하여야 하고, 그 후 목적물의 시가가 등귀하였다고 하더라도 그로 인한 손해는 특별한 사정에 인한 것이어서 채무자가 이행불능 당시 그와 같은 특별한 사정을 알았거나 알 수 있었을 경우에 한하여 그 등귀한 가격에 의한 손해배상을 청구할 수 있다.

**대법원 1980. 3. 21.자 80마77 결정**

경매에 있어서는 불공정한 법률행위 또는 채무자에게 불리한 약정에 관한 것으로서 효력이 없다는 민법 제104조, 제608조는 적용될 여지가 없다.

**대법원 2013. 9. 26. 선고 2011다53683 전원합의체 판결**

어떠한 법률행위가 불공정한 법률행위에 해당하는지는 법률행위시를 기준으로 판단하여야 한다. 따라서 계약 체결 당시를 기준으로 전체적인 계약 내용에 따른 권리의무관계를 종합적으로 고려한 결과 불공정한 것이 아니라면, 사후에 외부적 환경의 급격한 변화에 따라 계약당사자 일방에게 큰 손실이 발생하고 상대방에게는 그에 상응하는 큰 이익이 발생할 수 있는 구조라고 하여 그 계약이 당연히 불공정한 계약에 해당한다고 말할 수 없다.

**대법원 2001. 5. 29. 선고 2001다11765 판결**

동일인에 대한 대출액 한도를 제한한 법령이나 금융기관 내부규정의 적용을 회피하기 위하여 실질적인 주채무자가 실제 대출받고자 하는 채무액에 대하여 제3자를 형식상의 주채무자로 내세우고, 금융기관도 이를 양해하여 제3자에 대하여는 채무자로서의 책임을 지우지 않을 의도하에 제3자 명의로 대출관계서류를 작성받은 경우, 제3자는 형식상의 명의만을 빌려 준 자에 불과하고 그 대출계약의 실질적인 당사자는 금융기관과 실질적 주채무자이므로, 제3자 명의로 되어 있는 대출약정은 그 금융기관의 양해하에 그에 따른 채무부담의 의사 없이 형식적으로 이루어진 것에 불과하여 통정허위표시에 해당하는 무효의 법률행위이다.

대법원 1996. 9. 10. 선고 96다18182 판결

법률상 또는 사실상의 장애로 자기 명의로 대출받을 수 없는 자를 위하여 대출금채무자로서의 명의를 빌려준 자에게 그와 같은 채무부담의 의사가 없는 것이라고는 할 수 없으므로 그 의사표시를 비진의표시에 해당한다고 볼 수 없고, 설령 명의대여자의 의사표시가 비진의표시에 해당한다고 하더라도 그 의사표시의 상대방인 상호신용금고로서는 명의대여자가 전혀 채무를 부담할 의사 없이 진의에 반한 의사표시를 하였다는 것까지 알았다거나 알 수 있었다고 볼 수도 없다고 보아, 그 명의대여자는 표시행위에 나타난 대로 대출금채무를 부담한다.

대법원 1996. 4. 26. 선고 94다12074 판결

상대방과 통정한 허위의 의사표시는 무효이고 누구든지 그 무효를 주장할 수 있는 것이 원칙이나, 허위표시의 당사자 및 포괄승계인 이외의 자로서 허위 표시에 의하여 외형상 형성된 법률관계를 토대로 실질적으로 새로운 법률상 이해관계를 맺은 선의의 제3자에 대하여는 허위표시의 당사자뿐만 아니라 그 누구도 허위표시의 무효를 대항하지 못하고, 따라서 선의의 제3자에 대한 관계에 있어서는 허위표시도 그 표시된 대로 효력이 있다.

대법원 2004. 5. 28. 2003다70041 판결

[1] 통정한 허위표시에 의하여 외형상 형성된 법률관계로 생긴 채권을 가압류한 경우, 그 가압류권자는 허위표시에 기초하여 새로운 법률상 이해관계를 가지게 되므로 민법 제108조 제2항의 제3자에 해당한다고 봄이 상당하고, 또한 민법 제108조 제2항의 제3자는 선의이면 족하고 무과실은 요건이 아니다.
[2] 근저당권이 있는 채권이 가압류되는 경우, 근저당권설정등기에 부기등기의 방법으로 그 피담보채권의 가압류사실을 기입등기하는 목적은 근저당권의 피담보채권이 가압류되면 담보물권의 수반성에 의하여 종된 권리인 근저당권에도 가압류의 효력이 미치게 되어 피담보채권의 가압류를 공시하기 위한 것이므로, 만일 근저당권의 피담보채권이 존재하지 않는다면 그 가압류명령은 무효라고 할 것이고, 근저당권을 말소하는 경우에 가압류권자는 등기상 이해관계 있는 제3자로서 근저당권의 말소에 대한 승낙의 의사표시를 하여야 할 의무가 있다(통정허위는 근저당권설정행위, 허위채권이 작출된 것이 아니고, 피담보채권자체가 부존재).

대법원 2003. 6. 24. 선고 2002다48214 판결

파산자가 상대방과 통정한 허위의 의사표시를 통하여 가장채권을 보유하고 있다가 파산이 선고된 경우 그 가장채권도 일단 파산재단에 속하게 되고, 파산선고에 따라 파산자와는 독립한 지위에서 파산채권자 전체의 공동의 이익을 위하여 직무를 행하게 된 파산관재인은 그 허위표시에 따라 외형상 형성된 법률관계를 토대로 실질적으로 새로운 법률상 이해관계를 가지게 된 민법 제108조 제2항의 제3자에 해당한다.

대법원 1982. 5. 25. 선고 80다1403 판결

소외인 (a)가 부동산의 매수자금을 피고로부터 차용하고 담보조로 가등기를 경료하기로 약정한 후 채권자들의 강제집행을 우려하여 소외인 (b)에게 가장양도한 후 피고 앞으로 가등기를 경료케 한 경우에 있어서 피고는 형식상은 가장 양수인으로부터 가등기를 경료받은 것으로 되어 있으나 실질적인 새로운 법률원인에 의한 것이 아니므로 통정허위표시에서의 제3자로 볼 수 없다.

**대법원 1970. 9. 29. 선고 70다466 판결**

허위의 매매에 의한 매수인으로부터 부동산상의 권리를 취득한 제3자는 특별한 사정이 없는 한 선의로 추정할 것이므로 허위표시를 한 부동산양도인이 제3자에 대하여 소유권을 주장하려면 그 제3자의 악의임을 입증하여야 한다.

**대법원 2013. 11. 28. 선고 2013다202922 판결**

주식회사 케이피이엔(이하 '소외 회사'라 한다)이 피고와 사이에 이 사건 분양계약을 체결한 2007. 4. 12.경 탕정지구는 대상 면적이 16,867,000㎡인 택지개발예정지구로 지정 고시되었다가 2011. 6. 28.경 대상 면적을 5,160,097㎡로 축소하는 택지개발예정지구 지정변경이 고시된 사실을 알 수 있는바, 이 사건 분양계약 체결 당시 탕정지구 개발계획에 관한 소외 회사의 인식 자체에는 오류가 있었다고 보기 어렵고, 소외 회사가 탕정지구 개발사업이 당초 계획대로 진행될 것으로 예상하였다고 하더라도 이는 장래에 대한 단순한 기대에 지나지 아니하므로, 위와 같은 사업축소로 그 기대가 이루어지지 않았다고 하여 법률행위 내용의 중요 부분에 착오가 있는 것으로 볼 수 없다.

**대법원 2014. 11. 27. 선고 2013다49794 판결**

민법 제109조 제1항 단서는 의사표시의 착오가 표의자의 중대한 과실로 인한 때에는 그 의사표시를 취소하지 못한다고 규정하고 있는데, 위 단서 규정은 표의자의 상대방의 이익을 보호하기 위한 것이므로, 상대방이 표의자의 착오를 알고 이를 이용한 경우에는 착오가 표의자의 중대한 과실로 인한 것이라고 하더라도 표의자는 의사표시를 취소할 수 있다.

**대법원 2006. 12. 7. 선고 2006다41457 판결**

주채무자의 차용금반환채무를 보증할 의사로 공정증서에 연대보증인으로 서명·날인하였으나 그 공정증서가 주채무자의 기존의 구상금채무 등에 관한 준소비대차계약의 공정증서이었던 경우, 소비대차계약과 준소비대차계약의 법률효과는 동일하므로 공정증서가 연대보증인의 의사와 다른 법률효과를 발생시키는 내용의 서면이라고 할 수 없어 표시와 의사의 불일치가 객관적으로 현저한 경우에 해당하지 않을 뿐만 아니라, 연대보증인은 주채무자가 채권자에게 부담하는 차용금반환채무를 연대보증할 의사가 있었던 이상 착오로 인하여 경제적인 불이익을 입었거나 장차 불이익을 당할 염려도 없으므로 위와 같은 착오는 연대보증계약의 중요 부분의 착오가 아니다.

**대법원 2007. 8. 23. 선고 2006다52815 판결**

피고로서는 이 사건 기업의 실제 경영주가 신용불량자로서 금융거래를 할 수 없는 소외 1이라는 사실을 알았더라면 이 사건 보증계약을 체결하지 아니하였을 것임에도 불구하고, 신용불량자가 아닌 소외 2를 이 사건 기업의 경영주인 것으로 오인하고 이를 전제로 하여 이 사건 기업에 대한 신용도 등에 대한 조사를 한 후 이 사건 보증계약을 체결하게 된 것이므로, 이는 법률행위의 중요 부분에 착오가 있었던 것으로 보아야 한다.

**대법원 2000. 5. 12. 선고 99다64995 판결**

신용보증기금의 신용보증서를 담보로 금융채권자금을 대출해 준 금융기관이 위 대출자금이 모두 상환되지 않았음에도 착오로 신용보증기금에게 신용보증서 담보설정 해지를 통지한 경우, 그 해지의 의사표시는 민법 제109조 제1항 단서 소정의 중대한 과실에 기한 것이다(따라서 취소 불가).

대법원 1998. 3. 10. 선고 97다55829 판결
제3자의 사기행위로 인하여 피해자가 주택건설사와 사이에 주택에 관한 분양계약을 체결하였다고 하더라도 제3자의 사기행위 자체가 불법행위를 구성하는 이상, 제3자로서는 그 불법행위로 인하여 피해자가 입은 손해를 배상할 책임을 부담하는 것이므로, 피해자가 제3자를 상대로 손해배상청구를 하기 위하여 반드시 그 분양계약을 취소할 필요는 없다.

대법원 2008. 6. 12. 선고 2008다19973 판결
계약의 해제와 같은 상대방 있는 의사표시는 그 통지가 상대방에게 도달한 때 효력이 생기는 것이고(민법 제111조 제1항), 여기서 도달이라 함은 사회통념상 상대방이 통지의 내용을 알 수 있는 객관적 상태에 놓여 있는 경우를 가리키는 것으로서, 상대방이 통지를 현실적으로 수령하거나 통지의 내용을 알 것까지는 필요로 하지 않는 것이므로(대법원 1983. 8. 23. 선고 82다카439 판결 등 참조), 상대방이 정당한 사유 없이 통지의 수령을 거절한 경우에는 상대방이 그 통지의 내용을 알 수 있는 객관적 상태에 놓여 있는 때에 의사표시의 효력이 생기는 것으로 보아야 한다.

대법원 2003. 4. 25. 선고 2002다11458 판결
진의 아닌 의사표시에 있어서의 '진의'란 특정한 내용의 의사표시를 하고자 하는 표의자의 생각을 말하는 것이지 표의자가 진정으로 마음 속에서 바라는 사항을 뜻하는 것은 아니므로 표의자가 의사표시의 내용을 진정으로 마음 속에서 바라지는 아니하였다고 하더라도 당시의 상황에서는 그것이 최선이라고 판단하여 그 의사표시를 하였을 경우에는 이를 내심의 효과의사가 결여된 진의 아닌 의사표시라고 할 수 없다.

대법원 2008. 6. 12. 선고 2008다11276 판결
어떠한 계약의 체결에 관한 대리권을 수여받은 대리인이 수권된 법률행위를 하게 되면 그것으로 대리권의 원인된 법률관계는 원칙적으로 목적을 달성하여 종료하는 것이고, 법률행위에 의하여 수여된 대리권은 그 원인된 법률관계의 종료에 의하여 소멸하는 것이므로(민법 제128조), 그 계약을 대리하여 체결하였던 대리인이 체결된 계약의 해제 등 일체의 처분권과 상대방의 의사를 수령할 권한까지 가지고 있다고 볼 수는 없다.

대법원 1992. 4. 14. 선고 91다43107 판결
부동산의 소유자로부터 매매계약을 체결할 대리권을 수여받은 대리인은 특별한 다른 사정이 없는 한 그 매매계약에서 약정한 바에 따라 중도금이나 잔금을 수령할 수도 있다고 보아야 하고, 매매계약의 체결과 이행에 관하여 포괄적으로 대리권을 수여받은 대리인은 특별한 다른 사정이 없는 한 상대방에 대하여 약정된 매매대금 지급기일을 연기하여 줄 권한도 가진다고 보아야 할 것이다.

대법원 2008. 9. 25. 선고 2008다42195 판결
인감도장 및 인감증명서는 대리권을 인정할 수 있는 하나의 자료에 지나지 아니하고 이에 의하여 당연히 피고에게 원고를 대리하여 양도담보부 금전소비대차계약을 체결하거나 위 계약에 대한 공정증서 작성을 촉탁할 대리권이 인정되는 것은 아니며, 대리권이 있다는 점에 대한 입증책임은 그 효과를 주장하는 피고에게 있다.

### 대법원 2011. 8. 18. 선고 2011다30871 판결

계약이 적법한 대리인에 의하여 체결된 경우에 대리인은 다른 특별한 사정이 없는 한 본인을 위하여 계약상 급부를 변제로서 수령할 권한도 가진다. 그리고 대리인이 그 권한에 기하여 계약상 급부를 수령한 경우에, 그 법률효과는 계약 자체에서와 마찬가지로 직접 본인에게 귀속되고 대리인에게 돌아가지 아니한다. 따라서 계약상 채무의 불이행을 이유로 계약이 상대방 당사자에 의하여 유효하게 해제되었다면, 해제로 인한 원상회복의무는 대리인이 아니라 계약의 당사자인 본인이 부담한다.

### 대법원 1999. 9. 3. 선고 97다56099 판결

임의대리인은 본인의 승낙이 있거나 부득이한 사유가 있지 아니하면 복대리인을 선임할 수 없는 것인바, 아파트 분양업무는 그 성질상 분양 위임을 받은 수임인의 능력에 따라 그 분양사업의 성공 여부가 결정되는 사무로서, 본인의 명시적인 승낙 없이는 복대리인의 선임이 허용되지 아니하는 경우로 보아야 한다.

### 대법원 1998. 3. 27. 선고 97다48982 판결

대리인이 사자 내지 임의로 선임한 복대리인을 통하여 권한 외의 법률행위를 한 경우, 상대방이 그 행위자를 대리권을 가진 대리인으로 믿었고 또한 그렇게 믿는 데에 정당한 이유가 있는 때에는, 복대리인 선임권이 없는 대리인에 의하여 선임된 복대리인의 권한도 기본대리권이 될 수 있을 뿐만 아니라, 그 행위자가 사자라고 하더라도 대리행위의 주체가 되는 대리인이 별도 있고 그들에게 본인으로부터 기본대리권이 수여된 이상, 민법 제126조를 적용함에 있어서 기본대리권의 흠결 문제는 생기지 않는다.

### 대법원 2017. 6. 29. 선고 2017다213838 판결

민법 제134조는 "대리권 없는 자가 한 계약은 본인의 추인이 있을 때까지 상대방은 본인이나 그 대리인에 대하여 이를 철회할 수 있다. 그러나 계약 당시에 상대방이 대리권 없음을 안 때에는 그러하지 아니하다."고 규정하고 있다. 민법 제134조에서 정한 상대방의 철회권은, 무권대리행위가 본인의 추인에 따라 효력이 좌우되어 상대방이 불안정한 지위에 놓이게 됨을 고려하여 대리권이 없었음을 알지 못한 상대방을 보호하기 위하여 상대방에게 부여된 권리로서, 상대방이 유효한 철회를 하면 무권대리행위는 확정적으로 무효가 되어 그 후에는 본인이 무권대리행위를 추인할 수 없다. 한편 상대방이 대리인에게 대리권이 없음을 알았다는 점에 대한 주장·입증책임은 철회의 효과를 다투는 본인에게 있다.

### 대법원 1987. 7. 7. 선고 86다카2475 판결

표견대리의 효과를 주장하려면 상대방이 자칭 대리인에게 대리권이 있다고 믿고 그와 같이 믿는데 정당한 이유가 있을 것을 요건으로 하는 것인바 여기의 정당한 이유의 존부는 자칭 대리인의 대리행위가 행하여 질 때에 존재하는 제반사정을 객관적으로 관찰하여 판단하여야 하는 것이지 당해 법률행위가 이루어지고 난 훨씬 뒤의 사정을 고려하여 그 존부를 결정해야 하는 것은 아니다.

### 대법원 1979. 3. 27. 선고 79다234 판결

민법 제129조의 대리권 소멸후의 표현대리로 인정되는 경우에, 그 표현대리의 권한을 넘는 대리행위가 있을 때에는 민법 제126조의 표현대리가 성립될 수 있다.

대법원 1992. 5. 26. 선고 91다32190 판결

증권회사로부터 위임받은 고객의 유치, 투자상담 및 권유, 위탁매매약정실적의 제고 등의 업무는 사실행위에 불과하므로 이를 기본대리권으로 하여서는 권한초과의 표현대리가 성립할 수 없다.

대법원 2002. 6. 28. 선고 2001다49814 판결

민법 제126조의 표현대리는 대리인이 본인을 위한다는 의사를 명시 혹은 묵시적으로 표시하거나 대리의사를 가지고 권한 외의 행위를 하는 경우에 성립하고, 사술을 써서 위와 같은 대리행위의 표시를 하지 아니하고 단지 본인의 성명을 모용하여 자기가 마치 본인인 것처럼 기망하여 본인 명의로 직접 법률행위를 한 경우에는 특별한 사정이 없는 한 위 법조 소정의 표현대리는 성립될 수 없다.

대법원 2002. 8. 27. 선고 2001다71699 판결

당사자 사이에 양도금지의 특약이 있는 채권이라도 압류 및 전부명령에 따라 이전될 수 있고, 양도금지의 특약이 있는 사실에 관하여 압류채권자가 선의인가 악의인가는 전부명령의 효력에 영향이 없다.

대법원 2010. 6. 10. 선고 2009다96328 판결

국토의 계획 및 이용에 관한 법률상 토지거래계약 허가구역 내의 토지에 관하여 허가를 배제하거나 잠탈하는 내용으로 매매계약이 체결된 경우에는 같은 법 제118조 제6항에 따라 그 계약은 체결된 때부터 확정적으로 무효이다. 그리고 이러한 허가의 배제·잠탈행위에는 토지거래허가가 필요한 계약을 허가가 필요하지 않은 것에 해당 도록 계약서를 허위로 작성하는 행위뿐만 아니라, 정상적으로는 토지거래허가를 받을 수 없는 계약을 허가를 받을 수 있도록 계약서를 허위로 작성하는 행위도 포함된다.

대법원 2014. 3. 27. 선고 2012다106607 판결

당사자가 이전의 법률행위가 존재함을 알고 그 유효함을 전제로 하여 이에 터 잡은 후속행위를 하였다고 해서 그것만으로 이전의 법률행위를 묵시적으로 추인하였다고 단정할 수는 없고, 묵시적 추인을 인정하기 위해서는 이전의 법률행위가 무효임을 알거나 적어도 무효임을 의심하면서도 그 행위의 효과를 자기에게 귀속시키도록 하는 의사로 후속행위를 하였음이 인정되어야 할 것이다.

대법원 2003. 3. 28. 선고 2002다72125 판결

무효인 법률행위는 그 법률행위가 성립한 당초부터 당연히 효력이 발생하지 않는 것이므로, 무효인 법률행위에 따른 법률효과를 침해하는 것처럼 보이는 위법행위나 채무불이행이 있다고 하여도 법률효과의 침해에 따른 손해는 없는 것이므로 그 손해배상을 청구할 수는 없다.

대법원 2012. 3. 29. 선고 2011다101308 판결

사용자가 근로자의 임금 지급에 갈음하여 사용자가 제3자에 대하여 가지는 채권을 근로자에게 양도하기로 하는 약정은 전부 무효임이 원칙이다. 다만 당사자 쌍방이 위와 같은 무효를 알았더라면 임금의 지급에 갈음하는 것이 아니라 지급을 위하여 채권을 양도하는 것을 의욕하였으리라고 인정될 때에는 무효행위 전환의 법리(민법 제138조)에 따라 그 채권양도 약정은 '임금의 지급을 위하여 한 것'으로서 효력을 가질 수 있다.

대법원 2010. 7. 15. 선고 2009다50308 판결

매매계약이 약정된 매매대금의 과다로 말미암아 민법 제104조에서 정하는 '불공정한 법률행위'에 해당하여 무효인 경우에도 무효행위의 전환에 관한 민법 제138조가 적용될 수 있다. 따라서 당사자 쌍방이 위와 같은 무효를 알았더라면 대금을 다른 액으로 정하여 매매계약에 합의하였을 것이라고 예외적으로 인정되는 경우에는, 그 대금액을 내용으로 하는 매매계약이 유효하게 성립한다.

대법원 2004. 6. 25. 선고 2004다2199 판결

민법 제137조는 임의규정으로서 의사자치의 원칙이 지배하는 영역에서 적용된다고 할 것이므로, 법률행위의 일부가 강행법규인 효력규정에 위반되어 무효가 되는 경우 그 부분의 무효가 나머지 부분의 유효·무효에 영향을 미치는가의 여부를 판단함에 있어서는 개별 법령이 일부무효의 효력에 관한 규정을 두고 있는 경우에는 그에 따라야 하고, 그러한 규정이 없다면 원칙적으로 민법 제137조가 적용될 것이나 당해 효력규정 및 그 효력규정을 둔 법의 입법 취지를 고려하여 볼 때 나머지 부분을 무효로 한다면 당해 효력규정 및 그 법의 취지에 명백히 반하는 결과가 초래되는 경우에는 나머지 부분까지 무효가 된다고 할 수는 없다고 할 것이다.

대법원 2017. 12. 22. 선고 2013다25194, 25200 판결

근로계약의 무효 또는 취소를 주장할 수 있다 하더라도 근로계약에 따라 그동안 행하여진 근로자의 노무 제공의 효과를 소급하여 부정하는 것은 타당하지 않으므로 이미 제공된 근로자의 노무를 기초로 형성된 취소 이전의 법률관계까지 효력을 잃는다고 보아서는 아니 되고, 취소의 의사표시 이후 장래에 관하여만 근로계약의 효력이 소멸된다고 보아야 한다.

대법원 1993. 9. 14. 선고 93다13162 판결

법률행위의 취소는 상대방에 대한 의사표시로 하여야 하나 그 취소의 의사표시는 특별히 재판상 행하여짐이 요구되는 경우 이외에는 특정한 방식이 요구되는 것이 아니고, 취소의 의사가 상대방에 의하여 인식될 수 있다면 어떠한 방법에 의하더라도 무방하다고 할 것이고, 법률행위의 취소를 당연한 전제로 한 소송상의 이행청구나 이를 전제로 한 이행거절 가운데는 취소의 의사표시가 포함되어 있다고 볼 수 있다.

대법원 2007. 11. 15. 선고 2005다31316 판결

경개계약은 구채무를 소멸시키고 신채무를 성립시키는 처분행위로서 구채무의 소멸은 신채무의 성립에 의존하므로, 경개로 인한 신채무가 원인의 불법 또는 당사자가 알지 못한 사유로 인하여 성립하지 아니하거나 취소된 때에는 구채무는 소멸하지 않는 것이며(민법 제504조), 특히 경개계약에 조건이 붙어 있는 이른바 조건부 경개의 경우에는 구채무의 소멸과 신채무의 성립 자체가 그 조건의 성취 여부에 걸려 있게 된다.

대법원 1992. 5. 22. 선고 92다5584 판결

해제조건부증여로 인한 부동산소유권이전등기를 마쳤다 하더라도 그 해제조건이 성취되면 그 소유권은 증여자에게 복귀한다고 할 것이고, 이 경우 당사자간에 별단의 의사표시가 없는 한 그 조건성취의 효과는 소급하지 아니하나, 조건성취 전에 수증자가 한 처분행위는 조건성취의 효과를 제한하는 한도 내에서는 무효라고 할 것이고, 다만 그 조건이 등기되어 있지 않는 한 그 처분행위로 인하여 권리를 취득한 제3자에게 위 무효를 대항할 수 없다.

대법원 2012. 1. 12. 선고 2011다78606 판결

권리자인 피고가 응소하여 권리를 주장하였으나 소가 각하되거나 취하되는 등의 사유로 본안에서 권리주장에 관한 판단 없이 소송이 종료된 경우에는 민법 제170조 제2항을 유추적용하여 그때부터 6월 이내에 재판상의 청구 등 다른 시효중단조치를 취한 경우에 한하여 응소시에 소급하여 시효중단의 효력이 있다고 보아야 한다.

대법원 2003. 4. 8. 선고 2002다64957 판결

회사의 내부적인 법률관계가 개입되어 있어 청구권자가 권리의 발생 여부를 객관적으로 알기 어려운 상황에 있고 청구권자가 과실 없이 이를 알지 못한 경우에는 이사회결의부존재확인판결의 확정과 같이 객관적으로 청구권의 발생을 알 수 있게 된 때로부터 소멸시효가 진행된다고 보는 것이 타당하다.

대법원 2002. 9. 4. 선고 2002다28340 판결

기한이익 상실의 특약은 그 내용에 의하여 일정한 사유가 발생하면 채권자의 청구 등을 요함이 없이 당연히 기한의 이익이 상실되어 이행기가 도래하는 것으로 하는 정지조건부 기한이익 상실의 특약과 일정한 사유가 발생한 후 채권자의 통지나 청구 등 채권자의 의사행위를 기다려 비로소 이행기가 도래하는 것으로 하는 형성권적 기한이익 상실의 특약의 두 가지로 대별할 수 있고, 기한이익 상실의 특약이 위의 양자 중 어느 것에 해당하느냐는 당사자의 의사해석의 문제이지만 일반적으로 기한이익 상실의 특약이 채권자를 위하여 둔 것인 점에 비추어 명백히 정지조건부 기한이익 상실의 특약이라고 볼 만한 특별한 사정이 없는 이상 형성권적 기한이익 상실의 특약으로 추정하는 것이 타당하다.

대법원 2001. 11. 9. 선고 2001다52568 판결

민법 제163조 제2호 소정의 '의사의 치료에 관한 채권'에 있어서는, 특약이 없는 한 그 개개의 진료가 종료될 때마다 각각의 당해 진료에 필요한 비용의 이행기가 도래하여 그에 대한 소멸시효가 진행된다고 해석함이 상당하고, 장기간 입원 치료를 받는 경우라 하더라도 다른 특약이 없는 한 입원 치료 중에 환자에 대하여 치료비를 청구함에 아무런 장애가 없으므로 퇴원시부터 소멸시효가 진행된다고 볼 수는 없다.

대법원 2013. 11. 14. 선고 2013다65178 판결

일정한 채권의 소멸시효기간에 관하여 이를 특별히 1년의 단기로 정하는 민법 제164조는 그 각 호에서 개별적으로 정하여진 채권의 채권자가 그 채권의 발생원인이 된 계약에 기하여 상대방에 대하여 부담하는 반대채무에 대하여는 적용되지 아니한다.

대법원 2001. 3. 23. 선고 2001다6145 판결

채권자가 동일한 목적을 달성하기 위하여 복수의 채권을 갖고 있는 경우, 채권자로서는 그 선택에 따라 권리를 행사할 수 있으되, 그 중 어느 하나의 청구를 한 것만으로는 다른 채권 그 자체를 행사한 것으로 볼 수는 없으므로, 특별한 사정이 없는 한 그 다른 채권에 대한 소멸시효 중단의 효력은 없는 것이고, 채권자가 채무자를 상대로 공동불법행위자에 대한 구상금 청구의 소를 제기하였다고 하여 이로써 채권자의 사무관리로 인한 비용상환청구권의 소멸시효가 중단될 수는 없다.

### 대법원 2010. 5. 20. 선고 2009다48312 전원합의체 판결

만기는 기재되어 있으나 지급지, 지급을 받을 자 등과 같은 어음요건이 백지인 약속어음의 소지인이 그 백지 부분을 보충하지 않은 상태에서 어음금을 청구하는 것은 어음상의 청구권에 관하여 잠자는 자가 아님을 객관적으로 표명한 것이고 그 청구로써 어음상의 청구권에 관한 소멸시효는 중단된다.

### 대법원 1976. 2. 24. 선고 75다1240 판결

채권자가 가분채권의 일부분을 피보전채권으로 주장하여 채무자 소유의 재산에 대하여 가압류를 한 경우에 있어서는 그 피보전채권 부분만에 한하여 시효중단의 효력이 있다 할 것이고 가압류에 의한 보전채권에 포함되지 아니한 나머지 채권에 대하여는 시효중단의 효력이 발생할 수 없다 할 것이다.

### 대법원 2011. 11. 10. 선고 2011다54686 판결

지급명령 신청이 각하된 경우라도 6개월 이내 다시 소를 제기한 경우라면 민법 제170조 제2항에 의하여 시효는 당초 지급명령 신청이 있었던 때에 중단되었다고 보아야 한다.

### 대법원 2016. 10. 27. 선고 2015다239744 판결

소멸시효 중단사유인 채무의 승인은 시효이익을 받을 당사자나 대리인만 할 수 있으므로 이행인수인이 채권자에 대하여 채무자의 채무를 승인하더라도 다른 특별한 사정이 없는 한 시효중단 사유가 되는 채무승인의 효력은 발생하지 않는다.

### 대법원 2017. 4. 28. 선고 2016다239840 판결

체납처분에 의한 채권압류로 인하여 채권자의 채무자에 대한 채권의 시효가 중단된 경우에 압류에 의한 체납처분 절차가 채권추심 등으로 종료된 때뿐만 아니라, 피압류채권이 기본계약관계의 해지·실효 또는 소멸시효 완성 등으로 인하여 소멸함으로써 압류의 대상이 존재하지 않게 되어 압류 자체가 실효된 경우에도 체납처분 절차는 더 이상 진행될 수 없으므로 시효중단사유가 종료한 것으로 보아야 하고, 그때부터 시효가 새로이 진행한다.

### 대법원 2017. 7. 11. 선고 2014다32458 판결

소멸시효가 완성된 경우 채무자에 대한 일반채권자는 채권자의 지위에서 독자적으로 소멸시효의 주장을 할 수는 없지만 자기의 채권을 보전하기 위하여 필요한 한도 내에서 채무자를 대위하여 소멸시효 주장을 할 수 있으므로 채무자가 배당절차에서 이의를 제기하지 아니하였다고 하더라도 채무자의 다른 채권자가 이의를 제기하고 채무자를 대위하여 소멸시효 완성의 주장을 원용하였다면, 시효의 이익을 묵시적으로 포기한 것으로 볼 수 없다.

### 대법원 2013. 5. 16. 선고 2012다202819 전원합의체 판결

채무자가 소멸시효의 이익을 원용하지 않을 것 같은 신뢰를 부여한 경우에도 채권자는 그러한 사정이 있은 때로부터 상당한 기간 내에 권리를 행사하여야만 채무자의 소멸시효의 항변을 저지할 수 있는데, 여기에서 '상당한 기간' 내에 권리행사가 있었는지는 채권자와 채무자 사이의 관계, 신뢰를 부여하게 된 채무자의 행위 등의 내용과 동기 및 경위, 채무자가 그 행위 등에 의하여 달성하려고 한 목적과 진정한 의도, 채권자의 권리행사가 지연될 수밖에 없었던 특별한 사정이 있었는지 여부 등을 종합적으로 고려하여 판단할 것이다. 다만 신의성실의 원칙을 들어 시효 완성의 효력을 부정하는 것은 법적 안정성의 달성, 입증곤란의 구제, 권리행사의 태만에 대한 제재를 이념으로 삼고 있는 소멸시효 제도에 대한 대단히 예외적인 제한에 그쳐야 할 것이므로, 위 권리행사의 '상당한 기간'은 특별한 사정이 없는 한 민법상 시효정지의 경우에 준하여 단기간으로 제한되어야 한다. 그러므로 개별 사건에서 매우 특수한 사정이 있어 그 기간을 연장하여 인정하는 것이 부득이한 경우에도 불법행위로 인한 손해배상청구의 경우 그 기간은 아무리 길어도 민법 제766조 제1항이 규정한 단기소멸시효기간인 3년을 넘을 수는 없다고 보아야 한다.


## II 물권법

**대법원 2003. 3. 28. 선고 2003다5917 판결**

쓰레기 매립으로 조성한 토지에 소유권자가 매립에 동의하지 않은 쓰레기가 매립되어 있다 하더라도 이는 과거의 위법한 매립공사로 인하여 생긴 결과로서 소유권자가 입은 손해에 해당한다 할 것일 뿐, 그 쓰레기가 현재 소유권에 대하여 별도의 침해를 지속하고 있다고 볼 수 없다는 이유로 소유권에 기한 방해배제청구권을 행사할 수 없다.

**대법원 2014. 11. 27. 선고 2014다52612 판결**

민법 제214조의 규정에 의하면, 소유자는 소유권을 방해하는 자에 대하여 그 방해제거 행위를 청구할 수 있고, 소유권을 방해할 염려가 있는 행위를 하는 자에 대하여 그 방해예방 행위를 청구하거나 소유권을 방해할 염려가 있는 행위로 인하여 발생하리라고 예상되는 손해의 배상에 대한 담보를 지급할 것을 청구할 수 있으나, 소유자가 침해자에 대하여 방해제거 행위 또는 방해예방 행위를 하는 데 드는 비용을 청구할 수 있는 권리는 위 규정에 포함되어 있지 않으므로, 소유자가 민법 제214조에 기하여 방해배제 비용 또는 방해예방 비용을 청구할 수는 없다.

**대법원 2003. 1. 24. 선고 2002다61521 판결**

미등기건물에 대한 양도담보계약상의 채권자의 지위를 승계하여 건물을 관리하고 있는 자는 건물의 소유자가 아님은 물론 건물에 대하여 법률상 또는 사실상 처분권을 가지고 있는 자라고 할 수도 없다 할 것이어서 건물에 대한 철거처분권을 가지고 있는 자라고 할 수 없다(등기명의인 및 미등기매수인은 철거 피고 가능).

**대법원 2013. 11. 21. 선고 2011두1917 전원합의체 판결**

공유물분할의 소송절차 또는 조정절차에서 공유자 사이에 공유토지에 관한 현물분할의 협의가 성립하여 그 합의사항을 조서에 기재함으로써 조정이 성립하였다고 하더라도, 공유자들이 협의한 바에 따라 토지의 분필절차를 마친 후 각 단독소유로 하기로 한 부분에 관하여 다른 공유자의 공유지분을 이전받아 등기를 마침으로써 비로소 그 부분에 대한 대세적 권리로서의 소유권을 취득하게 된다고 보아야 한다.

**대법원 1980. 11. 11. 선고 80다441 판결**

멸실된 건물과 신축된 건물이 위치나 기타 여러 가지 면에서 서로 같다고 하더라도 그 두 건물이 동일한 건물이라고는 할 수 없으므로 신축건물의 물권변동에 관한 등기를 멸실건물의 등기부에 등재하여도 그 등기는 무효이다.

### 대법원 2008. 10. 9. 선고 2008다35128 판결

소유권보존등기의 말소를 구하려면 먼저 그 말소를 구하는 사람이 말소를 청구할 수 있는 권원이 있음을 적극적으로 주장·입증하여야 하며, 만일 이러한 권원이 있음이 인정되지 않는다면 설사 소유권보존등기가 말소되어야 할 무효의 등기라고 하더라도 그 말소 청구를 인용할 수 없다.

### 대법원 2005. 9. 29. 선고 2003다40651 판결

공유자 중 한 사람은 공유물에 경료된 원인무효의 등기에 관하여 각 공유자에게 해당 지분별로 진정명의회복을 원인으로 한 소유권이전등기를 이행할 것을 단독으로 청구할 수 있다고 볼 것이다.

### 대법원 2001. 2. 15. 선고 99다66915 전원합의체 판결

동일 부동산에 관하여 등기명의인을 달리하여 멸실회복에 의한 각 소유권이전등기가 중복등재되고 각 그 바탕이 된 소유권보존등기가 동일등기인지 중복등기인지, 중복등기라면 각 소유권보존등기가 언제 이루어졌는지가 불명인 경우에는 위 법리로는 중복등기의 해소가 불가능하므로 이러한 경우에는 적법하게 경료된 것으로 추정되는 각 회복등기 상호간에는 각 회복등기일자의 선후를 기준으로 우열을 가려야 한다.

### 대법원 2017. 8. 18. 선고 2016다6309 판결

경정등기가 허용되기 위해서는 경정 전후의 등기에 동일성 내지 유사성이 있어야 하는데, 경정 전의 명의인과 경정 후의 명의인이 달라지는 권리자 경정등기는 등기명의인의 동일성이 인정되지 않으므로 허용되지 않는다. 따라서 단독소유를 공유로 또는 공유를 단독소유로 하는 경정등기 역시 소유자가 변경되는 결과로 되어 등기명의인의 동일성을 잃게 되므로 허용될 수 없다.

### 대법원 2018. 1. 25. 선고 2017다260117 판결

소유권보존등기의 추정력은 그 등기가 특별조치법에 의하여 마쳐진 것이 아닌 한 등기명의인 이외의 자가 해당 토지를 사정받은 것으로 밝혀지면 깨어지는 것이어서, 등기명의인이 구체적으로 실체관계에 부합한다거나 승계취득사실을 주장·증명하지 못하는 한 등기는 원인무효이므로, 이와 같이 원인무효인 소유권보존등기를 기초로 마친 소유권이전등기는 그것이 특별조치법에 의하여 이루어진 등기라고 하더라도 원인무효이다.

### 대법원 2009. 5. 28. 선고 2009다4787 판결

부동산의 매매예약에 기하여 소유권이전등기청구권의 보전을 위한 가등기가 마쳐진 경우에 그 매매예약완결권이 소멸하였다면 그 가등기 또한 효력을 상실하여 말소되어야 할 것이나, 그 부동산의 소유자가 제3자와 사이에 새로운 매매예약을 체결하고 그에 기한 소유권이전등기청구권의 보전을 위하여 이미 효력이 상실된 가등기를 유용하기로 합의하고 실제로 그 가등기 이전의 부기등기를 마쳤다면, 그 가등기 이전의 부기등기를 마친 제3자로서는 언제든지 부동산의 소유자에 대하여 위 가등기 유용의 합의를 주장하여 가등기의 말소청구에 대항할 수 있고, 다만 그 가등기 이전의 부기등기 전에 등기부상 이해관계를 가지게 된 자에 대하여는 위 가등기 유용의 합의사실을 들어 그 가등기의 유효를 주장할 수는 없다.

### 대법원 2009. 10. 15. 선고 2006다43903 판결

말소된 등기의 회복등기절차의 이행을 구하는 소에서는 회복등기의무자에게만 피고 적격이 있는바, 가등기가 이루어진 부동산에 관하여 제3취득자 앞으로 소유권이전등기가 마쳐진 후 그 가등기가 말소된 경우 그와 같이 말소된 가등기의 회복등기절차에서 회복등기의무자는 가등기가 말소될 당시의 소유자인 제3취득자이므로, 그 가등기의 회복등기청구는 회복등기의무자인 제3취득자를 상대로 하여야 한다.

대법원 2004. 3. 26. 2003다60549 판결

구 부동산소유권이전등기등에관한특별조치법(1977. 12. 31. 법률 제3094호, 실효)에 의하여 소유권보존등기도 실체적 권리관계에 부합하는 등기로 추정되므로 그 추정의 번복을 구하는 당사자가 그 등기의 기초가 된 특별조치법 소정의 보증서나 확인서가 허위로 작성되거나 위조되었다든지 그 밖의 사유로 적법하게 등기된 것이 아니라는 것을 주장·입증하여야 한다.

대법원 1999. 9. 17. 선고 98다63018 판결

소유권이전등기가 형식적으로 확정된 판결에 의하여 말소되었으나 그 후 그 판결이 취소되었다면 결국 위 소유권이전등기는 부적법하게 말소된 것이므로 말소된 등기의 등기명의자는 여전히 적법한 소유자로 추정되고, 따라서 그 등기의 효력을 다투는 쪽에서 그 무효사유를 주장·입증하여야 한다.

대법원 2008. 5. 8. 선고 2007다36933 판결

저당권의 실행으로 부동산이 경매된 경우에 그 부동산에 부합된 물건은 그것이 부합될 당시에 누구의 소유이었는지를 가릴 것 없이 그 부동산을 낙찰받은 사람이 소유권을 취득하지만, 그 부동산의 상용에 공하여진 물건일지라도 그 물건이 부동산의 소유자가 아닌 다른 사람의 소유인 때에는 이를 종물이라고 할 수 없으므로 부동산에 대한 저당권의 효력에 미칠 수 없어 부동산의 낙찰자가 당연히 그 소유권을 취득하는 것은 아니며, 나아가 부동산의 낙찰자가 그 물건을 선의취득하였다고 할 수 있으려면 그 물건이 경매의 목적물로 되었고 낙찰자가 선의이며 과실 없이 그 물건을 점유하는 등으로 선의취득의 요건을 구비하여야 한다.

대법원 1998. 6. 12. 선고 98다6800 판결

채무자 이외의 자의 소유에 속하는 동산을 경매하여 그 매득금을 배당받은 채권자가 그 동산을 경락받아 선의취득자의 지위를 겸하고 있는 경우, 배당받은 채권자가 법률상 원인 없이 이득을 한 것은 배당액이지 선의취득한 동산이 아니므로, 동산의 전 소유자가 임의로 그 동산을 반환받아 가지 아니하는 이상 동산 자체를 반환받아 갈 것을 요구할 수는 없고 단지 배당금을 부당이득으로 반환할 수밖에 없다.

대법원 1998. 7. 10. 선고 98다18643 판결

어떠한 물건에 대한 소유권과 다른 물권이 동일한 사람에게 귀속한 경우 그 제한물권은 혼동에 의하여 소멸하는 것이 원칙이지만, 본인 또는 제3자의 이익을 위하여 그 제한물권을 존속시킬 필요가 있다고 인정되는 경우에는 민법 제191조 제1항 단서의 해석에 의하여 혼동으로 소멸하지 않는다.

대법원 1996. 5. 28. 선고 95다40328 판결

부동산을 매수하여 이를 점유하게 된 자는 그 매매가 무효가 된다는 사정이 있음을 알았다는 등의 특단의 사정이 없는 한 그 점유의 시초에 소유의 의사로 점유한 것이며, 나중에 매도자에게 처분권이 없었다는 등의 사유로 그 매매가 무효인 것이 밝혀졌다 하더라도 그와 같은 점유의 성질이 변하는 것은 아니다.

대법원 1996. 10. 11. 선고 96다19857 판결

토지 점유자가 소유권이전등기말소등기청구소송의 직접 당사자가 되어 소송을 수행하였고 결국 그 소송을 통해 대지의 정당한 소유자를 알게 되었으며, 나아가 패소판결의 확정으로 점유자로서는 토지에 관한 점유자 명의의 소유권이전등기에 관하여 정당한 소유자에 대하여 말소등기의무를 부담하게 되었음이 확정되었으므로, 단순한 악의점유의 상태와는 달리 객관적으로 그와 같은 의무를 부담하고 있는 점유자로 변한 것이어서 점유자의 토지에 대한 점유는 패소판결 확정 후부터는 타주점유로 전환되었다고 보아야 한다.

대법원 2004. 9. 24. 선고 2004다27273 판결
상속에 의하여 점유권을 취득한 경우에는 상속인이 새로운 권원에 의하여 자기 고유의 점유를 시작하지 않는 한 피상속인의 점유를 떠나 자기만의 점유를 주장할 수 없고, 선대의 점유가 타주점유인 경우 선대로부터 상속에 의하여 점유를 승계한 자의 점유도 그 성질 내지 태양을 달리하는 것이 아니어서 특단의 사정이 없는 한 그 점유가 자주점유로 될 수 없고, 그 점유가 자주점유가 되기 위하여는 점유자가 소유자에 대하여 소유의 의사가 있는 것을 표시하거나 새로운 권원에 의하여 다시 소유의 의사로써 점유를 시작하여야 한다.

대법원 2012. 9. 27. 선고 2011다76747 판결
어떤 물건에 대하여 직접점유자와 간접점유자가 있는 경우, 그에 대한 점유사용으로 인한 부당이득의 반환의무는 동일한 경제적 목적을 가진 채무로서 서로 중첩되는 부분에 관하여는 일방의 채무가 변제 등으로 소멸하면 타방의 채무도 소멸하는 이른바 부진정연대채무의 관계에 있다.

대법원 1993. 3. 9. 선고 92다5300 판결
직접점유자가 임의로 점유를 타에 양도한 경우에는 점유이전이 간접점유자의 의사에 반한다 하더라도 간접점유자의 점유가 침탈된 경우에 해당하지 않는다.

대법원 1988. 4. 25. 선고 87다카1682 판결
토지의 매수인이 아직 소유권이전등기를 경료받지 아니하였다 하여도 매매계약의 이행으로 그 토지를 인도받은 때에는 매매계약의 효력으로서 이를 점유사용할 권리가 생기게 된 것으로 보아야 하고 또 매수인이 그 토지 위에 건축한 건물을 취득한 자는 그 토지에 대한 매수인의 위와 같은 점유사용권까지 아울러 취득한 것으로 봄이 상당하므로 매도인은 매매계약의 이행으로서 인도한 토지 위에 매수인이 건축한 건물을 취득한 자에 대하여 토지소유권에 기한 물권적청구권을 행사할 수 없다.

대법원 2001. 2. 9. 선고 2000다60708 판결
등기의무자가 자기 명의로 있어서는 안 될 등기가 자기 명의로 있음으로 인하여 사회생활상 또는 법상 불이익을 입을 우려가 있는 경우에는 소의 방법으로 등기권리자를 상대로 등기를 인수받아 갈 것을 구하고 그 판결을 받아 등기를 강제로 실현할 수 있도록 한 것이다.

대법원 1993. 5. 25. 선고 92다51280 판결
부동산에 대한 취득시효가 완성되면 점유자는 소유명의자에 대하여 취득시효완성을 원인으로 한 소유권이전등기절차의 이행을 청구할 수 있고 소유명의자는 이에 응할 의무가 있으므로 점유자가 그 명의로 소유권이전등기를 경료하지 아니하여 아직 소유권을 취득하지 못하였다고 하더라도 소유명의자는 점유자에 대하여 점유로 인한 부당이득반환청구를 할 수 없다.

대법원 2000. 8. 22. 선고 2000다21987 판결
명의신탁된 부동산에 관하여 그 점유자의 점유취득시효 완성 후 그 소유권이전등기를 경료하기 전에 위 명의신탁이 해지되고 새로운 명의신탁이 이루어져 그 소유 명의가 점유취득시효 완성 당시의 명의수탁자로부터 새로운 명의수탁자에게로 이전된 경우, 위 소유 명의의 이전이 무효가 아닌 이상 새로운 명의수탁자는 위 점유취득시효 완성 후에 소유권을 취득한 자에 해당하므로, 위 점유자는 그에 대하여 시효취득을 주장할 수 없다.

대법원 1992. 2. 25. 선고 91다9312 판결
시효로 인한 부동산 소유권의 취득은 원시취득으로서 취득시효의 요건을 갖추면 곧 등기청구권을 취득하는 것이고 또 타인의 소유권을 승계취득 하는 것이 아니어서 시효취득의 대상이 반드시 타인의 소유물이어야 하거나 그 타인이 특정되어 있어야만 하는 것은 아니므로 성명불상자의 소유물에 대하여 시효취득을 인정할 수 있다.

대법원 1996. 12. 23. 선고 96다7984 판결
타인의 토지에 관하여 공작물의 소유를 위한 지상권의 점유취득시효가 인정되려면 그 토지의 점유사실 외에도 그것이 임대차나 사용대차관계에 기한 것이 아니라 지상권자로서의 점유에 해당함이 객관적으로 표시되어 계속되어야 하고, 그 입증책임은 시효취득을 주장하는 자에게 있다.

대법원 1991. 6. 25. 선고 90다14225 판결
부동산에 대한 점유로 인한 소유권취득시효가 완성되었다 하더라도 이를 등기하지 않고 있는 사이에 그 부동산에 관하여 제3자에게로 소유권이전등기가 경료되면 점유자가 그 제3자에게는 그 시효취득으로 대항할 수 없으나, 그로 인하여 점유자가 취득시효완성 당시의 소유자에 대한 시효취득으로 인한 소유권이전등기청구권을 상실하게 되는 것은 아니고 위 소유자의 점유자에 대한 소유권이전등기의무가 이행불능으로 된 것이라고 할 것인데, 그 후 어떠한 사유로 취득시효완성 당시의 소유자에게로 소유권이 회복되면 그 소유자에게 시효취득의 효과를 주장할 수 있다.

대법원 1993. 2. 9. 선고 92다47892 판결
시효취득을 주장하는 권리자가 취득시효를 주장하면서 소유권이전등기청구소송을 제기하여 그에 관한 입증까지 마쳤다면 부동산 소유자로서는 시효취득사실을 알 수 있다 할 것이고 이러한 경우에 부동산 소유자가 부동산을 제3자에게 처분하여 소유권이전등기를 넘겨줌으로써 취득시효완성을 원인으로 한 소유권이전등기의무가 이행불능에 빠짐으로써 시효취득을 주장하는 자가 손해를 입었다면 불법행위를 구성한다고 할 것이다.

대법원 2005. 5. 26. 선고 2002다43417 판결
점유취득시효완성을 원인으로 한 소유권이전등기청구는 시효완성 당시의 소유자를 상대로 하여야 하므로 시효완성 당시의 소유권보존등기 또는 이전등기가 무효라면 원칙적으로 그 등기명의인은 시효취득을 원인으로 한 소유권이전등기청구의 상대방이 될 수 없고, 이 경우 시효취득자는 소유자를 대위하여 위 무효등기의 말소를 구하고 다시 위 소유자를 상대로 취득시효완성을 이유로 한 소유권이전등기를 구하여야 한다.

대법원 1979. 6. 26. 선고 79다639 판결
[1] 공유자의 한 사람이 공유물의 보존행위로서 제소한 경우라도, 동 제소로 인한 시효중단의 효력은 재판상의 청구를 한 그 공유자에 한하여 발생하고, 다른 공유자에게는 미치지 아니한다.
[2] 토지의 공유지분 일부에 대하여도 시효취득이 가능하다.

대법원 2010. 1. 14. 선고 2009다67429 판결
부동산의 공유자의 1인은 당해 부동산에 관하여 제3자 명의로 원인무효의 소유권이전등기가 경료되어 있는 경우 공유물에 관한 보존행위로서 제3자에 대하여 그 등기 전부의 말소를 구할 수 있으나, 공유자가 다른 공

유자의 지분권을 대외적으로 주장하는 것을 공유물의 멸실·훼손을 방지하고 공유물의 현상을 유지하는 사실적·법률적 행위인 공유물의 보존행위에 속한다고 할 수 없으므로, 자신의 소유지분을 침해하는 지분 범위를 초과하는 부분에 대하여 공유물에 관한 보존행위로서 무효라고 주장하면서 그 부분 등기의 말소를 구할 수는 없다.

### 대법원 2017. 5. 30. 선고 2017다205073 판결
건물의 공유자가 공동으로 건물을 임대하고 임차보증금을 수령한 경우 특별한 사정이 없는 한 그 임대는 각자 공유지분을 임대한 것이 아니라 임대목적물을 다수의 당사자로서 공동으로 임대한 것이고 임차보증금 반환채무는 성질상 불가분채무에 해당한다.
임차인이 공유자 전원으로부터 상가건물을 임차하고 상가건물 임대차보호법 제3조 제1항에서 정한 대항요건을 갖추어 임차보증금에 관하여 우선변제를 받을 수 있는 권리를 가진 경우에, 상가건물의 공유자 중 1인인 채무자가 처분한 지분 중에 일반채권자들의 공동담보에 제공되는 책임재산은 우선변제권이 있는 임차보증금반환채권 전액을 공제한 나머지 부분이다.

### 대법원 2002. 5. 14. 선고 2002다9738 판결
과반수 지분의 공유자가 그 공유물의 특정 부분을 배타적으로 사용·수익하기로 정하는 것은 공유물의 관리방법으로서 적법하다고 할 것이므로, 과반수 지분의 공유자로부터 사용·수익을 허락받은 점유자에 대하여 소수지분의 공유자는 그 점유자가 사용·수익하는 건물의 철거나 퇴거 등 점유배제를 구할 수 없다.

### 대법원 2009. 12. 10. 선고 2009다54294 판결
공유물의 관리에 관한 사항은 공유자의 지분의 과반수로써 결정하고, 공유자간의 공유물에 대한 사용수익·관리에 관한 특약은 공유자의 특정승계인에 대하여도 당연히 승계된다고 할 것이나, 공유물에 관한 특약이 지분권자로서의 사용수익권을 사실상 포기하는 등으로 공유지분권의 본질적 부분을 침해한다고 볼 수 있는 경우에는 특정승계인이 그러한 사실을 알고도 공유지분권을 취득하였다는 등의 특별한 사정이 없는 한 특정승계인에게 당연히 승계되는 것으로 볼 수는 없다.

### 대법원 1991. 4. 12. 선고 90다20220 판결
공유토지의 과반수지분권자는 다른 공유자와 협의없이 단독으로 관리행위를 할 수가 있으며 그로 인한 관리비용은 공유자의 지분비율에 따라 부담할 의무가 있으나, 위와 같은 관리비용의 부담의무는 공유자의 내부관계에 있어서 부담을 정하는 것일 뿐, 제3자와의 관계는 당해 법률관계에 따라 결정된다고 할 것이고, 따라서 과반수지분권자가 관리행위가 되는 정지공사를 시행함에 있어 시공회사에 대하여 공사비용은 자신이 정산하기로 약정하였다면 그 공사비를 직접 부담해야할 사람은 과반수지분권자만이라 할 것이고, 다만 그가 그 공사비를 지출하였다면 다른 공유자에게 그의 지분비율에 따른 공사비만을 상환청구할 수 있을 뿐이다.

### 대법원 1989. 8. 8. 선고 88다카24868 판결
갑, 을의 공유인 부동산 중 갑의 지분위에 설정된 근저당권 등 담보물권은 특단의 합의가 없는 한 공유물분할이 된 뒤에도 종전의 지분비율 대로 공유물 전부의 위에 그대로 존속하고 근저당권설정자인 갑 앞으로 분할된 부분에 당연히 집중되는 것은 아니다.

대법원 2009. 10. 29. 선고 2006다37908 판결
공유물분할을 위한 경매도 강제경매나 담보권 실행을 위한 경매와 마찬가지로 목적부동산 위의 부담을 소멸시키는 것을 법정매각조건으로 하여 실시된다고 봄이 상당하다. 다만, 집행법원은 필요한 경우 위와 같은 법정매각조건과는 달리 목적부동산 위의 부담을 소멸시키지 않고 매수인으로 하여금 인수하도록 할 수 있으나, 이 때에는 매각조건 변경결정을 하여 이를 고지하여야 한다.

대법원 2008. 6. 26. 선고 2004다32992 판결
구분소유적 공유관계가 해소되는 경우 쌍방의 지분소유권이전등기의무와 아울러 그러한 근저당권설정등기 등의 말소의무 또한 동시이행의 관계에 있다.

대법원 2008. 2. 15. 선고 2006다68810 판결
구분소유적 공유관계에 있어서, 각 구분소유적 공유자가 자신의 권리를 타인에게 처분하는 경우 중에는 구분소유의 목적인 특정 부분을 처분하면서 등기부상의 공유지분을 그 특정 부분에 대한 표상으로서 이전하는 경우와 등기부의 기재대로 1필지 전체에 대한 진정한 공유지분으로서 처분하는 경우가 있을 수 있고, 이 중 전자의 경우에는 그 제3자에 대하여 구분소유적 공유관계가 승계되나, 후자의 경우에는 제3자가 그 부동산 전체에 대한 공유지분을 취득하고 구분소유적 공유관계는 소멸한다.

대법원 2005. 5. 12. 선고 2005다1827 판결
공유자 간의 공유물에 대한 사용수익·관리에 관한 특약은 공유자의 특정승계인에 대하여도 당연히 승계된다고 할 것이나, 민법 제265조는 "공유물의 관리에 관한 사항은 공유자의 지분의 과반수로써 결정한다."라고 규정하고 있으므로, 위와 같은 특약 후에 공유자에 변경이 있고 특약을 변경할 만한 사정이 있는 경우에는 공유자의 지분의 과반수의 결정으로 기존 특약을 변경할 수 있다.

대법원 2002. 6. 14. 선고 2000다30622 판결
동업 목적의 조합체가 부동산을 조합재산으로 취득하였으나 합유등기가 아닌 조합원들 명의로 공유등기를 하였다면 그 공유등기는 조합체가 조합원들에게 각 지분에 관하여 명의신탁한 것에 불과하므로 부동산실권리자명의등기에관한법률 제4조 제2항 본문이 적용되어 명의수탁자인 조합원들 명의의 소유권이전등기는 무효이다.

대법원 2004. 6. 25. 선고 2004다6764 판결
명의신탁자가 소유자로부터 부동산을 양도받으면서 명의수탁자와 사이에 명의신탁약정을 하여 소유자로부터 바로 명의수탁자 명의로 소유권이전등기를 하는 이른바 3자간 등기명의신탁에 있어서, 명의수탁자가 부동산실권리자명의등기에관한법률에서 정한 유예기간 경과 후에 자의로 명의신탁자에게 바로 소유권이전등기를 경료해 준 경우 이는 실체관계에 부합하는 등기로서 유효하다.

대법원 1995. 6. 9. 선고 94다9160 판결
일제시의 임야조사령이나 토지조사령에 의하여 사정을 받은 사람은 소유권을 원시적, 창설적으로 취득하는 것이고, 종중이 그 소유였던 부동산을 종중원에게 명의를 신탁하여 사정받았더라도 그 사정명의인이 소유권을 취득하는 것이며, 명의신탁자인 종중은 명의신탁계약에 의한 신탁자의 지위에서 명의신탁을 해지하고 그 소유권이전등기를 청구할 수 있을 뿐이고, 종중이 명의신탁계약을 해지하였더라도 그 명의로 소유권이전등기를 경료하지 않은 이상 그 소유권을 취득할 수는 없다.

대법원 2008. 12. 11. 선고 2008다45187 판결
부동산 실권리자명의 등기에 관한 법률 제4조 제3항에 정한 '제3자'는 명의수탁자가 물권자임을 기초로 그와 새로운 이해관계를 맺은 사람을 말하고, 이와 달리 오로지 명의신탁자와 부동산에 관한 물권을 취득하기 위한 계약을 맺고 단지 등기명의만을 명의수탁자로부터 경료받은 것 같은 외관을 갖춘 자는 위 조항의 제3자에 해당하지 아니하므로, 같은 조항을 들어 무효인 명의신탁등기에 터 잡아 경료된 자신의 등기의 유효를 주장할 수는 없으나, 이러한 자도 자신의 등기가 실체관계에 부합하는 등기로서 유효하다는 주장은 할 수 있다.

대법원 2014. 8. 20. 선고 2014다30483 판결
[1] 계약명의신탁의 당사자들이 명의신탁약정이 유효한 것, 즉 명의신탁자가 이른바 내부적 소유권을 가지는 것을 전제로 하여 장차 명의신탁자 앞으로 목적 부동산에 관한 소유권등기를 이전하거나 부동산의 처분대가를 명의신탁자에게 지급하는 것 등을 내용으로 하는 약정을 하였다면 이는 명의신탁약정을 무효라고 정하는 부동산실명법 제4조 제1항에 좇아 무효이다.
[2] 계약명의신탁에서 명의수탁자가 명의수탁자의 완전한 소유권 취득을 전제로 하여 사후적으로 명의신탁자와의 사이에 위에서 본 매수자금반환의무의 이행에 갈음하여 명의신탁된 부동산 자체를 양도하기로 합의하고 그에 기하여 명의신탁자 앞으로 소유권이전등기를 마쳐준 경우에는 그 소유권이전등기는 새로운 소유권이전의 원인인 대물급부의 약정에 기한 것이므로 약정이 무효인 명의신탁약정을 명의신탁자를 위하여 사후에 보완하는 방책에 불과한 등의 다른 특별한 사정이 없는 한 유효하다.

대법원 2002. 3. 15. 선고 2001다61654 판결
명의수탁자가 신탁부동산을 임의로 매각처분한 경우, 특별한 사정이 없는 한 그 매수인은 유효하게 소유권을 취득하게 되는바, 명의신탁약정 및 이에 따라 행하여진 등기에 의한 부동산에 관한 물권변동을 무효로 하는 부동산실권리자명의등기에관한법률이 시행되기 이전에 매도인이 명의신탁자의 요구에 따라 명의수탁자 앞으로 등기명의를 이전하여 주었다면, 매도인에게 매매계약의 체결이나 그 이행에 관하여 어떠한 귀책사유가 있다고 보기 어려우므로, 자신의 편의를 위하여 명의수탁자 앞으로의 등기이전을 요구한 명의신탁자가 자신의 귀책사유로 같은 법에서 정한 유예기간이 지나도록 실명등기를 하지 아니한 사정에 기인하여 매도인에 대하여 매매대금의 반환을 구하거나, 명의신탁자 앞으로 재차 소유권이전등기를 경료할 것을 요구하는 것은 신의칙상 허용되지 아니하고, 따라서 매도인으로서는 명의수탁자가 신탁부동산을 타에 처분하였다고 하더라도, 명의수탁자로부터 그 소유명의를 회복하기 전까지는 명의신탁자에 대하여 신의칙 내지 민법 제536조 제1항 본문의 규정에 의하여 이와 동시이행의 관계에 있는 매매대금 반환채무의 이행을 거절할 수 있고, 한편 명의신탁자의 소유권이전등기청구도 허용되지 아니하므로, 결국 매도인으로서는 명의수탁자의 처분행위로 인하여 손해를 입은 바가 없다.

대법원 2009. 3. 26. 선고 2008다34828 판결
민법 제203조 제2항에 의한 점유자의 회복자에 대한 유익비상환청구권은 점유자가 계약관계 등 적법하게 점유할 권리를 가지지 않아 소유자의 소유물반환청구에 응 하여야 할 의무가 있는 경우에 성립되는 것으로서, 점유자가 유익비를 지출할 당시 계약관계 등 적법한 점유의 권원을 가진 경우에 그 지출비용 또는 가액증가액의 상환에 관하여는 그 계약관계를 규율하는 법조항이나 법리 등이 적용된다.

대법원 2013. 9. 12. 선고 2011다89903 판결
계약명의신탁약정에 따라 수탁자가 선의의 매도인과 부동산 매매계약을 체결하여 자신의 명의로 소유권이전등기를 마쳐 수탁자가 소유권을 취득하고 신탁자는 수탁자에 대하여 부당이득반환채권만을 가지는 경우, 신탁자가 실질적인 당사자가 되어 위 부동산을 제3자에게 처분한 행위가 신탁자의 일반채권자들을 해하는 사해행위가 되는지 여부(소극)

대법원 2012. 10. 25. 선고 2012다45566 판결

甲이 乙과의 명의신탁약정에 기하여 乙의 명의로 부동산을 매수하고 등기명의를 신탁하였으나 부동산 실권리자명의 등기에 관한 법률 제11조에서 정한 유예기간이 경과할 때까지 실명등기를 하지 않았는데, 그로부터 10년이 경과한 후에 위 부동산의 회복을 위하여 乙에 대하여 가지는 부당이득반환청구권을 근거로 위 부동산에 관한 소유권이전등기절차 이행을 구하는 소를 제기한 사안에서, 乙이 위 부동산이 甲과의 관계에서 자신의 소유가 아니라 甲의 소유임을 스스로 인정하는 것을 전제로 하여서만 취하였을 행태로서 관련 세금의 부담과 같은 재산적 지출을 甲에게 적극적으로 요청하는 등 甲의 대내적 소유권을 인정한 데에는 甲에 대하여 소유권등기를 이전·회복하여 줄 의무를 부담함을 알고 있다는 뜻이 묵시적으로 포함되어 표현되었다고 봄이 타당하므로, 그 후 乙이 甲의 반환요구를 거부하기 시작한 때까지는 위 부동산에 관한 소유권이전등기의무를 승인하였다고 할 것이다.

대법원 1999. 9. 3. 선고 99다24874 판결

지상권에 있어서 유상인 지료에 관하여 지료액 또는 그 지급시기 등의 약정은 이를 등기하여야만 그 뒤에 토지소유권 또는 지상권을 양수한 사람 등 제3자에게 대항할 수 있고, 지료에 관하여 등기되지 않은 경우에는 무상의 지상권으로서 지료증액청구권도 발생할 수 없다.

대법원 1997. 1. 21. 선고 96다40080 판결

민법 제366조 소정의 법정지상권이나 관습상의 법정지상권이 성립한 후에 건물을 개축 또는 증축하는 경우는 물론 건물이 멸실되거나 철거된 후에 신축하는 경우에도 법정지상권은 성립하나, 다만 그 법정지상권의 범위는 구건물을 기준으로 하여 그 유지 또는 사용을 위하여 일반적으로 필요한 범위 내의 대지 부분에 한정된다.

대법원 1986. 5. 27. 선고 86다카62 판결

토지소유권을 명의신탁하면서 수탁자의 임의처분을 방지하기 위해 신탁자 명의의 소유권이전등기 청구권보전의 가등기를 함께 경료해 둔 후 수탁자가 위 명의신탁중 동 토지상에 건물을 신축하고 그 후 명의신탁이 해지되어 소유권회복의 방법으로 신탁자명의로 위 가등기에 기한 본등기가 경료된 경우, 위 건물은 어디까지나 명의신탁자 소유의 토지위에 지은 것이라 할 것이므로 그 후 소유명의가 신탁자명의로 회복될 당시 위 수탁자가 신탁자들에 대하여 지상건물의 소유를 위한 관습상의 지상권을 취득하였다고 주장할 수 없다.

대법원 1993. 4. 13. 선고 92다55756 판결

토지공유자의 한 사람이 다른 공유자의 지분 과반수의 동의를 얻어 건물을 건축한 후 토지와 건물의 소유자가 달라진 경우 토지에 관하여 관습법상의 법정지상권이 성립되는 것으로 보게 되면 이는 토지공유자의 1인으로 하여금 자신의 지분을 제외한 다른 공유자의 지분에 대하여서까지 지상권설정의 처분행위를 허용하는 셈이 되어 부당하다.

대법원 1992. 4. 10. 선고 91다45356 판결

원래 갑이 대지와 그 지상건물을 함께 소유하고 있었는데 을이 위 건물일부에 관하여 공사대금채권의 담보를 위한 가등기를 경료하였다가 그 대물변제조로 위 건물부분의 소유권을 양도받은 경우 달리 특별한 사정이 없는 한 을은 위 건물부분의 점유사용에 필요한 범위 내에서 갑 소유의 위 대지에 관하여 관습상의 법정지상권을 취득한다.

### 대법원 2002. 6. 20. 선고 2002다9660 전원합의체 판결
미등기건물을 그 대지와 함께 매도하였다면 비록 매수인에게 그 대지에 관하여만 소유권이전등기가 경료되고 건물에 관하여는 등기가 경료되지 아니하여 형식적으로 대지와 건물이 그 소유 명의자를 달리하게 되었다 하더라도 매도인에게 관습상의 법정지상권을 인정할 이유가 없다.

### 대법원 1992. 6. 9. 선고 92다4857 판결
법정지상권의 존속기간은 성립 후 그 지상목적물의 종류에 따라 규정하고 있는 민법 제280조 제1항 소정의 각 기간으로 봄이 상당하고 분묘기지권과 같이 그 지상에 건립된 건물이 존속하는 한 법정지상권도 존속하는 것이라고는 할 수 없다.

### 대법원 2008. 3. 13. 선고 2006다29372 판결
전세금은 그 성격에 비추어 민법 제315조에 정한 전세권설정자의 전세권자에 대한 손해배상채권 외 다른 채권까지 담보한다고 볼 수 없으므로, 전세권설정자가 전세권자에 대하여 위 손해배상채권 외 다른 채권을 가지고 있더라도 다른 특별한 사정이 없는 한 이를 가지고 전세금반환채권에 대하여 물상대위권을 행사한 전세권저당권자에게 상계 등으로 대항할 수 없다(연체차임으로 전세금공제 불가).

### 대법원 2002. 8. 23. 선고 2001다69122 판결
전세권이 존속하는 동안은 전세권을 존속시키기로 하면서 전세금반환채권만을 전세권과 분리하여 확정적으로 양도하는 것은 허용되지 않는 것이며, 다만 전세권 존속 중에는 장래에 그 전세권이 소멸하는 경우에 전세금 반환채권이 발생하는 것을 조건으로 그 장래의 조건부 채권을 양도할 수 있을 뿐이라 할 것이다.

### 대법원 2002. 2. 5. 선고 2001다62091 판결
전세권자가 그 목적물을 인도하였다고 하더라도 전세권설정등기의 말소등기에 필요한 서류를 교부하거나 그 이행의 제공을 하지 아니하는 이상, 전세권설정자는 전세금의 반환을 거부할 수 있고, 이 경우 다른 특별한 사정이 없는 한 그가 전세금에 대한 이자 상당액의 이득을 법률상 원인 없이 얻는다고 볼 수 없다.

### 대법원 2015. 11. 17. 선고 2014다10694 판결
최선순위 전세권자의 채권자가 채권자대위권이나 추심권한에 기하여 전세권에 대한 배당요구를 할 때에는 채권자대위권 행사의 요건을 갖추었다거나 전세금반환채권에 대하여 압류 및 추심명령을 받았다는 점과 아울러 전세권이 존속기간의 만료 등으로 종료하였다는 점에 관한 소명자료를 배당요구의 종기까지 제출하여야 한다.

### 대법원 2005. 3. 25. 선고 2003다35659 판결
존속기간의 경과로서 본래의 용익물권적 권능이 소멸하고 담보물권적 권능만 남은 전세권에 대해서도 그 피담보채권인 전세금반환채권과 함께 제3자에게 이를 양도할 수 있다 할 것이지만 이 경우에는 민법 제450조 제2항 소정의 확정일자 있는 증서에 의한 채권양도절차를 거치지 않는 한 위 전세금반환채권의 압류·전부 채권자 등 제3자에게 위 전세보증금반환채권의 양도사실로써 대항할 수 없다.

대법원 2001. 7. 2.자 2001마212 결정

건물의 일부에 대하여 전세권이 설정되어 있는 경우 그 전세권자는 민법 제303조 제1항의 규정에 의하여 그 건물 전부에 대하여 후순위권리자 기타 채권자보다 전세금의 우선변제를 받을 권리가 있고, 민법 제318조의 규정에 의하여 전세권설정자가 전세금의 반환을 지체한 때에는 전세권의 목적물의 경매를 청구할 수 있는 것이나, 전세권의 목적물이 아닌 나머지 건물부분에 대하여는 우선변제권은 별론으로 하고 경매신청권은 없다.

대법원 2018. 1. 25.자 2017마1093 결정

부동산등기법 제4조 제1항은 "같은 부동산에 관하여 등기한 권리의 순위는 법률에 다른 규정이 없으면 등기한 순서에 따른다."라고 정하고 있으므로, 전세권은 등기부상 기록된 전세권설정등기의 존속기간과 상관없이 등기된 순서에 따라 순위가 정해진다.

대법원 2014. 1. 16. 선고 2013다30653 판결

신축된 건물에 하자가 있고 그 하자 및 손해에 상응하는 금액이 공사잔대금액 이상이어서, 도급인이 수급인에 대한 하자보수청구권 내지 하자보수에 갈음한 손해배상채권 등에 기하여 수급인의 공사잔대금 채권 전부에 대하여 동시이행의 항변을 한 때에는, 공사잔대금 채권의 변제기가 도래하지 아니한 경우와 마찬가지로 수급인은 도급인에 대하여 하자보수의무나 하자보수에 갈음한 손해배상의무 등에 관한 이행의 제공을 하지 아니한 이상 공사잔대금 채권에 기한 유치권을 행사할 수 없다고 보아야 한다.

대법원 2008. 5. 30.자 2007마98 결정

건물의 신축공사를 도급받은 수급인이 사회통념상 독립한 건물이라고 볼 수 없는 정착물을 토지에 설치한 상태에서 공사가 중단된 경우에 위 정착물은 토지의 부합물에 불과하여 이러한 정착물에 대하여 유치권을 행사할 수 없는 것이고, 또한 공사중단시까지 발생한 공사금 채권은 토지에 관하여 생긴 것이 아니므로 위 공사금 채권에 기하여 토지에 대하여 유치권을 행사할 수도 없는 것이다.

대법원 2011. 11. 24. 선고 2009다19246 판결

부동산에 가압류등기가 경료되어 있을 뿐 현실적인 매각절차가 이루어지지 않고 있는 상황하에서는 채무자의 점유이전으로 인하여 제3자가 유치권을 취득하게 된다고 하더라도 이를 처분행위로 볼 수는 없다.

대법원 2011. 5. 13.자 2010마1544 결정

유치권은 법정담보물권이기는 하나 채권자의 이익보호를 위한 채권담보의 수단에 불과하므로 이를 포기하는 특약은 유효하고, 유치권을 사전에 포기한 경우 다른 법정요건이 모두 충족되더라도 유치권이 발생하지 않는 것과 마찬가지로 유치권을 사후에 포기한 경우 곧바로 유치권은 소멸한다.

대법원 2001. 4. 24. 선고 2001다6237 판결

물상보증은 채무자 아닌 사람이 채무자를 위하여 담보물권을 설정하는 행위이고 채무자를 대신해서 채무를 이행하는 사무의 처리를 위탁받는 것이 아니므로, 물상보증인이 변제 등에 의하여 채무자를 면책시키는 것은 위임사무의 처리가 아니고 법적 의미에서는 의무 없이 채무자를 위하여 사무를 관리한 것에 유사하다. 따라서 물상보증인의 채무자에 대한 구상권은 그들 사이의 물상보증위탁계약의 법적 성질과 관계없이 민법에 의하여 인정된 별개의 독립한 권리이고, 그 소멸시효에 있어서는 민법상 일반채권에 관한 규정이 적용된다.

대법원 2009. 7. 23. 선고 2009다19802 판결
물상보증인은 담보물로서 물적 유한책임만을 부담할 뿐 채권자에 대하여 채무를 부담하는 것이 아닌 점, 물상보증인이 채무자에게 구상할 구상권의 범위는 특별한 사정이 없는 한 채무를 변제하거나 담보권의 실행으로 담보물의 소유권을 상실하게 된 시점에 확정된다는 점등을 종합하면, 원칙적으로 수탁보증인의 사전구상권에 관한 민법 제442조는 물상보증인에게 적용되지 아니하고 물상보증인은 사전구상권을 행사할 수 없다.

대법원 2015. 5. 29. 선고 2012다92258 판결
질권자가 제3채무자로부터 자기채권을 초과하여 금전을 지급받은 경우 초과 지급 부분에 관하여는 제3채무자의 질권설정자에 대한 급부와 질권설정자의 질권자에 대한 급부가 있다고 볼 수 없으므로, 제3채무자는 특별한 사정이 없는 한 질권자를 상대로 초과 지급 부분에 관하여 부당이득반환을 구할 수 있지만, 부당이득반환청구의 상대방이 되는 수익자는 실질적으로 그 이익이 귀속된 주체이어야 하는데, 질권자가 초과 지급 부분을 질권설정자에게 그대로 반환한 경우에는 초과 지급 부분에 관하여 질권설정자가 실질적 이익을 받은 것이지 질권자로서는 실질적 이익이 없다고 할 것이므로, 제3채무자는 질권자를 상대로 초과 지급 부분에 관하여 부당이득반환을 구할 수 없다.

대법원 2014. 4. 10. 선고 2013다76192 판결
설정자가 해지를 이유로 제3채무자에게 원래의 채권으로 대항하려면 질권자가 제3채무자에게 해지 사실을 통지하여야 하고, 만일 질권자가 제3채무자에게 질권설정계약의 해지 사실을 통지하였다면, 설사 아직 해지가 되지 아니하였다고 하더라도 선의인 제3채무자는 질권설정자에게 대항할 수 있는 사유로 질권자에게 대항할 수 있다고 봄이 타당하다. 위와 같은 해지 통지가 있었다면 해지 사실은 추정되고, 그렇다면 해지 통지를 믿은 제3채무자의 선의 또한 추정된다고 볼 것이어서 제3채무자가 악의라는 점은 선의를 다투는 질권자가 증명할 책임이 있다.
책임전질과 달리 승낙전질은 반드시 원질권의 권리범위 내일 필요가 없다. 따라서 전질권의 피담보채권액이 원질권의 피담보채권액을 초과하여도 무방하다. 승낙전질은 원질권과는 무관한 전질이므로 원질권이 소멸하여도 전질권은 아무 영향없이 존속한다.

대법원 2014. 12. 24. 선고 2012다49285 판결
물상보증의 목적물인 저당부동산의 제3취득자가 채무를 변제하거나 저당권의 실행으로 인하여 저당부동산의 소유권을 잃은 때에는 특별한 사정이 없는 한 물상보증인의 구상권에 관한 민법 제370조, 제341조의 규정을 유추적용하여, 물상보증인으로부터 저당부동산을 양수한 제3취득자는 보증채무에 관한 규정에 의하여 채무자에 대한 구상권이 있다.

대법원 2004. 7. 9. 선고 2003다27160 판결
계속적인 신용거래 관계로부터 장래 발생할 불특정 채무를 보증하기 위해 이른바 보증한도액을 정하여 근보증을 하고 아울러 그 불특정 채무를 담보하기 위하여 동일인이 근저당권설정등기를 하여 물상보증도 한 경우에, 근보증약정과 근저당권설정계약은 별개의 계약으로서 원칙적으로 그 성립과 소멸이 따로 다루어져야 할 것이나, 근보증의 주채무와 근저당권의 피담보채무가 동일한 채무인 이상 근보증과 근저당권은 특별한 사정이 없는 한 동일한 채무를 담보하기 위한 중첩적인 담보로서 근저당권의 실행으로 변제를 받은 금액은 근보증의 보증한도액에서 공제되어야 한다.

대법원 2006. 4. 28. 선고 2005다74108 판결

존속기간 또는 결산기가 경과하기 전이라 하더라도 근저당권설정자는 계약을 해제하고 근저당권설정등기의 말소를 구할 수 있고, 존속기간이나 결산기의 정함이 없는 때에는 근저당권설정자가 근저당권자를 상대로 언제든지 해지의 의사표시를 함으로써 피담보채무를 확정시킬 수 있으며, 이러한 계약의 해제 또는 해지에 관한 권한은 근저당부동산의 소유권을 취득한 제3자도 원용할 수 있다고 할 것이다.

대법원 2000. 12. 26. 선고 2000다54451 판결

근저당 거래관계가 계속되는 관계로 근저당권의 피담보채권이 확정되지 아니하는 동안에는 그 채권의 일부가 대위변제되었다 하더라도 그 근저당권이 대위변제자에게 이전될 수 없다.

대법원 2007. 4. 26. 선고 2005다38300 판결

근저당권자의 경매신청 등의 사유로 인하여 근저당권의 피담보채권이 확정되었을 경우, 확정 이후에 새로운 거래관계에서 발생한 원본채권은 그 근저당권에 의하여 담보되지 아니하지만, 확정 전에 발생한 원본채권에 관하여 확정 후에 발생하는 이자나 지연손해금 채권은 채권최고액의 범위 내에서 근저당권에 의하여 여전히 담보되는 것이다.

대법원 2007. 1. 11. 선고 2006다50055 판결

근저당권은 채권담보를 위한 것이므로 원칙적으로 채권자와 근저당권자는 동일인이 되어야 하고, 다만 제3자를 근저당권 명의인으로 하는 근저당권을 설정하는 경우 그 점에 관하여 채권자와 채무자 및 제3자 사이에 합의가 있고, 채권양도, 제3자를 위한 계약, 불가분적 채권관계의 형성 등 방법으로 채권이 그 제3자에게 실질적으로 귀속되었다고 볼 수 있는 특별한 사정이 있는 경우에 한하여 제3자 명의의 근저당권설정등기도 유효하다.

대법원 2005. 2. 18. 선고 2004다37430 판결

동산을 목적으로 하는 유동 집합물 양도담보설정계약을 체결함과 동시에 채무불이행시 강제집행을 수락하는 공정증서를 작성한 경우, 양도담보권자로서는 그 집행증서에 기하지 아니하고 양도담보계약내용에 따라 이를 사적으로 타에 처분하거나 스스로 취득한 후 정산하는 방법으로 현금화할 수도 있지만, 집행증서에 기하여 담보목적물을 압류하고 강제경매를 실시하는 방법으로 현금화할 수도 있는데, 만약 후자의 방식에 의하여 강제경매를 실시하는 경우, 이러한 방법에 의한 경매절차는 형식상 강제집행이지만, 그 실질은 일반 강제집행절차가 아니라 동산양도담보의 실행을 위한 환가절차로서 그 압류절차에 압류를 경합한 양도담보설정자의 다른 채권자는 양도담보권자에 대한 관계에서 압류경합권자나 배당요구권자로 인정될 수 없고, 따라서 환가로 인한 매득금에서 환가비용을 공제한 잔액은 양도담보권자의 채권변제에 우선적으로 충당하여야 한다.

대법원 2008. 9. 11. 선고 2007다25278 판결

가등기담보 등에 관한 법률 제16조는 소유권의 이전에 관한 가등기가 되어 있는 부동산에 대한 경매 등의 개시결정이 있는 경우 법원은 가등기권리자에 대하여 그 가등기가 담보가등기인 때에는 그 내용 및 채권의 존부·원인 및 수액을, 담보가등기가 아닌 경우에는 그 내용을 법원에 신고할 것을 상당한 기간을 정하여 최고하여야 하고(제1항), 압류등기 전에 경료된 담보가등기권리가 매각에 의하여 소멸하는 때에는 제1항의 채권신고를 한 경우에 한하여 그 채권자는 매각대금의 배당 또는 변제금의 교부를 받을 수 있다고 규정하고 있으므로(제2항), 위 제2항에 해당하는 담보가등기권리자가 집행법원이 정한 기간 안에 채권신고를 하지 아니하면 매각대금의 배당을 받을 권리를 상실한다.

대법원 2004. 4. 27. 선고 2003다29968 판결

금전소비대차나 준소비대차에 기한 차용금반환채무와 그 외의 원인으로 발생한 채무를 동시에 담보할 목적으로 경료된 가등기나 소유권이전등기라도 그 후 후자의 채무가 변제 기타의 사유로 소멸하고 금전소비대차나 준소비대차에 기한 차용금반환채무의 전부 또는 일부만이 남게 된 경우에는 그 가등기담보나 양도담보에 가등기담보등에관한법률이 적용된다.

대법원 2016. 10. 27. 선고 2015다63138, 63145 판결

'약한 의미의 양도담보'가 이루어진 경우에, 채권자는 채무의 변제기가 지나면 부동산의 가액에서 채권원리금 등을 공제한 나머지 금액을 채무자에게 반환하고 부동산의 소유권을 취득하거나(귀속정산), 부동산을 처분하여 매각대금에서 채권원리금 등의 변제에 충당하고 나머지 금액을 채무자에게 반환할 수도 있다(처분정산). 그렇지만 채무자가 채권자에게 적극적으로 위와 같은 정산을 요구할 청구권을 가지지는 아니하며, 다만 채무자는 채무의 변제기가 지난 후에도 채권자가 담보권을 실행하여 정산절차를 마치기 전에는 언제든지 채무를 변제하고 채권자에게 가등기 및 가등기에 기한 본등기의 말소를 청구할 수 있다.

대법원 2013. 9. 27. 선고 2011다106778 판결

「가등기담보 등에 관한 법률」(이하 '가등기담보법'이라 한다)제3조, 제4조는 채권자가 가등기담보법 제2조 제1호에 정한 담보계약에 따른 '담보권'을 실행하는 방법으로서 귀속정산 절차를 규정한 것이므로, 가등기담보법 제3조, 제4조가 적용되기 위해서는 채권자가 담보목적부동산에 관하여 가등기나 소유권이전등기 등을 마침으로써 '담보권'을 취득하였음을 요한다. 이와 달리 채권자가 채무자와 담보계약을 체결하였지만, 담보목적부동산에 관하여 가등기나 소유권이전등기를 마치지 아니한 경우에는 '담보권'을 취득하였다고 할 수 없으므로, 이러한 경우에는 가등기담보법 제3조, 제4조는 원칙적으로 적용될 수 없다.

대법원 2004. 10. 28. 선고 2003다30463 판결

금전채무를 담보하기 위하여 채무자가 그 소유의 동산을 채권자에게 양도하되 점유개정에 의하여 채무자가 이를 계속 점유하기로 한 경우 특별한 사정이 없는 한 동산의 소유권은 신탁적으로 이전됨에 불과하여 채권자와 채무자 사이의 대내적 관계에서 채무자는 의연히 소유권을 보유하나 대외적인 관계에 있어서 채무자는 동산의 소유권을 이미 채권자에게 양도한 무권리자가 되는 것이어서 다시 다른 채권자와의 사이에 양도담보 설정계약을 체결하고 점유개정의 방법으로 인도를 하더라도 선의취득이 인정되지 않는 한 나중에 설정계약을 체결한 채권자는 양도담보권을 취득할 수 없는데, 현실의 인도가 아닌 점유개정으로는 선의취득이 인정되지 아니하므로, 결국 뒤의 채권자는 양도담보권을 취득할 수 없다.

대법원 1998. 4. 10. 선고 97다4005 판결

부동산에 관하여 정산절차를 예정한 약한 의미의 양도담보 약정이 이루어졌다면 채권자는 채무의 변제기 후 반드시 담보권 실행을 위한 정산절차를 거쳐야만 하는 것이고, 채무자로서는 채권자가 담보권을 실행하여 정산절차를 마치기 전에는 채무를 변제하고 부동산에 대한 채권자 명의의 소유권이전등기의 말소를 구할 수 있다고 할 것인바, 이는 양도담보 약정 당시 당해 부동산의 시가가 채권 원리금에 미달한다 하더라도 마찬가지이다.

대법원 2004. 11. 12. 선고 2004다22858 판결

돈사에서 대량으로 사육되는 돼지를 집합물에 대한 양도담보의 목적물로 삼은 경우, 위 양도담보권의 효력은 양도담보설정자로부터 이를 양수한 양수인이 당초 양수한 돈사 내에 있던 돼지들 및 통상적인 양돈방식에 따라 그 돼지들을 사육관리하면서 돼지를 출하하여 얻은 수익으로 새로 구입하거나 그 돼지와 교환한 돼지 또는 그 돼지로부터 출산시켜 얻은 새끼돼지에 한하여 미치는 것이지 양수인이 별도의 자금을 투입하여 반입한 돼지에까지는 미치지 않는다.

## Ⅲ 채권총론

**대법원 2003. 3. 28. 선고 2000다24856 판결**

제한종류채권에 있어 급부목적물의 특정은, 원칙적으로 종류채권의 급부목적물의 특정에 관하여 민법 제375조 제2항이 적용되므로, 채무자가 이행에 필요한 행위를 완료하거나 채권자의 동의를 얻어 이행할 물건을 지정한 때에는 그 물건이 채권의 목적물이 되는 것이나, 당사자 사이에 지정권의 부여 및 지정의 방법에 관한 합의가 없고, 채무자가 이행에 필요한 행위를 하지 아니하거나 지정권자로 된 채무자가 이행할 물건을 지정하지 아니하는 경우에는 선택채권의 선택권 이전에 관한 민법 제381조를 준용하여 채권의 기한이 도래한 후 채권자가 상당한 기간을 정하여 지정권이 있는 채무자에게 그 지정을 최고하여도 채무자가 이행할 물건을 지정하지 아니하면 지정권이 채권자에게 이전한다.

**대법원 2003. 1. 24. 선고 2000다22850 판결**

매도인의 매매계약상의 소유권이전등기의무가 이행불능이 되어 이를 이유로 매매계약을 해제함에 있어서는 상대방의 잔대금지급의무가 매도인의 소유권이전등기의무와 동시이행관계에 있다고 하더라도 그 이행의 제공을 필요로 하는 것이 아니다.

**대법원 2007. 4. 12. 선고 2006다72765 판결**

채권액이 외국통화로 지정된 금전채권인 외화채권을 채권자가 대용급부의 권리를 행사하여 우리나라 통화로 환산하여 청구하는 경우 법원이 채무자에게 그 이행을 명함에 있어서는 채무자가 현실로 이행할 때에 가장 가까운 사실심 변론종결 당시의 외국환시세를 우리나라 통화로 환산하는 기준시로 삼아야 하고, 그와 같은 제1심 이행판결에 대하여 채무자만이 불복항소한 경우, 항소심은 속심이므로 채무자가 항소이유로 삼거나 심리과정에서 내세운 주장이 이유 없다고 하더라도 법원으로서는 항소심 변론종결 당시의 외국환시세를 기준으로 채권액을 다시 환산해 본 후 불이익변경금지 원칙에 반하지 않는 한 채무자의 항소를 일부 인용하여야 한다.

**대법원 1991. 3. 12. 선고 90다2147 전원합의체 판결**

채권액이 외국통화로 지정된 금전채권인 외화채권을 채무자가 우리나라 통화로 변제함에 있어서는 민법 제378조가 그 환산시기에 관하여 외화채권에 관한 같은법 제376조, 제377조 제2항의 "변제기"라는 표현과는 다르게 "지급할 때"라고 규정한 취지에서 새겨 볼 때 그 환산시기는 이행기가 아니라 현실로 이행하는 때 즉 현실이행시의 외국환시세에 의하여 환산한 우리나라 통화로 변제하여야 한다고 풀이함이 상당하다.
임차인이 진실한 소유자로부터 목적물의 반환청구나 임료 내지 그 해당액의 지급요구를 받는 등의 이유로 임대인이 임차인으로 하여금 사용·수익케 할 수가 없게 되었다면 임대인의 채무는 이행불능으로 되고, 임차인은 이행불능으로 인한 임대차의 종료를 이유로 그 때 이후의 임대인의 차임지급 청구를 거절할 수 있다.

**대법원 2008. 2. 15. 선고 2005다69458 판결**

이행보조자의 행위가 채무자에 의하여 그에게 맡겨진 이행업무와 객관적, 외형적으로 관련을 가지는 경우에는 채무자는 그 행위에 대하여 책임을 져야 하고, 채무의 이행에 관련된 행위이면 가사 이행보조자의 행위가 채권자에 대한 불법행위가 된다고 하더라도 채무자가 면책될 수는 없다.

### 대법원 2000. 7. 28. 선고 2000다16367 판결

채권자가 기존 채무의 지급을 위하여 그 채무의 이행기가 도래하기 전에 미리 그 채무의 변제기보다 후의 일자가 만기로 된 어음의 교부를 받은 때에는 묵시적으로 기존 채무의 지급을 유예하는 의사가 있었다고 볼 경우가 있을 수 있고 이 때 기존 채무의 변제기는 어음에 기재된 만기일로 변경된다고 볼 것이나, 특별한 사정이 없는 한 채무자가 기존 채무의 이행기에 채무를 변제하지 아니하여 채무불이행 상태에 빠진 다음에 기존 채무의 지급을 위하여 어음이 발행된 경우까지 그와 동일하게 볼 수는 없다.

### 대법원 2012. 10. 25. 선고 2010다47117 판결

추심명령은 압류채권자에게 채무자의 제3채무자에 대한 채권을 추심할 권능을 수여함에 그치고, 제3채무자로 하여금 압류채권자에게 압류된 채권액 상당을 지급할 것을 명하거나 그 지급 기한을 정하는 것이 아니므로, 제3채무자가 압류채권자에게 압류된 채권액상당에 관하여 지체책임을 지는 것은 집행법원으로부터 추심명령을 송달받은 때부터가 아니라, 추심명령이 발령된 후 압류채권자로부터 추심금 청구를 받은 다음날부터라고 할 것이다(예금채권의 경우-).

### 대법원 2006. 6. 16. 선고 2005다39211 판결

매도인의 소유권이전등기청구권이 가압류되어 있거나 처분금지가처분이 있는 경우에는 그 가압류 또는 가처분의 해제를 조건으로 하여서만 소유권이전등기절차의 이행을 명받을 수 있는 것이어서, 매도인은 그 가압류 또는 가처분을 해제하지 아니하고서는 매도인 명의의 소유권이전등기를 마칠 수 없고, 따라서 매수인 명의의 소유권이전등기도 경료하여 줄 수 없다고 할 것이므로, 매도인이 그 가압류 또는 가처분 집행을 모두 해제할 수 없는 무자력의 상태에 있다고 인정되는 경우에는 매수인이 매도인의 소유권이전등기의무가 이행불능임을 이유로 매매계약을 해제할 수 있다.

### 대법원 1996. 6. 11. 선고 95다12798 판결

일반적으로 건물 신축 도급계약에 있어서 수급인이 신축한 건물에 하자가 있는 경우에, 이로 인하여 도급인이 받은 정신적 고통은 하자가 보수되거나 하자보수에 갈음한 손해배상이 이루어짐으로써 회복된다고 봄이 상당하고, 도급인이 하자의 보수나 손해배상만으로는 회복될 수 없는 정신적 고통을 입었다면 이는 특별한 사정으로 인한 손해로서 수급인이 이와 같은 사정을 알았거나 알 수 있었을 경우에 한하여 정신적 고통에 대한 위자료를 인정할 수 있다.

### 대법원 1985. 9. 10. 선고 84다카1532 판결

민법 제393조 제2항 소정의 특별사정으로 인한 손해배상에 있어서 채무자가 그 사정을 알았거나 알 수 있었는지의 여부를 가리는 시기는 계약체결당시가 아니라 채무의 이행기까지를 기준으로 판단하여야 한다.

### 대법원 2004. 3. 18. 선고 2001다82507 전원합의체 판결

불법행위로 영업용 물건이 멸실된 경우, 이를 대체할 다른 물건을 마련하기 위하여 필요한 합리적인 기간 동안 그 물건을 이용하여 영업을 계속하였더라면 얻을 수 있었던 이익, 즉 휴업손해는 그에 대한 증명이 가능한 한 통상의 손해로서 그 교환가치와는 별도로 배상하여야 하고, 이는 영업용 물건이 일부 손괴된 경우, 수리를 위하여 필요한 합리적인 기간 동안의 휴업손해와 마찬가지라고 보아야 할 것이다.

대법원 2016. 1. 28. 선고 2013다74110 판결

보증서의 보증금액은 보증인이 보증책임을 지게 될 주채무에 관한 한도액을 정한 것으로서 한도액에는 주채무자의 채권자에 대한 원금과 이자 및 지연손해금이 모두 포함되고 합계액이 보증의 한도액을 초과할 수 없지만, 보증채무는 주채무와는 별개의 채무이기 때문에 보증채무 자체의 이행지체로 인한 지연손해금은 보증의 한도액과는 별도로 부담하여야 하고, 이때 보증채무의 연체이율에 관하여 특별한 약정이 없는 경우라면 거래행위의 성질에 따라 상법 또는 민법에서 정한 법정이율에 따라야 한다.

대법원 1996. 6. 14. 선고 94다61359, 61366 판결

매도인의 매매목적물에 관한 소유권이전등기 의무가 이행불능이 됨으로 말미암아 매수인이 입는 손해액은 원칙적으로 그 이행불능이 될 당시의 목적물의 시가 상당액이고, 그 이후 목적물의 가격이 등귀하였다 하여도 그로 인한 손해는 특별한 사정으로 인한 것이어서 매도인이 이행불능 당시 그와 같은 특수한 사정을 알았거나 알 수 있었을 때에 한하여 그 등귀한 가격에 의한 손해배상을 청구할 수 있다.

대법원 2002. 1. 25. 선고 99다57126 판결

지체상금이 손해배상의 예정으로 인정되어 이를 감액함에 있어서는 채무자가 계약을 위반한 경위 등 제반사정이 참작되므로 손해배상액의 감경에 앞서 채권자의 과실 등을 들어 따로 감경할 필요는 없다.

대법원 1988. 9. 27. 선고 86다카2375 판결

당사자사이의 채무불이행에 관하여 손해배상액을 예정한 경우에 채권자는 통상의 손해뿐만 아니라 특별한 사정으로 인한 손해에 관하여도 예정된 배상액만을 청구할 수 있고 특약이 없는 한 예정액을 초과한 배상액을 청구할 수는 없다.

대법원 1999. 1. 15. 선고 98다48033 판결

계약 당시 당사자 사이에 손해배상액을 예정하는 내용의 약정이 있는 경우에는 그것은 계약상의 채무불이행으로 인한 손해액에 관한 것이고 이를 그 계약과 관련된 불법행위상의 손해까지 예정한 것이라고는 볼 수 없다.

대법원 2007. 12. 27. 선고 2006다9408 판결

채무불이행으로 인한 손해배상액이 예정되어 있는 경우에는 채권자는 채무불이행 사실만 증명하면 손해의 발생 및 그 액을 증명하지 아니하고 예정배상액을 청구할 수 있고, 채무자는 채권자와 채무불이행에 있어 채무자의 귀책사유를 묻지 아니한다는 약정을 하지 아니한 이상 자신의 귀책사유가 없음을 주장·입증함으로써 예정배상액의 지급책임을 면할 수 있다.

대법원 1993. 3. 23. 선고 92다46905 판결

위약벌의 약정은 채무의 이행을 확보하기 위하여 정해지는 것으로서 손해배상의 예정과는 그 내용이 다르므로 손해배상의 예정에 관한 민법 제398조 제2항을 유추 적용하여 그 액을 감액할 수는 없고 다만 그 의무의 강제에 의하여 얻어지는 채권자의 이익에 비하여 약정된 벌이 과도하게 무거울 때에는 그 일부 또는 전부가 공서양속에 반하여 무효로 된다.

대법원 2017. 11. 29. 선고 2016다259769 판결
이자제한법의 최고이자율 제한에 관한 규정은 금전대차에 관한 계약상의 이자에 관하여 적용될 뿐, 계약을 위반한 사람을 제재하고 계약의 이행을 간접적으로 강제하기 위하여 정한 위약벌의 경우에는 적용될 수 없다.

대법원 2010. 5. 27. 선고 2009다93992 판결
유류분반환청구권은 그 행사 여부가 유류분권리자의 인격적 이익을 위하여 그의 자유로운 의사결정에 전적으로 맡겨진 권리로서 행사상의 일신전속성을 가진다고 보아야 하므로, 유류분권리자에게 그 권리행사의 확정적 의사가 있다고 인정되는 경우가 아니라면 채권자대위권의 목적이 될 수 없다.

대법원 2012. 3. 29. 선고 2011다100527 판결
계약의 청약이나 승낙과 같이 비록 행사상의 일신전속권은 아니지만 이를 행사하면 그로써 새로운 권리의무관계가 발생하는 등으로 권리자 본인이 그로 인한 법률관계 형성의 결정 권한을 가지도록 할 필요가 있는 경우에는, 채무자에게 이미 그 권리행사의 확정적 의사가 있다고 인정되는 등 특별한 사정이 없는 한, 그 권리는 채권자대위권의 목적이 될 수 없다고 봄이 상당하다.

대법원 2015. 10. 29. 선고 2013다83992 판결
채무자가 유일한 재산인 부동산을 매각하여 소비하기 쉬운 금전으로 바꾸는 행위는 원칙적으로 사해행위가 되지만, 부동산의 매각 목적이 채무의 변제 또는 변제자력을 얻기 위한 것이고, 대금이 부당한 염가가 아니며, 실제 이를 채권자에 대한 변제에 사용하거나 변제자력을 유지하고 있는 경우에는, 채무자가 일부 채권자와 통모하여 다른 채권자를 해할 의사를 가지고 변제를 하는 등의 특별한 사정이 없는 한, 사해행위에 해당한다고 볼 수 없다.

대법원 2001. 2. 27. 선고 2000다44348 판결
수익자가 채무자의 채권자인 경우 수익자가 가액배상을 할 때에 수익자 자신도 사해행위취소의 효력을 받는 채권자 중의 1인이라는 이유로 취소채권자에 대하여 총채권액 중 자기의 채권에 대한 안분액의 분배를 청구하거나, 수익자가 취소채권자의 원상회복에 대하여 총채권액 중 자기의 채권에 해당하는 안분액의 배당요구권으로써 원상회복청구와의 상계를 주장하여 그 안분액의 지급을 거절할 수는 없다.

대법원 2013. 5. 31.자 2012마712 결정
채무자가 소멸시효 완성 후에 한 소멸시효이익의 포기행위는 소멸하였던 채무가 소멸하지 않았던 것으로 되어 결과적으로 채무자가 부담하지 않아도 되는 채무를 새롭게 부담하게 되는 것이므로 채권자취소권의 대상인 사해행위가 될 수 있다.

대법원 2009. 6. 23. 선고 2009다18502 판결
채권자취소권은 채무자가 채권자를 해함을 알면서 자기의 일반재산을 감소시키는 행위를 한 경우에 그 행위를 취소하여 채무자의 재산을 원상회복시킴으로써 모든 채권자를 위하여 채무자의 책임재산을 보전하는 권리이나, 사해행위 이후에 채권을 취득한 채권자는 채권의 취득 당시에 사해행위취소에 의하여 회복되는 재산을 채권자의 공동담보로 파악하지 아니한 자로서 민법 제407조에 정한 사해행위취소와 원상회복의 효력을 받는 채권자에 포함되지 아니한다.

대법원 1979. 9. 25. 선고 79다709 판결
채권양도가 다른 채무의 담보조로 이루어졌으며, 또한 그 채무가 변제되었다고 하더라도, 이는 채권양도인과 양수인 간의 문제이지, 양도채권의 채무자는 위 채권 양도·양수인 간의 채무 소멸 여하에 관계없이 양도된 채무를 양수인에게 변제하여야 한다.

대법원 2015. 12. 24. 선고 2014다49241 판결
채무자가 채권양도에 대하여 이의를 보류하지 아니하는 승낙을 하였더라도 양도인에게 대항할 수 있는 사유로서 양수인에게 대항하지 못할 뿐이고(민법 제451조), 채권의 내용이나 양수인의 권리 확보에 위험을 초래할 만한 사정을 조사, 확인할 책임은 원칙적으로 양수인 자신에게 있으므로, 채무자는 양수인이 대상 채권의 내용이나 원인이 되는 법률관계에 대하여 잘 알고 있음을 전제로 채권양도를 승낙할지를 결정하면 되고 양수인이 채권의 내용 등을 실제와 다르게 인식하고 있는지까지 확인하여 위험을 경고할 의무는 없다. 따라서 채무자가 양도되는 채권의 성립이나 소멸에 영향을 미치는 사정에 관하여 양수인에게 알려야 할 신의칙상 주의의무가 있다고 볼 만한 특별한 사정이 없는 한 채무자가 그러한 사정을 알리지 아니하였다고 하여 불법행위가 성립한다고 볼 수 없다.

대법원 1988. 11. 22. 선고 87다카1836 판결
중첩적 채무인수는 채권자와 채무인수인과의 합의가 있는 이상 채무자의 의사에 반하여서도 이루어질 수 있다.

대법원 1999. 7. 9. 선고 99다12376 판결
[1] 인수채무가 원래 5년의 상사시효의 적용을 받던 채무라면 그 후 면책적 채무인수에 따라 그 채무자의 지위가 인수인으로 교체되었다고 하더라도 그 소멸시효의 기간은 여전히 5년의 상사시효의 적용을 받는다 할 것이고, 이는 채무인수행위가 상행위나 보조적 상행위에 해당하지 아니한다고 하여 달리 볼 것이 아니다.
[2] 면책적 채무인수가 있은 경우, 인수채무의 소멸시효기간은 채무인수와 동시에 이루어진 소멸시효 중단사유, 즉 채무승인에 따라 채무인수일로부터 새로이 진행된다.

대법원 2012. 7. 16.자 2009마461 결정
민법 제481조에 의하여 법정대위를 할 수 있는 '변제할 정당한 이익이 있는 자'라고 함은 변제함으로써 당연히 대위의 보호를 받아야 할 법률상의 이익을 가지는 자를 의미한다. 그런데 이행인수인이 채무자와의 이행인수약정에 따라 채권자에게 채무를 이행하기로 약정하였음에도 불구하고 이를 이행하지 아니하는 경우에는 채무자에 대하여 채무불이행의 책임을 지게 되어 특별한 법적 불이익을 입게 될 지위에 있다고 할 것이므로, 이행인수인은 그 변제를 할 정당한 이익이 있다고 할 것이다.

대법원 2002. 5. 10. 선고 2000다18578 판결
부동산의 매수인이 매매목적물에 관한 근저당권의 피담보채무, 가압류채무, 임대차보증금 반환채무를 인수하는 한편 그 채무액을 매매대금에서 공제하기로 약정한 경우, 다른 특별한 사정이 없는 이상, 이는 매도인을 면책시키는 채무인수가 아니라 이행인수로 보아야 하고, 매수인이 그 채무를 현실적으로 변제할 의무를 부담한다고도 해석할 수 없으며, 특별한 사정이 없는 한 매수인이 매매대금에서 그 채무액을 공제한 나머지를 지급함으로써 잔금지급의무를 다한 것으로 보아야 한다.

대법원 2008. 12. 11. 선고 2007다66590 판결
채권자의 고의나 과실로 담보가 상실 또는 감소한 경우 민법 제485조에 의하여 법정대위자가 면책되는지 여부 및 면책되는 범위는 담보가 상실 또는 감소한 시점을 표준시점으로 하여 판단하여야 한다.

대법원 2013. 5. 23. 선고 2013다12464 판결
원금채무에 관하여는 소멸시효가 완성되지 아니하였으나 이자채무에 관하여는 소멸시효가 완성된 상태에서 채무자가 채무를 일부 변제한 때에는 액수에 관하여 다툼이 없는 한 원금채무에 관하여 묵시적으로 승인하는 한편 이자채무에 관하여 시효완성의 사실을 알고 그 이익을 포기한 것으로 추정되며, 채무자의 변제가 채무 전체를 소멸시키지 못하고 당사자가 변제에 충당할 채무를 지정하지 아니한 때에는 민법 제479조, 제477조에 따른 법정변제충당의 순서에 따라 충당되어야 한다.

대법원 2013. 9. 12. 선고 2012다118044,118051 판결
변제자(채무자)와 변제수령자(채권자)는 변제로 소멸한 채무에 관한 보증인 등 이해관계 있는 제3자의 이익을 해하지 않는 이상 이미 급부를 마친 뒤에도 기존의 충당방법을 배제하고 제공된 급부를 어느 채무에 어떤 방법으로 다시 충당할 것인가를 약정할 수 있다.

대법원 2013. 3. 14. 선고 2012다85281 판결
여러 명의 연대채무자 또는 연대보증인에 대하여 따로따로 소송이 제기되는 등으로 그 판결에 의하여 확정된 채무원본이나 지연손해금의 금액과 이율 등이 서로 달라지게 되어 원금이나 지연손해금에 채무자들이 공동으로 부담하는 부분과 공동으로 부담하지 않는 부분이 생긴 경우에 어느 채무자가 채무 일부를 변제한 때에는 그 변제자가 부담하는 채무 중 공동으로 부담하지 않는 부분의 채무 변제에 우선 충당되고 그 다음 공동 부담 부분의 채무 변제에 충당된다.

대법원 2014. 5. 29. 선고 2013다212295 판결
변제공탁이 적법한 경우에는 채권자가 공탁물 출급청구를 하였는지 여부와는 관계없이 공탁을 한 때에 변제의 효력이 발생하나, 변제공탁자가 공탁물 회수권의 행사에 의하여 공탁물을 회수한 경우에는 공탁하지 아니한 것으로 보아 채권소멸의 효력은 소급하여 없어진다. 이와 같이 채권소멸의 효력을 소급적으로 소멸시키는 공탁물의 회수에는 공탁자에 의하여 이루어진 경우뿐만 아니라, 제3자가 공탁자에게 대하여 가지는 별도 채권의 집행권원으로써 공탁자의 공탁물 회수청구권에 대하여 압류 및 추심명령을 받아 그 집행으로 공탁물을 회수한 경우도 포함된다.

대법원 1992. 12. 22. 선고 92다8712 판결
동시이행의 관계에 있는 반대급부를 조건으로 하는 변제공탁은 유효하다.

대법원 2011. 4. 28. 선고 2010다101394 판결
[1] 수동채권으로 될 수 있는 채권은 상대방이 상계자에 대하여 가지는 채권이어야 하고, 상대방이 제3자에 대하여 가지는 채권과는 상계할 수 없다고 보아야 한다.
[2] 유치권이 ○○아파트를 경락취득한 ○○아파트 일부를 점유사용하고 있는 유치권자에 대한 임료 상당의 부당이득금 반환채권을 자동채권으로 하고 유치권자의 종전 소유자에 대한 유익비상환채권을 수동채권으로 하여 상계의 의사표시를 한 사안에서, 상대방이 제3자에 대하여 가지는 채권을 수동채권으로 하여 상계할 수 없다.

대법원 2005. 9. 9. 선고 2003다28 판결

공동명의 예금채권자들이 동업 이외의 특정 목적을 달성하기까지 단독으로 예금을 인출할 수 없도록 방지·감시하고자 하는 목적으로 공동명의로 예금을 개설한 경우, 예금채권과 관리처분권의 귀속관계 및 은행이 공동명의 예금채권자 중 1인에 대한 별개의 대출금채권을 자동채권으로 하여 그의 지분에 상응하는 예금반환채권과 상계할 수 있는지 여부(적극)

대법원 2004. 5. 28. 선고 2001다81245 판결

수탁보증인이 주채무자에 대하여 가지는 민법 제442조의 사전구상권에는 민법 제443조의 담보제공청구권이 항변권으로 부착되어 있는 만큼 이를 자동채권으로 하는 상계는 허용될 수 없으며, 다만 민법 제443조는 임의규정으로서 주채무자가 사전에 담보제공청구권의 항변권을 포기한 경우에는 보증인은 사전구상권을 자동채권으로 하여 주채무자에 대한 채무와 상계할 수 있다.

대법원 2015. 10. 29. 선고 2015다219504 판결

경개계약은 구채무를 소멸시키고 신채무를 성립시키는 처분행위로서 구채무의 소멸은 신채무의 성립에 의존하므로, 경개로 인한 신채무가 원인의 불법 또는 당사자가 알지 못한 사유로 인하여 성립되지 아니하거나 취소된 때에는 구채무는 소멸되지 아니하고(민법 제504조), 경개계약에 조건이 붙어 있는 이른바 조건부 경개의 경우에는 구채무의 소멸과 신채무의 성립 자체가 그 조건의 성취 여부에 걸려 있게 된다(대법원 2007. 11. 15. 선고 2005다31316 판결 참조).

대법원 1996. 5. 10. 선고 95다55504 판결

담보권의 실행 등을 위한 경매에 있어서 배당금이 동일 담보권자가 가지는 수 개의 피담보채권의 전부를 소멸시키기에 부족한 경우, 채권자와 채무자 사이에 변제충당에 관한 합의가 있었다고 하더라도 그 합의에 의한 변제충당은 허용될 수 없고, 이 경우에는 획일적으로 가장 공평·타당한 충당방법인 민법 제477조의 규정에 의한 법정변제충당의 방법에 따라 충당을 하여야 한다.

대법원 1996. 2. 9. 선고 95다47176 판결

어느 공동불법행위자를 위하여 보증인이 된 자가 피보증인의 손해배상 채무를 변제한 경우, 그 보증인은 피보증인이 아닌 다른 공동불법행위자에 대하여는 그 부담부분에 한하여 구상권 내지 부당이득반환청구권을 행사할 수 있는 바, 따라서 보증인이 보증한 공동불법행위자의 부담부분이 전부이고 다른 공동불법 행위자의 부담부분이 없는 경우에는 보증인은 그 다른 공동불법행위자에 대하여 구상 내지 부당이득반환청구를 할 수 없고, 이는 신원보증의 경우라 하여 다르지 않다.

대법원 1998. 6. 26. 선고 98다5777 판결

부진정연대채무에 해당하는 공동불법행위로 인한 손해배상채무에 있어서도 채무자 상호간에 구상요건으로서의 통지에 관한 민법의 위 규정을 유추 적용할 수는 없다.

대법원 2004. 12. 24. 선고 2004다20265 판결

보증채무는 주채무와 동일한 내용의 급부를 목적으로 함이 원칙이지만 주채무와는 별개 독립의 채무이고, 한편 보증채무자가 주채무를 소멸시키는 행위는 주채무의 존재를 전제로 하므로, 보증인의 출연행위 당시에는 주채무가 유효하게 존속하고 있었다 하더라도 그 후 주계약이 해제되어 소급적으로 소멸하는 경우에는 보증인은 변제를 수령한 채권자를 상대로 이미 이행한 급부를 부당이득으로 반환청구할 수 있다.

### 대법원 2001. 6. 12. 선고 2000다47187 판결

보증한도액이 정해진 계속적 보증계약의 경우 보증인이 사망하였다 하더라도 보증계약이 당연히 종료되는 것은 아니고 특별한 사정이 없는 한 상속인들이 보증인의 지위를 승계한다고 보아야 할 것이나, 보증기간과 보증한도액의 정함이 없는 계속적 보증계약의 경우에는 보증인이 사망하면 보증인의 지위가 상속인에게 상속된다고 할 수 없고 다만, 기왕에 발생된 보증채무만이 상속된다.

### 대법원 1994. 11. 8. 선고 94다37202 판결

연대보증인 1인에 대한 채권포기는 주채무자나 다른 연대보증인에게는 효력이 미치지 아니한다.

### 제448조(공동보증인간의 구상권)

① 수인의 보증인이 있는 경우에 어느 보증인이 자기의 부담부분을 넘은 변제를 한 때에는 제444조의 규정을 준용한다.
② 주채무가 불가분이거나 각보증인이 상호연대로 또는 주채무자와 연대로 채무를 부담한 경우에 어느 보증인이 자기의 부담부분을 넘은 변제를 한 때에는 제425조 내지 제427조의 규정을 준용한다.

### 제444조(부탁없는 보증인의 구상권)

① 주채무자의 부탁없이 보증인이 된 자가 변제 기타 자기의 출재로 주채무를 소멸하게 한 때에는 주채무자는 그 당시에 이익을 받은 한도에서 배상하여야 한다.
② 주채무자의 의사에 반하여 보증인이 된 자가 변제 기타 자기의 출재로 주채무를 소멸하게 한 때에는 주채무자는 현존이익의 한도에서 배상하여야 한다.

### 제425조(출재채무자의 구상권)

① 어느 연대채무자가 변제 기타 자기의 출재로 공동면책이 된 때에는 다른 연대채무자의 부담부분에 대하여 구상권을 행사할 수 있다.
② 전항의 구상권은 면책된 날 이후의 법정이자 및 피할 수 없는 비용 기타 손해배상을 포함한다.

### 제441조(수탁보증인의 구상권)

① 주채무자의 부탁으로 보증인이 된 자가 과실없이 변제 기타의 출재로 주채무를 소멸하게 한 때에는 주채무자에 대하여 구상권이 있다.
② 제425조 제2항의 규정은 전항의 경우에 준용한다.

대법원 2002. 4. 12. 선고 2000다17834 판결

매매계약 당사자 중 매도인이 매수인에게 매매계약을 합의해제할 것을 청약하였다고 할지라도, 매수인이 그 청약에 대하여 조건을 붙이거나 변경을 가하여 승낙한 때에는 민법 제534조의 규정에 비추어 보면 그 청약의 거절과 동시에 새로 청약한 것으로 보게 되는 것이고, 그로 인하여 종전의 매도인의 청약은 실효된다.

대법원 1999. 7. 9. 선고 98다13754 판결

쌍무계약의 당사자 일방이 먼저 한번 현실의 제공을 하고 상대방을 수령지체에 빠지게 하였다 하더라도 그 이행의 제공이 계속되지 않는 경우는 과거에 이행의 제공이 있었다는 사실만으로 상대방이 가지는 동시이행의 항변권이 소멸하는 것은 아니다.

대법원 1998. 3. 13. 선고 97다54604 판결

쌍무계약에서 쌍방의 채무가 동시이행관계에 있는 경우 일방의 채무의 이행기가 도래하더라도 상대방 채무의 이행제공이 있을 때까지는 그 채무를 이행하지 않아도 이행지체의 책임을 지지 않는 것이고, 이와 같은 효과는 이행지체의 책임이 없다고 주장하는 자가 반드시 동시이행의 항변권을 행사하여야만 발생하는 것은 아니다.

대법원 2005. 11. 10. 선고 2004다37676 판결

도급인이 수급인에 대하여 하자보수와 함께 청구할 수 있는 손해배상채권과 수급인의 공사대금채권은 서로 동시이행관계에 있는 점 등에 비추어 보면, 하자확대손해로 인한 수급인의 손해배상채무와 도급인의 공사대금채무도 동시이행관계에 있는 것으로 보아야 한다.

대법원 2010. 8. 19. 선고 2010다31860 판결

제3자를 위한 계약관계에서 낙약자와 요약자 사이의 법률관계(이른바 기본관계)를 이루는 계약이 무효이거나 해제된 경우 그 계약관계의 청산은 계약의 당사자인 낙약자와 요약자 사이에 이루어져야 하므로, 특별한 사정이 없는 한 낙약자가 이미 제3자에게 급부한 것이 있더라도 낙약자는 계약해제 등에 기한 원상회복 또는 부당이득을 원인으로 제3자를 상대로 그 반환을 구할 수 없다.

대법원 2009. 5. 28. 선고 2008다98655, 98662 판결

민법 제537조는 채무자위험부담주의를 채택하고 있는바, 쌍무계약에서 당사자 쌍방의 귀책사유 없이 채무가 이행불능된 경우 채무자는 급부의무를 면함과 더불어 반대급부도 청구하지 못하므로, 쌍방 급부가 없었던 경우에는 계약관계는 소멸하고 이미 이행한 급부는 법률상 원인 없는 급부가 되어 부당이득의 법리에 따라 반환청구할 수 있다.

대법원 2004. 3. 12. 선고 2001다79013 판결

민법 제538조 제1항 제2문 소정의 '채권자의 수령지체 중에 당사자 쌍방의 책임 없는 사유로 이행할 수 없게 된 때'에 해당하기 위해서는 현실 제공이나 구두 제공이 필요하다(다만, 그 제공의 정도는 그 시기와 구체적인 상황에 따라 신의성실의 원칙에 어긋나지 않게 합리적으로 정하여야 한다).

대법원 1979. 10. 30. 선고 79다1455 판결

합의해제의 효력은 그 합의의 내용에 의하여 결정되고 이에는 해제에 관한 민법 제543조 이하의 규정은 적용되지 아니한다.

대법원 1996. 7. 30. 선고 95다16011 판결

합의해제 또는 해제계약이라 함은 해제권의 유무에 불구하고 계약 당사자 쌍방이 합의에 의하여 기존의 계약의 효력을 소멸시켜 당초부터 계약이 체결되지 않았던 것과 같은 상태로 복귀시킬 것을 내용으로 하는 새로운 계약으로서, 그 효력은 그 합의의 내용에 의하여 결정되고 여기에는 해제에 관한 민법 제548조 제2항의 규정은 적용되지 아니한다.

대법원 1995. 3. 28. 선고 94다59745 전원합의체 판결 / (공유부동산의 매도)

하나의 부동산을 수인이 공유하는 경우 각 공유자는 각 그 소유의 지분을 자유로이 처분할 수 있으므로, 공유자 전원이 공유물에 대한 각 그 수유지분 전부를 형식상 하나의 매매계약에 의하여 동일한 매수인에게 매도하는 경우라도 당사자들의 의사표시에 의하여 각 지분에 관한 소유권이전의무, 대금지급의무를 불가분으로 하는 특별한 사정이 없는 한 실질상 각 공유지분별로 별개의 매매계약이 성립되었다고 할 것이고, 일부 공유자가 매수인의 매매대금지급의무불이행을 원인으로 한 그 공유지분에 대한 매매계약을 해제하는 것은 가능하다고 할 것이다.

대법원 1991. 5. 28. 선고 90다카16761 판결

계약당사자의 일방이 계약을 해제하여도 제3자의 권리를 침해할 수 없지만, 여기에서 그 제3자는 계약의 목적물에 관하여 권리를 취득하고 또 이를 가지고 계약당사자에게 대항할 수 있는 자를 말하므로, 토지를 매도하였다가 대금지급을 받지 못하여 그 매매계약을 해제한 경우에 있어 그 토지 위에 신축된 건물의 매수인은 위 계약해제로 권리를 침해당하지 않을 제3자에 해당하지 아니한다.

대법원 2009. 7. 9. 선고 2009다18526 판결

부동산에 관한 매매계약을 체결한 후 매수인 앞으로 소유권이전등기를 마치기 전에 매수인으로부터 그 부동산을 다시 매수한 제3자의 처분금지가처분신청으로 매매목적부동산에 관하여 가처분등기가 이루어진 상태에서 매도인과 매수인 사이의 매매계약이 해제된 경우, 위와 같은 가처분등기의 말소와 매도인의 대금반환의무는 동시이행의 관계에 있다고 할 수 없다.

대법원 2008. 10. 23. 선고 2007다72274 판결

매도인이 매수인에 대하여 매매계약의 이행을 최고하고 매매잔대금의 지급을 구하는 소송을 제기한 것만으로는 이행에 착수하였다고 볼 수 없다.

대법원 1996. 4. 12. 선고 94다37714, 37721 판결

민법 제562조가 사인증여에 관하여 유증에 관한 규정을 준용하도록 규정하고 있다고 하여, 이를 근거로 포괄적 유증을 받은 자는 상속인과 동일한 권리의무가 있다고 규정하고 있는 민법 제1078조가 포괄적 사인증여에도 준용된다고 해석하면 포괄적 유증에 엄격한 방식을 요하는 요식 행위로 규정한 조항들은 무의미하게 된다. 따라서 민법 제1078조가 포괄적 사인증여에 준용된다고 하는 것은 사인증여의 성질에 반하므로 준용되지 아니한다고 해석함이 상당하다.

대법원 2012. 6. 14. 선고 2011다56873 판결

민법 제555조는 '증여의 의사가 서면으로 표시되지 아니한 경우에는 각 당사자는 이를 해제할 수 있다'고 하고, 제558조는 '위 규정에 의한 계약의 해제는 이미 이행한 부분에 대하여는 영향을 미치지 아니한다'고 규정하고 있는바, 부동산 증여의 경우에 이행이 되었다고 함은 그 부동산의 인도만으로써는 부족하고 이에 대한 소유권이전등기절차까지 마친 것을 의미한다.

대법원 2009. 9. 24. 선고 2009다37831 판결

증여자의 의사에 기하지 아니한 원인무효의 등기가 경료된 경우에는 증여계약의 적법한 이행이 있다고 볼 수 없으므로 서면에 의하지 아니한 증여자의 증여계약의 해제에 대해 수증자가 실체관계에 부합한다는 주장으로 대항할 수 없다.

대법원 2005. 4. 29. 선고 2003다66431 판결

최초 매도인과 중간 매수인, 중간 매수인과 최종 매수인 사이에 순차로 매매계약이 체결되고 이들 간에 중간생략등기의 합의가 있은 후에 최초 매도인과 중간 매수인 간에 매매대금을 인상하는 약정이 체결된 경우, 최초 매도인은 인상된 매매대금이 지급되지 않았음을 이유로 최종 매수인 명의로의 소유권이전등기의무의 이행을 거절할 수 있다.

대법원 2002. 4. 9. 선고 99다47396 판결

부동산매매계약에 있어서 실제면적이 계약면적에 미달하는 경우에는 그 매매가 수량지정매매에 해당할 때에 한하여 민법 제574조, 제572조에 의한 대금감액청구권을 행사함은 별론으로 하고, 그 매매계약이 그 미달 부분만큼 일부 무효임을 들어 이와 별도로 일반 부당이득반환청구를 하거나 그 부분의 원시적 불능을 이유로 민법 제535조가 규정하는 계약체결상의 과실에 따른 책임의 이행을 구할 수 없다.

대법원 1981. 10. 27. 선고 80다2784 판결

매매당사자 간에 계약금을 수수하고 계약해제권을 유보한 경우에 매도인이 계약금의 배액을 상환하고 계약을 해제하려면 계약해제의 의사표시 외에 계약금 배액의 이행의 제공이 있으면 족하고, 상대방이 이를 수령하지 아니한다 하여 이를 공탁할 필요는 없다.

대법원 1993. 1. 19. 선고 92다31323 판결

매도인이 민법 제565조에 의하여 계약을 해제한다는 의사표시를 하고 일정한 기한까지 해약금의 수령을 최고하며 기한을 넘기면 공탁하겠다고 통지를 한 이상 중도금 지급기일은 매도인을 위하여서도 기한의 이익이 있다고 보는 것이 옳고, 따라서 이 경우에는 매수인이 이행기 전에 이행에 착수할 수 없는 특별한 사정이 있는 경우에 해당하여 매수인은 매도인의 의사에 반하여 이행할 수 없다고 보는 것이 옳으며, 매수인이 이행기 전에, 더욱이 매도인이 정한 해약금 수령기한 이전에 일방적으로 이행에 착수하였다고 하여도 매도인의 계약해제권 행사에 영향을 미칠 수 없다.

대법원 1997. 6. 27. 선고 97다9369 판결

특별한 사정이 없는 한 국토이용관리법상의 토지거래허가를 받지 않아 유동적 무효 상태인 매매계약에 있어서도 당사자 사이의 매매계약은 매도인이 계약금의 배액을 상환하고 계약을 해제함으로써 적법하게 해제된다.

대법원 1991. 3. 27. 선고 90다19930 판결
매수인이 선이행하여야 할 중도금 지급을 하지 아니한 채 잔대금지급일을 경과한 경우에는 매수인의 중도금 및 이에 대한 지급일 다음날부터 잔대금지급일까지의 지연손해금과 잔대금의 지급채무는 매도인의 소유권이전등기의무와 특별한 사정이 없는 한 동시이행관계에 있다.

대법원 1993. 11. 23. 선고 93다37328 판결
타인의 권리를 매매의 목적으로 한 경우에 있어서 그 권리를 취득하여 매수인에게 이전하여야 할 매도인의 의무가 매도인의 귀책사유로 인하여 이행불능이 되었다면 매수인이 매도인의 담보책임에 관한 민법 제570조 단서의 규정에 의해 손해배상을 청구할 수 없다 하더라도 채무불이행 일반의 규정(민법 제546조, 제390조)에 좇아서 계약을 해제하고 손해배상을 청구할 수 있다(악의의 매수인).

대법원 2011. 5. 13. 선고 2011다1941 판결
가압류 목적이 된 부동산을 매수한 사람이 그 후 가압류에 기한 강제집행으로 부동산 소유권을 상실하게 되었다면 이는 매매의 목적 부동산에 설정된 저당권 또는 전세권의 행사로 인하여 매수인이 취득한 소유권을 상실한 경우와 유사하므로, 이와 같은 경우 매도인의 담보책임에 관한 민법 제576조의 규정이 준용된다고 보아 매수인은 같은 조 제1항에 따라 매매계약을 해제할 수 있고, 같은 조 제3항에 따라 손해배상을 청구할 수 있다고 보아야 한다.

대법원 1993. 4. 9. 선고 92다25946 판결
부동산을 매수하고 소유권이전등기까지 넘겨받았지만 진정한 소유자가 제기한 등기말소청구소송에서 매도인과 매수인 앞으로 된 소유권이전등기의 말소를 명한 판결이 확정됨으로써 매도인의 소유권이전의무가 이행불능된 경우, 그 손해배상액 산정의 기준시점은 위 판결이 확정된 때이다.

대법원 2002. 12. 6. 선고 2001다2846 판결
준소비대차는 소비대차에 의하지 아니하고 금전 기타의 대체물을 지급할 의무가 있는 경우에 당사자가 그 목적물을 소비대차의 목적물로 할 것을 약정함으로써 당사자 사이에 소비대차의 효력이 생기는 것을 말하는 것으로서 기존 채무의 당사자가 그 채무의 목적물을 소비대차의 목적물로 한다는 합의를 할 것을 요건으로 하므로 준소비대차계약의 당사자는 기초가 되는 기존 채무의 당사자이어야 한다.

대법원 1993. 11. 23. 선고 93다4083 판결
임차주택의 양도담보권자는 주택임대차보호법 제3조 제2항의 임차주택의 양수인에 해당하지 않는다.

대법원 2001. 6. 1. 선고 99다60535 판결
건물 기타 공작물의 소유를 목적으로 한 대지임대차에 있어서 임차인이 그 지상건물 등에 대하여 민법 제643조 소정의 매수청구권을 행사한 후에 그 임대인인 대지의 소유자로부터 매수대금을 지급받을 때까지 그 지상건물 등의 인도를 거부할 수 있다고 하여도, 지상건물 등의 점유사용을 통하여 그 부지를 계속하여 점유사용하는 한 그로 인한 부당이득으로서 부지의 임료 상당액은 이를 반환할 의무가 있다.

대법원 2002. 11. 13. 선고 2002다46003 판결

건물의 소유를 목적으로 한 토지임대차계약의 기간이 만료됨에 따라 지상건물 소유자가 임대인에 대하여 민법 제643조에 규정된 매수청구권을 행사한 경우에 그 건물의 매수가격은 건물 자체의 가격 외에 건물의 위치, 주변토지의 여러 사정 등을 종합적으로 고려하여 매수청구권 행사 당시 건물이 현존하는 대로의 상태에서 평가된 시가를 말한다.

대법원 1983. 2. 8. 선고 81다428 판결

일반적으로 도급인과 수급인 사이에는 지휘감독의 관계가 없으므로 도급인은 수급인이나 수급인의 피용자의 불법행위에 대하여 사용자로서의 배상책임이 없는 것이라 하겠으나, 도급인이 수급인에 대하여 특정한 행위를 지휘하거나 특정한 사업을 도급시키는 경우와 같은 이른바 노무도급의 경우에 있어서는 도급인이라 하더라도 사용자로서의 배상책임이 있다 할 것이다.

대법원 1997. 2. 25. 선고 96다43454 판결

건축공사도급계약에 있어서는 공사 도중에 계약이 해제되어 미완성 부분이 있는 경우라도 그 공사가 상당한 정도로 진척되어 원상회복이 중대한 사회적·경제적 손실을 초래하게 되고 완성된 부분이 도급인에게 이익이 되는 때에는 도급계약은 미완성 부분에 대해서만 실효되어 수급인은 해제된 상태 그대로 그 건물을 도급인에게 인도하고, 도급인은 그 건물의 기성고 등을 참작하여 인도받은 건물에 대하여 상당한 보수를 지급하여야 할 의무가 있다.

대법원 2018. 11. 29. 선고 2015다19827 판결

[1] 신축건물의 도급인이 민법 제666조가 정한 수급인의 저당권설정청구권의 행사에 따라 공사대금채무의 담보로 그 건물에 저당권을 설정하는 행위는 특별한 사정이 없는 한 사해행위에 해당하지 아니한다.
[2] 민법 제666조에서 정한 수급인의 저당권설정청구권은 공사대금채권을 담보하기 위하여 인정되는 채권적 청구권으로서 공사대금채권에 부수하여 인정되는 권리이므로, 공사대금채권이 양도되는 경우 저당권설정청구권도 이에 수반하여 함께 이전된다고 봄이 타당하다.

대법원 2005. 9. 9. 선고 2003다7319 판결

은행에 공동명의로 예금을 하고 은행에 대하여 그 권리를 함께 행사하기로 한 경우에 만일 동업 자금을 공동명의로 예금한 경우라면 채권의 준합유관계에 있다고 볼 것이나, 공동명의 예금채권자들 각자가 분담하여 출연한 돈을 동업 이외의 특정 목적을 위하여 공동명의로 예치해 둠으로써 그 목적이 달성되기 전에는 공동명의 예금채권자가 단독으로 예금을 인출할 수 없도록 방지·감시하고자 하는 목적으로 공동명의로 예금을 개설한 경우라면, 하나의 예금채권이 분량적으로 분할되어 각 공동명의 예금채권자들에게 공동으로 귀속되고, 각 공동명의 예금채권자들이 예금채권에 대하여 갖는 각자의 지분에 대한 관리처분권은 각자에게 귀속되는 것이고, 다만 은행에 대한 지급 청구만을 공동반환의 특약에 의하여 공동명의 예금채권자들 모두가 공동으로 하여야 하는 것이므로, 공동명의 예금채권자 중 1인에 대한 채권자로서는 그 1인의 지분에 상응하는 예금채권에 대한 압류 및 추심명령 등을 얻어 이를 집행할 수 있고, 한편 이러한 압류 등을 송달받은 은행으로서는 압류채권자의 압류 명령 등에 기초한 단독 예금반환청구에 대하여, "공동명의 예금채권자가 공동으로 그 반환을 청구하는 절차를 밟아야만 예금청구에 응할 수 있다."는 공동명의 예금채권자들과 사이의 공동반환특약을 들어 그 지급을 거절할 수는 없다.

대법원 2010. 5. 27. 선고 2010다4561 판결
민법 제684조 제1항은 "수임인은 위임사무의 처리로 인하여 받은 금전 기타의 물건 및 그 수취한 과실을 위임인에게 인도하여야 한다"고 규정하고 있는데, 위임계약이 위임인과 수임인의 신임관계를 기초로 하는 것이라는 점 및 수임인은 위임의 본지에 따라 선량한 관리자의 주의로써 위임사무를 처리하여야 하는 것이라는 점 등을 감안하여 볼 때, 위 조항에서 말하는 '위임사무의 처리로 인하여 받은 금전 기타 물건'에는 수임인이 위임사무의 처리와 관련하여 취득한 금전 기타 물건으로서 이를 수임인에게 그대로 보유하게 하는 것이 위임의 신임관계를 해한다고 사회통념상 생각할 수 있는 것도 포함된다.

대법원 2013. 8. 22. 선고 2013다30882 판결
사무관리가 성립하기 위하여는 우선 그 사무가 타인의 사무이고 타인을 위하여 사무를 처리하는 의사, 즉 관리의 사실상의 이익을 타인에게 귀속시키려는 의사가 있어야 하며, 나아가 그 사무의 처리가 본인에게 불리하거나 본인의 의사에 반한다는 것이 명백하지 아니할 것을 요한다. 여기에서 '타인을 위하여 사무를 처리하는 의사'는 관리자 자신의 이익을 위한 의사와 병존할 수 있고, 반드시 외부적으로 표시될 필요가 없으며, 사무를 관리할 당시에 확정되어 있을 필요가 없다.

대법원 2011. 6. 10. 선고 2010다40239 판결
무권리자가 타인의 권리를 제3자에게 처분하였으나 선의의 제3자 보호규정에 의하여 원래 권리자가 권리를 상실하는 경우, 권리자는 무권리자를 상대로 제3자에게서 처분의 대가로 수령한 것을 이른바 침해부당이득으로 보아 반환청구할 수 있다. 한편 수익자가 법률상 원인 없이 이득한 재산을 처분함으로 인하여 원물반환이 불가능한 경우에 반환하여야 할 가액을 산정할 때에는 법률상 원인 없는 이득을 얻기 위하여 지출한 비용은 수익자가 반환하여야 할 이득의 범위에서 공제되어야 할 것이나, 타인 소유의 부동산을 처분하여 매각대금을 수령한 경우, 수익자는 그러한 처분행위가 없었다면 부동산 자체를 반환하였어야 할 지위에 있던 사람이므로 자신의 처분행위로 인하여 발생한 양도소득세 기타 비용은 수익자가 이익 취득과 관련하여 지출한 비용에 해당한다고 할 수 없어 이를 반환하여야 할 이득에서 공제할 것은 아니다.

대법원 1993. 5. 14. 선고 92다45025 판결
[1] 동시이행의 항변권을 규정한 민법 제536조가 민법 제549조에 의하여 계약해제의 경우 각 당사자의 원상회복의무에 준용되고 있는 점을 생각할 때 쌍무계약이 무효로 되어 각 당사자가 서로 취득한 것을 반환하여야 하는 경우에도 동시이행관계가 있다고 보아 민법 제536조를 준용함이 옳다.
[2] 쌍무계약이 취소된 경우 선의의 매수인에게 민법 제201조가 적용되어 과실취득권이 인정되는 이상 선의의 매도인에게도 민법 제587조의 유추적용에 의하여 대금의 운용이익 내지 법정이자의 반환을 부정함이 형평에 맞다.

대법원 1993. 12. 10. 선고 93다12947 판결
수익자의 불법성이 급여자의 그것보다 현저히 크고, 그에 비하면 급여자의 불법성은 미약한 경우에도 급여자의 반환청구가 허용되지 않는다고 하는 것은 공평에 반하고 신의성실의 원칙에도 어긋난다고 할 것이므로, 이러한 경우에는 민법 제746조 본문의 적용이 배제되어 급여자의 반환청구는 허용된다고 해석함이 상당하다.

대법원 2013. 8. 22. 선고 2013다35412 판결
불법의 원인으로 재산을 급여한 사람은 상대방 수령자가 그 '불법의 원인'에 가공하였다고 하더라도 상대방에게만 불법의 원인이 있거나 그의 불법성이 급여자의 불법성보다 현저히 크다고 평가되는 등으로 제반 사정에 비추어 급여자의 손해배상청구를 인정하지 아니하는 것이 오히려 사회상규에 명백히 반한다고 평가될 수 있는 특별한 사정이 없는 한 상대방의 불법행위를 이유로 그 재산의 급여로 말미암아 발생한 자신의 손해를 배상할 것을 주장할 수 없다고 할 것이다.

대법원 2003. 1. 24. 선고 2000다22850 판결
민법 제548조 제1항 단서에서 규정하고 있는 제3자란 일반적으로 계약이 해제되는 경우 그 해제된 계약으로부터 생긴 법률효과를 기초로 하여 해제 전에 새로운 이해관계를 가졌을 뿐 아니라 등기·인도 등으로 완전한 권리를 취득한 자를 말하고, 계약상의 채권을 양수한 자는 여기서 말하는 제3자에 해당하지 않는다고 할 것인바, 계약이 해제된 경우 계약해제 이전에 해제로 인하여 소멸되는 채권을 양수한 자는 계약해제의 효과에 반하여 자신의 권리를 주장할 수 없음은 물론이고, 나아가 특단의 사정이 없는 한 채무자로부터 이행받은 급부를 원상회복하여야 할 의무가 있다.

대법원 2012. 4. 26. 선고 2010다8709 판결
부작위로 인한 불법행위가 성립하려면 작위의무가 전제되어야 하지만, 작위의무가 객관적으로 인정되는 이상 의무자가 의무의 존재를 인식하지 못하였더라도 불법행위 성립에는 영향이 없다. 이는 고지의무 위반에 의하여 불법행위가 성립하는 경우에도 마찬가지이므로 당사자의 부주의 또는 착오 등으로 고지의무가 있다는 것을 인식하지 못하였다고 하여 위법성이 부정될 수 있는 것은 아니다.

대법원 2011. 7. 28. 선고 2010다76368 판결
불법행위에서 위법행위시점과 손해발생 시점 사이에 시간적 간격이 있는 경우에 불법행위로 인한 손해배상청구권의 지연손해금은 손해발생 시점을 기산일로 하여 발생한다.

대법원 1991. 1. 11. 선고 90다8954 판결
사용자의 배상책임을 규정한 민법 제756조 소정의 "그 사무집행에 관하여"라 함은 사용자의 사업집행 자체 또는 이에 필요한 행위뿐만 아니라 이와 관련된 것이라고 일반적으로 보여지는 행위는 설사 그것이 피용자의 이익을 도모하기 위한 경우라도 이에 포함된다고 보아야 할 것이므로 택시회사의 운전수가 택시의 승객을 태우고 운행중 차속에서 부녀를 강간한 경우 위 회사는 사용자로서 손해배상책임이 있다.

대법원 2015. 2. 12. 선고 2013다61602 판결
공작물의 설치 또는 보존상의 하자로 인한 사고는 공작물의 설치 또는 보존상의 하자만이 손해발생의 원인이 되는 경우만을 말하는 것이 아니고, 공작물의 설치 또는 보존상의 하자가 사고의 공동원인의 하나가 되는 이상 사고로 인한 손해는 공작물의 설치 또는 보존상의 하자에 의하여 발생한 것이라고 보아야 한다. 그리고 화재가 공작물의 설치 또는 보존상의 하자가 아닌 다른 원인으로 발생하였거나 화재의 발생 원인이 밝혀지지 않은 경우에도 공작물의 설치 또는 보존상의 하자로 인하여 화재가 확산되어 손해가 발생하였다면 공작물의 설치 또는 보존상의 하자는 화재사고의 공동원인의 하나가 되었다고 볼 수 있다.

대법원 2000. 10. 13. 선고 2000다20069 판결

지입차량의 차주 또는 그가 고용한 운전자의 과실로 타인에게 손해를 가한 경우에는 지입회사는 명의대여자로서 제3자에 대하여 지입차량이 자기의 사업에 속하는 것을 표시하였을 뿐 아니라, 객관적으로 지입차주를 지휘·감독하는 사용자의 지위에 있다 할 것이므로 이러한 불법행위에 대하여는 그 사용자책임을 부담한다고 할 것이다.

대법원 2001. 2. 9. 선고 2000다60227 판결

피해자가 공동불법행위자들 중 일부를 상대로 한 전소에서 승소한 금액을 전부 지급받았다고 하더라도 그 금액이 나머지 공동불법행위자에 대한 후소에서 산정된 손해액에 미치지 못한다면 후소의 피고는 그 차액을 피해자에게 지급할 의무가 있다.

대법원 1998. 10. 20. 선고 98다31691 판결

공동불법행위책임은 가해자 각 개인의 행위에 대하여 개별적으로 그로 인한 손해를 구하는 것이 아니라 그 가해자들이 공동으로 가한 불법행위에 대하여 그 책임을 추궁하는 것이므로, 공동불법행위로 인한 손해배상책임의 범위는 피해자에 대한 관계에서 가해자들 전원의 행위를 전체적으로 함께 평가하여 정하여야 한다.

대법원 2017. 4. 27. 선고 2016다271226 판결

사용자의 보험자가 피해자인 제3자에게 사용자와 피용자의 공동불법행위로 인한 손해배상금을 보험금으로 모두 지급하여 피용자의 보험자가 면책됨으로써 사용자의 보험자가 피용자의 보험자에게 부담하여야 할 부분에 대하여 직접 구상권을 행사하는 경우에는, 그와 같은 구상권의 행사는 상법 제724조 제2항에 의한 피해자의 직접청구권을 대위하는 성격을 갖는 것이어서 피용자의 보험자는 사용자의 보험자에 대하여 구상권 제한의 법리를 주장할 수 없다.

대법원 2012. 3. 29. 선고 2011다38325 판결

불법행위로 인한 손해배상채무에 대하여는 별도의 이행 최고가 없더라도 채무성립과 동시에 지연손해금이 발생하는 것이 원칙이다. 다만 불법행위시와 변론종결시 사이에 장기간의 세월이 경과함으로써 위자료 산정의 기준이 되는 변론종결시의 국민소득수준이나 통화가치 등의 사정이 불법행위시에 비하여 상당한 정도로 변동한 결과 그에 따라 이를 반영하는 위자료 액수 또한 현저한 증액이 불가피한 경우에는, 예외적으로 불법행위로 인한 위자료 배상채무의 지연손해금은 위자료 산정의 기준시인 사실심 변론종결 당일부터 발생한다고 보아야 한다.

대법원 2013. 9. 26. 선고 2012다13637 전원합의체 판결

불법행위로 인한 손해의 발생 또는 확대에 관하여 피해자에게도 과실이 있는 때에는 가해자의 손해배상의 범위를 정함에 있어 당연히 이를 참작하여야 하고, 가해행위가 사기, 횡령, 배임 등의 영득행위인 경우 등 과실상계를 인정하게 되면 가해자로 하여금 불법행위로 인한 이익을 최종적으로 보유하게 하여 공평의 이념이나 신의칙에 반하는 결과를 가져오는 경우에만 예외적으로 과실상계가 허용되지 아니한다.

대법원 2018. 1. 25. 선고 2015다210231 판결

신문사 등이 광고주로부터 전달받은 허위 또는 과장 광고에 해당하는 내용을 보도기사로 게재하거나 광고주로부터 전달받은 내용을 바탕으로 허위 내용을 작성하여 보도기사로 게재함으로써 이를 광고가 아닌 보도기사로 신뢰한 독자가 광고주와 상거래를 하는 등으로 피해를 입었다면, 기사형 광고 게재행위와 독자의 손해 발생 사이에 상당인과관계가 인정되는 범위 내에서는 신문사 등도 방조에 의한 공동불법행위책임을 부담할 수 있다.

## V 친족상속법

**대법원 2009. 7. 23. 선고 2009다32454 판결**

부부의 동거의무도 엄연히 법적인 의무이고 보면, 그 위반에 대하여는 법적인 제재가 따라야 할 것인데, 그 제재의 내용을 혼인관계의 소멸이라는 과격한 효과를 가지는 이혼에 한정하는 것이 부부관계의 양상이 훨씬 다양하고 복잡하게 된 오늘날의 사정에 언제나 적절하다고 단정할 수 없고, 특히 제반 사정 아래서는 1회적인 위자료의 지급을 명하는 것이 인격을 해친다거나 부부관계의 본질상 허용되지 않는다고 말할 수 없다.

**대법원 1992. 12. 30.자 92스17 결정**

이혼의 당사자가 자의 양육에 관한 사항을 협의에 의하여 정하였더라도 필요한 경우 가정법원은 당사자의 청구에 의하여 언제든지 그 사항을 변경할 수 있는 것이며, 이는 당사자 사이의 협의가 재판상 화해에 의한 경우에도 마찬가지이다.

**대법원 2014. 9. 4. 선고 2012므1656 판결**

[1] 민법 제837조에 따른 이혼 당사자 사이의 양육비 청구사건은 마류 가사비송사건으로서 즉시항고의 대상에 해당하고, 가집행선고의 대상이 된다.
[2] 재산분할의 방법으로 금전의 지급을 명한 부분은 가집행선고의 대상이 될 수 없다. 그리고 이는 이혼이 먼저 성립한 후에 재산분할로 금전의 지급을 명하는 경우라고 하더라도 마찬가지이다.
[3] 당사자가 이혼 성립 후에 재산분할 등을 청구하고 법원이 재산분할로서 금전의 지급을 명하는 판결이나 심판을 하는 경우에도, 이는 장래의 이행을 청구하는 것으로서 분할의무자는 금전지급의무에 관하여 판결이나 심판이 확정된 다음 날부터 이행지체책임을 지고, 그 지연손해금의 이율에 관하여는 소송촉진 등에 관한 특례법 제3조 제1항 본문이 정한 이율도 적용되지 아니한다.

**대법원 1994. 5. 13.자 92스21 전원합의체 결정**

양육하는 일방은 상대방에 대하여 현재 및 장래에 있어서의 양육비 중 적정 금액의 분담을 청구할 수 있음은 물론이고, 부모의 자녀양육의무는 특별한 사정이 없는 한 자녀의 출생과 동시에 발생하는 것이므로 과거의 양육비에 대하여도 상대방이 분담함이 상당하다고 인정되는 경우에는 그 비용의 상환을 청구할 수 있다.

**대법원 2006. 7. 4. 선고 2006므751 판결**

가정법원의 심판에 의하여 구체적인 청구권의 내용과 범위가 확정된 후의 이혼한 부부 사이에서 자(子)에 대한 양육비채권 중 이미 이행기에 도달한 후의 양육비채권은 완전한 재산권(손해배상청구권)으로서 친족법상의 신분으로부터 독립하여 처분이 가능하고, 권리자의 의사에 따라 포기, 양도 또는 상계의 자동채권으로 하는 것도 가능하다.

**대법원 2012. 4. 13. 선고 2011므4719 판결**

이혼 후 부모와 자녀의 관계에 있어서 친권과 양육권이 항상 같은 사람에게 돌아가야 하는 것은 아니며, 이혼 후 자에 대한 양육권이 부모 중 어느 일방에, 친권이 다른 일방 또는 부모에 공동으로 귀속되는 것으로 정하는 것은, 비록 신중한 판단이 필요하다고 하더라도, 일정한 기준을 충족하는 한 허용된다고 할 것이다.

대법원 2012. 12. 27. 선고 2011다96932 판결

제1차 부양의무자(826조, 부부)와 제2차 부양의무자(974조, 부모자녀간)가 동시에 존재하는 경우에 제1차 부양의무자는 특별한 사정이 없는 한 제2차 부양의무자에 우선하여 부양의무를 부담하므로, 제2차 부양의무자가 부양받을 자를 부양한 경우에는 소요된 비용을 제1차 부양의무자에 대하여 상환청구할 수 있다.

부부간의 부양의무를 이행하지 않은 부부의 일방에 대하여 상대방의 친족이 구하는 부양료의 상환청구는 가사소송법 법 제2조 제1항 제2호 나.마류사건의 어디에도 해당하지 아니하여 이를 가사비송사건으로 가정법원의 전속관할에 속하는 것이라고 할 수는 없고, 이는 민사소송사건에 해당한다고 봄이 타당하다.

대법원 2015. 7. 17.자 2014스206,207 결정

상속결격사유가 발생한 이후에 결격된 자가 피상속인에게서 직접 증여를 받은 경우, 그 수익은 상속인의 지위에서 받은 것이 아니어서 원칙적으로 상속분의 선급으로 볼 수 없다. 따라서 결격된 자의 수익은 특별한 사정이 없는 한 특별수익에 해당하지 않는다.

대법원 1995. 3. 10. 선고 94다16571 판결

공동상속인 중에 특별수익자가 있는 경우의 구체적인 상속분의 산정을 위하여는, 피상속인이 상속개시 당시에 가지고 있던 재산의 가액에 생전 증여의 가액을 가산한 후, 이 가액에 각 공동상속인별로 법정상속분율을 곱하여 산출된 상속분의 가액으로부터 특별수익자의 수증재산인 증여 또는 유증의 가액을 공제하는 계산방법에 의하여 할 것이고, 여기서 이러한 계산의 기초가 되는 "피상속인이 상속개시 당시에 가지고 있던 재산의 가액"은 상속재산 가운데 적극재산의 전액을 가리키는 것으로 보아야 옳다.

대법원 1993. 8. 24. 선고 93다12 판결

민법 제1014조에 의하여, 상속개시 후의 인지 또는 재판의 확정에 의하여 공동상속인이 된 자가 분할을 청구할 경우에 다른 공동상속인이 이미 분할 기타 처분을 한 때에는 그 상속분에 상당한 가액의 지급을 청구할 권리가 있는바, 이 가액청구권은 상속회복청구권의 일종이다.

대법원 1981. 1. 27. 선고 79다854 전원합의체 판결

진정상속인이 참칭상속인을 상대로 상속재산인 부동산에 관한 등기의 말소등을 구하는 경우에 그 소유권 또는 지분권 등의 귀속원인을 상속으로 주장하고 있는 이상 청구원인 여하에 불구하고 이는 민법 제999조 소정의 상속회복청구의 소라고 해석하여야 할 것이므로 동법 제982조 제2항 소정의 제척기간의 적용이 있다.

대법원 2012. 1. 26. 선고 2011다81152 판결

피상속인 사망 후 공동상속 중 1인이 다른 공동상속인에게 자신이 상속한 재산을 중간생략등기 방식으로 명의신탁하였다가 그 명의신탁이 부동산 실권리자명의 등기에 관한 법률에 반하여 무효임을 이유로 상속재산의 반환 또는 그 반환채무의 이행불능을 원인으로 한 손해배상을 구하는 경우, 그러한 청구는 명의신탁이 무효임을 원인으로 하여 소유권의 귀속 등을 주장하는 것일 뿐 상속으로 인한 재산권의 귀속을 주장하는 것이라고 볼 수 없고, 나아가 명의수탁자로 주장된 피고를 두고 진정상속인의 상속권을 침해하고 있는 참칭상속인이라고 할 수도 없으므로, 위와 같은 청구가 상속회복청구에 해당한다고 할 수 없다.

대법원 1996. 8. 20. 선고 96다13682 판결

유류분 산정의 기초가 되는 재산의 범위에 관한 민법 제1113조 제1항에서의 '증여재산'이란 상속개시 전에 이미 증여계약이 이행되어 소유권이 수증자에게 이전된 재산을 가리키는 것이고, 아직 증여계약이 이행되지 아니하여 소유권이 피상속인에게 남아 있는 상태로 상속이 개시된 재산은 당연히 '피상속인의 상속개시시에 있어서 가진 재산'에 포함되는 것이므로, 수증자가 공동상속인이든 제3자이든 가리지 아니하고 모두 유류분 산정의 기초가 되는 재산을 구성한다.

대법원 2013. 3. 14. 선고 2010다42624 판결

민법 제197조 제2항은 "선의의 점유자라도 본권에 관한 소에 패소한 때에는 그 소가 제기된 때로부터 악의의 점유자로 본다."고 규정하고 있고, 민법 제201조 제2항은 "악의의 점유자는 수취한 과실을 반환하여야 하며 소비하였거나 과실로 인하여 훼손 또는 수취하지 못한 경우에는 그 과실의 대가를 보상하여야 한다."고 규정하고 있으므로, 반환의무자가 악의의 점유자라는 점이 증명된 경우에는 악의의 점유자로 인정된 시점부터, 그렇지 않다고 하더라도 본권에 관한 소에서 종국판결에 의하여 패소로 확정된 경우에는 소가 제기된 때로부터 악의의 점유자로 의제되어 각 그때부터 유류분권리자에게 목적물의 사용이익 중 유류분권리자에게 귀속되었어야 할 부분을 부당이득으로 반환할 의무가 있다.

대법원 2002. 4. 26. 선고 2000다8878 판결

유류분반환청구권의 행사는 재판상 또는 재판 외에서 상대방에 대한 의사표시의 방법으로 할 수 있고, 이 경우 그 의사표시는 침해를 받은 유증 또는 증여행위를 지정하여 이에 대한 반환청구의 의사를 표시하면 그것으로 족하며, 그로 인하여 생긴 목적물의 이전등기청구권이나 인도청구권 등을 행사하는 것과는 달리 그 목적물을 구체적으로 특정하여야 하는 것은 아니고, 민법 제1117조(증여 또는 유증을 안 때로부터 1년, 상속개시일로부터 10년)에 정한 소멸시효의 진행도 그 의사표시로 중단된다.

## 민사소송법

### I 소송의 주체, 객체, 소송물

**대법원 2011. 9. 29.자 2011마62 결정**

민사소송의 일방 당사자가 다른 청구에 관하여 관할만을 발생시킬 목적으로 본래 제소할 의사 없는 청구를 병합한 것이 명백한 경우에는 관할선택권의 남용으로서 신의칙에 위배되어 허용될 수 없으므로, 그와 같은 경우에는 관련재판적에 관한 민사소송법 제25조의 규정을 적용할 수 없다.

**대법원 2002. 5. 10.자 2002마1156 결정**

사해행위취소의 소에 있어서의 의무이행지는 '취소의 대상인 법률행위의 의무이행지'가 아니라 '취소로 인하여 형성되는 법률관계에 있어서의 의무이행지'라고 보아야 할 것이다.

**대법원 1994. 5. 26.자 94마536 결정**

관할의 합의의 효력은 부동산에 관한 물권의 특정승계인에게는 미치지 않는다고 새겨야 할 것인바, 부동산 양수인이 근저당권 부담부의 소유권을 취득한 특정승계인에 불과하다면(근저당권 부담부의 부동산의 취득자가 그 근저당권의 채무자 또는 근저당권설정자의 지위를 당연히 승계한다고 볼 수는 없다), 근저당권설정자와 근저당권자 사이에 이루어진 관할합의의 효력은 부동산 양수인에게 미치지 않는다.

**대법원 2007. 11. 30. 선고 2007다54610 판결**

대법원은, 이송결정이 확정된 때에는 소송은 처음부터 이송받은 법원에 계속된 것으로 보므로(민사소송법 제40조 제1항) 소송을 이송한 경우에 있어서 법률상 기간의 준수 여부는 소송이 이송된 때가 아니라 이송한 법원에 소가 제기된 때를 기준으로 하여야 한다고 판시한 바 있고(대법원 1984. 2. 28. 선고 83다카1981 전원합의체 판결), 한편 민사소송법 제265조는 소제기에 따른 시효중단 및 법률상 기간 준수의 효력발생시기에 관하여 동일하게 규정하고 있으므로 소송이 이송된 경우 법률상 기간 준수 여부의 판단 기준시기에 관하여 위 판결이 취하고 있는 견해는 소멸시효의 중단에 관하여도 그대로 적용되어야 할 것이다.

**대법원 1995. 5. 15.자 94마1059 결정**

[1] 이송결정의 기속력은 당사자에게 이송결정에 대한 불복방법으로 즉시항고가 마련되어 있는 점이나 이송의 반복에 의한 소송지연을 피하여야 할 공익적 요청은 전속관할을 위배하여 이송한 경우라고 하여도 예외일 수 없는 점에 비추어 볼 때, 당사자가 이송결정에 대하여 즉시항고를 하지 아니하여 확정된 이상 원칙적으로 전속관할의 규정을 위배하여 이송한 경우에도 미친다.

[2] 심급관할을 위배하여 이송한 경우에 이송결정의 기속력이 이송받은 상급심 법원에도 미친다고 한다면 당사자의 심급의 이익을 박탈하여 부당할 뿐만 아니라, 이송을 받은 법원이 법률심인 대법원인 경우에는 직권조사사항을 제외하고는 새로운 소송자료의 수집과 사실확정이 불가능한 관계로 당사자의 사실에 관한 주장, 입증의 기회가 박탈되는 불합리가 생기므로, 심급관할을 위배한 이송결정의 기속력은 이송받은 상급심 법원에는 미치지 않는다고 보아야 한다.

민사 및 가사소송의 사물관할에 관한 규칙

제2조(지방법원 및 그 지원 합의부의 심판범위)

지방법원 및 지방법원지원의 합의부는 소송목적의 값이 2억원을 초과하는 민사사건 및 민사소송등인지법 제2조 제4항의 규정에 해당하는 민사사건을 제1심으로 심판한다. 다만, 다음 각호의 1에 해당하는 사건을 제외한다. [개정 2004.12.29, 2015.1.28] [[시행일 2015.2.13.]]

1. 수표금·약속어음금 청구사건
2. 은행·농업협동조합·수산업협동조합·축산업협동조합·산림조합·신용협동조합·신용보증기금·기술신용보증기금·지역신용보증재단·새마을금고·상호저축은행·종합금융회사·시설대여회사·보험회사·신탁회사·증권회사·신용카드회사·할부금융회사 또는 신기술사업금융회사가 원고인 대여금·구상금·보증금 청구사건
3. 자동차손해배상보장법에서 정한 자동차·원동기장치자전거·철도차량의 운행 및 근로자의 업무상재해로 인한 손해배상 청구사건과 이에 관한 채무부존재확인사건
4. 단독판사가 심판할 것으로 합의부가 결정한 사건

**대법원 2018. 9. 13. 선고 2018다231031 판결**

지부·분회·지회 등 어떤 법인의 하부조직을 상대로 일정한 의무의 이행을 구하는 소를 제기하여 승소 확정판결을 받은 경우 판결의 집행력이 해당지부·분회·지회 등을 넘어서 소송의 당사자도 아닌 법인에까지 미친다고 볼 수는 없으므로 그 판결을 집행권원으로 하여 법인의 재산에 대해 강제집행을 할 수는 없고, 법인의 재산에 대한 강제집행을 위해서는 법인 자체에 대한 별도의 집행권원이 필요하다.

소송요건의 존부 판정시기는 사실심변론종결시 / 관할권은 제소시를 기준으로 판단

**대법원 2012. 6. 14. 선고 2010다105310 판결**

민사소송에서 소송당사자의 존재나 당사자능력은 소송요건에 해당하고, 이미 사망한 자를 상대로 한 소의 제기는 소송요건을 갖추지 않은 것으로서 부적법하며, 상고심에 이르러서는 당사자표시정정의 방법으로 그 흠결을 보정할 수 없다.

**대법원 2008. 6. 12. 선고 2008다11276 판결**

[1] 당사자표시정정은 원칙적으로 당사자의 동일성이 인정되는 범위에서만 허용되는 것이므로 회사의 대표이사였던 사람이 개인 명의로 제기한 소송에서 그 개인을 회사로 당사자표시정정을 하는 것은 부적법하다.
[2] 제1심법원이 제1차 변론준비기일에서 부적법한 당사자표시정정신청을 받아들이고 피고도 이에 명시적으로 동의하여 제1심 제1차 변론기일부터 정정된 원고인 회사와 피고 사이에 본안에 관한 변론이 진행된 다음 제1심 및 원심에서 본안판결이 선고되었다면, 당사자표시정정신청이 부적법하다고 하여 그 후에 진행된 변론과 그에 터잡은 판결을 모두 부적법하거나 무효라고 하는 것은 소송절차의 안정을 해칠 뿐만 아니라 그 후에 새삼스럽게 이를 문제삼는 것은 소송경제나 신의칙 등에 비추어 허용될 수 없다.
(원고 표시정정은 예외적으로 허용되나, 당해 사안은 동일성이 없어 표시정정사유가 아님을 유의할 것)

**대법원 2011. 3. 10. 선고 2010다99040 판결**

채무자 甲의 乙 은행에 대한 채무를 대위변제한 보증인 丙이 채무자 甲의 사망사실을 알면서도 그를 피고로 기재하여 소를 제기한 사안에서, 채무자 甲의 상속인이 실질적인 피고이고 다만 소장의 표시에 잘못이 있었던 것에 불과하므로, 보증인 丙은 채무자 甲의 상속인으로 피고의 표시를 정정할 수 있고, 따라서 당초 소장을

제출한 때에 소멸시효중단의 효력이 생긴다.

### 대법원 2011. 1. 27. 선고 2008다27615 판결
소장의 당사자 표시가 착오로 잘못 기재되었음에도 소송 계속 중 당사자표시정정이 이루어지지 않아 잘못 기재된 당사자를 표시한 본안판결이 선고·확정된 경우라 하더라도 그 확정판결을 당연무효라고 볼 수 없을뿐더러, 그 확정판결의 효력은 잘못 기재된 당사자와 동일성이 인정되는 범위 내에서 위와 같이 적법하게 확정된 당사자에 대하여 미친다고 보아야 한다.

### 제247조(소송절차 정지의 효과)
① 판결의 선고는 소송절차가 중단된 중에도 할 수 있다.
② 소송절차의 중단 또는 중지는 기간의 진행을 정지시키며, 소송절차의 수계사실을 통지한 때 또는 소송절차를 다시 진행한 때부터 전체기간이 새로이 진행된다.

### 대법원 1995. 5. 23. 선고 94다28444 전원합의체 판결
소송계속 중 어느 일방 당사자의 사망에 의한 소송절차 중단을 간과하고 변론이 종결되어 판결이 선고된 경우에는 그 판결은 소송에 관여할 수 있는 적법한 수계인의 권한을 배제한 결과가 되는 절차상 위법은 있지만 그 판결이 당연무효라 할 수는 없고, 다만 그 판결은 대리인에 의하여 적법하게 대리되지 않았던 경우와 마찬가지로 보아 대리권흠결을 이유로 상소 또는 재심에 의하여 그 취소를 구할 수 있을 뿐이다.

### 대법원 2011. 7. 28. 선고 2010다97044 판결
사단법인 한국장애인부모회(이하 '중앙회'라 한다)가 원고로 기재되어 있었던 사실, 제1심은 1차 변론준비기일에서 사단법인 한국장애인부모회 전라북도지회(이하 '전북지회'라 한다)가 정관을 가지고 있다는 점 등을 확인한 다음 원고대리인에게 석명권을 행사한 사실, 이후 원고가 중앙회를 전북지회로 정정하는 당사자표시정정신청을 하자, 제1심은 3차 변론준비기일부터 위 정정신청이 적법하다고 보아 변론 등을 진행하였고 그 판결문에도 원고를 전북지회로 기재한 사실을 알 수 있다. 제1심이 당사자표시정정을 허용한 것은 적법하고, 거기에 상고이유에서 주장하는 바와 같은 당사자표시정정에 관한 법리오해의 위법이 있다고 할 수 없다.

### 대법원 2008. 10. 9. 선고 2008다45378 판결
소송 당사자인 종중의 법적 성격에 관한 당사자의 법률적 주장이 무엇이든 그 실체에 관하여 당사자가 주장하는 사실관계의 기본적 동일성이 유지되고 있다면 이는 당사자변경에 해당하지 아니하고, 그 경우 법원은 직권으로 조사한 사실관계에 기초하여 당사자가 주장하는 단체의 실질이 종중인지 혹은 종중 유사단체인지, 공동선조는 누구인지 등을 확정한 다음 그 법률적 성격을 달리 평가할 수 있는 것이고, 이를 기초로 당사자능력 등 소의 적법 여부를 판단하여야 할 것이다. 원고가 종중 유사단체로서 독립성을 지닌 비법인 사단의 실체를 가진 것으로 인정되는 이상, 원심으로서는 본안에 들어가 이 사건 청구의 당부에 관하여 판단하였어야 할 것임에도 이와 다른 이유로 이 사건 소가 부적법하다고 한 원심의 판단은 잘못이라 할 것이다.

### 대법원 1992. 5. 12. 선고 91다37683 판결
노동조합과 같은 단체의 임원선거에 따른 당선자 결정의 무효 여부에 대한 확인을 구하는 소에 있어서 당선자 개인을 상대로 제소하는 경우에는 만일 그 청구를 인용하는 판결이 내려진다 하더라도 그 판결의 효력이 당해 조합에 미친다고 할 수 없어 당선자 결정의 효과로서 부여되는 조합장 등 임원의 지위를 둘러싼 당사자들 사이의 분쟁을 근본적으로 해결하는 수단으로 가장 유효적절한 방법이 될 수 없는 까닭에 당선자를 결정한 그 조합을 상대로 하지 아니하고 당선자를 상대로 한 조합장 당선무효확인의 소는 확인의 이익이 없어 부적법하다.

### 대법원 2006. 8. 25. 선고 2005다67476 판결

변제공탁의 공탁물출급청구권자는 피공탁자 또는 그 승계인이고 피공탁자는 공탁서의 기재에 의하여 형식적으로 결정되므로, 실체법상의 채권자라고 하더라도 피공탁자로 지정되어 있지 않으면 공탁물출급청구권을 행사할 수 없다. 따라서 피공탁자 아닌 제3자가 피공탁자를 상대로 하여 공탁물출급청구권 확인판결을 받았더라도 그 확인판결을 받은 제3자가 직접 공탁물출급청구를 할 수는 없고, 수인을 공탁금에 대하여 균등한 지분을 갖는 피공탁자로 하여 공탁한 경우 피공탁자 각자는 공탁서의 기재에 따른 지분에 해당하는 공탁금을 출급청구할 수 있을 뿐이며, 비록 피공탁자들 내부의 실질적인 지분비율이 공탁서상의 지분비율과 다르다고 하더라도 이는 피공탁자 내부간에 별도로 해결해야 할 문제이다.

### 대법원 2006. 9. 28. 선고 2006다28775 판결

민사소송법 제53조의 선정당사자는 공동의 이해관계를 가진 여러 사람 중에서 선정되어야 하므로, 선정당사자 본인에 대한 부분의 소가 취하되거나 판결이 확정되는 등으로 공동의 이해관계가 소멸하는 경우에는 선정당사자는 선정당사자의 자격을 당연히 상실한다.

### 대법원 1996. 12. 10. 선고 96다23238 판결

합유로 소유권이전등기가 된 부동산에 관하여 명의신탁해지를 원인으로 한 소유권이전등기절차의 이행을 구하는 소송은 합유물에 관한 소송으로서 고유필요적 공동소송에 해당하여 합유자 전원을 피고로 하여야 할 뿐 아니라 합유자 전원에 대하여 합일적으로 확정되어야 하므로, 합유자 중 일부의 청구인낙이나 합유자 중 일부에 대한 소의 취하는 허용되지 않는다.

### 대법원 2014. 9. 4. 선고 2014다36771 판결

사해행위취소권은 사해행위로 이루어진 채무자의 재산처분행위를 취소하고 사해행위에 의해 일탈된 채무자의 책임재산을 수익자 또는 전득자로부터 채무자에게 복귀시키기 위한 것이므로 환취권의 기초가 될 수 있다. 수익자 또는 전득자에 대하여 회생절차가 개시된 경우 채무자의 채권자가 사해행위의 취소와 함께 회생채무자로부터 사해행위의 목적인 재산 그 자체의 반환을 청구하는 것은 환취권의 행사에 해당하여 회생절차개시의 영향을 받지 아니한다. 따라서 채무자의 채권자는 사해행위의 수익자 또는 전득자에 대하여 회생절차가 개시되더라도 관리인을 상대로 사해행위의 취소 및 그에 따른 원물반환을 구하는 사해행위취소의 소를 제기할 수 있다.

### 대법원 2010. 3. 25. 선고 2007다35152 판결

금전채권에 대한 압류 및 전부명령이 있는 때에는 압류된 채권은 동일성을 유지한 채로 압류채무자로부터 압류채권자에게 이전되고, 제3채무자는 채권이 압류되기 전에 압류채무자에게 대항할 수 있는 사유로써 압류채권자에게 대항할 수 있는 것이므로, 제3채무자의 압류채무자에 대한 자동채권이 수동채권인 피압류채권과 동시이행의 관계에 있는 경우에는, 압류명령이 제3채무자에게 송달되어 압류의 효력이 생긴 후에 자동채권이 발생하였다고 하더라도 제3채무자는 동시이행의 항변권을 주장할 수 있다.

### 대법원 2010. 10. 28. 선고 2009다20840 판결

유언집행자는 유증의 목적인 재산의 관리 기타 유언의 집행에 필요한 모든 행위를 할 권리의무가 있으므로, 유증 목적물에 관하여 마쳐진, 유언의 집행에 방해가 되는 다른 등기의 말소를 구하는 소송에 있어서는 유언집행자가 이른바 법정소송담당으로서 원고적격을 가진다고 할 것이다.

대법원 2010. 11. 25. 선고 2010다64877 판결
채권에 대한 압류 및 추심명령이 있으면 제3채무자에 대한 이행의 소는 추심채권자만이 제기할 수 있고 채무자는 피압류채권에 대한 이행소송을 제기할 당사자적격을 상실하나, 채무자의 이행소송 계속 중에 추심채권자가 압류 및 추심명령 신청의 취하 등에 따라 추심권능을 상실하게 되면 채무자는 당사자적격을 회복한다. 이러한 사정은 직권조사사항으로서 당사자가 주장하지 않더라도 법원이 직권으로 조사하여 판단하여야 하고, 사실심 변론종결 이후에 당사자적격 등 소송요건이 흠결되거나 그 흠결이 치유된 경우 상고심에서도 이를 참작하여야 한다.

대법원 2009. 5. 28. 선고 2009다4787 판결
채권자대위권은 채무자의 제3채무자에 대한 권리를 행사하는 것이므로, 제3채무자는 채무자에 대해 가지는 모든 항변사유로 채권자에게 대항할 수 있으나, 채권자는 채무자 자신이 주장할 수 있는 사유의 범위 내에서 주장할 수 있을 뿐 자기와 제3채무자 사이의 독자적인 사정에 기한 사유를 주장할 수는 없다.

대법원 2008. 1. 31. 선고 2007다64471 판결
채권자가 채무자에 대한 채권을 보전하기 위하여 제3채무자를 상대로 채무자의 제3채무자에 대한 채권에 기한 이행청구의 소를 제기하는 한편, 채무자를 상대로 피보전채권에 기한 이행청구의 소를 제기한 경우, 채무자가 그 소송절차에서 소멸시효를 원용하는 항변을 하였고, 그러한 사유가 현출된 채권자대위소송에서 심리를 한 결과, 실제로 피보전채권의 소멸시효가 적법하게 완성된 것으로 판단되면, 채권자는 더 이상 채무자를 대위할 권한이 없게 된다고 할 것이다.

대법원 2003. 5. 27. 선고 2001다13532 판결
채권자가 사해행위의 취소를 청구하면서 그 보전하고자 하는 채권을 추가하거나 교환하는 것은 그 사해행위취소권을 이유 있게 하는 공격방법에 관한 주장을 변경하는 것일 뿐이지 소송물 또는 청구 자체를 변경하는 것이 아니므로 소의 변경이라 할 수 없다.

대법원 2002. 11. 8. 선고 2002다41589 판결
주채무자 또는 제3자 소유의 부동산에 대하여 채권자 앞으로 근저당권이 설정되어 있고, 그 부동산의 가액 및 채권최고액이 당해 채무액을 초과하여 채무 전액에 대하여 채권자에게 우선변제권이 확보되어 있다면, 그 범위 내에서는 채무자의 재산처분행위는 채권자를 해하지 아니하므로 연대보증인이 비록 유일한 재산을 처분하는 법률행위를 하더라도 채권자에 대하여 사해행위가 성립되지 않는다고 보아야 할 것이고, 당해 채무액이 그 부동산의 가액 및 채권최고액을 초과하는 경우에는 그 담보물로부터 우선변제받을 액을 공제한 나머지 채권액에 대하여만 채권자취소권이 인정된다.

대법원 2000. 6. 9. 선고 98다18155 판결
채권자가 채무자를 상대로 하여 그 보전되는 청구권에 기한 이행청구의 소를 제기하여 승소판결이 확정되면 제3채무자는 그 청구권의 존재를 다툴 수 없다.

대법원 2008. 8. 11. 선고 2008다32310 판결

채권자가 집행권원에 기하여 압류 및 추심명령을 받은 후 그 집행권원상의 채권을 양도하였다고 하더라도 그 채권의 양수인이 기존 집행권원에 대하여 승계집행문을 부여받지 않았다면, 집행채권자의 지위에서 압류채권을 추심할 수 있는 권능이 있다고 볼 수 없다.

대법원 2006. 8. 24. 선고 2004다23110 판결

지명채권이 양도되어 제3자에 대하여 대항요건까지 갖춘 후 양도인의 채권자가 양수인을 상대로 사해행위취소로 인한 원상회복청구권을 피보전권리로 하여 그 피양수채권에 대한 처분금지가처분을 발령받은 경우에, 위 가처분 채권자가 본안소송으로 제기한 사해행위취소소송에서 승소 확정된 후 그에 기하여 채무자에게 그 채권이 원상회복되는 때뿐만 아니라, 양수인이 임의로 양도인에게 그 채권을 반환하거나 양도인의 다른 채권자가 양수인을 상대로 제기한 사해행위취소소송의 결과에 따라 원상회복의무의 이행으로서 그 채권을 반환하더라도, 이는 위 가처분채권자의 피보전권리인 채권자취소권에 의한 원상회복청구권을 침해하는 것이 아니라 채권자취소권의 목적을 실현시키는 것과 동일한 결과가 되어 오히려 그 피보전권리에 부합하는 것이므로 위 가처분의 처분금지효력에 저촉된다고 할 수 없다.

대법원 1971. 2. 23. 선고 70다44 판결

법인 아닌 사단 또는 재단의 존재 여부 그 대표자의 자격에 관한 사항은 소송당사자능력 또는 소송능력에 관한 사항으로서 직권조사항이고 소송당사자의 자백에 구애되지 않는다.

소액사건심판법 제8조 제1항 : 당사자의 배우자·직계혈족 또는 형제자매는 법원의 허가없이 소송대리인이 될 수 있다.

대법원 1980. 4. 22. 선고 80다308 판결

미성년자가 직접 변호인을 선임하여 제1심의 소송수행을 하게 하였으나 제2심에 이르러서는 미성년자의 친권자인 법정대리인이 소송대리인을 선임하여 소송행위를 하면서 아무런 이의를 제기한 바 없이 제1심의 소송결과를 진술한 경우에는 무권대리에 의한 소송행위를 묵시적으로 추인된 것으로 보아야 한다.

대법원 2000. 1. 31.자 99마6205 결정

소송상 화해나 청구의 포기에 관한 특별수권이 되어 있다면 특별한 사정이 없는 한 그러한 소송행위에 대한 수권만이 아니라 그러한 소송행위의 전제가 되는 당해 소송물인 권리의 처분이나 포기에 대한 권한도 수여되어 있다고 봄이 상당하다 할 것이다.

대법원 2010. 5. 13. 선고 2009다105246 판결

선정당사자가 선정자로부터 별도의 수권 없이 변호사 보수에 관한 약정을 하였다면 선정자들이 이를 추인하는 등의 특별한 사정이 없는 한 선정자에 대하여 효력이 없다고 할 것이며, 뿐더러 그와 같은 보수약정을 하면서 향후 변호사 보수와 관련하여 다투지 않기로 부제소합의를 하거나 약정된 보수액이 과도함을 이유로 선정자들이 제기한 별도의 소송에서 소취하합의를 하더라도 이와 관련하여 선정자들로부터 별도로 위임받은 바가 없다면 선정자에 대하여 역시 그 효력을 주장할 수 없다.

대법원 1984. 6. 14. 선고 84다카744 판결

소송대리인이 판결정본의 송달을 받고도 당사자에게 그 사실을 알려 주지 아니하여 당사자가 그 판결정본의 송달사실을 모르고 있다가 상고제기기간이 경과된 후에 비로소 그 사실을 알게 되었다 하더라도 이를 가리켜 당사자가 책임질 수 없는 사유로 인하여 불변기간을 준수할 수 없었던 경우에 해당한다고는 볼 수 없다.

대법원 1991. 3. 27.자 90마970 결정

재심의 소의 절차에 있어서의 변론은 재심 전 절차의 속행이기는 하나 재심의 소는 신소의 제기라는 형식을 취하고 재심 전의 소송과는 일응 분리되어 있는 것이며, 사전 또는 사후의 특별수권이 없는 이상 재심 전의 소송의 소송대리인이 당연히 재심소송의 소송대리인이 되는 것이 아니다.

대법원 1992. 3. 10. 선고 91다25208 판결

비법인사단과 그 대표자 사이의 이익이 상반되는 사항에 관한 소송행위에 있어서는 위 대표자에게 대표권이 없으므로, 달리 위 대표자를 대신하여 비법인사단을 대표할 자가 없는 한 이해관계인은 특별대리인의 선임을 신청할 수 있고 이에 따라 선임된 특별대리인이 비법인사단을 대표하여 소송을 제기할 수 있다.

대법원 2008. 8. 21. 선고 2007다79480 판결

[1] 대리인이 행한 소송행위의 추인은 특별한 사정이 없는 한 소송행위의 전체를 대상으로 하여야 하고, 그 중 일부의 소송행위만을 추인하는 것은 허용되지 아니한다.
[2] 일단 추인거절의 의사표시가 있은 이상 그 무권대리행위는 확정적으로 무효로 귀착되므로 그 후에 다시 이를 추인할 수는 없다 할 것이다.

대법원 2011. 7. 28. 선고 2010다97044 판결

비법인사단이 당사자인 사건에서 대표자에게 적법한 대표권이 있는지 여부는 소송요건에 관한 것으로서 법원의 직권조사사항이므로, 법원에 판단의 기초자료인 사실과 증거를 직권으로 탐지할 의무까지는 없다 하더라도 이미 제출된 자료에 의하여 대표권의 적법성에 의심이 갈만한 사정이 엿보인다면 그에 관하여 심리·조사할 의무가 있다.

대법원 2009. 1. 15. 선고 2008다74130 판결

권리관계에 대하여 당사자 사이에 아무런 다툼이 없어 법적 불안이 없으면 원칙적으로 확인의 이익이 없다고 할 것이나, 피고가 권리관계를 다투어 원고가 확인의 소를 제기하였고 당해 소송에서 피고가 권리관계를 다툰 바 있다면 특별한 사정이 없는 한 항소심에 이르러 피고가 권리관계를 다투지 않는다는 사유만으로 확인의 이익이 없다고 할 수 없다.

대법원 2000. 4. 11. 선고 2000다5640 판결

근저당권설정자가 근저당권설정계약에 기한 피담보채무가 존재하지 아니함의 확인을 구함과 함께 그 근저당권설정등기의 말소를 구하는 경우에 근저당권설정자로서는 피담보채무가 존재하지 않음을 이유로 근저당권설정등기의 말소를 구하는 것이 분쟁을 유효·적절하게 해결하는 직접적인 수단이 될 것이므로 별도로 근저당권설정계약에 기한 피담보채무가 존재하지 아니함의 확인을 구하는 것은 확인의 이익이 있다고 할 수 없다.

### 대법원 1998. 9. 22. 선고 98다23393 판결
순차 경료된 소유권이전등기의 각 말소 청구소송은 보통공동소송이므로 그 중의 어느 한 등기명의자만을 상대로 말소를 구할 수 있고, 최종 등기명의자에 대하여 등기말소를 구할 수 있는지에 관계없이 중간의 등기명의자에 대하여 등기말소를 구할 소의 이익이 있다.

### 대법원 1979. 2. 27. 선고 78다913 판결
임야대장상의 소유명의의 말소를 구하는 청구는 소익이 없다.

### 대법원 1997. 10. 10. 선고 97다8687 판결
채무자와 수익자 사이의 근저당권설정계약이 사해행위인 이상 그로 인한 근저당권설정등기가 경락으로 인하여 말소되었다고 하더라도 수익자로 하여금 근저당권자로서의 배당을 받도록 하는 것은 민법 제406조 제1항의 취지에 반하므로, 수익자에게 그와 같은 부당한 이득을 보유시키지 않기 위하여 그 근저당권설정등기로 인하여 해를 입게 되는 채권자는 근저당권설정계약의 취소를 구할 이익이 있다.

### 대법원 2004. 3. 25. 선고 2002다20742 판결
근저당권자가 근저당권의 피담보채무의 확정을 위하여 스스로 물상보증인을 상대로 확인의 소를 제기하는 것이 부적법하다고 볼 것은 아니며, 물상보증인이 근저당권자의 채권에 대하여 다투고 있을 경우 그 분쟁을 종국적으로 종식시키는 유일한 방법은 근저당권의 피담보채권의 존부에 관한 확인의 소라고 할 것이므로, 근저당권자가 물상보증인을 상대로 제기한 확인의 소는 확인의 이익이 있어 적법하다.

### 대법원 2001. 10. 12. 선고 2000다59081 판결
근저당권자와 채무자 겸 근저당권설정자와의 관계에 있어서는 위 채권 전액의 변제가 있을 때까지 근저당권의 효력은 채권최고액과는 관계없이 잔존채무에 여전히 미친다.

### 대법원 2012. 9. 13. 선고 2010다97846 판결
조정이나 재판상 화해의 대상인 권리관계는 사적 이익에 관한 것으로서, 당사자가 자유롭게 처분할 수 있는 것이어야 하므로, 성질상 당사자가 임의로 처분할 수 없는 사항을 대상으로 한 조정이나 재판상 화해는 허용될 수 없고, 설령 그에 관하여 조정이나 재판상 화해가 성립하였더라도 효력이 없어 당연무효이다.

### 대법원 1987. 9. 22. 선고 86다카2151 판결
장래의 이행을 명하는 판결을 하기 위하여는 채무의 이행기가 장래에 도래하는 것 뿐만 아니라 의무불이행사유가 그때까지 존속한다는 것을 변론종결당시에 확정적으로 예정할 수 있는 것이어야 하며 이러한 책임기간이 불확실하여 변론종결 당시에 확정적으로 예정할 수 없는 경우에는 장래의 이행을 명하는 판결을 할 수 없다.

### 대법원 1993. 11. 9. 선고 92다43128 판결
양도인측이 계약이 무효가 되었다고 주장하여 양수인으로부터 받은 매매대금을 변제공탁하였다면 양도인측이 양도 부동산에 관한 소유권이전의무의 존재를 다투고 있는 것이므로 양수인으로서는 위 의무의 이행기 도래 전에도 그 의무의 이행을 미리 청구할 필요가 있다고 보아야 한다.

대법원 1996. 6. 14. 선고 94다53006 판결
소유권에 기하여 미등기 무허가건물의 반환을 구하는 청구취지 속에는 점유권에 기한 반환청구권을 행사한다는 취지가 당연히 포함되어 있다고 볼 수는 없고, 소유권에 기한 반환청구만을 하고 있음이 명백한 이상 법원에 점유권에 기한 반환청구도 구하는지의 여부를 석명할 의무가 있는 것은 아니다.

대법원 1983. 3. 8. 선고 82다카1203 판결
담보목적으로 경료된 소유권이전등기의 피담보 채무를 변제하였음을 이유로 하여 말소를 구하는 본소청구와 소유권이전등기가 원인무효임을 이유로 하여 말소를 구하는 전소청구는 소송물이 동일하다고 볼 수 없으므로 전소에 대한 확정판결의 기판력은 본소에 미치지 아니한다.

대법원 1994. 6. 28. 선고 94다3063 판결
원고가 재산상 손해(소극적 손해)에 대하여는 형식상 전부 승소하였으나 위자료에 대하여는 일부 패소하였고, 이에 대하여 원고가 원고 패소부분에 불복하는 형식으로 항소를 제기하여 사건 전부가 확정이 차단되고 소송물 전부가 항소심에 계속되게 된 경우에는, 더욱이 불법행위로 인한 손해배상에 있어 재산상 손해나 위자료는 단일한 원인에 근거한 것인데 편의상 이를 별개의 소송물로 분류하고 있는 것에 지나지 아니한 것이므로 이를 실질적으로 파악하여, 항소심에서 위자료는 물론이고 재산상 손해(소극적 손해)에 관하여도 청구의 확장을 허용하는 것이 상당하다.

대법원 2007. 4. 13. 선고 2006다78640 판결
불법행위로 인한 적극적 손해의 배상을 명한 전소송의 변론종결 후에 새로운 적극적 손해가 발생한 경우에 그 소송의 변론종결 당시 그 손해의 발생을 예견할 수 없었고 또 그 부분 청구를 포기하였다고 볼 수 없는 등 특별한 사정이 있다면 전소송에서 그 부분에 관한 청구가 유보되어 있지 않다고 하더라도 이는 전소송의 소송물과는 별개의 소송물이므로 전소송의 기판력에 저촉되는 것이 아니다.

대법원 1969. 10. 28. 선고 68다158 판결
제1심에서 승소한 자라도 부대항소의 제기에 의하지 않고 항소심에서 청구를 확장할 수 있다.

대법원 2001. 4. 27. 선고 2000다4050 판결
상계의 항변을 제출할 당시 이미 자동채권과 동일한 채권에 기한 소송을 별도로 제기하여 계속 중인 경우, 특별한 사정이 없는 한 별소로 계속 중인 채권을 자동채권으로 하는 소송상 상계의 주장이 허용되지 않는다고 볼 수는 없다.

대법원 2002. 9. 6. 선고 2002다34666 판결
원심은 원고의 청구원인사실을 모두 인정한 다음 피고의 상계항변을 받아들여 상계 후 잔존하는 원고의 나머지 청구부분만을 일부 인용하였는데, 이 경우 피고들로서는 원심판결 이유 중 원고의 소구채권을 인정하는 전제에서 피고의 상계항변이 받아들여진 부분에 관하여도 상고를 제기할 수 있다.

## II 제1심의 소송절차

**대법원 2013. 11. 28. 선고 2011다80449 판결**
당사자들이 부제소 합의의 효력이나 그 범위에 관하여 쟁점으로 삼아 소의 적법 여부를 다투지 아니하는데도 법원이 직권으로 부제소 합의에 위배되었다는 이유로 소가 부적법하다고 판단하기 위해서는 그와 같은 법률적 관점에 대하여 당사자에게 의견을 진술할 기회를 주어야 하고, 부제소 합의를 하게 된 동기 및 경위, 그 합의에 의하여 달성하려는 목적, 당사자의 진정한 의사 등에 관하여도 충분히 심리할 필요가 있다.

**대법원 2003. 12. 12. 2003마1694 결정**
공시송달 요건에 해당한다고 볼 여지가 충분한 데도 불구하고 공시송달신청에 대한 허부재판을 도외시한 채 주소보정 흠결을 이유로 소장각하명령을 한 것은 위법하다.

**대법원 1995. 12. 5. 선고 94다59028 판결**
중복제소금지의 원칙에 위배되어 제기된 소에 대한 판결이나 그 소송절차에서 이루어진 화해라도 확정된 경우에는 당연무효라고 할 수는 없다.

**대법원 1990. 4. 27. 선고 88다카25274 판결**
소가 중복제소에 해당하지 아니한다는 것은 소극적 소송요건으로서 법원의 직권조사 사항이므로 이에 관한 당사자의 주장은 직권발동을 촉구하는 의미 밖에 없어 위 주장에 대하여 판단하지 아니하였다 하더라도 판단유탈의 상고이유로 삼을 수 있는 흠이 될 수 없다.

**대법원 1987. 3. 10. 선고 84다카2132 판결**
특정토지에 대한 소유권확인청구 본안판결이 확정되면 그에 대한 권리 또는 법률관계가 그대로 확정되는 것이므로 변론종결전에 그 확인원인이 되는 다른 사실이 있었다 하더라도 그 확정판결의 기판력은 거기까지도 미치는 것이다.

**대법원 1989. 4. 11. 선고 87다카3155 판결**
전소, 후소의 판별기준은 소송계속의 발생시기 즉 송장이 피고에게 송달된 때의 선후에 의할 것이며, 비록 소 제기에 앞서 가압류, 가처분 등의 보전절차가 미리 경료되어 있더라도 이를 기준으로 가릴 것은 아니다.

**대법원 2010. 1. 14. 선고 2008다69169 판결**
동업정산금의 지급을 구하는 소송에서 원고의 청구취지 범위를 넘어선 액수의 금원을 지급할 것을 명한 원심판결에 처분권주의를 위반한 위법이 있다.

**대법원 1976. 6. 22. 선고 75다819 판결**
일개의 손해배상청구권중 일부가 소송상 청구되어 있는 경우에 과실상계를 함에 있어서는 손해의 전액에서 과실비율에 의한 감액을 하고 그 잔액이 청구액을 초과하지 않을 경우에는 그 잔액을 인용할 것이고 잔액이 청구액을 초과할 경우에는 청구의 전액을 인용하는 것으로 풀이하는 것이 일부청구를 하는 당사자의 통상적 의사라고 할 것이다.

대법원 2015. 2. 12. 선고 2014다229870 판결
민사소송법 제288조의 규정에 의하여 구속력을 갖는 자백은 재판상의 자백에 한하는 것이고, 재판상 자백이란 변론기일 또는 변론준비기일에서 당사자가 하는 상대방의 주장과 일치하는 자기에게 불리한 사실의 진술을 말하는 것으로서, 법원에 제출되어 상대방에게 송달된 답변서나 준비서면에 자백에 해당하는 내용이 기재되어 있는 경우라도 그것이 변론기일이나 변론준비기일에서 진술 또는 진술간주되어야 재판상 자백이 성립한다.

대법원 1980. 2. 26. 선고 80다56 판결
매수인이 단순히 소유권이전등기청구만을 하고 매도인이 동시이행의 항변을 한 경우 법원이 대금수령과 상환으로 소유권이전등기절차를 이행할 것을 명하는 것은 그 청구중에 대금지급과 상환으로 소유권이전등기를 받겠다는 취지가 포함된 경우에 한하므로 그 청구가 반대급부 의무가 없다는 취지임이 분명한 경우에는 청구를 기각하여야 한다.

대법원 1996. 7. 12. 선고 96다19017 판결
제소전화해는 가등기말소절차 이행이나 소유권이전의 본등기절차 이행을 대여금 또는 청산금의 지급을 그 조건으로 하고 있는 데 불과하여 그 기판력은 가등기말소나 소유권이전의 본등기절차 이행을 명한 화해내용이 대여금 또는 청산금 지급의 상환이 조건으로 붙어 있다는 점에 미치는 데 불과하고, 상환이행을 명한 반대채권의 존부나 그 수액에 기판력이 미치는 것이 아니다.

대법원 1990. 12. 11. 선고 90다카7545 판결
다른 사건의 재판에서 인정된 사실에 관하여는 다른 민사소송에서 구속을 받는 것은 아니지만 이미 확정된 관련있는 민사나 형사판결에서 인정된 사실은 이를 채용할 수 없는 특별한 사정이 나타나 있지 아니한 이상 유력한 증거자료가 되는 것인바, 전후 두개의 민사소송이 당사자가 같고 분쟁의 기초가 된 사실도 같으나 다만 소송물이 달라 기판력에 저촉되지 아니한 결과 새로운 청구를 할 수 있는 경우에 있어서는 더욱 그러하다.

대법원 1996. 12. 23. 선고 95다40038 판결
의사표시가 강박에 의한 것이어서 당연무효라는 주장 속에 강박에 의한 의사표시이므로 취소한다는 주장이 당연히 포함되어 있다고는 볼 수 없다.

대법원 2015. 9. 14.자 2015마813 결정
경매개시결정에 대한 형식적인 절차상의 하자를 이유로 한 임의경매 개시결정에 대한 이의의 재판절차에서도 민사소송법상 재판상 자백이나 의제자백에 관한 규정은 준용되지 아니한다.

대법원 2008. 3. 27. 선고 2006다70929 판결
어떤 권리의 소멸시효기간이 얼마나 되는지에 관한 주장은 단순한 법률상의 주장에 불과하므로 변론주의의 적용대상이 되지 않고 법원이 직권으로 판단할 수 있다 할 것이다.

대법원 1984. 5. 29. 선고 84다122 판결

법률용어를 사용한 당사자의 진술이 동시에 구체적인 사실관계의 표현으로서 사실상의 진술도 포함하는 경우에는 그 범위내에서 자백이 성립하는 것이라 할 것이다.

대법원 2001. 3. 9. 선고 2000다73490 판결

금전채권에 대한 압류 및 추심명령이 있는 경우, 이는 강제집행절차에서 추심채권자에게 채무자의 제3채무자에 대한 채권을 추심할 권능만을 부여하는 것이므로, 이로 인하여 채무자가 제3채무자에 대하여 가지는 채권이 추심채권자에게 이전되거나 귀속되는 것은 아니므로, 추심채무자로서는 제3채무자에 대하여 피압류채권에 기하여 그 동시이행을 구하는 항변권을 상실하지 않는다.

대법원 1980. 9. 26.자 80마403 결정

응소관할이 생기려면 피고의 본안에 관한 변론이나 준비절차에서의 진술은 현실적인 것이어야 하므로 피고의 불출석에 의하여 답변서 등이 법률상 진술 간주되는 경우는 이에 포함되지 아니한다.

대법원 2008. 5. 8. 선고 2008다2890 판결

민사소송법 제148조 제1항에 의하면, 변론기일에 한쪽 당사자가 불출석한 경우에 변론을 진행하느냐 기일을 연기하느냐는 법원의 재량에 속한다고 할 것이나, 출석한 당사자만으로 변론을 진행할 때에는 반드시 불출석한 당사자가 그때까지 제출한 소장·답변서, 그 밖의 준비서면에 적혀 있는 사항을 진술한 것으로 보아야 한다.

대법원 2015. 12. 10. 선고 2012다16063 판결

송달받을 사람의 주소나 영업소 등을 알지 못하거나 그 장소에서 송달할 수 없는 때에는 송달받을 사람이 고용·위임 그 밖에 법률상 행위로 취업하고 있는 다른 사람의 주소 등, 즉 '근무장소'에서 송달할 수 있다(민사소송법 제183조 제2항). 이때의 '근무장소'는 현실의 근무장소로서 고용계약 등 법률상 행위로 취업하고 있는 지속적인 근무장소이다.

대법원 2004. 7. 21.자 2004마535 결정

송달은 원칙적으로 받을 사람의 주소·거소·영업소 또는 사무소에서 해야 하는데(민사소송법 제183조 제1항 전문), 여기서 말하는 영업소 또는 사무소는 송달 받을 사람 자신이 경영하는 영업소 또는 사무소를 의미하는 것이지 송달 받을 사람의 근무장소는 이에 해당하지 않으며(같은 법 제183조 제2항 참조), 송달 받을 사람이 경영하는, 그와 별도의 법인격을 가지는 회사의 사무실은 송달 받을 사람의 영업소나 사무소라 할 수 없고, 이는 그의 근무장소에 지나지 아니한다.

대법원 2000. 10. 28.자 2000마5732 결정

민사소송법 제172조 제1항 소정의 보충송달을 받을 수 있는 '동거자'란 송달을 받을 자와 동일한 세대에 속하여 생활을 같이 하는 자를 말하는 것으로서, 반드시 법률상 친족관계에 있어야 하는 것은 아니므로, 이혼한 처라도 사정에 의하여 사실상 동일 세대에 소속되어 생활을 같이 하고 있다면 여기에서 말하는 수령대행인으로서의 동거자가 될 수 있다.

대법원 2012. 10. 11. 선고 2012다44730 판결

민사소송법 제186조 제1항에 의하면 근무장소 외의 송달할 장소에서 송달받을 사람을 만나지 못한 때에는 동거인 등으로서 사리를 분별할 지능이 있는 사람에게 서류를 교부하는 방법으로 송달할 수 있고, 여기에서 말하는 '송달할 장소'가 반드시 송달을 받을 사람의 주민등록상의 주소지에 한정되는 것은 아니며, '동거인'역시 송달을 받을 사람과 사실상 동일한 세대에 속하여 생활을 같이 하는 사람이기만 하면 되는데, 판결의 선고 및 송달 사실을 알지 못하여 상소기간을 지키지 못한 데 과실이 없다는 사정은 상소를 추후보완하고자 하는 당사자 측에서 주장·입증하여야 한다.

대법원 1997. 7. 11. 선고 96므1380 판결

당사자에 대한 변론기일 소환장이 공시송달된 경우, 그 당사자는 각 변론기일에 적법한 절차에 의한 송달을 받았다고 볼 수 없으므로, 위 공시송달의 효력이 있다 하더라도 각 변론기일에 그 당사자가 출석하지 아니하였다고 하여 쌍방 불출석의 효과가 발생한다고 볼 수 없다(공시송달, 원고불출석).

대법원 2012. 10. 11. 선고 2012다44730 판결

소송의 진행 도중 통상의 방법으로 소송서류를 송달할 수 없게 되어 공시송달의 방법으로 송달한 경우에는 처음 소장부본의 송달부터 공시송달의 방법으로 소송이 진행된 경우와 달라서 당사자에게 소송의 진행상황을 조사할 의무가 있으므로, 당사자가 이러한 소송의 진행상황을 조사하지 않아 불변기간을 지키지 못하였다면 이를 당사자가 책임질 수 없는 사유로 말미암은 것이라고 할 수 없다.

대법원 1991. 10. 22. 선고 91다9985 판결

법인에 대한 송달은 그 대표자에게 하여야 되는 것이므로 법인의 대표자가 사망하여 버리고 달리 법인을 대표할 자도 정하여지지 아니하였기 때문에 법인에 대하여 송달을 할 수 없는 때에는 공시송달도 할 여지가 없는 것이라고 보아야 할 것이다.

대법원 2013. 1. 10. 선고 2010다75044 판결

형식적으로 확정된 제1심판결에 대한 피고의 항소추완신청이 적법하여 해당 사건이 항소심에 계속된 경우 그 항소심은 다른 일반적인 항소심과 다를 바 없다. 따라서 원고와 피고는 형식적으로 확정된 제1심판결에도 불구하고 실기한 공격·방어방법에 해당하지 아니하는 한 자유로이 공격 또는 방어방법을 행사할 수 있고, 나아가 피고는 상대방의 심급의 이익을 해할 우려가 없는 경우 또는 상대방의 동의를 받은 경우에는 반소를 제기할 수도 있다.

대법원 2012. 10. 11. 선고 2012다44730 판결

판결의 선고 및 송달 사실을 알지 못하여 상소기간을 지키지 못한 데 과실이 없다는사정은 상소를 추후보완하고자 하는 당사자 측에서 주장·입증하여야 한다.

대법원 2000. 10. 27. 선고 2000다33775 판결

당사자가 소제기 이전에 이미 사망하여 주민등록이 말소된 사실을 간과한 채 본안 판단에 나아간 원심판결은 당연무효라 할 것이나, 민사소송이 당사자의 대립을 그 본질적 형태로 하는 것임에 비추어 사망한 자를 상대로 한 상고는 허용될 수 없다 할 것이므로, 이미 사망한 자를 상대방으로 하여 제기한 상고는 부적법하다.

대법원 2002. 4. 26. 선고 2000다30578 판결

이미 사망한 자를 채무자로 한 처분금지가처분신청은 부적법하고 그 신청에 따른 처분금지가처분결정이 있었다고 하여도 그 결정은 당연무효로서 그 효력이 상속인에게 미치지 않는다고 할 것이므로, 채무자의 상속인은 일반승계인으로서 무효인 그 가처분결정에 의하여 생긴 외관을 제거하기 위한 방편으로 가처분결정에 대한 이의신청으로써 그 취소를 구할 수 있다.

대법원 1996. 7. 18. 선고 94다20051 전원합의체 판결

민사소송법 제261조 소정의 '법원에 현저한 사실'이라 함은 법관이 직무상 경험으로 알고 있는 사실로서 그 사실의 존재에 관하여 명확한 기억을 하고 있거나 또는 기록 등을 조사하여 곧바로 그 내용을 알 수 있는 사실을 말한다. 피해자의 장래수입상실액을 인정하는 데 이용되는 직종별임금 실태조사보고서와 한국직업사전의 각 존재 및 그 기재 내용을 법원에 현저한 사실로 보아, 그를 기초로 피해자의 일실수입을 산정한 조치는, 객관적이고 합리적인 방법에 의한 것이라고 보여지므로 옳다.

대법원 1992. 7. 24. 선고 91다45691 판결

재심사유에 대하여는 당사자의 자백이 허용되지 아니하며 의제자백에 관한 규정은 적용되지 아니한다고 할 것이다.

대법원 2016. 6. 9. 선고 2014다64752 판결

재판상 자백의 일종인 이른바 선행자백은 당사자 일방이 자진하여 자기에게 불리한 사실상의 진술을 한 후 상대방이 이를 원용함으로써 사실에 관하여 당사자 쌍방의 주장이 일치함을 요하므로 일치가 있기 전에는 전자의 진술을 선행자백이라 할 수 없고, 따라서 일단 자기에게 불리한 사실을 진술한 당사자도 그 후 상대방의 원용이 있기 전에는 자인한 진술을 철회하고 이와 모순되는 진술을 자유로이 할 수 있으며 이 경우 앞의 자인 사실은 소송자료에서 제거된다.

대법원 2004. 6. 11. 선고 2004다13533 판결

재판상의 자백에 대하여 상대방의 동의가 없는 경우에는 자백을 한 당사자가 그 자백이 진실에 부합되지 않는다는 것과 자백이 착오에 기인한다는 사실을 증명한 경우에 한하여 이를 취소할 수 있으나, 이때 진실에 부합하지 않는다는 사실에 대한 증명은 그 반대되는 사실을 직접증거에 의하여 증명함으로써 할 수 있지만 자백사실이 진실에 부합하지 않음을 추인할 수 있는 간접사실의 증명에 의하여도 가능하다고 할 것이다.

대법원 2001. 4. 24. 선고 2001다5654 판결

문서의 성립에 관한 자백은 보조사실에 관한 자백이기는 하나 그 취소에 관하여는 다른 간접사실에 관한 자백취소와는 달리 주요사실의 자백취소와 동일하게 처리하여야 할 것이므로 문서의 진정성립을 인정한 당사자는 자유롭게 이를 철회할 수 없다고 할 것이고, 이는 문서에 찍힌 인영의 진정함을 인정하였다가 나중에 이를 철회하는 경우에도 마찬가지이다.

대법원 2006. 5. 25. 선고 2005다77848 판결

법원이 감정인을 지정하고 그에게 감정을 명하면서 착오로 감정인으로부터 선서를 받는 것을 누락함으로 말미암아 그 감정인에 의한 감정 결과가 증거능력이 없게 된 경우라도, 그 감정인이 작성한 감정 결과를 기재한 서면이 당사자에 의하여 서증으로 제출되고, 법원이 그 내용을 합리적이라고 인정하는 때에는, 이를 사실인정의 자료로 삼을 수 있다.

대법원 2003. 5. 30. 선고 2003다16214 판결
[1] 만기를 백지로 하여 발행된 약속어음의 백지보충권의 소멸시효기간은 백지보충권을 행사할 수 있는 때로부터 3년으로 보아야 한다.
[2] 만기 이외의 어음요건이 백지인 경우 그 백지보충권을 행사할 수 있는 시기는 다른 특별한 사정이 없는 한 만기를 기준으로 한다.

대법원 1988. 4. 12. 선고 87다카576 판결
작성명의인의 날인만 되어 있고 그 내용이 백지로 된 문서를 교부받아 후일 그 백지부분을 작성명의자가 아닌 자가 보충한 문서의 경우에 있어서는 문서제출자는 그 기재내용이 작성명의인으로부터 위임받은 정당한 권원에 의한 것이라는 사실까지 입증할 책임이 있으며 이와 같은 법리는 그 문서가 처분문서라고 하여 달라질 것은 아니다.

## III 소송의 종료

대법원 1972. 11. 30.자 72마787 결정

독립당사자 참가 소송에 있어 원고의 본소 취하에는 피고의 동의 외에 당사자 참가인의 동의를 필요로 한다.

대법원 2013. 3. 28.자 2012아43 결정

공동소송적 보조참가는 그 성질상 필수적 공동소송 중에서는 이른바 유사필수적 공동소송에 준한다 할 것인데 유사필수적 공동소송의 경우에는 원고들 중 일부가 소를 취하하는 데 다른 공동소송인의 동의를 받을 필요가 없다. 따라서 피참가인이 공동소송적 보조참가인의 동의 없이 소를 취하하였다 하더라도 이는 유효하다.

대법원 1996. 9. 20. 선고 93다20177, 20184 판결

채권자대위권에 의한 소송이 제기된 사실을 피대위자가 알게 된 이상, 그 대위소송에 관한 종국판결이 있은 후 그 소가 취하된 때에는 피대위자도 재소금지규정의 적용을 받아 그 대위소송과 동일한 소를 제기하지 못한다.

대법원 1989. 10. 10. 선고 88다카18023 판결

후소가 전소의 소송물을 선결적 법률관계 내지 전제로 하는 것일 때에는 비록 소송물은 다르지만 본안의 종국판결후에 전소를 취하한 자는 전소의 목적이었던 권리 내지 법률관계의 존부에 대하여는 다시 법원의 판단을 구할 수 없는 관계상 위 제도의 취지와 목적에 비추어 후소에 대하여도 동일한 소로서 판결을 구할 수 없다고 풀이함이 상당하다.

대법원 1985. 11. 26. 선고 84다카1880 판결

소송당사자 아닌 제3자도 재판상 화해의 당사자가 될 수 있고, 이 경우 그 화해의 효력은 화해조서에 기재된 내용에 따라 제3자에게도 미친다.

대법원 1988. 8. 9. 선고 88다카2332 판결

화해조항 자체로서 특정한 제3자의 이의가 있을 때에는 화해의 효력을 실효시키기로 하는 내용의 재판상의 화해가 성립되었다면 그 조건의 성취로써 화해의 효력은 당연히 소멸된다 할 것이고 그 실효의 효력은 언제라도 주장할 수 있다.

대법원 2004. 8. 30. 선고 2004다24083 판결

[1] 판결에는 법원의 판단을 분명하게 하기 위하여 결론을 주문에 기재하도록 되어 있으므로 재판의 누락이 있는지 여부는 우선 주문의 기재에 의하여 판정하여야 하고, 판결이유에서 청구가 이유 없다고 설시하고 있더라도 주문에서 설시가 없으면 특별한 사정이 없는 한 재판의 누락이 있다고 보아야 한다.

[2] 재판의 누락이 있는 경우, 그 부분 소송은 아직 원심에 계속중이라고 보아야 할 것이어서 적법한 상고의 대상이 되지 아니하므로 그 부분에 대한 상고는 부적법하다.

대법원 2014. 10. 30. 선고 2013다53939 판결
甲등이 乙을 상대로 건물 등에 관한 소유권이전등기의 말소등기절차 이행을 구하는 소를 제기하여 승소확정 판결을 받았는데, 위 판결의 변론종결 후에 乙로부터 건물 등의 소유권을 이전받은 丙이 甲등을 상대로 위 건물의 인도 및 차임 상당 부당이득의 반환을 구하는 소를 제기한 사안에서, 전소 판결에서 소송물로 주장된 법률관계는 건물 등에 관한 말소등기청구권의 존부이고 건물 등의 소유권의 존부는 전제가 되는 법률관계에 불과하여 전소 판결의 기판력이 미치지 아니하고, 소인 말소등기청구권에 대한 판단이 건물인도 등 청구의 소의 선결문제가 되거나 건물인도청구권 등의 존부가 전소의 소송물인 말소등기청구권의 존부와 모순관계에 있다고 볼 수 없어 전소의 기판력이 건물인도 등 청구의 소에 미친다고 할 수 없으며, 이는 丙이 전소 판결의 변론종결 후에 乙로부터 건물을 매수하여 소유권이전등기를 마쳤더라도 마찬가지이므로, 丙이 변론종결 후의 승계인이어서 전소 확정판결의 기판력이 미쳐 건물 등의 소유권을 취득할 수 없다고 본 원심판결에 법리오해 등의 위법이 있다.

대법원 2003. 4. 8. 선고 2002다70181 판결
소송판결의 기판력은 그 판결에서 확정한 소송요건의 흠결에 관하여 미치는 것이지만, 당사자가 그러한 소송요건의 흠결을 보완하여 다시 소를 제기한 경우에는 그 기판력의 제한을 받지 않는다.

대법원 2005. 12. 23. 선고 2004다55698 판결
매매계약의 무효 또는 해제를 원인으로 한 매매대금반환청구에 대한 인낙조서의 기판력은 그 매매대금반환청구권의 존부에 관하여만 발생할 뿐, 그 전제가 되는 선결적 법률관계인 매매계약의 무효 또는 해제에까지 발생하는 것은 아니므로 소유권이전등기청구권의 존부를 소송물로 하는 후소는 전소에서 확정된 법률관계와 정반대의 모순되는 사항을 소송물로 하는 것이라 할 수 없으며, 기판력이 발생하지 않는 전소와 후소의 소송물의 각 전제가 되는 법률관계가 매매계약의 유효 또는 무효로 서로 모순된다고 하여 전소에서의 인낙조서의 기판력이 후소에 미친다고 할 수 없다.

대법원 2001. 1. 16. 선고 2000다41349 판결
갑이 을을 대위하여 병을 상대로 취득시효 완성을 원인으로 한 소유권이전등기 소송을 제기하였다가 을을 대위할 피보전채권의 부존재를 이유로 소각하 판결을 선고받고 확정된 후 병이 제기한 토지인도 소송에서 갑이 다시 위와 같은 권리가 있음을 항변사유로서 주장하는 것은 기판력에 저촉되어 허용될 수 없다.

대법원 1980. 7. 8. 선고 79다1528 판결
공시송달의 방법에 의하여 판결정본이 송달된 경우 피고의 주소지를 허위로 하여 소가 제기된 경우라 하더라도 그 송달은 유효한 것이고 그때부터 상소제기기간이 도과되면 그 판결을 확정되는 것이므로 피고는 재심의 소를 제기하거나 추완항소를 제기하여 그 취소변경을 구하여야 한다.

## Ⅳ 병합소송, 상소 및 재심

**대법원 1997. 5. 28. 선고 96다41649 판결**

피고들이 재심대상판결의 취소와 그 본소청구의 기각을 구하는 외에, 원고와 승계인을 상대로 재심대상판결에 의하여 경료된 원고 명의의 소유권이전등기와 그 후 승계인의 명의로 경료된 소유권이전등기의 각 말소를 구하는 청구를 병합하여 제기하고 있으나, 그와 같은 청구들은 별소로 제기하여야 할 것이고 재심의 소에 병합하여 제기할 수 없다.

**대법원 1999. 6. 25. 선고 99다6708 판결**

민사소송법 제382조에 의하면 항소심에서의 반소 제기에는 상대방의 동의를 얻어야 함이 원칙이나, 상대방의 동의 없이 허용하더라도 상대방에게 제1심에서의 심급의 이익을 잃게 하거나 소송절차를 현저하게 지연시킬 염려가 없는 경우에는 상대방의 동의 여부와 관계없이 항소심에서의 반소 제기를 허용하여야 할 것이다.

**대법원 1991. 9. 24. 선고 91다21688 판결**

피고만이 항소한 항소심에서 원고가 청구취지를 확장변경한 경우에는 그에 의하여 피고에게 불리하게 되는 한도에서 부대항소를 한 취지라고 볼 것이므로, 항소심이 1심판결의 인용금액을 초과하여 원고 청구를 인용하더라도 불이익변경금지의 원칙에 위배되지 않는다.

**대법원 1992. 6. 9. 선고 92다12032 판결**

제1심 법원이 원고의 주위적 청구와 예비적 청구를 병합심리한 끝에 주위적 청구는 기각하고 예비적 청구만을 인용하는 판결을 선고한 데 대하여 피고만 항소를 하더라도, 항소의 제기에 의한 이심의 효력은 피고의 불복신청의 범위와는 관계없이 사건 전부에 미쳐 주위적 청구에 관한 부분도 항소심에 이심되는 것이므로, 피고가 항소심의 변론에서 원고의 주위적 청구를 인낙하여 그 인낙이 조서에 기재되면 그 조서는 확정판결과 동일한 효력이 있는 것이고, 따라서 그 인낙으로 인하여 주위적 청구의 인용을 해제조건으로 병합심판을 구한 예비적 청구에 관하여는 심판할 필요가 없어 사건이 그대로 종결되는 것이다.

**대법원 2014. 3. 27. 선고 2009다104960 판결**

민사소송법 제70조 제1항 본문이 규정하는 '공동소송인 가운데 일부에 대한 청구'를 반드시 '공동소송인 가운데 일부에 대한 모든 청구'라고 해석할 근거는 없으므로, 주위적 피고에 대한 주위적·예비적 청구 중 주위적 청구 부분이 인용되지 아니할 경우 그와 법률상 양립할 수 없는 관계에 있는 예비적 피고에 대한 청구를 인용하여 달라는 취지로 결합하여 소를 제기하는 것도 가능하다.

**대법원 1994. 12. 23. 선고 94다40734 판결**

통상의 공동소송에 있어 공동당사자 일부만이 상고를 제기한 때에는 피상고인은 상고인인 공동소송인 이외의 다른 공동소송인을 상대방으로 하거나 상대방으로 보태어 부대상고를 제기할 수는 없다.

**대법원 2007. 2. 22. 선고 2006다75641 판결**

보조참가인의 소송수행권능은 피참가인으로부터 유래된 것이 아니라 독립의 권능이라고 할 것이므로 피참가인과는 별도로 보조참가인에 대하여도 기일의 통지, 소송서류의 송달 등을 행하여야 하고, 보조참가인에게 기일통지서 또는 출석요구서를 송달하지 아니함으로써 변론의 기회를 부여하지 아니한 채 행하여진 기일의 진행은 적법한 것으로 볼 수 없다.

## 대법원 2010. 10. 14. 선고 2010다38168 판결

민사소송법 제76조 제2항은 참가인의 소송행위가 피참가인의 소송행위에 어긋나는 경우에는 참가인의 소송행위는 효력을 가지지 아니한다고 규정하고 있는데, 그 규정의 취지는 피참가인들의 소송행위와 보조참가인들의 소송행위가 서로 어긋나는 경우에는 피참가인의 의사가 우선하는 것을 뜻하므로 피참가인은 참가인의 행위에 어긋나는 행위를 할 수 있고, 따라서 보조참가인들이 제기한 항소를 포기 또는 취하할 수도 있다.

## 대법원 1988. 3. 8. 선고 86다148 판결

갑(원고)은 을(피고)과의 사이에 체결된 매매계약의 매수당사자가 갑이라고 주장하면서 그 소유권이전등기 절차이행을 구하고 있고 이에 대하여 병(참가인)은 자기가 그 매수당사자라고 주장하는 경우라면 병은 갑에 의하여 자기의 권리 또는 법률상의 지위를 부인당하고 있는 한편 그 불안을 제거하기 위하여서는 매수인으로서의 권리의무가 병에 있다는 확인의 소를 제기하는 것이 유효적절한 수단이라고 보여지므로 결국 병이 을에 대하여 그 소유권이전등기절차의 이행을 구함과 동시에 갑에 대하여 소유권이전등기청구권 등 부존재확인의 소를 구하는 것은 확인의 이익이 있는 적법한 것이라고 할 것이다.

## 대법원 1996. 1. 26. 선고 95다12828 판결

상고법원으로부터 사건을 환송받은 법원은 그 사건을 다시 재판함에 있어서 상고법원이 파기 이유로 한 사실상과 법률상의 판단에 기속을 받는 것이나, 환송 후의 심리 과정에서 새로운 주장·입증이 제출되어 기속적 판단의 기초가 된 사실관계에 변동이 생긴 때에는 그 기속력은 미치지 아니하고, 환송판결의 하급심에 대한 법률상 판단의 기속력은 그 파기의 이유로서 원심판결의 판단이 정당치 못하다는 소극적인 면에서만 발생하는 것이고, 하급심은 파기의 이유로 된 잘못된 견해만 피하면 다른 가능한 견해에 의하여 환송 전의 판결과 동일한 결론을 가져온다고 하여도 환송판결의 기속을 받지 아니한 위법을 범한 것이라 할 수 없다.

## 대법원 1987. 6. 23. 선고 86다카2728 판결

구체적인 어느 특정 법률관계에 관하여 당사자 쌍방이 제1심 판결선고전에 미리 항소하지 아니하기로 합의하였다면 제1심 판결은 선고와 동시에 확정되는 것이므로 그 판결선고 후에는 당사자의 합의에 의하더라도 그 불항소 합의를 해제하고 소송계속을 부활시킬 수 없다.

## 대법원 1991. 11. 22. 선고 91다18132 판결

환송 후 항소심의 소송절차는 환송 전 항소심의 속행이므로 당사자는 원칙적으로 새로운 사실과 증거를 제출할 수 있음은 물론, 소의 변경, 부대항소의 제기 이외에 청구의 확장 등 그 심급에서 허용되는 모든 소송행위를 할 수 있고, 이러한 이유로 또한 민사소송법에는 형사소송법 제368조와 같은 불이익변경의 금지 규정도 없는 이상, 환송전의 판결보다 상고인에게 불리한 결과가 생기는 것은 불가피하다.

## 대법원 2002. 10. 11. 선고 2000다17803 판결

구체적인 사건의 소송 계속중 그 소송 당사자 쌍방이 판결선고 전에 미리 상소하지 아니하기로 합의하였다면 그 판결은 선고와 동시에 확정되는 것이므로, 이러한 합의는 소송당사자에 대하여 상소권의 사전포기와 같은 중대한 소송법상의 효과가 발생하게 되는 것으로서 반드시 서면에 의하여야 할 것이며, 그 서면의 문언에 의하여 당사자 쌍방이 상소를 하지 아니한다는 취지가 명백하게 표현되어 있을 것을 요한다.

## 제6절 기록형 쟁점정리

1. 당사자 및 청구취지의 기재방법
   가. 당사자의 기재방법

원    고    김상기
            서울 강남구 테헤란로 328 (역삼동)

원    고    1. 김상기
            2. 박채근
            원고들 주소 서울 강남구 테헤란로 328 (역삼동)

원    고    김영서
            서울 강남구 테헤란로 328 (역삼동)
            미성년자이므로 법정대리인 친권자 부 김상기, 모 김영애

원    고    주식회사 랜드마크
            서울 송파구 올림픽로 25 (잠실동)
            대표이사 김남기

주소지가 '시(市)'인 경우에는 특정과 송달의 문제점이 없으므로, '도(道)'를 별도로 표시하지 않으나, 주소지가 '군(郡)', '읍(邑)' 단위인 경우는 '도'를 표시한다.
cf. 서울 중구~, 부산 해운대구~, 고양시 일산구~, 김포시 고촌읍~, 경기 가평군 가평읍~.

2018. 3. 26.자 재판서 양식에 관한 예규의 개정에 따라, (1) 금원청구, (2) 등기의 의사표시의 청구, (3) 공유물분할청구의 판결서에는 주민등록번호를 기재할 필요가 없게 되었다. 단, 대위소송에서 소외인에 대한 등기청구의 인용판결을 선고할 때에는 여전히 성명 옆에 주민등록번호를 기재하여야 한다.

나. 청구취지
   (1) 피고는 원고에게 10,000,000원 및 이에 대한 2013. 1. 1.부터 이 사건 소장부본 송달일까지는 연 5%의, 그 다음날부터 다 갚는 날까지는 연 12%의 각 비율로 계산한 돈을 지급하라.

   (2) 피고들은 연대하여(공동하여, 합동하여) 원고에게 10,000,000원 및 이에 대하여 피고 김상기는 2013. 7. 1.부터, 피고 박채근은 2013. 8. 1.부터, 피고 이현섭은 2013. 9. 1.부터 각 다 갚는 날까지 연 5%의 비율로 계산한 돈을 지급하라.

   (3) 피고는 원고에게 서울 강남구 봉은사로 408 대 300㎡를 인도하라.
      : 토지인도청구, 건물인도청구, 등기청구의 경우 목적물을 특정하여야 하는데, 토지대장, 등기, 현황이 각 다른 상태라면 ① 토지인도청구의 경우는 토지대장으로 특정을 하고, 등기기록을 병기하여야 하며, ② 건물인도청구의 경우는 현황으로 특정을 하고, 등기기록을 병기하여야 하며, ③ 등기청구의 경우는 등기기록으로 특정을 하고, 토지 또는 임야대장을 병기하여야 한다.

(4) 피고는 원고에게 서울 서초구 동광로 27길 대 250㎡ 지상 철근콘크리트조 슬래브지붕 2층 영업소 1층 150㎡, 2층 120㎡, 옥탑 50㎡를 철거하고 위 대지를 인도하라.
: 대지의 인도도 포함되어 있기 때문에 대지의 지목과 면적을 표시하여야 한다.

(5) 피고는 원고에게 서울 서초구 동광로 27길 대 250㎡에 관하여 2013. 7. 1. 매매(증여, 양도담보, 대물변제)를 원인으로 한 소유권이전등기절차를 이행하라.

(6) 피고는 원고에게 서울 서초구 동광로 27길 대 250㎡ 중 별지 도면 표시 1, 2, 3, 4, 1의 각 점을 순차로 연결한 선내 (가)2)부분 100㎡에 관하여 2013. 7. 1. 매매를 원인으로 한 소유권이전등기절차를 이행하라.

(7) 원고에게, 서울 서초구 동광로 27길 대 250㎡ 중, 피고 김상기는 2/3 지분에 관하여, 피고 박채근은 1/3 지분에 관하여 각 2013. 7. 1. 매매를 원인으로 한 소유권이전등기절차를 이행하리. (매도인 수인)

(8) 피고는 원고에게 서울 서초구 동광로 27길 대 250㎡에 관하여 서울중앙지방법원 2011. 7. 1. 접수 제12345호3)로 마친 소유권이전등기의 말소등기절차를 이행하라.

(9) 피고는 원고에게 서울 서초구 동광로 27길 대 250㎡에 관하여 서울중앙지방법원 2011. 7. 1. 접수 제12345호로 마친 근저당권설정등기에 대하여 2012. 6. 30. 해지(변제, 소멸시효)를 원인으로 한 말소등기절차를 이행하라.

(10) 피고는 원고로부터 10,000,000원 및 이에 대한 2015. 7. 5.부터 다 갚는 날까지 연 5%의 비율에 의한 금원을 지급받은 다음 원고에게 서울 서초구 동광로 27길 대 250㎡에 관하여 서울중앙지방법원 2011. 7. 1. 접수 제12345호로 마친 근저당권설정등기의 말소등기절차를 이행하라.
: 후발적 실효사유에 의하여 장래에 향하여 실효(예컨대, 변제에 의한 저당권의 소멸, 소멸청구에 의한 전세권 또는 지상권의 소멸, 근저당권설정계약의 해지)됨을 원인으로 말소등기를 청구하는 경우에는 그 사유를 말소등기의 원인으로 기재하는 것이 원칙이나, 선이행을 조건으로 하는 경우 현재로서는 근저당권의 소멸일자를 특정할 수 없으므로 소멸사유를 기재할 수 없다.

(11) 피고는 원고에게 서울 서초구 동광로 27길 대 250㎡에 관하여 서울중앙지방법원 2013. 7. 1. 접수 제12345호로 마친 소유권이전등기의 말소등기에 대하여 승낙의 의사표시를 하라.
: 제한물권 취득자(전세권자 또는 저당권자 등)에 대해서는 실체법상 대항할 수 있는 경우 그 등기의 직접 말소를 청구하여야 하고, 압류, 가압류, 가처분 등기의 경우 법원이 촉탁한 등기여서 압류채권자 등은 임의로 그 말소를 신청할 수 없으므로 이들을 상대로 직접 그 말소를 구할 수는 없고, 반드시 그 대상인 등기의 말소에 대한 승낙을 구하여야 한다.

(12) 피고는 원고에게 2013. 5. 1.부터 서울 서초구 동광로 27길 대 250㎡의 인도완료일까지 월 1,000,000원의 비율로 계산한 돈을 지급하라)

---

2). 기호 유의할 것.
3). 법(원), 일(시), 번(호)

(13) 피고 정수철은 별지 목록 기재 부동산에 관하여 원고와 소외 주식회사 신한은행 사이의 2013. 3. 5.자 서울중앙지방법원 2013카단375 소유권이전등기청구권 가압류결정에 의한 집행이 해제되면, 원고에게 2012. 3. 2. 매매를 원인으로 한 소유권이전등기절차를 이행하라. / 유력

(14) 피고는 원고로부터 50,000,000원에서 2012. 3. 1.부터 별지 목록 기재 건물의 인도 완료일까지 월 1,000,000원의 비율로 계산한 금액을 공제한 나머지 돈을 지급받음과 동시에 원고에게 위 건물을 인도하라. / 반드시 암기
    : 임대인인 원고가 임대차계약의 종료를 원인으로 임대목적물의 반환을 청구하고, 임차인인 피고가 임대차보증금의 반환에 대한 동시이행의 항변을 하였으며, 이에 원고가 다시 연체 차임 또는 인도 완료일까지의 부당이득금의 공제의 재항변을 한 경우

(15) 원고의 피고에 대한 2012. 4. 11. 금전소비대차계약에 기한 채무는 50,000,000원을 초과하여서는 존재하지 아니함을 확인한다.

(16) 별지 목록 기재 부동산을 경매에 부쳐 그 대금에서 경매비용을 공제한 나머지 금액을 원고, 피고 박채근 및 피고 이현섭에게 각 1/3의 비율로 분배한다.

(17) 사해행위 취소 기본기재례
수익자, 전득자에 대한 원물반환청구가 병합된 경우
1. 피고 김기창과 소외 박채근 사이에 별지 목록 기재 부동산에 관하여, 2005. 11. 10. 체결된 매매계약을 취소한다.
2. 소외 박채근에게, 별지 목록 기재 부동산에 관하여
    가. 피고 김기창은 인천지방법원 부천지원 2005. 12. 1. 접수 제161214호로 마친 소유권이전등기의 말소등기절차를 이행하고,
    나. 피고 김영애는 인천지방법원 부천지원 2006. 1. 25. 접수 제8403호로 마친 근저당권설정등기의 말소등기절차를 이행하라.

가액배상의 청구
1.가. (원고와 피고 이현섭 사이에서), 피고 이현섭과 소외 박채근 사이에 남양주시 홍유릉로 55 (일패동) 대 300㎡에 관하여 2012. 11. 1. 체결된 매매계약을 200,000,000원의 한도 내에서 취소한다.
    나. 피고 이현섭은 원고에게 200,000,000원 및 이에 대한 이 판결 확정일 다음날부터 다 갚는 날까지 연 5%의 비율에 의한 금원을 지급하라.

배당금지급청구권의 양도를 구하는 경우 (채권자가 국가를 피신청인으로 하여 배당금지급금지가처분 집행)
1. 피고 김기창과 소외 박채근 사이에 별지 목록 기재 부동산에 관하여 2012. 11. 2. 체결된 근저당권설정계약을 취소한다.
2. 피고 김기창은 서울중앙지방법원 2013타경1234 부동산임의경매 사건에서의 배당금지급청구권에 관하여 소외 박채근에게 이 사건 판결확정일자 채권양도의 의사표시를 하고, 소외 대한민국(소관 : 서울중앙지방법원)에게 그 취지의 통지를 하라.

사해행위인 채권양도의 취소를 구하는 경우
1. 피고(수익자)와 소외 박채근(채무자) 사이에 별지 목록 기재 채권에 관하여 2016. 1. 13. 체결된 채권양도계약을 취소한다.
2. 피고는 소외 김민수(제3채무자)에게 별지 목록 기재 채권에 관한 제1항 기재 채권양도계약이 취소되었다는 취지의 통지를 하라.

(18) 피고는 별지 목록 기재 채권에 관하여 원고에게 이 사건 판결확정일자 채권양도의 의사표시를 하고, 소외 채무자[4](주민등록번호, 주소)에게 그 취지의 통지를 하라.

## 2. 기출 중요 청구취지

**2024년 제13회 변시**
피고 김연제는 원고에게 별지 목록 제6항 기재 토지에 관하여 관습법상 법정지상권의 성립을 원인으로 한 별지 목록 제7항 기재 건물 소유, 범위 별지 목록 제6항 기재 토지 전부, 존속기간 2023. 5. 1.부터 10년의 지상권설정등기절차를 이행하라.

**2023년 10월 모의고사**
원고의 피고 도시개발 주식회사에 대한 서울중앙지방법원 2020다채1234호 채권압류 및 전부명령에 기한 전부금채권은 존재하지 아니함을 확인한다.

**2023년 8월 모의고사**
(원고와 피고 김은재 사이에) 별지 목록 제1항 기재 부동산에 관하여 원고의 유치권이 존재함을 확인한다.

**2023년 6월 모의고사**
피고 정지주는 원고 나권리에게 별지 목록 제2항 기재 부동산 중 별지 도면 표시 1, 2, 3, 4, 1의 각 점을 순차로 연결한 선내 (가) 부분 10㎡에 관하여 2023. 1. 3. 취득시효 완성을 원인으로 한 소유권이전등기절차를 이행하라.

**2023년 제12회 변시**
1. 별지 목록 제2항 기재 건물에 관하여,
가. 소외 최병철과 피고 박이채 사이에 2022. 10. 15. 체결된 대물변제약정을 취소한다.
나. 피고 박이채는 소외 최병철에게 서울중앙지방법원 2022. 10. 15. 접수 제12321호로 마친 소유권이전등기의 말소등기절차를 이행하라.
다. 피고 최상진은 소외 최병철에게 같은 법원 2022. 11. 15. 접수 제13123호로 마친 소유권이전등기의 말소등기절차를 이행하라.

**2022년 6월 모의고사**
1. 가. 소외 최성규와 소외 이대원 사이에 별지 목록 1 기재 부동산에 관하여 2021. 7. 1. 체결된 매매예약을 취소한다.[5][6]

---

[4]. 채무자에게 직접 채권양도통지가 도달하여야 그 효력이 발생하므로, 채무자를 특정하여야 한다.

나. 피고 이대수는 소외 최성규에게 별지 목록 1 기재 부동산에 관하여 서울중앙지방법원 2021. 7. 1. 접수 제3424호로 마친 소유권이전청구권가등기의 말소등기절차를 이행하라.

가. 2022년 제11회 변시
1. 피고 강유석은 피고 최판기로부터 100,000,000원 및 이에 대한 2017. 5. 15.부터 다 갚는 날까지 월 15%로 비율로 계산한 돈을 지급받은 다음 원고에게 별지 목록 제1항 기재 부동산에 관하여 수원지방법원 안산지원 2017. 3. 16. 접수 제1536호 마친 저당권설정등기의 말소등기절차를 이행하라.
2. 소외 황유민[710808-2246376, 주소 : 서울 마포구 독막로 145, 301호 (창전동, 금호베스트빌)]이 세화건설 주식회사 주주명부 순번 5 보통주식 10,000주(1주 액면금액 10,000원) 주식의 주주임을 확인한다.

나. 2021년 10월 모의고사
피고 이강희는 30,000,000원 및 이에 대한 2020. 2. 13.부터 2020. 6. 12.까지는 연 3%의, 그 다음날부터 이 사건 소장부본 송달일까지는 연 6%의, 그 다음날부터 다 갚는 날까지는 연 12%의 각 비율로 계산한 돈을 지급하라.

다. 2021년 8월 모의고사
서울 서대문구 홍제동 266-150 대 14,876m2가 원고의 소유임을 확인한다.
(원고와 피고 배수진 사이에서) 원고와 피고 배수진 사이의 서울서부지방법원 2014. 2. 8. 선고 2013가단2780 매매대금 사건의 판결로 확정된 채권의 소멸시효 중단을 위한 재판상의 청구가 있었음을 확인한다.

라. 2021년 6월 모의고사
피고 김재순은 원고에게 115,000,000원 및 그 중 100,000,000원에 대한 2019. 10. 1.부터 다 갚는 날까지 월 1.5%의 비율로 계산한 돈을 지급하라.

파. 기타 주요 기출 청구취지
피고 주식회사 거상은 원고에게 별지 목록 기재 각 부동산에 관하여 2016. 12. 18. 근저당권설정계약을 원인으로 한 채권최고액 200,000,000원, 채무자 이정호[650725-1357890, 주소 : 서울 성북구 보문로 168 (삼선동)]의 근저당권설정등기절차를 이행하라. (근저당권설정등기청구)

피고 김민호는 원고에게 60,000,000원 및 그 중 10,000,000원에 대하여는 2017. 3. 25.부터 이 사건 소장부본 송달일까지는 연 5%의, 그 다음날부터 다 갚는 날까지는 연 15%의 각 비율에 의한 금원을, 그 중 50,000,000원에 대하여는 2017. 4. 27.부터 이 사건 소장부본 송달일까지는 연 10%의, 그 다음날부터 다 갚는 날까지는 연 15%의 각 비율에 의한 금원을 지급하라. (이자 및 지연손해금의 기산점과 이율이 각 다른 경우, 출제 유력)

피고 차기환은 원고로부터 100,000,000원에서 2015. 5. 15.부터 별지 목록 제1항 기재 토지의

---

5) 양재혁이 최성규에 대하여 대여금 청구소송을 제기하여 승소확정판결을 받은 후 원고에게 위 채권을 양도하였으므로, 원고는 양재혁의 변론종결 후 승계인에 해당하여 피보전채권의 이행청구소송을 제기할 수 없다.
6) 의뢰인은 책임재산에 관한 현재의 부담을 소멸시킬 것을 요구하였으므로, 수익자에 대한 사해행위취소청구는 지시사항에 반하는 것으로 생각된다(채점기준표도 동일함).

인도완료일까지 월 3,000,000원의 비율에 의한 금액을 공제한 나머지 금원을 지급받음과 동시에 원고에게 별지 목록 제2항 기재 건물을 철거하고, 별지 목록 제1항 기재 토지를 인도하라(건물소유를 위한 토지임대차 사안).

피고 이차만은 원고에게 서울 영등포구 문래동 299 대 300㎡ 중 2/7지분에 관하여 진정명의회복을 원인으로 한 소유권이전등기절차를 이행하라.

3. 요건사실 기재방법

가. 매매

원고는 2014. 5. 1. 피고로부터 별지 목록 기재 부동산을(이하 '이 사건 아파트'라 합니다) 대금 4억 원에 매수하면서, 계약금 4,000만 원은 계약 당일 지급하고, 중도금 1억 6,000만 원은 2014. 6. 1. 지급함과 동시에 이 사건 아파트를 인도받고, 잔대금 2억 원은 2014. 7. 1. 약속한 부동산공인중개사무소에서 소유권이전등기에 필요한 서류를 교부받음과 동시에 상환으로 지급하기로 정하였습니다(이하 '이 사건 매매계약'이라 합니다). 원고는 이 사건 매매계약에 따라 피고에게 계약금, 중도금을 지급하였고, 위 중도금 지급일에 피고로부터 이 사건 아파트를 인도받았습니다.

나. 임대차

원고는 2013. 1. 4. 피고 최병철로부터 서울 강남구 역삼로 59 지상 두꺼비빌딩 1층 210㎡를 임대차보증금 100,000,000원, 월차임 2,000,000원, 임대차기간 2013. 1. 9.부터 3년간으로 정하여 임차하고(이하 '이 사건 임대차계약'이라 합니다), 위 임대차개시일에 임대차 목적물을 인도받으면서, 약정한 임대차보증금 전액을 지급하였습니다.

다. 소비대차

원고는 2011. 10. 1. 피고에게 50,000,000원을 이자율 월 1%, 변제기 2012. 1. 31.로 정하여 대여하였습니다. [지연손해금률, 이자의 변제기에 관한 별도의 약정이 있으면 이를 기재하여야 한다.] 피고는 위 소비대차계약에 따른 원금과 이자를 지급하여야 함에도 불구하고, 위 소비대차계약이후 이자를 전혀 지급하지 않았고, 또한 변제기에는 원금도 상환하지 않았습니다.

라. 소유권에 기한 물권적 청구권 및 부당이득반환청구

원고는 2000. 5. 3. 소외 이호성으로부터 이 사건 토지를 적법하게 매수하여 소유권이전등기를 마쳤고, 원고로부터 피고 박채근 명의로 마쳐진 소유권이전등기는 원인무효이므로, 원고가 이 사건 토지의 적법한 소유자입니다. / 원고가 소유권자인 사실

한편, 피고 김영애는 2011. 8. 1. 피고 박채근으로부터 이 사건 토지를 월차임 없이 임대차보증금 7천만 원에 임차하고, 임대차기간을 계약일로부터 10년간으로 정하여, 이 사건 토지 위에 이 사건 건물을 신축한 후 2012. 2. 1. 광주지방법원 2012. 2. 1. 접수 제12365호로 자신의 명의로 소유권보존등기를 마쳤습니다. / 피고의 점유사실

그러나 피고 김영애가 이 사건 토지 위에 이 사건 건물을 신축한 것은 원고와의 관계에서 아무런 권원이 없는 것이므로, 원고는 소유권에 기한 방해배제청구권을 행사함으로써 피고 김영애에게 이 사건 건물을 철거하고, 원고에게 이 사건 토지를 인도할 것을 청구할 수 있습니다. / 건물의 철거청구 및 토지의 인도청구

또한 피고 김영애는 적법한 권원없이 이 사건 건물을 신축하여 이 사건 토지를 점유, 사용함으로써 이익을 얻고, 그로 인하여 소유권자인 원고에게 같은 액수 상당의 재산상 손해를 입히고 있으므로, 피고 김영애는 원고에게 사용이득상당의 부당이득을 반환할 의무가 있습니다. / 부당이득의 요건사실

피고 김영애는 이 사건 토지의 점유를 시작할 무렵에는 자신이 적법한 권원이 없다는 사실을 몰랐지만, 이 사건 소제기시부터는 악의의 점유자로 간주되므로, 원고는 이 사건 소장부본 송달일부터 이 사건 토지의 인도완료일까지 발생한 부당이득에 대하여 그 반환을 구합니다. 또한 피고 김영애는 이 사건 건물을 소유함으로써 이 사건 대지를 점유, 사용하고 있고, 이러한 사정이 이 사건 건물의 철거 전까지는 계속될 것으로 예상되므로 이를 미리 청구할 필요도 있습니다. / 부당이득의 시기와 종기, 미리 청구할 필요

한편, 부당이득의 액수는 이 사건 토지의 보증금없는 차임 상당액을 기준으로 산정하여야 하는데, 최근 원고가 확인한 바에 따르면 이 사건 토지의 보증금없는 차임은 2013년을 기준으로 월 3,600,000원에 달합니다. 이에 피고 김영애는 이 사건 소장부본 송달일부터 이 사건 토지의 인도완료일까지 월 3,600,000원의 비율에 의한 금원을 원고에게 지급하여야 합니다. / 부당이득의 산정기준[7])

또한 피고 김남기는 피고 김영애로부터 이 사건 건물을 임차하여 현재까지 이 사건 건물을 점유하고 있는데, 피고 김남기의 점유는 원고에 대하여 적법한 권원이 없는 점유이므로, 원고의 이 사건 건물 철거청구의 집행을 위하여 이 사건 건물에서 퇴거하여야 합니다. / 퇴거청구


4. 점유로 인한 부당이득반환청구의 시기 및 종기
  가. 시기
    (1) 선의점유자 : 민법 제197조, 소 제기시부터(소 제기시는 소송계속시를 의미함[8]))
    (2) 악의점유자 : 악의 점유자의 점유개시시점. 악의 점유자의 점유개시 이후 소유권이 변동된 경우에는 원고의 소유권취득일이 기산점(민법 제748조 제2항에 따른 법정이자의 반환문제도 발생할 수 있으나, 정기금으로 청구하는 경우 법정이자 및 이에 대한 지연손해금은 고려할 필요없음).

  나. 종기
    (1) 인도완료일 : 통상의 인도청구의 경우
    (2) 사용종료일 : 유치권자, 동시이행항변권자가 점유 및 사용을 하였고, 목적물의 인도전 사용종료가 가능한 경우.
    (3) 원고의 소유권상실일 : 타인 토지위의 무단 도로설치 등과 같이 불법점유자가 국가, 지방자치단체로서 당해 토지의 수용 또는 매수가 가능한 경우(최근 대법원 판례는 이러한 주문은 적절치 않다는 취지로 판시한 바 있음).

---

7). 불법점유인 경우의 부당이득반환청구는 보증금없는 월차임 기준, 임대차 종료 후 부당이득반환청구는 임대차보증금이 잔존하는 한 원칙적 약정 월차임 기준.
8). 2016다220044. 소유자가 점유자 등을 상대로 물건의 반환과 아울러 권원 없는 사용으로 얻은 이익의 반환을 청구하면서 물건의 반환 청구가 인용될 것을 전제로 하여 그에 관한 소송이 계속된 때 이후의 기간에 대한 사용이익의 반환을 청구하는 것은 허용된다.

**2024년도 민사법 사례형을 위한**
**THE FINAL (for 2025년 변시)**

| | |
|---|---|
| **지은이** | 신정훈 |
| **펴낸이** | 백현관 |
| **펴낸곳** | 도서출판 인해 |
| **편집** | 오나경 |
| **디자인** | 오나경 |

| | |
|---|---|
| **주소** | 서울특별시 관악구 복은길 12 태경 |
| **Tel** | 02) 878-3988 |
| **Fax** | 02) 889-7402 |
| **ISBN** | 979-11-5577-901-9 |

*이 책의 무단 전재 또는 복제행위는 저작권법 제97조에 의거 5년 이하의 징역 또는 5천만 원 이하의 벌금에 처하게 됩니다.
*파본은 교환하여 드립니다.